民营企业
产权保护第一案

张文中案件的
参与暨思考

赵秉志 左坚卫 编著

法律出版社 LAW PRESS·CHINA

作 者 简 介

赵秉志

北京师范大学刑事法律科学研究院暨法学院教授、法学博士、博士生导师，中国刑法学研究会会长，北京市中闻律师事务所兼职律师。作为兼职律师执业30多年，主要从事律师刑事业务，曾参与代理上百起刑事案件，其中包括多起大案要案和疑难案件，切实维护了当事人的合法权益和法律尊严。曾为新疆克拉玛依1994年“12・28”大火案400多位死伤者的首席代理律师，因出色的履职而受到司法部的通令嘉奖，并获北京市司法局记三等功。在“张文中案件”中担任其一审、二审和再审的辩护律师，恪尽职责，据理力争，最终由最高人民法院再审宣告张文中无罪，取得了良好的法律效果和社会效果。

左坚卫

北京师范大学法学院教授、法学博士、博士生导师，北京乾成律师事务所兼职律师。作为兼职律师执业20多年，专门从事律师刑事业务，曾参与代理数十起刑事案件，其中包括多起大案要案和疑难案件，切实维护了当事人的合法权益和法律尊严。在“张文中案件”中担任其一审、二审、申诉和再审的辩护律师，恪尽职责，据理力争，最终由最高人民法院再审宣告张文中无罪，取得了良好的法律效果和社会效果。

前　言

2016 年至 2018 年，是中国民营经济饱受争议、民营企业家感到惊心动魄的三年。在这三年中，种种不利于民营经济的言论甚嚣尘上，有人甚至提出了“民营经济离场论”，认为中国民营经济已完成协助公有制经济发展的任务，应逐渐退出中国市场经济的舞台。民营企业家们忧心忡忡，疑虑重重，不知道是该继续发展，还是急流勇退。一些民营企业家的锒铛入狱，加剧了他们的疑虑和不安全感。

乌云卷积，山雨欲来。沧海横流，大潮涌起。

经过改革开放四十年的发展，中国民营经济在国民经济发展中已经不再是可有可无的角色。它们在经济改革的大潮中摸爬滚打，负重前行，创造了无数奇迹。据权威披露，“截至 2017 年年底，我国民营企业数量超过 2700 万家，个体工商户超过 6500 万户，注册资本超过 165 万亿元。”〔1〕民营经济“贡献了 50% 以上的税收，60% 以上的国内生产总值，70% 以上的技术创新成果，80% 以上的城镇劳动就业，90% 以上的企业数量。”〔2〕

---

〔1〕 习近平：《在民营企业座谈会上的讲话》，载《现代企业》2018 年第 11 期。

〔2〕 同上。

"民营经济已经成为推动我国发展不可或缺的力量，成为创业就业的主要领域、技术创新的重要主体、国家税收的重要来源，为我国社会主义市场经济发展、政府职能转变、农村富余劳动力转移、国际市场开拓等发挥了重要作用。"[1]如果真的要求民营经济离场，给国家、给社会造成的后果无疑是灾难性的。

民营企业家们的忧虑并非毫无根据和道理。因为长期以来，我国法律对包括非公有制经济在内的非法经济行为的规制，比起对非公有制经济的保护，立法思想与技术相对更为成熟，更富有经验。[2]

党中央、国务院注意到了民营经济面临的这种不正常氛围，决定采取措施扭转局面。2016 年 8 月 30 日上午，中共中央总书记、国家主席、中央军委主席、中央全面深化改革领导小组组长习近平主持召开中央全面深化改革领导小组第二十七次会议。会议审议通过了《关于完善产权保护制度依法保护产权的意见》。2016 年 11 月 27 日，《中共中央 国务院关于完善产权保护制度依法保护产权的意见》公布，明确规定要"健全以公平为核心原则的产权保护制度"，重申"公有制经济财产权不可侵犯，非公有制经济财产权同样不可侵犯。""抓紧甄别纠正一批社会反映强烈的产权纠纷申诉案件，剖析一批侵害产权的案例。"2017 年 9 月 8 日，中共中央、国务院发布了《关于营造企业家健康成长环境弘扬优秀企业家精神更好发挥企业家作用的意见》，要求"着力营造依法保护企业家合法权益的法治环境、促进企业家公平竞争诚信经营的市场环境、尊重和激励企业家干事创业的社会氛围"。

在这样的时代和政策背景下，2017 年 12 月 28 日，最高人民法院公布了人民法院将依法再审三起重大涉产权案件。物美控股集团有限公司董事长张文中诈骗、单位行贿、挪用资金案排在首位，由最高人民法院直接提审。中央电视台综合频道 2017 年 12 月 28 日的《新闻联播》用两分半钟的时间报道了这一消息。张文中案件自此进入公众视

---

〔1〕 习近平：《在民营企业座谈会上的讲话》，载《现代企业》2018 年第 11 期。

〔2〕 参见张军：《非公有制经济刑法规制与保护论纲》，中国人民公安大学出版社 2007 年版，第 47 页。

野。张文中这位行事低调的民营企业家也自此被万众关注。案件再审的每一次进展，都会引起社会广泛关注，牵动着无数企业家的心。

2018 年 2 月 7 日上午，张文中再审案庭前会议在最高人民法院第一法庭召开。2018 年 2 月 12 日，张文中再审案在最高人民法院第一法庭公开开庭审理。2018 年 5 月 31 日，张文中申诉再审案在最高人民法院第一法庭公开宣判，担任本案再审合议庭审判长的最高人民法院大法官孙华璞铿锵有力地宣布，撤销原审判决，改判张文中无罪。同时，改判同案原审被告人张伟春、同案原审被告单位物美控股集团有限公司无罪。

最高人民法院对张文中案的再审及改判无罪，因创造了中国刑事司法史上多项"第一"而成为一个具有里程碑意义和标杆性作用的重大法治事件。它是改革开放以来乃至中华人民共和国成立以来，最高人民法院第一次直接提审重大涉产权刑事案件；第一次对集三罪于一身且所判刑罚已执行完毕的民营企业家彻底宣告无罪；第一次通过再审纠错判例宣示要正确区分企业经营过程中的不规范行为与犯罪的界限，要依法妥善处理特定历史条件下各类企业特别是民营企业经营过程中存在的不规范问题；第一次通过纠错判例宣示人民法院判案要坚持"罪刑法定""证据裁判""疑罪从无"等原则。

张文中案件的再审也因创纪录的高规格、高密度的媒体报道而载入史册。中央电视台综合频道、新闻频道、财经频道在最受关注的《新闻联播》，以及影响巨大的《焦点访谈》《今日说法》《中国财经报道》等栏目，以大篇幅或者专题报道了该案。人民日报社、新华社、法制日报等主流媒体，以及人民网、新华网、中国法院网、正义网、新浪网、搜狐网等门户网站，均对张文中案再审进行了重点报道。

对一个刑事个案如此普遍且持续关注，实属罕见。这种现象充分体现了社会各界对产权保护以及民营经济发展前景的高度关注。该案的判决结果，对广大民营企业家来说，相当于一颗定心丸。他们不用再担心自己必须"离场"了。

最高人民法院改判张文中无罪，距张文中接受调查进而失去人身自由已经过去十二年有余。其间,社会巨变,人事更迭;青丝华发,花开花落。商海已经几度潮起潮落,企业经营理念不断推陈出新,企业家队伍人才辈出,有的领域甚至已经更新换代好几轮。“已见松柏摧为薪,更闻桑田变成海”,在这样令人眼花缭乱的巨变中,张文中通过不懈的努力,迎来了对他的案件的彻底改判,洗刷了他和企业长期背负的罪名,恢复了他和企业的名誉,顽强地实现了全面回归商界,带领物美集团这艘零售业的巨轮再度起航,这不能不说是一个奇迹。

凡是过往,皆为序章。一切去处,皆有来路。

我们有幸全程参与了张文中案件的诉讼活动,从审查起诉到一审、二审,再到申诉、再审,其中酸甜苦辣可谓一应俱全。回顾每一次具体辩护行动,我们都能感受到公正和权利的宝贵与求索的艰难,因而也都能给我们以启迪和思考。对该案曲折复杂的诉讼过程的回顾总结,思考提炼,并形成正式文稿出版,既是对我们十二年参与本案工作的一个交代,也是对历史的一个交代;同时,也是向最高人民法院、最高人民检察院和张文中先生致敬的一种方式。

因此,我们特成此书,既是记住张文中案件,也是告别张文中案件,以继续前行。

目　录

引　言

2018年5月31日上午，庄严的最高人民法院第一法庭内，原审被告人张文中（物美控股集团有限公司原董事长）诈骗、单位行贿、挪用资金再审一案在此公开宣判，担任该案再审合议庭审判长的孙华璞大法官略带口音而铿锵有力地宣布：撤销原审判决，改判原审被告人张文中无罪。同时，改判同案原审被告人张伟春、同案原审被告单位物美控股集团有限公司无罪。这一改判迅速成为媒体和社会关注的焦点，最高人民法院称此案是依法保护民营企业产权和民营企业家合法权益的"标杆"案件。张文中本人本来就是知名民营企业家，所涉案件争议很大而备受关注，因此迅速成为"网红"。我们两位律师作为张文中的辩护人十余年陪伴他一路风雨走来，看到今天这样的结果，甚感欣慰，为张文中先生和他的企业、他的事业高兴，为我们十余年的努力没有白费高兴，也想为最高司法机关切实贯彻党和国家强调保护民营企业产权和民营企业家合法权益的政策、敢于依法纠正冤错案件的担当点赞。

张文中案件作为我国最高司法机关直接审理和改判无罪的依法保护民营企业产权和民营企业家合法权益的"标杆"案件，已大大超出其个案的意义，毫无争议地成为2018年的十大案件，并入选了我国改革开放40年的40案，因而必然会载入我国的司法史册和社会发展进步的史册。“前事不忘，后事之师”。作为张文中案件一审、二审和再审的辩护律师和刑法学者，我们感到有责任从我们参与此案的视角对本案予以回顾、梳理和反思，既为张文中先生和我们留下一段人生重要经历的纪念，更希冀为我国刑事辩护和刑事司法提供一份研究标本和研究素材。

下面，让时间倒流到十余年前。

2007 年夏季，经朋友介绍，知名民营企业家、物美控股集团有限公司董事长张文中先生的亲属找到北京师范大学刑事法律科学研究院（以下简称北师大刑科院）暨法学院院长、北京市中闻律师事务所兼职律师赵秉志教授，请求他为涉诈骗、单位行贿、挪用资金等罪案指控的张文中先生提供辩护。赵秉志教授了解了案件基本情况之后，表示愿意接受委托，但需要为他配备一名助理，并推荐了自己的同事、北师大刑科院的左坚卫副教授，后者同时也是北京市共和律师事务所的兼职律师。对方同意了。

2007 年 8 月的一天下午，河北合明律师事务所主任白加宁律师陪同张文中先生的夫人来到北师大刑科院，与左坚卫律师签订了委托辩护协议。白律师已于 5 个月前的 2007 年 3 月受聘担任张文中的辩护人。河北合明律师事务所当时是衡水市规模最大、资格最老的律师事务所，白律师长期从事刑辩工作，有扎实的业务功底和丰富的实践经验，与衡水市司法系统也保持着良好的关系。他们这次来主要是与左坚卫律师办理委托辩护手续，并没有过多介绍案情。左坚卫律师是在介入案件一段时间以后，才对张文中先生的经历、才干和业绩有所了解。

张文中，男，汉族，1962 年出生，山东青岛人，物美集团创始人，南开大学理学学士和硕士，中国科学院系统科学研究所博士，20 世纪 90 年代初赴美国斯坦福大学从事系统工程学博士后研究。在博士后研究期间，他看到美国硅谷的创新企业如雨后春笋般蓬勃发展，深受启发。邓小平南方讲话的第二年，即 1993 年，他决定回国创业。1994 年，张文中将一间废弃的印刷厂改造成物美综合超市北京翠微店。由于有创新的经营理念，开业第一年，超市的销售额就达到了一亿多元。此后，物美集团迅速扩张，到2002年年底，物美的年销售额达到45亿元，成为中国北方最大的连锁零售企业。2003年，物美集团在香港创业板挂牌上市，成为第一家在香港上市的我国内地民营零售企业。当时，物美被称为“未来中国的沃尔玛”。张文中个人以1.6亿美元的资产排在2005年福布斯中国大陆富豪排行榜的第134位。此时，中国零售业的发展正逐步进入黄金时期。

就在张文中准备带领物美集团乘势而上、大展宏图的时候，他却意外地被卷入一起与其毫不相干的“大要案”中。2006年9月11日上午，张文中接到有关部门电话，约其下午2点到指定地点，向他了解情况。张文中结束了中午的外事活动之后，按时前往。从这次谈话开始，张文中失去人身自由长达7年之久。当时突如其来的变故给物美集团和张文中的家人带来沉重打击，他们想做点什么，却又无能为力，只能度日如年地等待事情的进展和有关部门的说法。半年多以后，终于得到消息，说张文中被关押在河北省衡水市看守所。2007年7月，张文中案件进入审查起诉阶段。

中国刑事辩护领域有这样一种合作模式：在被告人被羁押的当地聘请一名实践经验丰富的律师，便于及时会见被告人，并与办案机关保持比较良好的沟通关系。同时，在北京、上海等大城市聘请一名专业水平过硬并在全国范围内有一定影响力的兼职律师或专职律师，以准确、全面把握案件事实，为被告人提供高质量的辩护。在这种合作模式中，本地律师与外地律师优势互补，是比较理想的搭配。在比较注重依法办案的地方，这种合作辩护模式往往能取得良好的效果。经过认真筛选，物美集团和张文中的亲属决定聘请河北衡水的白加宁担任本地律师，并得到了张文中的认可。而聘请谁担任外地律师，则费了很大一番思量。作为张文中的外地律师，既要有扎实深厚的刑法理论功底，又要有丰富的律师实务工作经验，还要有较高的社会知名度。具备这样的综合实力和声望的律师，在中国刑辩律师界屈指可数。经过反复比较，物美集团暨张文中和他的亲属选中了赵秉志教授。赵秉志教授当时已经担任中国刑法学研究会会长数年，他不但著述丰富，在刑法理论和司法实务界有较大影响，而且有多年担任兼职律师、从事律师刑事业务工作的经验，承办过多起社会影响重大的刑事案件。赵秉志教授同意接受张文中案辩护委托后，考虑到自己工作繁忙，张文中又关押在外地，在这一诉讼阶段难以频繁会见张文中，而该案案情较为复杂，需要经常交流沟通，便向物美集团建议审查起诉阶段可由左坚卫律师先行介入，到起诉阶段再换成他，左坚卫律师到时候则可退出担任其助手或者改为物美集团的辩护人。这一方案也得到了物美集团和张文中的理解与采纳。张文中的辩护团队至此形成，审查起诉阶段是左坚卫律师与白加宁律师搭档，起诉阶段之后是赵秉志律师与白加宁律师搭档。当时恐怕他们也没有料到，赵秉志律师和左坚卫律师为张文中提供法律服务会存续 11 年之久，直至张文中被改判无罪，得到彻底平反。

第一章　一审前的会见和阅卷

白加宁律师和左坚卫律师前期接受委托担任张文中的辩护人后，面临的一个难题是会见张文中。尽管当时适用的还是1996年修订的《刑事诉讼法》，没有规定侦查阶段的律师会见权，但已经明文规定了审查起诉阶段的律师会见权。该法第36条第1款规定："辩护律师自人民检察院对案件审查起诉之日起，可以查阅、摘抄、复制本案的诉讼文书、技术性鉴定材料，可以同在押的犯罪嫌疑人会见和通信。"该条第2款规定："辩护律师自人民法院受理案件之日起，可以查阅、摘抄、复制本案所指控的犯罪事实的材料，可以同在押的被告人会见和通信。"2007年10月28日修订，自2008年6月1日起施行的《律师法》更是在第33条规定："犯罪嫌疑人被侦查机关第一次讯问或者采取强制措施之日起，受委托的律师凭律师执业证书、律师事务所证明和委托书或者法律援助公函，有权会见犯罪嫌疑人、被告人并了解有关案件情况。律师会见犯罪嫌疑人、被告人，不被监听。"但是，徒法不足以自行，法律规定不等于法治现实。

一、审查起诉阶段的律师会见权

从法律的明文规定来看，律师会见张文中应当是畅行无阻的。然而，实际情况是，案件第二次退回补充侦查后,张文中的律师会见权突然被剥夺,此后在长达半年多的时间里,白加宁律师和左坚卫律师都未能见到张文中,甚至在案件已经起诉到法院以后,两位律师仍然见不到张文中。

白加宁律师发现张文中的律师会见权被剥夺是在第二次补充侦查到期后的2007年11月。根据当时的《刑事诉讼法》的规定,补充侦查到期,案件再次移送审查起诉,律师会见权应该当然予以恢复。然而,当他前往看守所要求会见张文中时,却被告知不允许律师会见。这让他们大感意外和不安,因而立即与衡水市人民检察院进行沟通,并向检察机关发出了要求会见张文中的书面律师函:

关于申请会见张文中的函

衡水市人民检察院:

我是物美集团原董事长张文中的辩护人、北京市共和律师事务所律师左坚卫。张文中一案再次退回补充侦查的最后期限已经超过多日。根据《刑事诉讼法》第36条的规定,本人作为犯罪嫌疑人张文中的辩护律师,有权会见张文中。但经多次申请,本人的会见权仍然没有得到落实。现再次向贵院提出申请,请求贵院尽快批准本人会见张文中,以维护法律的权威和当事人的合法权益。

特此申请。

申请人

北京市共和律师事务所律师　左坚卫

2007年11月30日

律师函发出去一个多月以后,衡水市人民检察院答复:案件已经移送至衡水市中级人民法院起诉。

于是白加宁律师和左坚卫律师立刻赶到衡水市中级人民法院,要求会见和阅卷。

二、一审阶段的律师会见权

案件确实已经起诉到了衡水市中级人民法院。2007年12月24

日的衡检刑诉〔2007〕68 号《河北省衡水市人民检察院起诉书》指控，物美集团及其法定代表人张文中犯单位行贿罪（两起单位行贿合计 530 万元），张文中伙同他人犯挪用资金罪（两起挪用单位资金合计 9000 万元），张文中伙同本公司张伟春犯诈骗罪（骗取国债贴息资金 3190 万元），应依法追究张文中、张伟春和物美集团所犯罪行的刑事责任。

起诉到法院的案件，应当说律师会见被告人不会有问题了。但当时衡水市中级人民法院并没有允许律师会见张文中，理由是最高人民法院的指定管辖函尚未下达，因而他们无法决定律师会见事宜。左坚卫律师认为，无论上级法院的指定管辖函是否下达，都不能剥夺律师依法拥有的会见被告人的权利，这样禁止律师会见的理由是不能成立的，并于 2008 年 2 月 26 日向衡水市中级人民法院提交要求会见张文中的书面申请。反复要求会见近三个月未果，于是左坚卫律师再次向衡水市中级人民法院发出要求会见的律师函：

会见被告人张文中的申请

衡水市中级人民法院：

我是北京市共和律师事务所律师左坚卫，从审查起诉阶段起接受张文中等诈骗案件中被告人张文中近亲属的委托担任张文中的辩护人。根据我国《刑事诉讼法》有关规定，在审查起诉和审判阶段辩护人可以会见被告人。但从 2007 年 11 月下旬始，辩护人向衡水市人民检察院提出会见要求时，该院答复：“本案检察机关的期限已经期满，已经起诉到衡水市中级人民法院，会见问题应该由该院负责。”此间，我们先是向贵院办案人员口头提出过会见申请，但被告知“最高人民法院的指定函尚未下达”，无法决定会见事宜；2008 年 2 月 26 日，我再次向贵院提出要求会见张文中的书面申请，贵院仍然以指定函尚未下达为由拒绝安排会见。从 2007 年 11 月下旬迄今，我们已经有 6 个月时间未能会见被告人张文中，张文中本人依法享有的会见辩护律师的权利受到了严重侵犯，我们作为其辩护人的会见权也无法行使。鉴于此，我再次强烈申请贵院批准会见被告人张文中,以使被告人的诉讼权利得到基本保障。

申请人:北京市共和律师事务所律师

左坚卫

2008 年 5 月 20 日

左坚卫律师要求会见被告人的合法要求发出去以后依旧没有下文。而同案另一被告人张伟春的律师会见被告人张伟春也遇到了相同的困境。于是,左坚卫律师和白加宁律师联合案件中另一名被告人张伟春的两位辩护人,北京市德律珩律师事务所的肖艳芬律师和北京市东元律师事务所的吴建平律师,以及担任物美集团辩护人的河北方圆律师事务所的高平律师,联名向衡水市中级人民法院再次发出了两次律师函,同时,左坚卫律师和白加宁律师还向衡水市看守所发出了律师函。

在左坚卫律师和白加宁律师为争取落实律师会见权而与衡水市检察院、法院、看守所反复沟通的时候,张文中也在看守所里经历他的至暗时刻。他后来回忆:“我在看守所的时候跟死刑犯和各种重罪犯关在一起。死刑犯是戴脚镣的,其中包括等待执行的死刑犯。可能某一天早晨就喊:罪犯某某某,出来! 就被押赴刑场去了。所以,的确,那是一段非常非常痛苦的回忆和不堪回首的经历了。”

尽管经历着人生最艰难的时刻,张文中并没有放弃做人的操守和底线。始终坚信自己是无罪的。这种勇气和决心,非经历生命至暗时刻的人恐怕难以感知。

三、一审阶段的律师阅卷权

我国《刑事诉讼法》第 36 条第 2 款明文规定:“辩护律师自人民法院受理案件之日起,可以查阅、摘抄、复制本案所指控的犯罪事实的材料。”可是,在张文中案进入法院审理阶段几个月后,律师仍然未被允许查阅案卷材料。到了 2008 年 8 月底,离一审开庭不到一个月时间了,白加宁律师和左坚卫律师未能见到公诉机关向法院提交的用以支持其指控的部分主要证据材料。于是,两位律师又向衡水市中级人民法院发出了《关于请求公诉机关尽快向法院提供张文中案相关主要证据材料的函》。

附件一：张文中案起诉书

河北省衡水市人民检察院
起 诉 书

衡检刑诉〔2007〕68号

被告单位物美控股集团有限公司(原北京物美商业集团有限公司)，单位地址：北京市石景山路3号玉泉大厦10层，法定代表人吴某1。

诉讼代表人吴某1，男，50岁，物美控股集团有限公司董事长。

被告人张文中，男，1962年7月1日出生，身份证号码：1201041962××××××××，汉族，博士，捕前系物美控股集团有限公司(原北京物美商业集团有限公司)董事长，住北京市海淀区××路××楼××室。2006年12月7日因涉嫌单位行贿、挪用公款罪被本院决定刑事拘留，同年12月20日，被告人张文忠因涉嫌单位行贿、挪用公款罪经本院决定，由衡水市公安局执行逮捕。

被告人张伟春，男，1958年4月27日出生，身份证号码：1101081958××××××××，汉族，大学文化，物美控股集团有限公司(原北京物美商业集团有限公司)行政总监，住北京市海淀区定慧东里××楼××号。2006年12月29日因涉嫌诈骗罪被衡水市公安局刑事拘留，2007年1月1日变更为监视居住，同年2月14日，因涉嫌诈骗罪经本院批准，由衡水市公安局执行逮捕。

被告单位物美控股集团有限公司涉嫌单位行贿罪，被告人张文忠涉嫌单位行贿罪、挪用公款罪一案，由本院侦查终结，被告人张文中、张伟春涉嫌诈骗罪一案，由衡水市公安局侦查终结，于2007年7月20日移送审查起诉。本院受理后，已依法告知了被告单位和被告人有权委托辩护人，审查了全部案件材料，依法讯问了被告人，听取了被告单位、被告人的辩护人的意见。因案情重大、复杂，经本院检察长批准，两次延长审查起诉期限各半个月，两次退回补充侦查。2007年11月10日案件再次移送审查起诉。

经依法审查查明：

一、单位行贿罪

1. 2002 年，在被告单位物美控股集团有限公司（以下简称物美集团）收购中国国际旅行社总社（以下简称国旅）持有的泰康人寿保险股份有限公司（以下简称泰康公司）5000 万股股份过程中，被告人张文中请求国旅总经理办公室主任赵某提供帮助，并答应给其好处费。在赵某的积极协调、帮助下，2002 年年底，物美集团以其关联公司北京和康友联技术有限公司名义顺利收购了国旅持有的 5000 万股泰康公司股份。2003 年 1 月至 2004 年 2 月，物美集团的关联公司北京卡斯特经济评价中心以报销费用的方式给赵某人民币 30 万元。

2. 2002 年，在被告单位物美集团收购广东粤财信托投资公司（以下简称粤才公司）持有的 5000 万股泰康公司股份过程中，被告人张文中向粤财公司总经理梁某承诺事成之后给予梁某个人好处费 500 万元。2003 年年底，物美集团以其关联公司华美现代流通发展有限公司的名义收购了粤财公司持有的 5000 万股泰康股份，张文中遂指使张某 1 通过北京敬业和康投资咨询中心为梁某支付人民币 500 万元。

二、挪用资金罪

1997 年 3 月，被告人张文中与中国国际期货有限公司董事长田某 1、泰康人寿保险股份有限公司董事长陈某 1（二人另案处理）商议挪用泰康公司的资金申购新股牟利，并约定所得盈利由三人按 3∶3∶4 的比例分配。随后，张文中指使张某 1 以北京卡斯特投资咨询中心向泰康公司借款的名义，从泰康公司转出人民币 4000 万元，由张某 1 具体负责申购新股。期间，人民银行检查，张文中、陈某 1、田某 1 为掩盖前期挪用资金事实，遂于 1997 年 7 月通过河南省国际信托投资公司又从泰康公司转出人民币 5000 万元，用于归还前次挪用款项。1997 年 8 月 19 日由张某 1 归还泰康公司人民币 4000 万元，同年 9 月 3 日和 9 日又分两次归还人民币 5000 万元。其间，共营利人民币 1000 余万元。

三、诈骗罪

2002 年年初，被告人张文中得知国家对重点企业、重点项目实行国债贴息补贴政策，遂与被告人张伟春、公司副总裁张某1等人商议此事，并委派张伟春到国家经贸委等部门进行了咨询。在得知该批国债贴息资金主要用于支持国有企业技术改造项目，物美集团作为民营企业不属于国债贴息资金支持范围的情况下，张文中与张伟春商量后决定以中国诚通公司（中央直属国有企业）下属企业名义进行申报。为此，张文中与中国诚通公司董事长田某1多次联系，田某1答应了张文忠的要求。在张文中的指使下，张伟春等人以虚假资料编制了物美集团技改项目可行性研究报告，以中国诚通公司下属企业名义上报国家经贸委。物流项目获得审批后，物美集团既未实施，也未向银行申请贷款；物美集团以信息化项目为名，以与和康友联公司签订虚假设备采购合同和开具虚假发票为手段，获得1.3亿元贷款，用于日常经营，未实施信息化项目。2003年10月29日，财政部将3190万元国债贴息资金拨付到中国诚通公司，后中国诚通公司将该款汇入物美集团账户，物美集团即将该款用于偿还公司贷款。案发后，已追缴赃款3190万元。

认定上述事实的证据如下：

1. 被告人张文中、张伟春的供述和辩解；

2. 证人张某1、陈某1、赵某、梁某、李某3，田某1、罗某、李某2、李某1、张某2、张某3、刘某2，张某4、许某、于某1等人的证言；

3. 国家经济贸易委员会、国家发展计划委员会、财政部等部门关于国债贴息的有关文件；

4. 审计署固定资产投资审计司关于物美控股集团有限公司申报使用国债专项贴息3190万元的审计调查报告；

5. 中国诚通控股集团有限公司、物美控股集团有限公司关于申报国债贴息的有关书证；

6. 物美控股集团有限公司收购广东粤财公司5000万股泰康股权的相关书证；

7. 物美控股集团有限公司收购中国国际旅行社总社5000万股泰康股权的相关书证；

8. 泰康人寿保险股份有限公司资金被挪用的相关书证；

9. 物美控股集团有限公司等企业的记账凭证；

10. 物美控股集团有限公司及相关公司工商登记资料；

11. 相关银行资料的凭证；

12. 司法会计鉴定报告。

本院认为，被告单位物美控股集团有限公司、被告人张文中作为该公司法定代表人，在与国有公司经济往来中，违反国家规定给予国家工作人员财物；被告人张文中伙同他人利用职务上的便利，挪用泰康公司资金，进行营利活动，数额巨大。其行为触犯了《中华人民共和国刑法》第三百九十三条、《全国人民代表大会常务委员会关于惩治违反公司法的犯罪决定》第十一条的规定，犯罪事实清楚，证据确实、充分，应当以单位行贿罪追究被告单位物美控股集团有限公司及被告人张文中的刑事责任，应当以挪用资金罪追究被告人张文中的刑事责任。

被告人张文中、张伟春以非法占有为目的，虚构事实，隐瞒真相，骗取国债贴息资金人民币3190万元，其行为触犯了《中华人民共和国刑法》第二百六十六条的规定，犯罪事实清楚，证据确实、充分，应当以诈骗罪追究被告人张文中、张伟春的刑事责任。根据《中华人民共和国刑事诉讼法》第一百四十一条的规定，提起公诉，请依法判处。

此致

河北省衡水市中级人民法院

检察员：× ×

×××

代理检察员：×××

× ×

二〇〇七年十二月二十四日

第二章　一审阶段

2008年9月20日，河北省衡水市中级人民法院公告，将于2008年9月24日公开开庭审理本案。

一、委托专家咨询论证，帮助澄清本案性质

鉴于本案案情重大且疑难复杂，本着认真负责的敬业态度和希望本案能得到合法公正处理的愿望，白加宁、左坚卫、肖艳芬、吴建平以及高平五位律师经所在律师事务所同意，特委托北京师范大学刑事法律科学研究院疑难刑事问题研究咨询专家委员会，于2008年8月27日在北京专门邀请了高铭暄、陈光中、周道鸾、赵秉志、陈兴良五位刑事法专家，就本案的一些疑难问题以及公诉机关指控中存在的问题进行了咨询和论证，并出具了专家论证法律意见书。这里需要说明的是，当时赵秉志教授尚未正式接受委托担任张文中的辩护人，因此，他作为专家参与本案的咨询论证并无不妥。

对于专家论证法律意见书，社会上一直存在两种对立看法。一种看法认为，法学专家没有看过案卷材料，没有参加庭审，难以对案件如何处理才公正的问题作出正确判断，还有干涉司法的嫌疑，是法治建设的“绊脚石”。另一种看法则认为，专家法律意见书基于对案件事实和证据的了解，对案件定性及法律适用等问题析法说理，帮助司法机关客观全面地审查判断案

件,是司法公正的“助推器”。

由于我们经常参加专家咨询论证活动,所以对专家法律意见的性质、作用比较了解。对于专家法律意见,有以下几个方面的问题需要加以澄清:

第一,专家法律意见是法学专家对某个案件中的行为性质认定、法律适用等问题发表的看法。

第二,法学专家在其出具的法律意见中的观点,仅代表其个人的学理见解,不具有任何法律效力或者强制约束力。

第三,法学专家在出具法律意见时,通常会认真阅读委托人(如律师或者法院、检察院)提供的案件材料复印件,详细了解案件情况,然后再发表其个人看法。那种认为专家出具法律意见时“无卷无宗,无凭无据,无书无证”的观点并不符合事实。

第四,书面的专家论证法律意见书是提供给审理案件的法院或者查办案件的公安机关、检察机关参考的,为了避免委托人或者当事人家属用于公开炒作,通常会声明未经参与论证的专家同意,不得以任何形式公开。

说法学专家基于其深厚的法学功底出具一份仅供司法机关办案人员参考的法律意见书就是干涉独立审判,在逻辑上显然说不通。所谓干预司法,应当表现为以权势或者其他手段,强行要求司法机关按照其意愿作出裁判结果。无论是公众对某起案件发表评论,还是法学专家对某人定罪量刑提出看法,只要不是以某种手段强行要求司法机关接受其观点,都不能视为干预司法,最多是对司法活动的外部监督,甚至连外部监督都谈不上。因为对专家法律意见书,法官可以参看,也可以不看;看了的可以参考,也可以不参考。

事实上,大多数司法人员对专家法律意见书并非都像某些激愤的司法人员那样一概排斥。根据浙江省高级人民法院 2003 年发表的一项调查研究成果,各地法院、各级法官对专家法律意见书的看法、态度不一。从调查问卷的统计来看,有 69% 的法官表示对专家法律意见书会“阅读并重视专家的意见”;另有 10% 的法官表示会“向领导汇报”;只有少数法官表示对意见书将“置之不理,仍按通常程序审理”。但无论法官们的态度怎样,实际收到专家意见书的法官大多数均认真对待,多数情况下会仔细阅读并将意见书装入案卷,作为辩护人提供的“其他材料”。调查中还发现,许多法官是将专家法律意见书当作“学术论著”来阅读的,当意见书的观点与法官的观点不谋而合时,专家意见的某些表述方式和论证方法还会为主审法官所借鉴。[1]

这份调查研究报告还认为,客观公正的专家法律意见书体现了法学家们深厚的理论功底、敏锐的视角、精辟的见解,对于推动法学理论和司法实践的发展是有益的。同时,该研究报告也指出,由于专家论证的发动往往是单方面的,另一方当事人并不参与,而发动方为了胜诉一般只提供对己有利的事实和证据,使意见书所依赖的事实往往具有片面性,在有偿论证的情况下,结论的倾向性更为明显。如果此类专家意见还通过媒体扩散,就非常容易误导舆论,对法官裁判案件形成不当压力。因此,专家法律意见书现象中一个突出的问题就是专家的立场问题,即中立身份的专家却发表为一方的“代理性”意见。在这种情况下,很难说其对司法公正有什么促进作用。相反,增加了法官的工作量,同时对另一方当事人来讲也不是很公平;而在专家意见没有被法官采纳的情况下,败诉的一方往往认为是法官不懂法甚至是枉法裁判,结果缠诉不休,浪费人力、物力和有限的司法资源。[2]

我们认为,上述关于专家论证法律意见书对审判工作影响的调研报告内容还是比较客观公允的。专家论证法律意见书的客观公正性确实是法学专家们参与论证时需要重点关注的问题之一。同时,专家论证法律意见书析法说理的质量也是至关重要的。这就要求法学专家在研讨论证案件、出具法律意见时,要充分查阅案件材料,全面了解案件事实,而不能听信委托人的一面之词。事实上,我们在召开专家论证之前,会对准备提交专家论证的案件进行严格的初审,许多诉求得不到证据和法律支持的案件论证申请,已经被拒绝了。说专家论证法律意见

---

〔1〕 参见浙江省高级人民法院研究室:《“专家法律意见书”对审判工作的影响》,载《法律适用》2003 年第 10 期。

〔2〕 同上。

书都是或者大多是偏听偏信是有失公允的。而且，专家论证法律意见书是要提交给法官参考的，如果言而无据，脱离案件事实，很难得到法官认可。委托论证的律师为了增加专家观点被法官采纳的可能性，会尽可能客观全面地介绍案件事实，甚至会特别强调某些不利于当事人的事实。应邀参加专家论证的专家学者通常都是该领域的权威甚至泰斗，十分爱惜自己的羽毛，并不会一味按照委托人希望的论证结论来表态。在某些情况下，甚至会出现法学专家拒不同意出具委托人所希望的论证结论的情况。不可否认，专家法律意见通常是支持委托方的诉求的，这首先是因为专家们认为委托方的诉求在事实上、法律上确实能够成立。因此，不能因为专家法律意见与委托人的意见一致，就认为是偏听偏信，偏袒一方。

当时五位刑事法专家在其法律意见书中就张文中案件提出了以下观点：

1. 根据现有证据，指控物美公司和张文中向梁某行贿500万元，事实不清、证据不足，不能成立。

2. 根据现有证据，泰康公司是以单位的名义将4000万元资金提供给卡斯特公司用于投资理财的，不符合挪用资金罪的构成要件，指控被告人张文中参与该笔资金的违规使用构成挪用资金罪不能成立。

3. 申报国债贴息项目属于物美公司的单位行为，根据罪刑法定原则，无论是否存在诈骗的内容，都不能以诈骗罪追究被告人张文中、张伟春个人的刑事责任。

4. 国家经贸委投资与规划司2002年下发的“投资〔2002〕075号”《关于组织申报2002年国债技术改造项目的通知》及其附件的内容表明，国债贴息资金只是重点支持国有企业和国家控股的大型骨干企业，而没有禁止非国有企业申报。

5. 2002年商品流通领域的发展已经呈现“国退民进”的趋势，民营企业日益成为商品流通领域的主角，流通业申报2002年国债技术改造项目没有理由将非公有制企业排除在外。

6. 从国家经贸委下发的该批国债贴息资金支持项目投资计划表中

可以看到,在取得该期国债贴息资金支持的企业中,至少有5家属于非国有企业。

二、一审辩护意见:无罪

赵秉志律师和白加宁律师在发表一审辩护意见时,本着辩护人依法维护当事人合法权益的职责,对公诉机关指控的三项罪名即单位行贿罪、挪用资金罪、诈骗罪,依据本案已经查明的事实、在案证据和相关法律,予以全盘否定。张文中认为,对他的三项罪名指控都是错误的,尤其是诈骗罪,因为2002年民营企业完全有资格申报国债贴息技术改造项目,物美集团根本不需要,事实上也没有冒充央企的下属企业申报项目;而且所申报的两个项目中,信息现代化项目已经实施了,第三方物流改扩建项目已经异地实施了,根本不存在冒充国有企业用虚假项目申报国债资金支持的问题。张文中在法庭上表示,如果判他有罪,他将用他全部的生命来捍卫自己的清白!

两位律师完全支持张文中的观点,当庭发表的辩护意见阐述了以下主张张文中不构成犯罪的理由:

1. 关于单位行贿罪

(1)指控物美公司为单位行贿罪的主体,不符合本案事实,也违反了相关法律规定。

(2)给予赵某的30万元中包含其正当报酬,既不是回扣,也不是手续费,认定被告人张文中向赵某行贿30万元证据不足。

(3)涉案的500万元不能排除是给李某3的中介费,将此款认定为给梁某的行贿款证据不足。

2. 关于挪用资金罪

(1)被告人张文中的涉案行为属于泰康公司挪用资金给卡斯特中心使用,不具备挪用资金罪的构成特征,不构成该罪。

(2)认定张文中、陈某1、田某1三人挪用资金营利归个人证据不足。

3. 关于诈骗罪

(1)被告人张文中的涉案行为属于典型的单位行为,而以我国刑法并未规定单位犯罪的诈骗罪追究被告人张文中个人的刑事责任,明显违背了我国刑法的罪刑法定原则,也与最高人民法院有关司法解释及法律性文件的规定相悖。

(2)被告人张文中不存在骗取国债贴息资金的犯罪故意和行为,没有为物美公司骗取国债贴息资金,具体表现在以下几个方面:

第一,张文中在参加 2001 年全国商品流通会议时,已经知道 2002 年国债贴息资金将会支持商品流通业以及支持原则,并且认为物美公司符合得到支持的条件。

第二,根据国家经贸委的有关文件以及物美公司当时的发展状况,物美公司符合申报 2002 年国债贴息资金的条件。

第三,原国家经贸委的有关工作人员的证言也证明,当时的文件并没有规定民营企业不属于国债贴息资金支持的范围。

第四,公诉机关指控被告人张文中得知物美公司作为民营企业不属于国债贴息资金支持的范围,所依据的证据根本经不起推敲,结论也完全错误。

第五,尤为重要和有说服力的是,事实上,至少有 5 家非国有企业经国家经贸委审批,得到了 2002 年国债贴息资金的支持。

第六,物美公司以诚通公司下属企业名义进行项目申报确实存在违规之处,但是,这只是申报渠道或者程序不当的问题,不是物美公司对自己身份和申报条件的虚构和隐瞒,因而不属于诈骗。

第七,物美公司的技改项目可行性研究报告本身内容真实,并不虚假。

第八,申报的物流项目获得审批后,物美公司一直在积极推动该项目的实施,并且多次向银行申请贷款,该项目未能按原设计实施是因“非典”以及政策调整等不可抗力所致。

第九,信息化项目得到了实际实施,指控物美公司将贷款用于日常经营,未实施项目,与事实不符。

一审辩护词长达3万多字,以经过法庭质证的证据为基础,深入、细致、全面地分析了张文中不构成犯罪的事实和法律根据。该辩护词已经将张文中不构成犯罪的理由阐述得十分清晰了,即便是9年后最高人民法院再审本案,宣告张文中无罪,其主要理由也与一审辩护词大致相同。

从形式上看,一审合议庭比较有效地保障了被告人和律师的辩护权,既没有阻挠或者打断律师法庭发问、发表质证意见,也没有催促辩护人简要发表辩护意见。赵秉志律师和白加宁律师共同发表一审辩护词,仅赵秉志律师在法庭上的发言就耗时近两小时,但合议庭并未打断其发言,而是让他充分发表辩护意见。后来,为了节省时间,赵秉志律师自己说,考虑到后面还有两位辩护人要发表辩护意见,他就少说点,否则,他全说完了,后面的同人就没啥可说的了。因此,可以说一审法庭是比较尊重辩护人发表辩护意见的权利的。本案另一被告人张伟春的辩护人吴建平律师口才极佳,他发言时脱稿发表了长篇辩护意见。庭审一直持续到深夜才结束。

三、一审判决结果:三项指控全部认定

辩护人的辩护意见完全没有得到一审法院的采纳。2008年10月9日,衡水市中级人民法院以(2008)衡刑初字第22号刑事判决,认定物美集团犯单位行贿罪,判处罚金人民币530万元;认定张文中犯诈骗罪,判处有期徒刑15年,并处罚金人民币50万元,犯单位行贿罪,判处有期徒刑3年,犯挪用资金罪,判处有期徒刑1年,决定执行有期徒刑18年,并处罚金人民币50万元;认定张伟春犯诈骗罪,判处有期徒刑5年,并处罚金人民币20万元。张文中接到判决书以后,当即决定上诉。他的愤怒通过他在一审判决书上的批注以及对判决理由的驳斥体现出来。后来,他把加有他密集批注的一审判决书副本赠送给了左坚卫律师作为留念。

河北省衡水市中级人民法院

刑　事　判　决　书

（2008）衡刑初字第22号

公诉机关河北省衡水市人民检察院。

被告单位物美控股集团有限公司（原北京物美商业集团有限公司），单位地址：北京市石景山路3号玉泉大厦10层。

诉讼代表人吴[redacted]，男，51岁，物美控股集团有限公司法定代表人。

辩护人高平，河北方圆律师事务所律师。

辩护人左坚卫，北京市共和律师事务所律师。

被告人张文中，男，1962年7月1日出生，山东省即墨县人，汉族，博士，捕前系物美控股集团有限公司董事长，住北京市海淀区[redacted]。2006年12月7日因行贿、挪用公款嫌疑被河北省衡水市人民检察院刑事拘留，同年12月20日，因涉嫌行贿、挪用公款犯罪由衡水市公安局执行逮捕。现押于衡水市看守所。

辩护人赵秉志，北京市中闻律师事务所律师。

辩护人白加宁，河北合明律师事务所律师。

被告人张伟春，男，1958年4月27日出生，北京市人，汉族，大学文化，原物美控股集团有限公司行政总监，住北京市海淀区[redacted]。2006年12月29日因诈骗嫌疑被衡水市公安局刑事拘留，2007年1月1日变更为监视居住，同年2月14日因涉嫌诈骗犯罪由衡水市公安局执行逮捕。现押于深州市看守所。

辩护人肖艳芬，北京市德律珩律师事务所律师。

辩护人吴建平，北京市东元律师事务所律师。

河北省衡水市人民检察院以衡检刑诉（2007）68号起诉书，指控被告单位物美控股集团有限公司犯单位行贿罪、被告人张文中犯单位行贿罪、挪用公款罪、诈骗罪、被告人张伟春犯诈骗

1

联公司资金1450万元、1450万元、4350万元。

和康友联公司转账支票记载，该公司于2002年7月1日、2002年12月31日、2003年4月1日先后转到国旅总社1450万元、1450万元、4350万元。

（10）国旅总社情况说明、会议纪要、股权分析报告、股权转让协议、会计凭证记载，2002年2月4日至同年12月17日国旅总社共五次召开党政领导班子联席会议，讨论研究国旅总社转让泰康公司股权的事宜；由赵[redacted]等具体负责与物美集团商谈股权转让事宜；决定以每股1.45元的价格转让；2002年6月26日国旅总社与和康友联公司签订股权转让协议，李[redacted]、王[redacted]代表双方签字。国旅总社收到和康友联公司支付的股权资金日期为2002年7月1日1450万元、2003年1月2日1450万元、2003年4月1日4350万元。

证人李[redacted]证言所证内容与上述证据所证实的内容相一致，其还证是根据物美集团的要求，以物美集团的子公司和康友联公司的名义签约收购的股权；2004年1月，股权转移到对方名下。

（11）中国保险监督管理委员会批复记载，同意国旅总社将持有的泰康公司5000万股股份转让给和康友联公司，转让后和康友联公司持有泰康公司股份比例为6.25％。

（12）《卡斯特经济评价中心章程》记载，2001年4月北京敬业和康投资咨询中心设立卡斯特经济评价中心，法定代表人为吴[redacted]。

（13）《和康友联技术有限公司企业资料》记载，北京卡斯特友联技术有限公司于1997年10月成立，2000年4月张[redacted]任董事长，2002年5月9日卡斯特友联技术有限公司更名为和康友联技术有限公司，董事长由张[redacted]变更为王[redacted]。

（14）国旅总社营业执照证实，国旅总社经济性质为全民所有制。

（15）国旅总社干部任免通知、干部退休审批表证实，1997年9月至2003年11月3日，赵[redacted]任国旅总社总经理办公室主任。

京敬业和康投资咨询中心。

（18）《华美现代流通发展有限公司的基本情况》记载，1997年9月成立华美现代流通发展有限公司，法定代表人为田[redacted]；2001年11月张文中为法定代表人、董事长；2003年4月董事长由张文中变更为张伟春，股东变更为北京卡斯特科技投资有限公司和北京康平创业投资有限公司。

上述证据，均由公诉机关出示并经庭审质证、核实，本院予以确认。

针对上述事实，被告单位的诉讼代表人提出，收购泰康公司股权及支付530万元人民币的行为均不是物美集团所为。其辩护人提出，物美集团不是单位行贿罪的主体，故其不构成单位行贿罪；支付的530万元好处费不是刑法规定的回扣或手续费。辩护人还向法庭提交了和康友联公司、卡斯特经济评价中心、华美现代流通发展有限公司和北京敬业和康投资咨询中心的证明、营业执照及工商登记资料；泰康公司的章程、审计报告；证人赵[redacted]、李[redacted]、刘[redacted]、李[redacted]、王[redacted]的证言及王[redacted]、吴[redacted]、张[redacted]补充说明等证据，以支持其辩护意见。被告人张文中提出，给赵[redacted]的30万元是劳务费、500万元是给李[redacted]在收购股权过程中的中介费。其辩护人提出，给赵[redacted]的30万元中含有正当报酬；500万元不能排除是给李[redacted]中介费的可能。

对于上述证据及辩解、辩护意见，经查，被告人张文中原供在得知国旅总社出让泰康公司股份后，主持召开了物美集团董事会会议（张文中在和康友联公司无职务），研究确定由物美集团的关联公司和康友联公司收购国旅总社所持有的泰康公司股份，所需资金由物美集团筹措，通过收购公司支付。和康友联公司、卡斯特经济评价中心、华美现代流通发展公司和北京敬业和康公司形式上虽是独立法人，但证人张[redacted]、许[redacted]证言证实四公司的财务、记账工作也由物美集团财务部兼职管理，并且受物美集团主管财务的副总裁张[redacted]直接领导；被告人张文中原供述，股权名义上由和康友联公司收购，是因为泰康公司章程规定泰康公司单一股东持股不允许超过10%，当时物美集团已持有8%的泰康总体上看，法院对本案390的描述，以起诉书的逻辑错误为基础，前后无连贯性。从逻辑的引证来看，直接照搬到错误的结论。在逻辑的圈圈都没有画圆。看来，如何说清民企不能申报，他们是找不到。

针对上述事实，被告人张文中提出，国家国债贴息资金政策不排斥民营企业项目申报，申报国债贴息资金工作是单位行为，该申报项目已分别实施。其辩护人提出被告人张文中不存在诈骗故意。被告人张伟春提出，其在物美集团申报国债贴息资金的工作中，行使的是职务行为；不知道国债贴息资金政策不支持民营企业。其辩护人提出，被告人张伟春没有诈骗故意。被告人张文中、张伟春的辩护人还向法庭提交了《2003年第二批国债专项资金国家重点技术改造项目投资计划表》、《中国中期投资有限公司情况说明》、物美集团“应付人民政府”帐目、开发区整顿政策文件、物美集团与思爱普公司专项服务协议、百子湾物流项目、物美集团2002-2007年信息化项目支出明细、信息化建设项目总结、物流配送合同、物流配送中心项目框架合作协议、物美集团账户余额以及证人门[redacted]、吴[redacted]、王[redacted]、张[redacted]、李[redacted]、蒙[redacted]、许[redacted]、于[redacted]、袁[redacted]、张[redacted]、张[redacted]、葛[redacted]、王[redacted]、许[redacted]等证言、被告人张伟春自述材料等证据，以支持其辩护意见。

而这些文件都没有禁止民企申报。

谁告诉伟春民营企业不能申报？仍不清楚。明显在忽悠。

明确排斥民营？

对于上述证据及辩解、辩护意见，经查，被告人张文中原供述在得知国家的国债贴息资金政策后，即安排张伟春对相关文件、政策规定进行了咨询、查阅。原国家经济贸易委员会等部门联合下发的《国家重点技术改造项目管理办法、国债专项资金管理办法》已明确国家重点技术改造项目的确定，以加快国有企业技术进步和产业升级为目标；国家重点技术改造项目选择的企业是国有大型企业和国有控股大型企业。辩护人提交的证人门[redacted]的证言中，对该批国家重点技术改造项目的选择亦不否认上述范围。故被告人张文中、张伟春的辩解意见不成立。重大问题？？？

文件的引用错误，过时文件。

国家实行的国债贴息资金针对的是国家重点技术改造项目，被告人在物美集团为民营企业、以其名义进行申报国债贴息资金不得获批的情况下，隐瞒真相，以物美集团是国有中国诚通公司下属企业的名义，编制虚假材料向国家申报项目国债贴息资金，并虚构购买设备的事实取得相应部分贷款；未按规定实施申报获批项目及使用该国债贴息资金和专项贷款；被告人张文中当

这句话完全错误的，以起诉书不错，起诉书没说“重点支持国有企业”

以前任何文件中过起诉书荒唐“文件重点支持国有企业”不得排斥民企，他改的更荒唐了。

应引述文件为何批改这一段。他们并未用支持/排斥证明民营企业！说明……

这段话不通，无关联性。如何报债的？

庭供述，信息现代化工作及物流园区建设是物美集团企业发展所必须的，故物美集团后来进行的相关工作与其以通州区物流项目和信息现代化项目违法申报、使用骗取的国债贴息资金的行为不具有关联性。故辩护人所提二被告人无诈骗故意、申报项目实施的意见不成立。

物美集团不是诚通公司下属企业，未实施申报国债贴息资金获批的物流及信息化项目，将获得的国债贴息资金用于归还企业贷款，将项目贷款转用于企业日常经营，已有相关证据予以证实；物美集团就申报获批的物流项目未实施，已由证人张[redacted]、张[redacted]证言证实，物美集团就派张[redacted]去通州区就马驹桥镇物流项目谈了一次，且没有谈具体的征地、实施方案，之后再也没谈这事，更没有实施物流项目。故物美集团取得通州区的项目规划意见书后未再就该项目进行相关工作，辩护人提交的通州区工作人员张[redacted]等证人的证言亦不否认该情节，该情节与国家对开发区进行整顿的情况无关联性。《2003 年第二批国债专项资金国家重点技术改造项目投资计划表》记载内容印证了物美集团冒用诚通公司下属企业名义申报获批项目的事实，其中所列江苏盐城丰东热处理等五家企业如何申报项目获得批准，不影响二被告人虚构物美集团是国有诚通公司下属企业、用虚假材料编制项目报告、未按规定实施申报获批项目及使用该国债贴息资金和专项贷款的事实认定。物美集团取得国债贴息资金后，为会计帐目需要必然建立"应付人民政府"帐目，该与骗取国家国债贴息资金的行为性质无关。故对于辩护人提交的证据不予采信，辩解及辩护意见不予采纳。

本院认为，被告单位物美集团在收购泰康公司股权的过程中，给予国家工作人员好处费，其行为已构成单位行贿罪，被告人张文中作为被告单位直接负责的主管人员，应予刑罚；被告人张文中、张伟春以非法占有为目的，虚构事实，隐瞒真相，骗取国家贷款贴息，数额特别巨大，其行为已构成诈骗罪，应予刑罚。被告人张文中伙同并利用他人职务上的便利挪用泰康公司资金，归个人使用进行营利活动，数额较大，构成挪用资金罪的共犯，其在追诉时效期间内又犯新罪，应追究其刑事责任。公诉机关指控的犯罪事实及罪名成立，应予支持。关于被告人张文中的辩护人所提指控的单位行贿部分若构成单位行贿罪，则被告人张文中构成自首，行贿500万元系未遂的意见，经查，所诉单位行贿的事实系被告人张文中主动交待，因其当庭推翻原供，且无正当理由和其他证据佐证，故不应以自首论；物美集团收购粤财公司持有的泰康公司股权后，被告人张文中指使张[redacted]找李[redacted]联系给粤财公司负责人梁棠500万元好处费，张[redacted]经与李[redacted]联系后支付了该500万元，该单位行贿行为已完成，属于犯罪即遂，犯罪未遂的辩护意见不成立。关于被告人张文中、张伟春的辩护人所提申报国债贴息资金工作是单位行为，刑法未规定单位诈骗罪，故二被告人不构成诈骗罪的意见，经查，被告人张文中、张伟春骗取数额特别巨大的国家国债贴息资金的行为，具有严重的社会危害性，应当定罪处罚，二被告人将犯罪所得处置给单位，不影响其个人诈骗犯罪的构成，故辩护人的意见不成立。被告人张伟春在诈骗犯罪中，受被告人张文中指使参与犯罪活动，所起作用较小，在犯罪中从属地位明显，属于从犯，对其可减轻处罚。被告人张文中、张伟春诈骗所得已予追缴，未造成国家利益损失，该情节应予考虑。为保护公共和公司财产的所有权不受侵犯，维护国家廉政建设和公司财物管理制度，打击犯罪，依照《中华人民共和国刑法》第二百六十六条、第三百九十三条、第三十条、第三十一条、第二十五条第一款、第二十七条、第六十九条、第八十九条、第六十四条、第十二条第一款及《全国人大常委会关于惩治违反公司法的犯罪的决定》第十一条、《最高人民法院＜关于办理违反公司法受贿、侵占、挪用等刑事案件适用法律若干问题的解释＞》第三条之规定，判决如下：

一、被告单位物美控股集团有限公司犯单位行贿罪，判处罚金530万元。（自判决生效之日起十日内缴纳。）

二、被告人张文中犯诈骗罪，判处有期徒刑十五年，并处罚金50万元；犯单位行贿罪，判处有期徒刑三年；犯挪用资金罪，判处有期徒刑一年，决定执行有期徒刑十八年，并处罚金50

38

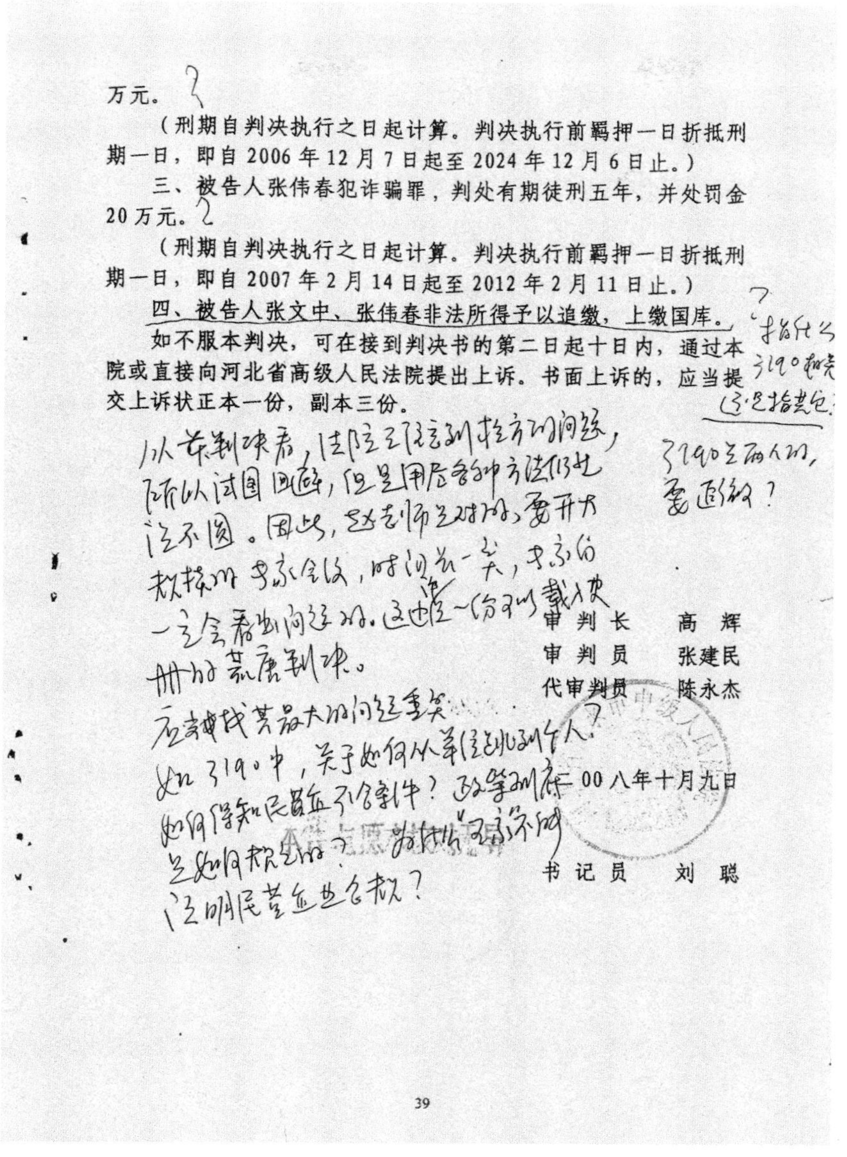
万元。

（刑期自判决执行之日起计算。判决执行前羁押一日折抵刑期一日，即自2006年12月7日起至2024年12月6日止。）

三、被告人张伟春犯诈骗罪，判处有期徒刑五年，并处罚金20万元。

（刑期自判决执行之日起计算。判决执行前羁押一日折抵刑期一日，即自2007年2月14日起至2012年2月11日止。）

四、被告人张文中、张伟春非法所得予以追缴，上缴国库。

如不服本判决，可在接到判决书的第二日起十日内，通过本院或直接向河北省高级人民法院提出上诉。书面上诉的，应当提交上诉状正本一份，副本三份。

审 判 长　高　辉
审 判 员　张建民
代审判员　陈永杰

二00八年十月九日

书 记 员　刘　聪

39

正如张文中在判决书批注里所认为的那样，一审判决完全采纳检方说法，完全不顾被告人、辩护人所说的任何事实、证据，对辩护意见均不予采纳、采信。

不过,张文中并不气馁。他收到一审判决书后,立即着手安排上诉后的二审事宜。他认为,一审形成的判决很粗糙,如果说起诉书"漏洞百出",一审判决书则是"漏洞千出"。这份判决让越多的专家见证越好,法律专家们一定会得出正确判断。应当把辩方证据整理得更清晰一些,以送专家会议审阅。他鼓励律师团队和物美集团高管,说驳倒一审判决是一定可以做到的,工作的核心在于形成有说服力的、清晰的专家会议纪要,使其发挥作用。

律师辩护团队和物美集团高管层立即按照张文中的意见,开展二审辩护工作。此前,已经改由赵秉志律师、白加宁律师担任张文中的辩护人,左坚卫律师与高平律师担任物美集团的辩护人。

张文中作为最了解案件事实真相的人,他的判断是完全正确的:一审法院的判决结论和判决理由不能成立。

附件二：张文中案第一次专家论证法律意见书

张文中等被控单位行贿、挪用资金、诈骗案
专家论证法律意见书

物美控股集团有限公司(以下简称物美公司)及其原董事长张文中被控单位行贿,张文中被控挪用资金、诈骗,以及物美公司原行政总监张伟春被控诈骗一案,已由河北省衡水市人民检察院于2007年12月24日起诉至衡水市中级人民法院。目前,本案尚未开庭审理。本案被告人张文中的辩护人河北合明律师事务所律师白加宁、北京市共和律师事务所律师左坚卫,被告单位物美公司的辩护人河北方圆律师事务所律师高平,以及被告人张伟春的辩护人北京市东元律师事务所律师吴建平、北京市德律珩律师事务所律师肖艳芬认为,公诉机关对张文中、张伟春以及物美公司的有关指控存在定性错误或者事实不清、证据不足等问题。本着认真负责的敬业态度和希望本案能得到合法公正处理的愿望,白加宁律师、左坚卫律师、高平律师、吴建平律师以及肖艳芬律师经所在律师事务所同意,委托北京师范大学刑事法律科学研究院疑难刑事问题研究咨询专家委员会,于2008年8月27日在北京专门邀请了高铭暄、陈光中、周道鸾、赵秉志、陈兴良五位我国著名的刑事法专家,就本案的一些疑难问题以及公诉机关的指控中存在的问题进行了咨询和论证,并出具了专家论证法律意见书。

一、参加论证的法律专家及论证依据的主要材料

(一)参加论证的法律专家

高铭暄　北京师范大学刑事法律科学研究院名誉院长、特聘教授、博士生导师,中国人民大学荣誉教授,中国法学会刑法学研究会名誉会长,北京师范大学刑事法律科学研究院专家委员会主任

陈光中　中国政法大学终身教授、博士生导师,中国法学会刑事诉讼法学研究会名誉会长,北京师范大学刑事法律科学研究院特聘教授

周道鸾　最高人民法院研究室前主任,国家法官学院教授,北京师

范大学刑事法律科学研究院专家委员会委员

赵秉志 北京师范大学刑事法律科学研究院院长、教授、博士生导师，中国法学会刑法学研究会会长，北京师范大学刑事法律科学研究院专家委员会副主任

陈兴良 北京大学法学院教授、博士生导师，中国法学会刑法学研究会副会长，北京师范大学刑事法律科学研究院专家委员会委员

（二）专家论证依据的主要材料

1. 衡水市人民检察院“衡检刑诉〔2007〕68 号”起诉书；

2. 办案人员讯问被告人张文中笔录 4 份（2006 年 12 月 10 日，2006 年 12 月 21 日，2007 年 1 月 18 日，2007 年 3 月 15 日）；

3. 办案人员讯问被告人张伟春笔录 1 份；

4. 办案人员询问证人陈某 1 笔录 2 份；

5. 办案人员询问证人杨××笔录 1 份；

6. 律师调查吴××、于×、邱××、叶××、宫××笔录各 1 份；

7. 国内贸易部行业管理一部“司发行一连字〔1996〕第 46 号”《关于确定全国第一批连锁经营定点联系企业的函》及其附件（1996 年 8 月 12 日）；

8. 国家经贸委等四部门发布的“国经贸投资〔1999〕886 号”《关于印发〈国家重点技术改造项目管理办法〉和〈国家重点技术改造项目国债专项资金管理办法〉的通知》（1999 年 9 月 10 日）；

9. 国家经贸委等四部门发布的“国经贸投资〔2000〕822 号”《关于修订〈国家重点技术改造项目管理办法〉和〈国家重点技术改造项目国债专项资金管理办法〉的通知》；

10. 国家经贸委等六部门发布的“国经贸运行〔2001〕189 号”《关于加快我国现代物流发展的若干意见》（2001 年 3 月 2 日）；

11. 国务委员吴仪同志在全国推进流通现代化工作现场会上的讲话（2002 年 1 月 21 日）；

12. 北京市人民政府“京政函〔2002〕8 号”《关于同意将北京通州物流产业园区列为市级开发区的批复》（2002 年 2 月 22 日）；

13. 国家经贸委投资与规划司“投资〔2002〕075 号”《关于组织申报 2002 年国债技术改造项目的通知》及附件一、二（2002 年 2 月 27 日）；

14. 国家经贸委投资与规划司“投资〔2002〕548 号”《关于下达 2002 年国家重点技术改造项目计划（第八批国债专项资金项目）的通知》及附件（2002 年 7 月 30 日）；

15. 物美公司关于申请提供物流项目建设手续的函（2002 年 8 月 19 日）；

16. 物美公司关于申请“北京物美公司商业集团第三方物流改扩建项目”环保批复的请示（2002 年 9 月 20 日）；

17. 北京物美公司综合超市有限公司关于申请集团实施物流中心及连锁经营信息化项目的报告（2002 年 9 月 25 日）；

18. 北京市通州区规划局规划意见书；

19. 北京市环境保护局“京环保监督审字〔2002〕313 号”《关于北京物美公司商业集团第三方物流改造项目环境影响报告表的批复》（2002 年 9 月 27 日）；

20. 物美公司关于第八批国债技改项目有关事项的董事会决议（2002 年 9 月 28 日）；

21. 物美公司信息现代化建设项目简介（2002 年 9 月）；

22. 物美公司关于报送北京物美公司商业集团有限公司国债技改项目可行性研究报告的报告（2002 年 10 月 18 日）；

23. 国家经贸委“国经贸贸易〔2002〕773 号”《“十五”商品流通行业结构调整规划纲要》（2002 年 10 月 16 日）；

24. 物美公司存款证明（2002 年 10 月 23 日）；

25. 中国诚通控股公司关于审批北京物美公司商业集团第三方物流改造项目可研报告的请示（2003 年 1 月 16 日）；

26. 中国诚通控股公司关于审批北京物美公司商业集团信息现代化建设项目可研报告的请示（2003 年 1 月 16 日）；

27. 中国诚通控股公司关于调整北京物美公司综合超市有限公司

物流中心及连锁经营信息化项目承担单位及有关事宜请示(2003 年 1 月 16 日);

28. 中国诚通控股公司关于申请分别审批北京物美公司商业集团物流改造和信息现代化项目的函(2003 年 1 月 16 日);

29. 国家经贸委“国经贸投资〔2003〕86 号”《关于印发第三批国家重点技术改造“双高一优”项目导向计划的通知》及其附件(2003 年 1 月 27 日);

30. 物美公司第三方物流改造项目自有资金使用说明(2003 年 2 月 13 日);

31. 国家经贸委投资与规划司《关于同意调整北京物美公司综合超市有限公司物流中心及连锁经营信息化项目承担主体的函》(2003 年 3 月 10 日);

32. 国家经贸委投资与规划司“投资〔2003〕303 号”《关于授权审批限额以上技术改造项目可行性研究报告的函》(致中国诚通控股公司)及附件(2003 年 3 月 12 日);

33. 国家经贸委投资与规划司“国经贸投资〔2003〕297 号”《关于下达 2003 年第二批国债专项资金国家重点技术改造项目投资计划的通知》及附件(2003 年 3 月 17 日);

34. 国家经贸委“国经贸投资〔2003〕307 号”《关于下达 2003 年第二批国债专项资金国家重点技术改造项目资金计划的通知》(2003 年 3 月 30 日);

35. 北京市规划委员会“市规发〔2003〕1113 号”《关于北京通州物流产业园区控制性详细规划的批复》(2003 年 8 月 14 日);

36. 国家经贸委“发改办厅〔2003〕742 号”《国家发展改革委办公厅关于近期技术改造投资管理工作有关问题的通知》(2003 年 8 月 25 日),物美公司关于申请办理国债贴息请款手续的报告(2003 年 10 月 20 日);

37. 物美公司与德丰广道物流有限公司签订的《租赁协议》《备忘录》以及北京铁路分局、北京京铁北方铁路运输服务公司的《仓库租赁

授权书》(2004 年 8 月);

38. 物美公司与思爱普(北京)软件系统有限公司上海分公司签订的《专业服务协议》(2006 年 9 月 11 日);

39. 北京市规划委员会“关于通州物流基地控制性详细规划局部调整方案的审查意见”(2006 年 12 月 19 日致通州区政府);

40. 物美公司物流配送中心项目系统咨询规划及项目集成合同书(2007 年 7 月 9 日);

41. 中国国际期货经纪有限公司公司章程;

42. 物美公司 1.3 亿元贷款的使用明细;

43. 物美公司 2002 年至 2007 年 8 月信息化项目支出明细材料;

44. 物美公司 2002 年至 2007 年固定资产、电子设备明细及记账凭证;

45. 物美公司长期待摊费用——科目分摊明细表及记账凭证;

46. 2002 年至 2007 年物美公司固定资产、电子设备明细及记账凭证;

47. 实施 ERP 项目,管理费用日记账;

48. 实施信息化项目所购买电子设备和软件等合同;

49. 物美公司信息化系统 NC 项目《计算机软件使用许可合同》《实施服务合同》(2003 年 11 月 28 日);

50. 物美公司与上海同振信息技术有限公司《软件销售合同》两份(2005 年 3 月 11 日,2006 年 7 月 19 日);

51. 物美公司《采购合同》(2006 年 2 月 22 日);

52. 物美公司购买 SAP 软件的合同及其附件(2006 年 9 月 11 日);

53. 物美公司与神州数码办公自动化软件公司签订的《销售合同》《配套服务合同》(2007 年 2 月 6 日);

54. 物美公司《造价软件销售合同》(2007 年 3 月 21 日);

55. 经贸委 2002 年全国前 30 名零售、餐饮业连锁企业经营情况统计表(2003 年 2 月 18 日);

56. 商务部 2003 年中国连锁 30 强名单(2004 年 2 月 11 日);

57. 商务部商业改革发展司2004年全国商业连锁企业前30名经营情况排名(2005年2月7日)；

58. 商务部商业改革发展司2005年全国前30家连锁企业排名(2006年2月24日)；

59. 商务部商业改革发展司、中国连锁经营协会2006年中国连锁经营100强企业排名表(2007年3月27日)；

60. 物美公司与北京祥龙物流有限公司签订的《合作意向书》(2007年7月)；

61. 北京卡斯特投资咨询中心与泰康人寿保险股份有限公司签订的委托投资国债协议(1997年3月27日)；

62. 北京卡斯特投资咨询中心与泰康人寿保险股份有限公司签订的抵押合同(1997年3月27日)；

63. 泰康人寿保险股份有限公司"泰康函〔1997〕003号"《关于终止委托国债投资协议致北京卡斯特投资咨询中心的函》(1997年8月15日)。

以上材料均由论证委托方以复印件提供。

二、基本案情和委托论证的主要问题

(一)公诉机关指控的基本犯罪事实

公诉机关衡水市人民检察院在起诉书中指控被告人张文中犯有以下三项罪行:(1)单位行贿罪。2002年,在被告单位物美公司收购中国国际旅行社总社(以下简称国旅)持有的泰康人寿保险股份有限公司(以下简称泰康公司)5000万股股份过程中,被告人张文中请求国旅总经理办公室主任赵某提供帮助,并答应给其好处费。在收购成功后,于2003年1月至2004年2月,给赵某人民币30万元。2002年,在被告单位物美公司收购广东粤财信托投资公司(以下简称粤财公司)持有的5000万股泰康公司股份过程中,被告人张文中向粤财公司总经理梁某承诺事成之后给予梁某个人好处费500万元,并在2003年年底,支付梁某人民币500万元。(2)挪用资金罪。1997年3月,被告人张文中与中国国际期货有限公司(以下简称中期公司)董事长田某1、泰康公司董事长陈某1商议挪用泰康公司的资金申购新股牟利,并约定所得盈利由三人按3:3:4的比例分配。随后,张文中指使张某1以卡斯特投资咨询中心向泰康公司借款的名义,从泰康公司转出人民币4000万元,由张某1具体负责申购新股,共营利人民币1000余万元。(3)诈骗罪。2002年年初,被告人张文中为了让物美公司得到国债贴息资金,与张伟春(本案另一被告人,原物美公司行政总监)商量后决定物美公司以中国诚通公司(中央直属国有企业)下属企业名义进行申报。在张文中的指使下,张伟春等人以虚假资料编制了物美公司技改项目可行性研究报告,以诚通公司下属企业名义上报国家经贸委,骗取国债贴息资金3190万元用于偿还公司债务。同时,公诉机关在起诉书中还指控被告单位物美公司犯单位行贿罪,被告人张伟春犯诈骗罪,基本事实分别同上述指控的单位行贿罪和诈骗罪的犯罪事实。

(二)委托人请求论证的主要问题

委托人提请法律专家论证的主要问题如下:

1. 根据相关证据,指控物美公司以及被告人张文中向梁某行贿500万元证据是否充分?定性是否正确?

2. 根据相关证据,指控被告人张文中犯挪用资金罪能否成立?

3. 根据相关证据,指控被告人张文中、张伟春以非法占有为目的,骗取3190万元国债贴息资金能否成立?涉案的申请国债贴息资金的行为属于单位行为还是个人行为?根据罪刑法定原则的要求,对相关行为能否以诈骗罪追究个人的刑事责任?

三、专家的论证意见

接受邀请的5位刑事法专家在认真听取委托人对本案有关情况的介绍,并仔细阅读、研究委托人提供的案件材料的基础上,经过深入研讨,一致认为:(1)根据委托人提供的相关证据材料,指控被告单位物美公司以及被告人张文中向梁某行贿500万元系事实不清、证据不足;(2)指控被告人张文中犯挪用资金罪与相关证据能够证明的事实不符,不能成立;(3)指控被告人张文中、张伟春以非法占有为目的,骗取3190万元国债贴息资金与相关证据能够证明的事实不符,也不能成

立,且公诉机关指控的相关行为属于单位行为,依法不能以诈骗罪来追究个人的刑事责任。与会专家提出如下具体论证意见:

(一)关于向梁某行贿500万元

公诉机关在起诉书中指控:2002年,在被告单位物美公司收购粤财公司持有的5000万股泰康公司股份过程中,被告人张文中向粤财公司总经理梁某承诺事成之后给予个人好处费500万元。2003年年底,物美公司以其关联公司华美现代物流发展有限公司(以下简称华美公司)的名义收购了粤财公司持有的5000万股泰康股份,张文中遂指使张某1通过北京敬业和康投资咨询中心(以下简称敬业和康)为梁某支付人民币500万元。根据公诉机关目前提供的相关证据来看,上述指控存在若干重大疑问难以排除,因而难以认定涉案的500万元属于行贿款。

公诉机关指控涉案的500万元属于物美公司向梁某的行贿款所依靠的主要证据是被告人张文中的供述以及证人陈某1的证言。而张文中在供述中只是讲,陈某1对他说,收购完成后,须给梁某500万元好处费,他后来对李某某(广东嘉德拍卖行总经理)说,愿意给梁某500万元好处(见2006年12月21日讯问张文中笔录第3页)。收购成功后,也是陈某1要他把500万元打到广东嘉德拍卖行李某某公司的账户上(见2006年12月21日讯问张文中笔录第4页)。至于梁某对这500万元是什么态度,并没有涉及。在陈某1的证言中,只是说到张文中告诉过他梁某要求把好处费500万元打到李某3那里(见2006年12月6日询问陈某1笔录第3页),而缺乏梁某本人对这笔钱的直接说法。显然,梁某本人以及李某某的证言对查明这笔钱的性质以及相关事实真相至关重要。然而,公诉机关在向法院移交的用以支持其控罪主张的有关案卷中,并未提供这两名关键证人的证言,这就使该笔500万元的款项究竟属于什么性质存在重大疑问;张文中与梁某之间是否存在给予和收受500万元好处费的约定,如何约定,也都不清楚;梁某是否收到这500万元款项也不清楚。也就是说,这笔款项究竟是什么性质,至少需要梁某、李某某的证言才可能查明。如果梁某说他根本就拒绝接受这500万元，而李某某也说该笔钱是他为自己向张文中要的，而不是为梁某要的，那么，这500万元的性质就不是行贿款。既然这笔钱的性质存在可能是行贿款，也可能不是行贿款等多种可能性，那么，公诉机关指控物美公司和张文中向梁某行贿500万元，就明显存在事实不清、证据不足的问题。

（二）关于挪用资金罪

公诉机关指控：1997年3月，被告人张文中与中期公司董事长田某1、泰康公司董事长陈某1商议挪用泰康公司的资金申购新股牟利，并约定所得盈利由三人按3∶3∶4的比例分配。随后，张文中指使张某1以卡斯特公司向泰康公司借款的名义，从泰康公司转出人民币4000万元，由张某1具体负责申购新股。其间，经中国人民银行检查，张文中、陈某1、田某1为掩盖前期挪用资金事实，于1997年7月通过河南省国际信托投资公司又从泰康公司转出人民币5000万元，用于归还前次挪用款项。1997年8月19日，张某1归还泰康公司人民币4000万元，同年9月3日和9日又分两次归还人民币5000万元。其间，共营利人民币1000余万元。

从相关证据来分析，公诉机关上述指控内容与现有证据能够证明的事实不符，不能成立；被告人张文中的涉案行为不具备挪用资金罪的构成特征，不构成该罪。

1. 公诉机关的有关指控与现有证据能够证明的事实不符，从现有证据来看，张文中既未指使张某1从泰康公司转出资金，也不能认定盈利归个人。

从内容上看，公诉机关在起诉书中的有关指控存在诸多与现有证据不符之处，有的还不合常理，不能成立。具体表现在：第一，指控“张文中指使张某1以卡斯特公司向泰康公司借款的名义，从泰康公司转出人民币4000万元，由张某1具体负责申购新股”，与现有证据证明的有关资金的流向和使用情况不符，不能成立。有关涉案的4000万元资金的工商企业资金往来专用发票、银行进账单证明，该4000万元资金是由泰康公司的财务人员以泰康公司的名义从泰康公司的账户转入卡斯特公司的账户,申购新股活动是以卡斯特公司为主体进行的。因此,该4000万元资金既不是由张文中从泰康公司转出,也不是由张某1使用,而是由泰康公司的人员以泰康公司作为主体从泰康公司转出,由卡斯特公司使用的。第二,指控张文中与田某1、陈某1约定4000万元资金申购新股所得盈利归个人,与现有证据能够证明的涉案4000万元资金所获营利的实际去向不符,也与张文中的供述不符。根据卡斯特公司的炒股账户,涉案的4000万元资金炒股所获得的1000万元利润一直放在卡斯特公司的单位炒股账户上,长达近10年,并没有个人分得过这笔资金产生的收益。而张文中却说这笔钱田某1拿走了一部分,显然不可信。如果张文中、田某1、陈某1三人确实存在过炒股收益归个人的约定,没有理由在获利后长达近10年的时间内,三个人都不约而同地不去拿属于自己的那部分利益。第三,指控张文中与田某1、陈某1约定,涉案4000万元资金所获盈利由三人按3∶3∶4的比例分配,不但与盈利的实际流向不符,而且不符合情理。公诉机关在起诉书中,根据张文中的供述和陈某1的证言,指控张文中、田某1、陈某1三人约定,挪用泰康公司的资金打新股所获盈利,按3∶3∶4分给他们个人。而所获盈利实际上一直留在卡斯特公司的账户上,并没有归他们个人。而且,在打新股活动中,陈某1担任董事长的泰康公司出钱,张文中任董事长的物美公司的股东卡斯特公司出力,两个人或者两家公司从获利中分红尚可理解,而田某1既未出钱,也未出力,却能与张文中分同样份额的利,这显然不合常理。从泰康公司与卡斯特公司1997年3月27日签订的委托投资国债协议以及抵押合同来看,这笔资金的风险完全由卡斯特公司承担,打新股所获盈利则归泰康公司和卡斯特公司。

从公诉机关在起诉书中的指控存在的上述三方面的问题可以看出,起诉书中指控的有关内容,无论从现有证据来分析,还是从内容的合理性上分析,都存在难以排除的重大疑问,因而不能成立。

2. 张文中的涉案行为不具备挪用资金罪的构成特征,不构成该罪。

根据《刑法》第272条的规定,构成挪用资金罪必须是“挪用本单位资金归个人使用或者借贷给他人”。同时,根据2000年7月27日起施行的最高人民法院《关于如何理解刑法第二百七十二条规定的“挪用本单位资金归个人使用或者借贷给他人”问题的批复》,“挪用本单位资金归个人使用或者借贷给他人”是指挪用本单位资金归本人或者其他自然人使用,或者挪用人以个人名义将所挪用的资金借给其他自然人和单位。从现有证据来看,本案中,张文中既没有挪用泰康公司的4000万元资金“归本人或者其他自然人使用”,也没有“以个人名义将所挪用的资金借给其他自然人和单位”,因而不属于挪用本单位资金归个人使用或者借贷给他人,不能以挪用资金罪论处。

(1)涉案的4000万元资金的使用者是卡斯特公司,涉案行为不具备“挪用本单位资金归本人或者其他自然人使用”这一挪用资金罪的特征。

根据有关4000万元涉案资金的工商企业资金往来专用发票、银行进账单,涉案的4000万元资金的使用者是具有独立法人资格的卡斯特公司(卡斯特公司系物美公司的股东),该笔资金从泰康公司的账户上直接转入了卡斯特公司的账户。而且,根据卡斯特公司的相关账户,涉案的4000万元资金从泰康公司打入卡斯特公司后,放在卡斯特公司的炒股账户上,后来用于卡斯特公司申购新股活动,共获利1000余万元。这1000余万元的收益也一直放在卡斯特公司的单位账户上,直至案发被司法机关追缴,并没有个人得到过收益。其间,泰康公司还曾经向卡斯特公司索要其根据协议应得的那部分投资收益(见泰康公司“泰康函〔1997〕003号”《关于终止委托国债投资协议致北京卡斯特投资咨询中心的函》第2页)。因此,张文中的涉案行为并不具备“挪用本单位资金归本人或者其他自然人使用”的特征。

(2)涉案的4000万元资金是泰康公司借出的,不符合“以个人名义将所挪用的资金借给其他自然人和单位”这一挪用资金罪的特征。

如前所述,根据有关工商企业资金往来专用发票以及卡斯特公司与泰康公司签订的委托投资国债协议,涉案的4000万元资金是以泰康公司的名义,由泰康公司转出的,而不是陈某1或者张文中以个人名义转出的。公诉机关指控张文中指使张某1以卡斯特公司向泰康公司借款的名义,从泰康公司转出人民币4000万元,显然与事实不符。而且,在以泰康公司的名义动用该4000万元资金时,陈某1还告诉了公司常务副总经理任某以及公司财务部负责人李某4(见办案人员2006年12月9日询问陈某1笔录第3页)。因此,张文中的涉案行为也不具备"以个人名义将所挪用的资金借给其他自然人和单位"这一挪用资金罪的特征。

综合上述两方面的分析可以得出结论:根据现有证据,涉案的4000万元资金是由泰康公司支出,直接从泰康公司账上转到了卡斯特公司的账上,并由卡斯特公司这一法人单位使用,属于以单位的名义将资金提供给另一个单位使用,且所获得的利润也一直放在卡斯特公司的单位账户上,并没有归个人。因此,张文中的相关涉案行为,既不是挪用本单位资金归本人或者其他自然人使用,也不是以个人名义将所挪用的资金借给其他自然人和单位,因而不具备刑法规定的"挪用本单位资金归个人使用或者借贷给他人"这一挪用资金罪的成立要件,不构成挪用资金罪。公诉机关指控与现有的证据能够证明的事实不符,且不合常理,因而不能成立。

需要指出的是,由于涉案的4000万元资金是以泰康公司的名义给卡斯特公司这一单位使用的,根据《刑法》第272条的规定以及最高人民法院《关于如何理解刑法第二百七十二条规定的"挪用本单位资金归个人使用或者借贷给他人"问题的批复》,即使盈利归个人了,有关行为也不构成挪用资金罪。

(三)关于诈骗罪

公诉机关指控:2002年年初,被告人张文中得知国家对重点企业、重点项目进行国债贴息补贴政策,遂与被告人张伟春、公司副总裁张某1等人商议此事,并委派张伟春到国家经贸委等部门进行了咨询。在得知该批国债贴息资金主要用于支持国有企业技术改造项目,物美公司作为民营企业不属于国债贴息资金支持的范围的情况下,张文中与张伟春商量后决定将物美公司以中国诚通公司(中央直属国有企业)

下属企业名义进行申报。为此,张文中与中国诚通公司(以下简称诚通公司)董事长田某1多次联系,田某1答应了张文中的要求。在张文中的指使下,张伟春等人以虚假资料编制了物美公司技改项目可行性研究报告,并将该公司以诚通公司下属企业名义上报国家经贸委。物流项目获得审批后,物美公司既未实施,也未向银行申请贷款;物美公司以信息化项目为名,以与和康有联公司签订虚假设备采购合同和开具虚假发票为手段,获得1.3亿元贷款,用于日常经营,未实施信息化项目。2003年10月29日,财政部将3190万元国债贴息资金拨付到诚通公司,后诚通公司将该款汇入物美公司账户,物美公司即将该款用于偿还公司贷款。根据认定的上述事实,公诉机关认为,张文中、张伟春的行为已经构成诈骗罪。

根据现有的相关证据,上述指控存在对被告人张文中、张伟春的涉案行为定性错误以及事实认定与证据不符的问题。从现有的相关证据来看,张文中、张伟春的涉案行为属于典型的单位行为,不能以诈骗罪追究张文中、张伟春个人的刑事责任;而且,根据现有相关证据,公诉机关的指控存在多方面的不实之处。

1.涉案行为属于典型的单位行为,而以并未规定单位犯罪的诈骗罪追究被告人张文中、张伟春个人的刑事责任,明显违背罪刑法定原则。

从本案相关证据来看,涉案行为显然属于物美公司的单位行为,表现在五个方面:其一,申报国债贴息项目是经过物美公司决策层集体讨论后决定实施的;其二,有关国债贴息项目是以物美公司的名义进行申报的;其三,国债贴息项目申报成功后,变更项目实施计划也是由物美公司决策层讨论后决定的;其四,项目申报成功后取得的国债贴息资金也全部用于物美公司或者挂在物美公司账户上了;其五,涉案行为与物美的经营活动密不可分。我国刑法于1997年修订后,对单位诈骗犯罪和个人诈骗犯罪作出了严格区分。根据《刑法》第3条规定的罪刑法定原则的要求,对于单位实施的诈骗行为,只有在刑法明文规定了处罚单位犯罪的情况下,才能追究有关单位和个人的刑事责任。最高人民法院在2001年1月21日发布的《全国法院审理金融犯罪案件工作座谈会纪要》中也重申了这一法治原则的要求。该纪要规定:“根据刑法第三十条和第一百九十三条的规定,单位不构成贷款诈骗罪。对于单位实施的贷款诈骗行为,不能以贷款诈骗罪定罪处罚,也不能以贷款诈骗罪追究直接负责的主管人员和其他直接责任人员的刑事责任。”根据《刑法》的相关规定以及纪要的上述规定的精神,可以清楚地得出结论:依据《刑法》第30条和第266条的规定,单位不构成诈骗罪。对于单位实施的普通诈骗行为,不能以诈骗罪定罪处罚,也不能以诈骗罪追究直接负责的主管人员和其他直接责任人员的刑事责任。可见,根据刑法以及最高人民法院有关纪要的规定,无论被告人张文中、张伟春为物美公司申报国债贴息项目的行为是否存在诈骗的内容,均不能以诈骗罪追究二人的刑事责任。

2. 根据现有相关证据,公诉机关的指控存在多方面的不实之处。

(1)认定被告人张文中、张伟春“得知该批国债贴息资金主要用于支持国有企业技术改造项目,物美公司作为民营企业不属于国债贴息资金支持的范围”与现有相关证据不符。

公诉机关认为被告人张文中、张伟春得知该批国债贴息资金主要用于支持国有企业技术改造项目,物美公司作为民营企业不属于国债贴息资金支持的范围的主要证据,是被告人张文中和张伟春的供述。然而,两人供述中的有关内容明显与有关文件的内容以及该批国债贴息资金的最终审批结果不符,因而不能采信。

首先,国家经贸委投资与规划司2002年下发的“投资〔2002〕075号”《关于组织申报2002年国债技术改造项目的通知》及其附件的内容表明,国债贴息资金只是重点支持国有企业和国家控股的大型骨干企业,而没有禁止非国有企业申报。具体到流通业,投资重点是流通企业现代化,具体内容是选择一批实力较强的大型连锁企业和物资流通运输等传统物流企业,围绕信息化管理、仓储设施、经营规模等进行改造,目标是培育5~10家初步具有国际竞争力的大型连锁企业集团,并没有禁止非国有商品流通企业申报。

其次，从商品流通领域当时的发展状况和趋势来看，流通业申报2002年国债技改项目也没有理由将非公有制企业排除在外。从2002年商品流通领域的发展趋势来看，已经呈现“国退民进”的趋势，民营企业日益成为商品流通领域的主角，在社会经济生活中占据重要地位，对国民经济作出了重大贡献，它们无疑应该享有与国有企业同样的权利，享有申报国债贴息项目的资格。

再次，从经贸委下发的该批国债贴息资金支持项目投资计划表中可以看到，在取得该期国债贴息资金支持的企业中，至少有5家属于非国有企业。根据律师对国家经贸委等部门下发的《2003年第二批国债专项资金国家重点技术改造项目投资计划表》中部分企业的了解核实，申报2002年国债贴息项目并获得国家经贸委批准的民营等非公有制企业至少有5家：①江苏盐城丰东热处理有限公司；②黑龙江圣泰制药有限公司；③浙江美欣达印染股份有限公司；④浙江恒逸集团有限公司；⑤天津宝迪农业科技股份有限公司（见国家经贸委等部门2003年3月17日下发的《2003年第二批国债专项资金国家重点技术改造项目投资计划表》，以及上述企业的工商执照）。可见，公诉机关认为物美公司作为民营企业不属于国债贴息资金支持的范围与事实明显不符。

最后，物美公司当时参与决策的公司高管吴某1的证言也证明，包括张文中在内的物美公司高管当时都认为物美公司符合申报国债贴息资金的条件。物美公司现任董事长吴某1在接受律师调查时说的，物美公司就申报国债贴息资金的事开过董事会。记得当时大家说有这政策，物美公司在流通行业做得很出色，这是人所共知的，所以物美公司领导层都很自然地认为物美公司符合条件，有资格也应当申请。

由上可以看出，公诉机关所谓物美公司“作为民营企业不属于国债贴息资金支持的范围”的结论明显与相关文件规定和实际情况不符，而被告人张文中、张伟春得知物美公司作为民营企业不属于国债贴息资金支持的范围之指控主张更是无从谈起。

（2）指控物流项目获得审批后，物美公司既未实施，也未向银行申请贷款与现有证据不符，且与物流项目对应的国债贴息资金一直作为应付人民政府款项挂在物美公司财务账目上,说明物美公司并不存在骗取该笔国债贴息资金的故意和行为。

从委托人提供的相关证据来看,物流项目获得审批后,物美公司并不是既未实施,也未向银行申请贷款,而是一直在实施项目过程中,并且两次向银行申请贷款,只是由于各种客观原因的限制而未能进入实质性实施阶段,也未能贷到款。因此,指控物流项目获得审批后,物美公司既未实施也未向银行申请贷款与现有证据不符。另外,根据物美公司财务账目,由于物美公司一直没有贷到用于建设物流项目的款项,与之配套的国债贴息资金一直作为“应付人民政府”款项挂在物美公司财务账目上。这表明,如果物流项目贷款不成,该笔资金随时要归还国家,而且物美公司也做好了随时归还国家的准备,否则不会在财务账目上作这种记载。因此,物美公司和被告人张文中、张伟春显然不具有非法占有这笔国债贴息资金的故意和行为。

(3)指控物美公司以信息化项目为名“获得1.3亿元贷款,用于日常经营,未实施信息化项目”与现有证据不符。

根据现有相关证据,物美公司根据当初申报的信息化项目的要求,实施了大量具体、细致的信息化项目推进工作,并没有将贷款用于公司日常经营。具体表现在:第一,2003年,物美公司对其信息系统进行了升级。第二,2004年到2005年,物美公司在建设配送中心的同时,与上海同振信息中心合作,引进了先进的物流管理系统,采用RF设备接收货物。第三,2005年,物美公司和北京用友集团合作,采用用友的NC财务系统,实现了财务统一管理,加强集团对各个店铺的财务管控。第四,2005年,物美公司实现了网上结算。上述内容,都是实施信息化项目的具体表现。而且,公诉机关也没有提供相应的证据来证明物美公司将1.3亿元贷款用于物美公司日常经营了。因此,公诉机关指控物美公司将信息化项目的贷款用于日常经营,未实施信息化项目既缺乏证据支持,也与事实不符。

由于公诉机关据以认定被告人张文中、张伟春骗取国债贴息资金的指控存在上述多方面的不实之处,根据这样的指控显然不能得出张文中、张伟春犯有诈骗罪的结论。

3. 指控物美公司在收到财政部下拨的3190万元国债贴息资金后，将该款用于偿还公司贷款，不能说明物美公司非法占有了该笔资金。

不可否认，财政部下拨的3190万元国债贴息资金到达物美公司账上后，物美公司确实将该笔资金用于偿还公司贷款了，但是，据此并不能得出物美公司非法占有了该笔资金的结论。这是因为，货币属于种类物，只要物美公司有相同数量的资金用在了物流项目和信息化项目上，或者有作出明确标注的相应的资金挂在有关账户上，就不能认为该笔资金被非法占有了。而根据相关证据，物美公司确实有相应的一部分资金用在了归还信息化项目贷款的利息上，还有一部分资金则作为“应付人民政府”款项挂在公司财务账目上。因此，物美公司只是没有专款专用，但并没有非法占有这笔资金。

四、论证结论

综上所述，与会刑事法专家一致得出以下论证结论：

1. 根据现有证据，指控物美公司和张文中向梁某行贿500万元，事实不清、证据不足，不能成立。

2. 根据现有证据，泰康公司是以单位的名义将4000万元资金提供给卡斯特公司用于投资理财的，不符合挪用资金罪的构成要件，指控被告人张文中参与该笔资金的违规使用构成挪用资金罪不能成立。

3. 申报国债贴息项目属于物美公司的单位行为，根据罪刑法定原则，无论是否存在诈骗的内容，都不能以诈骗罪追究被告人张文中、张伟春个人的刑事责任，且公诉机关的指控内容存在多方面的不实之处，不能据以认定被告人张文中、张伟春存在骗取国债贴息资金的故意和行为，有的指控则对于说明被告人张文中、张伟春是否存在非法占有国债贴息资金的故意和行为没有意义。因此，指控被告人张文中、张伟春犯诈骗罪，无论在法律上还是在事实上，都不能成立。

与会的5位刑事法专家最后指出，物美公司是我国商品流通领域的优秀民营企业，该公司及作为其原任董事长的张文中长期热心于社会公益事业，在2003年抗击“非典”以及其他许多重大事件和活动中都曾为社会做出过重要贡献。本案能否得到依法正确处理,关涉物美公司能否继续顺利发展,关涉党和政府的非公有制经济政策能否得到贯彻,也关涉商品流通领域民族经济能否正常发展以维护国家经济安全,事关重大。鉴于此,专家们呼吁有关司法机关严格遵循以事实为根据,以法律为准绳的原则,对本案做出合法、公正的判决。

(特别声明:以上法律意见,谨供审理此案的法院及其他有关部门参考;未经组织专家论证会的北京师范大学刑事法律科学研究院疑难刑事问题研究咨询专家委员会及参与论证的专家个人同意,不得披露或发表。)

附:专家签名(略)

2008 年 8 月 27 日

附件三：张文中案一审辩护词

张文中被控单位行贿、挪用资金、诈骗案一审辩护词

尊敬的审判长、审判员：

我们分别是北京市中闻律师事务所律师赵秉志和河北合明律师事务所律师白加宁。根据我国《刑事诉讼法》第32条的规定，我们接受本案被告人张文中家属的委托，并得到被告人张文中本人的同意，同时受所在律师事务所的指派，担任该被告人本案第一审的辩护人。接受委托后，我们多次会见了被告人张文中，仔细查阅了公诉机关提交的案卷材料，进行了必要的调查和认真深入的案情分析及相关法律研究，今天又出席本案第一审审理，参加了法庭调查，认真听取了公诉人选读的起诉书和公诉意见，从而对本案的案情、性质有了详细的了解和把握，为依法辩护打下了基础。

起诉书指控被告人张文中犯有三项罪行：一是单位行贿两笔共计530万元；二是参与挪用资金4000万元；三是诈骗国债贴息资金3190万元。针对上述指控，我们总的辩护意见是：第一，从现有证据来看，公诉机关关于被告人张文中犯单位行贿罪的指控，存在证据不足的问题，难以成立。第二，关于被告人张文中犯挪用资金罪的指控，不具备刑法以及最高人民法院规定的挪用资金罪的构成要件，且证据不足，不能成立。第三，关于被告人张文中犯诈骗罪的指控，违反了刑法以及最高人民法院有关司法解释性文件的规定，且指控的内容与现有证据能够证明的事实不符，不能成立。

我们的具体辩护意见如下：

一、关于单位行贿罪

公诉机关指控张文中涉嫌两起单位行贿：第一，2002年，在被告单位物美控股集团有限公司（以下简称物美公司）收购中国国际旅行社总社（以下简称国旅）持有的泰康人寿保险股份有限公司（以下简称泰

康公司)5000万股股份过程中,被告人张文中请求国旅总经理办公室主任赵某提供帮助,并答应给其好处费。在赵某的积极协调、帮助下,2002年年底,物美公司以其关联公司北京和康友联技术有限公司(以下简称和康友联公司)名义顺利收购了国旅持有的5000万股泰康公司股份。2003年1月至2004年2月,物美公司的关联公司北京卡斯特经济评价中心(以下简称卡斯特中心)以报销费用的方式给予赵某人民币30万元。第二,2002年,在被告单位物美公司收购广东粤财信托投资公司(以下简称粤财公司)持有的5000万股泰康公司股份过程中,被告人张文中向粤财公司总经理梁某承诺成事之后给予梁某个人好处费500万元。2003年年底,物美公司以其关联公司华美现代流通发展有限公司(以下简称华美公司)的名义收购了粤财公司持有的5000万股泰康股份,张文中遂指使张某1通过北京敬业和康投资咨询中心(以下简称敬业和康中心)为梁某支付人民币500万元。

针对上述指控,我们提出以下三方面的辩护意见。

(一)指控物美公司为单位行贿罪的主体,不符合本案事实,也违反了相关法律规定

根据《刑法》第393条的规定,单位行贿罪是指单位为谋取不正当利益而行贿,或者违反国家规定,给予国家工作人员以回扣、手续费,情节严重的行为。从公诉机关起诉书指控内容来分析,公诉机关是认为物美公司实施了第二类单位行贿行为,即违反国家规定,给予国家工作人员回扣、手续费。要构成这种类型的单位行贿罪,客观上必须实施了给予国家工作人员回扣、手续费的行为。而从现有证据来看,涉案的30万元以及500万元钱款,既不是由被告单位物美公司直接给付的,也不是其他单位受物美公司委托或指令,以物美公司的名义给付的。因此,指控涉案的30万元以及500万元钱款是物美公司给赵某和梁某的行贿款,无论在事实上还是在法律上都是不能成立的。

1. 国旅转让其持有的泰康公司股权,收购者、获益者以及给付钱款者都不是物美公司,认定物美公司在此过程中行贿不能成立。

首先,签署有关收购的股权转让协议收购国旅持有的泰康公司股权的单位以及实际支付股权转让价款、从中获益的单位都是和康友联公司，中国保险监督管理委员会（以下简称保监会）、泰康公司及其章程也都认可了实际收购受让股东是和康友联公司而不是物美公司。现有证据表明，尽管最初是以物美公司的名义洽谈收购的，但最终有关收购的股权转让协议是和康友联公司签订的；尽管收购资金来源于本案被告单位物美公司，但这是物美公司归还和康友联公司的欠款，况且收购国旅持有的泰康公司5000万股股权的单位是和康友联公司，而不是物美公司。在此事中受益者也是和康友联公司，而不是物美公司。具体表现在此次收购成功后，如果泰康公司发展了，股本扩大了，则和康友联公司的股本也随之得到发展和扩大，而物美公司在泰康公司的利益则没有因此次收购而扩大。（见被告人张文中2007年3月15日和10月9日供词第1卷第1～9页、张某1 2007年2月8日证词第1卷第34页、中国国际旅行总社与和康友联公司《股权收购协议》第1卷第80页、保监会《关于泰康人寿保险股份有限公司股权转让的批复》（保监〔2002〕109号）、《泰康公司章程》、李某7证词、泰康公司2008年股东分红）

其次，给付赵某30万元的单位是卡斯特中心，也不是物美公司。公诉人出示的关于该30万元付款的票据等相应书证清楚地证明了这一点。

最后，物美公司也没有委托卡斯特中心给付赵某钱。［详见王某1、张某1、吴坚中给公司律师出具的《情况说明》（第10卷第61～62页）］

2. 在粤财公司转让其持有的泰康公司股权的事件中，收购者、获益者和给付钱款者也不是物美公司，认定物美公司在此过程中行贿同样不能成立。

首先，从整个收购过程中的往来文件以及最终签署有关收购的股权转让协议来看，收购粤财公司持有的泰康公司5000万股股权的单位都是华美公司，而不是物美公司；实际支付股权转让价款者和从中获益者也是华美公司，而不是物美公司。［见张文中2006年12月21日及

2007年10月9日口供(第2卷第1~16页),张某1 2006年12月29日证词(第2卷第61页),华美公司和粤财公司《股权转让协议》(第2卷第41页),保监会《关于泰康人寿保险股份有限公司股权转让的批复》(保监〔2003〕100号),《泰康公司章程》,华美公司2002年10月29日《关于转让泰康股份的函》,粤财公司公司投资部2002年11月5日给总经理的《签报》,华美公司2002年11月25日《关于接受转让泰康股份的函》,李某7证词,泰康公司2008年股东分红]

其次,涉案的500万元资金的支付方是敬业和康中心,也不是物美公司。公诉人出示(公诉人是否出示需要注意)的张某1上述证词以及关于该500万元付款的相应书证等清楚地证明了这一点。

最后,也没有证据证明物美公司委托敬业和康中心给付钱款。[详见王某1、张某1、吴坚中给公司律师出具的《情况说明》(第10卷第61~62页)]

可见,无论从收购单位和获益单位的角度来看,还是从给钱单位的角度来看,物美公司都不是给予30万元和500万元的单位主体。因此,指控物美公司分别向赵某和梁某行贿30万元和500万元是根本无法成立的。

需要指出的是,收购泰康公司股权的两个单位,即和康友联公司和华美公司,均不是物美公司的控股公司或者全资子公司,从公司之间的股权关系上看,这两个公司与物美公司之间没有投资关系。因此,这两个公司收购泰康公司股权,物美公司并不能从中获益,事实上物美公司也没有委托这两个公司为其收购泰康公司股权。同时,给付钱款的单位,即卡斯特中心和敬业和康中心与物美公司之间,也没有投资关系,这两家单位没有理由为物美公司而送钱给赵某和梁某。(见物美公司、康友联公司、卡斯特中心、华美公司以及敬业和康中心五家公司的有关注册文件)

3. 涉案的30万元和500万元钱款,既不是回扣,也不是手续费,将其视为行贿款违反《刑法》第393条的规定。

如前所述,《刑法》第393条规定的第二种单位行贿行为,表现为违反国家规定,给予国家工作人员以回扣、手续费的行为。因此,要认定物美公司构成单位行贿罪,必须认定涉案的30万元和500万元属于回扣或者手续费。然而,公诉机关在没有作出这种认定的情况下,便指控物美公司犯有单位行贿罪,这显然违反了《刑法》第393条的规定,因而有关指控不能成立。

事实上,涉案的30万元和500万元钱款也不属于回扣或者手续费。按照通行的理解,回扣是指经营者销售商品时在账外暗中以现金、实物或者其他方式退给对方单位或者个人的一定比例的商品价款。手续费是指为代理他人办理有关事项所收取的一种劳务补偿;或者说因他人代为办理有关事项,而支付的相应报酬。而本案中,涉案的30万元和500万元,既不是物美公司因赵某、梁某购买了该公司的商品而给予他们的一定比例的商品价款,也不是赵某、梁某为物美公司代为办理了什么事项而收取的劳务补偿或者其他报酬,因此,涉案的30万元和500万元钱款显然不属于回扣或者手续费。

(二)从现有证据来看,给予赵某的30万元中包含其正当报酬,认定被告人张文中向赵某行贿30万元证据不足

按照公诉机关的指控,被告人张文中是为了感谢赵某为收购国旅持有的泰康公司股份提供帮助而送30万元给赵某。然而,公诉机关的指控只有张文中、赵某过去的口供以及赵某从张某1手中报销的30万元票据作为支持。而从现有的证据来看,这30万元中包括赵某为物美公司提供许多经营上的重要的合理化建议以及他受和康友联公司推荐担任泰康公司的监事和董事所应获取的合理报酬。因此,指控被告人张文中向赵某行贿30万元存在证据不足的问题,难以成立。

1.钱款给付方式不符合行贿行为的通常表现形式。

和康友联收购国旅在泰康公司的股份是在2002年年底,赵某报销费用却是在2003年1月、2003年6月和2004年2月分三次进行的,而且是在其间长达一年多的时间里陆陆续续地支付"贿赂"款,这显然有悖常情。行贿人即便是为了掩盖违法犯罪事实,通常也不会采用这种行贿方式。(详见赵某2007年1月15日证词第2卷第26~31页)

2. 张文中对该笔钱款的性质有新的解释。

虽然被告人张文中和所谓受贿者赵某在案早期的供词和证词中都提到该30万元为贿赂款,但被告人张文中当庭的供述却对这30万元的性质有不同的解释,被告人张文中指出,这笔钱款是赵某担任和康友联监事、董事的报酬,同时也考虑到了赵某还为与张文中相关的企业做过不少别的工作。

3. 赵某对该笔钱款的性质也有完整的解释。

赵某本人近期接受物美公司辩护人调查时明确声明,这30万元包括他从事以下两方面工作所获得的报酬:第一,他为物美公司提供了许多经营上的指导;第二,他受和康友联公司委托和推荐,担任泰康公司的监事和董事并代表和康友联公司处理在泰康公司的股东事务。[详见被告人张文中2007年10月9日给公诉机关作的供词和赵某2008年9月14日给律师所作的证词(第10卷第1~6页)]

4. 证人泰康公司董事长秘书刘某某的证言、和康友联公司及证人王某1的证言进一步印证该笔钱款中包含赵某的合理报酬。

根据公诉机关调查刘某某取得的证词[2007年9月28日(第1卷第84~86页)、被告单位物美公司辩护人2008年9月15日调查刘某某取得的证词(第10卷第13~15页)]、和康友联公司出具的证明及证人王某1的证言,收购完成后,赵某自2002年年底起先后代表和康友联公司担任监事和董事,直至2008年换届。而他在代表和康友联在泰康公司担任监事和董事期间,除卡斯特中心代和康友联公司给付的这30万元以外,没有从卡斯特中心或者和康友联公司得到过其他任何报酬。如果将这30万元认定为受贿,则意味着赵某自2003年到2008年长达5年的时间里都只是为和康友联公司白白工作而不能获取报酬,这显然有悖常理。

可见,根据现有证据,再结合常理分析,赵某在卡斯特中心报销的这30万元钱款,属于赵某担任和康友联监事、董事,以及赵某为与张文中相关的企业工作的报酬。退一步说,即使按赵某现在的说法,也有相当大的一部分是他为物美公司经营出谋划策以及受和康友联公司委托和推荐担任泰康公司监事和董事所获得的正当报酬,这一部分显然不属于贿赂款。因而即便要追究被告人张文中及涉案单位向赵某行贿的责任,也应当将赵某所应得的合理报酬这部分款项予以剔除。根据最高人民检察院1999年发布的《关于人民检察院直接受理立案侦查案件立案标准的规定(试行)》的规定,一般情节的单位行贿罪的起刑点为20万元。公诉机关应当在将赵某所得合理报酬予以扣除后,根据剩下的款项是否达到了单位行贿罪20万元的起刑点,来考虑是否追究有关单位及被告人张文中的单位行贿刑事责任。

(三)从现有证据来看,涉案的500万元不能排除是给李某3的中介费,将此款认定为给梁某的行贿款证据不足

按照公诉机关的指控,被告人张文中是为了保证涉案单位顺利收购粤财公司持有的泰康公司5000万股股权而向梁某行贿500万元。但是,公诉机关的指控所依据的陈某1、梁某、张文中、李某3的证言证据相互矛盾,与现有的其他证据更是存在许多矛盾之处,而综合现有的证据来看,这500万元是被告人张文中为了确保华美公司顺利收购粤财公司在泰康公司的股份而给予李某3的中介费,并非行贿款。具体表现为以下几点:

1. 被告人张文中过去的供述以及陈某1、梁某的证言,只能证明张文中曾经应陈某1的要求承诺愿意给予梁某好处费,但该提议被梁某拒绝。[详见梁某2007年6月26日证词(第2卷第26~33页)、李某3于2007年6月25日证词(第2卷第34~44页)]

2. 根据被告单位物美公司辩护人调查李某3笔录和被告人张文中当庭的陈述、解释,涉案的500万元是为了确保华美公司顺利收购粤财公司在泰康公司的股权而给予李某3的中介费,而不是行贿款。

根据李某3和被告人张文中现在的解释,由于通过陈某1给梁某好处费被梁某拒绝,此事就此不了了之。此后,被告人张文中为了让华美公司顺利收购粤财公司持有的泰康公司股权,找到李某3,希望李某3从中帮忙,并答应事成后将给李某3500万元好处费。[详见张文中2007年10月9日供词以及2008年9月8日李某3接受律师调查的笔

录(第10卷第51～60页)]

3.梁某和李某3两人对涉案的500万元的态度进一步印证了这笔款是给李某3的中介费。

从现有证据来看,涉案的500万元到李某3公司的账上后,梁某在长达3年的时间里从未动用过这500万元,而李某3则为这500万元纳税40万元。上述事实进一步说明,李某3是将这笔钱视为自己公司的收入,而不是给梁某的行贿款。

退一步说,即便要认定这500万元属于行贿款,也是情节比较轻微的单位行贿未遂。这表现在:首先,是被动给钱。被告人张文中是在陈某1主动向他提出要给梁某好处费的情况下,才被动地答应的,并且是在收购股权完成后,陈某1和李某3催促其应当给梁某好处费时,才被动给出。其次,是行贿未遂。涉案的500万元虽然已经从敬业和康中心打到李某3公司的账上,但并没有给梁某,梁某自始至终也没有答应收这笔钱,因此,即使将有关行为定性为行贿,也未得逞,属于行贿未遂。最后,没有造成实质性危害后果。华美公司是在粤财公司经营困难,希望转让其持有的泰康公司股权,而挂牌交易又没有人摘牌,以致交易失败的情况下,按正常价格、正当程序收购了粤财公司持有的泰康公司股份,既没有造成国有资产流失,也没有造成其他不良后果。因而若能认定为单位行贿,也属于被动给付、没有造成危害后果并且未遂的情节较为轻微的单位行贿行为。

总之,公诉机关关于被告人张文中实施单位行贿30万元的指控,不能排除该30万元是赵某合理报酬的可能,至少没有将其中赵某的合理报酬剔除,事实不清,难以成立;关于被告人张文中实施单位行贿500万元的指控,不能排除涉案款项是给李某3的中介费的可能,也难以成立。还需要指出的是,该两起行为都是被告人张文中在因其他罪嫌被关押期间,在办案机关毫不了解的情况下主动向办案机关交代的,因而其行为即使在性质上可以认定为单位行贿,也属于自首,且情节较为轻微,提请法院依法减轻或者免除处罚。

二、关于挪用资金罪

公诉机关指控:1997年3月,被告人张文中与中国国际期货有限公司(以下简称中期公司)董事长田某1、泰康公司董事长陈某1商议挪用泰康公司的资金申购新股牟利,并约定所得盈利由三人按3∶3∶4的比例分配。随后,张文中指使张某1以卡斯特向泰康公司借款的名义,从泰康公司转出人民币4000万元,由张某1具体负责申购新股。期间,因人民银行检查,张文中、陈某1、田某1为掩盖前期挪用资金事实,遂于1997年7月通过河南省国际信托投资公司又从泰康公司转出人民币5000万元,用于归还前次挪用款项。1997年8月19日,张某1归还泰康公司人民币4000万元,同年9月3日和9日又分两次归还人民币5000万元。其间共营利人民币1000余万元。根据上述指控,公诉机关认为,被告人张文中的行为触犯了全国人大常委会《关于惩治违反公司法的犯罪的决定》第11条的规定,应当以挪用资金罪追究其刑事责任。

首先应当指出,公诉机关注意到了涉案行为发生在1997年刑法施行之前,因而认为应当适用全国人大常委会《关于惩治违反公司法的犯罪的决定》第11条的规定,这是对《刑法》第12条规定的从旧兼从轻原则的遵循和贯彻,辩护人表示完全赞同。但是,辩护人同时认为,结合现有证据和相关刑法规定及司法解释来看,公诉机关的指控存在事实认定错误以及适用法律错误的问题,不能成立。

(一)被告人张文中的涉案行为属于泰康公司挪用资金给卡斯特中心使用,不具备挪用资金罪的构成特征,不构成该罪

根据《刑法》第272条的规定,构成挪用资金罪必须是"挪用本单位资金归个人使用或者借贷给他人"。同时,根据2000年7月27日起施行的最高人民法院《关于如何理解刑法第二百七十二条规定的"挪用本单位资金归个人使用或者借贷给他人"问题的批复》,"挪用本单位资金归个人使用或者借贷给他人"是指挪用本单位资金归本人或者其他自然人使用,或者挪用人以个人名义将所挪用的资金借给其他自然人和单位。也就是说,如果是单位挪用资金给另一个单位使用,或者某个人以单位名义挪用资金给其他单位使用,则不可能构成挪用资金罪。从本案现有证据来看,被告人张文中既没有挪用泰康公司的4000

万元资金“归本人或者其他自然人使用”，也没有“以个人名义将所挪用的资金借给其他自然人和单位”，恰恰是由泰康公司借给卡斯特中心使用，因而不属于挪用本单位资金归个人使用或者借贷给他人，不能以挪用资金罪论处。

1. 涉案的4000万元资金是由泰康公司借出的，不具备“以个人名义将所挪用的资金借给其他自然人和单位”这一挪用资金罪的特征。

公诉机关指控“张文中指使张某1以卡斯特中心向泰康公司借款的名义，从泰康公司转出人民币4000万元”。这一指控与现有证据以及相关事实不符，不能成立。

首先，这一指控与证人证言不符。陈某1、李某4（泰康公司稽核总监）、吴某2（泰康资产管理有限公司运行保障部总经理）、任某（中国人保资产管理有限公司总裁）等人的证言都证明，涉案的4000万元是经陈某1决定，由泰康公司借出的（见2006年12月9日陈某1的询问笔录第3页、2006年12月4日吴某2的询问笔录第1页、2006年12月1日李某4的询问笔录第2页、2006年12月6日任某的询问笔录第2页）。而且，陈某1在决定出借这笔资金后，还告诉了公司常务副总经理任某以及公司财务部负责人李某4（见办案人员2006年12月9日询问陈某1的笔录第3页），明确说了是公司出借这笔资金，要他们具体操办。而李某4也确实按公司投资将款借给了卡斯特中心。

其次，这一指控与相关票据不符。涉案的4000万元资金的工商企业资金往来专用发票、银行进账单均证明，该4000万元资金是由泰康公司的财务人员从泰康公司的账户转入卡斯特中心的账户的。

最后，这一指控与被告人张文中在泰康公司的地位也不符。事实上，被告人张文中只是泰康公司的外部董事，在泰康公司并没有经营管理权，无法调动泰康公司资金，也从未利用职务上的便利调动过泰康公司的资金。

很明显，涉案的4000万元资金既不是由张文中或者陈某1以个人名义从泰康公司转出的，也不是张文中指使张某1从泰康公司转出的，而是经陈某1决定由泰康公司借出的，属于泰康公司的单位行为。因此，被告人张文中的涉案行为不具备“以个人名义将所挪用的资金借给其他自然人和单位”这一挪用资金罪的特征。公诉机关指控被告人张文中指使张某1以卡斯特中心向泰康公司借款的名义，从泰康公司转出人民币4000万元，显然与现有的证据和事实不符，不能成立。

2. 涉案的4000万元资金的使用者是卡斯特中心，涉案行为不具备“挪用本单位资金归本人或者其他自然人使用”这一挪用资金罪的特征。

公诉机关指控被告人张文中指使张某1从泰康公司转出人民币4000万元后，“由张某1具体负责申购新股”。这一指控与现有证据证明的有关资金的使用情况不符，不能成立。

第一，这一指控与证人证言不符。吴某2和任某的证言都说，涉案的4000万元是借给卡斯特中心的（见2006年12月4日吴某2的询问笔录第1页、2006年12月6日任某的询问笔录第2页）。张某1的证言也证明，他虽然负责具体操作打新股的事，但4000万元资金是打在卡斯特中心的股票交易账户上，申购新股的主体也是卡斯特中心（见2006年12月9日张某1的询问笔录第3页）。

第二，这一指控与相关票据不符。根据有关4000万元涉案资金的工商企业资金往来专用发票、银行进账单，涉案的4000万元资金的使用者是具有独立法人资格的卡斯特中心，该笔资金从泰康公司的账户上直接转入了卡斯特中心的账户。

第三，这一指控与有关协议和担保合同不符。保证资金安全，保障泰康公司的经济利益，泰康公司还与卡斯特中心签订了一份委托投资国债协议以及抵押合同（见泰康公司与卡斯特中心于1997年3月27日签订的委托投资国债协议以及抵押合同），以便在还款出现问题时，可以起诉卡斯特中心，追回资金。由此可以看出，资金的借款方、使用方和风险承担方均是卡斯特中心。

第四，这一指控与资金的实际使用情况也不符。根据卡斯特中心的相关账户，涉案的4000万元资金从泰康公司打入卡斯特中心后，放在卡斯特中心的炒股账户上，后来用于卡斯特中心申购新股活动，共获利1000余万元。这1000余万元的收益也一直放在卡斯特中心的单位账户上,直至案发被司法机关追缴,并没有个人得到过收益。期间,泰康公司还曾经向卡斯特中心索要其根据协议应得的那部分投资收益(见泰康公司"泰康函〔1997〕003号"《关于终止委托国债投资协议致北京卡斯特投资咨询中心的函》第2页)。

以上事实和相关证据充分说明,涉案的4000万元资金的使用者是卡斯特中心,而不是张某1或者其他任何个人。公诉机关指控被告人张文中指使张某1从泰康公司转出人民币4000万元后,"由张某1具体负责申购新股",完全不符合现有证据能够证明的事实。显然,被告人张文中的涉案行为也不具备"挪用本单位资金归本人或者其他自然人使用"的特征。

通过上述两方面的分析可以清楚地看出,涉案的4000万元资金无论在名义上还是在实质上,都是一个单位借出资金给另一个单位使用。因此,被告人张文中的相关涉案行为根本不具备刑法规定的"挪用本单位资金归个人使用或者借贷给他人"这一挪用资金罪的成立要件,不构成挪用资金罪。公诉机关的指控与现有证据能够充分证明的事实完全不符,不能成立。

(二)从现有证据来看,认定张文中、陈某1、田某1三人挪用资金营利归个人的证据不足

公诉机关试图根据张文中在案卷中的供述以及陈某1、田某1两人在案卷中的证言,证明他们三个人将打新股的盈利收归个人。然而,张文中、陈某1以及田某1三个人在案卷中的说法不但互相矛盾,而且与张文中、陈某1现在的说法以及打新股所获盈利的实际流向不符,这样的证据显然不能采信,公诉机关的有关指控也不能成立。

1. 指控所依据的被告人张文中的供述以及田某1、陈某1的证言内容相互矛盾,难以自圆其说,不能采信。

在公诉机关所依据的证据中,关于打新股所获盈利的分配问题,虽然张文中、田某1、陈某1都说到用泰康公司资金打新股的盈利由三个人按3:3:4私分,其中陈某1得4,但是,对于三个人为什么按该比例分钱,以及对盈利的最终处理等重要问题,三个人的说法却互相矛盾。这使三个人关于打新股的盈利由他们三个人私分的说法疑点重重,令人难以置信。具体表现如下:

(1)对于打新股的盈利为什么由三个人按3:3:4私分,三个人的说法互相矛盾,令人难以相信。

按照被告人张文中在案卷中的说法,仅仅因为田某1是老大哥,就得盈利的30%(见2006年12月10日张文中的讯问笔录第2页)。按照田某1的说法,则是因为挪用资金时用了他控制的河南国际信托投资公司(以下简称河南信托)转款(见2006年12月28日田某1的询问笔录第2~4页)。而实际上,用于打新股的4000万元资金是直接从泰康公司打入卡斯特中心的,并没有经过河南信托。陈某1则根本没有解释为什么田某1得盈利的30%(见2006年12月9日陈某1的询问笔录第3页)。

(2)对于打新股盈利的最终处理,三个人的说法也同样互相矛盾,不能采信。

按照被告人张文中在案卷中的说法,打新股的盈利被田某1拿走一部分,他和陈某1没有拿(见2006年12月10日张文中的讯问笔录第5页);按照田某1的说法,三人决定盈利大家都不拿走,留在张文中的账上继续做生意(见2006年12月28日田某1的询问笔录第4页);按照陈某1的说法,他是因为害怕而不敢拿(见2006年12月9日陈某1的询问笔录第3页)。

三个人这种互相矛盾并且完全无法自圆其说的言词证据,显然十分不可信。

2. 涉案4000万元资金打新股所得盈利的实际去向与三个人的说法也不相符。

根据卡斯特中心的炒股账户,涉案的4000万元资金炒股所获得的1000余万元利润一直放在卡斯特中心的单位炒股账户上,长达近10年,没有人动用过这笔资金再投资,也没有人取走过这笔资金(见卡斯特中心设在国泰证券有限公司方庄营业部的炒股账户)。这就使张文中、田某1、陈某1三个人以往在案卷中的说法更加不可信。如果他们确实存在过炒股收益归个人的约定，没有理由在获利后长达近10年的时间内，三个人都不约而同地不去拿属于自己的那部分利益。

3.被告人张文中关于打新股所获盈利归三个人的单位的解释较为合理可信。

根据被告人张文中现在的解释，4000万元资金打新股所获得的收益，最初是打算按照卡斯特中心与泰康公司签订的委托投资国债协议确定的分配原则，由卡斯特中心和泰康公司分配，其中泰康公司获得投资额18%的固定年回报率。几个月后，由于人民银行查违规资金，需要将这4000万元马上归还泰康公司，在此过程中借用了田某1控制的河南信托转款，于是三个人又达成了打新股盈利由三个人所代表的单位按3∶3∶4分配的合议。事实上，泰康公司在终止委托协议时，确实向卡斯特中心催要过根据投资协议泰康公司应得的利润（见泰康公司"泰康函〔1997〕003号"《关于终止委托国债投资协议致北京卡斯特投资咨询中心的函》第2页），只是该要求因泰康公司提前半年终止了本为一年的协议而遭到卡斯特中心的拒绝。至于后来盈利一直没有分配，则是因为三方没有就究竟如何分配盈利达成一致，而且泰康公司和田某1的公司也没有再来催要。这种解释与有关事实以及该笔盈利的实际状况正好吻合，应当说更为合理可信。

而且，张文中的上述解释，也得到了陈某1和田某1有关证词的印证。按照陈某1现在的说法，三人商定的打新股盈利按3∶3∶4的比例分配中的4，虽然没有明确说归个人还是单位，但这一相对较高的比例是因为泰康公司出钱而确定的，并且与泰康公司与卡斯特中心签订的委托投资国债协议确定的回报率不矛盾（见律师2008年9月20日调查陈某1的笔录第2页），这就表明，该分配比例中的4是归泰康公司，而不是归陈某1个人。按照田某1的说法，三人商量打新股以及如何分配盈利的时间，是在1997年6~7月（见办案人员2006年12月28日询问田某1的笔录第2页）。田某1所说时间与中国人民银行查违规资金的时间正好一致，这就从时间上印证了张文中的解释，即泰康公司与卡斯特中心的合作由于人民银行查违规资金而加入了田某1的公司，成了三方合作，并形成了盈利由三方单位按3:3:4分配的格局。可见，陈某1和田某1的证言从不同角度印证了被告人张文中的解释，即打新股的盈利是由各自的单位按3:3:4分配。

由上述三个方面可以看到，公诉机关所提供的用以证明打新股盈利由张文中、田某1、陈某1三个人按3:3:4的比例私分的证据，不但互相矛盾，无法吻合，而且与张文中、陈某1现在的说法，以及委托投资国债协议等其他证据不符，还与常理相悖，不能成立。而被告人张文中关于盈利归三个人代表的单位以及为什么盈利一直没有分配的解释，则较为合情合理，并且有委托投资国债协议以及陈某1现在的说法相印证，更为可信。从证据证明力的强弱来看，当不同人的言辞证据互相矛盾，而且同一个人的言词证据前后矛盾，而已有书证却能清楚地证明相关内容的情况下，书证的证明力显然更强，应当以书证为准。而根据卡斯特中心与泰康公司签订的委托投资国债协议以及泰康公司“泰康函〔1997〕003号”《关于终止委托国债投资协议致北京卡斯特投资咨询中心的函》，打新股的盈利显然是归泰康公司和卡斯特中心，而不是归任何个人。

需要指出的是，尽管全国人大常委会2002年4月28日颁布的《关于〈中华人民共和国刑法〉第三百八十四条第一款的解释》中，将挪用公款归个人使用解释为包括“个人决定以单位名义将公款供其他单位使用，谋取个人利益”这种情形，但是，该解释只能适用于挪用公款罪，不能适用于挪用资金罪。而本案中被告人张文中涉嫌的是挪用资金罪，自然不能适用上述关于挪用公款罪的立法解释，而只能适用最高人民法院《关于如何理解刑法第二百七十二条规定的“挪用本单位资金归个人使用或者借贷给他人”问题的批复》，而根据该解释，如果是个人决定以单位名义将资金借给其他单位使用，即使是谋取个人利益，也不构成挪用资金罪。本案中，涉案的4000万元资金恰好是由泰康公司借给卡斯特公司使用，因此，即使打新股的盈利真的归个人了，被告人张文中的有关行为也不构成挪用资金罪。何况现在的事实是打新股的盈利并没有归个人，全部都在卡斯特中心账上，又怎么能认定构成挪用资金罪呢?!

三、关于诈骗罪

公诉机关指控：2002年年初，被告人张文中得知国家对重点企业、重点项目进行国债贴息补贴政策，遂与被告人张伟春、公司副总裁张某1等人商议此事，并委派张伟春到国家经贸委等部门进行了咨询。在得知该批国债贴息资金主要用于支持国有企业技术改造项目，而物美集团作为民营企业不属于国债贴息资金支持范围的情况下，张文中与张伟春商量后决定以中国诚通公司(中央直属国有企业)下属企业名义进行申报。为此，张文中与中国诚通公司(以下简称诚通公司)董事长田某1多次联系，田某1答应了张文中的要求。在张文中的指使下，张伟春等人以虚假资料编制了物美集团技改项目可行性研究报告，以诚通公司下属企业名义上报国家经贸委。物流项目获得审批后，物美集团既未实施，也未向银行申请贷款；物美集团以信息化项目为名，以与和康有联公司签订虚假设备采购合同和开具虚假发票为手段，获得1.3亿元贷款，用于日常经营，未实施信息化项目。2003年10月29日，财政部将3190万元国债贴息资金拨付到诚通公司，后诚通公司将该款汇入物美集团账户，物美集团即将该款用于偿还公司贷款。案发后，已追缴赃款3190万元。根据认定的上述事实，公诉机关认为，张文中以非法占有为目的，虚构事实，隐瞒真相，骗取国债贴息资金3190万元用于偿还债务，其行为已经构成诈骗罪。

辩护人认为，根据现有的相关证据，上述指控对被告人张文中的涉案行为定性错误，且与现有证据能够证明的事实明显不符，因而根本不能成立。从现有的相关证据来看，被告人张文中的涉案行为属于典型的单位行为，不能以诈骗罪追究被告人张文中个人的刑事责任；而且，根据现有相关证据，公诉机关的指控存在多方面的不实之处，被告人张文中并不存在骗取国债贴息资金的故意和行为。

（一）被告人张文中的涉案行为属于典型的单位行为，而以我国刑法并未规定单位犯罪的诈骗罪追究被告人张文中个人的刑事责任，明显违背了我国刑法的罪刑法定原则，也与最高人民法院有关司法解释及法律性文件的规定相悖

我国刑法规定了单位犯罪以后，自然人犯罪与单位犯罪有严格的界限。根据《刑法》第3条以及第30条的规定，当某一危害行为是为了单位的利益，经单位决策层集体讨论或者由主要负责人决定，以单位的名义实施，并满足单位行为的其他条件，从而成为单位行为时，只有在法律规定了相应的单位犯罪的情况下，才能按单位犯罪依法追究单位以及有关直接负责的主管人员和其他直接责任人员的刑事责任，而不能直接以自然人犯罪论处。即使某一个人在该单位拥有控制性地位，有关单位行为背后隐藏着其个人的重要利益，也不能将单位行为视为个人行为进行追究。否则就会混淆单位犯罪和自然人犯罪，使刑法关于单位犯罪的规定形同虚设，从而严重破坏我国刑法的罪刑法定原则。

从本案相关证据来看，被告人张文中被指控涉嫌诈骗的行为显然属于物美公司的单位行为，这表现在五个方面：其一，申报国债贴息项目是经过物美公司决策层集体讨论后决定实施的（见张文中2006年12月2日询问笔录第2页，律师调查吴某1的询问笔录，张文中、张伟春的当庭辩解）；其二，有关国债贴息项目是以物美公司的名义进行申报的（见物美申报2002年第八期国债贴息项目的各种申报表）；其三，国债贴息项目申报成功后，变更项目实施计划也是由物美公司决策层讨论后决定的（见物美公司董事会决议）；其四，项目申报成功后取得的国债贴息资金也全部用于物美公司或者挂在物美公司账户上了（见物美公司相关资金使用会计账目）；其五，涉案行为与物美公司的经营活动密不可分。如前所述，根据《刑法》第3条以及第30条的规定，对于单位行为，只有法律规定为单位犯罪的，才负刑事责任。我国刑法于1997年修订后，对单位诈骗犯罪和个人诈骗犯罪作出了严格区分。因此，对于单位实施的诈骗行为，只有在刑法明文规定了处罚单位犯罪的情况下,才能追究有关单位和个人的刑事责任。最高人民法院在2001年1月21日发布的《全国法院审理金融犯罪案件工作座谈会纪要》中也重申了这一法治原则的要求。该纪要规定:“根据刑法第三十条和第一百九十三条的规定,单位不构成贷款诈骗罪。对于单位实施的贷款诈骗行为,不能以贷款诈骗罪定罪处罚,也不能以贷款诈骗罪追究直接负责的主管人员和其他直接责任人员的刑事责任。”根据刑法的相关规定以及纪要的上述规定的精神,可以清楚地得出结论:依据《刑法》第30条和第266条的规定,单位不构成诈骗罪。对于单位实施的普通诈骗行为,不能以诈骗罪定罪处罚,也不能以诈骗罪追究直接负责的主管人员和其他直接责任人员的刑事责任。显然,根据刑法以及最高人民法院有关纪要的规定,无论被告人张文中为物美公司申报国债贴息项目的行为是否存在诈骗的内容,均不能以诈骗罪追究其刑事责任。

根据最高人民法院1999年7月3日起施行的《关于审理单位犯罪案件具体应用法律有关问题的解释》,只有对以下三种名为单位实为个人的行为,才能按自然人犯罪论处:(1)个人为进行违法犯罪活动而设立的公司、企业、事业单位实施犯罪的;(2)公司、企业、事业单位设立后,以实施犯罪为主要活动的;(3)盗用单位名义实施犯罪,违法所得由实施犯罪的个人私分的。本案中,物美公司显然既不是张文中个人为进行违法犯罪活动而设立的公司,也不是张文中个人盗用物美公司单位名义实施诈骗行为,所得3190万元国债贴息资金也没有由张文中个人私分。因此,对本案显然不能依照刑法有关自然人犯罪的规定对张文中个人定罪处罚。

需要注意的是,最高人民法院曾于1996年12月16日发布了《关于审理诈骗案件具体应用法律的若干问题的解释》(以下简称《解释》),《解释》规定:“单位直接负责的主管人员和其他直接责任人员以单位名义实施诈骗行为,诈骗所得归单位所有,数额在5万元至10万元以上的,应当依照《刑法》第一百五十一条的规定追究上述人员的刑事责任;数额在20万元至30万元以上的,依照《刑法》第一百五十二条的规定追究上述人员的刑事责任。”该解释的这一规定不能适用于本案。这是因为：第一，该解释赖以存在的法律根据已经不复存在，因而无法再适用。该司法解释是针对1979年刑法以及全国人大常委会1995年6月30日通过并施行的《关于惩治破坏金融秩序犯罪的决定》而作出的，而1979年刑法以及该决定的相关内容已于1997年10月1日随着1997年刑法的施行而终止实施，该解释的相关内容当然也就不可能再适用了。对此，2001年12月17日起施行的最高人民法院、最高人民检察院《关于适用刑事司法解释时间效力问题的规定》第1条作出了明确的规定：“司法解释是最高人民法院对审判工作中具体应用法律问题和最高人民检察院对检察工作中具体应用法律问题所作的具有法律效力的解释，自发布或者规定之日起施行，效力适用于法律的施行期间。”既然司法解释的效力只能适用于法律的施行期间，那么，现在有关法律已经停止施行了，相关的司法解释也就当然不再适用了。第二，该解释的相关内容与修订的刑法规定相抵触，并且已经被新的法律性文件替代，因而不再适用。最高人民法院于1997年3月25日发布了“法发〔1997〕3号”《关于认真学习宣传贯彻修订的〈中华人民共和国刑法〉的通知》，该通知规定，为正确贯彻执行修订的刑法，特作如下通知：“修订的刑法实施后，对已明令废止的全国人大常委会有关决定和补充规定，最高人民法院原作出的有关司法解释不再适用。但是如果修订的刑法有关条文实质内容没有变化的，人民法院在刑事审判工作中，在没有新的司法解释前，可参照执行。其他对于与修订的刑法规定相抵触的司法解释，不再适用。”修订后的刑法，即1997年《刑法》第3条明文规定了罪刑法定原则，并于第30条规定了单位实施的危害行为，只有法律规定为单位犯罪的，才负刑事责任。而最高人民法院的上述《解释》的内容却是对单位诈骗行为按我国刑法没有规定单位犯罪的普通诈骗罪追究刑事责任，显然违背了1997年《刑法》第3条和第30条的规定，因而不能再适用。事实上，最高人民法院也确实用2001年1月21日发布的《全国法院审理金融犯罪案件工作座谈会纪要》中的相关内容替代了《解释》的上述内容。

可见,公诉机关在明知物美公司申报国债贴息项目属于典型的单位行为的情况下,仍然以我国刑法并未规定单位犯罪的诈骗罪对被告人张文中提起公诉,明显违背了我国刑法的罪刑法定原则,也与最高人民法院有关司法解释及法律性文件的规定相悖,是典型的适用法律错误,依法根本不能成立。

(二)被告人张文中不存在骗取国债贴息资金的犯罪故意和行为,没有为物美公司骗取国债贴息资金

尽管通过上述法律和法理分析已经清楚地得出结论,对单位实施的普通诈骗行为,不能以诈骗罪追究直接负责的主管人员和其他直接责任人员的刑事责任,从而排除了被告人张文中在本案中犯诈骗罪的可能;但是,为了全面认识被告人张文中涉案行为的性质,还有必要进一步分析张文中究竟是否存在为物美公司骗取国债贴息资金的故意和行为。辩护人认为,根据现有证据,被告人张文中并不存为物美骗取国债贴息资金的故意和行为。

从起诉书以及庭审情况分析,公诉机关试图从以下几方面来证明被告人张文中存在为物美公司骗取国债贴息资金的故意和行为:第一,被告人张文中明知物美公司作为民营企业不属于2002年国债贴息资金支持范围,仍然以中国诚通公司(中央直属企业)下属企业名义进行申报。第二,被告人张文中指使张伟春等人以虚假资料编制物美公司技改项目可行性研究报告,并以此上报国家经贸委。第三,申报的物流项目获得审批后,物美公司既未实施,也未向银行申请贷款。第四,申报的信息化项目获得审批后,物美公司以此为名,以与和康友联公司签订虚假设备采购合同和开具假发票为手段,获得1.3亿元贷款,用于日常经营,未实施项目。第五,物美公司获得3190万元国债贴息资金后,将该款用于偿还公司贷款。下面,辩护人针对公诉机关的上述指控逐一进行分析,发表辩护意见。

辩护人认为,公诉机关上述五个方面的指控存在诸多不符合事实之处,均不能成立,更无法证明被告人张文中具有骗取国债贴息资金的故意和行为。公诉人指控该起事实依据的证词,主要是被告人张文中、张伟春到案早期的个别供述以及原国家经贸委李某2、李某1、门某、丁某、郝某某、王某等人的证词，对这几份证词我们在法庭调查阶段已经发表过质证意见。也就是说，他们作为个体作证，证词与国家文件内容相矛盾，明显属于对国家文件的错误理解乃至曲解，而且也与两被告人的当庭陈述相矛盾。从现有证据来看，民营企业并没有被排除在2002年国债贴息资金支持的范围之外，也没有任何证据证明被告人张文中指使张伟春等人以虚假资料编制物美公司技改项目可行性研究报告。事实上，物美公司申报的两个项目都是其发展所必需的，其中信息化项目一直在实施当中，物流项目也一直在努力推动。从事情的整个过程可以清楚地看出，被告人张文中并不具有以非法占有为目的，骗取国债贴息资金的故意和行为。

1. 关于民营企业是否有资格申报2002年国债贴息项目，以及物美公司以中国诚通公司下属企业名义申报项目的问题。

(1)关于民营企业是否有资格申报2002年国债贴息项目以及张文中、张伟春是否明知民营企业没有资格申报2002年国债贴息项目的问题。

根据国家经贸委有关文件，民营企业并没有被排除在2002年国债贴息资金支持的范围之外，张文中对此非常清楚，公诉机关认为物美公司作为民营企业不属于2002年国债贴息资金支持范围与当时经贸委关于组织申报项目的文件不符，也与经贸委的审批结果不符。

A. 张文中在参加2001年全国商品流通会议时，已经知道2002年国债贴息资金将会支持商品流通业以及支持原则，并且认为物美公司符合得到支持的条件。

根据2007年1月26日原国家经贸委技改司李某1证词(第5卷第22页)，2002年年初上海流通现代化会议后他们才向国务院有关部门提出流通现代化的专题，并专门向当时的主管领导汇报，根据领导指示才下达了申报2002年重点技改项目的通知。这一情节与被告人张文中本人的多次陈述完全吻合。包括物美公司当时参与决策的公司高管吴某1的证言都证实，张文中2001年年底从上海参加全国商品流通会议回来后,在一次物美高层会议上说到了国家会用国债贴息资金扶持商品流通企业的事,当时物美公司高管都认为物美公司在流通业已经做得很出色,符合申报国债贴息资金的条件,应当申请。

B. 根据国家经贸委的有关文件以及物美公司当时的发展状况,物美公司符合申报2002年国债贴息资金的条件。具体表现在两个方面:

第一个方面,国家经贸委投资与规划司2002年下发的"投资〔2002〕075号"《关于组织申报2002年国债技术改造项目的通知》及其附件的内容表明,国债贴息资金只是重点支持国有企业和国家控股的大型骨干企业,而没有禁止非国有企业申报(见国家经贸委投资与规划司"投资〔2002〕075号"《关于组织申报2002年国债技术改造项目的通知》)。具体到项目的选择,商业领域投资重点是流通企业现代化,具体内容是选择一批实力较强的大型连锁企业和物资流通运输等传统物流企业,围绕信息化管理、仓储设施、经营规模等进行改造,目标是培育5~10家初步具有国际竞争力的大型连锁企业集团,其中也没有禁止非国有商品流通企业申报(见国家经贸委投资与规划司"投资〔2002〕075号"《关于组织申报2002年国债技术改造项目的通知》附件)。

第二个方面,从商品流通领域当时的发展状况和趋势来看,流通业申报2002年国债技改项目也没有理由将非公有制企业排除在外,物美公司完全有资格申报国债贴息项目。从2002年商品流通领域的发展趋势来看,经过多年实施"国退民进"政策之后,民营企业日益成为商品流通领域的主角,在社会经济生活中占据重要地位,对国民经济作出了重大贡献,它们无疑应该享有与国有企业同样的权利,享有申报国债贴息项目的资格。物美公司当时已经在商品流通领域排在前列(见2002年商品流通领域企业排名表),它是最符合2002年国债贴息在流通领域的投资条件的企业之一,因而在流通领域完全有资格申报国债贴息项目。换句话说,2002年国债技术改造将流通业作为投资重点之一,实际上就是为物美公司这类商品流通领域的优秀龙头企业准备的,根本不存在非国有企业不可的问题。事实上,早在2001年11月,国家经贸委主任李荣融在一次会议上就宣布:"我国刚刚加入WTO,WTO

最基本的一项原则就是非歧视原则，对所有企业要实行国民待遇，不搞歧视性政策，国家经贸委不是国有企业局，对各种所有制企业都要一视同仁。”此后在接受《人民日报》记者采访时又明确指出“今后国债支持技改的政策要向国际规则靠拢”（见2001年11月12日和2001年11月16日《人民日报》第5版）。此后，国家经济贸易委员会2002年10月16日《“十五”商品流通行业结构调整规划纲要》等国家政策性文件再次明确了对商品流通领域的非公有制经济的平等保护政策。在这样的背景下，说流通业申报2002年国债技改项目将非公有制企业排除在外，显然完全是不顾事实的虚假、错误的判断。

C. 原国家经贸委的有关工作人员的证言也证明，当时的文件没有规定民营企业不属于国债贴息资金支持的范围。例如，证人郝某1（原国家经贸委投资与规划司助理巡视员）证明“文件上没有明确规定民营企业与国有企业是否有区别”（见2007年1月23日郝某1的询问笔录第3页）；证人丁某（原国家经贸委投资与规划司投资处助理调研员）证明“我们司里对于民营企业是否符合申报条件没有下过明确的文件”（见2007年1月25日丁某的询问笔录第3页）。

D. 公诉机关指控被告人张文中得知物美公司作为民营企业不属于国债贴息资金支持的范围，所依据的证据根本经不起推敲，结论也完全错误。

公诉机关指控被告人张文中得知物美公司作为民营企业不属于国债贴息资金支持的范围，其主要证据是被告人张文中2007年1月18日和张伟春2006年12月29日及2007年1月11日的供述，以及当时国家经贸委的制定有关政策和发布有关通知及具体审批的相关部门领导和经办人郝某1在2007年1月23日的询问笔录，李某1、李某2在2007年1月26日的询问笔录，黎某、丁某、王某2007年1月25日询问笔录，以及国家经贸委签报专用单及附件《关于下达第八批国债技改项目计划的请示》。然而，上述证据有的内容虚假，有的相互矛盾，有的没有关联性，因而无法支持公诉机关的指控。下面，辩护人从四个方面对上述证据进行分析，以证明根本不存在“张文中得知物美公司作

为民营企业不属于国债贴息资金支持的范围”的事实:

第一个方面,公诉机关提交的当时国家经贸委投资与规划司的有关证人证言相互矛盾,违反常理,不能采信,根据现有证据,不能认定存在所谓国债资金不能支持民营企业的领导指示精神。公诉机关所列举的用以证明民营企业不属于2002年国债贴息资金支持的范围的证人证言中,郝某1、李某2讲:大概是2001年年底2002年年初,司务会传达领导讲话精神,最近的讲话精神是国债资金不能支持民营企业(见2007年1月23日郝某1的询问笔录第3页、2007年1月26日李某2的询问笔录第3页);而王东却讲:2002年司领导传达过一个精神,就是领导在会上讲过国债贴息不支持民营企业(见王东2007年1月25日询问笔录第4页);黎某则居然在公诉机关工作人员明确提示“2002年年初司里根据领导讲话精神,内部掌握国债贴息资金不支持民营企业”的情况下,还印象不深(见黎某2007年1月25日询问笔录第4页);而李某1、丁某则讲:在这一批项目审批过程中,领导曾经有过明确指示,要剔除民营企业为主体的申报项目(见2007年1月26日李某1的询问笔录第3页、2007年1月25日丁某的询问笔录第3页)。如果真有领导就国家国债贴息政策随便发表如此与当时国家对于非公经济平等支持的宏观政策以及关于组织申报国债贴息项目的文件明显不符的讲话或指示,国家经贸委投资与规划司领导们应该是十分重视和记忆犹新的,可是,公诉机关提交的当时在国家经贸委投资与规划司工作的所有证人的证言却都不能说清具体什么时间开会传达的,具体由谁传达的,甚至连有关会议记录也没有,有关领导的讲话稿及具体出处也不清楚,国家既定的政策难道就这样靠随便的听说来的精神就改变并执行下去?这样的证言显然完全不符合常理,完全没有真实性。因此,根据现有证据,不能认定存在所谓的国债资金不能支持民营企业的领导指示精神。

第二个方面,公诉机关用以证明国债资金不能支持民营企业的领导指示精神的书面证据,不能支持其观点;退一步说,即便存在所谓国债资金不能支持民营企业的领导指示精神,其内容也违背当时的国家政策,不足为据。根据公诉机关提供的书面证据,所谓的领导指示精神，直接来源于经贸委投资与规划司2002年6月24日的《关于下达第八批国债技改项目计划的请示》中的一部分内容。然而，这一内容并不能证明民营企业不能申请国债贴息资金，因为它既没有明确说民营企业不能申报，也没有解释8个非国有企业为什么被剔除。从上述内容来看，8个非国有企业是因“不符合要求”而被剔除的，这意味着，它们并非因为是非国有企业而被剔除，而是因为不符合申报条件而被剔除的。因此，从这一内容并不能得出存在国债资金不能支持民营企业的领导指示精神的结论。退一步说，即使存在这样的精神，其内容也明显与当时国家对于非公经济的平等支持的宏观政策相悖的指示精神，它也不能比当时公开实行的国家有关政策法律效力高，更不能因此否定当时公开实行的国家有关政策。

第三个方面，公诉机关提交的当时国家经贸委投资与规划司的有关证人证言还证明，即使当时有所谓国债资金不能支持民营企业的领导指示精神，张文中也不知道。这表现在：

其一，从公诉机关提交的当时国家经贸委投资与规划司的有关证人证言来看，即使真的存在所谓国债资金不能支持民营企业的领导指示精神，也是在审批过程中调整政策而出现的，并非从一开始申报项目就有（见2007年1月23日郝某1的询问笔录第3页、2007年1月26日李某2的询问笔录第3页、2007年1月26日李某1的询问笔录第3页、2007年1月25日黎某的询问笔录第4页、2007年1月25日丁某的询问笔录第3页），这就充分说明，公诉机关指控张文中在开始申报时就了解到民营企业不属于国债资金申报范围完全站不住脚。其二，公诉机关提交的当时国家经贸委投资与规划司的所有证人证言均证明，当时他们没有一个人曾经明确告诉张文中国家经贸委投资与规划司在审批第八批国债贴息项目的过程中存在什么内部掌握的原则，反而是李某1曾经告诉张伟春“按照通知要求进行申报”（见2007年1月26日李某1的询问笔录第4页）。其三，前述经贸委投资与规划司2002年6月24日的《关于下达第八批国债技改项目计划的请示》中的有关内容，属于经贸委的内部文件，张文中不可能看到也没有人给他们出示。

第四个方面，公诉机关认为被告人张文中、张伟春得知该批国债贴息资金主要用于支持国有企业技术改造项目，物美公司作为民营企业不属于国债贴息资金支持的范围的主要言词证据，是被告人张文中和张伟春过去的供述。然而，两人供述中的有关内容不但被他们本人当庭否认，而且明显与有关文件的内容以及该批国债贴息资金的最终审批结果不符，张伟春还于2007年10月7日在《关于北京物美集团申报国债项目有关问题的情况汇报》中专门就其2006年12月29日及2007年1月11日的供述"知道物美公司作为民营企业不属于国债贴息政策支持范围或没有申报国债贴息项目资格"进行了说明，表明那两份笔录的记录没有客观实事求是、完整反应他本人的当时的供述。因此，他们两人的证据不能采信。

综上分析可以清楚地看到，国家经贸委投资与规划司于2002年2月对外公开发布的关于组织申报国债贴息项目(首次含有流通行业)的通知，没有明确规定民营企业不属于此次国债贴息政策支持范围或没有申报国债贴息项目资格，也不存在所谓的民营企业不属于国债贴息政策支持范围的领导指示精神。即使在审批项目过程中后来有所谓领导指示精神，也是在此次国债贴息项目各个企业申报后国家经贸委投资与规划司审批过程中，而不是在各企业申报国债贴息项目之前或之时；而且还是国家经贸委投资与规划司内部掌握的原则，国家经贸委投资与规划司从来没有人告知张文中，也没有任何其他人告诉过张文中。而根据国家经贸委投资与规划司于2002年2月对外公开发布的关于组织申报国债贴息项目的通知精神，当时已经是国内流通领域的佼佼者，并正在上市过程中，2001年年底作为流通行业的先进代表在国家流通工作会议作典型发言单位的物美公司，完全符合申报国债贴息项目资格和属于此次国债贴息政策支持范围，根本不存在张文中得知物美公司作为民营企业不属于国债贴息资金支持的范围的问题。

E. 尤为重要和有说服力的是，事实上，至少有5家非国有企业经国家经贸委审批，得到了2002年国债贴息资金的支持。从经贸委下发的《2003年第二批国债专项资金国家重点技术改造项目投资计划表》

我们可以看到,在取得该期国债贴息资金支持的企业中,江苏盐城丰东热处理有限公司、黑龙江圣泰制药有限公司、浙江美欣达印染股份有限公司、浙江恒逸集团有限公司、天津宝迪农业科技股份有限公司等名列其中,而根据辩护人调查,该5家企业属于名副其实的民营企业(非国有企业)(见国家经贸委等部门2003年3月17日下发的《2003年第二批国债专项资金国家重点技术改造项目投资计划表》,以及上述五家申请同批国债贴息项目并获批准的企业的工商登记资料)。很明显,公诉机关认为物美公司作为民营企业不属于国债贴息资金支持的范围与国家经贸委的审批结果明显不符。证人门某也证明,经贸委不但没有制定禁止国债贴息资金支持民营流通企业的规定,而且"肯定有民营企业得到支持,如内蒙古奈伦集团也是民营企业,确实有拿到贴息"(见律师2008年9月16日调查门某的笔录第1页、第2页)。

由上可以看出,公诉机关所谓物美公司"作为民营企业不属于国债贴息资金支持的范围"的结论明显与相关文件规定和实际情况不符,起诉书指控被告人张文中、张伟春得知物美公司作为民营企业不属于国债贴息资金支持的范围之主张更是无从谈起。

(2)关于物美公司"以中国诚通公司下属企业名义申报项目"的问题。

我们不否认,物美公司并非诚通公司的下属企业,它以诚通公司下属企业名义进行项目申报确实存在违规之处,但是,这只是申报渠道或者程序不当的问题,不是对自己身份和申报条件的虚构和隐瞒,因而不属于诈骗。而且,被告人张文中对该渠道的非正当性缺乏认识。因此,辩护人认为,被告人张文中及物美公司董事会决定物美公司以诚通公司下属企业名义进行申报,不能证明其有骗取国债贴息资金的犯罪故意,也不属于骗取国债贴息资金的行为。

首先,根据法庭调查查明的事实,被告人张文中一再强调他是在张伟春告诉他可以通过诚通公司申报,并且这种申报途径也属正当的情况下才决定这样做,并非明知不妥还要这样做。张伟春的当庭陈述完全印证了这一情节。因此,张文中决定物美公司以诚通公司下属企业的名义进行申报，至多存在对项目申报途径审查不严的过失，与骗取国债贴息资金搭不上一点边。

其次，物美公司能否申请到国债贴息资金，不是看它是否属于中央直属企业的下属企业，而是看它是否符合文件规定的项目申报条件。如前所述，国家经贸委有关申报2002年国债贴息项目的文件只对申报项目的范围和申报企业的质量作出了规定，并没有对申报企业的性质作出任何限制（见国家经贸委投资与规划司“投资〔2002〕075号”《关于组织申报2002年国债技术改造项目的通知》及其附件）。因此，物美公司是否属于中央直属企业的下属企业与它是否符合申报条件是两回事，对它是否符合申报条件没有影响。而且，大量证据证实，物美当时已经是闻名遐迩的明星企业，国家经贸委确定了若干家经营状况良好的民营企业作为定点联系企业，物美公司是名单中的第一个。尤其是在2002年1月上海会议上，有关领导还多次点名表扬物美公司及其董事长张文中博士作为归国留学生创下如此伟业的事迹。所以，在全国、尤其在经贸系统享有如此盛名的物美公司在2002年春天即使想虚构自己的企业身份，隐瞒自己不是国有企业的真相，也是不可能的。相应地，物美公司也就不可能通过冒充中央直属企业的下属企业来骗取国债贴息资金，张文中决定物美公司以诚通公司下属企业的名义进行申报，当然也就不可能成为诈骗行为。

最后，物美公司以诚通公司下属公司的名义申报项目，事实上得到了经贸委有关工作人员的认可。根据当时负责对申报项目进行审批的国家经贸委有关人员的证言，有工作人员曾经对物美公司的申报材料，包括企业性质进行过审查，被有关工作人员告知物美公司里有诚通公司的股份，他们将物美视为诚通的下属企业（见2007年1月26日经贸委李某2的询问笔录第3页、2007年1月25日丁某的询问笔录第2页）。而事实上，物美公司与诚通公司之间确实存在资产纽带关系（见证据《诚通公司与中期公司的关系》以及《中期公司与物美公司的关系》）。可见，物美公司以诚通公司下属公司的名义申报项目，是有一定根据的，更为重要的是得到了经贸委有关工作人员的默认，因而并不属于欺骗行为。

简单而形象地说，这就好比首都机场海关出境通道有团队通道和普通通道之分，某人因为出国签证拿到较晚，赶到首都机场时所要搭乘的航班快要停止检票了，为了不耽误行程，某人就到海关出境通道中的团队通道，请求正准备办理出境手续的团队领队，希望把自己作为其团队成员之一一同办理，该领队同意了并一同办理其出境手续，某人终于顺利出境并搭乘上了航班。那么，如何认定某人这次出境的行为呢？能够认定他是非法的甚至是犯罪行为吗？很显然不能。因为某人的这次出境实质条件如出国签证和护照都是真实有效的，只不过是在出境通道上冒充某个团队成员而已，至多是违规行为。物美公司以诚通公司下属企业名义进行项目申报，其实质是，它本来应当通过A通道（地方通道）递交申报材料，看到只允许特定人通过的B通道（中央通道）人少而且程序简单，就以特定人的身份通过B通道把材料提交上去了，并且得到了接收申报材料的人的认可。而物美公司申报的项目是否符合条件，与它是选择A通道还是B通道进行申报并无关系。可见，物美公司以诚通公司下属企业的名义，通过诚通公司进行申报，只是在提交项目申报材料时，为选择快捷通道而对自己身份陈述不实，且这种不实陈述得到了负责接受申报材料的人的认可，并不是对申报条件的弄虚作假，不具有诈骗国债贴息资金的特征。张文中及物美公司基于物美公司通过诚通公司申报也属正当的错误认识，决定选择这一渠道申报，无疑更不具有借此骗取国债贴息资金的故意和行为。

2. 关于指使张伟春等人以虚假资料编制项目可行性研究报告。

公诉机关指控被告人张文中指使张伟春等人以虚假资料编制物美公司技改项目可行性研究报告，试图据此认定张文中虚构事实，骗取国债贴息资金。辩护人认为，这一指控明显与事实不符，不能成立。

(1)被告人张文中只是参与了物美公司做出物美公司以物流和信息化两个项目申报国债贴息资金决定的决策，并没有参与项目资料的准备和项目可行性研究报告的编制，指控他指使张伟春等人以虚假资料编制物美公司技改项目可行性研究报告也无从谈起。

公诉机关指控被告人张文中指使张伟春等人以虚假资料编制物美公司技改项目可行性研究报告的唯一根据是张伟春2007年1月5日供述中的一句话(见2007年1月5日张伟春的讯问笔录第3页);而在被告人张文中的相关供述中,说到项目资料的准备和项目可行性研究报告的编制都是由张伟春负责,他并没有审核(见2007年1月18日张文中的讯问笔录第4页);张文中、张伟春当庭也都说张文中并没有参与项目资料的准备和项目可行性研究报告的编制,也没有进行审核。而且,在此前的另一份讯问笔录中明显可以看出,张伟春2007年1月5日有关供述的内容,受到过讯问人员的诱导(见2006年12月29日张伟春的讯问笔录第6页)。显然,公诉机关这一指控由于缺乏必要证据的支持,不能成立。

(2)物美公司的技改项目可行性研究报告本身内容真实,并不虚假。

物流项目和信息化项目都是物美公司作为现代商品流通企业发展必须要建设的项目。其技改项目可行性研究报告正是根据自身发展需要而精心编制的,并不虚假,且物美公司确实根据有关技改项目可行性研究报告实施了信息化项目,在原设计的物流项目因不可抗力无法实施的情况下,还于2003年下半年在天津的杨台、2004年4月在北京的百子湾建设了一些其他物流项目作为暂时替代措施,辩护人提交的一系列相关证据已经予以证实。可见,物美公司就有关技改项目可行性研究报告本身内容并不是虚构的。

3.关于物流项目。

公诉机关指控,申报的物流项目获得审批后,物美公司既未实施,也未向银行申请贷款。试图以此证明该项目虚假。而实际情况是:申报的物流项目获得审批后,物美公司一直在积极推动该项目的实施,并且多次向银行申请贷款,该项目未能按原设计实施是因“非典”以及政策调整等不可抗力所致。

辩护人已经提交大量证据证明,物流项目获得审批后,物美公司一直在设法实施该项目(见律师调查物美公司员工于某1、通州物流园区管委会主任张某2、工作人员张某3的笔录),并且多次向银行申请贷款(见律师调查物美公司员工于某1以及有关银行工作人员的笔录),只是由于项目申请下来后,接连遇到"非典"、物流园区政策调整等不可抗力,导致项目推进遇到重重阻力,未能进入实质性实施阶段,也未能贷到款。因此,公诉机关指控物流项目获得审批后,物美公司既未实施、也未向银行申请贷款与现有证据不符。

另外需要指出的是,由于物美公司一直没有贷到用于建设物流项目的款项,与之配套的国债贴息资金一直作为"应付人民政府"款项挂在物美公司财务账目上(见物美公司财务账目)。这表明,如果物流项目不能实施,贷款不成,该笔资金随时要归还国家,而且物美公司也做好了随时归还国家的准备,否则不会在财务账目上作这种记载。因此,物美公司不实施该项目和不向银行申请贷款,并不能达到非法占有国债贴息资金的目的,公诉机关通过指控物美公司没有实施该项目和没有向银行申请贷款来说明物美有非法占有国债贴息资金的目的,本身就是无法成立的。

4. 关于信息化项目。

公诉机关指控,申报的信息化项目获得审批后,物美公司以此为名,以与和康友联公司签订虚假设备采购合同和开具假发票为手段,获得1.3亿元贷款,用于日常经营,未实施项目。辩护人认为,相关证据充分证明,物美公司申报的信息化项目得到了实际实施,指控物美公司将贷款用于日常经营,未实施项目与事实不符;物美公司与和康友联公司签订虚假设备采购合同和开具假发票,只是为了简化贷款手续,方便资金使用,并非为了非法占有国债贴息资金。

(1)信息化项目得到了实际实施,指控物美公司将贷款用于日常经营,未实施项目与事实不符。

辩护人已经提供大量证据证明,物美公司根据当初申报的信息化项目的要求,实施了大量具体、细致的信息化项目推进工作,并没有将贷款用于公司日常经营。具体表现在:第一,2003年,物美公司对其信息系统进行了升级(见物美公司提供的相关数据和资料);第二,2004年到2005年,物美公司在建设配送中心的同时,并与上海同振信息中心合作,引进了先进的物流管理系统,采用RF设备接收货物(见物美公司提供的相关数据和资料);第三,2005年,物美公司和北京用友集团合作,采用用友的NC财务系统,实现了财务统一管理,加强集团对各个店铺的财务管控(见物美公司提供的相关数据和资料);第四,2005年,物美公司实现了网上结算(见物美公司提供的相关数据和资料)。上述内容,都是实施信息化项目的具体表现。物美公司只是没有将从银行贷到的款项设立专门账户专款专用,但无疑还是有等量的资金用在了信息化项目上,因此,说物美公司将贷款用于日常经营,未实施项目与事实不符。

(2)物美公司与和康友联公司签订虚假设备采购合同和开具假发票,只是为了简化贷款手续,方便贷款,并不是为了非法占有国债贴息资金。

不可否认,物美公司通过与康友联公司签订虚假设备采购合同和开具假发票的方式进行贷款,确实属于欺诈行为,但是,这一欺诈行为并非为了骗取国债贴息资金,而是为了简化贷款手续,更方便地贷款。物美公司之所以这样做,是有客观原因的,是由信息化项目的实施特点所决定的。根据国债贴息项目贷款使用政策,物美公司应当在每一次具体实施信息化项目用款时,到银行办理相关手续。而信息化项目是一个逐步、零碎地推进的过程。物美公司实施信息化项目的客观情况是:2002年发生购买电子设备、支付公司资讯中心进行软件开发、升级和维护等费用,购买其他公司开发的软件使用权和软件升级服务等1265笔,金额为9,279,445.81元;2003年发生上述信息化项目建设1312笔交易,金额为7,818,142.77元;2004年发生了1237笔交易,金额为12,893,297.35元;2005年发生了1369笔交易,金额为17,621,534.21元;2006年发生了1003笔交易,金额为17,460,762.61元;2007年发生了834笔交易,金额为30,640,768.35元(见物美公司实施信息化项目的有关票据和物美公司的说明)。据以上数据统计,

2002年1月至2007年8月,物美公司信息化项目建设共发生了7020笔交易。如每使用一笔资金都到银行去办理相关手续,就需要去银行办理7020次手续,提交7020次相关票据,这将极大地增加财务成本和相关工作人员的工作量及其他资源。针对这样持续而频繁琐碎的使用资金情况,物美公司才与和康友联公司一次性签订金额为7200万元的设备购买合同,和康友联公司出具了7200万元的发票。物美公司持此合同和发票到银行办理了相关手续,此行为虽然违反了国债贴息项目贷款资金使用的相关规定,但只是为了简化贷款手续,方便贷款,并不是为了非法占有国债贴息资金。

5. 关于3190万元国债贴息资金被用于偿还贷款问题。

公诉机关指控,物美公司在收到财政部下拨的3190万元国债贴息资金后,将该款用于偿还公司贷款。辩护人认为,该事实不能说明物美公司非法占有了该笔资金。

不可否认,财政部下拨的3190万元国债贴息资金到达物美公司账上后,物美公司确实将该笔资金用于偿还公司贷款;但是,据此并不能得出物美公司非法占有了该笔资金的结论。这是因为,货币属于种类物,只要物美公司有相同数量的资金用在了物流项目和信息化项目上,或者有作出明确标注的相应的资金挂在有关账户上,就不能认为该笔资金被非法占有。而根据物美公司实施信息化项目的有关票据以及物美公司的有关财务账目,物美公司确实有相应的一部分资金用在了归还信息化项目贷款的利息上,还有一部分资金则作为"应付人民政府"款项一直挂在公司财务账目上(见物美公司实施信息化项目的有关票据和物美公司的说明,物美公司的有关财务账目)。因此,物美公司只是没有专款专用,但并没有非法占有这笔资金。

从上述五个方面的分析可以清楚地看到:第一,物美公司是符合2002年国债贴息资金申请条件的;被告人张文中是在确信物美公司符合申报国债贴息资金条件的情况下,基于物美公司通过中央直属的诚通公司进行申报也属正当或者说至少可行的错误认识,决定物美公司通过诚通公司申报2002年国债贴息资金;作为此项行为主体的物美公司及主管人张文中在主观上并不存在以非法占有为目的,骗取国债贴息资金的故意。第二,物美公司以诚通公司下属企业的名义,通过诚通公司申报项目确实不当,但该申报途径是否适当,与物美公司是否符合申报国债贴息资金的条件没有关系,通过这种方式客观上也不可能骗取到国债贴息资金。物美公司最终成功申报到国债贴息项目,是因为该公司申报的物流和信息化项目确实存在,并且是该公司所必须,而该公司也确实符合申报条件,而不是因为其假冒了诚通公司的下属公司。因此,被告人张文中以及物美公司客观上也不存在以虚构事实、隐瞒真相的方法骗取国债贴息资金的行为。第三,物美公司取得国债贴息资金后,一部分确实用于所申报的信息化项目,另一部分则因为项目客观上遇到了诸多不可抗力而尚未实际实施,贷款未成功,作为应付人民政府款项挂在账上,并没有被物美公司非法占有。第四,物美公司只是没有对3190万元国债贴息资金专款专用,而没有非法占有这笔资金。总之,根据现有证据,被告人张文中不存在诈骗国债贴息资金的主观故意和客观行为。公诉机关对张文中的指控与现有证据不符,并且对相关行为的性质作出了错误的界定,不能成立。

需要指出的是,公诉机关不顾单位行为和自然人行为之间的严格界限,试图凭一份关于被告人张文中在物美公司所占股份比重的司法鉴定报告,来确定张文中个人在物美公司的股份比重并据此来直接计算张文中个人从"诈骗"中获得多少金额,这对于本案的定性实际上毫无意义。第一,无论在刑法还是民法以及其他法律中,个人行为与单位行为都存在严格的界限,无论某个人在公司中占有多大比重的股份,其代表单位实施的单位行为都不能被认定为个人行为。第二,这样计算无法律依据。第三,作为一个存续的正常经营的公司,其资产和权益的所有权只能是该公司的,公司的股东对该公司只有股权,所能得到的权益也只能取决于公司每年年终经营结果有无利润分配,除非该公司终止经营进行清算了,剩余净资产归该公司股东所有,更何况张文中连物美公司的股东都不是,而且物美公司至今仍然正常存续经营。如果非要将物美公司申报国债贴息资金用于企业发展壮大这一典型单位行为,按照张文中的个人犯罪来进行刑事追究,这无疑是对刑法典关于单位犯罪的规定以及罪刑法定原则的错误适用,也是对我国公司法企业法人制度的否定。

还需要指出的是,公诉机关还不顾物美公司提供的关于其信息化项目实施情况的巨额单据和详细说明,以及关于物流项目实施情况的客观事实和详细说明,仅凭审计单位出具的一份不符合事实的审计调查报告,便认定物美的信息化项目和物流项目不存在,这显然不是一种以事实为根据的态度。该审计调查报告无论是从审查目的看,还是从形式到内容进行分析,都不能作为证据使用,也根本不可信。

首先,从审查目的看。从公诉机关提交的审计调查报告来看,它是国家审计署固定资产投资审计局受609专案组的安排组成的审计组,就物美公司申报使用国债贴息3190万元专项资金进行审计调查的情况报告,只是609专案组的内部工作情况汇报,不是国家审计署的审计报告或调查报告,不能代表国家行政机关对所审计调查的物美公司这一行为的性质认定及行政处罚决定,不是法律事实,不能作为证据使用。

其次,从该审计调查报告的形式看。审计调查报告没有审计组人员签名,具体是哪些人员组成?有无合法身份和资格?是否依据合法程序进行客观全面实事求是的审计?审计调查报告所提出的存在问题是否是经过全面深入调查所得?公诉机关以此作为证据是否经过自己重新认真客观全面核实过?

最后,从该审计调查报告的内容看。审计调查报告断章取义,不客观不全面,没有反映事情的全部面貌,只机械地就表象或程序方面描述,而刻意回避实质问题,如物美公司申报使用国债贴息3190万元专项资金,最核心最实质的问题是按照《关于组织申报2002年国债技术改造项目的通知》(投资〔2002〕075号),物美公司到底能不能申报使用国债贴息或是否有资格申报使用国债贴息?审计调查报告避而不谈,却只讲物美公司报送的《企业基本情况表》有关隶属关系填写不实、做法不符合有关通知中要求的“每个项目要如实填写企业基本情况表和项目基本情况表”的规定，仅此就认为申报资料弄虚作假。那么，这到底是细小的程序层面的、非实质的、非恶意的错误瑕疵，还是本质上的、恶意的严重错误的瑕疵？要明确以上事实，就必须先明确根据有关通知，物美公司到底能不能申报使用国债贴息或有没有申报国债贴息项目的资格。很显然，按照有关通知，物美公司可以并完全有申报国债贴息项目的资格。再如，物流项目实际是否实施，审计组仅凭到通州从业园区和中国农业银行了解物美公司没有申报项目、没有贷款，却没有向物美公司调查了解为什么在原地没有实施，是本来就没想实施，还是主观想实施，但由于客观原因特别是有不可抗力原因而无法实施，之后是放弃该物流项目了，还是继续争取实施以及如何争取实施，有没有异地实施等？是根本没有向银行申请贷款还是申请了没有批下来？这些没有实施的实质问题不去了解就片面地认为实际未实施，显然是片面的、不可信的。再如，关于国债贴息3190万元和信息化项目贷款，仅凭国债贴息3190万元资金的直接流向是还物美公司贷款，而无视物美公司财务账目处理全部为应付人民政府款，且从中按季核减信息化贷款利息这一重要事实，也不顾资金本身是种类物，当时物美公司是提前还贷，而且其账上有近亿元的大量剩余资金，完全有支付项目贴息的能力事实，就认为不是用于申报项目贴息；仅凭物美公司与和康友联公司的虚假信息化设备采购业务，有关贷款资金流向和康友联公司后又流入物美公司，用于日常经营的账户（包括信息化建设在内）之中，审计组根本没有到物美公司深入了解信息化建设项目到底实施了没有，实施到什么程度，以及如何客观公正地评价这一事实，不顾物美公司事实上在信息化建设中的大量投资和建设了不断升级换代和扩大规模的信息化重大事实，就简单推定没有用于实施信息化建设项目。诚然，物美公司没有专款专用，但不能当然由此推论是信息化项目没有实施，更不能由此推论是诈骗。

事实上，审计调查报告对本案有唯一的证明作用，就是进一步证明上述这些行为都是物美公司的单位行为，并非被告人张文中的个人行为。

此外，还需要特别指出的是，国家通过国债贴息政策鼓励、支持非公经济发展民族产业，在建设社会主义经济社会中成长壮大并具有国际竞争力，是随着国家改革开放发展历程而逐步加大力度和完善规范的，其政策性强，法律性弱，不能简单地用司法手段解决过去改革发展过程中存在的程序瑕疵问题。

综上所述，辩护人重申并强调以下几点结论性辩护意见：

第一，公诉机关关于被告人张文中犯单位行贿罪的指控，其中的30万元不能排除是赵某合理报酬的可能，至少没有将其中赵某的合理报酬剔除，事实不清，难以成立；关于500万元的指控，不能排除涉案款项是给李某3的中介费的可能，也难以成立。且这两起案件均系被告人张文中主动交代，其中500万元梁某没有收取，即便退一步要认定为单位行贿，也属于自首并且行贿未遂，提请法院依法减轻或者免除处罚。

第二，公诉机关关于被告人张文中伙同他人挪用资金4000万元的指控，对资金的出借方和使用方的认定都不符合有确实充分的证据证明的事实，对营利归属的认定也与证明力更高的证据所证明的事实不符，定性错误，不能成立。涉案的4000万元资金是由泰康公司借给卡斯特公司使用，且营利也是归单位，被告人张文中的有关行为不构成挪用资金罪。

第三，公诉机关关于被告人张文中诈骗国债贴息资金3190万元的指控，错误地将典型的单位行为按个人犯罪追究，违反了刑法关于单位犯罪以及罪刑法定的规定，并且与最高人民法院2001年1月21日发布的《全国法院审理金融犯罪案件工作座谈会纪要》的精神相悖，同时也与有充分证据证明的事实不符，不能成立。被告人张文中根本不存在为物美公司或其个人骗取国债贴息资金的故意和行为。

审判长、审判员：

被告人张文中作为一名优秀的海外归国创业人士，他怀着做大做强中国民族零售业，维护国家经济安全和造福社会的雄心壮志，自1994年创建物美公司起，十多年如一日，呕心沥血，竭尽全力经营物美公司,使物美公司逐步发展成为我国连锁零售业领域少数具有与外国零售业巨头抗衡实力的大型优秀企业之一,年销售额达200亿元,年上缴税收5亿元,为国家税收、职工就业、社会公益事业等都作出了巨大贡献。例如,由于物美公司的快速发展,直接吸纳职工就业达3万余人(其中包含吸收国有单位下岗、在岗职工近万人),并间接帮助10万多人获得了相关产业和服务行业的就业,实现了企业效益和社会效益同步发展。在企业快速发展的过程中,张文中及其领导下的物美公司也表现出强烈的社会责任感和慷慨的爱心。例如,在2003年北京"非典"以及2008年四川汶川大地震中,张文中领导下的物美公司不但确保商品价格的稳定,而且捐款捐物价值达800余万元;2004年,在张文中的决策下,物美公司捐款1000万元参与发起设立"中华红丝带基金",为艾滋病的防治、科研和国际合作的公益事业提供支持等。张文中杰出的才能以及他和他领导下的物美公司对国家和社会的突出贡献,得到了党和政府的关注和充分肯定。物美公司曾多次获得北京市、全国工商联、商务部和劳动与社会保障部的表彰,2004年被国务院授予"全国再就业工作先进单位"光荣称号,2006年被国际机构评为最具投资价值的中国海外上市公司和最具投资价值的民营上市公司。张文中个人也担任了全国政协委员、全国工商联常委、全国青年常委、中国物流与采购联合会副会长、北京市人大代表等职务,曾荣获联合国第七届世界"青年企业家杰出成就奖"(2000)、"中华海外留学回国人员十大创业人物"(2002)、"首都五一劳动奖章"(2003)、"中国商业最有影响力人物"(2003)等大奖或荣誉称号。

就在各大外资零售巨头看好中国零售市场,纷纷加快在中国的发展步伐,而张文中正带领物美公司准备与这些外资企业展开全面竞争的关键时刻,他却因故被卷入刑事诉讼之中,他已经作为犯罪嫌疑人和被告人失去人身自由长达两年多,不但其个人和家庭遭受严重创伤,物美公司的发展也受到严重影响。正如古语所言:"千军易得,一将难求。"我国零售业要想顺利发展,要想与对中国零售市场虎视眈眈的外资零售巨头一争高低,以保障国家经济安全,离不开像张文中这样的领导人物。因此，早日对张文中作出合法公正的处理，使其尽快重返社会，无疑对物美公司乃至我国现代流通业的健康发展十分有利。

还应当指出，能否依法公正妥当处理本案，不但关系到法治原则能否得到贯彻，而且关系到党自改革开放以来逐步加大力度鼓励、支持留学人员归国创业的政策，以及平等保护民营企业的政策能否得到落实，事关重大。尤其值得注意的是，张文中是在国际上有重要影响的我国留学海外归国创业成功人士的典范，是我国现代流通领域少有的学者型著名企业家，物美公司则是2003年我国第一家在香港上市的民营企业集团，目前市值超过百亿元。对张文中和物美公司的处理结果必然会受到国内外的广泛关注。如果不能依法公正而妥当地处理本案，不但会对我国法治产生消极作用，而且势必在海内外造成不良的政治影响和社会影响。

政法工作要“始终坚持党的事业至上、人民利益至上、宪法法律至上”，辩护人理解，用“三个至上”的理念指导本案的审理，就是要在本案的审理中，严格依法办案，维护党的鼓励、支持留学人员归国创业政策和平等保护民营企业政策，切不可因本案系因查处其他大案要案而引发，便一定要将其与大案要案绑在一起处理，而应当实事求是地依法妥当处理。不能夸大甚至扭曲案情，更不能将错就错。

我们期待，本案的判决能成为一个依法处理因查处大案要案而引发，但却查明与大案要案无关的普通案件的典范，成为贯彻“三个至上”典范。

以上辩护意见，敬请合议庭参考并合理采纳，谢谢！

北京市中闻律师事务所律师　赵秉志

河北合明律师事务所律师　白加宁

2009年9月24日

附件四：张文中案一审判决书

河北省衡水市中级人民法院
刑事判决书

（2008）衡刑初字第22号

公诉机关河北省衡水市人民检察院。

被告单位物美控股集团有限公司（原北京物美商业集团有限公司），单位地址：北京市石景山路3号玉泉大厦10层。

诉讼代表人吴某1，男，51岁，物美控股集团有限公司法定代表人。

辩护人高平，河北方圆律师事务所律师。

辩护人左坚卫，北京市共和律师事务所律师。

被告人张文中，男，1962年7月1日出生，山东省即墨县人，汉族，博士，捕前系物美控股集团有限公司董事长，住北京市海淀区××路××号楼××室。2006年12月7日因行贿、挪用公款嫌疑被河北省衡水市人民检察院刑事拘留，同年12月20日，因涉嫌行贿，挪用公款犯罪由衡水市公安局执行逮捕，现押于衡水市看守所。

辩护人赵秉志，北京市中闻律师事务所律师。

辩护人白加宁，河北合明律师事务所律师。

被告人张伟春，男，1958年4月27日出生，北京市人，汉族，大学文化，原物美控股集团有限公司行政总监，住北京市海淀区××号楼××号。2006年12月29日因诈骗嫌疑被衡水市公安局刑事拘留，2007年1月1日变更为监视居住，同年2月14日因涉嫌诈骗犯罪由衡水市公安局执行逮捕，现押于深州市看守所。

辩护人肖艳芬，北京市德律珩律师事务所律师。

辩护人吴建平，北京市东元律师事务所律师。

河北省衡水市人民检察院以衡检刑诉（2007）68号起诉书，指控被告单位物美控股集团有公司犯单位行贿罪，被告人张文中犯单位行贿罪、挪用公款罪、诈骗罪、被告人张伟春犯诈骗罪，于2007年12月25

日向本院提起公诉。本院依据最高人民法院的指定管辖决定书受理了本案,依法组成合议庭,公开开庭审理了本案。河北省衡水市人民检察院指派检察员××、×××、代检察员×××、××出庭支持公诉。被告单位的诉讼代表人、被告人及辩护人均到庭参加诉讼。诉讼过程中,公诉人发现案件需要补充侦查,提出延期审理建议,本院同意。在补充侦查的期限内,公诉机关提请恢复法庭审理,现已审理终结。

河北省衡水市人民检察院指控:

一、单位行贿罪

1. 2002 年,在被告单位物美控股集团有限公司(以下简称物美集团)收购中国国际旅行社总社(以下简称国旅总社)持有的泰康人寿保险股份有限公司(以下简称泰康公司)5000 万股股份过程中,被告人张文中请求国旅总经理办公室主任赵某提供帮助,并答应给其好处费。在赵某的积极协调、帮助下,2002 年年底,物美集团以其关联公司北京和康友联技术有限公司(以下简称和康友联公司)名义顺利收购了国旅总社持有的5000 万股泰康公司股份。2003 年 1 月至 2004 年 2 月,物美集团的关联公司卡斯特经济评价中心以报销费用的方式给赵某人民币 30 万元。

2. 2002 年,在被告单位物美集团收购广东粤财信托投资公司(以下简称粤财公司)持有的5000 万股泰康公司股份过程中,被告人张文中向粤财公司总经理梁某承诺事成之后给予梁某个人 500 万元好处费。2003 年年底,物美集团以其关联公司华美现代流通发展有限公司的名义收购了粤财公司持有的5000 万股泰康公司股份,张文中遂指使张某 1 通过北京敬业和康投资咨询中心为梁某支付人民币 500 万元。

二、挪用资金罪

1997 年 3 月,被告人张文中与中国国际期货有限公司董事长田某 1、泰康公司董事长陈某 1(均另案处理)商议挪用泰康公司的资金申购新股牟利,并约定所得盈利三人按 3:3:4 的比例分配。随后,张文中指使张某 1 以北京卡斯特投资咨询中心向泰康公司借款的名义,从泰康公司转出人民币 4000 万元,由张某 1 具体负责申购新股。其间,中国人民银行检查,张文中、陈某1、田某1为掩盖前期挪用资金事实,遂于1997年7月通过河南省国际信托投资公司又从泰康公司转出人民币5000万元,用于归还前次挪用款项。1997年8月19日张某1归还泰康公司人民币4000万元,同年9月3日和9日又分两次归还人民币5000万元。其间,共盈利人民币1000余万元。

三、诈骗罪

2002年年初,被告人张文中得知国家对重点企业,重点项目实行国债贴息补贴政策,遂与被告人张伟春、公司副总裁张某1等人商议此事,并委派张伟春到国家经贸委等部门进行了咨询。在得知该批国债贴息资金主要用于支持国有企业技术改造项目,物美集团作为民营企业不属于国债贴息资金支持的范围的情况下,张文中与张伟春商量后决定以中国诚通控股集团有限公司(中央直属国有企业、以下简称诚通公司)下属企业的名义进行申报。为此,张文中与诚通公司董事长田某1多次联系,田某1答应了张文中的要求。在张文中的指使下,张伟春等人以虚假资料编制了物美集团技改项目可行性研究报告,以诚通公司下属企业名义上报国家经贸委。物流项目获得审批后,物美集团既未实施,也未向银行申请贷款;物美集团以信息化项目为名,以与和康友联公司签订虚假设备采购合同和开具虚假发票为手段,获得1.3亿元贷款,用于公司日常经营,未实施信息化项目。2003年10月29日,财政部将3190万元国债贴息资金拨付到诚通公司,后诚通公司将该款汇入物美集团账户,物美集团即将该款用于偿还公司贷款。案发后,已追缴赃款3190万元。

对指控的上述事实,公诉机关庭审时出示了相关证据,认为被告单位物美集团、该公司的法定代表人被告人张文中,在与国有公司经济往来中,违反国家规定给予国家工作人员财物;被告人张文中伙同他人利用职务上的便利,挪用泰康公司资金,进行营利活动,数额巨大,其行为触犯了《中华人民共和国刑法》第三百九十三条、《全国人民代表大会常务委员会关于惩治违反公司法的犯罪的决定》第十一条的规定,应当以单位行贿罪追究被告单位物美集团及被告人张文中的刑事责任,应当以挪用资金罪追究被告人张文中的刑事责任。被告人张文中、张伟春以非法占有为目的,虚构事实,隐瞒真相,骗取国债贴息资金人民币 3190 万元,其行为触犯了《中华人民共和国刑法》第二百六十六条的规定,应当以诈骗罪追究被告人张文中、张伟春的刑事责任。提请本院依法判处。

被告单位的诉讼代表人主要辩称:收购泰康公司股权及支付的 530 万元人民币均不是物美集团所为。其辩护人主要提出:物美集团不是本案指控行贿行为的主体,故其不构成单位行贿罪;支付的 530 万元好处费不是刑法规定的回扣或手续费。

被告人张文中对被指控的犯罪均予否认,辩称给赵某的 30 万元是劳务费,500 万元是给李某 3 的中介费;所诉挪用资金事实是公司履行委托投资协议的行为,非个人挪用;通过中国诚通控股集团公司申报国债贴息资金有不当之处,但国债贴息政策不排斥物美集团这样的民营企业,申报国债贴息资金是单位行为,申报获批的项目已分别实施,无诈骗故意。其辩护人主要提出,所诉单位行贿的事实中给赵某的 30 万元中含有正当报酬,500 万元不能排除是给李某 3 中介费的可能,即便认定单位行贿,该部分事实是被告人张文中主动向司法机关交代的,属于自首,行贿 500 万元系未遂;泰康公司借给北京卡斯特投资咨询中心资金 4000 万元投资炒股,且盈利也归单位所有,公诉机关所诉挪用资金的指控与该基本事实不符,故被告人张文中不构成挪用资金罪;被告人张文中不存在诈骗的故意和行为,申报国债贴息资金是单位行为,刑法未规定单位构成诈骗罪。

被告人张伟春辩称:其在物美集团申报国债贴息资金的过程中,从事的是职务行为;不知道国债贴息资金政策不支持民营企业;物美集团与诚通公司有关联关系;申报获批的物流项目已在异地实施。其辩护人主要提出物美集团申报国债贴息资金属于典型的单位行为,但刑法未规定单位诈骗罪;被告人张伟春没有诈骗故意,其只负责申报事项,并未获利,故不构成诈骗罪。

经审理查明:

一、单位行贿

1. 2002 年,被告单位物美集团在收购国旅总社持有的泰康公司 5000 万股股份过程中,被告人张文中向国旅总社总经理办公室主任赵某提出让其提供帮助,并承诺给其一笔好处费。在赵某的积极协调、帮助下,2002 年年底,物美集团以其关联公司和康友联公司的名义顺利收购了国旅总社持有的 5000 万股泰康公司股份。张文中遂指派张某 1 给付赵某 30 万元。2003 年 1 月至 2004 年 2 月,张某 1 通过物美集团的关联公司卡斯特经济评价中心以报销费用的方式向赵某支付了人民币 30 万元。

认定上述事实的证据有:

(1)证人赵某证言证实,2002 年,国旅总社为缓解资金紧张,准备将持有的 5000 万股泰康公司股权转让。因其时任泰康公司监事,国旅总社总经理李某 7 便让其向泰康公司董事长陈某 1 表示要转让股份的意思,问陈能否找到受让方。后陈告之物美集团有意受让该股份。在他与张文中联系时,张文中说希望其支持,帮助收购股权,表示事成后不会亏待他,并说想尽快由其安排和国旅总社的领导见面。其及时向李某 7 汇报后并说物美集团经济实力不错,之后他安排李某 7 和张文中、张某 1 等人一起见面吃饭,双方表达了转让、收购泰康公司股权的意思。后物美集团张某 1 等人向国旅总社党政联席会成员就物美集团情况做了演示性介绍。在国旅总社再次召开研究转让泰康公司股权问题的党政联席会上,会议研究同意将持有的泰康公司股权转让给物美集团,会议授权谈判价格范围是每股 1.45 元至 1.5 元。在双方就转让股权谈判之前,其告诉张文中国旅总社确定的谈判底价是每股 1.45 元,为张文中谈判提供了重要信息。又经多次谈判,约在 2002 年 6 月双方达成转让股权协议,转让价每股 1.45 元,在付款期限上国旅总社作了让步,延长了付款期限并分三次付款。后张文中对其讲,因看中泰康公司今后的发展,虽然收购股权价格高了一些,但是从长远看是合得来的,并说要兑现以前承诺,给其一笔 30 万元好处费,让其找张某 1 具体办理。2003 年年初,其与张某 1 商议好用报销发票的方式从张某 1

处领取30万元。同年1月中旬,其在张某1办公室拿了一张没有填写收款人的、金额为10.8万元的转账支票,后通过天马国际旅行社的总经理孙某将转账支票兑现,同年2月26日,其将孙经理开的发票给了张某1。2003年6月中旬,又从张某1处要来一张10.8万元的转账支票后变现,其找到天马旅游汽车公司总经理黄某2开了一张发票给了张某1,该发票付款单位是卡斯特经济评价中心,金额10.8万元,内容是会议费。2004年2月初,其从张某1处拿了一张8.4万元的转账支票,用于支付家庭装修的材料款,并让该装修单位给卡斯特经济评价中心开了一张发票,给了张某1。这三笔钱他对妻子王某3说是物美集团的张文中给的。事后他告诉张文中钱收到了。

证人王某3证言证实2003年至2004年,赵某往家拿过三笔钱共30万元,并说是物美集团张文中给的,与赵某所证吻合。

证人孙某、黄某2、田某2、潘某、刘某3、刘某4所证将赵某的转账支票变现,并开具发票的情节与赵某所证吻合。

(2)被告人张文中原供述,2002年,陈某1建议他收购国旅总社想转让持有的泰康公司5000万股股权,并说国旅总社办公室主任赵某可以安排此事。他与赵某联系并表达了收购意向,要求赵某安排与国旅总社领导面谈,并说事成后不会亏待赵某。赵某答应促成此事。随后,在与国旅总社董事长李某7见面吃饭时沟通了此事。后他带着张某1等人到国旅总社会议室与李某7等人进行谈判并达成了收购意向,最后确定的收购价格向国旅总社提供的价格倾斜,但在付款时间上延长了期限,并约定赵某、张某1具体操作收购事宜。收购完成后,大概2002年年底,在泰康公司开会时,他对赵某说在收购股权过程中帮了忙,给赵某30万元人民币表示感谢,具体找张某1办理。回来后他告诉张某1给赵某30万元,具体事与赵某联系。后张某1对他说钱开始给了几个月后赵某告诉他说钱收到了,并表示感谢。在收购股权的过程中,赵某事前告诉了陈某1关于国旅总社转让股权的信息;积极安排和国旅总社见面;向国旅总社积极介绍物美集团的经济实力、宣传物美集团;积极延长物美集团的付款期限,加快泰康公司股权转让速度。

物美集团以每股1.45元的价格收购了国旅总社持有的5000万股权,收购款是从物美集团内部调度的。股权名义上由和康友联公司收购,实际上是物美集团收购,如果落在物美集团名下,就违反了泰康公司关于单一股东持股不允许超过10%的公司章程规定,当时物美集团已持有8%的泰康公司股权,所以就把该股权落在了和康友联公司名下,产生的收益归物美集团所有。和康友联公司是物美集团和卡斯特产业集团成立的公司,其通过物美集团和卡斯特产业集团控制和康友联公司,公司的法人代表是其弟张某1。是其决定以和康友联公司的名义收购泰康公司股权的。

(3)证人陈某1证言证实,2002年,赵某告诉他国旅总社欲转让持有的5000万股泰康公司股份并让其帮忙找受让方。他告诉了物美集团的张文中,张文中表示愿意收购。国旅方面由赵某具体操作转让事宜。张文中收购国旅总社持有的泰康公司股权后,告诉他给了赵某30万元好处费,以感谢赵某在收购泰康公司股权中所提供的帮助。

(4)证人张某1证言证实,2002年,物美集团以和康友联公司收购国旅总社持有的5000万股泰康公司的股份,是他和赵某具体办理的。2002年年底,张文中告诉他给赵某30万元好处费。2003年1月,他问赵某如何支取该款项,赵某说拿发票来物美集团报销。并证赵某分三次共支取人民币30万元,所证过程与赵某证言相一致。

(5)证人张某5证言证实,其在物美集团计财部工作,主要是负责物美集团的账务。物美集团的关联公司卡斯特经济评价中心、北京敬业和康投资咨询中心、和康友联公司、华美现代流通发展有限公司等单位的账务,记账的工作也由他们负责兼职管理,并且受物美集团主管财务的副总裁张某1直接领导。

证人许某证言所证物美集团与相关关联公司的工作、财务管理关系与证人张某5所证一致。

(6)证人王某1证言证实,物美集团是和康友联公司的控股股东,其担任和康友联公司的法定代表人,张文中在和康友联公司无职务。和康友联公司收购国旅总社持有的泰康公司股权前,其参加了一次由张文中主持、张某1、吴某1参加的物美集团董事会，讨论以和康友联公司的名义收购国旅总社持有的泰康公司股权之事，确定由和康友联公司收购国旅总社持有的泰康公司股权。

(7)侦查机关提取的卡斯特经济评价中心汇给天马国际旅行社的转账支票，天马国际旅行社的银行进账单、天马国际旅行社开具北京市服务业发票、天马旅游汽车公司由贾某英开具的发票、汇给北京市朝阳区嵩涛装饰材料经营部的转账支票、嵩涛装饰材料经营部的银行进账单、对账单记载的内容，与证人赵某，张某1等所证赵某在张某1处取转账支票、变现的情节吻合，并与卡斯特经济评价中心在北京工商银行的明细分类账，记账凭证所记载的该中心先后于2003年1月17日、2003年6月17日、2004年2月1日支出会议费、装修费共30万元的内容相印证。

天马国际旅行社、天马旅游汽车公司还分别证实，二单位未组织过卡斯特经济评价中心的会议。证人刘某4证言还证嵩涛装饰材料经营部和卡斯特经济评价中心没有业务往来。

(8)物美集团的情况说明证实，2002年年初在得知国旅总社有意出让其所持有的泰康公司的股份后，物美集团召开了董事会会议，张文中、吴某1、张某1和王某1参加会议。会议决定收购国旅总社所持有的泰康公司股份；由物美集团的关联公司和康友联公司收购；收购资金由物美集团筹措，通过拆借给和康友联公司支付。

(9)北京物美商业集团有限公司转账支票、记账凭证、资金往来专用发票等记载，北京物美商业集团有限公司先后于2002年6月27日、2002年12月31日、2003年4月1日转到和康友联公司资金1450万元、1450万元、4350万元。

和康友联公司转账支票记载，该公司于2002年7月1日、2002年12月31日、2003年4月1日先后转到国旅总社1450万元、1450万元、4350万元。

(10)国旅总社情况说明、会议纪要、股权分析报告、股权转让协议、会计凭证记载，2002年2月4日至12月17日国旅总社共五次召开党政领导班子联席会议，讨论研究国旅总社转让泰康公司股权的事宜；由赵某等具体负责与物美集团商谈股权转让事宜；决定以每股1.45元的价格转让；2002年6月26日国旅总社与和康友联公司签订股权转让协议，李某7、王某1代表双方签字。国旅总社收到和康友联公司支付的股权资金日期为2002年7月1日1450万元、2003年1月2日1450万元、2003年4月1日4350万元。

证人李某7证言所证内容与上述证据所证实的内容相一致，其还证实根据物美集团的要求，以物美集团的子公司和康友联公司的名义签约收购的股权；2004年1月，股权转移到对方名下。

(11)中国保险监督管理委员会批复记载，同意国旅总社将持有的泰康公司5000万股股份转让给和康友联公司，转让后和康友联公司持有泰康公司股份比例为6.25%。

(12)《卡斯特经济评价中心章程》记载，2001年4月北京敬业和康投资咨询中心设立卡斯特经济评价中心，法定代表人为吴某1。

(13)《和康友联技术有限公司企业资料》记载，北京卡斯特友联技术有限公司于1997年10月成立，2000年4月张某1任董事长，2002年5月9日卡斯特友联技术有限公司更名为和康友联技术有限公司，董事长由张某1变更为王某1。

(14)国旅总社营业执照证实，国旅总社经济性质为全民所有制。

(15)国旅总社干部任免通知、干部退休审批表证实，1997年9月至2003年11月3日，赵某任国旅总社总经理办公室主任。

2.2002年，被告单位物美集团在收购粤财公司持有的泰康公司5000万股股份过程中，被告人张文中向粤财公司总经理梁某承诺事成之后给予梁某个人500万元好处费。2003年年底，物美集团以其关联公司华美现代流通发展有限公司的名义收购了粤财公司持有的5000万股泰康股份，张文中遂指使张某1通过北京敬业和康投资咨询中心为梁某支付人民币500万元。

认定上述事实的证据有：

(1)证人梁某证言证实，2002年，其任粤财公司总经理，受金融风暴影响,公司准备转让持有的包括泰康公司在内的部分股权。2002 年上半年,在北京与陈某 1、张文中见面时,陈某 1 问其是否有转让粤财公司持有的泰康公司股份的意向,其答复有,但须根据规定程序办,由董事会决定。张文中提出按每股 1.4 元的价格收购粤财公司持有的泰康公司的股份,并且提出给其 500 万元好处费。其答复同等条件下可以考虑优先转让给张文中。其在粤财公司董事会上提出转让泰康公司的股权意见并经同意后,便安排投资部进行前期工作。后在珠海,张文中、陈某 1 与其见面时,李某 3 参加也提出让其给张文中帮忙、给梁 500 万元好处费的事情。经评估粤财公司持有的泰康公司股份每股价值约 1.3 元至 1.6 元,后粤财公司按规定委托广州产权交易所,以每股 1.45 元进行挂牌交易持有的泰康公司股权,并在报纸上进行了披露,挂牌时间约为一个月。挂牌交易失败后,物美集团下属的华美现代流通发展公司与粤财公司多次协商,由粤财公司领导集体研究决定,与张文中的物美集团以每股 1.4 元的价格收购粤财公司持有的泰康公司的股权达成了协议,并办理了法律手续。收购完成后一年左右,李某 3 对其说张文中把好处费打过来了,怎么办? 其答复:这是你的事,你自己处理。李某 3 在此次股权交易中没有起什么作用。

(2)证人李某 3 证言证实,其与梁某是校友,经陈某 1 介绍认识张文中。2002 年上半年,陈某 1 给其打电话说张文中想收购粤财公司欲出售的泰康公司的 5000 万股份,让他找梁某帮忙,每股可以给梁某 0.1 元的好处费。他将此情况告之梁某,梁某说要按程序办,同等条件下可以优先考虑卖给张文中,钱的事让他拿主意。约半年后,其通过梁某了解到粤财公司和张文中转让股份的事情已经办完,就在与陈某 1 通电话时告之陈某 1 应给梁某的好处费了。不久,张某 1 与其联系,给梁某的 500 万元最好能开发票入账。于是为了掩盖张文中给梁某这 500 万元好处费,其安排张某 6 和张某 1 签订了两个假合同,总金额是 500 万元。张某 1 分四笔将款打到了其公司账户。其收款后告诉了梁某,梁某说钱他不要,让其看着处理。钱就放在了公司。

证人张某 6 证言证实,其担任广州市华艺广告有限公司和华艺文化有限公司总经理，两公司法定代表人是李某3。在2003年四五月，两公司与北京敬业和康投资咨询中心签订过两个虚假的电视节目冠名制作合同和广告代理合同。是帮李某3的朋友过一笔500万元款时，为了给对方开发票而签的合同，实际上与该中心没有业务往来。

(3)证人张某1证言证实，其是卡斯特科技投资有限公司的下属企业北京敬业和康投资咨询中心法定代表人。大约在2003年，张文中说用同是卡斯特科技投资有限公司控股下属企业华美现代流通发展有限公司来收购粤财公司持有的泰康公司5000万股股权，价格已和对方的领导梁某谈好，让他和粤财公司的投资部经理蔡某联系签合同的事。在此之前，张文中用卡斯特科技投资有限公司的下属公司和康友联公司收购过泰康公司的股权，合同文本是现成的。合同是用华美现代流通发展有限公司和粤财公司签订的。华美现代流通发展有限公司给粤财公司付了约3500多万元转让款。办完过户手续后，就将其他转让款通过华美现代流通发展有限公司付给了粤财公司。收购股份的7000多万元是物美集团打到华美现代流通发展有限公司后，从华美现代流通发展有限公司付出的。交易完成后，张文中说公司要给粤财公司负责人梁某500万元好处费，具体找李某3联系。李某3提出用广州一个出版社和一个广告公司签两个合同接受这500万元。其遂用敬业和康投资咨询中心和李某3提出的公司签的合同，后分两次寄发票、打款。给梁某的500万元是物美集团打到北京敬业和康投资咨询中心，由该中心支付的。

(4)证人陈某1证言证实，2002年，其得知粤财公司总经理梁某想把所持有的泰康公司的股份转让出来。之前，张文中曾表示要再收购一些泰康公司的股份，其对泰康很有信心。2003年上半年，在北京与梁某见面时对梁某讲了张文中的想法，如把粤财持有的5000万股份转让给张文中，可以按每股0.1元给梁某个人好处，后张文中对此事也同意。按照国际惯例，一般要有10%的中介费。张文中收购股份后，中国广东嘉德国际拍卖有限公司总经理李某3打电话说张文中答应给梁某的钱未办，其遂告之张文中。2004年夏天，梁某对其说张文中把钱打到李某3处了。

(5)被告人张文中原供述在收购粤财公司持有的泰康公司5000万股权的过程中，找陈某1、梁某、李某3帮忙，允诺事后给梁某500万元好处费及事后让张某1具体办理好处费的情节与证人梁某、李某3、张某1、陈某1所证内容吻合。其还供其控股的公司多次收购了泰康公司的股权，现在他是泰康公司的第二大股东。华美现代流通发展有限公司是其控股的物美集团和卡斯特投资有限公司的子公司。原来物美集团持有8%的泰康公司股权，泰康公司章程规定单一股东持股不允许超过10%，所以就把收购的粤财公司5000万股股权落在华美现代流通发展有限公司名下。收购粤财公司持有的泰康公司5000万股股权是其决定的。如果梁某不同意转让或坚持最初的出让价就可能收购不成，在办理相关手续上梁某也提供了不少便利条件。

(6)证人韩某、蔡某证言所证粤财公司经研究决定转让泰康公司5000万股份，经依法定程序评估、后与物美集团属下的华美现代流通公司谈判达成转让股份交易的情节，与证人梁某所证相一致；所证粤财公司委托广州产权交易所上市挂牌交易持有的泰康公司5000万股份的事实与证人广州产权交易所总经理李某8所证及广州产权交易所情况说明、广州中天衡评估有限公司估算意见书、股权交易委托合同书、2002年12月30日《广州日报》转让5000万股份公告记载内容相一致。韩某还证，在股权交易过程中，梁某没有汇报过对方给予好处费的问题。

(7)北京敬业和康投资咨询中心和广州华艺广告有限公司签订的代理合同记载，广州华艺广告有限公司广告代理费用为200万元。张某1、张某6分别代表双方公司签字。广州华艺文化有限公司情况说明记载，该公司在2003年和北京敬业和康投资咨询中心签订了一份300万元的电视节目冠名制作合同，并于2004年3月收齐该笔制作费。合同已经遗失。

(8)侦查机关在北京工商银行玉东分理处、广州华艺广告公司、华艺文化有限公司提取的转账支票、电汇凭证、银行专用凭证等书证内容记载:2003 年 7 月 1 日物美集团开给北京敬业和康投资咨询中心的转账支票金额 250 万元,2003 年 7 月 2 日,北京敬业和康投资咨询中心分别转给广州市华艺广告有限公司 100 万元,广州市华艺文化有限公司 150 万元;2004 年 3 月 8 日物美集团通过网上银行给北京敬业和康投资咨询中心转账 250 万元,同日,北京敬业和康投资咨询中心分别转给广州华艺广告公司 100 万元,华艺文化有限公司 150 万元;2003 年 7 月 2 日、2004 年 3 月 8 日两公司分别收到上述款项。

(9)广州市华艺广告有限公司和华艺文化有限公司情况说明及部分发票复印件、资金往来凭证记载、广州华艺文化公司开给北京敬业和康投资咨询中心总金额为 300 万元的发票 300 份;广州华艺广告公司开出金额 200 万元的发票 200 份。两公司的营业执照记载,其法定代表人均是李某 3。

(10)物美集团情况说明记载,2003 年年初,物美集团在得知粤财公司有意出让其所持有的泰康公司股份后召开了董事会会议,张文中、吴某 1、张某 1 和王某 1 参加。会议决定,收购粤财公司所持有的泰康公司股份;由物美集团的关联公司华美现代流通发展有限公司收购;收购资金由物美集团筹措,通过拆借给华美现代流通发展有限公司支付。

(11)粤财公司会议纪要、投资部请示文件记载、2002 年 8 月 7 日会议研究决定,考虑适时转让持有的泰康公司的股权;2003 年 1 月 20 日粤财公司办公会同意以每股 1.4 元的价格转让泰康公司股份。梁某批示粤财公司投资部以每股 1.4 元以上的价格挂牌。

(12)股权转让协议及华美现代流通发展有限公司函件记载,2002 年 10 月 29 日华美现代流通发展有限公司提出股权交易价格为每股 1.35 元,同年 11 月 25 日提出价格为每股 1.40 元;股权转让协议签订日期 2003 年 3 月 20 日,价格每股 1.40 元,分三次付款,共计 7000 万元人民币。韩某、张伟春分别代表粤财公司和华美现代流通发展公司签字。

(13)华美现代流通发展有限公司转账支票存根、进账单及粤财公司电汇凭证记载,2003 年 4 月 3 日物美集团转到华美现代流通发展有限公司1400万元,4月4日华美现代流通发展有限公司转到粤财公司;2003年9月2日物美集团转到华美现代流通发展有限公司2100万元,当日华美现代流通发展有限公司转到粤财公司;2004年2月19日物美集团转到华美现代流通发展有限公司3500万元,2月23日华美现代流通发展有限公司转到粤财公司。

(14)中国保险监督管理委员会批复记载,2003年8月21日同意粤财公司将其持有的泰康公司5000万股股权转让给华美现代流通发展有限公司,受让后,华美现代流通发展有限公司持泰康公司股权比例为5.9524%。

(15)粤财公司证明及投资股东的营业执照记载,粤财公司的股东均为国有独资,全民所有制单位;粤财公司是国有独资有限责任公司。

(16)广东省委组织部关于梁某任职的通知记载,2001年3月20日广东省委组织部同意梁某为粤财公司总经理人选,2001年5月8日批准其为粤财公司党委副书记,2001年6月聘任其为总经理,2005年5月为党委书记。

(17)《敬业和康投资咨询中心产生过程的说明》记载,1992年张文中组建北京市石景山区兴达计算机技术公司,1993年3月公司名称变更为北京北美卡斯特物产公司(北京卡斯特物资公司),北京卡斯特物资公司1993年8月成立北京卡斯特投资咨询中心,法定代表人为张某1,1999年11月公司名称变更为北京敬业和康投资咨询中心。

(18)《华美现代流通发展有限公司的基本情况》记载,1997年9月成立华美现代流通发展有限公司,法定代表人为田某1;2001年11月张文中为法定代表人、董事长;2003年4月董事长由张文中变更为张伟春,股东变更为北京卡斯特科技投资有限公司和北京康平创业投资有限公司。

上述证据,均由公诉机关出示并经庭审质证,核实,本院予以确认。

针对上述事实,被告单位的诉讼代表人提出,收购泰康公司股权及支付530万元人民币的行为均不是物美集团所为。其辩护人提出,物美集团不是单位行贿罪的主体,故其不构成单位行贿罪;支付的530万元好处费不是刑法规定的回扣或手续费。辩护人还向法庭提交了和康友联公司、卡斯特经济评价中心、华美现代流通发展有限公司和北京敬业和康投资咨询中心的证明、营业执照及工商登记资料;泰康公司的章程、审计报告;证人赵某、李某3、刘某某、李某7、王某1的证言及王某1、吴某1、张某1补充说明等证据,以支持其辩护意见。被告人张文中提出,给赵某的30万元是劳务费、500万元是给李某3在收购股权过程中的中介费。其辩护人提出,给赵某的30万元中含有正当报酬;500万元不能排除是给李某3中介费的可能。

对于上述证据及辩解、辩护意见,经查,被告人张文中原供在得知国旅总社出让泰康公司股份后,主持召开了物美集团董事会会议(张文中在和康友联公司无职务),研究确定由物美集团的关联公司和康友联公司收购国旅总社所持有的泰康公司股份,所需资金由物美集团筹措,通过收购公司支付。和康友联公司、卡斯特经济评价中心、华美现代流通发展公司和北京敬业和康公司形式上虽是独立法人,但证人张某5、许某证言证实四公司的财务、记账工作也由物美集团财务部兼职管理,并且受物美集团主管财务的副总裁张某1直接领导;被告人张文中原供述,股权名义上由和康友联公司收购,是因为泰康公司章程规定泰康公司单一股东持股不允许超过10%,当时物美集团已持有8%的泰康公司股权,所以就把该股权落在了和康友联公司名下,并且收购款亦由物美集团拨付,所得收益归物美集团所有;收购完成后,张某1在被告人张文中的授意下,通过卡斯特经济评价中心支付给了赵某30万元,赵某亦证30万元是物美集团张文中给的;张某1通过北京敬业和康投资咨询中心为梁某支付了好处费人民币500万元。王某1、吴某1、张某1的补充说明并不否定物美集团召开董事会研究收购股权的情节,以上足以证实收购泰康公司股权,给付赵某30万元、梁某500万元好处费系物美集团的单位行为,而非和康友联公司,华美现代流通发展有限公司的行为,物美集团构成单位行贿行为的主体。赵某在2004年4月始经和康友联公司推荐担任泰康公司的董事,之前一直担任国旅总社推荐的泰康公司监事,故辩护人提交赵某、王某1、刘某某的证言所证和康友联公司给付赵某担任泰康公司董事报酬与本案无关联性。赵某所证为物美集团在以华美现代流通发展公司收购泰康公司股权的过程中,以及为物美集团2003年所做帮助工作而收取报酬的情节,与其收取30万元的好处费的原证及证人张某1的证言相矛盾。故对辩护人出示的证据不予采信,所提30万元中含有给付赵某报酬的意见不成立。证人李某7关于转让股权的底价不属于商业秘密的证言不具有客观性。被告人张文中原主动交代,为感谢赵某在收购股权过程中提供的帮助,给其30万元好处费的供述,与赵某原证及证人陈某1所证相符,其当庭推翻原供无正当理由,且无其他证据佐证,其当庭供述不予采信。证人张某1、陈某1、梁某、李某3的证言均证实,在李某3介入收购股权之前,被告人张文中已与粤财公司达成收购股权意向,李某3也证该情节,张某1的证言也证实500万元是给梁某的;李某3还证实其给陈某1打电话说给梁某的钱该给了;梁某亦证该笔钱确实给了,也明确该笔钱由李某3处置,故辩护人所提500万元是给李某3中介费的意见不予采信。物美集团在收购股权的过程中,给予国家工作人员30万元好处费,是在经济往来过程中在账外给予对方手续费的一种表现形式,对该行为应予刑罚。诉讼代表人、被告人及辩护人的辩护意见均不成立。

二、挪用资金

1997年3月,被告人张文中与泰康公司董事长陈某1(另案处理)商定挪用泰康公司的4000万元资金申购新股谋利。后张文中指使张某1从泰康公司转出人民币4000万元,具体负责申购新股。张文中、陈某1又与中国国际期货有限公司董事长田某1(另案处理)商定,通过中国国际期货有限公司所兼管的河南省国际信托投资公司的途径转款,以掩盖挪用情节,炒股所得盈利由张、田、陈三人按3:3:4的比例分配。其间,中国人民银行检查,三人遂于1997年7月通过河南省国际信托投资公司,又从泰康公司转出人民币5000万元用于归还前次挪用款项,1997年8月19日张某1归还泰康公司人民币4000万元,同年9月3日和9日又分两次归还了人民币5000万元。其间,炒股共盈利人民币1000余万元。

认定上述事实的证据有：

1. 证人陈某1证言证实，1997年上半年的一天，在张文中的办公室，张文中谈到申购新股可以赚钱。当时泰康公司刚成立有大笔闲置资金，最后商定从泰康公司拿出4000万元炒股，具体操作由张文中的弟弟张某1来办。田某1说炒股的盈利大家按3:3:4的比例来分配，田、张分别得3。商定后，其对公司常务副总经理任某、财务部负责人李某4说张文中是公司的股东，公司想委托他理财，需要4000万元，让他们办一下。泰康公司没有人知道是将这笔资金用于个人炒股。根据当时的规定，保险公司的资金不能直接炒股，也不能直接借给非金融企业。1997年中国人民银行对泰康公司进行了一次检查，为了既能继续炒股又能应付检查，其与张文中、田某1商量从泰康再拿出5000万元由田某1所控制的河南国际信托投资公司转回炒股的账户，再由炒股的账户归还泰康。其就又与任某和李某4说中期公司想借5000万元的资金，并在相关的手续上签字后，就由财务上去办了，后4000万元、5000万元都收回来了。不久，其与张文中、田某1见面时，张文中说炒股赚了1000万元，给其400万元，他二人各300万元。因觉得这件事违法，其没敢拿钱。

证人田某1证言所证及被告人张文中供述使用泰康公司4000万元资金由张某1负责炒股、分配收益、转款、逃避检查、回付炒股资金的情节与陈某1所证内容基本一致。证人田某1还证，其参与炒股的时间是1997年六七月，三人约定由陈某1负责泰康公司出资金，田某1负责协调河南信托将陈某1的资金运作到张文中处，张文中和张某1进行股票的炒作；其让师某操作转款事项；三人还决定炒股赚的钱仍留在张文中的账上，以后合伙做生意，收益仍就按3:3:4分配；没有谈到要给泰康公司利益的事。后来，其妻赵某1从炒股的盈利中借出200万元用于做字画生意。被告人张文中还供述，其让张某1以卡斯特投资咨询中心的名义具体操作申购新股；申购新股的资金往来在公司账上没有记账，无任何显示；这事是三个人的事，只是借用公司的名义，与公司经营没有关系。

2. 证人张某1证言证实，其从泰康公司拿4000万元补签协议后，在国泰证券公司北京方庄营业部以卡斯特投资咨询中心的名义开了股票交易账户，将开户情况和款的到位情况告诉了张文中。泰康公司开出的支票收款单位是空白的，方庄营业部的工作人员具体怎么填的不清楚。1997年7月的一天，张文中让其去河南省郑州找中期公司下属的河南中期公司总经理师某办理4000万元借款，与师某商谈并告诉卡斯特投资咨询中心在北京方庄证券营业厅开户账号后，8月初河南省国际信托投资有限公司将4000万元借款打到了账户上，钱到后不久张文中说从河南借的钱也是泰康公司的，让其还泰康公司，同年8月19日从卡斯特投资咨询中心在方庄营业部的资金账号上开出4000万元的转账支票交给了李某4。1997年9月还完泰康公司款后，经计算利润约为1050万元，张文中说把零头给其当劳务费，除去田某1的爱人赵某1从这个户上借走200万元做字画生意外，其他的都没有支取。

3. 证人李某4证言证实，其任泰康公司财务副总经理。1997年3月26日下午，其按公司董事长陈某1指示，委托公司股东张某1做国债投资，需要支给张某1 4000万元，便签批了支票请领单，当时向张某1和泰康公司投资部要相应的协议，他们不能提供，给张某1支票后，其要求他们补签协议，而投资部不理睬。张某1拿支票后，其觉得没有协议对借款无约束力就让张某1补签了协议。这协议只作为张某1借款的形式，未经公司领导同意，是计财部为规避资金风险而采取的保险措施，盖的章是计财部的。1997年8月，中国人民银行对泰康公司进行检查发现这笔款违反规定要求纠正。公司遂向卡斯特投资咨询中心发函要求提前结束合同。1997年8月19日这4000万元的本金返还了。

1997年7月30日，陈某1让其从公司在北京证券登记结算中心的户上支取5000万元调回公司。后出纳吴某2说陈某1让把5000万元汇往河南省国际信托投资公司证券交易营业部。财务从公司在北京证券登记有限公司户上填写了一张5000万元的支票，转存到公司以中国嘉德国际拍卖有限公司名义开立的账户，同日又从该户开出一张5000

万元、收款人为河南省国际信托投资公司证券交易营业部的汇票。这笔借款一是汇出没有投资协议,资金调拨单上仅有陈某1的签字,二是该笔投资款走公司的委托投资账户即可,不应通过公司以中国嘉德国际拍卖有限公司名义开立的账户。这笔款项因无协议约束存在很大风险,后其听说人民银行要来检查就向陈某1建议将这笔款尽快调回。陈某1随后和对方联系还款,资金分两笔由1997年9月3日4000万元、9日1000万元全部调回。收到回款的支票后,均先存到公司以中国嘉德国际拍卖有限公司名义开立的账户,次日又从该户开出支票,存到泰康人寿在北京证券开立的账户中。这5000万元无收益。

证人任某证言所证陈某1让借款给卡斯特投资咨询中心、中期公司的情节及泰康公司出纳吴某2所证张某1取款4000万元,向河南省国际信托投资公司证券交易营业部转款5000万元并分两笔收回的情节,与证人李某4证言所证内容相一致。

4. 证人师某证言证实,其为河南中期公司总经理。1997年7月,田某1给其打电话说陈某1所在的中国嘉德国际拍卖有限公司有一笔款需要走一下河南省国际信托投资公司的账户,款到账后马上打回来,并提供了北京方面接受这部分资金的账号。于是其提供了河南省国际信托投资有限公司证券交易部的账号。1997年7月31日,河南省国际信托投资有限公司证券交易部收到了中国嘉德国际拍卖有限公司汇过来的5000万元款,其当日就安排财务人员将其中的4000万元汇至北京证券交易中心,另1000万元转入了河南中期公司。1997年9月按照田某1的指示,把1000万元以退保证金的名义汇给了中国嘉德国际拍卖有限公司。

5. 泰康公司证明及委托投资国债协议、抵押合同记载,1997年3月27日,张某1代表北京卡斯特投资咨询中心、李某4代表泰康公司签订委托投资额为4000万元的协议,期限一年。卡斯特投资咨询中心以重庆钢铁集团有限责任公司持有的泰康5000万股权作为抵押。该协议印章显示,双方为卡斯特投资咨询中心章和泰康公司计划财物部章。

6. 泰康公司支票请领单、转账支票存根记载，张某1在泰康公司的金额为4000万元的转账支票请领单签字时间为1997年3月26日。批准人李某4，泰康公司于1997年3月27日开出支票。

7. 泰康公司转账支票、北京证券交易中心进账单、方庄营业部客户存取款凭单、泰康公司银行存款日记账及记账凭证记载，1997年3月27日，泰康公司转到北京证券交易中心4000万元；当日卡斯特投资咨询中心账户273009－51－××××，支票进账4000万元；1997年3月27日张某1在卡斯特投资咨询中心户存入4000万元，股东代码6135。

8. 取款凭条、北京证券登记有限公司转账支票、工行进账单、记账凭证、泰康公司资金往来发票记载，1997年8月19日北京证券登记有限公司转到泰康公司4000万元；1997年8月19日泰康公司收回投资款4000万元；泰康公司收到4000万元后开给卡斯特投资咨询中心资金往来专用发票。

9. 泰康公司证明、保险资金调拨单、北京证券登记公司资金调拨凭证、泰康公司转往中国嘉德国际拍卖有限公司转账支票、银行进账单、工行银行汇票、工行汇票委托书、中国人民银行郑州分行进账单记载内容证实，1997年7月30日陈某1签字由泰康公司转往河南省国际信托投资公司证券交易营业部5000万元；1997年7月30日由泰康公司账户转到中国嘉德国际拍卖有限公司5000万元；1997年7月30日由中国嘉德国际拍卖有限公司汇往河南国际信托投资公司证券交易部5000万元。1997年7月31日，河南国际信托投资公司证券交易营业部收到中国嘉德国际拍卖有限公司汇来的资金5000万元整。

10. 上海远东证券有限公司郑州经八路证券营业部证明、电汇凭证记载，原河南省国际信托投资公司证券交易营业部于2003年被上海远东证券有限公司收购，更名为上海远东证券有限公司郑州经八路证券营业部。1997年7月31日，河南省国际信托投资公司汇往北京证券交易中心（卡斯特账号273009－51－××××）资金4000万元整，用途退款。

11. 国泰证券有限公司北京分公司存款单、取款单、方庄营业部客户存取款凭单、北京证券登记公司清算资金调拨凭证、转账支票、工行转账支票、进账单证实,1997年8月4日卡斯特账户收到金额4000万元,1997年9月3日张某1从卡斯特账户取出4000万元。1997年9月3日北京证券登记公司转到中国嘉德国际拍卖有限公司4000万元。1997年9月4日中国嘉德国际拍卖有限公司开出4000万元转账支票,存到泰康公司在北京证券登记有限公司开立的账户。

12. 河南中期期货经纪有限公司请划资金申请、银行进账单、汇票委托书、转账支票、进账单记载,1997年7月31日河南国际信托投资公司转往河南中期期货经纪有限公司1000万元。1997年9月8日河南中期期货经纪有限公司转到中国嘉德国际拍卖有限公司1000万元。1997年9月22日中国嘉德国际拍卖有限公司开出1000万元转账支票,存到泰康公司在北京证券登记有限公司开立的账户。

13. 泰康公司证明及财务部说明记载,北京卡斯特投资咨询中心归还4000万元和5000万元本金时,未归还利息。泰康公司以中国嘉德国际拍卖有限公司的名义在工行西直门分理处开立账户,实际为泰康公司使用,该账户与中国嘉德国际拍卖有限公司无关。泰康公司在1997年3月27日之前与北京卡斯特投资咨询中心及其关联公司没有业务往来及经济往来;河南信托短期借款5000万元是陈某1个人决定的,财务部因考虑借款违规,故未入账。

14. 泰康公司情况说明证实,该公司成立时有股东16家,其中11家国有企业,5家民营企业。

15. 中国保险监督管理委员会关于陈某1身份的说明记载,陈某1是根据《公司法》选举产生的董事长,并非国家机构、国有企业、事业单位委派。陈某1不具有国家工作人员身份。

上述证据,均由公诉机关出示并经庭审质证、核实,本院予以确认。

针对上述事实,被告人张文中提出,所诉挪用资金事实是公司履行委托投资协议的行为,非个人挪用。其辩护人主要提出,泰康公司借给北京卡斯特投资咨询中心资金4000万元投资炒股,且盈利也归单位所有,公诉机关所诉挪用资金的指控与该基本事实不符,故被告人张文中不构成挪用资金罪。辩护人还向法庭提交了泰康公司致卡斯特投资咨询中心《关于终止委托投资国债协议函》、《关于泰康人寿投资资金管理流程的说明》、《投资资金管理办法》、中国人民银行银发〔1998〕310号通知，证人陈某1的证言等证据，以支持其辩护意见。

对于上述证据及辩解、辩护意见，经查，《委托投资国债协议》签订时间是1997年3月27日，张某1领取金额4000万元转账支票的请领单时间是1997年3月26日；证人李某4亦对该《委托投资国债协议》作了说明，该协议未经公司领导同意，是计财部为规避该4000万元资金风险而采取的保险措施，是先支付款项后签订的，盖的泰康公司财务部门的印章而非公司合同章，故该协议是不合法的，且当时不允许保险公司投资股票；中国人民银行发现了泰康公司违规使用资金的情况后，以《银发1(1998)310号通知》予以纠正，泰康公司向卡斯特投资咨询中心发出了《关于终止委托投资国债协议函》，以与原《委托投资国债协议》相呼应。故该4000万元资金是由泰康公司与卡斯特投资咨询中心履行《委托投资国债协议》的辩护意见不成立。被告人张文中原供述及证人陈某1、田某1、张某1证言证实，张文中、陈某1、田某1三人商定从泰康公司拿出4000万元炒股，具体由张某1操作，炒股的盈利由三人按比例来分配；田某1、张某1均证实该炒股盈利资金曾由田某1的家属使用过，证人陈某1亦证因其明知该盈利系违规挪用资金用于炒股而产生的收益故未动用，这足以证实系个人挪用资金行为。泰康公司的《投资资金管理办法》制定时间是2008年，与本案无关；辩护人提交的证人陈某1的证言与原证不符，且不能与其他证据相互印证，故对于辩护人所提证据不予采信，被告人及辩护人的辩护意见均不成立。

三、诈骗

2002年年初，被告人张文中得知国家对重点企业，重点项目实行国债贴息补贴政策，遂与被告人张伟春、公司副总裁张某1等人商议此事，并委派张伟春到国家经贸委等部门进行了咨询。在得知该批国债贴息资金主要用于支持国有企业技术改造项目，物美集团作为民营企业不属于国债贴息资金支持的范围的情况下,张文中与张伟春商量后决定以诚通公司(中央直属国有企业)下属企业的名义进行申报。为此,张文中与诚通公司董事长田某1多次联系,田某1答应了张文中的要求。在张文中的指使下,张伟春等人以虚假资料编制了物美集团技改项目可行性研究报告,以诚通公司下属企业名义上报国家经贸委,物流项目获得审批后,物美集团既未实施,也未向银行申请贷款;物美集团以信息化项目为名,以与和康友联技术有限公司签订虚假设备采购合同和开具虚假发票为手段,获得1.3亿元贷款,用于公司日常经营,未实施信息化项目。2003年10月29日,财政部将3190万元国债贴息资金拨付到诚通公司,后诚通公司将该款汇入物美集团账户,物美集团即将该款用于偿还公司贷款。案发后,已追缴赃款3190万元。

认定上述事实的证据有:

1.被告人张伟春原供述,2002年三四月的时候,物美公司总裁张文中提出目前国家有给予重点企业的国债贴息政策,物美公司应该去争取获得贴息资金。当时可能是对他与张某1等人讲的,后来张文中让他具体负责此项工作,包括到原国家经贸委咨询、具体申报、项目实施等工作。接受指派后,其先到原国家经贸委找相关人员进行了咨询,并查阅了《国家重点技术改造项目管理办法》《国家重点技术改造项目国债专项资金管理办法》《关于组织申报2002年国债技术改造项目的通知》等文件,搞清了国家重点技术改造项目是以加快国有企业技术进步和产业升级为目标,国债专项资金是针对国有企业进行系统改造所需资金而予以支持的,民营企业不属于被支持的范围,物美公司直接向国家经贸委申报国债贴息不会被受理的情况后,如实向张文中作了汇报。后在公司办公会和其他一些非正式会议上具体研究了此事,张文中对其提出的以物美公司是国有中国诚通控股集团公司下属企业的名义申报的方法表示同意。张文中和诚通公司的董事长田某1联系后告诉其诚通公司已同意该申报方法。其按张文中的交代到诚通公司联系沟通,就这样,物美填写了申报材料,诚通公司将物美作为自己的下属单位,将材料报到国家经贸委。物美公司以诚通公司下属企业的名义申报贴息资金的具体的建设项目是通州马驹桥物流中心项目、企业信息现代化项目。在确定要上报物流中心项目后,其到通州马驹桥镇去谈过有关租用土地的事。其间,公司没有进行实质性的谈判,只是在编制可行性报告时,按要求要有建物流项目的土地规划意见书,于是在通州规划局要了一份土地规划意见书,提供给了编制单位,编制单位据此及其他资料编成了可行性报告。其将此报告及其他资料一并以诚通公司名义上报国家经贸委。物流项目没实施,也没贷款。申请1760万元贴息资金公司用于还贷款了。其参与了信息现代化项目的专家论证会,联系编制单位对该项目编制了可行性报告,将相关的申报资料报到诚通公司。信息现代化项目没有按照可行性报告实施,申请下来的1430万元贴息资金用于物美公司的日常经营了。填报虚假的材料是因为按张文中的意图,要将国债贴息资金申请成功。物美公司的股东有一个北京卡斯特公司,该公司的股东有一个京西硅谷公司,其在京西硅谷公司持有5%左右的股份。

2. 证人张某1证言所证2002年张文中对其讲物美集团要申报国债贴息资金及相应贷款、张文中决定以诚通公司的名义申报、咨询有关情况的内容与被告人张伟春所供相符。还证,物美集团申报贴息资金项目可研报告是张伟春委托具有编制资质的公司编制的;可研性报告的内容有些内容不真实,主要是为了能顺利地得到国家专项贴息资金;通州区规划局为公司提供的规划意见书没有法律效力;申报的物流项目没有实施、贷款没有到位;用于信息化建设的这1.3亿元人民币贷款用于物美集团的日常经营了,该向银行提供的贷款资料不真实;张文中决定将申请下来的国债贴息专项资金共计3190万元,还了物美集团在银行的短期贷款本金,是用国债贴息专项资金还贷款本金的。

3. 证人王某1证言所证物美集团董事会研究决定由张伟春具体负责国债贴息资金的申报、通过中国诚通集团上报国家经贸委部门的内容与证人张某1、被告人张伟春所供相符。还证,其是物美集团董事会成员,和康友联公司的法人。和康友联公司以前是物美集团的控股企业,一直为物美集团提供IT服务,当时物美集团对和康友联公司财务进行兼管。在信息化项目中，其代表和康友联公司与张某1代表的物美集团签订了总额为7200万元的IT设备买卖合同，内容是物美集团从和康友联公司购进7200万元的IT设备。签订合同之后，和康友联公司为物美集团开具73份总额7200万元的货物销售发票。所签的合同没有履行。

4. 证人于某1证言证实，物美集团经过董事会研究申请国债贴息的项目，一个是物流中心，另一个是信息化工程，有董事会决议。其主要负责项目的贷款和贴息请款。物流项目没有贷款，有1760万元贴息。信息化项目贷了1.3亿元，贴息是1430万元。信息化项目是其具体与银行联系办理的贷款，公司就做了一套假的购销材料，有假的购销合同和虚开的发票，总金额是7200万元。虚假材料的购货单位是和康友联公司，和康友联和物美是关联公司，和康友联公司的董事长是王某1，王某1还是物美集团的副总裁。实际上公司没有从和康友联公司为信息化买设备，把款转到和康友联公司后，又转回物美集团用于日常经营开支。借款合同和虚假的购销合同都是由张文中签署的。诚通公司领取国债贴息资金后把款转到了物美集团，经过张文中，张某1的同意，这些钱又被添加了一些资金提前归还了银行的一笔5000万元贷款。物流项目在马驹桥做不成，无法向银行提供用地及开工手续，这些都是银行放贷的必备要件，后想易地实施该项目，但最终也没落实。

证人许某所证物美集团申请国债贴息资金的项目内容、贷款、贴息等资金的流向、虚构购销合同和虚开发票等内容，与于某1证言所证相一致。

5. 证人郝某2证言证实，3190万元国债贴息资金这笔钱是于某1让其去诚通公司领的，并给诚通公司开了3190万元的资金往来发票。这笔钱用于归还物美集团的贷款了。证人陈某2证言证实，其为物美集团财务出纳。号码为11629×××的转账支票存根是公司用于归还贷款本金的一个转账支票存根，一共归还了5000万元人民币，其中3200万元人民币是4998账户转到1200账户的，另外1800万元人民币是从公司招商银行的账户转到1200账户的，然后将这两笔钱共计5000万元归还了在万寿路支行的贷款。是计财部副总监于某1安排其做的。

6. 证人李某1证言证实，其于2002年至2003年在原国家经贸委投资与规划司信息化处工作。2002年物美集团向国家经贸委申报第八批国债技改项目国债专项资金是经其办的，主要审查材料是否齐全、企业的经营状况、申报项目与确定的专题是否相符。在这一批项目审批过程中，曾有明确的指示要剔除民营企业和合资企业为主体的申报项目。物美集团的张伟春、张某1向他们司咨询国债贴息政策的情况，其曾告诉他们按照通知要求进行申报。如物美集团不是诚通公司的下属企业，诚通公司就不能申报物美集团的项目。物美集团作为民营企业以自己名义申报第八批国债贴息，在审查的过程中就被剔除了。

7. 证人李某2证言证实，其2002年在国家发改委固定资产投资司任副司长，参与了第八批国债贴息资金的审批。物美集团申报国债贴息过程中，其听过物美集团副总张伟春的汇报。2002年审批申报贴息资金的企业时，把民营企业都剔除了，不支持民营企业的申报。在物美集团申报的材料里，其看到物美集团填报的是国有企业诚通公司的下属单位。诚通公司应该对物美集团的企业性质及申报项目负责审查把关。物美集团如果以民营企业申报应该得不到批准。

8. 证人田某1证言证实，其任诚通公司董事长期间，张文中在2001年年底找其说国家对企业技术改造贷款有国债贴息政策，物美集团想通过诚通公司申请，其答复物美集团不是诚通公司的下属企业，不具有隶属关系，这样做不合适。后经了解到诚通公司具备申报资格，张文中又多次找，就同意了物美集团通过诚通申报国债贴息。物美集团通过诚通公司申报的国债贴息项目一是物流中心，二是信息系统，两项按2.9亿元的贷款规模申请的国债贴息。2002年9月，其辞去诚通公司董事长职务后，应张文中要求给继任董事长马某打个招呼请他继续支持物美集团申报国债贴息。2004年年初，张文中告诉其拿到了1亿多元的贴息贷款。

9. 证人罗某证言证实，2000年财政部核批的诚通公司下属单位中没有物美集团，两公司没有任何关系，后来两个公司的关系也没有发生变化。诚通公司在申报国债贷款贴息中,程序上是将下属公司的上报材料汇总、审查后以集团名义上报原国家经贸委;实体上就是审查上报的项目是否属于集团的项目、是否符合国家要求。将物美集团作为诚通公司的下属单位申报国债贷款贴息,是因为田某1给打过招呼要帮张文中的忙。2002年3月前后,物美集团的张某1和张伟春到诚通公司找其办申报国债贷款贴息的事,其告诉张某1和张伟春由物美集团填写材料、与有关部门联系,诚通公司将物美集团作为自己的下属单位把材料报到原国家经贸委,诚通公司不负责能否批下来,并让张伟春找诚通公司副总裁漆某,市场部的总经理杨某联系。

10. 证人漆某、杨某证言所证被告人张伟春与其联系申办国债贴息资金的情节与罗某证言所证、张伟春供述一致。杨某证言还证,诚通公司转发原经贸委《关于组织申报2002年国债技术改造项目的通知》后,在2002年3月向原国家经贸委报送诚通公司"关于申报2002年国债技术改造项目的报告"时,公司总裁罗某对其说,把物美集团放在诚通公司的名下,申报材料一并报给国家经贸委。后物美集团的张伟春把物美集团申报的项目材料报给诚通公司后,其依据物美集团的材料,在诚通公司申报2002年国债技术改造项目表上手写加上物美集团的三个项目,经公司领导签批后报到原经贸委。经贸委对批准立项的项目计划书下达到诚通公司,物美集团的两个项目含在其中,其告诉张伟春按国家有关要求完成两个项目的可行性研究报告后,由诚通公司行文统一转报原经贸委。后原国家经贸委正式批复物美集团国债贴息项目后,其将此文件通知了物美集团,有关贴息拨付情况具体由财务部门办理。

11. 被告人张文中原供述得知国债贴息政策后,与张伟春、张某1等人商议并安排张伟春具体负责国债贴息项目的申报、与原国家经贸委联系、编制申报材料等工作的情节,后张伟春建议通过诚通公司上报物美集团申报国债贴息项目,其与田某1商议以诚通公司下属企业的名义申报、与诚通公司罗某联系的情节,在2003年11月左右,物美集团获得了3190万元的国债贴息后用于归还公司前期贷款及项目所贷款用于日常经营的情节，与证人张某1、于某1、王某1、许某、田某1、罗某证言所证及被告人张伟春供述相印证。

其原供还供述，是2002年年初在上海参加全国推动流通现代化现场会上，得知国债贴息资金政策的，后见到了相关文件。2002年下半年，其主持就申报贴息问题形成了物美集团董事会决议，主要内容是更改申报单位及拆开项目申报之情况，同时授权张伟春负责此事。其对张伟春后来提出为了便于申报，要将物美综合超市申报的物流和信息化项目变更为以物美集团名义分别申报物流项目和信息化项目的意见表示同意。在2002年年初的时候，其代表物美集团和通州区政府签订过一个合作协议，内容是物美集团在通州区发展商业、建设网点、物流中心等，但只是一个意向。国债贴息资金是国家无偿给的，按文件要求必须是国有企业或国有控股企业才行，但物美集团是民营股份制企业，所以不能以物美集团名义申报。国债贴息资金管理办法中规定国债贴息资金应设专户，专款专用，只能用于申报获批项目贷款部分的利息偿还，但物美集团申报获批的通州马驹桥物流项目、信息现代化项目均没有实施。

12. 证人张某2证言证实，2002年1月，北京市政府批准通州区在马驹桥镇建立物流园区，同年5月成立了物流园区管委会，其任管委会主任。同年七八月，物美集团的张某1和另一个人到园区商谈建立物流中心事宜，张某3陪同考察，张某1说在园区内要500亩地投资建立大型的物流中心。为加快园区建设，满足物美集团尽快立项和进行可研性报告，应张某1要求，同意让规划局副局长刘某2出具相关证明文件，证明土地已批准为建设物流用地，承诺保证用地规模出具规划意见书时没有专门开过会，其责成刘某2办理，刘某2就让规划局村镇科副科长张某4办理此规划意见书，并按要求填写单位名称及使用土地面积。后由张某3交给物美集团的人。该规划意见书不是规范的文件，没有法律效力，因当时急于招商引资就给物美集团出具了。物美集团就派张某1去谈了那一次，没有谈具体的征地、实施方案。只说要500亩地，让管委会出个证明，他们要立项。之后，再也没谈这事，更没有实施物流项目。

13. 证人张某3证言证实,2002年的八九月,其陪同物美集团张某1考察时,先在地图上介绍了园区土地的基本情况,后看了实地,加起来总共20多分钟张某1就走了。物美集团的人到通州园区去过就这一次。因为当时园区的详规还没有批下来,故园区管委会没有和物美集团签协议。

14. 证人刘某2、张某4证言证实,北京市通州区规划局《关于北京物美商业集团有限公司规划意见书》不是规范性文件。该规划书没有主要经济指标、文号日期、图纸。还要有将要使用土地的地形图,而不是该份规划意见书所附的项目地理图和项目平面位置图。

15. 证人于某2、孟某证言均证,2002年9月,经张伟春联系,中国商业经济研究中心为物美集团编制了第三方物流改扩建项目的可行性研究报告。当时其与孟某负责编制,从开始委托到提供相关材料都是张伟春联系。中心需要物美集团提供经营相关的基础材料,主要包括:集团的销售情况、人员情况、相关数据,并且必须要有物流项目的土地使用情况。但物美集团的银行贷款证明、自有资金证明,物流项目征用土地证明没有提供。2002年9月初物美就把没装订报告的电子版要走自己装订去了,他们制作完报告后曾拿报告的封面来中心盖过章。听张伟春说编制物流项目可行性研究报告的目的就是争取国债贴息资金。物美集团信息现代化建设项目可行性研究报告是物美集团自己编制的,初稿让该中心看后没有给修改,只是讲了一些思路。具体工作是物美集团的人做的。

16. 证人李某6证言证实,2002年9月,中元国际投资咨询中心为物美集团编制过第三方物流改扩建项目的可行性研究报告,是张伟春找的。当时张说中商商业经济研究中心已经编出初稿,但其不具备编制可行性研究报告的甲级资质。中商商业经济研究中心从网上把这个报告发过来后,其进行了修改并盖了中元国际投资咨询中心的章。在编制报告时有些材料没有。

17. 原国家经济贸易委员会、国家发展计划委员会、财政部、中国人民银行《关于印发〈国家重点技术改造项目管理办法〉、〈国家重点技术改造项目国债专项资金管理办法〉的通知》记载,国家重点技术改造项目的确定,以加快国有企业技术进步和产业升级为目标;国家重点技术改造项目的企业选择,重点从512户重点企业、120户试点企业集团和行业骨干企业中重点选择领导班子强、管理好、银行信用等级高的国有大型企业和国有控股大型企业;企业法人代表对项目建设、资金使用、达产达效承担终身责任;凡上报项目弄虚作假、骗套国债专项资金的,要追究企业法人的责任,触犯法律的依法追究法律责任;企业必须在银行设立"国债专项资金专户",并将国债专项资金存入该银行专户,由银行对国债专项资金实行监督管理,专款专用。

18. 国家审计署固定资产投资审计司《关于物美集团有限公司申报使用国债专项贴息3190万元的审计调查报告》记载,物美集团申报使用国债贴息3190万元专项资金过程中,申报资料弄虚作假:2002年4月12日,物美集团向原国家经贸委报送《企业基本情况表》电子文件,注明该公司"是国家520户重点企业,是中央管理企业,直属诚通公司"。经查,物美集团系民营企业,既非国家520户重点企业,又非中央管理企业,与诚通公司也没有隶属关系。国债贴息3190万元没有用于申报项目贴息:物美集团将2003年11月11日收到的国债专项贴息资金3190万元,直接用于偿还该公司在农业银行北京万寿路支行的贷款。物流中心项目实际未实施:物美集团物流中心项目总投资19,980万元,用于在通州产业园区马驹立交桥东侧建设"主要建筑面积48,040平方米,其他建筑面积12,000平方米,绿地15,000平方米"的项目,经查,该园区没有物美集团申报的项目;中国农业银行因该项目没有实施未给予物美集团贷款,但物美集团仍申领了国债贴息资金1760万元。信息化项目设备采购业务虚假:物美集团信息化项目总投资19,780万元,物美集团向中国农业银行北京万寿路支行办理贷款的手续中反映,其与北京和康友联技术有限公司签订了采购设备合同,金额19,577万元,并向贷款银行提供了和康友联公司开具的商业企业专用发票复印件73张,金额总计7269.535万元。审计核实:和康友联公司为物美集团关联公司，在其2002年至2004年会计账簿中没有工资支出，没有工作人员，也未发生任何采购设备业务，仅是用其单位公章为物美集团虚开了上述商业企业专用发票。另外，诚通公司报给国家经贸委《关于审批北京物美商业集团信息现代化建设项目可研报告的请示》中注明该项目投资中“进口设备150万美元折合人民币1240万人民币”，经查，和康友联公司没有进口设备，物美集团也未进口设备。和康友联公司在收到上述资金后，次日即将上述资金全部转入物美集团，用于物美集团的日常经营和对外投资，没有用于实施信息化建设项目。

19. 从诚通公司调取的该公司转发的《关于组织申报2002年国债技术改造项目的通知》记载，申报项目应于2002年3月25日前先行上报诚通公司，由该公司研究审定后上报原国家经贸委。

20. 诚通公司报送原国家经贸委投资与规划司的《关于申报2002年国债技术改造项目的报告》及底稿、北京物美商业集团信息现代化建设项目《可行性研究报告》、北京物美商业集团有限公司第三方物流改扩建项目《可行性研究报告》、《关于报送“物美商业集团有关国债技改项目可研报告”的报告》及底稿记载，物美第三方物流建设项目、信息现代化项目、大卖场项目为后来手写加上去的。物美集团申报项目、制定可行性研究报告并由诚通公司上报国家经贸委。

21. 原国家经贸委投资与规划司《关于下达第八批国债技改项目计划的请示》记载，投资与规划司根据第八批国债技改项目计划编制情况汇报后指示精神，对该项目计划进一步调整，剔除了8个不符合要求的中外合资和私营企业的项目。

22.《关于下达2002年国家重点技术改造项目计划的通知》、《关于下达2003年第二批国债专项资金国家重点技术改造项目投资计划的通知》及附件计划表、《关于下达2003年第二批国债专项资金国家重点技术改造项目资金计划的通知》及附件计划表记载，两个计划表中，物美集团隶属关系均列为中央直属。第三方物流项目总投资1.998亿元，国债资金补助1760万元；信息现代化建设总投资1.978亿元,国债资金补助1430万元。项目起止期限均为2003年至2004年。

23. 北京物美商业集团有限公司关于第八批国债技改项目有关事项的董事会决议、诚通公司《关于调整北京物美综合超市有限公司物流中心及连锁经营信息化项目承担单位及有关事宜的请示》、国家经济贸易委员会《关于同意调整北京物美综合超市有限公司物流中心及连锁经营信息化项目承担主体的函》记载内容证明:2003年3月10日,经国家经贸委批准,列入第八批国债技改项目的北京物美综合超市有限公司物流中心及连锁经营信息化项目的承担单位由原来的北京物美综合超市有限公司调整为北京物美商业集团有限公司,项目分拆为物流中心改造和信息现代化两个项目。

24.《财政部关于同意中国诚通控股公司财务关系单列的通知》、中国诚通控股集团有限公司情况说明记载,物美集团不是诚通公司所属成员单位。

25.《物美集团填报的国债技改企业基本情况表》记载,物美集团是520户重点企业,是中央管理企业;直属关系一栏内容为,所属集团为诚通公司;项目起止期限为2002年至2004年;项目责任人为李某5。

26. 北京市规划委员会通州分局证明,物美集团向国家经贸委提交的"规划意见书"不具有法定的效力。两张附图是物美集团自行制作,附于"规划意见书"后的。该规划意见书内容是:经研究,同意物美集团在通州物流产业园区内规划建设商业项目,拟规划面积333,335平方米。

27. 北京物美商业集团有限公司与北京和康友联技术有限公司的三份《采购合同》记载:2003年5月16日第一份合同,采购设备标的额为72,695,350元,甲方代表为张某1、乙方代表为王某1。2003年8月20日第二份合同,采购设备标的额61,538,460元,甲方代表为张文中、乙方代表为张伟春。2003年8月25日第三份合同,采购设备标的额61,538,460元,甲方代表为张文中,乙方代表为张伟春。总标的额195,772,270元。

28. 北京物美商业集团有限公司《关于申请国债贴息贷款的报告》

《借款申请书》《5000万元借款凭证及会计资料》《借款合同》记载内容证明：物美集团以信息化项目购买和康友联公司设备为名，分三次从农行贷款5000万元、4000万元、4000万元，共计1.3亿元。

29.从农业银行万寿路支行提取的73份发票记载，物美集团购买和康友联公司硬件设备后，和康友联公司开具给物美集团的73份商业发票。其中面值998,000元的发票72张，面值839,350元的一张，金额共计72,695,350元；出票日期2003年7月31日。

30.《北京市石景山区国家税务局情况说明》记载，经核实发票字规及号码，和康友联公司开具给物美集团的73份发票中的48份是税务局售给物美集团的；其余25份是售给北京卡斯特科技投资有限公司的。

31.《农行信汇凭证》《借款凭证》《用款申请单、进账单、记账凭证》记载内容证明：物美集团从农行于2003年5月26日取得5000万元贷款后，加上自筹资金共计7200万元转入和康友联公司的账户。次日，和康友联公司将该款如数转回物美集团。物美集团从农行于2003年8年29日取得两笔共计8000万元贷款后，加上自筹资金共计1.2308846亿元转入和康友联公司账户，当日，和康友联公司将该款又如数转回物美集团。

32.《物美集团关于信息化项目1.3亿农行贷款使用情况的说明》记载，物美集团分别于2003年5月26日、2003年8月29日从农行万寿路支行贷款5000万元、8000万元，共计1.3亿元。该款项加上自筹资金65,088,460元，共计195,088,460元，打入和康友联技术有限公司。鉴于和康友联公司属物美集团控股的关联公司，其相应资金一直纳入物美集团资金统一调配使用范围。和康友联公司并没有使用该款项，而是如数打回物美集团账户，物美集团收到此款后，将款项用于日常开新店、投资、购买相关经营设备设施及偿还贷款等。

33.《中国建设银行进账单》《转账支票存根、进账单、收贷凭证》，北京物美商业集团有限公司关于2003年5月22日贷款5000万元的资料，《银行支付系统专用凭证》记载内容证明：2003年11月7日物美集团通过诚通公司取得3190万元国债贴息资金,11月11日将该款用于归还物美集团于2003年5月22日在农行的5000万元贷款。

34. 物美集团关于张文中与关联公司关系图表及说明记载,张文中作为自然人在北京卡斯特经济评价中心持股比例为80%;在北京敬业和康投资咨询中心持股比例为80%;在北京和康友联技术有限公司持股比例为40%;在华美现代流通发展有有限公司持股比例为35.78%。

35.《河北省人民检察院冀检技鉴司会字(2007)第15号司法会计鉴定书》结论记载,张文中在物美集团注册资本中的投资比例是61.78%,张某1、张伟春在物美集团注册资本中的投资比例都是3.09%。

36. 物美集团情况说明记载,1994年10月,公司成立之初名称为北京物美商城有限责任公司;2002年12月28日,公司名称变更为北京物美商业集团有限公司;2003年7月11日,公司名称变更为北京物美投资集团有限公司;2005年6月3日,公司名称变更为物美控股集团有限公司。张文中一直担任上述公司董事长职务。

北京物美商业集团股份有限公司在2000年8月公司成立之初名称为北京物美综合超市有限公司,张文中担任总经理职务;2002年12月,公司名称变更为北京物美商业股份有限公司,张文中担任公司董事长职务;2003年7月,公司名称变更为北京物美商业集团股份有限公司,张文中担任公司董事长。

37.《中国中期期货经纪有限公司企业资料》记载:中国中期期货经纪有限公司于1992年成立,法定代表人田某1。1994年北京物美商城有限责任公司成立时是其股东,一直到2003年3月将4%的股权转让给北京卡斯特科技投资有限公司。

38. 物美集团任职证明记载,张伟春于1994年12月至2006年,任物美集团行政总监、证券法务总监。吴某1现为物美集团董事长。

39. 衡水市公安局扣押物品清单记载,该局于2007年5月29日,扣押物美控股集团有限公司人民币3190万元。

40. 被告人张文中、张伟春的户籍证实了二被告人基本情况。

上述证据,均由公诉机关出示并经庭审质证、核实,本院予以确认。

针对上述事实,被告人张文中提出,国家国债贴息资金政策不排斥民营企业项目申报,申报国债贴息资金工作是单位行为,该申报项目已分别实施。其辩护人提出被告人张文中不存在诈骗故意。被告人张伟春提出,其在物美集团申报国债贴息资金的工作中,行使的是职务行为;不知道国债贴息资金政策不支持民营企业。其辩护人提出,被告人张伟春没有诈骗故意。被告人张文中、张伟春的辩护人还向法庭提交了《2003年第二批国债专项资金国家重点技术改造项目投资计划表》、《中国中期投资有限公司情况说明》、物美集团"应付人民政府"账目、开发区整顿政策文件、物美集团与思爱普公司专项服务协议、百子湾物流项目、物美集团2002~2007年信息化项目支出明细、信息化建设项目总结、物流配送合同、物流配送中心项目框架合作协议、物美集团账户余额以及证人门某、吴某1、王某1、张某1、李某5、蒙某某、许某、于某1、袁某、张某2、张某3、葛某、王某2、许某等证言,被告人张伟春自述材料等证据,以支持其辩护意见。

对于上述证据及辩解、辩护意见,经查,被告人张文中原供述在得知国家的国债贴息资金政策后,即安排张伟春对相关文件,政策规定进行了咨询、查阅,原国家经济贸易委员会等部门联合下发的《国家重点技术改造项目管理办法,国债专项资金管理办法》已明确国家重点技术改造项目的确定,以加快国有企业技术进步和产业升级为目标;国家重点技术改造项目选择的企业是国有大型企业和国有控股大型企业。辩护人提交的证人门某的证言中,对该批国家重点技术改造项目的选择亦不否认上述范围,故被告人张文中、张伟春的辩解意见不成立。

国家实行的国债贴息资金针对的是国家重点技术改造项目,二被告人在物美集团为民营企业、以其名义进行申报国债贴息资金不得获批的情况下,隐瞒真相,以物美集团是国有中国诚通公司下属企业的名义,编制虚假材料向国家申报项目国债贴息资金,并虚构购买设备的事实取得相应部分贷款;未按规定实施申报获批项目及使用该国债贴息资金和专项贷款;被告人张文中当庭供述,信息现代化工作及物流园区建设是物美集团企业发展所必须的，故物美集团后来进行的相关工作与其以通州区物流项目和信息现代化项目违法申报、使用骗取的国债贴息资金的行为不具有关联性。故辩护人所提二被告人无诈骗故意、申报项目实施的意见不成立。

物美集团不是诚通公司下属企业，未实施申报国债贴息资金获批的物流及信息化项目，将获得的国债贴息资金用于归还企业贷款，将项目贷款转用于企业日常经营，已有相关证据予以证实；物美集团就申报获批的物流项目未实施，已由证人张某2、张某3证言证实，物美集团就派张某1去通州区就马驹桥镇物流项目谈了一次，且没有谈具体的征地、实施方案，之后再也没谈这事，更没有实施物流项目。故物美集团取得通州区的项目规划意见书后未再就该项目进行相关工作，辩护人提交的通州区工作人员张某2等证人的证言亦不否认该情节，该情节与国家对开发区进行整顿的情况无关联性。《2003年第二批国债专项资金国家重点技术改造项目投资计划表》记载内容印证了物美集团冒用诚通公司下属企业名义申报获批项目的事实，其中所列江苏盐城丰东热处理等五家企业如何申报项目获得批准，不影响二被告人虚构物美集团是国有诚通公司下属企业、用虚假材料编制项目报告、未按规定实施申报获批项目及使用该国债贴息资金和专项贷款的事实认定。物美集团取得国债贴息资金后，为会计账目需要必然建立“应付人民政府”账目，该与骗取国家国债贴息资金的行为性质无关。故对于辩护人提交的证握不予采信，辩解及辩护意见不予采纳。

本院认为，被告单位物美集团在收购泰康公司股权的过程中，给予国家工作人员好处费，其行为已构成单位行贿罪，被告人张文中作为被告单位直接负责的主管人员，应予刑罚；被告人张文中、张伟春以非法占有为目的，虚构事实，隐瞒真相，骗取国家贷款贴息，数额特别巨大，其行为已构成诈骗罪，应予刑罚。被告人张文中伙同并利用他人职务上的便利挪用泰康公司资金，归个人使用进行营利活动，数额较大，构成挪用资金罪的共犯，其在追诉时效期间内又犯新罪，应追究其刑事责任。公诉机关指控的犯罪事实及罪名成立，应予支持。关于被告人张文中的辩护人所提指控的单位行贿部分若构成单位行贿罪,则被告人张文中构成自首,行贿500万元系未遂的意见,经查,所诉单位行贿的事实系被告人张文中主动交代,因其当庭推翻原供,且无正当理由和其他证据佐证,故不应以自首论;物美集团收购粤财公司持有的泰康公司股权后,被告人张文中指使张某1找李某3联系给粤财公司负责人梁某500万元好处费,张某1经与李某3联系后支付了该500万元,该单位行贿行为已完成,属于犯罪即遂,犯罪未遂的辩护意见不成立。关于被告人张文中、张伟春的辩护人所提申报国债贴息资金工作是单位行为,刑法未规定单位诈骗罪,故二被告人不构成诈骗罪的意见,经查,被告人张文中、张伟春骗取数额特别巨大的国家国债贴息资金的行为,具有严重的社会危害性,应当定罪处罚,二被告人将犯罪所得处置给单位,不影响其个人诈骗犯罪的构成,故辩护人的意见不成立。被告人张伟春在诈骗犯罪中,受被告人张文中指使参与犯罪活动,所起作用较小,在犯罪中从属地位明显,属于从犯,对其可减轻处罚。被告人张文中、张伟春诈骗所得已予追缴,未造成国家利益损失,该情节应予考虑。为保护公共和公司财产的所有权不受侵犯,维护国家廉政建设和公司财物管理制度,打击犯罪,依照《中华人民共和国刑法》第二百六十六条、第三百九十三条、第三十条、第三十一条、第二十五条第一款、第二十七条、第六十九条、第八十九条、第六十四条、第十二条第一款及《全国人大常委会关于惩治违反公司法的犯罪的决定》第十一条、《最高人民法院〈关于办理违反公司法受贿、侵占、挪用等刑事案件适用法律若干问题的解释〉》第三条之规定,判决如下:

一、被告单位物美控股集团有限公司犯单位行贿罪,判处罚金530万元。(自判决生效之日起十日内缴纳。)

二、被告人张文中犯诈骗罪,判处有期徒刑十五年,并处罚金50万元;犯单位行贿罪,判处有期徒刑三年;犯挪用资金罪,判处有期徒刑一年,决定执行有期徒刑十八年,并处罚金50万元。

(刑期自判决执行之日起计算。判决执行前羁押一日折抵刑期一日,即自2006年12月7日起至2024年12月6日止。)

三、被告人张伟春犯诈骗罪，判处有期徒刑五年，并处罚金 20 万元。

（刑期自判决执行之日起计算。判决执行前羁押一日折抵刑期一日，即自 2007 年 2 月 14 日起至 2012 年 2 月 11 日止。）

四、被告人张文中、张伟春非法所得予以追缴，上缴国库。

如不服本判决，可在接到判决书的第二日起十日内，通过本院或直接向河北省高级人民法院提出上诉。书面上诉的，应当提交上诉状正本一份，副本三份。

审 判 长 × ×
审 判 员 ×××
代理审判员 ×××
二〇〇八年十月九日
书 记 员 × ×

第三章　二审阶段

尽管二审仍然面临巨大的压力，但是，张文中、物美集团以及律师辩护团队并不悲观绝望，而是鼓足干劲、稳扎稳打，为依据案件事实、证据和相关法律彻底推翻一审判决结论和理由而全力以赴地开展准备工作。

一、完善证据，申请二审开庭

由于律师阅卷权未能得到保障，我们在一审开庭前的阅卷时间较短，证据准备不是特别充分。经过一审庭审，我们对许多事实和问题有了新的认识，在二审阶段的辩护思路更加清晰，目标更加明确。例如，关于诈骗罪，我们认为应当围绕民营企业是否有资格申报国债贴息技改项目，物美集团是否有必要隐瞒民营企业身份，所申报项目是否真实，所申报项目是否实施等问题完善证据。为此积极开展了新的取证工作。

收集新证据的过程十分艰辛。物美集团申报国债贴息项目是在 2002 年，当时是由国家经贸委审批和实施。国家经贸委于 2003 年撤销，相关部门分别并入商务部和国家发改委。这一机构变改革，使寻找当时的档案变得更加困难。但我们还是找到了一份书证，内容是关于 2001 年 12 月在上海召开的促进现代流通产业大会的报道。在这次会上提出，流通业将列入国债贴息支持范围，物美是国家当时重点扶持的现代流通产业，张文中在会上做典型发言。这正是物美集团得知可以申请国债贴息技改项目的最初信息来源。同时，我们查阅到 2001 ~ 2003 年的公开信息，包括国家经贸委领导的公开讲话，新华社发布的消息等，证明国债贴息项目对各种类型的所有制一视同仁。类似这样的证据我们还收集了若干。这为后来最高法院再审本案时，认定原国家经贸委有关部门工作人员了解物美集团是民营企业，对物美集团企业性质并未陷入错误认识提供了重要支持。

为了证明物美集团有资格申报 2002 年国债技改项目，律师和物美集团还请求全国工商联联系原国家经贸委负责国债贴息项目审批的部门负责人，请求他就物美集团作为民营企业是否有资格申请当年国债贴息提供说明。经时任全国工商联法律部部长、副部长等干部出面联系，该负责同志出具了情况说明，明确“第八期国债贴息确实安排了民营企业的项目”。这份说明文件由全国工商联法律部在 2009 年 3 月 18 日交给律师，同时也转给了有关司法机关。在张文中一审遭到重判的情况下，全国工商联一如既往地为民营企业家寻求法律保护，维护民营企业家权益，原国家经贸委相关部门负责同志实事求是地说明情况，都令我们感动并感到鼓舞。这对被判处 18 年重刑、已经在看守所中羁押了两年半之久的张文中也是莫大的安慰。

全国工商联为了更客观全面地了解案情，还派出时任全国工商联副主席的沈建国先生和时任全国工商联法律部部长的王媛女士，专程来到北京师范大学刑事法律科学研究院，就张文中案件的相关法律问题与高铭暄教授和赵秉志教授座谈。北师大刑科院 2008 年 11 月的《简报》（总第 33 期），在《北师大刑科院名誉院长高铭暄教授、院长赵秉志教授接待到刑科院调研座谈的全国工商联副主席沈建国》题目下，简要报道了此次全国工商联副主席沈建国一行到刑科院就张文中案件的调研座谈：“2008 年 11 月 28 日上午，全国政协委员、中华全国工商业联合会副主席沈建国一行到北师大刑科院调研座谈，随行的有全国工商联法律部部长王媛和该部干部韩鹏。北师大刑科院名誉院长高铭暄教授、院长赵秉志教授接待了沈建国副主席一行并与他们进行了座谈。沈建国副主席是受全国工商联党组和领导班子的委托，专门到北师大刑科院，围绕全国工商联关注而经北师大刑科院疑难刑事问题专家委员会组织专家学者研究论证过的著名民营企业家、物美集团原董事长张文中被控单位行贿、挪用公款、诈骗案的相关法律问题进行调研座谈的。沈建国副主席介绍了全国工商联对张文中一案的关注及此案的典型意义和可能产生的广泛影响，曾参与论证此案的高铭暄教授、赵秉志教授（赵秉志教授在论证后又受委托担任了张文中的辩护人）介绍了本案存在的相关法律问题及促进本案依法公正处理会对民营企业暨海归人员产生的重要影响。在座谈张文中案件所涉法律问题的基础上，双方进一步商谈了今后以适当的方式合作开展相关法律问题研讨尤其是有关民营企业刑事法平等保护方面的研究等事宜。”

鉴于当时流通业的行业推荐和审核部门是原国家经贸委市场局，为了收集物美集团有资格申报 2002 年国债技改项目的证据，律师还找到原市场局的负责人，希望他就物美集团申报国债贴息的过程做一份问询笔录。该市场局负责同志请示了所在部委的党组后，于 2009 年 3 月 23 日接受了律师的问询。这份调查笔录作为二审前的新证据，正式提交给了河北省高级人民法院。该份证人证言清楚地证明：“当时绝对没有禁止民营企业申报”“物美是第一流的流通业企业”“应该有资格申报国债技改项目”“物美的信息化和物流项目都是属于流通企业现代化的，符合流通产业升级项目范围”。

我们就这样锲而不舍，精心准备。总共形成了 26 组证据，每一组证据少则一份，多则七八份，每组证据的名称、来源、内容、拟证明事项都列举得清清楚楚。在此基础上，辩护团队开始撰写和不断完善二审辩护词，对一审判决的错误进行详细、全面地辩驳。尽管二审是否会改判，会多大程度改判，我们都无从得知，但是，我们认为已经完成了经得起考验的二审辩护准备。张文中在带领辩护团队逐字逐句修改辩护词的过程中，也反复强调，我们是在做一次经得起历史检验的无罪辩护，不论开庭与否，都应当竭尽全力。与此同时，我们向河北省高级人民法院提出申请,要求二审开庭审理。为了争取二审开庭,我们还专门到河北省高级人民法院向主审法官当面陈述二审应当开庭审理的理由。遗憾的是,尽管我们力陈理由,本案二审最终还是没能开庭审理。不过,二审法院还是以书面审理的方式完成了二审工作,二审判决撤销了一审法院的部分判决结果,将诈骗罪的量刑从有期徒刑 15 年改为 10 年,数罪并罚后决定执行的刑期从一审的 18 年改为 12 年。这一改判结果虽然完全没有支持张文中和我们的诉求,很不理想,但也比一审有所进步。回顾张文中案件的二审过程,我们仍然能感受到在刑事案件中律师参与履职的艰难和律师辩护意见得到法院采纳的不易。

二、第二次进行专家咨询论证

张文中始终认为,做事情首先得讲道理。因此,他对专家法律意见的看法与许多其他当事人甚至律师的看法截然不同。他认为,无论法院和审理案件的法官是否公正,是否愿意采纳专家法律意见,只要专家意见是客观公正的,是有理有据的,都有存在的价值,即使目前暂时发挥不了作用,等将来机会出现的时候,对实现改判也是会有帮助的。因此,他认为,在二审期间,针对一审判决中存在的错误,再次邀请法律专家召开研讨论证会仍然是必要的。

基于张文中的这一立场,赵秉志教授以律师身份和白加宁律师一道,委托北京师范大学刑事法律科学研究院疑难刑事问题研究咨询专家委员会,于 2008 年 10 月 19 日在北京专门邀请了高铭暄、陈光中、储槐植、樊崇义、周道鸾、张泗汉、陈兴良、黄京平八位我国著名的刑事法专家,就本案一审判决存在的问题进行了咨询和论证。之所以参与研讨论证的专家从第一次的五位增加到八位,是为了增加专家的代表性和法律意见的权威性与说服力。

为了使专家论证意见重点更加突出,委托人决定将张文中被指控的行为是否成立单位行贿罪的问题舍弃,将论证内容集中在问题更为明显的诈骗罪和挪用资金罪的定性上。八位专家在研讨论证的过程中,认真听取了委托人对案件背景及基本案情的介绍,仔细研读了一审判决书以及律师提供的案卷材料，指出了一审判决在这两种罪的认定上存在的错误。

专家们认为，一审判决认定张文中犯诈骗罪，存在五个方面的明显错误：

第一，一审判决错误地将物美集团的单位行为认定为张文中的个人行为。

这里有必要解释一下为何参加咨询论证的刑事法专家反复强调申报国债贴息技改项目是单位行为。这是因为，从法理上看，在我国刑法规定了单位犯罪以后，自然人犯罪与单位犯罪有着严格的界限，单位犯罪与自然人犯罪的构成是不同的。而犯罪构成是不法类型，不能将两种不同的不法类型混为一谈。根据《刑法》第 3 条以及第 30 条的规定，当某一危害行为是为了单位的利益，经单位决策层集体讨论或者由主要负责人决定，以单位的名义和单位的意志实施，从而成为单位行为时，只有在法律明文规定了相应的单位犯罪的情况下，才能按单位犯罪依法追究单位以及该单位直接负责的主管人员和其他直接责任人员的刑事责任，而不能直接以自然人犯罪论处。即使某一个人在该单位拥有控制性地位，有关单位行为背后有着其个人的重要利益，也不能将单位行为视为其个人行为进行刑事追究。否则就会混淆单位犯罪和自然人犯罪的界限，使刑法关于单位犯罪的规定形同虚设，从而严重破坏我国刑法的罪刑法定原则。同时，最高人民法院在 2001 年 1 月 21 日发布的《全国法院审理金融犯罪案件工作座谈会纪要》中也重申了这一法治原则的要求。该纪要规定："根据刑法第三十条和第一百九十三条的规定，单位不构成贷款诈骗罪。对于单位实施的贷款诈骗行为，不能以贷款诈骗罪定罪处罚，也不能以贷款诈骗罪追究直接负责的主管人员和其他直接责任人员的刑事责任。"根据刑法的相关规定以及纪要的上述规定的精神，可以清楚地得出结论：依据《刑法》第 30 条和第 266 条的规定，单位不可能犯诈骗罪。对于单位实施的普通诈骗行为，不能以诈骗罪定罪处罚，也不能以诈骗罪追究直接负责的主管人员和其他直接责任人员的刑事责任。尽管全国人大常委会 2014 年 4 月 24

日通过了《关于〈中华人民共和国刑法〉第三十条的解释》，规定“单位实施刑法规定的危害社会的行为，刑法分则和其他法律未规定追究单位的刑事责任的，对组织、策划、实施该危害社会行为的人依法追究刑事责任”，从而明确了在刑法没有规定单位犯罪的情况下，对单位实施的违法行为，可以直接追究有关自然人的刑事责任，但这并不影响从法理以及当时的司法解释性文件来看，对物美集团的单位行为不能认定为自然人的个人诈骗罪。

第二，一审判决错误地认为物美集团不符合申报国债贴息资金的主体条件，进而错误地认定张文中明知物美集团没有资格申报国债贴息资金，仍然冒充国企进行申报。

专家们在法律意见书中明确指出：国家经贸委 1999 年下发的《国家重点技术改造项目管理办法》《国家重点技术改造项目国债专项资金管理办法》以及国家经贸委投资与规划司 2002 年下发的“投资〔2002〕075 号”《关于组织申报 2002 年国债技术改造项目的通知》及其附件，并不能得出物美集团作为民营企业，以其名义申报国债贴息资金不能获批的结论。一审判决错误地理解和引用了有关文件的内容。

第三，一审判决错误地认定物美集团没有按规定实施申报获批项目。

物美集团申报国债贴息项目获批后，信息化项目已经按规定实施，相关贷款和国债贴息资金虽然没有做到专款专用，但确已用于信息化项目。物流项目物美集团也一直在设法实施，并且多次向银行申请贷款，只是由于遇到“非典”及国家整顿物流园区等不可抗力而未能按规定实施，因而也未能贷到款，没有使用的国债贴息资金则一直挂在物美集团的“应付人民政府”账目上。为了缓解物流项目搁浅给物美集团发展带来的压力，物美集团还分别发展了百子湾物流配送中心和天津杨台配送中心。上述事实清楚地说明了物美集团申报的两个项目是其发展所必须的，物美集团按规定实施了或者在努力设法实施申报获批项目，根本不存在通过申报项目骗取国债贴息资金的企图和行为。然而，一审判决没有考虑上述事实，而是草率认定物美集团没有按规定实施申报获批项目,该认定缺乏必要的证据支持,与事实不符,因而不能成立。

第四,一审判决错误地把物美集团未按规定使用国债贴息资金和专项贷款的违反财经纪律的行为,认定为是诈骗行为的具体表现。

从现有证据来看,物美集团未按规定使用国债贴息资金和专项贷款属实,一审判决的不妥之处,在于错误地认定了这一事实与诈骗犯罪之间的关联性。一审判决要认定张文中犯诈骗罪,所依据的事实应当能够说明张文中主观上具有以非法占有为目的而骗取国债贴息资金的故意,或者能够说明张文中客观上实施了骗取国债贴息资金的行为。然而,物美集团虽然存在未按规定使用国债贴息资金和专项贷款的行为,但是,从有关财务账目来看,物美集团有与专项贷款以及与之配套的国债贴息资金等额的资金投入了信息化项目上,没有使用的国债贴息资金一直挂在物美集团的“应付人民政府”科目上,没有分文被非法占有。因此,物美集团未按规定使用国债贴息资金和专项贷款,仅仅是违反财经纪律的行为,既不能说明张文中主观上具有以非法占有为目的,骗取国债贴息资金的故意,也不能说明张文中客观上实施了骗取国债贴息资金的行为。一审判决将这一行为认定为张文中诈骗行为的具体表现,显然是错误的。

第五,一审判决适用法律明显错误。

一审判决认定被告人张文中、张伟春个人诈骗国债贴息资金 3190 万元,然后将犯罪所得处置给单位,是将典型的单位行为按个人犯罪追究,违反了刑法典关于单位犯罪以及罪刑法定的规定,并且与最高人民法院有关司法解释的精神相悖,同时也与本案事实明显不符,因而不能成立。

专家法律意见书还认为,一审判决认定张文中构成挪用资金罪的共犯与其所采信的证据是相矛盾的。具体表现在:

其一,一审判决所引用的证据,无论是被告人的供述,还是证人证言以及证明涉案的 4000 万元资金流向的银行等部门的单据,以及泰康公司与卡斯特中心签订的委托投资国债协议及抵押合同,均毫无疑问地证明4000万元是泰康公司与卡斯特中心两个单位之间的民事行为，其实质是一个单位借款给另一个单位。即使泰康公司与卡斯特中心签订的委托投资国债协议无效，也不能否认涉案行为属于泰康公司将资金借给卡斯特中心用于申购新股这一事实。

其二，从现有证据来看，申购新股的营利在长达9年的时间里始终没有被私分，而是一直放在卡斯特中心的炒股账上，不可能构成挪用资金罪。

其三，即便按照最不利于张文中的证据，即张文中、陈某1、田某1三人商议过申购新股所得营利由三人私分，也只是企图侵占属于单位的财产，由于尚处于犯意表示阶段，并没实质性的危害行为，不能以犯罪论处。

因此，专家法律意见书认为，一审判决关于被告人张文中犯挪用资金罪的判决结果，无论在事实认定还是法律适用上，都是完全错误的。

三、长达93页的二审辩护词

张文中案二审辩护词的撰写和完善过程，是一个检验辩护团队专业水准和敬业态度的过程，也是一个展现张文中人生态度的过程。本来，此前的两份专家法律意见书以及一审辩护词已经将张文中不构成犯罪的事实依据、法律依据都阐述得十分详细、全面，但张文中仍然不甚满意，他认为事实还未完全阐明，道理还未彻底说透，证据还未充分展示。因此，他请求辩护团队和物美集团进一步完善二审辩护词及配套证据。在完善二审辩护词的过程中，张文中追求卓越和极致的人生态度充分展现了出来。而辩护团队也兢兢业业，在原有辩护事实和理由的基础上，重新全面研究和梳理证据与案情，一点一滴地对二审辩护词进行补充完善。

即便是在辩护团队认为二审辩护词的内容已经十分完备，可以说已经细致入微的情况下，张文中仍不满意，反复要求我们对某些证据能够证明的事实继续进行推敲和发掘，对一审判决的错误进行更有力的驳斥。例如，对于物美集团建立北京百子湾物流配送中心和天津杨台配送中心这一事实应当如何看待,它对证明物美集团申报的第三方物流改扩建项目的真实性有何价值,就有一个不断深入的过程。辩护团队开始认为这一事实只能证明物美集团申报的第三方物流改扩建项目是物美集团发展所必需的,是客观真实的;后来则进一步认为,该事实还能够证明第三方物流改扩建项目实际上已经异地实施。又如,对于物美集团向国家经贸委提交的物流项目可行性研究报告中的《规划意见书》以及报告中的附图不符合要求的问题应当如何解释?究竟是怎么回事?也是辩护团队经过反复了解,还原整个过程,才发现该《规划意见书》是通州区规划局出具的,其内容是否符合要求,被告人无从知晓,可研报告中的附图也不是被告人编制的,根本不能据此证明被告人是以虚假材料编制技改项目可行性研究报告。这类对案件事实真相的挖掘和对行为性质的匡正,贯穿在整个二审辩护词的完善过程中。

对二审辩护词的不断完善,既有对原有证据的重新认识,也有基于新的证据对案件事实的重新认定,还有对辩护理由的重新阐述。有时候,辩护理由会进行大幅度的调整。为了避免在对辩护理由作出大幅度调整后忘记此前的辩护理由,以致以后想重新采用此前的辩护理由却不可得,我们在辩护词有较大幅度调整的时候,仍会保存此前的版本,而重新设置一个新版本继续修改。二审辩护词的重大修改是如此之多,以至于最终版本已经是第 13 版。而此时,二审辩护词已经扩充到 8 万多字,以小 4 号字体的 A4 纸为载体,长达 93 页之多。而配套证据更是多达 5 大本,每本少则 100 多页,多则 200 多页,总共达 700 多页。

到后来,辩护团队和物美高层都认为二审辩护词已经十分完备了,无须再改,张文中仍不罢休,要求大家继续推敲。大家劝他,不用下这么大功夫了,再改对结果也不会有任何影响。张文中不干,他在看守所的恶劣环境中,全身心投入细节推敲中,力求还原历史本来面目。最终形成了现在我们看到的这份 93 页的二审辩护词。

在二审辩护词中,我们全面批驳了一审判决在事实认定和法律适用方面的错误。我们认为:

（一）一审判决关于诈骗罪的错误体现在以下七个方面

1. 根据当时广为人知的原国家经贸委领导 2002 年国债技改贴息对各所有制企业一视同仁的讲话、原国家经贸委的文件以及除物美外至少有六家民营企业获得国债贴息资金的实际审批结果，民营企业完全有资格申报国债贴息资金，物美符合申报 2002 年国债贴息资金条件。一审判决无视基本事实，错误地认定物美作为民营企业不属于国债贴息资金支持的范围，从而由此得出了物美“冒充国企”申报国债贴息资金等一系列错误结论。

2. 一审判决无视本案中申报国债贴息技改项目资金完全是物美的单位行为这一最基本的事实，错误地将物美的单位行为认定为张文中的个人行为，更错误地以诈骗罪追究张文中的刑事责任。

3. 张文中从全国推进流通现代化工作现场会等渠道，已经清楚地知道物美符合申报国债贴息项目的条件；物美集团高层也基于这种认识而集体研究决定申报项目。一审判决凭控方多次讯问笔录中与前后其他各份不相符而不能成立的一份讯问笔录，认定上诉人张文中明知物美集团没有资格申报国债贴息资金，仍然冒充国企进行申报，认定张文中构成个人诈骗犯罪。

4. 张文中是在国家公开宣布 2002 年国债技改贴息政策对各种所有制企业一视同仁的大背景下，认为物美集团可以通过诚通公司递交申报材料，经与物美集团高层讨论，集体决定通过诚通公司递交项目申报材料，而不是决定以诚通公司下属企业的名义申报项目，而且没有任何动机，也没有必要以诚通公司下属企业的名义申报项目。一审判决将物美集团高层集体决定物美通过诚通公司递交申报材料，错误地认定为张文中个人决定物美集团以“国有”诚通公司下属企业的名义申报国债贴息资金，并错上加错地认定，这是由于民营企业物美集团不具备申报资格，所以虚构事实，隐瞒真相，欺骗国家经贸委工作人员，诈骗国债贴息资金。

5. 物美集团第三方物流改扩建项目是基于物美集团事业发展的需要而设立的，是完全真实的，并且已经异地实施；该项目可行性研究报告是物美集团按照原国家经贸委申报项目的要求,投入大量人力、财力委托有甲级资质的单位精心编制的,也是完全真实的;该项目可行性研究报告附件五,即《规划意见书》是通州区规划局出具的,张文中对该意见书以及可行性研究报告中的附图一无所知。而且这些附图根本不是《规划意见书》的附图,而是可行性研究报告的独立的附件二、附件三。一审判决以该意见书和报告中的附图不符合要求为理由,认定上诉人张文中指使张伟春等人以虚假资料编制物美集团技改项目可行性研究报告,向国家申报国债贴息项目资金,属于无中生有,完全不能成立。因物美集团的物流改扩建项目已经异地实施,一审判决认定物美集团的物流项目未实施与事实不符,不能成立。

6. 物美集团申报的信息现代化建设项目是物美集团事业发展所必需的,是完全真实的;已投入 1.46 亿元实施项目,并且已经完成项目的主要内容,实现了可行性研究报告设立的主要目标。尽管存在违规之处,但 1.3 亿元贷款不仅投入了项目,而且已按时偿还本息。一审判决认定项目贷款用于物美集团日常经营,信息化项目未实施,与事实不符,不能成立。

7. 物美集团涉案的 3190 万元国债贴息资金虽然没有做到专款专用,但这只是资金使用方面的违规行为,既不影响物美集团所申报项目的真实性,也不属于非法占有国债贴息资金的行为。而且,上诉人张文中对该笔资金的使用情况一无所知。一审判决对物美集团相关行为的性质作出了错误的认定,以此作为认定张文中骗取国债贴息资金的根据,更是毫无道理。

(二)一审判决关于挪用资金罪的错误表现在以下四个方面

1. 一审判决采信的控方书证已经清楚而充分地证明,涉案的 4000 万元资金于 1997 年 3 月 27 日由泰康公司划转到卡斯特投资咨询中心,并一直由卡斯特投资咨询中心使用,于 1997 年 8 月 19 日由卡斯特投资咨询中心转回泰康公司,其出借、使用和归还完全发生在单位之间,不具备任何挪用资金罪的基本特征,一审判决却得出了完全错误的相反的结论。

2. 由于有确实、充分的书证证明涉案的4000万元资金系单位对单位，一审判决引用的陈某1、任某、李某4等证人证言无法证明，也不可能证明涉案的4000万元资金被挪用“归个人使用或者借贷给他人”。事实上，这些证人证言和上诉人张文中的说法也证明涉案的4000万元资金的提供方和使用方均为单位，而不涉及个人。

3. 一审判决错误地认定泰康公司与卡斯特投资咨询中心签订的《委托投资协议》不合法。尽管该协议是否合法并不影响涉案的4000万元的借出、使用和归还完全发生在两个单位之间，但是为了纠正一审判决的明显错误，回复事实的本来面目，仍有必要指出泰康公司和卡斯特投资咨询中心签订的协议是合法、真实的。

4. 4000万元所产生的盈利一直放在卡斯特中心账上，长达近十年并未动用，一审判决认定张文中、陈某1、田某1三人挪用资金营利归个人的证据明显不足，不能成立。

（三）一审判决关于单位行贿罪的错误体现在两个方面

1. 自2002年年底，赵某作为和康友联公司的股东代表担任泰康公司监事，参加泰康公司股东大会、临时股东大会，参与泰康公司重大经营决策。从2004年4月起，赵某由监事转为董事，仍为和康友联公司推荐。此外，赵某还为华美公司及物美做过大量工作，而他在工作期间，除了涉案的30万元，没有收到过有关单位给他的任何其他报酬，因此，涉案的30万元显系其工作报酬，而非好处费。一审判决无视事实，认定涉案的30万元系张文中单位行贿款，明显错误。

2. 梁某根本没有收到涉案的500万元，也从不认为这500万元和他有关系；钱是打到李某3公司账上的，李某3认为是付给他的中介费并实际占有了这笔钱。梁某对华美公司收购粤财公司持有的泰康公司5000万股股权不但没有提供帮助，而且起着阻碍作用，涉案的500万元不可能是给梁某的行贿款，而是给李某3的中介费。一审判决认定该500万元是张文中给梁某的单位行贿款明显错误。

二审辩护词的最终版本对一审判决的批驳可以说到了事无巨细的程度，但张文中觉得还需要进一步修改。他经常提醒辩护团队和物美集团高管的话,就是要继续补充完善二审辩护词,不要功亏一篑。以至于大家在研究讨论案情之余,互相调侃时会频繁使用“功亏一篑”这个成语。如果不是二审法院通知我们二审不开庭了,限期将二审辩护词提交给合议庭,我们的二审辩护词还会继续修改下去。从那时起,我们知道了张文中是一个极其执著、认真细致、追求完美的人。

附件五：张文中案第二次专家论证法律意见书

关于张文中案一审判决的专家论证法律意见书

物美控股集团有限公司(以下简称物美集团)原董事长张文中被控单位行贿、挪用资金、诈骗一案,河北省衡水市中级人民法院于2008年10月9日作出一审判决,认定张文中犯诈骗罪,判处有期徒刑15年,并处罚金50万元;犯单位行贿罪,判处有期徒刑3年;犯挪用资金罪,判处有期徒刑1年,决定执行有期徒刑18年,并处罚金50万元。在一审过程中,被告人张文中的一审辩护律师等人曾针对起诉书存在的问题,于2008年8月27日在北京邀请了高铭暄、陈光中、周道鸾、赵秉志、陈兴良五位我国著名刑事法专家召开了专家研讨会。与会刑事法专家一致认为被告人张文中的行为不构成诈骗罪和挪用资金罪,并出具了专家意见书。但是,专家意见没有得到相关部门采纳。一审判决宣告后,被告人张文中的一审辩护人北京市中闻律师事务所兼职律师赵秉志教授和河北合明律师事务所白加宁律师认为,一审判决在认定事实和适用法律方面确有错误。本着依法维护被告人权益的辩护人职责和期待本案能得到合法公正处理的愿望,赵秉志律师和白加宁律师特委托北京师范大学刑事法律科学研究院疑难刑事问题研究咨询专家委员会,于2008年10月19日在北京专门邀请了高铭暄、陈光中、储槐植、樊崇义、周道鸾、张泗汉、陈兴良、黄京平八位我国著名刑事法专家,就本案一审判决存在的问题进行了咨询和论证,并出具了专家论证法律意见书。

一、参加论证的法律专家及论证依据的主要材料

(一)参加论证的法律专家

高铭暄　北京师范大学刑事法律科学研究院名誉院长、特聘教授、博士生导师,中国人民大学荣誉教授,中国法学会刑法学研究会名誉会长,北京师范大学刑事法律科学研究院专家委员会主任

陈光中 中国政法大学终身教授、博士生导师,中国法学会刑事诉讼法学研究会名誉会长,北京师范大学刑事法律科学研究院特聘教授

储槐植 北京大学法学院教授,北京师范大学刑事法律科学研究院特聘教授、博士生导师,中国法学会刑法学研究会顾问,北京师范大学刑事法律科学研究院专家委员会副主任

樊崇义 中国政法大学教授、博士生导师,中国政法大学诉讼法学研究院名誉院长,北京师范大学刑事法律科学研究院专家委员会委员,中国法学会刑事诉讼法学研究会顾问

周道鸾 最高人民法院研究室前主任,国家法官学院教授,北京师范大学刑事法律科学研究院专家委员会委员

张泗汉 最高人民法院研究室前副主任,国家法官学院教授,北京师范大学刑事法律科学研究院专家委员会委员

陈兴良 北京大学法学院教授、博士生导师,北京师范大学刑事法律科学研究院专家委员会委员,中国法学会刑法学研究会副会长

黄京平 中国人民大学法学院教授、博士生导师,中国人民大学刑事法律科学研究中心执行主任,北京师范大学刑事法律科学研究院专家委员会委员,中国法学会刑法学研究会副会长

(二)专家论证依据的主要材料

1. 衡水市人民检察院"衡检刑诉〔2007〕68 号"起诉书(2007 年 12 月 24 日);

2. 高铭暄等 5 位著名刑事法专家出具的《专家论证法律意见书》(2008 年 8 月 27 日);

3. 张文中辩护人的一审辩护词(2008 年 9 月 25 日);

4. 衡水市中级人民法院"(2008)衡刑初字第 22 号"刑事判决书(2008 年 10 月 9 日);

5. 办案人员讯问被告人张文中笔录 3 份(2006 年 12 月 10 日,2007 年 1 月 18 日,2007 年 10 月 9 日);

6. 办案人员讯问被告人张伟春笔录 4 份(2006 年 12 月 29 日,2007 年 1 月 5 日,2007 年 1 月 11 日,2007 年 10 月 10 日);

7. 办案人员询问证人李某1、李某2、黎某、丁某、王某、门某、杨某、陈某1、李某4、张某1、任某等笔录各1份；

8. 律师调查吴某1、于某1、邱某某、叶某某等证人笔录各1份；

9. 国内贸易部行业管理一部"司发行一连字〔1996〕第46号"《关于确定全国第一批连锁经营定点联系企业的函》及其附件（1996年8月12日）；

10. 国家经贸委等四部门发布的"国经贸投资〔1999〕886号"《关于印发〈国家重点技术改造项目管理办法〉和〈国家重点技术改造项目国债专项资金管理办法〉的通知》（1999年9月10日）；

11. 国家经贸委等四部门发布的"国经贸投资〔2000〕822号"《关于修订〈国家重点技术改造项目管理办法〉和〈国家重点技术改造项目国债专项资金管理办法〉的通知》；

12. 国家经贸委等六部门发布的"国经贸运行〔2001〕189号"《关于加快我国现代物流发展的若干意见》（2001年3月2日）；

13. 国务委员吴仪同志在全国推进流通现代化工作现场会上的讲话（2002年1月21日）；

14. 北京市人民政府"京政函〔2002〕8号""关于同意将北京通州物流产业园区列为市级开发区的批复"（2002年2月22日）；

15. 国家经贸委投资与规划司"投资〔2002〕075号""关于组织申报2002年国债技术改造项目的通知"及附件一、二（2002年2月27日）；

16. 国家经贸委投资与规划司"投资〔2002〕548号""关于下达2002年国家重点技术改造项目计划（第八批国债专项资金项目）的通知及附件"（2002年7月30日）；

17. 物美公司关于请提供物流项目建设手续的函（2002年8月19日）；

18. 物美公司关于申请"北京物美公司商业集团第三方物流改扩建项目"环保批复的请示（2002年9月20日）；

19. 北京物美公司综合超市有限公司关于请集团实施物流中心及

连锁经营信息化项目的报告(2002年9月25日);

20. 北京市通州区规划局规划意见书;

21. 北京市环境保护局“京环保监督审字〔2002〕313号”“关于北京物美公司商业集团第三方物流改造项目环境影响报告表的批复”(2002年9月27日);

22. 物美公司关于第八批国债技改项目有关事项的董事会决议(2002年9月28日);

23. 物美公司信息现代化建设项目简介(2002年9月);

24. 物美公司关于报送北京物美公司商业集团有限公司国债技改项目可行性研究报告的报告(2002年10月18日);

25. 国家经贸委“国经贸贸易〔2002〕773号”《“十五”商品流通行业结构调整规划纲要》(2002年10月16日);

26. 物美公司存款证明(2002年10月23日);

27. 中国诚通控股公司关于审批北京物美公司商业集团第三方物流改造项目可研报告的请示(2003年1月16日);

28. 中国诚通控股公司关于审批北京物美公司商业集团信息现代化建设项目可研报告的请示(2003年1月16日);

29. 中国诚通控股公司关于调整北京物美公司综合超市有限公司物流中心及连锁经营信息化项目承担单位及有关事宜请示(2003年1月16日);

30. 中国诚通控股公司关于请分别审批北京物美公司商业集团物流改造和信息现代化项目的函(2003年1月16日);

31. 国家经贸委“国经贸投资〔2003〕86号”《关于印发第三批国家重点技术改造“双高一优”项目导向计划的通知》及其附件(2003年1月27日);

32. 物美公司第三方物流改造项目自有资金使用说明(2003年2月13日);

33. 国家经贸委投资与规划司“关于同意调整北京物美公司综合超市有限公司物流中心及连锁经营信息化项目承担主体的函”(2003

年3月10日)；

34. 国家经贸委投资与规划司“投资〔2003〕303号”“关于授权审批限额以上技术改造项目可行性研究报告的函”(致中国诚通控股公司)及附件(2003年3月12日)；

35. 国家经贸委投资与规划司“国经贸投资〔2003〕297号”“关于下达2003年第二批国债专项资金国家重点技术改造项目投资计划的通知”及附件(2003年3月17日)；

36. 国家经贸委“国经贸投资〔2003〕307号”“关于下达2003年第二批国债专项资金国家重点技术改造项目资金计划的通知”(2003年3月30日)；

37. 北京市规划委员会“市规发〔2003〕1113号”“关于北京通州物流产业园区控制性详细规划的批复”(2003年8月14日)；

38. 国家经贸委“发改办厅〔2003〕742号”“国家发展改革委办公厅关于近期技术改造投资管理工作有关问题的通知”(2003年8月25日),物美公司关于申请办理国债贴息请款手续的报告(2003年10月20日)；

39. 物美公司与德丰广道物流有限公司签订的《租赁协议》、《备忘录》以及北京铁路分局、北京京铁北方铁路运输服务公司的《仓库租赁授权书》(2004年8月)；

40. 物美公司与思爱普(北京)软件系统有限公司上海分公司签订的《专业服务协议》(2006年9月11日)；

41. 北京市规划委员会“关于通州物流基地控制性详细规划局部调整方案的审查意见”(2006年12月19日致通州区政府)；

42. 物美公司物流配送中心项目系统咨询规划及项目集成合同书(2007年7月9日)；

43. 中国国际期货经纪有限公司公司章程；

44. 物美公司1.3亿元贷款的使用明细；

45. 物美公司2002年至2007年8月信息化项目支出明细材料；

46. 物美公司2002年至2007年固定资产、电子设备明细及记账凭证；

47. 物美公司长期待摊费用—科目分摊明细表及记账凭证；

48. 2002 年至 2007 年物美公司固定资产、电子设备明细及记账凭证；

49. 实施 ERP 项目，管理费用日记账；

50. 实施信息化项目所购买电子设备和软件等合同；

51. 物美公司信息化系统 NC 项目《计算机软件使用许可合同》《实施服务合同》(2003 年 11 月 28 日)；

52. 物美公司与上海同振信息技术有限公司《软件销售合同》两份(2005 年 3 月 11 日，2006 年 7 月 19 日)；

53. 物美公司《采购合同》(2006 年 2 月 22 日)；

54. 物美公司购买 SAP 软件的合同及其附件(2006 年 9 月 11 日)；

55. 物美公司与神州数码办公自动化软件公司签订的《销售合同》《配套服务合同》(2007 年 2 月 6 日)；

56. 物美公司《造价软件销售合同》(2007 年 3 月 21 日)；

57. 经贸委 2002 年全国前 30 名零售、餐饮业连锁企业经营情况统计表(2003 年 2 月 18 日)；

58. 商务部 2003 年中国连锁 30 强名单(2004 年 2 月 11 日)；

59. 商务部商业改革发展司 2004 年全国商业连锁企业前 30 名经营情况排名(2005 年 2 月 7 日)；

60. 商务部商业改革发展司 2005 年全国前 30 家连锁企业排名(2006 年 2 月 24 日)；

61. 商务部商业改革司、中国连锁经营协会 2006 年中国连锁经营 100 强企业排名表(2007 年 3 月 27 日)；

62. 物美公司与北京祥龙物流有限公司签订的《合作意向书》(2007 年 7 月)；

63. 北京卡斯特投资咨询中心与泰康人寿保险股份有限公司签订的委托投资国债协议(1997 年 3 月 27 日)；

64. 北京卡斯特投资咨询中心与泰康人寿保险股份有限公司签订

的抵押合同(1997 年 3 月 27 日);

65. 泰康人寿保险股份有限公司"泰康函〔1997〕003 号"《关于终止委托国债投资协议致北京卡斯特投资咨询中心的函》(1997 年 8 月 15 日)。

二、基本案情和请求论证的主要问题

(一)一审判决认定的基本犯罪事实

一审判决认定张文中犯诈骗罪的基本事实是:2002 年年初,被告人张文中得知国家对重点企业、重点项目实行国债贴息补贴政策,遂与本案另一被告人张伟春(物美集团原行政总监)、公司总裁张某 1 等人商议此事,并委派张伟春到国家经贸委等部门进行了咨询。在得知该批国债贴息资金主要用于支持国有企业技术改造项目,物美集团作为民营企业不属于国债贴息资金支持范围的情况下,张文中与张伟春商量后决定以中国诚通控股集团有限公司(中央直属国有企业,以下简称诚通公司)下属企业的名义进行申报。为此,张文中与诚通公司董事长田某 1 多次联系,田某 1 答应了张文中的要求。在张文中的指使下,张伟春等人以虚假材料编制了物美集团技改项目可行性研究报告,以诚通公司下属企业的名义上报国家经贸委。物流项目获得审批后,物美集团既未实施,也未向银行申请贷款;物美集团以信息化项目为名,以与和康友联技术有限公司(以下简称和康友联公司)签订虚假设备采购合同和开具虚假发票为手段,获得 1.3 亿元贷款,用于公司日常经营,未实施信息化项目。2003 年 10 月 29 日,财政部将 3190 万元国债贴息资金拨付到诚通公司,后诚通公司将该款汇入物美集团账户,物美集团将该款用于偿还公司贷款。(见一审判决书第 23 页)

一审判决认定张文中犯挪用资金罪的基本事实是:1997 年 3 月,张文中与泰康人寿保险股份有限公司(以下简称泰康公司)董事长陈某 1(另案处理)商定挪用泰康公司的 4000 万元资金申购新股牟利。后张文中指使张某 1 从泰康公司转出人民币 4000 万元,具体负责申购新股。张文中、陈某 1 又与中国国际期货有限公司(以下简称中期公司)董事长田某 1(另案处理)商定,通过中期公司监管的河南省国际信托投资公司（以下简称河南信托）的途径转款，以掩盖挪用情节，炒股所得盈利由张、田、陈三人按3∶3∶4的比例分配。期间，中国人民银行检查，三人遂于1997年7月通过河南信托又从泰康公司转出人民币5000万元用于归还前次挪用款项。（见一审判决书第17页）

一审判决认定张文中犯单位行贿罪的基本事实从略。（见一审判决书第5页、第10页）

（二）委托人请求论证的主要问题

委托人提请法律专家们论证的主要问题是：

本案中被告人张文中的涉案行为是否构成诈骗罪和挪用资金罪？

三、刑事法专家的论证意见

接受邀请的八位刑事法专家在认真听取委托人对本案有关情况的介绍，并仔细阅读、研究委托人提供的案件材料的基础上，经过深入研讨，一致认为：(1)一审判决认定被告人张文中犯诈骗罪，与本案事实不符，且违反我国刑法的罪刑法定原则，存在根本性错误；(2)认定被告人张文中犯挪用资金罪，证据不足，违背事实，且适用法律错误。因此，上述两项认定均不能成立。专家们还认为，一审判决关于张文中犯单位行贿罪的认定也存在法律问题，鉴于委托人要求专家论证的主要是张文中的涉案行为是否构成诈骗罪和挪用资金罪，与会专家仅就一审判决关于张文中犯诈骗罪和挪用资金罪的认定提出如下具体论证意见。

（一）关于诈骗罪

一审判决认定张文中犯诈骗罪的理由可以概括为以下五个方面：(1)明知物美集团没有资格申报国债贴息资金，仍然冒充国企进行申报。(2)指使张伟春等人编制虚假材料，向国家申报国债贴息资金。(3)物美集团未实施申报国债贴息资金获批的物流及信息化项目。(4)在申报到国债贴息资金后，物美集团未按规定使用该国债贴息资金和专项贷款。(5)涉案行为属于张文中、张伟春的个人诈骗犯罪，只不过是将犯罪所得处置给了单位。（上述五方面的判决理由见一审判决书第36～38页）

从现有证据来看，一审判决的上述理由均不能成立，其在事实认定和法律适用上的错误都极其明显并且十分严重，具体表现在以下五个方面。

1. 错误地将物美集团的单位行为认定为张文中的个人行为

从一审判决书所引用的证据和描述的事实以及委托人提交的其他材料可以清楚地看出，申报国债贴息资金是由物美集团高层集体决策，以物美集团的名义实施，获利也归物美集团，没有分文落入张文中个人腰包。张文中及本案另一被告人张伟春的相关行为均属于职务行为。由此无疑可以得出结论：涉案行为属于典型的单位行为。然而，一审判决却错误地以涉案金额特别巨大为理由，将典型的单位行为认定为是张文中个人实施诈骗行为，然后将犯罪所得处置给单位（见一审判决书第38页）。一审判决这一结论与其描述的事实显然相互矛盾，没有以事实为基础，因而不能成立。

2. 错误地认定物美不符合申报国债贴息资金的条件，进而错误地认定张文中明知物美集团没有资格申报国债贴息资金，仍然冒充国企进行申报

一审判决认定物美集团没有资格申报国债贴息资金的所依靠的证据是：(1)国家经贸委等部门下发的文件。这些文件包括国家经贸委等四部门发布的“国经贸投资〔1999〕886号”《关于印发〈国家重点技术改造项目管理办法〉和〈国家重点技术改造项目国债专项资金管理办法〉的通知》及其附件，“投资〔2002〕075号”《关于组织申报2002年国债技术改造项目的通知》及其附件一，即2002年国债技术改造分行业投资重点，国家经贸委“投资〔2003〕297号”附件《2003年第二批国债专项资金国家重点技术改造项目投资计划表》。(2)被告人张文中、张伟春在侦查阶段的供述。(3)原国家经贸委工作人员李某1、李某2、黎某、丁某、王某、门某的证言。一审判决认为，根据国家经贸委的有关文件以及张文中、张伟春的供述以及门某等人的证言，国家重点技术改造项目的确定，以加快国有企业技术进步和产业升级为目标；国家重点技术改造项目选择的企业是国有大型企业和国有控股大型企业。

2002 年国家重点技术改造项目的也是按照上述范围来选择的。因此，物美集团作为民营企业，以其名义申报国债贴息资金得不到批准。张文中对此明知，却隐瞒真相，决定以物美集团是诚通公司下属企业的名义进行申报，即冒充国企进行申报。（见一审判决书第 36 页）

一审判决的上述判决理由存在以下两方面的错误或者不当之处：

（1）错误地理解和引用文件内容

国家经贸委 1999 年下发的《国家重点技术改造项目管理办法》以及《国家重点技术改造项目国债专项资金管理办法》只是针对国家重点技术改造项目所做的原则性的规定，并不能直接用来确定 2002 年国债技术改造项目的范围。能够用来确定 2002 年国债技术改造项目选择范围的，只能是国家经贸委投资与规划司 2002 年下发的“投资〔2002〕075 号”《关于组织申报 2002 年国债技术改造项目的通知》及其附件。而该通知及其附件的内容表明，国债贴息资金只是重点支持国有企业和国家控股的大型骨干企业，并没有禁止非国有企业申报。而且，即便是国家经贸委 1999 年下发的《国家重点技术改造项目管理办法》，也没有规定国家重点技术改造项目选择的企业仅限于国有大型企业和国有控股大型企业。因此，根据经贸委的有关文件，并不能得出物美集团作为民营企业，以其名义申报国债贴息资金不能获批的结论。一审判决显然错误地理解和引用了有关文件的内容。

（2）违法和不适当地采信被告人的供述及证人证言

一审判决所采信的被告人张文中和张伟春的原来供述，已经被该二人在审查起诉阶段以及庭审中予以否定。一审判决引用的证人证言，亦没有说过根据有关文件规定民营企业申报国债贴息资金不得获批，而只是说在审查过程中内部有领导指示要剔除民营企业，而且，有关证人关于内部指示的说法混乱不堪，没有任何书面记载能够印证，与实际上该期国债贴息有至少 5 家民营企业获得批准的事实也不符，因而显然不足采信。在这种情况下，一审判决采信张文中和张伟春的原来供述以及有关证人证言，显然不符合《刑事诉讼法》第 42 条“证据必须经过查证属实，才能作为定案的根据”的规定，因而是违法和不适当的。

显然,根据一审判决所引用的证据,根本不能得出物美集团作为民营企业,没有资格申报2002年国债贴息资金的结论,也不存在张文中明知物美集团没有资格申报国债贴息资金,仍然冒充国企进行申报的事实。一审判决的有关认定完全不符合事实,不能成立。

3. 错误地认定物美集团没有按规定实施申报获批项目

从委托人提供的案件材料来看,现有证据足以证明,物美集团申报国债贴息项目获批后,信息化项目已经按规定实施了80%,相关贷款和国债贴息资金虽然没有做到专款专用,但确已用于信息化项目。物流项目物美集团也一直在设法实施,并且多次向银行申请贷款,只是由于遇到"非典"及国家整顿物流园区等不可抗力而未能按规定实施,因而也未能贷到款,没有使用的国债贴息资金则一直挂在物美集团的"应付人民政府"账目上。为了缓解物流项目搁浅给物美集团发展带来的压力,物美集团还分别发展了百子湾物流配送中心和天津杨台配送中心。上述事实清楚地说明了物美集团申报的两个项目是其发展所必须的,物美集团按规定实施了或者在努力设法实施申报获批项目,根本不存在通过申报项目骗取国债贴息资金的企图和行为。然而,一审判决没有考虑上述事实,而是草率认定物美集团没有按规定实施申报获批项目,该认定显然缺乏必要的、可信的证据支持,也与事实不符,因而不能成立。

还需要指出的是,一审判决认为,物美集团取得国债贴息资金后,为会计账目需要必然建立"应付人民政府需要"账目,因此,该账目与张文中骗取国债贴息资金的行为无关(见一审判决书第37页)。这种说法是完全错误的。如果张文中存在骗取国债贴息资金的故意,他只有将有关国债贴息资金从物美集团的"应付人民政府"账目上转走,才能实现非法占有的目的,否则该笔资金迟早要归还政府,根本无法将该笔资金非法占有。因此,没有使用的国债贴息资金一直挂在物美集团的"应付人民政府"账目上这一事实,恰好说明了张文中不存在骗取国债贴息资金的目的和行为,而不是一审判决所说的那样与张文中骗取国债贴息资金的行为无关。

4. 错误地把物美集团未按规定使用国债贴息资金和专项贷款的违反财经纪律的行为,认定为诈骗行为的具体表现

从现有证据来看,物美集团未按规定使用国债贴息资金和专项贷款属实,一审判决的不妥之处,在于错误地认定了这一事实与本案之间的关联性。一审判决要认定张文中犯诈骗罪,所依据的事实应当能够说明张文中主观上具有以非法占有为目的而骗取国债贴息资金的故意,或者能够说明张文中客观上实施了骗取国债贴息资金的行为。然而,物美集团虽然存在未按规定使用国债贴息资金和专项贷款的行为,但是,从有关财务账目来看,物美集团有与专项贷款以及与之配套的国债贴息资金等额的资金投入了信息化项目上,没有使用的国债贴息资金一直挂在物美集团的“应付人民政府”账目上,没有分文被非法占有。因此,物美集团未按规定使用国债贴息资金和专项贷款,仅仅是违反财经纪律的行为,既不能说明张文中主观上具有以非法占有为目的,骗取国债贴息资金的故意,也不能说明张文中客观上实施了骗取国债贴息资金的行为,一审判决将这一行为认定为张文中诈骗行为的具体表现,显然是错误的。

5. 适用法律明显错误

根据刑法关于单位犯罪的规定、最高人民法院的规范性文件以及权威部门官员对最高人民法院有关单位犯罪司法解释的解读,可以明确:单位实施刑法没有明文规定单位犯罪的行为,既不得对该单位,也不得对该单位的相关个人以犯罪论处。本案中,张文中的涉案行为属于典型的单位行为,而一审判决却以我国刑法并未规定单位犯罪的诈骗罪追究被告人张文中个人的刑事责任,这明显违背了我国刑法的罪刑法定原则,也与最高人民法院有关司法解释及法律性文件的规定相悖。因此,本案一审判决适用法律明显错误。对于这一问题,高铭暄教授等刑事法专家在关于本案的第一次专家论证法律意见书中已经明确指出,张文中的一审辩护人在一审辩护词中又作了深入、细致、全面的法理分析和法律阐释,遗憾的是,对于刑事法专家以及辩护人于法有据

的意见,一审判决未加考虑。

通过上述分析论证,可以清楚地看到,一审判决认定被告人张文中、张伟春个人诈骗国债贴息资金3190万元,然后将犯罪所得处置给单位,是错误地将典型的单位行为按个人犯罪追究,明显违反了刑法关于单位犯罪以及罪刑法定的规定,并且与最高人民法院有关司法解释的精神相悖,同时也与本案事实明显不符,因而不能成立。被告人张文中根本不存在为物美公司或其个人骗取国债贴息资金的犯罪故意和行为。

(二)关于挪用资金罪

一审判决认为,被告人张文中伙同并利用他人职务上的便利,挪用泰康公司资金归个人使用进行营利活动,构成挪用资金罪的共犯(见一审判决书第37~38页)。与会专家一致认为,一审判决所引用的证据,无论是被告人的供述,还是证人证言以及证明涉案的4000万元资金流向的银行等部门的单据,以及泰康公司与卡斯特中心签订的委托投资国债协议及抵押合同,均毫无疑问地证明4000万元是泰康公司与卡斯特中心两个单位之间的民事行为,其实质是一个单位借款给另一个单位。即使泰康公司与卡斯特中心签订的委托投资国债协议无效,也不能否认涉案行为属于泰康公司将资金借给卡斯特中心用于申购新股这一事实。而且从现有证据来看,申购新股的盈利在长达9年的时间里始终没有被私分,而是一直放在卡斯特中心的炒股账上,根本不可能构成挪用资金罪。即便按照最不利于张文中的说法,即张文中、陈某1、田某1三人商议过申购新股所得盈利由三人私分,也只是企图侵占属于单位的财产,由于尚处于犯意表示阶段,并没实质性的危害行为,不能以犯罪论处。因此,即使根据一审判决所引用的证据,也无论如何不能认定张文中的涉案行为构成挪用资金罪或者其他犯罪。可见,一审判决关于被告人张文中犯挪用资金罪的判决结果无论在事实认定还是法律适用上都是完全错误的。

四、论证结论

综上所述,与会刑事法专家完全赞同高铭暄教授等刑事法专家关

于本案的第一次论证意见,并着重重申以下论证结论:

1. 本案中的申报国债贴息项目行为,完全属于物美公司的单位行为,根据罪刑法定原则,无论是否存在诈骗的内容,都不能以诈骗罪追究被告人张文中个人的刑事责任。

2. 一审判决认定被告人张文中、张伟春个人诈骗国债贴息资金3190万元,然后将犯罪所得处置给单位,是错误地将典型的单位行为按个人犯罪追究,明显违反了刑法关于单位犯罪以及罪刑法定的规定,并且与最高人民法院有关司法解释的精神相悖,同时也与本案事实不符,因而不能成立。

3. 一审判决认定张文中犯诈骗罪所持理由存在多方面的不实之处。国家经贸委的有关文件并没有把民营企业排除在申报国债贴息资金的主体范围之外,张文中更没有在明知物美集团没有资格申报国债贴息资金的情况下,仍然决定物美集团以诚通公司下属企业的名义申报国债贴息资金,他也没有指使张伟春等人编制虚假材料去申报国债贴息资金。总之,被告人张文中根本不存在为物美公司或其个人骗取国债贴息资金的犯罪故意和行为。

4. 根据现有证据,张文中与陈某1商量的内容以及实际上发生的情况是:泰康公司将4000万元资金借给卡斯特公司申购新股,所得收益也归单位,不具备挪用资金罪的构成要件,被告人张文中的涉案行为根本不构成挪用资金罪。即便按最不利于张文中的说法,张文中、陈某1、田某1商量决定申购新股所得收益归个人,其性质也是产生了侵占单位资金的犯意,由于还没有进入犯罪阶段,因而也不能以犯罪论处。

出席研讨论证会的法律专家们最后一致指出:张文中案件一审判决中存在的错误非常明显,对这样一份错误判决如果不予以及时果断纠正,不仅会影响到一家中外闻名的大型优秀民营企业的繁荣发展和一位明星级民营企业家的前途命运,同时还关系到党和政府平等对待与依法保护非公有制经济的政策能否得到切实贯彻,关系到我国司法公正和国家法治的形象,关系到社会主义和谐社会的构建。专家们呼吁有关司法部门应该以中央关于政法工作“三个至上”理念为指导,严格遵循以事实为根据、以法律为准绳的原则,依法及时纠正张文中案件的错误判决。

(以上法律意见,谨供本案二审法院及其他有关部门和领导参考。未经论证会组织单位北京师范大学刑事法律科学研究院疑难刑事问题研究咨询专家委员会及与会专家的同意,不得传播和发表。)

附:专家签名(略)

2008 年 10 月 19 日

附件六:张文中案二审辩护词

张文中被控单位行贿、挪用资金、诈骗案二审辩护词

审判长、审判员:

我们分别是北京市中闻律师事务所律师赵秉志和河北合明律师事务所律师白加宁,均为张文中等被控单位行贿、挪用资金、诈骗案一审中被告人张文中的辩护人。本案由河北省衡水市中级人民法院于2008年10月9日作出一审判决,认定被告人张文中犯诈骗罪,判处有期徒刑15年,并处罚金50万元;犯单位行贿罪,判处有期徒刑3年;犯挪用资金罪,判处有期徒刑1年。决定合并执行有期徒刑18年,并处罚金50万元。一审判决宣告后,被告人张文中不服一审判决并提起上诉。受上诉人张文中的委托,同时受我们所在律师事务所的指派,我们作为上诉人张文中的二审辩护人,依法参与本案二审的诉讼活动,履行法律赋予的辩护职责。下面,我们根据案件事实及相关法律规定,针对一审判决书中存在的问题,发表辩护意见。

我们总的辩护意见是:一审判决无视多方面的有关证据,并不顾《刑法》以及最高人民法院有关法律性文件的明文规定,错误地认定上诉人张文中犯诈骗罪和挪用资金罪;同时,在证据明显不足的情况下,依然认定上诉人张文中犯单位行贿罪。因此,一审判决严重违背事实,违反法律,不能成立。我们的具体辩护意见如下:

一、国家公开宣布2002年国债技改贴息对各所有制企业一视同仁,物美作为民营企业完全有资格申报2002年国债贴息技改项目,一审判决认定的张文中"在物美集团为民企,以其名义进行申报国债贴息资金不得获批的情况下,隐瞒真相,以物美集团是国有诚通公司下属企业的名义,编制虚假材料向国家申报项目国债贴息资金",无视本案最关键的事实;申报国债贴息项目纯属物美单位行为,而不是张文中个人行为,更不是个人诈骗行为。一审判决违背本案基本事实,违反《刑

法》及有关司法解释的规定,错误地认定上诉人张文中个人犯诈骗罪。

一审判决对辩护人在一审过程中所作的有理有据的分析和辩护未予采纳,作出上诉人张文中的涉案行为构成诈骗罪的错误认定,明显违背本案基本事实,违反相关法律规定。其错误体现在以下七个方面:

(一)根据当时广为人知的国家2002年国债技改贴息对各所有制企业一视同仁的政策精神、原国家经贸委的文件以及除物美外至少有六家民营企业获得国债贴息资金的实际审批结果,民营企业完全有资格申报国债贴息资金,物美符合申报2002年国债贴息资金条件。一审判决无视基本事实,错误地认定物美作为民营企业不属于国债贴息资金支持的范围,从而得出了物美"冒充国企"申报国债贴息资金等一系列错误结论。

一审判决认定物美作为民营企业不属于国债贴息资金支持范围所依靠的主要证据是:(1)原国家经贸委等部门下发的文件。这些文件主要包括原国家经贸委等四部门发布的"国经贸投资〔1999〕886号"《关于印发〈国家重点技术改造项目管理办法〉和〈国家重点技术改造项目国债专项资金管理办法〉的通知》,原国家经贸委投资与规划司于2002年2月27日下发的"投资〔2002〕075号"《关于组织申报2002年国债技术改造项目的通知》。(2)被告人张文中、张伟春在侦查阶段的讯问笔录。(3)原国家经贸委工作人员李某1、李某2、门某的证言。一审判决认为,根据原国家经贸委的有关文件,张文中、张伟春的讯问笔录以及李某1、李某2的证言,国家重点技术改造项目以加快国有企业技术进步和产业升级为目标;国家重点技术改造项目选择的企业仅是国有大型企业和国有控股大型企业。2002年国家重点技术改造项目也是按照上述范围选择的。因此,民营企业不属于国债技改贴息资金支持的范围,物美作为民营企业,以其名义申报国债技改贴息资金不可能得到批准。张文中对此明知,却隐瞒真相,决定以物美是国有诚通公司下属企业的名义进行申报,即冒充国企进行申报。(见一审判决书第36页)

辩护人认为,一审判决的上述认定,既与一审法院自己采信的证据不符,也与其他更确实、充分的证据能够证明的事实不符,现有证据不但不能证明物美没有资格申报2002年国债技改贴息资金,反而能够充分证明物美完全有资格申报。一审判决认定物美作为民营企业,以其名义申报国债技改贴息资金不可能得到批准,并由此得出了物美"冒充国企"申报国债贴息资金等一系列错误结论,违背事实,因而是完全错误的。

1. 2001年11月国家重要新闻媒体先后公开宣布,2002年的国债技改贴息将对各种所有制企业一视同仁;破除企业所有制界线在2001年已经纳入原国家经贸委2002年国债技术改造工作范围。一审判决认定物美作为民营企业不属于国债技改贴息资金支持的范围与上述事实不符。

(1)2001年11月国家重要媒体先后公开宣布,2002年的国债技改贴息将对各种所有制企业一视同仁。

2001年,我国正式加入WTO。WTO的基本规则要求对各种经济性质的企业一视同仁。在这样的背景下,2001年11月国债技改宣传新闻通气会公开宣布:"从明年起,将按照我国加入世贸组织和构建有中国特色的公开财政框架的总体要求,调整国债技改投向和重点、改革完善管理办法,并按照国际惯例,改革国债贴息办法,在国家规定的范围、专题内,项目进行银企双向选择,各种所有制企业均实行国民待遇。"这一政策通过国家主要新闻媒体得到广泛传播(见新华网2001年11月16日消息:《迎接入世 国债支持技改政策将向国际规则靠拢》;另见中国新闻网2001年11月16日消息:《明年中国国债技改贴息将对各所有制一视同仁》;东方网2001年11月16日消息:《明年国债技改贴息将对各所有制一视同仁》;2001年11月12日《人民日报》第5版报道:《国家经贸委 文件都上网 不问所有制》)。而有关领导同志的讲话内容实际上就是当时国家经贸委经过深思熟虑后出台的国债技改项目政策[见《国家经贸委大事记》(2001年)第156页]。

就在关于2002年国债贴息政策宣布后三天,时任国家经贸委投资与规划司有关领导接受了《中国新闻社》和《中国经济时报》记者的专访,强调“随着中国加入世贸组织,向 WTO 规则靠拢,按其规则办事已成必然和必需。在国债技改项目上的国民待遇,是指不同所有制的企业,包括合资企业、股份制企业、民营企业及国有企业,在政策取向上一致,其具体表现主要在于项目的审查与实施方面”。(见国务院发展研究中心信息网 2001 年 11 月 19 日报道:《入世后国债技改贴息如何惠及四方?》)原经贸委投资与规划司是具体负责制定国债技改贴息政策、审查申报项目以及下达计划的部门,有关领导其答记者问显然是具有很高的权威的。

需要指出的是,关于 2002 年国债技改贴息政策的表态,是原国家经贸委经过精心准备,并同新华社、中新社、人民日报等国内重点新闻单位共同落实后确定的[见《国家经贸委大事记》(2001 年)第 156 页],与党的十五届三中全会制定的有关发展民营企业的方针政策是完全一致的,是党的大政方针在国债贴息领域的具体化。可见,对各种所有制企业一视同仁是 2002 年国债技改贴息政策。

(2)破除企业所有制界线在 2001 年已经纳入原国家经贸委 2002 年国债技术改造工作范围。

在 2001 年《国家经贸委 2002 年技术改造工作的初步设想》中,原国家经贸委已经明确提出在国债技改中要“根据形势变化修订发布第三批‘双高一优’导向计划,破除企业所有制界线,鼓励符合导向的企业的技术改造,在政策上一视同仁”。(见国家经贸委主办《中国经贸导刊》2001 年第 23 期第 17 页)可见,破除企业所有制界线在 2001 年已经纳入原国家经贸委 2002 年国债技术改造工作范围。

(3)早在 2000 年,李荣融同志就已经表示国债技改贴息将面向非公经济。

事实上,早在 2000 年 7 月,国家经贸委就已经表示,技术改造的国债贴息政策范围要拓宽,要面向所有的企业(见国研网 2000 年 7 月 11 日消息:《李荣融:技改国债贴息将面向非公经济》)。

由上可见,早在 2000 年,国家就已经确立了允许民营企业申报国债技改贴息的政策。至少在 2001 年 11 月,国家就已经确定了 2002 年的国债技改贴息面向包括民营企业在内的各种所有制企业的政策。一审判决认为民营企业不属于2002年国债贴息资金支持的范围,物美以其名义申报国债贴息资金不可能得到批准,完全违背了当时国家关于国债技改贴息的政策以及党的大政方针,是十分错误的。

2. 原国家经贸委的有关文件不但没有禁止民营企业申报2002年国债贴息技术改造项目,允许民营企业申报,而且对物美申报的以促进产业升级为目标的物流项目更是不分企业所有制性质,一视同仁。一审判决认定物美作为民营企业不属于国债贴息资金支持范围,完全违背了原国家经贸委有关文件的规定。

一审判决据以认定物美作为民营企业不属于国债贴息资金支持范围的最重要的证据,是原国家经贸委的"国经贸投资〔1999〕886号"文件。一审判决认为,原国家经贸委等四部门发布的"国经贸投资〔1999〕886号"《关于印发〈国家重点技术改造项目管理办法〉和〈国家重点技术改造项目国债专项资金管理办法〉的通知》及其附件(以下简称"国经贸投资〔1999〕886号"《通知》)记载,国家重点技术改造项目的确定,以加快国有企业技术进步和产业升级为目标;国家重点技术改造项目的企业选择,重点从512户重点企业、120户试点企业集团和行业骨干企业中选择领导班子强、管理好、银行信用等级高的国有大型企业和国有控股大型企业(见一审判决书第30页)。一审判决根据上述文件内容,认定只有国有大型企业和国有控股大型企业才有资格申报2002年国债贴息技术改造项目,而物美作为民营企业没有资格申报(见一审判决书第36页)。一审判决的上述认定,既不符合"国经贸投资〔1999〕886号"《通知》的规定,也没有遵守2001年11月国家经贸委强调的2002年国债技改贴息对各种所有制企业一视同仁的政策,更是完全违背了原国家经贸委"投资〔2002〕075号"《关于组织申报2002年国债技术改造项目的通知》及其附件的规定,属于孤立、僵化、以偏概全地看待国债技改贴息问题,因而是完全错误的。

(1)一审判决错误地理解了"国经贸投资〔1999〕886号"《通知》的内容及其作用。

在一审判决看来,“国经贸投资〔1999〕886号”《通知》已经将民营企业排除在申报国债贴息技改项目的主体范围之外。这一理解是错误的。“国经贸投资〔1999〕886号”《通知》中的《国家重点技术改造项目管理办法》只是强调国家重点技术改造项目的确定,是以加快国有企业技术进步和产业升级为目标,并没有规定不得将民营企业的项目列为国家重点技术改造项目。对于国家重点技术改造项目的企业选择,该通知也只是规定重点从512户重点企业、120户试点企业集团和行业骨干企业中选择国有大型企业和国有控股大型企业,并没有说只能从这些企业中选择。这就为民营企业留了一席之地。根据李荣融同志的介绍,1999年和2000年国家将一半以上的技改项目交由520户国家重点企业和120户企业集团承担(见中国新闻网2001年11月16日消息:《明年中国国债技改贴息将对各所有制一视同仁》)。这说明并非所有国债技改贴息都给了国有企业。当某一行业位列国债贴息支持范围,而该行业又缺乏符合条件的国有企业时,民营企业便自然成为国债技改贴息支持的对象。因此,即使根据原国家经贸委“国经贸投资〔1999〕886号”《通知》,也不能得出民营企业没有资格申报国债技改贴息的结论。一审判决对该文件内容的理解是错误的。

更为重要的是,2001年,我国经济形势发生了重大变化,国企三年改革与脱困目标实现,中国正式加入WTO。在此背景下,自2002年起,国债支持技改政策也相应作出了重大调整,由重点支持国企改为向国际规则靠拢,对各种所有制企业均实行国民待遇(见中国新闻网2001年11月16日消息:《明年中国国债技改贴息将对各所有制一视同仁》)。且不说“国经贸投资〔1999〕886号”《通知》本来就没有将民营企业排除在申报国债贴息技改项目的主体范围之外,退一步说,即使该通知存在这方面的规定,也已经随着2001年国债技改贴息政策的转变而不再适用,而应当按照国家新的政策和文件规定来组织国债贴息技改项目的申报。可见,一审判决无视当时国家对国债技改贴息政策已经作出的重大调整,也无视原国家经贸委专门针对申报2002年国债技改项目而发布的文件,孤立、僵化、片面地抓住“国经贸投资〔1999〕

886号"《通知》中的只言片语，进而断章取义地认定民营企业没有资格申报2002年国债贴息技改项目，以偏概全，显然是完全错误的。

（2）一审判决回避对确定申报2002年国债贴息技改项目主体范围具有决定性作用的原国家经贸委"投资〔2002〕075号"文件的内容。

为了抓好2002年国债技术改造项目的组织申报工作，原国家经贸委投资与规划司于2002年2月27日下发了"投资〔2002〕075号"《关于组织申报2002年国债技术改造项目的通知》（以下简称"投资〔2002〕075号"《通知》）。相比较而言，前述"国经贸投资〔1999〕886号"《通知》只是针对国家重点技术改造项目所做的原则性规定，并且是在1999年9月印发的，而"投资〔2002〕075号"《通知》则是专门针对2002年国债技改项目申报工作而发布的特别规定，而且如前所述，在2001年，由于国企三年改革与脱困目标已经实现，中国正式加入WTO，国债技改贴息政策作出了重要调整，发生了重大变化。因此，对确定申报2002年国债贴息技改项目主体范围具有关键性作用的，是"投资〔2002〕075号"《通知》；据以确定2002年国债技改贴息资金支持范围的文件，也只能是"投资〔2002〕075号"《通知》及其附件。也就是说，对认定物美是否有资格申报2002年国债贴息技改项目具有决定性作用的，是原国家经贸委"投资〔2002〕075号"《通知》。"国经贸投资〔1999〕886号"《通知》由于本身不明确、不具体、不详细、不具有针对性，并且与已经作出重大调整的国债技改贴息政策不符，显然不能直接用来确定2002年国债技改贴息资金支持的范围。可是，一审判决回避"投资〔2002〕075号"《通知》的内容，抓住"国经贸投资〔1999〕886号"《通知》的只言片语不放，只字不提"投资〔2002〕075号"《通知》对申报国债贴息技改项目的规定及其含义。这显然是不客观、不公正、不符合国家政策和党的大政方针的，由此得出的结论也难免是错误的。

（3）原国家经贸委"投资〔2002〕075号"《通知》不但没有排斥民营企业申报国债贴息技改项目，而且对以促进产业升级为目标的项目采取的是对各种所有制企业一视同仁的态度，物美申报的项目恰好属于促进产业升级的范围，因而完全有资格申报。

仔细阅读原国家经贸委“投资〔2002〕075号”《通知》的内容就能发现：第一，该通知在整体上没有对民营企业和国营企业申报国债贴息项目进行区别对待；第二，对于“促进产业升级”的项目，该通知对民营企业和国营企业同样未作任何区别对待，不但不禁止民营企业申报，而且对民营企业连歧视都不存在；第三，该通知虽然对部分项目规定“重点支持国有和国有控股的大型骨干企业”，或“充分支持国有大中型煤炭企业安全设施的更新改造”等，但也未排斥民营企业申报。显然，“投资〔2002〕075号”《通知》既没有明文规定民营企业不得申报2002年国债技改项目，也没有暗含任何2002年国债技改项目只能由国有企业或者国有控股企业申报的内容，而且，对于以“促进产业升级”为目标的项目，“投资〔2002〕075号”《通知》完全没有区分企业性质，只要求“用高新技术和先进适用技术改造重点产业和骨干企业，实现产业升级”（见“投资〔2002〕075号”《通知》第1页）。这与2001年11月原国家经贸委强调的2002年国债技改贴息对各种所有制企业一视同仁的政策是完全一致的。显然，如果认真审阅“投资〔2002〕075号”《通知》的内容，同时考虑到该通知是在原国家经贸委关于“中国国债技改贴息将对各种所有制企业一视同仁”的政策广为传播之后制定并发布的，其内容绝不可能和原国家经贸委的政策对立，就可以十分清楚地得出结论：民营企业完全有资格申报2002年国债贴息资金；对以“促进产业升级”为目标的申报项目，“投资〔2002〕075号”《通知》采取的是对不同所有制企业一视同仁的态度。对该通知为什么允许民营企业申报国债贴息资金，原国家经贸委相关司局负责人还作出了另一番务实的解释，他说，“随着国债贴息范围的扩大，出现了一些新的问题，如有些行业的优势企业不一定都是国有企业，也有的是民营企业、股份制企业等”；“针对这些情况经请示领导，从2002年开始，国债贴息资金的支持范围在企业类型上有所松动，开始扩展到民营企业、股份制企业等其他所有制的优势企业”（见甘某同志2009年2月9日《关于物美申请2002年国债技术改造项目相关情况的说明》第1页）。然而，一审判决不顾上述事实，也不顾“投资〔2002〕075号”《通知》的规定，得出2002

年国债贴息资金只支持国有企业，民营企业不属于其支持范围的相反结论，其错误是显而易见的。

物美2002年申报并获立项的项目是“物流中心及连锁经营信息化项目”，按目标划分，属于“促进产业升级”的范围。具体表现在：第一，在物美向诚通公司提交的报送项目可行性研究报告的报告中，清楚地写明了物美所申报的信息现代化建设国债贴息技改项目的主要内容是“通过改造各种业态店铺和总部计算机硬件以及对其软件系统的升级改造，完善和建立”新的系统，第三方物流改扩建项目的主要内容是“通过对物流中心本身系统升级改造，提高配送效率，使其达到国际水平”（见物美2002年10月18日“物美集团字〔2002〕第21号”《关于报送北京物美商业集团有限公司国债技改项目可行性研究报告的报告》第3页、第4页）。第二，原国家经贸委投资与规划司司长甘某同志在回答全国工商联同志的咨询时，明确说到2002年流通企业所申报的项目属于“促进流通产业的升级”的范围（见甘某同志2009年2月9日《关于物美申请2002年国债技术改造项目相关情况的说明》第2页）。甘某同志作为当时主管国债贴息技改项目审批工作的领导，其证言显然具有极高的证明力。而物美当时已经是在全国处于领先地位的优秀流通企业，其申报的项目无疑属于“促进产业升级”的范围。

显然，对照“投资〔2002〕075号”《通知》可以看到，该通知对物美申报的这类以促进产业升级为内容的项目，是不分企业性质，只看企业实力，对各种所有制企业完全一视同仁进行审批的。因此，物美作为民营企业完全有资格申报2002年国债贴息技改项目。一审判决完全无视“投资〔2002〕075号”《通知》的明文规定，在该通知不但没有禁止民营企业申报国债贴息技改项目，而且对物美所申报的项目在所有制性质方面一视同仁的情况下，认定物美作为民营企业申报2002年国债贴息技改项目不能得到批准，显属错误。

（4）2002年10月16日，原国家经济贸易委员会《“十五”商品流通行业结构调整规划纲要》等国家政策性文件再次明确了对商品流通领域的非公有制经济的支持、鼓励和平等保护政策（见原国家经贸委

2002年10月16日以“国经贸贸易〔2002〕773号”文发布的《“十五”商品流通行业结构调整规划纲要》第四(二)(四)项以及第五(三)项内容)。

从上述四个方面可以清楚地得出结论:根据原国家经贸委的有关文件,不但不能得出物美作为民营企业,以其名义申报国债贴息资金不能获得批准的结论,相反,民营企业是完全有资格申报2002年国债贴息资金的。对于物美申报的以促进流通业的产业升级为目标的物流中心及连锁经营信息化项目,原国家经贸委的“投资〔2002〕075号”《通知》更是完全贯彻了李荣融主任此前公开宣布的国债技改贴息政策,对不同所有制企业没有作任何区别对待,完全一视同仁。一审判决认为根据国家经贸委有关文件的规定,国家重点技术改造项目(亦即国债技术改造项目)选择的企业只能是国有大型企业和国有控股大型企业,民营企业不属于国债贴息资金支持范围,是对“国经贸投资〔1999〕886号”《通知》内容的错误理解,也是对当时的国债技改贴息政策的违背,更是对“投资〔2002〕075号”《通知》的违反,是错误的。

3. 2002年前,非国有经济已占全国消费品零售总额的80%以上,许多非国有企业进入全国零售、餐饮业连锁三十强,物美当年排名第12位,完全符合申报2002年国债贴息资金的条件。一审判决错误地认定物美作为民营企业不属于国债贴息资金支持的范围。

仔细分析“投资〔2002〕075号”《通知》的内容就能够看出,国债技改项目的选择不是以企业性质为标准,而是以行业和企业自身条件为标准。该通知附件一对2002年国债技术改造分行业投资重点作出了具体规定,其中的第十个重点行业是流通业,该行业改造重点是流通企业现代化,具体内容是选择一批实力较强的大型连锁企业和物资流通运输等传统物流企业,围绕信息化管理、仓储设施、经营规模等进行改造,目标是培育5~10家初步具有国际竞争力的大型连锁企业集团(见“投资〔2002〕075号”《通知》附件一第6~7页)。根据附件一的上述规定,再结合2002年整个商品流通领域以及物美自身的发展状况来看,物美无疑是完全符合申报2002年国债贴息技术改造项目条件的。

这是因为:

第一,2002年前,非国有经济已占全国消费品零售总额的80%以上,许多非国有企业进入全国零售、餐饮业连锁三十强,决定了非国有商品流通企业有资格申报2002年国债贴息资金。在2002年的商品流通领域,经过多年实施“国退民进”政策,民营企业已经成为主角。据原国家经贸委主任李荣融介绍,1999年,非国有经济已占全社会消费品零售总额的81.8%(见全国推进流通现代化工作现场会会议文件之李荣融报告《开拓创新 锐意进取 扎实推进我国流通现代化》第2页),到2002年,这一数字进一步增大。当时排名靠前的流通企业大多数是非国有企业(见原国家经贸委贸易市场局改革指导处2003年2月18日发布的《2002年全国前30名零售、餐饮业连锁企业经营情况统计表》)。亦即在商品流通业领域,当时民营企业已经成为主角。在这样的背景下,国家将商品流通业作为2002年国债投资重点行业之一,具体内容又是选择一批实力较强的大型连锁企业等传统流通企业进行改造,就必然允许商品流通领域的非国有企业申报,否则就难以选择到符合要求的企业。可见,按照当时商品流通业的发展状况以及当时文件规定的流通企业申报国债贴息的条件,不可能排斥非国有企业申报国债贴息资金。因此,国家将商品流通业作为2002年国债投资重点行业之一,实际上就是将该领域的民营企业与国有企业一视同仁地纳入了国债贴息资金支持的范围。

第二,2002年物美排名全国第12位完全有资格申报国债贴息资金。2002年,物美在商品流通领域的排名已经靠前(见原国家经贸委贸易市场局改革指导处2003年2月18日发布的《2002年全国前30名零售、餐饮业连锁企业经营情况统计表》),它是最符合申报2002年国债贴息项目条件的企业之一,因而在流通领域完全有资格申报国债贴息项目。

4. 原国家经贸委对2002年国债贴息申报项目除物美外至少有六家民营企业获得国债贴息资金的最终审批结果,进一步证明物美作为民营企业完全有资格申报2002年国债贴息资金。一审判决不顾事实,认为最终审批结果与物美作为民营企业是否有资格申报2002年国债贴息资金无关。

从原国家经贸委2003年3月17日下发的《2003年第二批国债专项资金国家重点技术改造项目投资计划表》(2002年申报)可以看到,在与物美同时取得该期国债贴息资金支持的企业中,江苏盐城丰东热处理有限公司、黑龙江圣泰制药有限公司、浙江美欣达印染股份有限公司、浙江恒逸集团有限公司、横店集团控股有限公司、天津宝迪农业科技股份有限公司六家企业名列其中,而辩护人提交的该六家企业的工商登记资料或者其他资料明确显示,它们均属于名副其实的民营企业(非国有企业)。这充分印证了国家经贸委公开宣布的“从明年(2002年)起,国债支持技改政策将向国际规则靠拢。……对各种所有制企业均实行国民待遇”的政策,得到了有效落实。而且,在物美所在的第八批国债专项资金项目下达之前,也已经有民营企业内蒙古奈伦集团有限责任公司申报的项目名列第七批国债专项资金项目中[见原国家经贸委、国家计委2002年6月13日发布的“国经贸投资〔2002〕408号”《关于下达2002年国家重点技术改造项目计划(第七批国债专项资金项目)的通知》及其附件]。上述事实再清楚不过地证明,民营企业并没有被排除在申报2002年国债贴息技改项目范围之外,而是完全有资格申报的,并且事实上也有多家民营企业成功地申报到了项目。然而,一审判决面对确凿的事实,却回避问题,认为上述民营企业如何申报项目获得批准,不影响上诉人张文中、张伟春虚构物美是国有诚通公司下属企业、用虚假材料编制项目报告、未按规定实施申报获批项目及使用该国债贴息资金和专项贷款的事实认定(见一审判决书第37页)。实际情况是,一审判决不顾有六家民营企业与物美一同获得了2002年国债贴息资金这一事实,以及该事实能够充分说明民营企业完全有资格申报2002年国债贴息技术改造项目的事实,依旧认定物美作为民营企业申报国债贴息项目不能获得批准。可见,明明辩护人提交的上述证据是用来证明并且足以证明物美有资格申报2002年国债贴息项目和资金,而不是用来证明其他事实的,一审判决却以这些证据不能证明其他事实为理由,将这些证据予以否定,如此判决有混淆事实、扰乱视听之嫌,不能成立,也难以服人。

5. 原国家经贸委某些工作人员的证言进一步印证了民营企业有资格申报国债贴息资金,一审判决却不可思议地运用这些证据来证明物美作为民营企业不属于国债贴息资金支持的范围。

一审判决认为物美作为民营企业不属于国债贴息资金支持的范围所依靠的另一组重要证据,是原国家经贸委投资与规划司的工作人员李某1处长、李某2副司长的证言(见一审判决书第26~27页)。二人均为甘某司长的直接下属,他们对前述国家经贸委的政策(见本辩护词第3~4页)不可能不知道,更不可能对2002年国债贴息政策产生错误认识。事实上,他们在证言中也没有说有关文件规定民营企业没有资格申报2002年国债贴息资金。仔细分析此二人的证言以及其他原国家经贸委工作人员的证言就能发现,它们不但不能证明物美作为民营企业不属于国债贴息资金支持的范围,反而能够印证原国家经贸委的有关文件并没有排除民营企业有资格申报国债技改项目和获得国债贴息资金,有关的领导指示的内容也不是民营企业申报项目不予批准。

(1)原国家经贸委从未表示过有关文件规定民营企业没有资格申报2002年国债贴息资金;有关负责人更是清楚地指出,民营企业有资格申报2002年国债贴息资金。

证人李某1、李某2都是2002年国债技改项目的审批人(见李某1询问笔录2007年1月26日第2页,李某2询问笔录2007年1月26日第2页),显然,他们二人是最清楚“投资〔2002〕075号”《通知》是否将民营企业排除在了国债贴息资金申报主体之外的。然而,在李某1、李某2的证言中,根本没有提到原国家经贸委的文件对民营企业申报国债技改项目的态度,这实际上意味着他们也认为有关文件并没有规定民营企业不属于国债贴息资金支持的范围。这与原国家经贸委的其他工作人员的看法是完全一致的。事实上,在公诉机关以及辩护人调查获取的原国家经贸委工作人员的所有证言中,没有一份说过当时的有关文件将民营企业排除在申请国债贴息资金的主体范围之外。例如,证人郝某1(原国家经贸委投资与规划司助理巡视员)证明:“文件上没有明确规定民营企业与国有企业是否有区别”(见郝某1询问笔录2007年1月23日第3页)。证人丁某(原国家经贸委投资与规划司投资处助理调研员)证明:“我们司里对于民营企业是否符合申报条件没有下过明确的文件”(见丁某询问笔录2007年1月25日第3页)。证人门某(原国家经贸委贸易市场局助理巡视员)证明,国家没有禁止国债贴息资金支持民营企业(见张伟春的辩护人2008年9月16日调查门某笔录第1~2页)。这说明当时的国家文件以及原国家经贸委内部均没有禁止国债贴息资金支持民营企业。而且,国家经贸委有关领导关于国债技改贴息“对各种所有制企业均实行国民待遇”的公开讲话,是原国家经贸委2002年什么样的企业能够申报国债贴息项目的最明确、最准确、传播最广泛的表述。从这些对原国家经贸委的有关文件内容和精神把握得最为清楚和透彻的证人证言可以清楚地看到,原国家经贸委“投资〔2002〕075号”《通知》根本没有将民营企业排除在申报国债贴息资金主体范围之外,也没有任何其他政府文件规定民营企业没有资格申报国债贴息资金。

(2)李某2、李某1在证言中提到的领导指示,至多只是要求剔除不符合要求的“中外合资企业”和“私营企业”申报的项目,绝没有不允许它们申报或者要剔除它们申报的所有项目的意思,更不涉及物美这类“其他有限责任公司”。

在李某2、李某1的证言中,提到一个所谓领导指示,说该领导指示内容是国债贴息资金不支持民营企业(见李某2询问笔录2007年1月26日第3页)或者要剔除民营企业和合资企业为主体的申报项目(见李某1询问笔录2007年1月26日第3页)。然而,结合有关书证来看,李某2、李某1的上述说法显然是不能成立的,该领导指示的内容既与物美没有任何关系,且也绝不是民营企业申报国债贴息项目不予审批,或者是要剔除所有民营企业和合资企业为主体申报的项目。

其一,从原国家经贸委投资与规划司的有关请示来看,该领导指示并不是要剔除所有“中外合资企业”和“私营企业”申报的国债贴息项目。仔细分析投资与规划司的请示,可以看到他们根据领导指示只是剔除了8个"中外合资企业"和"私营企业"申报的项目,而没有剔除所有的"中外合资企业"和"私营企业"申报的项目。而且,剔除的原因是这些企业申报的项目不符合要求。这意味着,它们并非完全是因为属于"中外合资企业"和"私营企业"所申报的项目而被剔除,而主要是因为不符合文件规定的申报条件而被剔除。也就是说,该领导指示的内容并不是要剔除所有"中外合资企业"和"私营企业"申报的项目,那些符合要求的"中外合资企业"和"私营企业"申报的项目还是能够得到批准的。

其二,从原国家经贸委投资与规划司的有关请示来看,对于"中外合资企业"和"私营企业"之外的其他非国有企业申报的项目,该领导指示不但没有说要剔除,而且没有说要与国有企业申报的项目区别对待。

显然,从原国家经贸委投资与规划司的有关请示来看,对于"中外合资企业"和"私营企业"之外的其他非国有企业申报的项目,该领导指示并没有涉及。也就是说,该领导指示不但没有说要剔除"中外合资企业"和"私营企业"之外的其他非国有企业申报的项目,而且没有说要对这些企业申报的项目与国有企业申报的项目区别对待。因此,物美这类"中外合资企业"和"私营企业"之外的其他非国有企业申报的项目,显然不在"剔除"活动的考虑范围之内。

其三,更为关键的是,即便是在签报中提及的领导指示作出以后,除物美之外,也仍然有六家民营企业的项目得到了批准。这就充分说明,当时的领导指示的内容绝不是所有中外合资企业和私营企业申报的项目均不予审批,更不是所有非国有企业申报的项目都不予审批,否则,至少另外六家民营企业也应当被剔除。

(3)原国家经贸委投资与规划司的有关请示的内容进一步证明,原国家经贸委的有关文件是完全允许民营企业申报国债贴息资金的。

如前所述,2002年6月24日原国家经贸委投资与规划司的"关于下达第八批国债技改项目计划的请示"记载,原国家经贸委根据领导指示精神,剔除了8个不符合要求的中外合资企业和私营企业的项目。这一事实不但不能证明有领导指示不批准民营企业申报的国债贴息项目，而且进一步证明，根据原国家经贸委的有关文件规定，民营企业完全有资格申报国债贴息资金。这是因为，之前这 8 个最终被剔除的中外合资企业和私营企业的项目之所以能够申报上来，显然是因为企业本身以及有关审批人员都认为，根据原国家经贸委的有关文件规定，中外合资企业和私营企业都有资格申报国债技改项目，否则早在此前的审批中就应将这些企业剔除，而不会等到出现该领导指示的时候才将这些企业剔除。能够从已经申报到国家经贸委的项目中“剔除 8 个不符合要求的中外合资和私营企业项目”，充分说明原国家经贸委的有关文件没有禁止包括中外合资企业和私营企业在内的民营企业申报 2002 年国债贴息项目，而是允许民营企业申报，否则就不可能有这么多中外合资企业和私营企业的项目层层上报到原国家经贸委，并且在原国家经贸委负责审批的官员那里获得通过，直到领导作出指示后，才根据领导指示的精神被剔除。而且事实上，项目最终获得审批的江苏盐城丰东热处理有限公司就是一家中外合资企业。也就是说，即便是在领导指示作出后，也并非所有的中外合资企业和私营企业申报的项目都被剔除了。

可见，根据 2002 年 6 月 24 日经贸委投资与规划司的“关于下达第八批国债技改项目计划的请示”的内容以及对 2002 年国债贴息申报项目的实际审批结果，李某 2、李某 1 的证言中提到的领导指示的内容绝非私营企业和合资企业申报项目不予批准，最多只是控制得更严格一些，但包括中外合资企业和私营企业在内的民营企业仍然有资格申报。

由上述分析可知，2001 年 11 月，时任国家经贸委有关领导在公开讲话中就已经明确宣布，从 2002 年起，国债贴息政策就要“对各种所有制企业实行国民待遇”；一审判决用以证明物美作为民营企业不属于国债贴息资金支持范围的原国家经贸委“国经贸投资〔1999〕886 号”《通知》，并没有将民营企业排除在申报国债技改项目的主体之外；原国家经贸委“投资〔2002〕075 号”《通知》对物美所申报的国债贴息技改项目，采取的是对不同所有制企业完全一视同仁的态度；根据原国家经贸委“投资〔2002〕075 号”《通知》附件一的有关内容并结合物美当时的自身条件，物美完全有资格申报2002年国债贴息资金；一审判决所采信的证据不但不能证明存在所谓的民营企业申报国债贴息资金不予批准的领导指示，不能证明民营企业申报国债贴息资金不能获得批准，反而证明原国家经贸委的文件没有将民营企业排除在申报国债贴息资金的主体范围之外，而是允许民营企业申报。根据这些证据，再结合除物美外还有六家民营企业获得国债贴息资金支持这一铁的事实，可以得出的结论是，物美作为民营企业完全有资格申报国债贴息资金，也完全符合申请国债贴息条件。一审判决无视除物美外还有六家民营企业成功申报到了2002年国债贴息项目的事实，错误理解原国家经贸委文件或者故意遗漏对认定物美是否有资格申报国债贴息项目具有决定性作用的原国家经贸委文件，错误运用证人证言，强行作出"物美作为民营企业不属于国债贴息资金支持范围"这一明显违背基本事实、国家文件、国家政策以及党的大政方针的认定，显然是错误的。

（二）一审判决未采纳本案中申报国债贴息技改项目资金完全是物美的单位行为这一最基本的事实，错误地将物美的单位行为认定为张文中的个人行为，更错误地以诈骗罪追究张文中的刑事责任。

辩护人在一审庭审以及一审辩护词中，以确实、充分的证据证明，申报2002年国债贴息资金，完全是物美的单位行为，而不是张文中的个人行为，进而指出，根据我国《刑法》规定的罪刑法定原则和最高人民法院于2001年1月21日发布的《全国法院审理金融犯罪案件工作座谈会纪要》的规定，不能以《刑法》并未规定单位犯罪的诈骗罪追究张文中个人的刑事责任（见一审辩护词第19～23页）。从一审判决书所引用的证据和描述的事实，也可以清楚地得出申报国债贴息资金是物美的单位行为的结论。然而，一审判决面对这样清楚的事实，还是作出了涉案行为是张文中的个人行为，其行为构成诈骗罪的认定；并在没有阐明任何理由的情况下，认为张文中是在个人实施诈骗犯罪后，再将犯罪所得处置给单位，因而不影响其个人诈骗犯罪的成立（见一审判决书第38页）。一审判决如此不顾事实、无视法律的规定，显然是不能成立的。

1. 申报2002年国债贴息技改项目，通过诚通公司申报项目，将申报项目拆分为第三方物流改扩建和信息现代化建设两个项目，以及异地实施物流改扩建项目均是由物美高层集体决定的。

对于物美申报2002年国债贴息技改项目的决策过程，一审判决是这样认定的："2002年年初，被告人张文中得知国家对重点企业、重点项目实行国债贴息补贴政策，遂与被告人张伟春、公司副总裁张某1等人商议此事，并委派张伟春到国家经贸委等部门进行了咨询。在得知该批国债贴息资金主要用于支持国有企业技术改造项目，物美集团作为民营企业不属于国债贴息资金支持范围的情况下，张文中与张伟春商量后决定以诚通公司下属企业的名义进行申报。"（见一审判决书第23页）这一认定先是含糊其辞，对究竟是单位集体决定还是张文中个人委派张伟春到国家经贸委等部门进行咨询不置可否，后又认定是张文中个人决定物美以诚通公司下属企业的名义进行申报。上述认定与事实严重不符，将物美单位行为错误地认定成了张文中个人行为。实际情况是，无论是指派张伟春负责项目申报事宜，还是决定通过诚通公司递交申报材料，都是物美的单位行为，而绝非张文中的个人行为。具体表现在：2002年年初，张文中参加全国推进流通工作现代化现场会时，得知国家将把流通业列入国债贴息项目予以支持，物美符合申报条件（见检察机关办案人员2007年10月9日讯问张文中笔录第11～12页）。回到物美后，张文中召开了公司高层会议。物美高管经讨论决定申报项目，其后形成了通过诚通公司申报项目的共识，并委派张伟春代表物美办理申报手续（见物美出具的《物美集团关于2002年决定申报国债技改项目相关背景及决策经过的说明》《物美集团关于2002年决定申报信息现代化建设和第三方物流改扩建项目的决策过程说明》《物美集团关于2002年通过诚通集团递交申报国债技改项目立项材料相关情况的说明》，律师2008年9月21日调查物美现任董事长吴某1笔录第1页，调查王某1笔录第1～2页，调查蒙某某笔录第1页；办案人员2006年12月2日询问张文中笔录第2页；一审庭审笔录第39、40、42、44页张文中、张伟春的当庭辩解）。后来，物美又专门召开董事会决议,决定申报信息现代化建设和第三方物流改扩建两个项目,通过诚通公司递交项目申报材料,并委派张伟春代表物美向诚通公司和国家经贸委汇报(见物美2002年9月28日董事会决议)。在经历物流园区整顿,通州物流园区用地条件改为"只售不租"后,物美高层只好决定将物流改扩建项目分散异地实施(物美2008年12月22日《物美集团自2002年以来实施"第三方物流改扩建项目"的简要说明》第4~5页)。上述事实充分说明,申报2002年国债贴息资金,通过诚通公司递交项目申报材料,以及将原申报的项目改为两个项目,以及异地实施物流改扩建项目都是由物美高层集体决定的,属于物美的单位行为。一审判决书将物美的相关单位行为认定为张文中的个人行为,显然对行为主体作出了错误的认定。

2. 有关国债贴息项目的申报活动也始终是以物美的名义进行的。

从物美申报2002年国债贴息项目的整个过程中提交的各种资料可以清楚地看到,整个申报活动都是以物美的名义实施的(见物美申报2002年第八期国债贴息项目呈报的"物美集团文件""诚通集团转报物美集团项目的文件"以及各种申报表),张文中除了主持召开物美高层会议讨论决定申报项目之外,并没有负责或者参与具体申报活动,根本不存在以张文中名义申报项目,当然更不存在一审判决所认定的"张文中个人诈骗国债贴息资金后再将犯罪所得处置给物美"的所谓事实。

3. 申报成功后获得的国债贴息资金也直接归属物美,并用于物美,没有分文落入张文中个人腰包。办案人员也正是从物美取走的3190万元。

在一审判决书中,一审法院清楚地认定,《中国建设银行进账单》、《转账支票存根、进账单、收货凭证》、北京物美商业集团有限公司关于2003年5月22日贷款5000万元的资料、《银行支付系统专用凭证》记载的内容证明:2003年11月7日物美通过诚通公司取得3190万元国债贴息资金,11月11日将该款用于归还物美于2003年5月22日在中国农业银行的5000万元贷款(见一审判决书第34页证据33)。上述证据已经证明，物美工作人员申报2002年国债贴息资金所获利益也直接归属物美，并用于物美，没有分文落入张文中个人腰包。这就更清楚地证明了根本不存在一审判决所认定的张文中将个人诈骗犯罪所得处置给物美的所谓事实。

以上证据和事实清楚地证明，一审判决认定张文中决策、张伟春组织物美工作人员申报2002年国债贴息技改项目资金，是张文中和张伟春的个人行为，是在个人实施诈骗犯罪后，再将犯罪所得处置给单位，不但与张文中、张伟春的讯问笔录及当庭辩解、物美出具的证词以及吴某1等人的证言不符，而且与其自己采信的书面证据能够证明的事实也是完全不符的，因而完全不能成立。申报2002年国债贴息技改项目资金，以及后来获得资金、使用资金，完全是物美的单位行为，而不是张文中的个人行为。

4. 尽管有充分的证据证明物美申报2002年国债贴息资金的行为不涉及诈骗，仍有必要指出，根据《刑法》以及最高人民法院有关司法解释的规定，对于单位实施的普通诈骗行为，不能以诈骗罪对单位定罪处罚，也不能以诈骗罪追究直接负责的主管人员和其他直接责任人员的刑事责任。

尽管有确实、充分的证据证明，民营企业完全有资格申报2002年国债贴息资金，物美符合申报2002年国债贴息资金的条件，且原国家经贸委负责国债贴息项目审批的官员清楚地知道物美是民营企业，因而物美无须也无法通过冒充国有企业来骗取国债贴息资金，本案中，上诉人张文中以及物美既不存在虚构事实、隐瞒真相，骗取国债贴息资金的行为，也不存在骗取国债贴息资金的故意，但仍有必要指出，根据我国《刑法》第3条以及第30条的规定，对于单位行为，只有法律规定为单位犯罪的，才能依法追究单位和相关责任人员的刑事责任。对于法律没有规定单位犯罪的单位实施的普通诈骗行为，不能以诈骗罪对单位定罪处罚，也不能以诈骗罪追究直接负责的主管人员和其他直接责任人员的刑事责任。

我国《刑法》于1997年修订后，对单位诈骗犯罪和个人诈骗犯罪作出了严格区分。因此,对于单位实施的诈骗行为,只有在《刑法》明文规定了处罚单位犯罪的情况下,才能追究有关单位和个人的刑事责任。最高人民法院在2001年1月21日发布的《全国法院审理金融犯罪案件工作座谈会纪要》中也重申了这一法治原则的要求。该纪要规定:"根据《刑法》第三十条和第一百九十三条的规定,单位不构成贷款诈骗罪。对于单位实施的贷款诈骗行为,不能以贷款诈骗罪定罪处罚,也不能以贷款诈骗罪追究直接负责的主管人员和其他直接责任人员的刑事责任。"根据《刑法》的相关规定以及纪要的上述规定的精神,可以清楚地得出结论:依据《刑法》第30条和第266条的规定,单位不能构成诈骗罪。对于单位实施的普通诈骗行为,不能以诈骗罪对单位定罪处罚,也不能以诈骗罪追究直接负责的主管人员和其他直接责任人员的刑事责任。显然,根据《刑法》以及最高人民法院有关纪要的规定,由于张文中的涉案行为属于典型的单位行为,无论其为物美申报国债贴息项目的行为是否存在诈骗的内容,均不能以诈骗罪追究其刑事责任(详见赵秉志、白加宁一审辩护词第20~23页)。

另外需要指出的是,虽然最高人民法院1998年4月8日通过、4月25日起施行的《关于审理拒不执行判决、裁定案件具体应用法律若干问题的解释》第4条规定,负有执行人民法院判决、裁定义务的单位直接负责的主管人员和其他直接责任人员,为了本单位的利益实施本解释第3条所列行为之一,造成特别严重后果的,对该主管人员和其他直接责任人员依照《刑法》第313条的规定,以拒不执行判决、裁定罪定罪处罚。但据此并不能得出对单位实施的普通诈骗行为可以以诈骗罪追究直接负责的主管人员和其他直接责任人员的刑事责任的结论。这是因为:第一,最高人民法院上述关于拒不执行判决、裁定的解释,并非对单位实施拒不执行判决、裁定行为如何处理的规定,而仍然是对个人拒不执行判决、裁定的行为如何处理的规定。这一点从该解释将行为主体限定为负有执行人民法院判决、裁定义务的单位直接负责的主管人员和其他直接责任人员就可以看出来。如果最高人民法院要处罚的是单位拒不执行判决、裁定行为,则应当并且只需直接规定单位拒不执行判决、裁定应当如何处理，而不应也无须将犯罪主体直接设置为个人。因此，不能根据该解释而得出对法无明文规定的单位危害行为，可以以犯罪直接追究个人刑事责任的结论。第二，最高人民法院上述关于拒不执行判决、裁定的解释是在1998年作出的，并且与本案差别很大；而《全国法院审理金融犯罪案件工作座谈会纪要》是在2001年1月21日发布的，并且有关规定与本案案情更具有关联性。因此，无论从发布时间上看，还是从具体内容来看，都应当根据最高人民法院在2001年1月21日发布的《全国法院审理金融犯罪案件工作座谈会纪要》的有关规定的精神来处理本案，而不能根据《关于审理拒不执行判决、裁定案件具体应用法律若干问题的解释》第4条的规定来处理本案。

一审法院在涉案的申报国债贴息行为明明属于单位行为的情况下，以我国《刑法》并未规定单位犯罪的诈骗罪追究被告人张文中个人的刑事责任，明显违背了我国刑法的罪刑法定原则，也与最高人民法院有关司法解释及法律性文件的规定相悖，在认定事实和适用法律上均明显错误。对于一审判决存在的这一错误，高铭暄教授等刑事法专家在关于本案的第二次专家论证法律意见书中已经明确指出（见高铭暄、陈光中、储槐植、樊崇义、周道鸾、张泗汉、陈兴良、黄京平八位我国著名刑事法专家于2008年10月19日出具的《关于张文中案一审判决的专家论证法律意见书》第11页）。辩护人恳请合议庭严格遵循以事实为根据，以法律为准绳的法治准则，坚决纠正一审判决这一明显错误。

（三）上诉人张文中从国家关于国债贴息项目对各种所有制企业一视同仁的政策精神、全国推进流通现代化工作现场会上已经清楚地知道物美符合申报国债贴息项目的条件；物美高层也基于这种认识而集体研究决定申报项目。一审判决仅凭控方多次讯问笔录中与前后其他各份完全不相符，因而不能成立的一份讯问笔录，便认定上诉人张文中明知物美没有资格申报国债贴息资金，仍然冒充国企进行申报，认定张文中个人诈骗，是完全错误的。

一审判决认定,2002年年初,被告人张文中得知国家对重点企业、重点项目实行国债贴息补贴政策,遂与被告人张伟春、公司副总裁张某1等人商议此事,并委派张伟春到国家经贸委等部门进行了咨询。在得知2002年国债贴息资金主要用于支持国有企业技术改造项目,物美作为民营企业不属于国债贴息资金支持的范围的情况下,与张伟春商量后决定以诚通公司(中央直属国有企业)下属企业的名义进行申报(见一审判决书第23页)。由此认定张文中明知物美没有资格申报国债贴息资金,仍然冒充国企进行申报。这一认定不但本身自相矛盾,而且违背了本案基本事实。首先,即使张伟春得知2002年国债贴息资金主要用于支持国有企业技术改造项目,他也肯定会认识到还存在国债贴息资金次要支持非国有企业的余地,不可能得出物美作为民营企业不属于国债贴息资金支持范围的结论,更不可能告诉张文中物美不属于国债贴息资金支持的范围。因此,一审判决的认定本身就是自相矛盾的。其次,如果一审判决能够客观公正而全面地审查现有证据,就能够清楚地得出结论:上诉人张文中是在确信物美完全符合申报国债贴息资金条件,并且可以通过诚通集团申报的情况下,才决定通过诚通公司递交申报材料,进行申报的,根本不存在明知物美没有资格申报国债贴息资金,仍然冒充国企进行申报的事实。

一审判决作出上述认定的最直接和主要的证据,是本案另一上诉人张伟春的一份讯问笔录(见一审判决书第24页)以及上诉人张文中本人的一份讯问笔录(见一审判决书第28页)。在张伟春原来的讯问笔录中,确实说过他通过咨询和查阅文件,得知“国债专项资金是针对国有企业进行系统改造所需资金而予以支持的,民营企业不属于被支持的范围”,并“如实向张文中作了汇报”(见张伟春讯问笔录2006年12月29日第3页、2007年1月11日第3~5页)。张文中本人也曾说过张伟春“感到物美不是国家重点支持企业,按规定程序申报不可行”(见张文中讯问笔录2007年1月18日第1页)。然而,二人的上述讯问笔录明显与其他大量证据所证明的事实不符,不能采信。

1. 早在2001年11月国家经贸委宣布从明年起国债贴息政策对各

种所有制企业一视同仁的时候,张文中和物美高层就已经形成了民营企业有资格申报2002年国债贴息技改项目的认识。

如前所述,2001年11月,“随着国企三年改革与脱困目标的实现以及中国正式加入WTO”,国家经贸委在国债技改宣传新闻通气会上公开发布:“从2002年起,国债技改项目政策将向国际规则靠拢,对各种所有制企业均实行国民待遇。”时任国家经贸委投资与规划司有关领导再次在答记者问中强调了这一政策。国家经贸委的相关政策经国家重要新闻媒体的广泛报道,已经广为人知。张文中作为中国民营经济界的领军企业家之一,对国家的民营企业政策十分关注。在上述背景下,张文中和物美高层在当时必然形成了民营企业有资格申报2002年国债贴息资金的认识,而不可能还会认为物美没有资格申报国债贴息资金。这一点张文中在二审庭审中也已经作出陈述。

2. 张文中在参加2002年1月在上海召开的全国推进流通现代化工作现场会时,清楚地得知2002年国债贴息资金将会支持商品流通业,并且认为物美完全符合得到支持的条件。

2002年1月,原国家经贸委又安排作为民营企业的物美在全国推进流通现代化工作现场会上作典型发言,张文中代表物美在发言中介绍了物美用新体制即民营体制改造原国有企业,安置5000多名国企职工等方面的经验。会上,国家经贸委宣布对流通产业先进企业实行国债贴息政策。张文中在会上亲耳聆听了领导讲话。根据李某1的证言,2002年年初上海流通现代化会议后,他们才向国务院有关部门提出流通现代化的专题,并专门向有关领导汇报,并将流通现代化和现代物流纳入国债支持的重点(见李某1询问笔录2007年1月26日第3页)。而正是在此次全国推进流通现代化工作现场会上,强调要扶持大型流通企业,并且对所有企业一视同仁,实行“国民待遇”。上诉人张文中正是在这次会议上得知国家将从2002年开始,对流通企业实行国债贴息。从上海返回北京后,张文中专门召开了会议,将此信息告知了物美高层。经会议讨论决定,物美申报项目,并安排张伟春具体负责申报工作(见张文中讯问笔录2007年10月9日第11~12页,一审庭审笔录第36~37页,张伟春的辩护人2008年9月21日调查吴某1笔录第1页)。作为会议的参加者,作为全国仅有的四家在大会上发言的大型先进流通企业之一(物美当时在流通领域排名第12位)的负责人,显然在当时就已经十分清楚国务院和原国家经贸委的政策,因而认为物美符合申报条件。

3. 认为物美符合申报条件是当时包括张文中在内的物美高管的共识。

从物美其他高管的证言来看,他们当时从未听国家经贸委领导或任何其他人说过物美作为民营企业不符合2002年国债技改贴息申报条件,而是均认为物美符合申报2002年国债贴息资金的条件,并就如何进行申报开会研究(见律师2008年9月21日调查物美现任董事长吴某1笔录第1页,调查张某1笔录第1~2页,调查蒙某某笔录第1页;办案人员2006年12月2日询问张文中笔录第2页;一审庭审笔录第39、40、42、44页张文中、张伟春的当庭辩解),不可能像一审判决所认定的那样,张文中派张伟春去原国家经贸委咨询物美是否符合申报条件,更不可能在咨询后得出物美不符合申报条件的结论。

4. 一审判决所采信的张伟春的讯问笔录内容违背事实,不合常理,并且已经被他后来的讯问笔录和当庭辩解所否定,该讯问笔录不能成立。

根据一审判决采信的张伟春讯问笔录,他当时查阅的是"国经贸投资〔1999〕886号"《通知》中的《国家重点技术改造项目管理办法》《国家重点技术改造项目国债专项资金管理办法》,以及"投资〔2002〕075号"《关于组织申报2002年国债技术改造项目的通知》,并据此认为物美作为民营企业不属于国债贴息资金支持的范围(见一审判决书第24页)。这一讯问笔录既不真实,也不合理。首先,一审判决所采信的张伟春的讯问笔录与原国家经贸委的文件不符。"国经贸投资〔1999〕886号"《通知》并没有规定民营企业不能申报国债贴息资金,根据该文件并不能得出民营企业被排除在申报主体之外的结论;而从"投资〔2002〕075号"《通知》的具体内容来看,则不但没有将民营企业排除在外,而且是允许民营企业申报的,对物美所申报的项目,更是对各种所有制企业一视同仁。因此,说张伟春经查阅有关文件得知民营企业不属于国债贴息资金支持范围显然是不符合事实的。其次,一审判决所采信的张伟春的讯问笔录没有得到原国家经贸委有关工作人员的印证,明显不合常理。如果张伟春在原国家经贸委咨询时,真的有人告诉过张伟春民营企业不属于国债贴息资金支持范围,那么,在张伟春的讯问笔录中,应当会说到究竟是谁告诉他的。而在张伟春的讯问笔录中,虽然说到他咨询的是李某2、李某1(见张伟春讯问笔录2006年12月29日第3页、2007年1月11日第2页),却从来没有说李某2或者李某1或者任何其他原国家经贸委官员告诉过他民营企业申报国债贴息资金得不到批准,这显然不合常理。在当时参与国债贴息项目审批的原国家经贸委官员李某1、李某2的证言中,也不存在告诉张伟春民营企业不能申报国债贴息资金的内容。李某1只是向张伟春介绍国债支持流通企业现代化和现代物流的情况,并告诉他们按通知要求进行申报(见李某1询问笔录2007年1月26日第4页),李某2则根本没有说到她对张伟春说过什么(见李某2询问笔录2007年1月26日第2页)。一审判决所引用的所有原国家经贸委工作人员的证言,没有一份说到他们有谁曾在什么情况下告诉过张伟春民营企业不能申报国债贴息资金。而如果当时民营企业真的不能申报国债贴息资金,李某1、李某2等原国家经贸委官员不可能不知道,当张伟春来向他们咨询时,也不可能不告诉他。显然,李某2、李某1的证言进一步说明一审判决采信的张伟春的讯问笔录不合常理,根本不能采信。一审判决一方面认定张伟春到原国家经贸委咨询了相关人员,并且查阅了“国经贸投资〔1999〕886号”文件和“投资〔2002〕075号”文件(见一审判决书第24页),另一方面却说不清到底是原国家经贸委的官员告诉张伟春民营企业不属于被支持的范围,还是张伟春通过自己查阅文件得知民营企业不属于被支持的范围,这种混乱不清、违反常理的认定显然不能成立。最后,一审判决所采信的张伟春的讯问笔录已经被他后来的讯问笔录和当庭辩解所否定。上诉人张伟春在2007年10月10日的讯问笔录中,明确说到物美具有申报国债贴息资金的资格,并不存在经查询文件发现物美不属于国债贴息资金支持范围的事实(见张伟春讯问笔录2007年10月10日第2~3页)。在一审庭审中,张伟春详细而清晰地陈述了申报国债贴息资金的过程,再次明确否定了他认为物美不符合申报国债贴息资金条件的说法(见庭审笔录第45页、第48页、第49页)。显然,张伟春这样一份违背原国家经贸委文件的规定、并且被他后来的讯问笔录和一审当庭予以否定的讯问笔录,是根本不能成立的。一审判决予以采信,其错误已经十分明显。

5.一审判决采信的上诉人张文中的讯问笔录与控方提供的其前后的多次讯问笔录不符,存在根本性差异,且该讯问笔录已经被他当庭否定,不具有证明力。

在一审案卷中,有张文中的多次问话笔录,在这些笔录中,只有一审判决采信的2007年1月18日下午笔录存在"张伟春对该问题进行了研究、咨询,感到物美公司不是国家重点支持企业,按规定程序申报不可行"这种对其不利的说法,此前(包括2007年1月18日上午的)和此后的其他笔录的内容均与此不同。例如,在此前的笔录中,张文中明确表示"物美是通过自己的实力获得的国债贴息"(见张文中2006年12月2日询问笔录第3页);在2007年10月9日的笔录中,张文中更是详细陈述了他当时认为物美符合申报2002年国债贴息资金条件的根据,明确说到他是在认为物美符合申报国债贴息资金条件的情况下,提出应当申请国债贴息资金;同时,也不存在张伟春告诉他根据有关文件物美不属于国债贴息资金支持范围的事实(见张文中讯问笔录2007年10月9日第11~13页)。在一审庭审中,张文中再次明确否定了他认为物美作为民营企业不符合国债贴息资金条件的说法(见庭审笔录第48页)。而且,一审法院采信的张文中讯问笔录在形式上也存在明显瑕疵,缺乏张文中的指印,其真实性十分可疑。显然,一审判决采信的这份讯问笔录,与控方提供的其前后的多次讯问笔录不符,有根本性差异,而除这份法庭认定的讯问笔录外,其他多次讯问笔录在物美有资格申报上完全一致。且该讯问笔录已经被他当庭否定,显然不具有证明力。

6. 一审判决采信的上诉人张文中、张伟春的讯问笔录与国家国债技改贴息对各种所有制企业一视同仁的政策精神及原国家经贸委的文件规定不符。

如前所述，在原国家经贸委有关文件中，根本不存在民营企业不属于申报国债贴息资金主体范围的内容（详细分析见本辩护词第4～9页）；从“投资〔2002〕075号”《通知》附件一第6～7页的有关内容并结合物美当时的发展状况、领导讲话以及国家文件来看，物美是完全符合申报国债贴息资金的有关条件的。这说明，无论是从原国家经贸委的相关文件还是从其工作人员的口头表述，张伟春都不可能得出民营企业不属于国债贴息资金支持范围的结论，也就更不可能告诉张文中了。

7. 原国家经贸委投资与规划司剔除8家中外合资企业和私营企业，发生在项目审批过程中，上诉人张文中对此并不知情，况且根本不是针对物美这类企业的。据此根本不能得出张文中明知民营企业不属于国债贴息资金支持范围的结论。

前述经贸委投资与规划司2002年6月24日的“关于下达第八批国债技改项目计划的请示”中的有关内容（见本辩护词第14页），属于经贸委的内部文件，上诉人张文中、张伟春不可能看到，也没有人给他们出示。而且，根据该请示，所谓的领导指示应当是在2002年6月才作出，而张伟春前往经贸委咨询是在2002年3月左右，当时还根本不存在所谓领导指示。因此，且不说该领导指示的内容根本不是民营企业申报国债贴息不予批准（详细理由请见本辩护词第14～16页），即使真的存在这样一个领导指示，张伟春也根本不可能在指示作出前3个月就未卜先知，更不可能将民营企业不属于国债贴息资金支持范围的咨询结果告诉张文中，从而使张文中也知道。

由上可见，张文中早在2001年11月，至少在2002年1月，就已经清楚地知道物美符合申报国债贴息资金条件，一审判决认定上诉人张文中明知物美作为民营企业不属于国债贴息资金支持的范围，仍然决定冒充诚通公司下属企业进行申报所根据的最直接、最主要的证据，即上诉人张文中、张伟春的原讯问笔录,与张文中早在2002年1月就已经知道物美符合申报国债贴息资金的条件这一事实不符,也没有得到原国家经贸委的有关工作人员的证言的印证,并且与原国家经贸委的有关文件规定以及当时的领导讲话所体现的政策精神不符,已经被充分的证据和事实所彻底推翻,完全不能成立。上诉人张文中主观上根本不具有骗取国债贴息资金的意图。然而,一审判决采信上诉人张文中、张伟春的原讯问笔录,并根据与事实相悖、与原国家经贸委相关文件对立、与国家政策和党的大政方针不符,因而不能成立的原讯问笔录,强行认定张文中明知物美没有资格申报国债贴息资金,仍然冒充国企进行申报,存在诈骗故意。如此认定,违背了《刑事诉讼法》规定的证据采信原则,得出的结论显然是错误的。

(四)张文中是在国家经贸委公开宣布2002年国债技改贴息政策对各种所有制企业一视同仁的大背景下,认为物美可以通过诚通公司递交申报材料,经与物美高层讨论,集体决定通过诚通公司递交项目申报材料,而不是决定以诚通公司下属企业的名义申报项目,而且没有任何动机,也没有必要以诚通公司下属企业的名义申报项目。一审判决将物美高层集体决定物美通过诚通公司递交申报材料,错误地认定为张文中个人决定物美以"国有"诚通公司下属企业的名义申报国债贴息资金,并错上加错地认定,这是由于民营物美不具备申报资格,所以虚构事实,隐瞒真相,欺骗国家经贸委工作人员,诈骗国债贴息资金。

辩护人在一审辩护词以及庭审当中已经指出,物美确实并非诚通公司的下属企业,有关人员在申报表格中将物美填为诚通公司下属企业确实存在违规之处,但是,这只是申报渠道或者程序不当的问题,不是对申报项目内容的虚构和隐瞒,因而并非诈骗罪构成要件的诈骗行为(见辩护人发表的本案一审辩护词第32~35页)。而且,尤为重要的是,张文中和物美高层只是决定借助诚通公司这一通道递交物美的项目申报材料,并非决定以诚通公司下属企业的名义申报项目。然而,一审判决对律师的辩护意见未不予考虑,从而认定这一行为为张文中个人的诈骗行为。这是显然错误的,其错误主要体现在以下五个方面:

1. 物美作为民营企业完全有资格申报2002年国债贴息资金,没有动机、不可能也完全没必要以国有诚通公司下属企业的名义进行申报。一审判决把物美通过诚通公司递交项目申报材料这一事实错误地认定为物美以诚通公司下属企业名义申报国债贴息资金。

在国家公开宣布2002年国债贴息政策对各种所有制企业一视同仁的大背景下,张文中和物美高层从来就没有认为民营企业性质对于物美申报国债贴息项目有任何不利的影响。因此,物美没有任何动机,不可能也完全没有必要以诚通公司下属企业的名义申报国债贴息资金。一审判决先是错误地认定作为民营企业的物美没有资格申报2002年国债贴息项目,进而把物美通过诚通公司递交项目申报材料的性质认定为物美以诚通公司下属企业名义申报国债贴息项目。这是基于错误的前提,然后进行错误的推定。事实上,民营企业有资格申报2002年国债贴息资金是无可辩驳的,因此,一审判决将物美通过诚通公司递交项目申报材料认定为物美以诚通公司下属企业的名义申报国债贴息资金,是错误的。

2. 张文中和物美高层只是同意物美通过诚通公司递交项目申报材料,并没有决定物美以诚通公司下属企业的名义申报国债贴息资金。一审判决错误地认定了物美以诚通公司下属企业的名义申报国债贴息资金这一行为与张文中的关系。

首先应当指出,"通过诚通公司递交项目申报材料"与"以诚通公司下属企业的名义申报项目"的含义存在本质性差异。前者完全是将诚通公司作为递交项目申报材料的一个通道,不包含项目申报单位是诚通公司下属企业的意思;而后者则非常清楚地包含着申报单位是诚通公司下属企业的意思。需要特别强调的是,在物美高层讨论如何申报时,上诉人张文中所同意的是"通过诚通公司递交项目申报材料",而不是"以诚通公司下属企业的名义申报项目",他认为物美只是借助诚通公司这一通道递交申报国债贴息资金的材料。物美最终以诚通公司下属企业的名义申报国债贴息资金,是出乎张文中意料的。因此,虽然从实际情况来看,在物美有关申报项目的表格中,确实存在是诚通公司下属企业的内容,但是,由于该表格张文中从来没有看到过,案发前,他对此并不知情,有关责任显然不应当由他来承担,更不能据此认定是他决定以诚通公司下属企业的名义申报国债贴息资金。一审判决认定是张文中决定物美以诚通公司下属企业的名义申报国债贴息资金,显然是将张文中同意物美通过诚通公司递交项目申报材料错误地认定为张文中决定物美以诚通公司下属企业的名义申报国债贴息资金。而实际上,张文中不但没有决定物美以诚通公司下属企业的名义申报国债贴息资金,而且连物美是以诚通公司下属企业的名义申报国债贴息资金这一情况,也是在案发以后才知道的,他与这一行为没有任何关系。一审判决错误地认定了物美以诚通公司下属企业的名义申报国债贴息资金这一行为与张文中的关系。

3. 一审判决错误地认定上诉人张文中同意物美通过诚通公司递交项目材料的背景,以致对张文中实施该行为的主观心态作出了错误的认定。

尽管上诉人张文中和张伟春都曾经说过,他们是在知道以物美的名义申报国债贴息资金不能成功的情况下,经商议决定以诚通公司的名义申报国债贴息资金(见张伟春讯问笔录2006年12月29日第3~4页、2007年1月11日第3页,张文中讯问笔录2007年1月18日第1~2页),但是,如前所述,张文中和张伟春的上述两份讯问笔录的内容与其他证据和事实明显不符,不能成立[见本辩护词第25~28页“一-(三)-4、5、6、7”]。实际情况是,张文中是在认为物美可以通过诚通公司递交申报材料,并且原国家经贸委官员也知道物美的企业性质的背景下,同意物美通过诚通公司递交申报材料,因而不存在冒充国有企业进行申报的意图,更不存在冒充国有企业骗取国债贴息资金的意图。

(1)张文中和物美高层是在认为物美可以通过诚通公司递交项目申报材料的情况下,同意这样做的,并不存在冒充诚通公司下属企业进行申报的意图。

上诉人张文中在回答控方的讯问时,澄清了他同意物美通过诚通公司递交申报材料的原因和背景。根据张文中的回答,他是在上海参加了全国推进流通现代化工作现场会后,认为物美符合申报条件的情况下,听张伟春说到可以通过北京市经贸委和通过中央直属企业两条途径申报项目,且通过中央直属企业申报比较快,所以决定通过诚通公司进行申报(见张文中讯问笔录2007年10月9日第13页)。上诉人张伟春在写给本案公诉机关的情况汇报中,详细叙述道:在2002年"五一"间,张文中带他向李某2等询问时,曾经告诉了李某2等人物美通过诚通公司申报项目的原因和理由,李某2等人没有表示异议(见张伟春2007年10月7日写成的《关于北京物美申报国债项目有关问题的情况汇报》第3页)。在该份情况汇报中,张伟春还详细说明了:通过诚通公司申报项目,是他和李某1汇报沟通后确定的(见张伟春2007年10月7日写成的《关于北京物美申报国债项目有关问题的情况汇报》第3~4页)。张伟春在回答控方的讯问时,也说明了他是在确信物美有资格申报国债贴息资金的情况下,经咨询李某1得知可以通过中央直属企业和通过北京市经贸委两条渠道进行申报,然后决定通过中央直属企业申报(见张伟春讯问笔录2007年10月10日第3页)。在一审庭审中,上诉人张文中和张伟春再次解释了物美为什么通过诚通公司申报项目,清楚地说明了他们是在确信物美完全符合申报条件的情况下,基于物美与诚通公司存在股份等方面的关联关系,以及基于可以通过中央直属企业申报并且较为快捷的认识,决定通过诚通公司递交项目申报材料(见一审庭审笔录第36~37页、第43页、第45页、第48页),张伟春还再次说明了他是在李某1的建议下,选择通过诚通公司申报(见一审庭审笔录第45页)。显然,张文中同意物美通过诚通公司申报,仅仅是想借助诚通公司这一通道递交申报材料,是在认为这样做正当可行的情况下,为了提高效率而这样做,主观上并非想冒充诚通下属企业。

需要强调的是,上诉人张文中和物美高层认为物美可以通过诚通公司递交申报材料是有充分的理由的。首先,物美申报国债技改项目时,物美与诚通公司之间确实存在诚通公司间接持有物美股份的资产纽带关系，而且诚通公司曾经将物美作为自己的子公司对外宣传（见中国中期投资有限公司2007年10月26日出具的证据：《关于诚通、中期及物美三者之间关系的说明》，《中国国际期货经纪有限公司2002年度股东会决议》，控方2007年1月23日调查证人田某1笔录第5页，律师2007年9月11日调查证人官某笔录第2页）。其次，诚通公司确实曾经帮物美办过许多事，张伟春正是基于诚通公司以前能帮物美办事，申报项目时应当仍然能办的想法，而认为物美可以通过诚通公司申报项目（见张伟春2007年10月7日写成的《关于北京物美申报国债项目有关问题的情况汇报》第18页、第20页），对此，张文中显然也是知道的。最后，张伟春确实告诉张文中可以通过诚通公司递交申报材料（见张文中讯问笔录2007年10月9日第13页）。基于上述原因，张文中认为物美可以通过诚通公司递交项目申报材料显然是合情合理的。

（2）张文中和物美高层认为负责项目审批的原国家经贸委工作人员知道物美的企业性质，因而不可能产生冒充诚通公司下属企业进行申报的意图。

在申报期间，物美还将公司简介、营业执照复印件以及物美月刊都给了负责项目审批工作的李某2、李某1等人（见张伟春2007年10月7日写成的《关于北京物美申报国债项目有关问题的情况汇报》第6页）。上述事实表明，在申报项目时，张文中显然十分清楚地认为负责项目审批的原国家经贸委知道物美的企业性质。基于这样的认识，张文中必然清楚地知道，物美不可能在原国家经贸委的官员面前冒充属于央企的诚通公司的下属企业，也就不可能产生冒充诚通公司下属企业进行申报的意图。

（3）张文中和物美高层知道物美作为民营企业有资格申报国债贴息资金，不可能产生冒充诚通公司下属企业进行申报的意图。

如前所述，张文中早在2002年1月以前，就已经清楚地知道民营企业有资格申报国债贴息技改项目［见本辩护词第23～25页“一－（三）－1、2、3”］，物美作为民营企业完全符合申报国债贴息技改项目的条件。在这样的情况下，物美冒充国有企业对其申报国债贴息技改项目并无帮助，相应地，张文中主观上也就不可能产生冒充诚通公司下属企业进行申报这样没有意义的念头。

由上可见，上诉人张文中是在确信民营企业有资格申报国债贴息技改项目，物美符合申报条件，且负责审批项目的原国家经贸委官员知道物美企业性质的情况下，基于物美可以通过诚通公司递交材料进行申报的认识，同意这样做的。其主观上不存在、也不可能存在让物美冒充诚通公司下属企业的意图，更不存在让物美冒充诚通公司下属企业骗取国债贴息资金的意图。一审判决错误地认为张文中明知物美作为民营企业不属于国债贴息资金支持的范围，仍然决定物美以诚通公司下属企业的名义申报国债贴息资金，以致得出了张文中主观上试图以此方式骗取国债贴息资金的错误结论。

4. 上诉人张文中并没有参与物美《企业基本情况表》的填写，对有关材料中是否存在问题一无所知；因此，即使有关材料中存在不实内容，张文中也并不知情，据此根本不能认定是张文中决定让物美以诚通公司下属企业的名义进行申报。

一审判决认定上诉人张文中指使张伟春以诚通公司下属企业的名义申报项目的根据之一，是物美 2002 年 4 月 12 日向原国家经贸委报送的《企业基本情况表》电子文件，理由是该表中注明物美是“国家 520 重点企业，是中央管理企业，直属诚通公司”（见一审判决书第 31 页）。而实际情况是，张文中根本没有参与《企业基本情况表》的填写，案发前也从来没有见到过该表（见一审庭审笔录第 37 页、第 61 页张文中当庭辩解）。控方也没有提供任何证据能够证明张文中见到过该表。上诉人张伟春也证明，他自己都不知道《企业基本情况表》中存在将物美填写为“国有企业”等不真实的内容，经贸委也从来没有就此表中的不真实内容向他提出过质疑（见张伟春 2007 年 10 月 7 日写成的《关于北京物美申报国债项目有关问题的情况汇报》第 7 页），他当然更不可能告诉张文中表格内容存在问题。上述事实充分说明，张文中并没有参与物美《企业基本情况表》的填写，案发前也不知道有该表存在，即使项目申报材料中存在不实内容,他也一无所知。因此,即使客观上存在物美以诚通公司下属企业的名义申报国债贴息资金的事实,也与张文中无关,更不能认定是张文中决定让物美以诚通公司下属企业的名义进行申报。一审判决以此表内容作为认定张文中指使张伟春以诚通公司下属企业的名义申报国债贴息资金显然是不能成立的。

5. 一审判决对上诉人张文中和物美高层同意物美通过诚通公司递交申报国债贴息项目材料的行为内容作出了错误的判断,以致得出了上诉人张文中通过这种方式骗取国债贴息资金的错误结论。

首先需要指出,物美通过诚通公司递交项目申报材料是物美高层集体决定的,属于物美的单位行为而绝非张文中的个人行为[详情和证据见本辩护词第 17 ~ 19 页"一-(二)"],而且,即便是张文中个人决定的,也不能否定此后申报国债贴息资金是物美的单位行为。因此,据此单位行为来认定张文中个人犯有诈骗罪是完全不能成立的。而且,作为诈骗罪客观方面构成要件的诈骗行为,应当是在虚构事实、隐瞒真相的基础上,骗取相对人的信任的行为。而上诉人张文中同意物美通过诚通公司递交申报国债贴息项目材料的行为,根本不具备诈骗行为的这一基本特征,因而根本不属于诈骗行为。

(1)上诉人张文中和物美高层在同意物美通过诚通公司递交项目申报材料的时候,并没有想要虚构事实、隐瞒真相,也不存在虚构事实、隐瞒真相的行为。

如前所述,张文中是在张伟春告诉他可以通过诚通公司进行申报的情况下,基于物美与诚通公司确实存在资产纽带关系和其他密切联系,选择通过诚通公司递交项目申报材料的(见本辩护词第 31 页)。至于究竟如何通过诚通公司递交项目申报材料,张文中并没有过问,对此后在申报过程中出现的《企业基本情况表》等申报表格及其具体内容,张文中并不知情(见一审庭审笔录第 37 页、第 61 页)。在这样的情况下,张文中和物美高层同意物美通过诚通公司递交申报国债贴息项目材料,不存在虚构事实、隐瞒真相的内容,当然也不可能属于诈骗罪的客观方面表现。一审判决仅根据物美不属于诚通公司的下属企业却以其下属企业的名义申报了国债贴息项目这一事实，便认定上诉人张文中存在诈骗国债贴息资金的行为，显然是将张文中的行为与他根本不知情的物美或者诚通公司工作人员的错误填报行为混为一谈，对张文中的行为性质作出了错误的认定。

(2)原国家经贸委有关工作人员事实上完全知道物美不是诚通公司的下属企业，因此，物美通过诚通公司申报国债贴息资金，并不属于欺骗相对人，而且也无法欺骗相对人。

在申报2002年国债贴息资金时，物美已经是优秀的大型民营企业集团(见原国家经贸委贸易市场局改革指导处2003年2月18日发布的《2002年全国前30名零售、餐饮业连锁企业经营情况统计表》)，属于原国家经贸委重点联系企业，与其保持着密切联系(见原国家经贸委市场贸易局于2002年6月向物美集团颁发的“国家经贸委重点联系企业”铜牌)。在申报期间，物美还将公司简介、营业执照复印件以及物美月刊都给了李某2、李某1等人(见张伟春2007年10月7日写成的《关于北京物美申报国债项目有关问题的情况汇报》第6页)。而张文中本人也在北京市工商业联合会第十一届会员代表大会(2002年5月14日召开)上当选为北京市工商联副会长(见北京市工商业联合会2009年1月19日出具的《证明》)，在中华全国工商业联合会第九次会员代表大会(2002年11月26日召开)上当选为全国工商联常委(见中华全国工商业联合会2009年1月12日出具的《证明》)。2003年6月30日，张文中又作为“全国统战系统抗非典工作先进个人”受到有关领导的接见。因此，根据上述事实足以认定，原国家经贸委的负责审批项目的工作人员在审批2002年国债贴息项目时，是知道物美的企业性质的。物美即使想要隐瞒其企业性质，也是不可能的。

而且，还有更直接的证据能够证明负责项目审批的原国家经贸委工作人员知道物美的企业性质。根据李某2的证言，她在审批项目过程中看到物美填报的是诚通公司的下属企业时，还问过李某1，李某1回答说物美里有诚通公司的股份，是诚通公司的下属企业(见李某2询问笔录2007年1月26日第3页)。丁某的证言也证明，他曾经就物美是否属于诚通公司下属企业请示过领导，答复是诚通公司是物美的相对控股股东，将物美视同中央企业来办理（见丁某询问笔录2007年1月25日第2页）。张伟春在一审庭审中也说道，李某1在问了物美和诚通公司的关系和企业性质后说，为了申报方便，可以通过田某1（当时任诚通公司董事长）的诚通公司（见一审庭审笔录第45页）进行申报。而事实上，在物美申报国债贴息资金时，物美与诚通公司之间确实存在诚通公司间接持有物美股份的资产纽带关系［见中国中期投资有限公司2007年10月26日出具的证据：《关于诚通、中期及物美三者之间关系的说明》《中国国际期货经纪有限公司2002年度股东会决议》，律师2007年9月11日调查宫某（中国国际期货经纪有限公司党总支书记）笔录第2页］。可见，当时负责审批项目的原国家经贸委有关人员也知道物美并非严格意义上的诚通公司下属企业，并且在知情的情况下，还是同意物美以诚通公司下属公司的名义申报项目。因此，物美在申报国债贴息资金过程中并不存在对相对人的欺骗行为。

（3）以诚通公司下属企业的名义申报国债贴息项目并不能使物美获得国债贴息资金支持。

2002年，通过诚通公司向国家经贸委递交申报材料的项目共有11个（见《中国诚通集团申报2002年国债技术改造项目表》），除物美申报的两个项目外，只有中国物资储运总公司的物流配送中心改造建设项目获批，其余8个均没有获得批准［见国经贸投资〔2003〕297号附件：《2003年第二批国债专项资金国家重点技术改造项目投资计划表》（其中的项目为2002年申报，文件系2003年3月17日下发）；控方2006年12月25日询问罗某笔录第5页］。这充分说明，以诚通公司下属企业的名义申报国债贴息项目既不是前提条件，更不能给所申报的项目获得批准带来什么帮助。因为能否获得国债贴息资金的支持，关键不在于企业的所有制性质，而在于企业在行业中的地位，以及所申报的项目是否符合国家的产业政策。

通过对所谓"物美以诚通公司下属企业的名义"申报国债贴息资金的背景及过程的分析，可以清楚地看到，上诉人张文中是在2002年国债贴息政策对各种所有制企业一视同仁，民营企业完全有资格申报的背景下，与物美高层共同决定物美通过诚通公司递交项目申报材料的，客观上不属于虚构事实、隐瞒真相，欺骗原国家经贸委审批人员，以获取国债贴息资金的诈骗行为，主观上更无冒充诚通公司下属企业以及以此方法诈骗国债贴息资金的故意和目的，因而不构成诈骗罪。一审判决无视张文中与物美高层共同作出的决定的内容是物美通过诚通公司递交项目申报材料，而不是以诚通公司下属企业的名义申报项目，无视作出该决定的背景，也不从诈骗罪的构成要件来分析判断上诉人张文中的行为性质，以致作出了错误的定性。

（五）物美第三方物流改扩建项目是基于物美发展的需要而设立的，是完全真实的，并且已经异地实施；该项目可行性研究报告是物美按照原国家经贸委申报项目的要求，投入大量人力、财力委托有甲级资质的单位精心编制的，也是完全真实的；该项目可行性研究报告附件五，即《规划意见书》是通州区规划局出具的，张文中对该意见书以及可行性研究报告中的附图一无所知。而且这些附图根本不是《规划意见书》的附图，而是可行性研究报告的独立的附件二、附件三。一审判决以该意见书和报告中的附图不符合要求为理由，认定上诉人张文中指使张伟春等人以虚假资料编制物美技改项目可行性研究报告，向国家申报国债贴息项目资金，不能成立。因物流改扩建项目已经异地实施，一审判决认定物流项目未实施与事实不符，不能成立。

一审法院认定，张文中指使张伟春编制虚假材料，并以虚假材料编制物美技改项目可行性研究报告，向国家申报国债贴息项目资金（见一审判决书第23页、第36页）。这一认定完全不符合事实，根本不能成立。一审判决作出上述认定的理由综合起来看，不外乎两条，一是第三方物流改扩建项目可行性研究报告中的《规划意见书》不符合要求，不具有法定的效力，附图是物美自行制作，附于规划意见书后的；二是第三方物流改扩建项目没有按可行性研究报告在原项目地实施。而这两条理由根本不能说明张文中、张伟春存在编制虚假材料和以虚假材料编制第三方物流改扩建项目可行性研究报告的行为。

1. 第三方物流改扩建项目可行性研究报告中的《规划意见书》是通州区规划局出具的，它和可行性研究报告中的附图都不是张伟春编制的，更不是张文中指使张伟春编制的，即使内容存在不实或者不符合要求之处，也根本不能证明是张文中指使张伟春编制虚假材料，或者以虚假材料编制技改项目可行性研究报告。

按照张某1（也是案发后听办案人员说的）、张某2、刘某2、张某4等证人的说法以及北京市规划委员会通州分局出具的证明，编制物美的技改项目可行性研究报告所需要的《规划意见书》及其附图确实不符合要求。一审判决正是根据上述证据认定张伟春编制虚假材料，进而认定张文中指使张伟春编制虚假材料。但是，一审判决的认定存在三个明显错误。

（1）第三方物流改扩建项目可行性研究报告中的《规划意见书》是通州区规划局出具的，并不虚假，最多只是内容不符合要求。一审判决把通州区规划局的行为错误地认定为张伟春的行为，把《规划意见书》内容不符合要求错误地认定为内容虚假。

物美第三方物流改扩建项目中的《规划意见书》是负责编制物流项目可行性研究报告的中商商业经济研究中心要求提供的（见张伟春2007年10月7日写成的《关于北京物美申报国债项目有关问题的情况汇报》第13页），是通州区规划局出具的（见张某2006年12月26日询问笔录第2页以及该规划意见书上的公章），张伟春只是被动地接受该《规划意见书》。虽然事后查明该《规划意见书》不符合要求，但它是由政府管理部门出具的，并不虚假，只是案发后查明内容不符合要求。该《规划意见书》同意物美在通州区物流产业园区内建设商业项目，并确定了用地使用性质及用地面积，对非专业人员而言，当时只能认为该规划意见书是真实、合法、有效的，无法知道上面的内容不符合要求（见通州规划局致物美的《规划意见书》以及一审庭审笔录第62页张伟春的说法），上诉人张伟春也根本无从知道其内容是否符合要求，也从来没有人对张伟春说过这个规划意见书有问题。因此，无论该《规划意见书》内容是否符合要求，是否虚假，都与张伟春无关，更不能说是张伟春编制的。一审判决把通州区规划局的职务行为认定为张伟春的行为,显然是错误的。

(2)第三方物流改扩建项目可行性研究报告中的附图与作为可研报告附件五的《规划意见书》无关,是可行性研究报告独立的附件二和附件三,不是《规划意见书》的附图,也不是张伟春加入的,一审判决错误地认定了可行性研究报告中的《规划意见书》和所谓"两张附图"的关系以及附图和张伟春的关系。

按照北京市规划委员会通州分局的证明,物美第三方物流改扩建项目可行性研究报告中的附图是附在《规划意见书》的后面,作为该《规划意见书》的组成部分。而实际上,有关附图在可行性研究报告中,作为附件二和附件三,位于附件四即"环境影响报告表批复"的前面,与附件五即《规划意见书》无关。因此,即使这两张附图不规范,也不能说明张伟春编制了虚假的《规划意见书》。而且既然这两张附图完全与《规划意见书》无关,又有什么不规范的问题呢?这也说明《规划意见书》并没有附图,也不存在有物美或中介机构的任何人给《规划意见书》添加附图的事情。更何况,张伟春明确指出有关附图不是他加入的(见一审庭审笔录第47、62页,见张伟春2007年10月7日写成的《关于北京物美申报国债项目有关问题的情况汇报》第13~14页),也没有任何证据证明是他加入的。因此,无论规划意见书以及附图是否虚假,是否不符合要求,都不能证明张伟春编制了虚假资料,也不能证明张伟春用虚假材料编制了项目可行性研究报告,更没有理由据此认为张文中指使张伟春以虚假材料编制项目可行性研究报告。

(3)张文中以前根本没有见过物流项目可行性研究报告中的《规划意见书》以及所谓"附图",更不存在指使张伟春编制有关材料的事实。一审判决把与张文中一无所知的《规划意见书》以及所谓"附图",错误地认定为是他指使张伟春编制。

公诉机关在起诉书中说张文中"指使"张伟春实施有关行为,实际上已经充分说明张文中与编制技改项目可行性研究报告无直接关系,因而要用"指使"把张文中和"编制虚假材料"联系在一起。一审判决为了将张文中与编制材料活动挂上钩，只好完全按照控方的说法，认定张伟春等人是在张文中的指使下编制技改项目可行性研究报告。这一认定完全不符合事实。

首先，张文中对物美第三方物流改扩建项目可行性研究报告中的《规划意见书》以及所谓“附图”一无所知。这一点张文中在一审法庭上已经说得十分清楚（见一审庭审笔录第 61 ~ 62 页），一审判决也没有提供任何证据能够证明在控方出示前，张文中曾经见到过这些资料。因此，所谓指使张伟春等人以虚假材料编制项目可行性研究报告便无从谈起。

其次，即便张伟春，也是控方告诉他《规划意见书》不符合要求，他才知道（见张伟春《关于北京物美集团申报国债项目有关问题的情况汇报》第 13 ~ 14 页）。既然此前他根本不知道《规划意见书》不符合要求，当然不可能存在编制虚假材料的问题，更不可能存在以在编制虚假材料后，用虚假材料编制项目可行性研究报告的问题，怎么可能存在张文中指使他用虚假材料编制项目可行性研究报告的事实呢？

最后，《规划意见书》不符合要求，是控方找通州区规划局之后，该局给出的一个说法（见北京市规划委员会通州分局 2007 年 4 月 12 日《说明》）。在此之前，从来没有哪个单位或者个人说过该规划意见书不符合要求。

由上可知，张伟春不可能在应第三方物流改扩建项目可行性研究报告编制单位之一“中商商业经济研究中心”要求提供《规划意见书》时，就知道该意见书不符合要求。在 2002 年 9 月张伟春收到《规划意见书》之时，以及此后申报项目过程中，张伟春或者其他人员必定认为该《规划意见书》是真实、合法、有效的，所谓张文中指使张伟春等人以虚假材料编制项目可行性研究报告无从谈起。

从现有证据来看，一审判决认定上诉人张文中指使张伟春等人以虚假资料编制物美公司技改项目可行性研究报告的唯一根据，是张伟春 2007 年 1 月 5 日的讯问笔录中的一句话（见张伟春 2007 年 1 月 5 日讯问笔录第 3 页）。而这一原讯问笔录不但被他后来的讯问笔录以及一审当庭推翻(见2007年10月10日张伟春讯问笔录第2~3页,一审庭审笔录第47页),而且没有任何其他证据印证。即便在上诉人张文中的原讯问笔录当中,也没有内容表明张文中指使了张伟春等人用虚假材料编制项目可行性研究报告或者编制其他虚假材料。张文中在其相关讯问笔录中,说到项目资料的准备和项目可行性研究报告的编制都是由张伟春负责,他并没有审核(见张文中2007年1月18日讯问笔录第4页)。在一审庭审当中,张文中当庭也说到他对项目可行性研究报告的内容不了解(见一审庭审笔录第57页、第62页)。负责物流项目资料准备工作的物美发展部总监叶某某也证明,张文中没有过问有关工作(见律师2007年10月21日调查叶某某笔录第2~3页)。对张伟春的这样一份孤证,显然是不能采信的。一审判决在证据采信和事实认定方面有失公正,得出的结论也难免错误。

由上可知,物美第三方物流改扩建项目可行性研究报告中的附件五《规划意见书》是由通州区规划局出具的,与张文中和张伟春无关;作为可行性研究报告附件二、附件三的两张附图,与《规划意见书》毫无关系。没有人为《规划意见书》做所谓的"附图";上诉人张文中没有参与物美第三方物流改扩建项目可行性研究报告编制工作,对该《规划意见书》以及报告中的所谓"附图"一无所知,不存在张文中指使张伟春等人编制物美技改项目可行性研究报告的事实,更不存在张文中指使张伟春等人以虚假资料编制物美技改项目可行性研究报告的事实。一审判决根据张伟春一份不能成立的"孤证",以及张文中一无所知的物美第三方物流改扩建项目可行性研究报告中的《规划意见书》和所谓"附图",认定张文中指使张伟春编制虚假材料和以虚假材料编制技改项目可行性研究报告,是完全错误的。

2. 物流中心建设是现代流通业发展所必需的,物美第三方物流改扩建项目是根据物美销售额大幅度增长导致物流配送需求大幅度增长,从而产生的对其原有第三方物流项目实施改扩建的自然需要,其最初选址于通州有充分的现实基础,物美和通州区政府为此签订了《合作协议书》,物美为推进该项目做了大量工作,该项目是完全真实的,且其真实性已经为物美的持续发展所证。

(1)物流中心建设是现代流通业发展所必需的,物美申报第三方物流改扩建项目与其企业性质是完全相符的,也是其发展所必需的。

信息技术的发展,使现代流通企业能够有效地掌握了分散在全国各地多家商场,成千上万商品的进、销、存信息。根据这些信息,企业进行商品的采购和商品配送到店;建立高效率、现代化的物流中心,通过将各地商场需要的商品统一集中,向供应商发出准确的订单,由供应商将商品送到配送中心,配送中心将各生产企业送达的商品,按各个商场需求进行分拣、组合,及时快速地将商品送到店铺。只有现代物流中心才能完成这一任务。通过这种统一配送的操作模式可以大大提高零售企业的运行效率,是连锁零售企业的重要特点和优势之一。试想,如果没有物流中心这一基础设施,各供应商根据每一个门店的要求供货,可乐的供应商将几箱可乐、食用油的供应商将几桶油或方便面的供应商将几箱方便面分别送到不同的店铺,效率是极低的。所以连锁企业必须有物流的支持,面对成百上千家店铺,生产企业和供应商只要把商品先行送到零售企业的物流中心,物流中心就能根据商场的订单将几箱可乐、几桶油、几箱方便面等商品组合,有效地分送到店铺。因此,没有物流中心的连锁企业是低效率的企业,没有物流中心就没有现代流通企业。物美作为一个大型现代流通企业,其申报第三方物流改扩建项目显然是基于自身发展而作出的正常而必需的选择。

(2)物美第三方物流改扩建项目是根据物美销售额大幅度增长导致物流配送需求大幅度增长,从而产生的对其原有第三方物流项目实施改扩建的自然需要。

物美自成立以来,企业迅速发展,经营规模不断扩大,销售额急剧增长。在申报国债贴息技改项目的前一年,即2001年,物美在全国连锁业百强销售企业中排名第17位,实现销售额25亿元;2002年升至第12位(数据来源:中国连锁经营协会),销售额超过50亿元;2007年升至第7位,销售额达到279亿元(数据来源:中国连锁经营协会)。物美集团销售额自2002年起每年增长达50%。销售额迅速增长的必然结果是物流量的迅速增长,而物流量的迅速增长使物美原有的与英国和黄天百合作建设并经营的第三方物流配送中心不能满足要求,这样,对原有的第三方物流项目进行改扩建就成为一种客观的迫切需要。这正是物美申报第三方物流改扩建项目的现实基础。

(3)物美第三方物流改扩建项目之所以选址于通州,是因为通州存在物流产业园区,而且北京市政府于2002年1月将其列为市级开发区,而物美与通州区政府又存在良好合作关系。早在2002年4月物美和通州区政府就物美参与通州物流园区建设,通州区政府支持物美在通州建设大型物流中心等内容正式签订《合作协议书》。而物美在2002年10月才向有关部门提交第三方物流改扩建项目可行性研究报告。

早在物美申报2002年国债贴息技改项目前,物美就与通州区政府建立了良好而密切的合作关系。2002年1月22日,北京市政府正式发函,同意通州物流产业园区列为市级开发区(见京政函〔2002〕8号《关于同意北京通州物流产业园区列为市级开发区的批复》)。2002年4月18日,物美与通州区人民政府签订《合作协议书》,双方决定,物美与通州区人民政府在通州区全区范围内全面开展商业合作,物美积极参与通州物流园的建设,通州区政府为物美提供政策和资源上的支持,协助物美在通州建立大型现代化物流中心(见《合作协议书》第1条、第6条)。在这期间,国家出台国债贴息政策扶持流通业的物流项目。正是在这样的背景下,物美决定申报大型现代物流配送中心项目,并将项目用地选在了通州区马驹桥。2002年8月19日向通州区政府发函,请求通州区政府按照物美与通州区人民政府签订的《合作协议书》的约定,为物美办理物流项目建设的相关手续提供支持(见"物集函字〔2002〕第1号"《关于请提供物流项目建设手续的函》),而通州区规划局在收到物美的函后,也按照物美与通州区人民政府签订的《合作协议书》的约定,为物美出具了《规划意见书》。物美在2002年10月才向有关部门提交第三方物流改扩建项目可行性研究报告(见"物美集团字〔2002〕第21号"《关于报送国债技改项目可研报告的报告》)。从上述《规划意见书》的出具背景和过程可以清楚地看到，物美在第三方物流改扩建项目可行性研究报告中，将项目用地落在通州，是建立在通州拥有属于市级开发区的物流产业园区，而物美与通州区政府又存在良好合作关系的基础上。这充分证明，物美的第三方物流改扩建项目是建立在切实可行的基础上。

(4)大量证据充分证明，物美为在通州区建设物流中心做了大量工作。

物美为了在通州物流园区建物流中心作出了巨大努力，做了大量工作。这一事实有大量证人证言和被告人陈述可以证明。例如，通州物流园区管委会常务副主任袁某证明：物美和通州物流园区就建立物流项目进行了多次接触和谈判，并确定了项目地块，双方均就此进行了积极的筹备工作，“物美在物流园区建物流配送中心确有其事”(见张伟春辩护人2007年10月26日调查证人袁某证词第2页、第3页)。证人张某2证明，2002年七八月，物美张某1等人到通州物流园区商谈建物流中心事宜，承诺在园区建大型物流中心(见控方2006年12月26日调查张某2证词第2页)。证人张某3，物美和通州物流园区就物流项目建设事宜进行过接触，并对项目用地进行了实地考察(见张伟春辩护人2008年9月22日调查张某3证词第2页)。证人吴某1、蒙某某、张某1也证明，物美就建立物流项目多次与通州区相关部门进行洽谈协商(见张伟春辩护人2008年9月21日调查吴某1笔录第2页、调查蒙某某笔录第2页、调查张某1笔录第2页)。张伟春在其自书材料中也证明，他与物美工作人员、中介机构人员、银行人员多次就建立物流项目到通州区物流园区进行考察，与园区负责人进行谈判(见张伟春《关于北京物美集团申报国债项目有关问题的情况汇报》)。一审庭审中上诉人张文中、张伟春的当庭表述(见一审庭审笔录第56~57页)也证明，物美为在通州马驹桥建物流项目做了大量的工作，而非一审判决所认定的“项目只谈了一次”，之后再没有谈此事。一审判决认定物美对项目只谈一次的根据是张某3的证词，而张某3在非典过后就调离了通州物流园区管委会，对物美后来与园区的沟通情况并不了解(见张伟春辩护人2008年9月22日调查张某3证词第2页),因此,他的证言不足为据。试想,如果物美在通州建物流中心是假,该公司怎么可能为此多次与通州区进行谈判、协商,多次到物流园区进行考察呢?

(5)物美第三方物流改扩建项目的真实性已经为物美的持续发展所证实。

项目内容的真实性也已经为物美自2002年至2007年的持续发展所证实。例如,在项目可行性研究报告中,物美根据自身发展趋势,预测到2005年,物美的年销售额将达到120亿元人民币(见物美第三方物流改扩建项目可行性研究报告第73页)。第三方物流改扩建项目就是基于这一数字进行设计的。而物美2005年的实际销售额已超过了120亿元(见商务部商业改革发展司2006年2月24日公布的2005年全国前30甲连锁企业)。后来的发展情况证明,这一预测是完全务实并且稳健的。显然,物美2002年以后持续迅猛发展的事实,已经充分证明物美第三方物流改扩建项目是真实的和必需的。

需要指出的是,一审判决认为:"上诉人张文中当庭讯问笔录,信息化工作及物流园区建设是物美企业发展所必需的,故物美后来进行的相关工作与其以通州区物流项目和信息现代化项目违法申报、使用骗取的国债贴息资金的行为不具有关联性。"上述认定说明,一审法院自己也认为物流中心建设确实为物美发展所必需,而且物美后来也做了相应的工作。但是,其得出的结论则是完全错误的。事实上,正是由于物流项目为物美发展所必须,所以物美所申报的这个项目是真实存在的,是根据企业发展对物流的需要而编制的可行性研究报告,而不是虚构或者用虚假材料申报的,更不是通过申报项目骗取国债贴息资金。物美在这方面所做的工作,实现了由物美上报并经原国家经贸委批准的可行性研究报告的项目目标,使物美在国债贴息项目的支持下,迅速发展成为我国走在前列的流通现代化企业,成为名副其实的国家队。这正是物美所申报物流项目真实,并且实施了其向国家经贸委申报的物流项目的最有力、最可靠的证据。物美正是在国债贴息资金的支持下,成功地实施了物流项目,并以此为基础,使企业迅速发展成为中国民族流通企业迎接外资巨头挑战的主力军,从而达到了国债贴息资金支持的产业目标。

由上可见,物美申报的第三方物流改扩建项目,是基于企业发展的需要而提出的,是基于与通州区政府存在良好的合作关系并签订有明确的《合作协议书》而选择在通州马驹桥的,该项目在申报时是切实可行的。为了建设该项目,物美做了大量工作,作出了巨大努力。该项目显然是真实的。物美后来迅速发展的事实也印证了该项目的真实性和必要性。一审判决仅凭该项目可行性研究报告中一份由通州区规划局出具的《规划意见书》不符合要求(而且"不符合要求"的说法也是通州规划局在事隔四年后自己认定的),便认定该项目虚假,显然是错误的。

3. 物美的第三方物流改扩建项目可行性研究报告,是基于物美的客观需要,根据原国家经贸委的要求,投入大量人力、财力委托具有甲级资质的单位精心编制的,内容完全真实,根本不存在上诉人张文中、张伟春以虚假材料编制项目可行性研究报告的事实。

在编制第三方物流改扩建项目可行性研究报告的过程中,物美投入了大量的人力、财力。他们委托清华大学环境影响评价室为项目做《环境影响评价报告表》(见清华大学环境影响评价室为项目出具的《北京市环保局建设项目环境影响评价报告表》),委托具有甲级资质的中商商业经济研究中心和中元国际投资咨询中心编写项目可行性研究报告(见物美《第三方物流改扩建项目可行性研究报告》)。为编制可行性研究报告,物美与中商商业经济研究中心还正式签订了合同,中商商业经济研究中心进行了大量市场调查、数据采集等工作,物美向其支付了9万元费用(见张文中辩护律师2007年10月22日调查于某2证言第1页、第2页)。

结合物美当时的发展状况仔细审查该报告的基本内容,可以清楚地看到,物美第三方物流改扩建项目可行性研究报告完全是根据物美销售额大幅度增长而对其原有第三方物流项目实施改扩建的自然需要而精心编制的,内容完全真实,根本不存在上诉人张文中、张伟春以虚假材料编制项目可行性研究报告的事实。一审判决没有对物美当时的发展状况和需求进行了解,也没有对第三方物流改扩建项目可行性研究报告的具体内容进行分析,仅凭该报告中一份张文中根本没见过的由通州区规划局出具的《规划意见书》以及与《规划意见书》根本无关的两张"附图"不符合要求,便认定张文中指使张伟春以虚假材料编制第三方物流改扩建项目可行性研究报告,显然不符合事实,因而不能成立。

4. 拟在通州物流园区建立的物美第三方物流改扩建项目最终没有按可行性研究报告在原项目地点实施,是由于遇到"非典"及国家整顿物流园区,企业需要由租地经营改为买地经营等不可抗力所致,并不能证明项目虚假。

不可否认,拟在通州物流园区建立的物美第三方物流改扩建项目最终没有按可行性研究报告在通州马驹桥实施。然而,之所有未能在马驹桥实施,是因为在项目推进过程中,遇到"非典"及国家整顿物流园区,企业需由租地经营改为买地经营等不可抗力。上述事实有大量证据足以证明。首先,项目推进过程中遭遇"非典",这是人尽皆知的事实,无须证明。其次,项目推进过程中遭遇国家整顿物流园区,有大量政府文件可以证明。由于北京市规划委员会《关于北京通州物流产业园区控制性详细规划的批复》2003年8月19日才下发,而在此之前物美与通州物流园区无法进行项目用地的实质性谈判,由此导致物美的物流项目用地实质性谈判只能在2003年8月19日以后才进行,而此时国家已经在整顿物流园区,北京市及各区县政府均暂停审批新设立和扩建各类开发区、园区[见国土资源部2003年2月18日〔2003〕45号《关于清理各类园区用地加强土地供应调控的紧急通知》,北京市政府办公厅2003年7月28日下发的〔2003〕40号文件,内容为转发《国务院办公厅关于暂停审批各类开发区文件的紧急通知》,国务院办公厅2003年7月30日国办发〔2003〕70号《关于清理整顿各类开发区加强建设用地管理的通知》,发改外资〔2003〕2343号《关于清理整顿现有各类开发区的具体标准和政策界限的通知》,建设部2003年9月2日下发的建规〔2003〕178号《关于进一步加强与规范各类开发区规划建设管理的通知》,国务院2003年11月3日国发明电〔2003〕7号《关于加大工作力度进一步治理整顿土地市场秩序的紧急通知》]。再次,北京规划委员会《关于北京通州物流产业园区控制性详细规划的批复》迟至2003年8月19日才下达,这有北京市规划委员会2003年8月19日下发的市规发〔2003〕1113号《关于北京通州物流产业园区控制性详细规划的批复》证明。而在此之前,项目用地一直无法进行实质性谈判,影响了项目的进展。最后,物流项目用地在经整顿后由租改售,也有大量证据可以证明(见张伟春2007年10月7日写成的《关于北京物美申报国债项目有关问题的情况汇报》第11~12页,2008年9月21日律师调查李某5笔录第2页、调查吴某1笔录第2页、调查蒙某某笔录第2页)。由上可知,通州物流项目未能按可行性研究报告在通州实施,确实是由外力造成的,不是物美主观上不想在通州做物流项目,更不是以物流项目为借口进行诈骗。

5. 物美第三方物流改扩建项目已经在异地实施,并取得了良好效果,物流配送干品区面积已经达到可行性研究报告设立的32,000平方米的目标,支撑了物美近年来的高速增长,物美为此还积极向银行申请贷款,从而进一步证明了项目的真实性。一审判决认定物流项目未实施,与事实不符,不能成立。

如前所述,物美申报的第三方物流改扩建项目由于遭遇"非典",国家物流产业园区政策调整,北京规划委员会《关于北京通州物流产业园区控制性详细规划的批复》迟迟未能下达,政策调整后物流项目的规划用地由租赁经营改为买地经营等客观原因[见本辩护词第47~48页"一-(五)-4"],无法按照项目可行性研究报告实施。在这种情况下,物美被迫改为异地实施该项目,并且积极向银行申请贷款。而物美通过异地实施物流项目,实现了当初申报第三方物流改扩建项目设定的目标。这主要表现在:根据物美第三方物流改扩建项目可行性研究报告,项目建成后,物流配送中心的主要物流仓储功能性建筑为:

干品区32,000平方米,冷冻区(架)3000平方米,冷冻区(平放)5000平方米,冷藏区1200平方米,共计41,200平方米(见物美《第三方物流改扩建项目可行性研究报告》第50页)。项目被迫异地实施后,这些异地实施的项目,在功能上与计划在原项目地点实施的物流项目基本相同,所发挥的作用也相同,满足了近年物美发展的需要。正如中国物流与采购联合会专家评审组所指出,这些异地实施的项目实现了以下三方面内容:(1)物美在国内流通业率先采用第三方物流支持连锁店铺的商品配送;(2)物美配送中心面积从2002年的不足1万平方米扩建到3.35万平方米,达到了2002年物美第三方物流改扩建项目所设定的目标;(3)物美集团持续提升物流技术水平,实现了物流和仓储能力的升级,百子湾物流中心支持了2003~2005年销售的快速增长(见中国物流与采购联合会专家评审组2009年3月17日出具的《关于物美"中国物流实验基地"及物流改扩建完成情况的专家评定意见》)。

以已经实际完成物流项目干品区面积为例,2004年,干品区面积达到了26,357平方米,而2006年达到了31,857平方米(见物美2008年12月22日《物美集团自2002年以来实施"第三方物流改扩建项目"的简要说明》第7页),已经达到了2003年上半年国家经贸委批准的物美集团物流改扩建项目要求。到2007年,已经实现物流干品区面积37,527平方米(见物美2008年12月22日《物美集团自2002年以来实施"第三方物流改扩建项目"的简要说明》第6页;物美与德丰广道物流有限公司2004年8月18日就百子湾火车站货场仓库达成的《租赁协议》;天津杨台配送中心《物流合作合同》;大红门配送中心扩租协议;与合作方达成的在新发地开发生鲜物流的协议),大大超过了项目可行性研究报告设立的干品区物流面积32,000平方米的目标。正是这些已经完成的物流项目支撑了物美近年来的高速发展。例如,近年来,物美集团的销售额连续数年保持50%以上的增长,从2001年的25亿元人民币到2004年达到130亿元人民币,到2006年达到231亿元人民币(见物美2008年12月22日《物美集团自2002年以来实施"第三方物流改扩建项目"的简要说明》第3页)。销售额的增长形成了实实在在的物流需求。而正是已经异地实施的物流项目满足了这种飞速增长的物流需求，支撑起了物美的快速发展。只有原计划的9200平方米的冷冻、冷藏区未能实现。这主要是由于项目异地实施，物美虽然多次向中国农业银行申请贷款，但均未能成功，物美只好用自有资金来完成上述异地实施第三方物流改扩建项目的工作，致使项目的全方位进展受到一定影响。事实上，物美至今仍在继续积极推进申报的物流项目的实施（见物美与祥龙物流公司签订的《合作意向书》以及10次备忘录，与招商局物流集团签订的物流合作《备忘录》）。一旦已经达成的协议和合作成功实施，物美物流项目的功能和规模将远远超过当初第三方物流改扩建项目可行性研究报告的设计。

为了在异地完成第三方物流改扩建项目，物美还在2004年、2005年三次向农行申请贷款，希望异地建设物流项目的行为得到银行的正式确认和支持，只是由于贷款行认为异地实施须向项目审批机构办理项目地址变更备案后才能重新申报贷款，而此时由于机构改革，国家经贸委已经撤销，这一工作就此耽搁下来，贷款未能成功（见农行万寿路支行2008年9月17日《关于核实物流项目贷款申报审批审批情况的回函》，张伟春辩护人2008年9月16日调查证人王某2证词第1页、调查证人葛某证词第2页，2008年9月21日调查证人于某1证词第2页）。

通过上述五个方面的分析，可以清楚地看到，(1)物美第三方物流改扩建项目是基于物美发展的真实需求而确立的，其最初选址于通州有充分的现实基础，通州区政府和物美为此签订了《合作协议书》。物美为推进该项目做了大量工作，该项目是完全真实的，且其真实性已经为物美后来的持续发展所证。(2)物美第三方物流改扩建项目的可行性研究报告也是根据实际情况，按原国家经贸委的要求，投入大量人力、财力委托有甲级资质的单位精心编制的，是完全真实的。(3)物美第三方物流改扩建项目的可行性研究报告中的《规划意见书》是通州区规划局出具的，并不虚假，其内容不符合要求与物美无关，且张文中一无所知，据此根本不能认定报告虚假，更不能认定张文中指使张伟春以虚假资料编制项目可行性研究报告。(4)物美第三方物流改扩建项目没有按可行性研究报告在原项目地点实施是由于“非典”等不可抗力所导致,并不能说明物流项目虚假。(5)物美第三方物流改扩建项目已经在异地实施,取得了良好的效果,物流配送干品区面积已经达到了可行性研究报告设立的32,000平方米的目标,支撑起了物美近年来的高速增长,物美为此还积极向银行申请贷款,从而进一步证明了项目的真实性。(6)一审判决认定物流项目未实施,与有确实、充分的证据所证明的项目已经异地实施的事实不符,不能成立。

然而,一审判决对物美是基于企业迅速发展、销售额剧增、进而导致物流量剧增,因而需要对原有的物流项目进行改扩建的事实视而不见,也不考虑物美没有按可行性研究报告在通州实施物流项目的原因,更不考虑第三方物流改扩建项目已经在异地实施并取得良好的效果,仅以物美没有按第三方物流改扩建项目可行性研究报告在通州实施物流项目,便认定项目虚假。同时,又仅凭张伟春一份已经被他本人后来的讯问笔录和一审庭审当庭推翻,并且没有任何其他证据支持,却有充分的证据予以否定的讯问笔录,以及一份张文中根本没有见过的规划意见书和附图,认定上诉人张文中指使张伟春等人以虚假材料编制项目可行性研究报告,向国家申报国债贴息项目资金,进而认定张文中诈骗了国债贴息资金,这显然是不能成立的。

(六)物美申报的信息现代化建设项目是物美发展所必须的,是完全真实的;已投入1.46亿元人民币实施项目,并且已经完成项目的主要内容,实现了可行性研究报告设立的主要目标。尽管存在违规之处,但1.3亿元人民币贷款不仅投入了项目,而且已按时偿还本息。一审判决认定项目贷款用于物美日常经营,信息化项目未实施,与事实不符,不能成立。

一审判决认定,物美以信息化项目为名,以与和康友联技术有限公司签订虚假设备采购合同和开具虚假发票为手段,获得1.3亿元人民币贷款,用于公司日常经营,未实施信息化项目(见一审判决书第23页)。这一认定与事实完全不符,不能成立。

1. 没有信息技术就没有现代流通企业，信息现代化项目是物美发展必需的，物美完全是按照自身发展的需要而设立和申报该项目，因此，该项目是完全真实的。一审判决“物美以信息化项目为名”的说法不能成立。

信息技术的应用和发展是现代流通业存在和发展壮大的基本条件。长期以来，零售店铺一直是单店、小规模经营，被称为“小商小贩”。连锁的本质和优势在于几百家甚至几千家门店统一管理，统一采购，统一配送、统一结算和统一形象。然而这个规模效益的实现取决于你是否掌握所有店铺的商品信息（进货、销售和库存的数据）。每一个店铺大小不一平均有几万种商品，每天每一个单品的进货、销售和库存数据是海量的，用手工进行统计和分析是不可思议的，必须有信息系统和技术的支持才有可能。信息技术的核心是使过去分散的、滞后的、间断的商品数据，成为统一的、及时的、连续的数据，从而使成百上千的店铺，成千上万种商品和成万上亿的交易数据可以进行统一的统计、分类，及时地掌握在各个店铺的各个商品的进货情况、库存情况和销售情况，并向经营者提供商品采购和管理决策支持。例如，目前物美的信息系统能够使总部掌握，任何一个时点在全国从北京、天津到杭州、银川的所有商场，有多少桶各种规格的可口可乐的库存，本日卖出了多少各个规格的可口可乐。因此，总部可以靠信息系统的支持，及时地组织进货、调剂商品（在商场之间），以保证满足消费者的需求。由于有大量的数据做基础，流通企业还可以对于消费者的行为进行分析，对各类商品的销售趋势进行预测。物美是国内最早用信息技术改造流通产业的企业。多年来一直坚持以企业信息化支撑经营业务的发展，可以说物美的经营与发展，与信息化的建设是紧密且息息相关且不可分的（见物美2002年信息化建设项目总结第1～5页）。2002年，国家经贸委恰恰是根据信息技术应用对于现代流通产业的核心作用，决定国债贴息资金重点用于支持大型连锁企业围绕信息化管理、仓储设施、经营规模等进行改造，使其向集团化方向发展，促进流通产业的升级（见原国家经贸委投资与规划司“投资〔2002〕075号”《关于组织申报2002年国债技术改造项目的通知》附件一第6页,见甘某2009年2月9日《关于物美申请2002年国债技术改造项目相关情况的说明》第2页),从而为物美申报信息现代化建设项目提供了政策基础。正是基于信息技术对物美流通业发展的必要性和核心作用,基于国债技改贴息政策支持大型先进流通企业信息系统升级,设立了信息现代化建设项目,并申报国债贴息资金的支持。在编制项目可行性研究报告时,物美也是根据企业自身发展的需要来确定项目目标和主要内容的(见物美信息现代化建设项目可行性研究报告第14~15页、第19~22页)。因此,物美申报的信息现代化项目是真实的,一审判决"物美以信息化项目为名"的说法是不能成立的。

2. 物美投入了1.46亿元人民币用于其获得国家批准的信息现代化建设项目,已经完成了项目的主要内容,实现了项目可行性研究报告设立的主要目标。一审判决认定信息化项目未实施,与事实不符,不能成立。

仔细分析和对比物美的信息现代化建设项目可行性研究报告和已经实际完成的信息化建设内容,可以清楚地看到,物美已经完成了项目可行性研究报告的主要内容,实现项目的主要目标。

按照物美编制的信息现代化建设项目可行性研究报告,该项目的主要建设内容包括十大项,分别是:(1)建立快速适应市场变化的物美经营组织及管理模式和运作方式;(2)完善物美的网络支撑系统;(3)建立物美信息技术系统总体框架;(4)实施各类业态的管理信息系统;(5)建设物美物流中心,实施现代物流系统;(6)实施协作关系管理系统;(7)实施网络化财务管理系统;(8)实施供需链管理系统;(9)实施电子商务应用系统;(10)实施经营决策支持系统(见物美2002年9月编制的《信息现代化建设项目可行性研究报告》第5~6页)。项目总投资为19,780万元人民币,其中,企业自筹6780万元人民币,银行贷款13,000万元人民币(见物美2002年9月编制的《信息现代化建设项目可行性研究报告》第5~6页)。而自2002年起,物美投入大量的人力、物力、财力实施"信息现代化建设项目",已有1.46亿元人民币投入项目,其中有近6000万元人民币用于购置硬件。物美已基本实现了信息现代化,完成了“产业升级”的目标,并有力地支撑了物美集团从2002年开始的销售额快速增长。具体表现在:

第一,自2002年起,物美集团信息现代化建设项目共完成以下七大子系统:①建立物美集团的经营组织、管理模式和运作方式;②完善物美集团的网络支撑系统;③建立物美集团信息技术系统总体框架;④实施各类业态的管理信息系统;⑤实施网络化财务管理系统;⑥实施供需链管理系统;⑦实施经营决策支持系统。以上七个子系统覆盖了2002年信息现代化建设项目可行性研究报告十个子系统的主要部分(见物美2002年信息化建设项目总结第13~18页)。

第二,2002年信息现代化项目可行性研究报告计划建设的另外三项内容在分步实施或调整,其中:①电子商务系统推迟实施;②物流项目(信息现代化配套部分)调整以适应物流项目临时异地实施;③协作关系管理系统因数据难以统一,暂未实施(见物美2002年信息化建设项目总结第18~19页)。

第三,为落实“信息现代化项目”,成立了以集团副总裁蒙某某博士为首的“信息现代化项目专项小组”,原和康友联公司技术人员全部并入该小组(见物美2002年信息化建设项目总结第13~18页)。

第四,物美集团信息现代化项目已实际投资为14,623万元人民币,其中5934万元人民币用于购置设备。之所以实际投资额低于可行性研究报告中的预算,主要原因在于:①硬件成本逐步降低,如POS机2002年12,500元人民币/台,2005年降为8500元人民币/台,2006年降为7100元人民币/台。②服务器投资减少。服务器共享,原计划每个系统都需要一个服务器,后经过研究变为多个系统共享一个服务器。同时服务器大幅降价。③电子商务系统推迟实施,其相应的硬件采购也推迟。④电子商务系统推迟,其相应软件费用未发生。⑤不可预见费1200万元人民币因节约未发生(见物美2002年信息化建设项目总结第20~21页)。

上述事实,还有辩护人在一审期间向一审法院提交的物美设备采购的明细账予以证明。从上述事实可以清楚地看到,物美申报的信息化项目的主要内容已经实施,项目可行性研究报告的主要目标已经达到。一审判决认定信息化项目没有实施完全不符合事实,不能成立。

3. 物美虽然为了简化贷款手续而在信息化项目贷款过程中存在违规之处,贷款到账后也没有做到专款专用,但并不影响项目主要内容确已实施,并且确有相应资金用于信息化项目。1.3 亿元人民币贷款已按时归还本息。一审判决只看到贷款违规和没有专款专用,没有考虑有相应的资金用于信息化项目,进而认为信息化项目没有实施,错误地认定了有关事实的性质,与实际情况不符。

不可否认,物美在使用贷款资金过程中存在违规之处,具体表现在,物美与和康友联公司一次性签订金额为 7200 万元人民币的设备购买合同,和康友联公司出具了 7200 万元人民币的发票,而该合同并未实际履行,物美却持此合同和发票到银行办理了相关手续。此行为违反了国债贴息项目贷款资金使用的相关规定。但是,物美这样做有其不得已的难处。根据国债贴息项目贷款使用政策,物美在每一次实施信息化项目用款时,都必须到银行办理相关手续。而物美实施信息化项目的客观情况是:2002 年发生购买电子设备、支付公司资讯中心进行软件开发、升级和维护等费用,购买其他公司开发的软件使用权和软件升级服务等 1265 笔,金额为 9,279,445.81 元人民币;2003 年发生上述信息化项目建设 1312 笔交易,金额为 7,818,142.77 元人民币;2004 年发生了 1237 笔交易,金额为 12,893,297.35 元人民币;2005 年发生了 1369 笔交易,金额为 17,621,534.21 元人民币;2006 年发生了 1003 笔交易,金额为 17,460,762.61 元人民币;2007 年发生了 834 笔交易,金额为 30,640,768.35 元人民币。据以上数据统计,2002 年 1 月至 2007 年 8 月,物美信息化项目建设共发生了 7020 笔交易。如每使用一笔资金都到银行去办理相关手续,就需要去银行办理 7020 次手续,提交 7020 次相关票据,这将极大地增加财务成本和相关工作人员的工作量及占用其他资源,几乎不具有实际操作的可能性。正是针对这样持续而频繁地使用资金情况,物美才与康友联公司一次性签订金额为 7200 万元人民币的设备购买合同,和康友联公司出具了 7200 万元人民币的发票,然后由物美公司持此合同和发票到银行办理了相关手续(见物美公司出具的《关于物美公司使用实施信息化项目贷款资金问题的说明》)。物美的此行为虽然违反了国债贴息项目贷款资金使用的相关规定,但物美毕竟有相同数量的贷款和相对应的国债贴息资金用于信息化项目。因此,物美的该行为仅仅是资金使用违规,根本不涉及诈骗。可是,一审判决将此作为认定物美没有实施信息化项目以及张文中骗取国债贴息资金的根据之一,错误地认定了该行为的性质。

还必须指出的是,物美与和康友联公司签订设备采购合同的重要原因,是和康友联是专业为物美和其他商业企业提供信息技术服务的公司,故想通过和康友联公司使物美获得在专业上和规模上的优势。而物美与和康友联公司签订设备购买合同没有实际履行、7200 万元人民币又转回给物美公司的原因则是:和康友联公司改制后成为物美商业股份公司的发起人股东,原和康友联公司的自然人股东和业务都并入物美公司的职能部门"资讯中心"。由于和康友联公司的技术人员进入物美集团,成立资讯中心,物美自身有了信息化项目支持与实施的能力,全面承担了信息现代化项目,合同已无须也无法再履行。因此,资金全部调回物美(见物美 2002 年信息化建设项目总结第 21 ~ 23 页)。该事实对物美实施信息化项目以及有相应的资金用于信息化项目没有丝毫影响,一审判决将此作为认定物美没有实施信息化项目以及张文中骗取国债贴息资金的根据之一,错误地认定了其性质。

尽管物美对信息化项目贷款没有做到专款专用,但如前所述,物美有超过 1.3 亿元人民币贷款的资金用于实施信息现代化项目,并及时归还了贷款本息,因此,贷款没有专款专用这一事实丝毫不影响物美实施了信息化项目,更不能说明张文中骗取了国债贴息资金。

由上可知,尽管物美的信息化项目贷款存在违规之处,也没有做到专款专用,但确有相应资金用于信息化项目,完成了项目的主要内容,实现了项目可行性研究报告设立的主要目标。一审判决认定物美将信息化项目贷款用在了物美的日常经营,信息化项目没有实施完全不符合事实,以此作为认定张文中诈骗的根据不能成立。

4.一审判决所引用的审计署固定资产投资审计局有关报告内容与事实不符,不应采信,一审判决据此报告得出的结论错误。

一审判决认为物美没有按规定实施信息化项目的最主要证据,是审计署固定资产投资审计局于2006年12月5日出具的《关于物美控股集团有限公司申报使用国债专项贴息3190万元的审计调查报告》,根据该报告的有关内容(见该报告第3~4页),一审判决认定物美以信息化项目为名,以与和康友联技术有限公司签订虚假设备采购合同和开具虚假发票为手段,获得1.3亿元人民币贷款,用于公司日常经营,未实施信息化项目。而实际上,物美公司与和康友联公司虽然通过签订虚假设备采购合同和开具假发票从银行贷了款,有关款项后来转到了物美,但并不能否认物美直接将资金用于可行性研究报告所计划的信息化项目。尽管与和康友联公司签订的有关合同没有直接履行,但有其客观原因(见物美2008年9月出具的《物美2002年信息化建设项目总结》第23~24页),且大量的证据充分证明,物美确实有相应的资金用在了信息化项目上(见物美2008年9月出具的《物美2002年信息化建设项目总结》第10、20、21页,辩护人向一审法院提交的物美设备采购的明细账),且信息化项目已经完成了项目的主要内容,实现了项目可行性研究报告设立的主要目标(见物美2008年9月出具的《物美2002年信息化建设项目总结》第13~18页)。但是,上述审计调查报告只看到物美的贷款没有在和康友联公司直接用于设备采购,却没有看到物美有相应的款项用在了信息化项目上,并且实际上已经完成了项目的主要内容,实现了项目可行性研究报告设立的主要目标,错误地理解没有专款专用的问题,因而得出了没有相应的资金用于信息化项目的错误结论,一审判决根据该审计调查报告得出的结论当然也是错误的。

总之,物美申报的信息现代化建设项目是物美发展所必需的,是完全真实的,并且已经完成了项目的主要内容,实现了项目可行性研究报告设立的主要目标。项目实施过程中虽然存在贷款违规和未做到专款专用的问题,但确有1.46亿元人民币资金用于项目,1.3亿元人民币贷款已按时归还本息。一审判决将物美的违规行为错误地认定为贷款未用于项目,进而认定信息化项目未实施,与事实不符,不能成立。

还需要指出的是,上诉人张文中在决定物美通过诚通公司申报国债贴息资金之后,就没有再过问申报项目的具体工作,在项目获得批准后,也没有直接负责或者具体过问项目的实施和进展情况。因此,物美是否按规定实施了申报下来的项目,与张文中是否犯有诈骗罪是没有任何关系的。一审判决以物美没有按规定实施申报项目来认定张文中犯有诈骗罪,本来就是毫无道理的,更何况项目已经实施。

(七)涉案的3190万元国债贴息资金虽然没有做到专款专用,但这只是资金使用方面的违规行为,既不影响物美所申报项目的真实性,也不属于非法占有国债贴息资金的行为。而且,上诉人张文中对该笔资金的使用情况一无所知。一审判决对物美相关行为的性质作出了错误的认定,以此作为认定张文中骗取国债贴息资金的理由,没有根据。

1.涉案的3190万元国债贴息资金虽然没有做到专款专用,但这只是资金使用方面的违规行为,既不影响物美所申报项目的真实性,也不属于非法占有国债贴息资金的行为。

不可否认,财政部下拨的3190万元国债贴息资金到达物美公司账上后,物美确实曾将该笔资金用于偿还公司贷款了,没有做到专款专用,但是,据此并不能得出物美存在以诈骗的方式非法占有了该笔资金的结论。这是因为,货币属于种类物,只要物美有相同数量的资金用在了物流项目和信息化项目上,或者有作出明确标注的相应的资金挂在有关账户上,就不能认为该笔资金被非法占有了。而根据物美实施信息化项目的有关票据以及物美公司的有关财务账目,物美确实有相应的一部分资金用在了归还信息化项目贷款的利息上,还有一部分资金则作为"应付人民政府"款项一直挂在公司财务账目上(见物美公司实施信息化项目的有关票据和物美公司的说明,物美公司的有关财务账目)。因此,物美只是没有专款专用,但并没有非法占有这笔资金,更不存在以诈骗的方式非法占有这笔资金的问题。而且,在 2003 年 11 月 11 日物美用 3190 万元国债贴息资金偿还农行短期贷款时,物美的自有资金余额还有 1.12 亿余元,远远超过 3190 万元。也就是说,物美根本无须通过“骗取”银行 3190 万元国债贴息资金用于还贷,即使没有这笔资金,物美的自有资金也足以偿还银行贷款(见物美 2008 年 9 月出具的《公司账户余额表》)。可见,物美根本无须也确实没有非法占有这 3190 万元贴息资金。

2. 涉案的 3190 万元国债贴息资金是物美财务管理人员为了降低财务成本,自行决定将 3190 万元用于偿还银行贷款,上诉人张文中对该笔资金的使用情况一无所知。一审判决将此事与张文中联系在一起没有道理。

具体经手涉案的 3190 万元的物美员工证明,该笔资金只是财务管理人员为了降低财务成本,提高资金使用效率,才自行决定将 3190 万元用于偿还银行贷款,张文中对此事并不知情(见辩护人 2008 年 9 月 21 日调查于某1证言第 2 页,调查许某证言第 3、4 页)。在大量检方调取的物美内部用款单上,从未发现任何一张上有张文中的签字,从而证明张文中未介入任何一笔具体的资金使用调度。因此,这笔资金如何使用实际与张文中是没有任何关系的,以此笔资金没有专款专用作为认定张文中诈骗国债贴息资金的根据没有道理。然而,一审判决还是作出了这种认定(见一审判决书第 23 页)。

3. 3190 万元国债贴息资金中未与贷款配套使用的部分一直挂在物美的“应付人民政府”账目上,充分证明物美和张文中没有非法占有该笔资金的意图和行为,一审判决否定该账目的证明力没有道理。

从物美财务账目可以清楚地看到,物美对 3190 万元国债贴息资金是以对北京市人民政府办公厅其他应付款入账的。这样的记账方式已经充分说明,物美和张文中根本没有把这笔资金非法占有的意图。然而,一审判决认为,物美取得国债贴息资金后,为会计账目需要必然建立“应付人民政府需要”账目,因此,该账目与张文中骗取国债贴息资金的行为无关(见一审判决书第 37 页),这种说法是没道理的。正如包括高铭暄教授在内的八位我国著名刑事法专家在2008年10月19日出具的《关于张文中案一审判决的专家论证法律意见书》中所指出的：如果张文中存在骗取国债贴息资金的故意，他只有将有关国债贴息资金从物美的“应付人民政府”账目上转走，才能实现非法占有的目的，否则该笔资金迟早要归还政府，根本无法将该笔资金非法占有。因此，没有使用的国债贴息资金一直挂在物美的“应付人民政府”账目上这一事实，恰好说明了张文中不存在骗取国债贴息资金的目的和行为，而不是一审判决所说的那样与张文中骗取国债贴息资金的行为无关（见《关于张文中案一审判决的专家论证法律意见书》第10～11页）。当然，由于张文中本来就不知道这笔资金的实际使用情况，一审判决认定将国债贴息资金挂在“应付人民政府”账目与张文中骗取国债贴息资金的行为无关是错误的。

由上可见，涉案的3190万元资金仅是没有专款专用，而不是没有用到项目上，更没有被非法占有。一审判决对涉案的3190万元贴息资金没有专款专用的性质作出了错误的认定，以此作为认定张文中骗取国债贴息资金的根据更是没有道理的。

通过上述七个方面的分析论证，可以清楚地看到，一审判决认定被告人张文中、张伟春个人诈骗国债贴息资金3190万元，然后将犯罪所得处置给单位，犯了以下五个方面的错误：其一，将物美完全有资格申报2002年国债贴息资金，错误地认定为物美作为民营企业不属于国债贴息资金支持的范围；其二，将典型的单位行为，错误地认定为个人行为，进而错误地适用法律；其三，将完全不具备诈骗罪构成特征的物美高层集体讨论决定物美通过诚通公司递交申报项目材料的单位行为，错误地认定为张文中个人诈骗行为；其四，将根本不属于诈骗，并且张文中既没有参与也完全不知情的项目申报过程中存在的瑕疵，错误地认定为张文中个人实施的骗取国债贴息资金行为；其五，将没有按规定做到专款专用以及因不可抗力而未在原项目地点实施第三方物流改扩建项目等根本不属于诈骗的单位行为，错误地认定为张文中个人实施的诈骗行为。其中，没有对项目贷款和国债贴息资金按规定做到专款专用,张文中甚至根本没有参与也不知情。一审判决显然违背了本案事实,以致定性错误,因而不能成立。

二、涉案的4000万元资金,是由泰康公司借给卡斯特投资咨询中心使用的,该笔资金无论是出借、使用还是归还都完全发生在两个单位之间,根本不具备挪用资金罪的任何特征。一审判决违背本案基本事实,违反《刑法》及有关司法解释的规定,错误地认定上诉人张文中犯挪用资金罪。

一审判决认为,被告人张文中伙同并利用他人职务上的便利,挪用泰康公司资金4000万元归个人使用进行营利活动,构成挪用资金罪的共犯(见一审判决书第37、38页)。其作出该认定的理由是:泰康公司与卡斯特公司签订的委托投资国债协议不合法,涉案的4000万元资金并非泰康公司与卡斯特投资咨询中心履行委托投资国债协议。被告人张文中原讯问笔录及证人陈某1、田某1、张某1证言证实,张文中、陈某1、田某1三人商定从泰康公司拿出4000万元炒股,具体由张某1操作,炒股的盈利由三人按比例来分配;田某1、张某1均证实该炒股盈利资金曾由田某1的家属使用过,证人陈某1也证明因其明知该盈利系违规挪用资金用于炒股而产生的收益,故未动用,足以证实系个人挪用资金行为(见一审判决书第22、23页)。而根据现有证据,上述判决理由与本案事实明显不符,根本得不出涉案的4000万元资金系个人挪用的结论,更不能得出上诉人张文中属于挪用资金罪的共犯的结论。根据一审判决所采信的控方证据,能十分清楚地得出结论:涉案的4000万元资金是由泰康公司借给卡斯特投资咨询中心使用的,属于单位借给单位使用,资金的借出、使用和归还完全发生单位之间,根本没有挪用资金罪发生的余地。因此,一审判决对张文中涉案行为的定性是错误的。

(一)一审判决采信的控方书证已经清楚而充分地证明,涉案的4000万元资金于1997年3月27日由泰康公司划转到卡斯特投资咨询中心,并一直由卡斯特投资咨询中心使用,于1997年8月19日由卡斯特投资咨询中心转回泰康公司,其出借、使用和归还完全发生在单位之间，不具备任何挪用资金罪的基本特征，一审判决得出了错误的结论。

一审法院在一审判决书中列举了15组证据（见一审判决书第17～22页），试图证明上诉人张文中伙同他人挪用泰康公司资金归个人使用，进行营利活动，构成挪用资金罪。按照我国《刑法》以及最高人民法院的有关司法解释规定的挪用资金罪的构成要件，这15组证据只有在能够证明上诉人张文中伙同陈某1并利用其职务之便，挪用泰康公司资金归本人或者其他自然人使用，或者以个人名义将所挪用的资金借给其他自然人和单位的情况下，才与一审判决的认定结果之间具有关联性，才能支持其判决结果。然而，无论是对这些证据进行独立审查还是综合审查，都根本得不出上诉人张文中存在伙同并利用陈某1职务之便，挪用泰康公司资金归本人或者其他自然人使用，或者以个人名义将所挪用的资金借给其他自然人和单位的行为，相反，这些证据恰恰能够证明涉案的4000万元资金是由泰康公司借给卡斯特投资咨询中心使用，无论资金出借方还是使用方均是单位而不是个人，张文中的涉案行为根本不具备挪用资金罪的构成要件，不构成挪用资金罪。

1. 一审判决列举的第5、6、7组证据清楚地证明，涉案的4000万元资金于1997年3月27日由泰康公司划转到卡斯特投资咨询中心，完全是单位对单位，没有经过任何个人账户，也没有给任何个人使用过，因而既不符合"以个人名义将所挪用的资金借给其他自然人和单位"这一特征，也不符合"挪用本单位资金归本人或者其他自然人使用"这一特征。

一审判决书所列举的第5、6、7组证据（见一审判决书第20页），清楚地证明：涉案的4000万元是由泰康公司借出的，而不是以个人名义挪用或者以个人名义将所挪用的资金借出的；这4000万元资金由泰康公司转到了卡斯特投资咨询中心在北京证券交易中心开立的账户上，然后转到了国泰证券北京方庄营业部卡斯特投资咨询中心炒股账上，没有经过任何个人账户，也没有给任何个人使用过。

一审判决列举的第5组证据是一组书证，包括泰康公司证明、委托投资国债协议、抵押合同（见一审判决书第20页）；第6组证据也是一组书证,包括泰康公司支票请领单、转账支票存根(见一审判决书第20页);第7组证据仍然是一组书证,包括泰康公司转账支票、北京证券交易中心进账单、国泰证券北京方庄营业部客户存取款凭单、泰康公司银行存款日记账以及记账凭证(见一审判决书第20页)。这批书证清清楚楚地载明了以下事实:(1)确定合作用涉案的4000万元资金投资的主体是两个公司,即泰康公司和卡斯特投资咨询中心双方,属于单位对单位(见一审判决书第20页第5组证据中的泰康公司与卡斯特投资咨询中心签订的《委托投资国债协议》和《抵押合同》)。(2)涉案的4000万元资金由泰康公司直接转出(见一审判决书第20页第6组证据中的泰康公司1997年3月26日由李某4签名的支票请领单、泰康公司1997年3月27日转账支票存根以及一审判决书第20页第7组证据中的泰康公司1997年3月27日工商银行转账支票),并且由该公司财务人员在公司账目上作出了明确记载(见一审判决书第20页第7组证据中的泰康公司银行存款日记账以及记账凭证),该资金动用行为无疑属于单位行为。(3)涉案的4000万元资金直接转到了卡斯特投资咨询中心在北京证券交易中心开立的账户上,然后转到了国泰证券北京方庄营业部卡斯特投资咨询中心炒股账上,没有经过任何个人账户,也没有给任何个人使用过(见一审判决书第20页第7组证据中的北京证券交易中心1997年3月27日账号为273009－51－××××进账单,以及国泰证券北京方庄营业部1997年3月27日股东代码为B000126×××的客户存取款凭单)。实际上,有关书证还清楚地证明,涉案的4000万元资金投资合作终止,也发生在泰康公司和卡斯特投资咨询中心两个公司之间(见泰康公司"泰康函〔1997〕003号"《关于终止委托国债投资协议致北京卡斯特投资咨询中心的函》)。

2. 一审判决书列举的第8组证据清楚地证明,涉案的4000万元资金最后由卡斯特投资咨询中心流回了泰康公司,没有经过任何个人的账户,也没有任何个人使用过,仍然是单位对单位。

一审判决书列举的第8组也是一批书证(见一审判决书第20页),包括卡斯特投资咨询中心1997年8月19日在国泰证券北京方庄营业部取款凭单、北京证券登记有限公司 1997 年 8 月 19 日《转账支票》、泰康公司 1997 年 8 月 19 日中国工商银行《进账单》和《记账凭证》、泰康公司 1997 年 8 月 19 日与卡斯特投资咨询中心《资金往来专用发票》。这批书证发生的背景是,由于中国人民银行查账,泰康公司决定终止与卡斯特投资咨询中心的合作,将涉案的 4000 万元资金收回(见泰康公司"泰康函〔1997〕003 号"《关于终止委托国债投资协议致北京卡斯特投资咨询中心的函》)。一审判决书列举的这组证据清楚地证明,经过卡斯特投资咨询中心、国泰证券北京方庄营业部、北京证券登记公司、泰康公司等单位之间的一系列资金流转,涉案的 4000 万元资金由卡斯特投资咨询中心流回了泰康公司,没有经过任何个人的账户,仍然是单位对单位。

通过上述分析,可以清楚地看到,仅仅根据一审判决采信的控方书证,也足以证明涉案的 4000 万元资金的借出方、使用方和归还方均为单位,无论在名义上还是实质上,都是单位对单位。因此,上诉人张文中的相关涉案行为根本不具备《刑法》规定的"挪用本单位资金归个人使用或者借贷给他人"这一挪用资金罪的成立要件,不构成挪用资金罪。

(二)由于有确实、充分的书证证明涉案的 4000 万元资金系单位对单位,一审判决引用的陈某 1、任某、李某 4 等证人证言无法证明,也不可能证明涉案的 4000 万元资金被挪用"归个人使用或者借贷给他人"。事实上,这些证人证言和上诉人张文中的说法也证明涉案的 4000 万元资金的提供方和使用方均为单位,而不涉及个人。

一审判决书试图通过其列举的陈某 1、田某 1、张某 1、李某 4、任某、师某的证言和张文中的讯问笔录来证明,涉案的 4000 万元资金是借给张某 1 个人使用,从而属于挪用资金归个人使用(见一审判决书第 17~29 页)。且不说有确实、充分的书证证明涉案的 4000 万元的出借方和使用方均为单位,即使有人硬要说该款是给个人使用,其证明力也明显低于书证,因而这些言词证据无法证明,也不可能证明涉案的 4000 万元资金被挪用"归个人使用或者借贷给他人",就是仔细分析一审判决所引用这些证人证言和张文中讯问笔录的具体内容,也能够清楚地得出结论:该笔资金的真正使用主体并非张某1,而是卡斯特投资咨询中心,一审判决的认定是错误的。

1. 一审判决所引用的这些证人证言和被告人讯问笔录证明,涉案的4000万元资金的出借方或者说动用方是泰康公司,而不是陈某1或者任何其他个人。

先来看陈某1的证言。陈某1的证言证明,他与张文中、田某1商定用泰康公司的资金炒股后,“跟公司的常务副经理任某、财务部负责人李某4分别打了招呼”,“说张文中是公司的股东,公司想委托他理财,需要4000万元,让他们办一下”(见陈某1在2006年12月9日作出的询问笔录第3页)。从陈某1证言中的上述内容可以十分清楚地看出,陈某1是决定以泰康公司的名义动用涉案的4000万元资金,而不是以个人名义动用这笔资金。一审判决书所引用的其他言词证据,包括张文中的讯问笔录(见张文中2006年12月10日讯问笔录第2、3页),田某1、张某1、李某4、任某的证言(见田某1在2006年12月28日作出的询问笔录第2页,张某1在2006年12月9日作出的询问笔录第3页,吴某2在2006年12月4日作出的询问笔录第1~3页,李某4在2006年12月1日作出的询问笔录第2页,任某在2006年12月6日作出的询问笔录第2页)均证明,涉案的4000万元资金由泰康公司借出,至少是以泰康公司的名义借出,而不是由陈某1个人或者由张文中伙同陈某1个人借出的。可见,即便是一审判决所采信的证人证言和被告人讯问笔录,也证明上诉人张文中的涉案行为根本不是个人挪用资金行为,根本不具备“以个人名义将所挪用的资金借给其他自然人和单位”这一挪用资金罪的特征。

2. 一审判决所引用的这些证人证言和被告人讯问笔录证明,涉案的4000万元资金的使用方是卡斯特投资咨询中心,而不是张某1或者任何其他个人。

首先,一审判决所采信的张某1、吴某2的证言均证明,涉案的4000万元资金的收款方为卡斯特投资咨询中心,后来也是卡斯特投资咨询中心归还的(见张某1在2006年12月9日作出的询问笔录第3、5页,吴某2在2006年12月4日作出的询问笔录第2、3页);张某1的证言还证明,该笔资金放在以卡斯特投资咨询中心的名义开设的股票交易账户上用于申购新股了(见张某1在2006年12月9日作出的询问笔录第3页)。根据张某1、吴某2的上述证言,涉案的4000万元资金的接受者和使用者均为卡斯特投资咨询中心。

其次,一审判决采信的张文中的讯问笔录证明,涉案的4000万元资金进入了卡斯特投资咨询中心的炒股账户上,由张某1以卡斯特投资咨询中心的名义申购新股(见张文中2006年12月10日讯问笔录第2、3页)。根据张文中的该讯问笔录,涉案的4000万元资金的真正收款人和使用人均为卡斯特投资咨询中心。

最后,李某4、任某、陈某1的有关证言内容自相矛盾、互相矛盾,不能采信。李某4的证言虽然说张某1到泰康公司借过4000万元,并且说是陈某1告诉她泰康公司委托张某1做国债投资,需要给张某1 4000万元(见李某4在2006年12月1日作出的询问笔录第2页),但该证言同时又说到在由李某4签批的领取人为张某1的支票请领单上载明,是给卡斯特投资咨询中心4000万元(见李某4在2006年12月1日作出的询问笔录第2页),而不是给张某1个人。可见,李某4在证言中所说的"给张某1 4000万元",实际上是给卡斯特投资咨询中心4000万元。任某的证言一方面说:"陈某1对我说泰康人寿的董事张文中资金周转困难,需要向泰康人寿借一部分钱,让我给安排一下。"(见任某2006年12月6日询问笔录第2页,该证言内容与李某4的相关证言内容矛盾)另一方面又说,泰康公司是借款给卡斯特投资咨询中心,借款给卡斯特投资咨询中心是陈某1决定的(见任某2006年12月6日询问笔录第2页)。陈某1的证言则说:"我跟(泰康)公司的常务副总经理任某,财务部负责人李某4分别打了招呼,但我只说张文中是公司的股东,公司想委托他理财,需要4000万元,让他们办一下。"(见陈某1在2006年12月9日作出的询问笔录第3页)该证言的内容与李某4、任某的相关证言内容均矛盾。显然,李某4、任某、陈某1的有关证言内容存在自相矛盾和互相矛盾的问题，本身就不足采信，且他们的证言中本身也存在 4000 万元是借给卡斯特投资咨询中心的内容。且不说此三人的证言内容与证明力更强的大量书证的内容明显不符，就是全面审查所有的证人证言和被告人讯问笔录，也只能得出涉案的 4000 万元资金的接受者和使用者均为卡斯特投资咨询中心，而不是张某 1 的结论。因此，李某 4、任某、陈某 1 的有关证言当中所说是张某 1 或者张文中个人借款的内容是完全不能采信的，而其中关于借款人和使用人为卡斯特投资咨询中心的内容则与强有力的书证相符，完全属实。

由上可知，一审判决无法证明涉案的 4000 万元资金被挪归个人使用，事实上也得出了该笔资金系单位对单位这一相反结论。

（三）一审判决错误地认定泰康公司与卡斯特投资咨询中心签订的《委托投资协议》不合法。尽管该协议是否合法并不影响涉案的 4000 万元的借出、使用和归还完全发生在两个单位之间，但是为了纠正一审判决的错误，恢复事实的本来面目，仍有必要指出泰康公司和卡斯特投资咨询中心签订的协议是合法、真实的。

在一审过程中，辩护人运用由控方所收集的书证，即泰康公司与卡斯特投资咨询中心签订的《委托投资国债协议》《抵押合同》以及泰康公司向卡斯特投资咨询中心发出的《关于终止委托投资国债协议函》的内容，证明涉案的 4000 万元资金是由泰康公司借给卡斯特投资咨询中心使用的这一基本事实。然而，一审判决对这些书证所能清楚地证明的事实视而不见，却莫名其妙地认定泰康公司与卡斯特投资咨询中心签订的《委托投资国债协议》不合法，以致得出的结论既完全错误又毫无意义。

1. 泰康公司与卡斯特投资咨询中心签订的《委托投资国债协议》是否合法，丝毫不影响涉案的 4000 万元资金是由泰康公司借给卡斯特投资咨询中心使用的这一基本事实。一审判决以此作为认定张文中挪用资金的根据毫无道理。

根据《刑法》第 272 条的规定，构成挪用资金罪必须是“挪用本单位资金归个人使用或者借贷给他人”。同时,根据2000年7月27日起施行的最高人民法院《关于如何理解刑法第二百七十二条规定的“挪用本单位资金归个人使用或者借贷给他人”问题的批复》,“挪用本单位资金归个人使用或者借贷给他人”是指“挪用本单位资金归本人或者其他自然人使用,或者挪用人以个人名义将所挪用的资金借给其他自然人和单位”。因此,要认定上诉人张文中系挪用资金罪的共犯,必须有确实充分的证据证明上诉人张文中伙同他人实施了挪用资金“归本人或者其他自然人使用”的行为,或者实施了“以个人名义将所挪用的资金借给其他自然人和单位”的行为。然而,无论泰康公司与卡斯特投资咨询中心签订的《委托投资国债协议》是否合法,都丝毫不影响涉案的4000万元资金是由泰康公司借给卡斯特投资咨询中心使用的,即单位借给单位使用这一基本事实。可见,一审判决纠缠于泰康公司与卡斯特投资咨询中心签订的《委托投资国债协议》是否合法,双方是否履行了该协议,对于查明涉案的4000万元资金是单位还是个人挪用毫无意义,当然更不能说明张文中存在挪用资金的行为。

2. 尽管泰康公司与卡斯特投资咨询中心签订的《委托投资国债协议》是否合法,丝毫不影响涉案的4000万元资金是单位借给单位使用,但仍有必要指出,该《委托投资国债协议》是合法的,一审判决对该协议定性错误。

要认定泰康公司与卡斯特投资咨询中心之间的《委托投资国债协议》不合法,就必须有相应的事实和法律依据,以说明该协议违法违在何处。然而,一审判决所采信的证据中,并没有能够说明该协议违法的内容。从一审判决所引用的证据来看,其试图从三方面证明该协议不合法:一是该协议上盖的是泰康公司计划财务部的章而不是泰康公司的合同章(见一审判决书第20页证据5以及第22页)。二是该协议系补签的(见一审判决书第19页证据3中李某4证言以及第22页)。三是该协议未经泰康公司领导同意(见一审判决书第19页证据3中李某4证言以及第22页)。这些理由都是不能成立的。首先,协议上盖的是泰康公司计划财务部的章并不会影响协议的合法性。无论在法律还是在司法实践中,都不会由于盖了公司的哪一个印章而影响协议的合法性,除非在协议中对此有特别约定。泰康公司与卡斯特投资咨询中心之间的该《委托投资国债协议》是规范双方行为的基本文件,双方的抵押合同建立在该协议的基础上(见泰康公司与卡斯特投资咨询中心1997年3月27日签订的《抵押合同》),双方终止合作也是根据这个文件实行的(见泰康公司"泰康函〔1997〕003号"《关于终止委托国债投资协议致北京卡斯特投资咨询中心的函》,泰康公司2006年12月5日《关于与北京卡斯特投资咨询中心委托国债投资收益的情况说明》)。一旦卡斯特投资咨询中心不能履行协议内容,泰康公司完全可以根据该协议向卡斯特投资咨询中心追偿。其次,该协议并非补签的。虽然按照李某4的说法,该协议是在给张某1支票后,要求张某1补签的,但从有关书证可以看到,1997年3月26日,李某4只是签发了支票请领单(见有李某4签名的泰康公司计财部1997年3月26日支票请领单),而支票请领单只是泰康公司内部调度资金的一个程序,根本不是付款时间。泰康公司4000万元支票的开出时间、资金调拨的时间以及泰康公司与卡斯特投资咨询中心之间的协议签订的时间均在1997年3月27日(见泰康公司1997年3月27日转账支票、转账支票存根、资金调拨通知单,以及泰康公司与卡斯特投资咨询中心签订的《委托投资国债协议》),并没有任何鉴定结论能够证明协议是先支付款项后签订的。再次,即使泰康公司与卡斯特投资咨询中心的《委托投资国债协议》是补签的,也不影响其合法性和约束力。一旦卡斯特投资咨询中心违约,泰康公司仍然可以根据该协议向卡斯特投资咨询中心追偿。况且,泰康公司确实是根据该协议将借出的4000万元资金要回的(见泰康公司"泰康函〔1997〕003号"《关于终止委托国债投资协议致北京卡斯特投资咨询中心的函》)。最后,该协议未经公司领导同意也是完全不能成立的。一审判决作出这一认定的根据,是李某4的证言。但是,仔细分析控方提供的李某4的证言,可以发现不但不存在上述内容,而且可以推定公司领导即陈某1实际上是同意这样做的。李某4的证言原话是:"当时我认为反正这次借款不合适,这协议只作为张某

1 借款的形式,同时这次借款是老板交办的,谁签都没有关系。”(见控方 2006 年 12 月 1 日询问李某 4 笔录第 3 页)李某 4 的这份证言不但没有说协议未经公司领导同意,而且说明了两个事实:其一,借款 4000 万元的事是“老板”即陈某 1 交办的;其二,陈某 1 是交代李某 4 办理这件事的。上述两方面的事实还得到了控方调取的张某 1、陈某 1 的证言的印证(见控方 2006 年 12 月 9 日调查张某 1 笔录第 3 页、调查陈某 1 笔录第 3 页)。既然是陈某 1 交代李某 4 办理借款之事,那么,从法律关系上来看,李某 4 在办理借款过程中实施的行为就应当视为陈某 1 认可的行为,当然属于得到陈某 1 即公司领导同意的行为。而且,辩护人提交的对陈某 1 的调查笔录则清楚地表明,陈某 1 完全知道泰康公司与卡斯特投资咨询中心签订的这份协议,并且是他交代任某和李某 4,他们判断可以签订协议(见律师 2008 年 9 月 20 日调查陈某 1 笔录第 1 页)。控方提交的任某的询问笔录也证明,是他安排泰康公司财务部办理涉案的 4000 万元的事的,并签了协议(见控方 2006 年 12 月 6 日询问任某笔录第 2 页)。可见,一审判决认定《委托投资国债协议》不合法的理由完全不能成立,以此作为上诉人张文中犯挪用资金罪的根据更是毫无道理,完全错误的。

(四)尽管即使张文中、田某 1、陈某 1 三个人真的按 3:3:4 的比例分配了 4000 万元资金的盈利,也不能改变这 4000 万元的借出、使用和归还完全发生在两个单位之间的基本事实,但是仍有必要指出,这 4000 万元所产生的盈利一直放在卡斯特中心账上,长达近十年未动用,认定张文中、陈某 1、田某 1 三人挪用资金营利归个人的证据明显不足,不能成立。

辩护人在一审辩护词中已经明确指出:根据《刑法》第 272 条的规定以及 2000 年 7 月 27 日起施行的最高人民法院《关于如何理解刑法第二百七十二条规定的“挪用本单位资金归个人使用或者借贷给他人”问题的批复》,只有挪用本单位资金归本人或者其他自然人使用,或者挪用人以个人名义将所挪用的资金借给其他自然人和单位,才可能构成挪用资金罪。如果是单位挪用资金给另一个单位使用,或者某个人以单位名义挪用资金给其他单位使用,则不可能构成挪用资金罪(见一审辩护词第11页)。显然,根据《刑法》和司法解释的规定,要认定上诉人张文中系挪用资金罪的共犯,必须有确实充分的证据证明上诉人张文中伙同他人实施了挪用泰康公司的4000万元资金"归本人或者其他自然人使用"的行为,或者实施了"以个人名义将所挪用的资金借给其他自然人和单位"的行为。至于资金挪出以后所产生的盈利是归个人还是归单位,由于对该笔资金的出借和归还完全发生在两个单位之间没有任何影响,因而对本案不涉及挪用资金罪这一结论也没有任何影响。然而,由于一审判决认定相关盈利归陈某1、张文中、田某1个人,辩护人仍有必要指出,从现有证据来看,打新股所获的1000万元盈利一直放在卡斯特中心的账上,近十年未动,认定张文中、陈某1、田某1三人挪用资金营利归个人的证据明显不足,不能成立。

一审判决根据张文中在案卷中的讯问笔录以及陈某1、田某1两人在案卷中的证言,证明他们三个人将打新股的盈利归个人。然而,张文中、陈某1以及田某1三个人的有关说法不但互相矛盾,而且与张文中、陈某1后来的说法以及打新股所获盈利的实际流向不符,这样的证据显然不能采信,一审判决的认定也不能成立。

1. 一审判决所依据的上诉人张文中的讯问笔录以及田某1、陈某1的证言内容相互矛盾,不能采信。

在一审判决所依据的证据中,关于打新股所获盈利的分配问题,虽然张文中、田某1、陈某1都说到用泰康公司资金打新股的盈利由三个人按3:3:4私分,其中陈某1得"4",但是,对于三个人为什么按该比例分钱,以及对盈利的最终处理等重要问题,三个人的说法却互相矛盾。这使三个人关于打新股的盈利由他们三个人私分的说法疑点重重,令人难以相信。具体表现在:

(1)对于打新股的盈利为什么由三个人按3:3:4私分,三个人的说法互相矛盾,令人难以相信。

按照上诉人张文中在案卷中曾有的说法,仅仅因为田某1是老大哥,就得盈利的30%(见张文中2006年12月10日讯问笔录第2页)。

按照田某1的说法，则是因为挪用资金时用了他控制的河南国际信托投资公司（以下简称河南信托）转款（见田某1在2006年12月28日作出的询问笔录第2～4页）。而实际上，用于打新股的4000万元资金是直接从泰康公司打入卡斯特中心的，并没有经过河南信托。陈某1则根本没有解释为什么田某1得盈利的30%（见陈某1在2006年12月9日作出的询问笔录第3页）。

（2）对于打新股营利的最终处理，三个人的说法也同样互相矛盾，不能采信。

按照上诉人张文中在案卷中的说法，打新股的盈利田某1拿走一部分，他和陈某1没有拿（见张文中2006年12月10日讯问笔录第5页）；按照田某1的说法，三人决定盈利大家都不拿走，留在张文中的账上继续做生意（见田某1在2006年12月28日作出的询问笔录第4页）；按照陈某1的说法，他是因为害怕违法而不敢拿（见陈某1在2006年12月9日作出的询问笔录第3页）。

三个人这种互相矛盾并且完全无法自圆其说的言词证据，显然十分不可信。

2. 涉案4000万元资金打新股所得的1000万元盈利一直放在卡斯特中心的账上，近十年未动，与三个人的说法也不相符。

根据卡斯特中心的炒股账户，涉案的4000万元资金炒股所获得的1000万元利润一直放在卡斯特中心的单位炒股账户上，长达近十年，没有人动用过这笔资金再投资，也没有人取走过这笔资金。这就使张文中、田某1、陈某1三个人以往在案卷中的说法更加不可信。如果他们确实存在过炒股收益个人的约定，没有理由在获利后长达近十年的时间内，三个人都不约而同地不去拿属于自己的那部分利益。

3. 陈某1已经推翻其过去的关于炒股盈利归个人的说法。

陈某1在回答律师询问时，虽然没有直接说4∶3∶3这一打新股的盈利分配比例是针对个人还是单位，而说的是模糊概念（见律师2008年9月20日调查陈某1笔录第2页），但这已经推翻了他过去所说的打新股盈利归个人的说法。而且，他同时解释说，在确定4∶3∶3的盈利分成比例后,原来泰康公司与卡斯特投资咨询中心签订的《委托投资国债协议》中的泰康公司应得回报的规定仍然有效,即使卡斯特投资咨询中心赚不到回报数,也要如数给泰康公司在双方签订的协议中约定的回报(见律师2008年9月20日调查陈某1笔录第2页)。这就更清楚地表明,4∶3∶3的盈利分配比例是针对单位,否则,怎么可能再实现《委托投资国债协议》中泰康公司的回报呢?

4.一审判决认定的炒股盈利资金曾由田某1的家属使用过的这一事实,不但不能证明炒股盈利归个人,反而能够证明炒股的盈利确实属于单位。

一审判决以田某1的家属曾经借用过200万元(见一审判决书第18页),来证明"系个人挪用资金行为",实属胡乱联系。如果真是三个人来分配1000万元盈利,田某1的家属为什么不将田某1应当分得的那部分盈利直接取走,还要"借"200万元?这样岂不荒唐?可见,这一事实反过来恰好证明,1000万元盈利不是归个人,而是归单位。

5.上诉人张文中关于打新股所获盈利归三个人的单位的辩解较为合理可信。

根据被告人张文中现在的辩解,4000万元资金打新股所获得的收益,最初是打算按照卡斯特中心与泰康公司签订的委托投资国债协议确定的分配原则,由卡斯特中心和泰康公司分配,其中泰康公司获得投资额18%的固定年回报率。约半年后,由于人民银行查违规资金,需要将这4000万元马上归还泰康公司,在此过程中借用了田某1控制的河南信托转款,于是三个人又达成了打新股盈利按3∶3∶4由三个人所代表的单位分配的合议。而这个3∶3∶4的分配比例是以按泰康公司与卡斯特中心之间的协议,先满足泰康公司获得投资额18%的固定回报为基础的。例如,如果经过一年的运作,收益只有或者少于720万元,则这笔钱只能先用于支付泰康公司的固定回报;若收益大于720万元,但少于1800万元,则超出720万元部分将在中期和卡斯特中心之间平均分配,720万元用于支付给泰康公司做固定回报;若收益大于1800万元,由于泰康公司的固定回报已得到充分保障,所以三方完全按 3:3:4 的比例分配。事实上,泰康公司在终止委托协议时,确实向卡斯特中心催要过根据投资协议泰康公司应得的利润(见泰康公司“泰康函〔1997〕003 号”《关于终止委托国债投资协议致北京卡斯特投资咨询中心的函》第 2 页),只是该要求因泰康公司提前半年终止了本为一年的协议而遭到卡斯特中心的拒绝。至于后来盈利一直没有分配,则是因为三方没有就究竟如何分配盈利达成一致,而且泰康公司和田某 1 的公司也没有再来催要。这种解释与有关事实以及该笔盈利的实际状况正好吻合,应当更为合理可信。

而且,张文中的上述辩解,也得到了陈某 1 和田某 1 有关证词的印证。如前所述,按照陈某 1 现在的说法,三人商定打新股盈利他按 3:3:4 的比例分配其中的“4”,虽然没有明确说归个人还是单位,但陈某 1 说,这一相对较高的比例是因为泰康公司出钱而确定的,并且与泰康公司与卡斯特中心签订的委托投资国债协议确定的回报率不矛盾(见律师 2008 年 9 月 20 日调查陈某 1 笔录第 2 页),这就表明,该分配比例中的“4”是归泰康公司,而不是归陈某 1 个人。按照田某 1 的说法,三人商量打新股以及如何分盈利的时间,是在 1997 年 6 ~ 7 月(见办案人员 2006 年 12 月 28 日询问田某 1 笔录第 2 页)。田某 1 所说时间与中国人民银行查违规资金的时间正好一致,这就从时间上印证了张文中的解释,即泰康公司与卡斯特中心的合作由于人民银行查违规资金而加入了田某 1 的公司,成了三方合作,并形成了盈利由三方单位按 3:3:4 的比例分配的格局。可见,陈某 1 和田某 1 的证言从不同角度印证了上诉人张文中的解释,即打新股的盈利由各自的单位按 3:3:4 的比例分配。

6. 一审判决认定,张文中和陈某 1 商量并实际动用 4000 万元资金在先,而张文中、陈某 1 与田某 1 商定 3:3:4 的分配比例在后,这就进一步印证了涉案的 4000 万元资金的盈利归单位。

一审判决认定,1997 年 3 月,张文中与陈某 1 商定挪用泰康公司的 4000 万元资金申购新股牟利在先,张文中、陈某 1 又与田某 1 商定通过河南信托转款,炒股盈利由张、田、陈三人按 3:3:4 的比例分配在后(见一审判决书第17页)。上述认定进一步印证了张文中的说法,即先是卡斯特投资咨询中心、泰康公司两个公司依签订的《委托投资国债协议》合作,盈利按协议分配,后来,由于田某1介入,形成了在三个单位之间按3∶3∶4的比例分配盈利的协议。否则,张文中、陈某1怎么可能在双方没有约定好如何分配盈利的情况下,就调动4000万元开展经营活动呢?他们两个人显然不可能等到几个月后田某1介入时,才以3∶3∶4的分配比例确定各单位之间的经济关系。

由上述六个方面可以看到,一审判决用以证明打新股盈利由张文中、田某1、陈某1三个人按3∶3∶4的比例私分的证据,不但互相矛盾,无法吻合,而且与张文中、陈某1现在的说法,以及《委托投资国债协议》等其他证据不符,且与常理相悖,不能成立。而上诉人张文中关于盈利归三个人代表的单位以及为什么盈利一直没有分配的解释,则较为合情合理,并且有《委托投资国债协议》以及陈某1现在的说法相印证,更为可信。从证据证明力的强弱来看,当不同人的言词证据互相矛盾,而且同一个人的言词证据前后矛盾,而已有书证却能清楚地证明相关内容的情况下,书证的证明力显然更强,应当以书证为准。而根据泰康公司"泰康函〔1997〕003号"《关于终止委托国债投资协议致北京卡斯特投资咨询中心的函》,打新股的盈利显然是归泰康公司和卡斯特中心,而不是归任何个人。

一审判决不顾上述证据和事实,强行认定炒股盈利由三人按比例来分配,显然是违背我国《刑事诉讼法》规定的证据采信标准的,得出的结论也难免草率和不当。虽然根据最高人民法院《关于如何理解刑法第二百七十二条规定的"挪用本单位资金归个人使用或者借贷给他人"问题的批复》,如果是个人决定以单位名义将资金借给其他单位使用,即使是谋取个人利益,也不构成挪用资金罪,因而一审判决的这一不当认定对于认定张文中的涉案行为性质没有影响,但辩护人认为作为审判机关显然不应当作出这种证据明显不足的认定,因而仍有必要予以指出。

三、赵某自2002年年底就作为和康友联公司的股东代表担任泰康公司监事,有大量、充分的证据证明涉案的30万元是给赵某代表和康友联公司担任泰康公司监事、董事等工作的合理报酬,而不是好处费;涉案的500万元不是给梁某的好处费,梁某根本没有收到500万元,也从不认为他和这500万元有关系,而李某3认为这是他应得的中介费并实际占有了这500万元。一审判决无视上述事实,在证据明显不足的情况下,仍然强行认定上诉人张文中犯单位行贿罪,实属重大失误。

在一审庭审中,辩护人提供了大量证据证明:第一,物美不具备本案单位行贿罪的主体资格。第二,给予赵某的30万元中包含其正当报酬,认定被告人张文中向赵某行贿30万元证据明显不足。第三,涉案的500万元不能排除是给李某3的中介费,将此款认定为给梁某的行贿款证据明显不足。第四,涉案的30万元和500万元钱款的性质既不是回扣,也不是手续费,将其视为单位行贿款违反《刑法》第393条的规定(见一审辩护词第2~9页)。上诉人自己也在法庭上进行了有理有据的辩解。如赵某自2002年年底国旅总社转让股份后,即代表和康友联公司出任监事,后又于2004年4月代表该公司出任董事;梁某根本未收到500万元,也从不认为他和这500万元有关系,而李某3认为这是他应得的中介费并实际占有了这500万元,而且上诉人也从未与梁某谈过这500万元的事。然而,一审判决对上诉人本人及其辩护人的辩护理由草率地予以否定,完全按照公诉机关原有证据作为定案根据,其根据已经被强有力的书证以及辩方提供的新证据推翻,或者与辩方提供的新证据明显矛盾,没有做到在证据确实充分的基础上定案,因而不能成立。

(一)自2002年年底,赵某作为和康友联公司的股东代表担任泰康公司监事,参加泰康公司股东大会、临时股东大会,参与泰康公司重大经营决策。从2004年4月起,赵某由监事转为董事,仍为和康友联公司推荐。此外,赵某还为华美公司及物美做过大量工作,而他在工作期间,除了涉案的30万元外,没有收到过有关单位给他的任何其他报酬,因此,涉案的30万元显系其工作报酬,而非好处费。一审判决认定涉案的30万元系张文中单位行贿款,明显存在重大失误。

1.赵某于2002年年底就作为和康友联公司的股东代表担任泰康公司监事,一审判决却错误地认定赵某是担任国旅总社推荐的泰康公司监事,将赵某为和康友联公司工作的时间错误地界定在2004年4月以后,以致得出错误结论。

一审判决认为,赵某在2004年4月才经和康友联技术有限公司(以下简称和康友联公司)推荐担任泰康公司的董事,之前一直担任国旅总社推荐的泰康公司监事,故辩护人提交赵某、王某1、刘某某的证言所证和康友联公司付给赵某担任泰康公司董事报酬与本案无关联性(见一审判决书第16页)。这一认定明显与事实不符。有充分的证据能够证明,赵某于2002年年底就代表和康友联公司担任泰康公司监事,2004年泰康公司董事会、监事会换届时,和康友联公司又推举赵某代表该公司担任泰康公司董事。

(1)根据原中国保监会的批复和一审判决的认定,泰康公司章程有关监事由股东代表担任的规定,以及泰康公司有关股东大会签到册和股东代表委托书,从2002年年底开始,赵某就只可能作为和康友联公司的股东代表而不可能继续作为国旅总社的股东代表担任泰康公司监事。

根据原中国保监会的批复和一审判决的认定,2002年11月,和康友联公司就已经收购了国旅总社持有的5000万股泰康公司股权(见原中国保监会2002年11月28日“保监变审〔2002〕109号”《关于泰康人寿保险股份有限公司股权转让的批复》;一审判决书第5页)。这说明,从2002年年底开始,国旅总社就已经退出泰康公司。泰康公司章程第28条明确规定,监事由股东代表担任。相应地,赵某也就不可能再作为国旅总社的股东代表担任泰康公司监事。赵某能够在2002年年底之后继续担任泰康公司监事,必然是因为新股东和康友联公司同意他继续担任,相应地,从2002年年底开始,赵某只能是作为和康友联公司的股东代表,而不可能作为国旅总社的股东代表担任泰康公司监事。事实上,在2002年,赵某还是作为国旅总社的股东代表出席泰康公司的股东大会(见泰康公司2002年4月20日召开的股东大会《签到册》,国旅总社法人代表李某7于2002年4月5日签署的《股东代表委托书》),而在2002年年底以后召开的第一次泰康公司股东大会,即2003年4月22日召开的股东大会上,赵某就已经作为和康友联公司的股东代表参加会议了(见泰康公司2003年4月22日召开的股东大会《签到册》,和康友联公司法人代表王某1于2003年4月10日签署的《股东代表委托书》)。显然,从2002年年底开始,赵某已经从作为国旅总社的股东代表变成了作为和康友联公司的股东代表参加泰康公司的股东大会。这种身份的变化,加上泰康公司章程第28条关于监事由股东代表担任的规定,已经再清楚不过地表明,从2002年年底开始,赵某就只可能作为和康友联公司的股东代表而不可能再作为国旅总社的股东代表担任泰康公司的监事,也不可能经国旅总社推荐而担任泰康公司的监事。

(2)泰康公司出具的证明,刘某某、李某7的证言和康友联公司出具的证明,赵某、王某1的证言以及张文中本人的辩解也证明,从2002年年底开始,赵某是作为和康友联公司推荐的人员担任泰康公司监事。

泰康公司证明,2002年11月前,赵某作为国旅集团的股东代表担任泰康监事,自2002年12月和康友联收购国旅集团所持泰康股权后,赵某转而作为和康的股东代表继续担任泰康监事(见泰康公司2009年3月18日《关于赵某在泰康人寿保险股份有限公司任职情况的补充说明》)。证人刘某某证明,2002年年底,国旅总社所持泰康公司股权转让给和康友联公司后,赵某找到刘某某说,股权都转让完了,我这监事是否也该更换了。刘某某就此事询问和康友联公司的意见,张文中答复不用换了,由赵某作为和康友联公司的股东代表继续担任泰康公司监事(见律师2009年3月8日调查刘某某笔录第2页)。证人李某7证明,股权"转让后如赵某同志继续担任泰康监事的话,肯定不代表国旅了,也不是他在国旅的工作职责范围了"(见律师2008年9月15日调查李某7笔录第2~3页)。而国旅总社持有的泰康公司股权就是在2002年年底转让给和康友联公司的。和康友联公司证明,张文中于2002年年底推荐赵某代表和康友联公司担任泰康公司监事,获得和康友联公司同意(见和康友联公司2008年9月18日关于自2002年年底聘请赵某担任监事的《证明》)。证人赵某证明,2002年年年底,国旅总社将其持有的泰康公司股权转让给和康友联公司后,赵某曾经找到泰康公司董事会秘书刘某某和张文中,询问其监事之职是否该终止。刘某某和张文中都说不用变了,直接代表和康友联公司继续担任泰康公司监事(见控方2007年9月22日询问赵某笔录第2页)。证人王某1也证明,2002年年底,和康友联公司完成对国旅总社持有的泰康公司股权的收购后,根据泰康公司章程有权推荐自己信任的泰康公司监事人选,此时张文中推荐了赵某,随即得到和康友联公司同意(见王某1在2008年9月18日出具的《证明》)。张文中在回答控方讯问时,也说到在国旅总社转让泰康股权后的一次泰康公司会议上,赵某找他说,他还想继续做泰康公司监事,张文中觉得他此前一直做泰康公司监事,业务比较熟,于是就同意了(见控方2007年10月9日讯问张文中笔录第5页)。上述事实证明,从2002年年底开始,赵某是作为和康友联公司推荐的人员担任泰康公司监事。

(3)从2002年年底开始,赵某作为和康友联公司的股东代表多次参加泰康公司的股东会和临时股东会,这进一步证明,从2002年年底开始,赵某是作为和康友联公司的股东代表担任泰康公司监事的。

赵某在担任泰康公司监事期间,从2002年年底到2004年4月,作为和康友联公司的股东代表参加了全部四次泰康公司股东大会(见泰康公司2008年8月27日关于赵某在泰康人寿保险股份有限公司任职情况的说明第1页)。其中,2003年分别于4月22日代表和康友联公司参加了2002年年底后首次召开的泰康公司股东大会,于8月19日和12月10日两次代表和康友联公司参加了泰康公司临时股东大会,并在12月10日召开的临时股东大会上代表和康友联公司表决投票(见泰康公司2003年4月22日股东大会、8月19日和12月10日临时股东大会签到册、股东表决投票单以及和康友联公司相应的授权委托书),2004年4月12日代表和康友联公司参加了泰康公司股东大会,并代表和康友联公司表决投票(见泰康公司2004年4月12日召开的股东大会签到册、股东表决投票单以及和康友联公司相应的授权委托书)。证人刘某某也证明,赵某除了履行监事的职责,赵某作为和康友联公司的股东代表,参加了2002年年底以后的泰康公司历次股东会、临时股东会和董事会并代表和康友联公司行使了相关股东权利,参与了泰康公司发展战略、经营管理、高层管理人员选聘等一系列重大决策。他还代表和康友联公司签署了一系列泰康公司股东会和临时股东会决议(见物美辩护人2009年3月8日调查刘某某证词第4页)。这就进一步印证了赵某在2002年以后是作为和康友联公司推荐的人员担任泰康公司监事。试想,如果和康友联公司不同意赵某继续担任泰康公司监事,如果赵某在2002年以后不是作为和康友联公司推荐的人员担任泰康公司监事,他怎么可能在2003年至2004年4月,多次受和康友联公司委托,作为和康友联公司的股东代表参加泰康公司股东大会,并且为和康友联公司办理其他事情。

由上可知,从2002年年底开始,赵某就已经作为和康友联公司推荐的人员担任泰康公司监事了。至于没有召开股东会的原因,则显然是因为推荐者虽然换了,但被推荐人并没有换,仍然是赵某,也就没有必要召开股东会来宣布先换掉由国旅总社推荐的赵某,再选举由和康友联公司推荐的赵某来担任监事。但没有召开股东会走这种荒唐的形式绝不意味着2002年年底以后,赵某仍然是作为国旅总社推荐的人员担任泰康公司监事。国旅总社从2002年11月退出泰康公司,就已经意味着赵某不可能在2002年年底以后,仍然作为国旅总社推荐的人员担任泰康公司监事,而只可能是作为和康友联公司推荐的人员担任泰康公司监事。

2. 大量充分的证据证明,赵某从2002年年底开始,作为和康友联公司的股东代表先担任监事,并于2004年4月到2008年4月经和康友联公司推荐担任泰康公司董事,多次参加了泰康公司股东大会、临时股东大会,行使股东权利,参与发展战略、经营管理、高管聘任等重要经营管理。同时,赵某还为华美公司以及物美做过大量工作。涉案的30万元属于其工作报酬。一审判决无视有关事实,将赵某为和康友联和物美工作所得的报酬错误地认定为好处费。

从有关证据来看,赵某从2002年年底开始,为和康友联公司做过大量工作,这些工作具体包括:(1)从2002年年底至2004年4月,一直作为和康友联公司的股东代表担任泰康公司监事。这一点在本辩护词的前一部分已经作了充分论证,不再赘述。(2)从2004年4月至2008年4月,一直作为和康友联公司的股东代表担任泰康公司董事(见泰康公司2008年8月27日关于赵某在泰康人寿保险股份有限公司任职情况的说明第1页)。(3)在2003年至2008年4月,赵某受和康友联公司委托,作为和康友联公司的股东代表参加了自2002年年底以来的泰康公司历次股东大会,并代表和康友联公司表决投票、行使股东权利、参与泰康公司发展战略制定、重大经营决策和高管人员选聘等经营管理活动(见①泰康公司2008年8月27日关于赵某在泰康人寿保险股份有限公司任职情况的说明第1页;②泰康公司2009年3月18日关于赵某在泰康人寿保险股份有限公司任职情况的补充说明;③泰康公司2003年8月19日、12月10日,2005年12月19日召开的临时股东大会签到册,2003年12月10日及2005年12月19日召开的临时股东会股东表决投票单,以及和康友联公司相应的授权委托书;④泰康公司2003年4月22日、2004年4月12日、2006年4月25日、2008年4月29日召开的股东大会签到册和会议登记册、股东表决投票单以及和康友联公司相应的股东代表委托书和授权委托书;⑤物美辩护人2008年9月15日调查刘某某证词第3页;⑥证人王某1 2008年9月18日出具的《证明》)。

在2003年至2008年4月,赵某多次受华美公司委托,作为华美公司的股东代表参加泰康公司股东大会(见①泰康公司2003年8月19日、12月10日,2005年12月19日召开的临时股东大会签到册,泰康公司2003年12月10日及2005年12月19日召开的临时股东大会股东表决投票单,以及华美公司相应的授权委托书;②泰康公司2004年4月12日、2006年4月25日、2008年4月29日召开的股东大会签到册和会议登记册、股东表决投票单以及华美公司相应的授权委托书)。

赵某还为华美公司和物美做过其他大量工作，如帮助华美公司办理股权转让手续，帮助物美购买新街口大厦、设计卖场布局等（见物美辩护人2008年8月30日调查赵某笔录第2、3页，张文中2007年10月9日讯问笔录第5、6页，一审庭审笔录第5、7页张文中辩解）。

而根据一审判决采信的有关书证以及赵某、赵某妻子王某3和张某1的证言（见一审判决书第8页第7组证据，赵某2007年1月15日询问笔录第5~9页，王某3在2007年1月25日作出的询问笔录第2页，张某1询问笔录页），给赵某的30万元钱款的支付时间分别是2003年1月、6月和2004年2月，开始给钱时，赵某已经在为和康友联公司工作，给钱过程中，赵某已经为和康友联公司、华美公司以及物美做了大量工作，而赵某在为和康友联公司、华美公司以及物美做上述大量工作过程中以及在此之后，除了涉案的30万元外，没有从卡斯特经济评价中心或者和康友联公司、华美公司以及物美得到过其他任何报酬。泰康人寿对赵某这类非执行董事，除部分福利外也没有固定报酬（见律师2008年9月15日调查刘某某笔录第2页，2009年3月8日调查刘某某笔录第3页；泰康公司2007年6月20日出具的《为董事监事支付劳动报酬的说明》）。这就充分说明，涉案的30万元是赵某为和康友联公司、华美公司以及物美工作的报酬，而不是赵某帮助和康友联收购国旅总社持有的泰康公司股权所得的好处费。否则，赵某就是多年在为和康友联公司、华美公司和物美做义务劳动。这显然是不可能的。

3. 一审判决在据以认定涉案的30万元属于单位行贿款的证据均已被推翻或者不能成立的情况下，仍然仅凭早已被否定或者根本不具有证明力的几份言词证据，认定该30万元系单位行贿款，实属错误。

显然，从赵某取得涉案的30万元的时间以及其担任和康友联监事、董事的期间来看，该30万元钱款完全是赵某代表和康友联公司担任泰康公司监事和董事所获报酬，至少其中有相当大的一部分是其工作报酬，而不是受贿款。然而，一审判决置赵某从2002年年底就代表和康友联公司担任泰康公司监事这一铁的事实和基本情理于不顾，反而抓住几份早已被推翻或者根本不具有证明力的言词证据不放，并根据这几份根本经不起推敲的言词证据，强行认定涉案的30万元属于给赵某的好处费。这样的结论显然是不能成立的。

一审判决据以认定涉案的30万元系张文中单位行贿款的证据，是张文中、赵某原来的说法，以及张某1、陈某1的证言。其中，张文中、赵某的说法早已被他们后来的说法否定（见物美辩护人2008年8月30日调查赵某笔录第2页，张文中2007年10月9日讯问笔录第5~6页，一审庭审笔录第5、7页张文中辩解），只剩下陈某1、张某1的证言。而陈某1、张某1的证言根本不能证明涉案的30万元是给赵某的行贿款。虽然陈某1在其证言中说道，张文中告诉他给了赵某30万元好处费；张某1在其证言中也说，张文中告诉他给赵某30万元好处费（见一审判决书第7页，提请法庭注意，同陈的说法用词结构都一样），但是，即使在侦查阶段的笔录中，张文中也从未提到他告诉陈某1，他给了赵某30万元。赵某也从没有说过他告诉过陈某1，张文中给了他30万元。我们不禁要问，陈某1究竟是从何得知张文中给了赵某30万元？而张某1在其证言中很清楚地说："他（指张文中）没有告诉我为什么给赵某钱，我也没有问。"（见控方2007年2月8日询问张某1笔录第2~3页）张文中在回答控方问题时，也说："没有告诉张某1为什么给老赵钱，张某1也没有问我为什么给老赵钱。"（见控方2007年3月15日讯问张文中笔录第4页）陈某1也同样说不清为什么给赵某30万元，只是说"详细情况张文中没有告诉我，我也没多问"（见控方2007年1月24日调查陈某1笔录第3页）。仅凭这样支离破碎，完全形不成证据锁链的几份言词证据，显然是无法得出涉案的30万元是给赵某的好处费的结论的。然而，一审判决竟然无视赵某作为和康友联公司的股东代表担任泰康公司监事的时间是2002年年底，并置涉案的30万元属于赵某工作报酬的充分证据于不顾，仅凭这几份或者已经被推翻，或者根本不具有证明力的言词证据，认定该30万元系单位行贿款，并在有大量证据能够对张文中的当庭辩解予以支持的情况下，竟然说张文中当庭推翻原供无正当理由，且无其他证据佐证（见一审判决书第16页)，最终得出涉案的30万元是给赵某的好处费的错误结论。可见，一审判决认定涉案的30万元是给赵某的好处费的证据是明显不足且存在重大瑕疵的。

4. 一审判决仅凭赵某一份没有得到任何其他证据印证，并且被他自己后来否定的证词，便认定赵某“告诉张文中国旅总社确定的谈判底价是1.45元，为张文中谈判提供了重要信息”，明显不能成立，认定国旅总社原董事长李某7关于“145元/股”不属于商业秘密的证言“不具客观性”。

一审判决认定赵某在谈判之前，“告诉张文中国旅总社确定的谈判底价是1.45元，为张文中谈判提供了重要信息”。(见一审判决书第5页)而时任国旅总社董事长并负责股权转让事宜的李某7则认为，国旅总社的态度是少于一块四毛五不卖，一块四毛五的价格就是告诉对方也无所谓(见物美一审辩护人2008年9月15日调查李某7笔录第2页)，亦即这一所谓谈判底价并非商业秘密。从当时的交易情况可以看出，国旅总社的所谓底价，实际上是已经明显高于股权价值的向外转让股权的目标价格，是国旅想努力达到的目标。这个价格与同年粤财公司公开挂牌交易，但根本无人收购的价格刚好一致。因此，国旅实现了目标价格，将其股权转给和康友联公司是卖了个好价钱。这样的转让价格目标，对于粤财公司可以在公开挂牌转让过程中任人咨询和了解，为什么到了国旅总社就成了“商业秘密”了？而且，所谓赵某“告诉张文中国旅总社确定的谈判底价是1.45元，为张文中谈判提供了重要信息”，仅仅是赵某一人的说法，这一说法不但没有得到张文中或者任何其他人的证实，而且也被赵某本人后来所否认(见律师2008年8月30日调查赵某笔录第2页)，本身就不足为据。在张文中的讯问笔录中，从未说过赵某曾向他说过国旅总社拟出让的价格范围，只说双方谈判时，国旅总社报价较高，和康友联报价较低，最后确定的价格向国旅总社提出的价格倾斜，但具体价格记不清楚了(见张文中2007年3月15日讯问笔录第2页)。可以推断，如果赵某真的为张文中提供过重要的所谓“底价”，张文中一定会对控方说的，因为给赵某钱的事是张文中主动说出来的，他当时非常想证明赵某在转股中帮了和康友联公司。但他说来说去，却只能空洞地说赵某帮了很大的忙，如帮助安排见面、宣传物美实力等（见张文中2007年3月15日讯问笔录第4页）。而物美当时已经是北京最大的零售企业，其实力是人人皆知的，赵某所做根本算不上是帮忙。查遍张文中的全部讯问笔录，确实可以发现，张文中从未对办案人员及任何人说过赵某曾向他说过底价。由此可见，"不客观"的不是李某7，而是一审判决自身。这一较高的转让价格成为现实，进一步说明赵某在这笔交易中没有对和康友联公司作出什么贡献，涉案的30万元根本不是给赵某的好处费。

综上可以得出结论，一审判决认定张文中代表单位给赵某30万元好处费，仅有张文中、赵某的原说法为依据，而这些说法早已被他们自己否认，并且与其他书证、证人证言矛盾。赵某自2002年年底起，作为和康友联公司的股东代表出任泰康公司监事，参加了此后的泰康公司监事会（2004年4月后为董事会）、股东会、临时股东会，行使股东权利，参与泰康公司重大经营管理工作的证据由大量原始的泰康公司历史文件组成，清晰明确，不容辩驳。相应地，涉案的30万元只能是赵某应得的劳务费。

（二）梁某根本没有收到涉案的500万元，也从不认为这500万元和他有关系；钱是打到李某3公司账上的，李某3认为是付给他的中介费并实际占有了这笔钱。梁某对华美公司收购粤财公司持有的泰康公司5000万股股权不但没有提供帮助，而且起着阻碍作用，涉案的500万元不可能是给梁某的行贿款，而是给李某3的中介费。一审判决认定该500万元是张文中给梁某的单位行贿款明显存在重大失误。

1. 一审判决无视控方提供的大量书证证明，在整个转让过程中，梁某不仅没有给华美公司任何特殊照顾，而且不断设置障碍，张文中没有理由给他好处，认定涉案的500万元是给梁某的行贿款不合情理。

从当前的司法实践来看，辩方所提交的证据得不到法院采信是较为常见的，因此，假如我们因自己提交的证据没有得到法院采信而导致辩护观点没有得到采纳，尚可以理解。而控方以及一审判决所采信的书证,其证明力显然是毋庸置疑的,法院不予采信则是不可思议的。恰恰是法院自己采信的强有力的书证等证据充分证明,在整个股权交易过程中,梁某不但没有给华美公司提供过任何帮助,反而给华美公司顺利收购股权制造障碍。这具体表现在:根据粤财公司"〔2002〕第7期"会议纪要,粤财公司是在泰康公司亏损严重,经营风险扩大,不少股东已经转让股权的情况下,决定适时转让其持有的泰康公司股权(见粤财公司〔2002〕第7期会议纪要第1页),从而决定了在整个交易过程中,华美公司并没有有求于粤财公司,相反,应当是粤财公司有求于华美公司,因而缺乏向梁某行贿的基础。在寻找受让方的过程中,粤财公司也是严格按照国有资产转让程序进行的。华美公司曾于2002年10月29日和11月25日两次向粤财公司发出受让股份函,开价分别为每股1.35元和1.40元,均高于每股净权益(见华美公司2002年10月29日《关于转让泰康股份的函》和11月25日《关于接受转让泰康股份的函》),但梁某并没有为华美公司说话,而是主张继续谈(见有梁某等粤财公司领导签署意见的华美公司2002年10月29日《关于转让泰康股份的函》)。

更有甚者,梁某还于2002年11月22日提议将粤财公司持有的泰康公司股权放到广州产权交易中心挂牌(见粤财公司2002年11月5日签报第1页上梁某于2002年11月22日所作的批示)。此后,粤财公司先委托广州中天衡评估有限公司对其持有的泰康公司的股权挂牌转让价格进行了评估,得出的挂牌转让参考价为每股1.30~1.63元(见粤财公司2002年12月12日"资产价格咨询委托书"以及广州中天衡评估有限公司2002年12月12日"中天衡咨字〔2002〕第046号""关于泰康人寿保险股份有限公司股权挂牌转让价格的咨询估算意见书"第8页)。在得出挂牌转让参考价以后,粤财公司仍然没有接受华美公司开出的市场可以接受的、较为合理的收购价,而是又委托广州产权交易所通过公开的市场方式对股份以底价为每股1.45元的价格进行挂牌转让,并在《广州日报》上发布了转让信息公告(见粤财公司与广州产权交易所2003年1月2日签订的"股份交易委托合同书",广州产权交易所2006年12月21日“关于泰康人寿股份挂牌情况的说明”,《广州日报》2002年12月30日B12版《广州产权交易所公告》)。在挂牌约一个月之久仍无人摘牌,以致挂牌交易失败的情况下,经过双方多次谈判(见控方2007年6月26日询问梁某笔录第4页),粤财公司才于2003年3月20日接受了华美公司于四个月前提出来的每股1.40元的开价,双方正式签订了股权收购协议。从整个交易过程可以看到,华美公司收购粤财公司持有的泰康公司股权是公开、公正、透明的,成交价格也是公平合理的,而梁某不但没有给华美公司提供任何照顾,没有发挥任何作用,反而给华美公司收购制造了很大困难和变数。他先是在华美公司第一次报价后,不为华美公司说话,而是主张继续谈(见有梁某等粤财公司领导签署意见的华美公司2002年10月29日《关于转让泰康股份的函》),后来又在其他粤财公司高管主张以1.60元/股和1.50元/股的较高价格公开挂牌交易的情况下,提议以1.40元/股以上的较低价格挂牌交易(见粤财公司2002年11月5日的签报第1页上,梁某于2002年11月22日所作批示),使股权被其他单位收购从而导致华美公司收购失败的可能性大大增加。此外,时任粤财公司董事长的韩某和投资部负责人蔡某也都证明,梁某从来没有说过给张文中提供帮助(见控方提交的2006年12月21日询问韩某笔录第2页、询问蔡某笔录第3页)。

总之,从粤财公司转让股权过程中的内部文件,到公开挂牌交易的事实,再到有关证人证言和讯问笔录,无不清楚地证明,梁某在股权转让过程中不但没有为华美公司提供任何帮助,而且为华美公司收购股权制造了障碍,增加了难度。在整个收购过程中,华美公司是唯一仍愿意出巨资收购粤财公司持有的泰康公司股权的企业,因此,就华美公司与粤财公司的关系而言,应当是粤财公司有求于华美公司,而非华美公司有求于粤财公司。张文中没有理由和必要向梁某行贿,更没有理由行贿达500万元之巨。然而,一审判决无视其自己采信和引用的书证所充分证明的事实,也无视李某3、梁某、张文中在相关证言、讯问笔录和辩解中的合理解释,仍然认定500万元系单位行贿款,显然在情理上是说不通的。

2. 一审判决错误认定上诉人张文中曾于2002年上半年承诺给梁某好处费。

假如上诉人张文中真的于2002年上半年承诺给梁某500万元的巨额好处费，那么，从常理来看，梁某应该会尽力为华美公司顺利收购粤财公司持有的泰康公司股权提供帮助。然而，恰恰是一审判决自己认定的控方提供的粤财公司内部文件充分证明，在整个股权转让过程中，梁某不但没有帮华美公司任何忙，而且还从中作梗（这一点我们已在本辩护词的前一部分详细论证）。粤财公司两次拒绝华美公司收购股权，并在2002年12月公开挂牌交易失败后，才被迫在没有其他买主的情况下于2003年3月同华美公司签约。我们暂且不说不同证据之间关于究竟是在什么场合、什么人在场谈到给梁某好处费等事项存在重大差异，完全无法统一，且张文中本人在一审判决采信的最初的讯问笔录后的讯问笔录以及当庭全部否认曾经对陈某1说过给好处费，即便假定真的有好处费存在，梁某必然心中有数，却为什么华美公司在2002年10月29日提出以每股1.35元，11月25日提出以每股1.40元的价格收购股权时（见一审判决书第14页），梁某均不但未帮华美公司说话，反而提议让粤财公司公开挂牌交易呢？（见粤财公司2002年11月5日的签报第1页上，梁某于2002年11月22日所作批示）这充分说明，所谓张文中在2002年上半年承诺给梁某好处费难以成立，而张文中在其不利讯问笔录后的多次讯问笔录及当庭辩解则具有可信性。

3. 一审判决错误地认定李某3介入华美现代流通发展有限公司收购广东粤财信托投资公司持有的泰康公司5000万股股权的时间，以致对涉案的500万元钱款的性质作出了不当认定。

一审判决认为，在李某3介入收购股权之前，张文中已与粤财公司达成收购股权意向（见一审判决书第16页），试图以此否定涉案的500万元属于给李某3的中介费。而一审判决的这一认定是完全不能成立的。所谓张文中已与粤财公司达成收购股权意向，其含义显然是粤财公司已经初步同意将粤财公司持有的泰康公司股权转让给张文中的公司。而梁某的证言、张文中的讯问笔录特别是控方提供的转让过程中的有关书证证明，在李某 3 介入前，双方并没有达成这样的意向，直到粤财公司将股权挂牌交易失败后，双方才真正进入实质性谈判和交易阶段。

首先，控方提供的转让过程中的有关书证充分证明，李某 3 介入股权转让事宜在前，华美公司与粤财公司达成转让意向在后。根据梁某、李某 3 的证言，李某 3 介入股权转让事宜的时间是 2002 年上半年（见梁某 2007 年 6 月 26 日询问笔录第 3 页，李某 3 在 2007 年 6 月 25 日作出的询问笔录第 2 页）。而根据转让过程中的有关书证，华美公司直到 2002 年 11 月 25 日，还在就股权转让事宜向粤财公司发出第二次报价（见华美公司 2002 年 11 月 25 日《关于接受转让泰康股份的函》）。然而，粤财公司对华美公司的两次报价置之不理，并且经梁某在华美公司第二次报价前提议（见粤财公司 2002 年 11 月 5 日的签报第 1 页上，梁某于 2002 年 11 月 22 日所作批示），于 2002 年 12 月 17 日正式向广州产权交易所发出要求在该所挂牌转让股权的函（见粤财公司 2002 年 12 月 17 日致广州产权交易所《关于要求在贵所挂牌转让泰康人寿股权的函》）。2002 年 12 月 30 日，《广州日报》在 B12 版刊登了《广州产权交易所公告》，内容为粤财公司公开向所有潜在的收购单位转让其持有的 5000 万股泰康公司股权（见《广州日报》2002 年 12 月 30 日第 B12 版《广州产权交易所公告》）。直到 2003 年 1 月 20 日，粤财公司办公会议才决定以 1.40 元的价格签协议转让，但并没有明确转让给谁（见 2003 年 1 月 20 日“粤财公司办公会议备忘录”第 1 页）。可见，不但 2002 年 12 月底，粤财公司还在向所有的客户发出转让股权的邀请，根本没有与华美公司达成转让股权的意向，而且直到 2003 年 1 月 20 日，华美公司与粤财公司仍然没有形成转让意向。一审判决所谓在李某 3 介入收购股权之前，张文中已与粤财公司达成收购股权意向的认定，显然与事实完全不符。试图据此否定涉案的 500 万元是给李某 3 的中介费当然也不能成立。

其次,梁某的证言证明,在李某3介入前,粤财公司只有转让其持有的泰康公司股权的意向,而没有向华美公司转让股权的意向。即便从控方提交的梁某证言也可以看到,当2002年上半年张文中向他提出收购粤财公司持有的泰康公司股权时,他至多只是说在同等条件下可以考虑优先转让给张文中(见梁某2007年6月26日询问笔录第3页)。这说明其转让对象是完全不确定的,根本不存在与张文中达成转让股权意向的事。而此后不久,李某3就开始介入此事,他还要李某3不要搅进来,因为转让股权要经过一定程序(见梁某2007年6月26日询问笔录第3页)。在李某3介入后,粤财公司才委托广州产权交易所进行挂牌交易,直到挂牌过了约一个月,无人摘牌,交易失败后,双方经多次协商,才于2003年3月20日达成转让协议(见梁某2007年6月26日询问笔录第4页)。这说明,是在李某3已经介入股权转让事宜较长时间后,由于挂牌转让失败,粤财公司才开始与华美公司谈判,并经多次协商,双方才达成转让意向并最终签订转让协议,而不是李某3介入收购股权之前,张文中已与粤财公司达成收购股权意向。

最后,张文中的讯问笔录也证明,李某3介入股权转让事宜在前,华美公司与粤财公司达成转让意向在后。根据张文中的讯问笔录,在李某3答应帮他就股权转让事宜做工作后,梁某才按国有股权转让的有关规定程序进行操作(挂牌转让)。按程序操作后,才通知他粤财公司同意把持有的泰康公司股权转让给他们(见张文中2006年12月21日讯问笔录第3页)。

上述证据和事实证明,即便是根据一审判决自己采信的证据,一审判决关于“在李某3介入收购股权之前,张文中已与粤财公司达成收购股权意向”的认定也是完全错误的。

4. 李某3的证言、控方提供的张文中讯问笔录以及张文中一审当庭陈述证明,涉案的500万元是为了确保华美公司顺利收购粤财公司在泰康公司的股权而给予李某3的中介费,而不是行贿款。一审判决对于辩护人所提交的李某3说500万元是给他的中介费的关键性证据,完全不予采信,明显有失公正。

根据辩护人调查李某3的证言，控方提供的张文中讯问笔录，以及张文中一审当庭陈述，张文中为了让华美公司顺利收购粤财公司持有的泰康公司股权，找到李某3，希望李某3从中帮忙，并答应事成将给李某3500万元好处费（见张文中2007年10月9日讯问笔录第7页；一审庭审笔录第20页；律师2008年9月8日调查李某3笔录第2、3页）。之所以要找李某3做中介，是因为张文中得知在交易中有人可能会恶意抬价，需要李某3提供信息咨询，以便于了解当地的一些情况，防止恶意抬价（见控方2007年10月9日讯问张文中笔录第7页）；而且，李某3与其广州的几个朋友对这5000万股泰康公司股权的转让也有兴趣（见律师2008年9月8日调查李某3笔录第2页）。涉案的500万元到李某3公司的账上后，梁某在长达3年的时间里从未动用过这500万元，也不想要这笔钱，而且根本不认为这笔钱与他有关（见控方2006年6月26日询问梁某笔录第7、8页），而李某3则将这500万元作为公司的收入入账并纳税60余万元（见律师2008年9月8日调查李某3笔录第3页）。梁某和李某3两人对涉案的500万元的迥然不同的态度，进一步印证了这笔款是给李某3的中介费，而不是要由他经手给梁某的行贿款。

然而，一审判决却无视上述事实，仍然认定涉案的500万元是给梁某的单位行贿款。尤其严重的是，对于辩护人所提交的李某3说500万元是给他的中介费的关键性证据（见物美的一审辩护人2008年9月8日调查李某3笔录第2页），一审判决竟然完全不予理睬。这显然不是一种公正的审判态度和做法。

5. 尽管辩护人已经用充分的书证和言词证据证明了涉案的500万元只能是给李某3的中介费，而不是事先承诺给梁某的好处费，但仍有必要指出，一审判决在梁某根本没有收到500万元，也从来没有答应收这500万元的情况下，认定张文中行贿既遂，实属错误。

在控方以及一审法院所采信的所有证据当中，没有一份证据存在梁某愿意收受涉案的500万元的内容，也没有一份证据存在梁某已经收到了涉案的500万元的内容。而根据梁某的证言，他从来就没有想要收受涉案的500万元，更没有实际收受这500万元(见控方2006年6月26日询问梁某笔录第7、8页)。这就意味着，即便张文中真的承诺过愿意给梁某500万元好处费，甚至已经将这500万元给出，由于遭到梁某的拒绝，也只能是存在过行贿的意思表示或者行贿未遂。一审判决认定上诉人张文中单位行贿既遂，实属错误。

显然，一审判决认定张文中犯单位行贿罪，与现有的大量证据是不符的，其所依据的证据是明显不足的。在这样的情况下，一审判决认定上诉人张文中犯单位行贿罪，实属重大失误；而认定为单位行贿既遂，更是完全错误。

综上所述，我们作为上诉人张文中的二审辩护人，重申并强调以下结论性辩护意见：

(一)申报2002年国债贴息资金完全是物美的单位行为，而不是张文中的个人行为，根据我国刑法规定的罪刑法定原则和最高人民法院有关法律性文件的规定，绝无张文中个人构成诈骗罪的可能。

(二)有充分的证据证明：(1)民营企业完全有资格申报2002年国债贴息技改项目，物美符合申报2002年国债贴息技改项目条件，属于国债贴息资金支持的范围，物美“冒充国企”骗取国债贴息资金的前提条件并不存在；(2)上诉人张文中是在确信物美符合申报国债贴息资金条件，并且可以通过诚通公司进行申报的情况下，决定物美通过诚通公司递交项目申报材料，申报过程中存在的瑕疵张文中并不知情，因此，张文中根本不存在诈骗国债贴息资金的犯罪故意；(3)物美并没有虚构项目进行申报，上诉人张文中更不存在指使物美员工虚构项目进行申报的行为，项目申报具体工作他都没有参与，因此，张文中也根本没有自己实施或者指使他人实施虚构事实、隐瞒真相，骗取国债贴息资金的行为。总之，无论是物美还是张文中个人的涉案行为，都根本不具备诈骗罪的任何构成要件，不可能构成诈骗罪。

(三)物美申报的项目是基于物美发展的客观需要而设立，是完全真实的，其中信息现代化建设项目已经基本按项目可行性研究报告实施；第三方物流改扩建项目已经异地实施，并且都已经取得良好效果。

物美在申报2002年国债贴息资金的过程中存在的瑕疵,以及未能完全按项目可行性研究报告实施申报项目,是由于一些客观原因所导致,完全不属于诈骗国债贴息资金的行为。

(四)一审判决认定上诉人张文中犯诈骗罪,违背了本案基本事实,错误地认定了物美相关行为的法律性质,并且严重违反了刑法及最高人民法院有关司法解释和法律性文件的规定,定性错误。

(五)仅仅根据一审判决采信的控方提供的书证,也足以证明涉案的4000万元资金是经陈某1决定由泰康公司借出的,资金的接受和使用方均为卡斯特投资咨询中心。因此,涉案的4000万元资金无论在名义上还是实质上,都是一个单位借出资金给另一个单位使用。根据刑法及有关司法解释的规定,上诉人张文中绝无犯挪用资金罪的可能。一审法院认定张文中犯挪用资金罪,不但对辩护人有理有据、有法可依的辩护意见不予理睬,而且对其自己采信的证据能够证明的事实也视而不见,显然是完全错误的。尽管涉案的4000万元资金投资股票的盈利是否归个人与张文中是否犯挪用资金罪无关,但仍有必要指出,认定涉案的4000万元资金投资股票的盈利归个人,证据严重不足,不能成立。

(六)一审判决无视辩护人的辩护意见,无视有大量证据证明涉案的30万元是给赵某代表和康友联公司担任泰康公司监事、董事等工作的合理报酬,涉案的500万元不是给梁某的好处费,梁某也根本没有收到500万元,粤财公司向华美公司转让其持有的泰康公司股权经历公开挂牌等关键事实,在证据明显不足且有违常理、法理的情况下,仍然强行认定上诉人张文中犯单位行贿罪,实属重大失误。而认定涉案的500万元系单位行贿既遂,完全错误的。

审判长、审判员:

在即将结束本辩护词的时候,我们的心情是十分沉重的。本案的核心内容,即一审判决认定张文中犯诈骗罪的事实,发生在2002～2003年。2002年召开了中国共产党第十六次全国代表大会。在党的十六大报告中,明确规定了要放宽国内民间资本的市场准入领域,在投融资、税收、土地使用和对外贸易等方面采取措施,实现公平竞争。即便在当时一些具体部门的个别政策尚未同党中央的大政方针同步调整,民营企业还受到一定的不公正、不合理对待的情况下,张文中的涉案行为也是完全不构成诈骗罪的;而在今天党和政府已经将对非公有制经济进行平等保护写进宪法的情况下,就更没有理由以犯罪来对他进行追究了。物美在申报到国债贴息资金后,没有分文落入张文中个人口袋,这些资金全部用于了项目建设和企业发展当中,为物美这些年的跨越式发展发挥了重要作用,为增强民族经济与国外零售业巨头的竞争力,保障国家经济安全发挥了重要作用。毫无疑问,张文中组织物美申报国债贴息资金的行为是十分有益于国家经济发展而没有任何社会危害性的。然而,我们十分痛心地看到,张文中却因此被一审法院以诈骗罪判处有期徒刑15年。我们在此不禁想起了高铭暄等我国著名刑事法专家们在关于本案一审判决的专家论证法律意见书中的提醒:"对这样一份明显而严重的错误判决如果不予以及时果断纠正,不仅会影响到一家中外闻名的大型优秀民营企业的繁荣发展和一位明星级民营企业家的前途命运,同时还关系到党和政府平等对待与依法保护非公有制经济的政策能否得到切实贯彻,关系到我国司法公正和国家法治的形象,关系到社会主义和谐社会的构建。"如果我们对张文中这样一位海外学成归国创业的优秀人才,采取的是这样一种严重违背事实和违反法律甚至有违基本情理而进行刑事追究的态度,由此在法律效果和社会效果方面产生的负面影响必将是巨大而深远的。因此,我们恳请二审法院坚决以政法工作"三个至上"理念为指导,严格遵循以事实为根据、以法律为准绳的原则,依法及时而果断地纠正一审判决的错误,使上诉人张文中得到公正合法合理的对待。

以上辩护意见,郑重提请合议庭和二审法院依据事实和法律严肃衡量并合理采纳,谢谢!

北京市中闻律师事务所律师　赵秉志

河北合明律师事务所律师　白加宁

2009年3月23日

附件七：张文中案二审判决书

河北省高级人民法院
刑事判决书

（2008）冀刑二终字第 89 号

原公诉机关河北省衡水市人民检察院。

上诉单位（原审被告单位）物美控股集团有限公司（原北京物美商业集团有限公司，以下简称物美集团），单位地址：北京市石景山路 3 号玉泉大厦 10 层。

诉讼代表人吴某 1，男，51 岁，物美集团法定代表人。

辩护人高平，河北方圆律师事务所律师。

辩护人左坚卫，北京市共和律师事务所律师。

上诉人（原审被告人）张文中，男，1962 年 7 月 1 日出生，汉族，博士，捕前系物美集团董事长，住北京市海淀区 × × 路 × × 号楼 × × 室。因涉嫌犯行贿罪、挪用公款罪于 2006 年 12 月 7 日被刑事拘留，同月 20 日被逮捕。现押于衡水市看守所。

辩护人赵秉志，北京市中闻律师事务所律师。

辩护人白加宁，河北合明律师事务所律师。

上诉人（原审被告人）张伟春，男，1958 年 4 月 27 日出生，汉族，大学文化，捕前系物美集团行政总监，住北京市海淀区定慧东里 × × 号楼 × × 号。因涉嫌犯诈骗罪于 2006 年 12 月 29 日被刑事拘留，2007 年 1 月 1 日变更为监视居住，同年 2 月 14 日被逮捕。现押于河北省深州市看守所。

辩护人肖艳芬，北京市德律珩律师事务所律师。

辩护人吴建平，北京市东元律师事务所律师。

河北省衡水市中级人民法院审理衡水市人民检察院指控原审被告单位物美集团、原审被告人张文中犯单位行贿罪、原审被告人张文中犯挪用资金罪、原审被告人张文中、张伟春犯诈骗罪一案，于二〇〇八年十月九日作出(2008)衡刑初字第22号刑事判决。原审被告单位物美集团、原审被告人张文中、张伟春均不服,提出上诉。本院受理后,依法组成合议庭审理了本案。经过阅卷,讯问被告人,听取辩护人的意见,认为事实清楚,决定不开庭审理。现已审理终结。

原判决认定:

一、单位行贿

1.2002年,被告单位物美集团在收购中国国际旅行社总社(以下简称国旅总社)持有的泰康人寿保险股份有限公司(以下简称泰康公司)5000万股股份过程中,被告人张文中向国旅总社总经理办公室主任赵某提出让其提供帮助,并承诺给其一笔好处费。在赵某的积极协调、帮助下,2002年年底,物美集团以其关联公司北京和康友联技术有限公司(以下简称和康友联公司)的名义顺利收购了国旅总社持有的5000万股泰康公司股份,张文中遂指派张某1给付赵某30万元。2003年1月至2004年2月,张某1通过物美集团的关联公司卡斯特经济评价中心以报销费用的方式向赵某支付了30万元人民币。

认定上述事实的证据:

(1)证人赵某证言证实,2002年,国旅总社为缓解资金紧张,准备将持有的5000万股泰康公司股权转让。因其时任泰康公司监事,国旅总社总经理李某7便让其向泰康公司董事长陈某1表示要转让股份的意思,问陈能否找到受让方。后陈告之物美集团有意受让该股份。在他与张文中联系时,张文中说希望其支持、帮助收购股权,表示事成后不会亏待他,并说想尽快由其安排和国旅总社的领导见面。其及时向李某7汇报后并说物美集团经济实力不错,之后他安排李某7和张文中、张某1等人一起见面吃饭,双方表达了转让、收购泰康公司股权的意思。后物美集团张某1等人向国旅总社党政联席会成员就物美集团情况做了演示性介绍。在国旅总社再次召开研究转让泰康公司股权问题的党政联席会上,会议研究同意将持有的泰康公司股权转让给物美集团,会议授权谈判价格范围是每股1.45元至1.5元。在双方就转让股权谈判之前,其告诉张文中国旅总社确定的谈判底价是每股1.45

元,为张文中谈判提供了重要信息。又经多次谈判,约在2002年6月份双方达成转让股权协议,转让价每股1.45元,在付款期限上国旅总社作了让步,延长了付款期限并分三次付款。后张文中对其讲,因看中泰康公司今后的发展,虽然收购股权价格高了一些,但是从长远看是合得来的,并说要兑现以前承诺,给其一笔30万元好处费,让其找张某1具体办理。

2003年年初,其与张某1商议好用报销发票的方式从张某1处领取30万元。同年1月中旬,其在张某1办公室拿了一张没有填写收款人的金额为10.8万元的转账支票,后通过天马国际旅行社的总经理孙某将转账支票兑现,同年2月26日,其将孙经理给开的发票给了张某1。2003年6月中旬,又从张某1处要来一张10.8万元的转账支票后变现,其找到天马旅游汽车公司总经理黄某2开了一张发票给了张某1,该发票付款单位是卡斯特经济评价中心,金额10.8万元,内容是会议费。2004年2月初,其从张某1处拿了一张8.4万元的转账支票,用于支付了家庭装修的材料款,并让该装修单位给卡斯特经济评价中心开了一张发票,给了张某1。这三笔钱他对妻子王某3说是物美集团的张文中给的。事后他告诉张文中钱收到了。

证人王某3证言证实2003年至2004年,赵某往家拿过三笔钱共30万元,并说是物美集团张文中给的,与赵某所证吻合。

证人孙某、黄某2、田某2、潘某、刘某3、刘某4所证将赵某的转账支票变现并开具发票的情节与赵某所证吻合。

(2)被告人张文中原供述,2002年,陈某1建议他收购国旅总社想转让持有的泰康公司5000万股股权,并说国旅总社办公室主任赵某可以安排此事。他与赵某联系并表达了收购意向,要求赵某安排与国旅总社领导面谈,并说事成后不会亏待赵某。赵某答应促成此事。随后,在与国旅总社董事长李某7见面吃饭时沟通了此事。后他带着张某1等人到国旅总社会议室与李某7等人进行了谈判并达成了收购意向,最后确定的收购价格向国旅总社提供的价格倾斜,但在付款时间上延长了期限,并约定赵某、张某1具体操作收购事宜。收购完成后,大概

2002年年底，在泰康公司开会时，他对赵某说在收购股权过程中帮了忙，给赵某30万元人民币表示感谢，具体找张某1办理。回来后他告诉张某1给赵某30万元，具体事与赵某联系。后张某1对他说钱开始给了。几个月后赵某告诉他说钱收到了，并表示感谢。在收购股权的过程中，赵某事前告诉了陈某1关于国旅总社转让股权的信息；积极安排和国旅总社见面；向国旅总社积极介绍物美集团的经济实力、宣传物美集团；积极延长物美集团的付款期限，加快泰康公司股权转让速度。

物美集团以每股1.45元的价格收购了国旅总社持有的5000万股权，收购款是从物美集团内部调度的。股权名义上由和康友联公司收购，实际上是物美集团收购，如果落在物美集团名下，就违反了泰康公司关于单一股东持股不允许超过10%的公司章程规定，当时物美集团已持有8%的泰康公司股权，所以就把该股权落在了和康友联公司名下，产生的收益归物美集团所有。和康友联公司是物美集团和卡斯特产业集团成立的公司，其通过物美集团和卡斯特产业集团控制和康友联公司，公司的法人代表是其弟张某1，是其决定以和康友联公司的名义收购泰康公司股权的。

(3)证人陈某1证言证实，2002年，赵某告诉他国旅总社欲转让持有的5000万股泰康公司股份并让其帮忙找受让方。他告诉了物美集团的张文中，张文中表示愿意收购。国旅方面由赵某具体操作转让事宜。张文中收购国旅总社持有的泰康公司股权后，告诉他给了赵某30万元好处费以感谢赵某在收购泰康公司股权中所提供的帮助。

(4)证人张某1证言证实，2002年，物美集团以和康友联公司收购国旅总社持有的5000万股泰康公司的股份，是他和赵某具体办理的。2002年底，张文中告诉他给赵某30万元好处费。2003年1月，他问赵某如何支取该款项，赵某说拿发票来物美集团报销。并证赵某分三次共支取30万元人民币，所证过程与赵某证言相一致。

(5)证人张某5证言证实，其在物美集团计财部工作，主要是负责物美集团的账务。物美集团的关联公司卡斯特经济评价中心、北京敬业和康投资咨询中心、和康友联公司、华美现代流通发展有限公司等单位的账务，记账的工作也由他们负责兼职管理，并且受物美集团主管财务的副总裁张某1直接领导。

证人许某证言所证物美集团与相关关联公司的工作、财务管理关系与证人张某5所证一致。

（6）证人王某1证言证实，物美集团是和康友联公司的控股股东，其担任和康友联公司的法定代表人，张文中在和康友联公司无职务。和康友联公司收购国旅总社持有的泰康公司股权前，其参加了一次由张文中主持、张某1、吴某1参加的物美集团董事会，讨论以和康友联公司的名义收购国旅总社持有的泰康公司股权之事，确定由和康友联公司收购国旅总社持有的泰康公司股权。

（7）侦查机关提取的卡斯特经济评价中心汇给天马国际旅行社的转账支票、天马国际旅行社的银行进账单、天马国际旅行社开具北京市服务业发票、天马旅游汽车公司由贾俊英开具的发票、汇给北京市朝阳区嵩涛装饰材料经营部的转账支票、嵩涛装饰材料经营部的银行进账单、对账单记载的内容，与证人赵某、张某1等所证赵某在张某1处取转账支票、变现的情节吻合，并与卡斯特经济评价中心在北京工商银行的明细分类账、记账凭证所记载的该中心先后于2003年1月17日、2003年6月17日、2004年2月1日支出会议费、装修费共30万元的内容相印证。

天马国际旅行社、天马旅游汽车公司还分别证实，二单位未组织过卡斯特经济评价中心的会议。证人刘某4证言还证嵩涛装饰材料经营部和卡斯特经济评价中心没有业务往来。

（8）物美集团的情况说明证实，2002年年初在得知国旅总社有意出让其所持有的泰康公司的股份后，物美集团召开了董事会会议，张文中、吴某1、张某1和王某1参加会议。会议决定收购国旅总社所持有的泰康公司股份；由物美集团的关联公司和康友联公司收购；收购资金由物美集团筹措，通过拆借给和康友联公司支付。

（9）北京物美商业集团有限公司转账支票、记账凭证、资金往来专用发票等记载，北京物美商业集团有限公司先后于2002年6月27日、

2002年12月31日、2003年4月1日转到和康友联公司资金1450万元、1450万元、4350万元。

(10)国旅总社情况说明、会议纪要、股权分析报告、股权转让协议、会计凭证记载,2002年2月4日至12月17日国旅总社共五次召开党政领导班子联席会议,讨论研究国旅总社转让泰康公司股权的事宜;由赵某等具体负责与物美集团商谈股权转让事宜;决定以每股1.45元的价格转让;2002年6月26日国旅总社与和康友联公司签订股权转让协议,李某7、王某1代表双方签字。国旅总社收到和康友联公司支付的股权资金日期为2002年7月1日1450万元、2003年1月2日1450万元、2003年4月1日4350万元。

证人李某7证言所证内容与上述证据所证实的内容相一致,其还证实根据物美集团的要求,以物美集团的子公司和康友联公司的名义签约收购的股权;2004年1月,股权转移到对方名下。

(11)中国保险监督管理委员会批复记载,同意国旅总社将持有的泰康公司5000万股股份转让给和康友联公司,转让后和康友联公司持有泰康公司股份比例为6.25%。

(12)《卡斯特经济评价中心章程》记载,2001年4月北京敬业和康投资咨询中心设立卡斯特经济评价中心,法定代表人为吴某1。

(13)《和康友联技术有限公司企业资料》记载,北京卡斯特友联技术有限公司于1997年10月成立,2000年4月张某1任董事长,2002年5月9日卡斯特友联技术有限公司更名为和康友联技术有限公司,董事长由张某1变更为王某1。

(14)国旅总社营业执照证实,国旅总社经济性质为全民所有制。

(15)国旅总社干部任免通知、干部退休审批表证实,1997年9月至2003年11月3日,赵某任国旅总社总经理办公室主任。

2. 2002年,被告单位物美集团在收购广东粤财信托投资公司(以下简称粤财公司)持有的泰康公司5000万股股份过程中,被告人张文中向粤财公司总经理梁某承诺事成之后给予梁某个人500万元好处费。2003年年底,物美集团以其关联公司华美现代流通发展有限公司的名义收购了粤财公司持有的5000万股泰康股份,张文中遂指使张某1通过北京敬业和康投资咨询中心为梁某支付人民币500万元。

认定上述事实的证据:

(1)证人梁某证言证实,2002年,其任粤财公司总经理,受金融风暴影响,公司准备转让持有的包括泰康公司在内的部分股权。2002年上半年,在北京与陈某1、张文中见面时,陈某1问其是否有转让粤财公司持有的泰康公司股份的意向,其答复有,但须根据规定程序办,由董事会决定。张文中提出按每股1.4元的价格收购粤财公司持有的泰康公司的股份,并且提出给其500万元好处费。其答复同等条件下可以考虑优先转让给张文中。其在粤财公司董事会上提出转让泰康公司的股权意见并经同意后,便安排投资部进行前期工作。后在珠海,张文中、陈某1与其见面时,李某3参加也提出让其给张文中帮忙、给梁500万元好处费的事情。经评估粤财公司持有的泰康公司股份每股价值约1.3元至1.6元,后粤财公司按规定委托广州产权交易所,以每股1.45元进行挂牌交易持有的泰康公司股权,并在报纸上进行了披露,挂牌时间约为一个月。挂牌交易失败后,物美集团下属的华美现代流通发展公司与粤财公司多次协商,由粤财公司领导集体研究决定,与张文中的物美集团以每股1.4元的价格收购粤财公司持有的泰康公司的股权达成了协议,并办理了法律手续。收购完成后一年左右,李某3对其说张文中把好处费打过来了,怎么办?其答复:这是你的事,你自己处理。李某3在此次股权交易中没有起什么作用。

(2)证人李某3证言证实,其与梁某是校友,经陈某1介绍认识张文中。2002年上半年,陈某1给其打电话说张文中想收购粤财公司欲出售的泰康公司的5000万股份,让他找梁某帮忙,每股可以给梁某0.1元的好处费。他将此情况告之梁某,梁某说要按程序办,同等条件下可以优先考虑卖给张文中,钱的事让他拿主意。约半年后,其通过梁某了解到粤财公司和张文中转让股份的事情已经办完,就在与陈某1通电话时告之陈应给梁某的好处费了。不久,张某1与其联系,给梁某的500万元最好能开发票入账。于是为了掩盖张文中给梁某这500万元好处费，其安排张某6和张某1签订了两个假合同，总金额是500万元。张某1分四笔将款打到了其公司账户。其收款后告诉了梁某，梁某说钱他不要，让其看着处理。钱就放在了公司。

证人张某6证言证实，其担任广州市华艺广告有限公司和华艺文化有限公司总经理，两公司法定代表人是李某3。在2003年四五月，两公司与北京敬业和康投资咨询中心签订过两个虚假的电视节目冠名制作合同和广告代理合同。是帮李某3的朋友过一笔500万元款时，为了给对方开发票而签的合同，实际上与该中心没有业务往来。

(3)证人张某1证言证实，其是卡斯特科技投资有限公司的下属企业北京敬业和康投资咨询中心法定代表人。大约在2003年，张文中说用同是卡斯特科技投资有限公司控股下属企业华美现代流通发展有限公司来收购粤财公司持有的泰康公司5000万股股权，价格已和对方的领导梁某谈好，让他和粤财公司的投资部经理蔡某联系签合同的事。在此之前，张文中用卡斯特科技投资有限公司的下属公司和康友联公司收购过泰康公司的股权，合同文本是现成的。合同是用华美现代流通发展有限公司和粤财公司签订的。华美现代流通发展有限公司给粤财公司付了约3500多万元转让款。办完过户手续后，就将其他转让款通过华美现代流通发展有限公司付给了粤财公司。收购股份的7000多万元是物美集团打到华美现代流通发展有限公司后，从华美现代流通发展有限公司付出的。交易完成后，张文中说公司要给粤财公司负责人梁某500万元好处费，具体找李某3联系。李某3提出用广州一个出版社和一个广告公司签两个合同，接受这500万元。其遂用敬业和康投资咨询中心和李某3提出的公司签的合同，后分两次寄发票、打款。给梁某的500万元是物美集团打到北京敬业和康投资咨询中心，由该中心支付的。

(4)证人陈某1证言证实，2002年，其得知粤财公司总经理梁某想把所持有的泰康公司的股份转让出来。之前，张文中曾表示要再收购一些泰康公司的股份，其对泰康很有信心。2003年上半年，在北京与梁某见面时对梁讲了张文中的想法，如把粤财持有的5000万股份转让给张,可以按每股0.1元给梁个人好处,后张文中对此事也同意。按照国际惯例,一般要有10%的中介费。张文中收购股份后,中国广东嘉德国际拍卖有限公司总经理李某3打电话说张文中答应给梁某的钱未办,其遂告之张。2004年夏天,梁某对其说张文中把钱打到李某3处了。

(5)被告人张文中原供述在收购粤财公司持有的泰康公司5000万股权的过程中,找陈某1、梁某、李某3帮忙,允诺事后给梁500万元好处费及事后让张某1具体办理好处费的情节与证人梁某、李某3、张某1、陈某1所证内容吻合。其还供其控股的公司多次收购了泰康公司的股权,现在他是泰康公司的第二大股东。华美现代流通发展有限公司是其控股的物美集团和卡斯特投资有限公司的子公司。原来物美集团持有8%的泰康公司股权,泰康公司章程规定单一股东持股不允许超过10%,所以就把收购的粤财公司5000万股股权落在华美现代流通发展有限公司名下。收购粤财公司持有的泰康公司5000万股股权是其决定的。如果梁某不同意转让或坚持最初的出让价就可能收购不成,在办理相关手续上梁某也提供了不少便利条件。

(6)证人韩某、蔡某证言所证粤财公司经研究决定转让泰康公司5000万股份、经依法定程序评估、后与物美集团属下的华美现代流通公司谈判达成转让股份交易的情节,与证人梁某所证相一致;所证粤财公司委托广州产权交易所上市挂牌交易持有的泰康公司5000万股份的事实与证人广州产权交易所总经理李某8所证及广州产权交易所情况说明、广州中天衡评估有限公司估算意见书、股权交易委托合同书、2002年12月30日《广州日报》转让5000万股份公告记载内容相一致。韩某还证,在股权交易过程中,梁某没有汇报过对方给予好处费的问题。

(7)北京敬业和康投资咨询中心和广州华艺广告有限公司签订的代理合同记载,广州华艺广告有限公司广告代理费用为200万元。张某1、张某6分别代表双方公司签字。广州华艺文化有限公司情况说明记载,该公司在2003年和北京敬业和康投资咨询中心签订了一份

300 万元的电视节目冠名制作合同，并于 2004 年 3 月收齐该笔制作费。合同已经遗失。

(8)侦查机关在北京工商银行玉东分理处、广州华艺广告公司、华艺文化有限公司提取的转账支票、电汇凭证、银行专用凭证等书证内容记载：2003 年 7 月 1 日物美集团开给北京敬业和康投资咨询中心的转账支票金额 250 万元，2003 年 7 月 2 日，北京敬业和康投资咨询中心分别转给广州市华艺广告有限公司 100 万元、广州市华艺文化有限公司 150 万元；2004 年 3 月 8 日物美集团通过网上银行给北京敬业和康投资咨询中心转账 250 万元，同日，北京敬业和康投资咨询中心分别转给广州华艺广告公司 100 万元、华艺文化有限公司 150 万元；2003 年 7 月 2 日、2004 年 3 月 8 日两公司分别收到上述款项。

(9)广州市华艺广告有限公司和华艺文化有限公司情况说明及部分发票复印件、资金往来凭证记载、广州华艺文化公司开给北京敬业和康投资咨询中心总金额为 300 万元的发票 300 份；广州华艺广告公司开出金额 200 万元的发票 200 份。两公司的营业执照记载，其法定代表人均是李某 3。

(10)物美集团情况说明记载，2003 年年初，物美集团在得知粤财公司有意出让其所持有的泰康公司股份后召开了董事会会议，张文中、吴某 1、张某 1 和王某 1 参加。会议决定，收购粤财公司所持有的泰康公司股份；由物美集团的关联公司华美现代流通发展有限公司收购；收购资金由物美集团筹措，通过拆借给华美现代流通发展有限公司支付。

(11)粤财公司会议纪要，投资部请示文件记载，2002 年 8 月 7 日会议研究决定，考虑适时转让持有的泰康公司的股权；2003 年 1 月 20 日粤财公司办公会同意以每股 1.4 元的价格转让泰康公司股份。梁某批示粤财公司投资部以每股 1.4 元以上的价格挂牌。

(12)股权转让协议及华美现代流通发展有限公司函件记载，2002 年 10 月 29 日华美现代流通发展有限公司提出股权交易价格为每股 1.35 元，同年 11 月 25 日提出价格为每股 1.4 元；股权转让协议签订日期 2003 年 3 月 20 日，价格每股 1.4 元，分三次付款，共计 7000 万元人民币。韩某、张伟春分别代表粤财公司和华美现代流通发展公司签字。

(13)华美现代流通发展有限公司转账支票存根、进账单及粤财公司电汇凭证记载,2003年4月3日物美集团转到华美现代流通发展有限公司1400万元,4月4日华美现代流通发展有限公司转到粤财公司;2003年9月2日物美集团转到华美现代流通发展有限公司2100万元,当日华美现代流通发展有限公司转到粤财公司;2004年2月19日物美集团转到华美现代流通发展有限公司3500万元,2月23日华美现代流通发展有限公司转到粤财公司。

(14)中国保险监督管理委员会批复记载,2003年8月21日同意粤财公司将其持有的泰康公司5000万股股权转让给华美现代流通发展有限公司,受让后,华美现代流通发展有限公司持泰康公司股权比例为5.9524%。

(15)粤财公司证明及投资股东的营业执照记载,粤财公司的股东均为国有独资、全民所有制单位;粤财公司是国有独资有限责任公司。

(16)广东省委组织部关于梁某任职的通知记载,2001年3月20日广东省委组织部同意梁某为粤财公司总经理人选,2001年5月8日批准其为粤财公司党委副书记,2001年6月聘任其为总经理,2005年5月为党委书记。

(17)《敬业和康投资咨询中心产生过程的说明》记载,1992年张文中组建北京市石景山区兴达计算机技术公司,1993年3月公司名称变更为北京北美卡斯特物产公司(北京卡斯特物资公司),北京卡斯特物资公司1993年8月成立北京卡斯特投资咨询中心,法定代表人为张某1,1999年11月公司名称变更为北京敬业和康投资咨询中心。

(18)《华美现代流通发展有限公司的基本情况》记载,1997年9月成立华美现代流通发展有限公司,法定代表人为田某1;2001年11月张文中为法定代表人,董事长;2003年4月董事长由张文中变更为张伟春,股东变更为北京卡斯特科技投资有限公司和北京康平创业投资有限公司。

上述证据,均经庭审质证、核实,予以确认。

二、挪用资金

1997 年 3 月,被告人张文中与泰康公司董事长陈某 1(另案处理)商定挪用泰康公司的 4000 万元资金申购新股牟利。后张文中指使张某 1 从泰康公司转出 4000 万元人民币,具体负责申购新股。张文中、陈某 1 又与中国国际期货有限公司董事长田某 1(另案处理)商定,通过中国国际期货有限公司所兼管的河南省国际信托投资公司的途径转款,以掩盖挪用情节,炒股所得盈利由张、田、陈三人按 3∶3∶4 比例分配。期间,中国人民银行检查,三人遂于 1997 年 7 月通过河南省国际信托投资公司,又从泰康公司转出 5000 万元人民币用于归还前次挪用款项,1997 年 8 月 19 日张某 1 归还泰康公司 4000 万元人民币,同年 9 月 3 日和 9 日又分两次归还了 5000 万元人民币。其间,炒股共盈利 1000 余万元人民币。

认定上述事实的证据:

1. 证人陈某 1 证言证实,1997 年上半年的一天,在张文中的办公室,张文中谈到申购新股可以赚钱。当时泰康公司刚成立有大笔闲置资金,最后商定从泰康公司拿出 4000 万元炒股,具体操作由张文中的弟弟张某 1 来办。田某 1 说炒股的盈利大家按 3∶3∶4 的比例来分配,田某、张文中分别得 3。商定后,其对公司常务副总经理任某、财务部负责人李某 4 说张文中是公司的股东,公司想委托他理财,需要 4000 万元,让他们办一下。泰康公司没有人知道是将这笔资金用于个人炒股。根据当时的规定,保险公司的资金不能直接炒股,也不能直接借给非金融企业。1997 年中国人民银行对泰康公司进行了一次检查,为了既能继续炒股又能应付检查,其与张文中、田某 1 商量从泰康再拿出 5000 万元由田某 1 所控制的河南国际信托投资公司转回炒股的账户,再由炒股的账户归还泰康。其就又与任某和李某 4 说中期公司想借 5000 万元的资金,并在相关的手续上签字后,就由财务上去办了,后 4000 万元、5000 万元都收回来了。不久,其与张文中、田某 1 见面时,张文中说炒股赚了 1000 万元,给其 400 万元,他二人各 300 万元。因觉得这件事违法,其没敢拿钱。

证人田某1证言所证及被告人张文中供述使用泰康公司4000万元资金由张某1负责炒股、分配收益、转款、逃避检查、回付炒股资金的情节与陈某1所证内容与基本一致。证人田某1还证，其参与炒股的时间是1997年六七月，三人约定由陈某1负责泰康公司出资金，田某1负责协调河南信托将陈某1的资金运作到张文中处，张文中和张某1进行股票的炒作；其让师某操作转款事项；三人还决定炒股赚的钱仍留在张文中的账上，以后合伙做生意，收益仍就按3∶3∶4分配；没有谈到要给泰康公司利益的事。后来，其妻赵某1从炒股的盈利中借出200万元用于做字画生意。被告人张文中还供，其让张某1以卡斯特投资咨询中心的名义具体操作申购新股；申购新股的资金往来在公司账上没有记账，无任何显示；这事是三个人的事，只是借用公司的名义，与公司经营没有关系。

2. 证人张某1证言证实，其从泰康公司拿4000万元补签协议后，在国泰证券公司北京方庄营业部以卡斯特投资咨询中心的名义开了股票交易账户，将开户情况和款的到位情况告诉了张文中。泰康公司开出的支票收款单位是空白的，方庄营业部的工作人员具体怎么填的不清楚。1997年7月的一天，张文中让其去河南省郑州找中期公司下属的河南中期公司总经理师某办理4000万元借款，与师某商谈并告诉卡斯特投资咨询中心在北京方庄证券营业厅开户账号后，8月初河南省国际信托投资有限公司将4000万元借款打到了账户上，钱到后不久张文中说从河南借的钱也是泰康公司的，让其还泰康公司，同年8月19日从卡斯特投资咨询中心在方庄营业部的资金账号上开出4000万元的转账支票交给了李某4。1997年9月还完泰康公司款后，经计算利润约为1050万元，张文中说把零头给其当是劳务费，除去田某1的爱人赵某1从这个户上借走200万元做字画生意外，其他的都没有支取。

3. 证人李某4证言证实，其任泰康公司财务副总经理。1997年3月26日下午，其按公司董事长陈某1指示，委托公司股东张某1做国债投资，需要支给张某1 4000万元，便签批了支票请领单，当时向张某1和泰康公司投资部要相应的协议，他们不能提供。给张某1支票后，其要求他们补签协议,而投资部不理睬。张某1拿支票后,其觉得没有协议对借款无约束力就让张某1补签了协议。这协议只作为张某1借款的形式,未经公司领导同意,是计财部为规避资金风险而采取的保险措施,盖的章是计财部的。1997年8月,中国人民银行对泰康公司进行检查发现这笔款违反规定要求纠正。公司遂向卡斯特投资咨询中心发函要求提前结束合同。1997年8月19日这4000万元的本金返还了。

1997年7月30日,陈某1让其从公司在北京证券登记结算中心的户上支取5000万元调回公司。后出纳吴某2说陈某1让把5000万元汇往河南省国际信托投资公司证券交易营业部。财务从公司在北京证券登记有限公司户上填写了一张5000万元的支票,转存到公司以中国嘉德国际拍卖有限公司名义开立的账户,同日又从该户开出一张5000万元、收款人为河南省国际信托投资公司证券交易营业部的汇票。这笔借款一是汇出没有投资协议,资金调拨单上仅有陈某1的签字;二是该笔投资款走公司的委托投资账户即可,不应通过公司以中国嘉德国际拍卖有限公司名义开立的账户。这笔款项因无协议约束存在很大风险,后其听说人民银行要来检查就向陈某1建议将这笔款尽快调回。陈某1随后和对方联系还款,资金分两笔由1997年9月3日4000万元、9日1000万元全部调回。收到回款的支票后,均先存到公司以中国嘉德国际拍卖有限公司名义开立的账户,次日又从该户开出支票,存到泰康人寿在北京证券开立的账户中。这5000万元无收益。

证人任某证言所证陈某1让借款给卡斯特投资咨询中心,中期公司的情节及泰康公司出纳吴某2所证张某1取款4000万元、向河南省国际信托投资公司证券交易营业部转款5000万元并分两笔收回的情节,与证人李某4证言所证内容相一致。

4. 证人师某证言证实,其为河南中期公司总经理。1997年7月,田某1给其打电话说陈某1所在的中国嘉德国际拍卖有限公司有一笔款需要走一下河南省国际信托投资公司的账户,款到账后马上打回来,并提供了北京方面接受这部分资金的账号。于是其提供了河南省国际信托投资有限公司证券交易部的账号。1997 年 7 月 31 日,河南省国际信托投资有限公司证券交易部收到了中国嘉德国际拍卖有限公司汇过来的 5000 万元款,其当日就安排财务人员将其中的 4000 万元汇至北京证券交易中心,另 1000 万元转入了河南中期公司。1997 年 9 月按照田某 1 的指示,把 1000 万元以退保证金的名义汇给了中国嘉德国际拍卖有限公司。

5. 泰康公司证明及委托投资国债协议、抵押合同记载,1997 年 3 月 27 日,张某 1 代表北京卡斯特投资咨询中心、李某 4 代表泰康公司签订委托投资额为 4000 万元的协议,期限一年。卡斯特投资咨询中心以重庆钢铁集团有限责任公司持有的泰康 5000 万股权作为抵押。该协议印章显示,双方为卡斯特投资咨询中心章和泰康公司计划财物部章。

6. 泰康公司支票请领单、转账支票存根记载,张某 1 在泰康公司的金额为 4000 万元的转账支票请领单签字时间为 1997 年 3 月 26 日,批准人为李某 4。泰康公司于 1997 年 3 月 27 日开出支票。

7. 泰康公司转账支票、北京证券交易中心进账单、方庄营业部客户存取款凭单、泰康公司银行存款日记账及记账凭证记载,1997 年 3 月 27 日,泰康公司转到北京证券交易中心 4000 万元;当日卡斯特投资咨询中心账户 273009 - 51 - × × × ×,支票进账 4000 万元;1997 年 3 月 27 日张某 1 在卡斯特投资咨询中心户存入 4000 万元,股东代码 6135。

8. 取款凭条、北京证券登记有限公司转账支票、工行进账单、记账凭证、泰康公司资金往来发票记载,1997 年 8 月 19 日北京证券登记有限公司转到泰康公司 4000 万元;1997 年 8 月 19 日泰康公司收回投资款 4000 万元;泰康公司收到 4000 万元后开给卡斯特投资咨询中心资金往来专用发票。

9. 泰康公司证明、保险资金调拨单、北京证券登记公司资金调拨凭证、泰康公司转往中国嘉德国际拍卖有限公司转账支票、银行进账单、工行银行汇票、工行汇票委托书、中国人民银行郑州分行进账单记载内容证实,1997 年 7 月 30 日陈某 1 签字由泰康公司转往河南省国际信托投资公司证券交易营业部5000万元;1997年7月30日由泰康公司账户转到中国嘉德国际拍卖有限公司5000万元;1997年7月30日由中国嘉德国际拍卖有限公司汇往河南国际信托投资公司证券交易部5000万元。1997年7月31日,河南国际信托投资公司证券交易营业部收到中国嘉德国际拍卖有限公司汇来的资金5000万元整。

10. 上海远东证券有限公司郑州经八路证券营业部证明、电汇凭证记载,原河南省国际信托投资公司证券交易营业部于2003年被上海远东证券有限公司收购,更名为上海远东证券有限公司郑州经八路证券营业部。1997年7月31日,河南省国际信托投资公司汇往北京证券交易中心(卡斯特账号273009-51-××××)资金4000万元整,用途退款。

11. 国泰证券有限公司北京分公司存款单、取款单、方庄营业部客户存取款凭单、北京证券登记公司清算资金调拨凭证、转账支票、工行转账支票、进账单证实,1997年8月4日卡斯特账户收到金额4000万元;1997年9月3日张某1从卡斯特账户取出4000万元。1997年9月3日北京证券登记公司转到中国嘉德国际拍卖有限公司4000万元。1997年9月4日中国嘉德国际拍卖有限公司开出4000万元转账支票,存到泰康公司在北京证券登记有限公司开立的账户。

12. 河南中期期货经纪有限公司请划资金申请、银行进账单、汇票委托书,转账支票、进账单记载,1997年7月31日河南国际信托投资公司转往河南中期期货经纪有限公司1000万元。1997年9月8日河南中期期货经纪有限公司转到中国嘉德国际拍卖有限公司1000万元。1997年9月22日中国嘉德国际拍卖有限公司开出1000万元转账支票,存到泰康公司在北京证券登记有限公司开立的账户。

13. 泰康公司证明及财务部说明记载,北京卡斯特投资咨询中心归还4000万元和5000万元本金时,未归还利息。泰康公司以中国嘉德国际拍卖有限公司的名义在工行西直门分理处开立账户,实际为泰康公司使用,该账户与中国嘉德国际拍卖有限公司无关。泰康公司在

1997 年 3 月 27 日之前与北京卡斯特投资咨询中心及其关联公司没有业务往来及经济往来；河南信托短期借款 5000 万元是陈某 1 个人决定的，财务部因考虑借款违规，故未入账。

14. 泰康公司情况说明证实，该公司成立时有股东 16 家，其中 11 家国有企业，5 家民营企业。

15. 中国保险监督管理委员会关于陈某 1 身份的说明记载，陈某 1 是根据《公司法》选举产生的董事长，并非国家机构、国有企业、事业单位委派。陈某 1 不具有国家工作人员身份。

上述证据，均经庭审质证、核实，予以确认。

三、诈骗

2002 年年初，被告人张文中得知国家对重点企业、重点项目实行国债贴息补贴政策，遂与被告人张伟春、公司副总裁张某 1 等人商议此事，并委派张伟春到国家经贸委等部门进行了咨询。在得知该批国债贴息资金主要用于支持国有企业技术改造项目，物美集团作为民营企业不属于国债贴息资金支持的范围的情况下，张文中与张伟春商量后决定以中国诚通控股集团有限公司（中央直属国有企业，以下简称诚通公司）下属企业的名义进行申报。为此，张文中与诚通公司董事长田某 1 多次联系，田某 1 答应了张文中的要求。在张文中的指使下，张伟春等人以虚假资料编制了物美集团技改项目可行性研究报告，以诚通公司下属企业名义上报国家经贸委。物流项目获得审批后，物美集团既未实施，也未向银行申请贷款；物美集团以信息化项目为名，以与和康友联技术有限公司签订虚假设备采购合同和开具虚假发票为手段，获得 1.3 亿元贷款，用于公司日常经营，未实施信息化项目。2003 年 10 月 29 日，财政部将 3190 万元国债贴息资金拨付到诚通公司，后诚通公司将该款汇入物美集团账户，物美集团即将该款用于偿还公司贷款。案发后，已追缴赃款 3190 万元。

认定上述事实的证据：

1. 被告人张伟春原供述，2002 年三四月的时候，物美公司总裁张文中提出目前国家有给予重点企业的国债贴息政策，物美公司应该去争取获得贴息资金。当时可能是对他与张某1等人讲的,后来张文中让他具体负责此项工作,包括到原国家经贸委咨询、具体申报、项目实施等工作。接受指派后,其先到原国家经贸委找相关人员进行了咨询,并查阅了《国家重点技术改造项目管理办法》《国家重点技术改造项目国债专项资金管理办法》《关于组织申报2002年国债技术改造项目的通知》等文件,搞清了国家重点技术改造项目是以加快国有企业技术进步和产业升级为目标,国债专项资金是针对国有企业进行系统改造所需资金而予以支持的,民营企业不属于被支持的范围,物美公司直接向国家经贸委申报国债贴息不会被受理的情况后,如实向张文中作了汇报。后在公司办公会和其他一些非正式会议上具体研究了此事,张文中对其提出的以物美公司是国有中国诚通控股集团公司下属企业的名义申报的方法表示同意。张文中和诚通公司的董事长田某1联系后告诉其诚通公司已同意该申报方法,其按张文中的交代到诚通公司联系沟通,就这样,物美填写了申报材料,诚通公司将物美作为自己的下属单位,将材料报到国家经贸委。物美公司以诚通公司下属企业的名义申报贴息资金的具体的建设项目是通州马驹桥物流中心项目、企业信息现代化项目。在确定要上报物流中心项目后,其到通州马驹桥镇去谈过有关租用土地的事。其间,公司没有进行实质性的谈判,只是在编制可行性报告时,按要求要有建物流项目的土地规划意见书,于是在通州规划局要了一份土地规划意见书,提供给了编制单位,编制单位据此及其他资料编成了可行性报告。其将此报告及其他资料一并以诚通公司名义上报国家经贸委。物流项目没实施,也没贷款。申请1760万元贴息资金公司用于还贷款了。其参与了信息现代化项目的专家论证会、联系编制单位对该项目编制了可行性报告、将相关的申报资料报到诚通公司的。信息现代化项目没有按照可行性报告实施,申请下来的1430万元贴息资金用于物美公司的日常经营了。填报虚假的材料是因为按张文中的意图,要将国债贴息资金申请成功。物美公司的股东有一个北京卡斯特公司,该公司的股东有一个京西硅谷公司,其在京西硅谷公司持有5%左右的股份。

2. 证人张某1证言所证2002年张文中对其讲物美集团要申报国债贴息资金及相应贷款，张文中决定以诚通公司的名义申报、咨询有关情况的内容与被告人张伟春所供相符。还证，物美集团申报贴息资金项目可研报告是张伟春委托具有编制资质的公司编制的；可研性报告的内容有些内容不真实，主要是为了能顺利的得到国家专项贴息资金；通州区规划局为公司提供的规划意见书没有法律效力；申报的物流项目没有实施、贷款没有到位；用于信息化建设的这1.3亿元人民币贷款用于物美集团的日常经营了，该向银行提供的贷款资料不真实；张文中决定将申请下来的国债贴息专项资金共计3190万元，还了物美集团在银行的短期贷款本金。

3. 证人王某1证言所证物美集团董事会研究决定由张伟春具体负责国债贴息资金的申报、通过中国诚通集团上报国家经贸委部门的内容与证人张某1、被告人张伟春所供相符。还证实，其是物美集团董事会成员、和康友联公司的法人，和康友联公司以前是物美集团的控股企业，一直为物美集团提供IT服务，当时物美集团对和康友联公司财务进行兼管。在信息化项目中，其代表和康友联公司与张某1代表的物美集团签订了总额为7200万元的IT设备买卖合同，内容是物美集团从和康友联公司购进7200万元的IT设备。签订合同之后，和康友联公司为物美集团开具73份总额7200万元的货物销售发票。所签的合同没有履行。

4. 证人于某1证言证实，物美集团经过董事会研究申请国债贴息的项目，一个是物流中心，一个是信息化工程，有董事会决议。其主要负责项目的贷款和贴息请款。物流项目没有贷款，有1760万元贴息。信息化项目贷了1.3亿元，贴息是1430万元。信息化项目是其具体与银行联系办理的贷款，公司就做了一套假的购销材料，有假的购销合同和虚开的发票，总金额是7200万元。虚假材料的购货单位是和康友联公司，和康友联和物美是关联公司，和康友联公司的董事长是王某1，王某1还是物美集团的副总裁。实际上公司没有从和康友联公司为信息化买设备，把款转到和康友联公司后，又转回物美集团用于了日常经营开支。借款合同和虚假的购销合同都是由张文中签署的。诚通公司领取国债贴息资金后把款转到了物美集团,经过张文中、张某1的同意,这些钱又被添加了一些资金提前归还了银行的一笔5000万元贷款。物流项目在马驹桥做不成,无法向银行提供用地及开工手续,这些都是银行放贷的必备要件,后想易地实施该项目,但最终也没落实。

证人许某所证物美集团申请国债贴息资金的项目内容、贷款、贴息等资金的流向、虚构购销合同和虚开发票等内容,与于某1证言所证相一致。

5. 证人郝某2证言证实,3190万元国债贴息资金这笔钱是于某1让其去诚通公司领的,并给诚通公司开了3190万元的资金往来发票。这笔钱用于归还物美集团的贷款了。证人陈某2证,其为物美集团财务出纳。号码为11629×××的转账支票存根是公司用于归还贷款本金的一个转账支票存根,一共归还了5000万元人民币,其中3200万元人民币是4998账户转到1200账户的,另外1800万元人民币是从公司招商银行的账户转到1200账户的,然后将这两笔钱共计5000万元归还了在万寿路支行的贷款。是计财部副总监于某1安排其做的。

6. 证人李某1证言证实,其于2002年至2003年在原国家经贸委投资与规划司信息化处工作。2002年物美集团向国家经贸委申报第八批国债技改项目国债专项资金是经其办的。主要审查材料是否齐全、企业的经营状况、申报项目与确定的专题是否相符。在这一批项目审批过程中,曾有明确的指示要剔除民营企业和合资企业为主体的申报项目。物美集团的张伟春、张某1向他们司咨询国债贴息政策的情况,其曾告诉他们按照通知要求进行申报。如物美集团不是诚通公司的下属企业,诚通公司就不能申报物美集团的项目。物美集团作为民营企业以自己名义申报第八批国债贴息,在审查的过程中就被剔除了。

7. 证人李某2证言证实,其2002年在国家发改委固定资产投资司任副司长,参与了第八批国债贴息资金的审批。物美集团申报国债贴息过程中,其听过物美集团副总张伟春的汇报。2002年审批申报贴息资金的企业时,把民营企业都剔除了,不支持民营企业的申报。在物美集团申报的材料里,其看到物美集团填报的是国有企业诚通公司的下属单位。诚通公司应该对物美集团的企业性质及申报项目负责审查把关。物美集团如果以民营企业申报应该得不到批准。

8. 证人田某1证言证实,其任诚通公司董事长期间,张文中在2001年年底找其说国家对企业技术改造贷款有国债贴息政策,物美集团想通过诚通公司申请,其答复物美集团不是诚通公司的下属企业,不具有隶属关系,这样做不合适。后经了解到诚通公司具备申报资格,张文中又多次找,就同意了物美集团通过诚通申报国债贴息。物美集团通过诚通公司申报的国债贴息项目一是物流中心,二是信息系统,两项按2.9亿元的贷款规模申请的国债贴息。2002年9月,其辞去诚通公司董事长职务后,应张文中要求给继任董事长马正武打个招呼请他继续支持物美集团申报国债贴息。2004年年初,张文中告诉其拿到了1亿多元的贴息贷款。

9. 证人罗某证言证实,2000年财政部核批的诚通公司下属单位中没有物美集团,两公司没有任何关系,后来两个公司的关系也没有发生变化。诚通公司在申报国债贷款贴息中,程序上是将下属公司的上报材料汇总,审查后以集团名义上报原国家经贸委;实体上就是审查上报的项目是否属于集团的项目、是否符合国家要求,将物美集团作为诚通公司的下属单位申报国债贷款贴息,是因为田某1给打过招呼要帮张文中的忙。2002年3月前后,物美集团的张某1和张伟春到诚通公司找其办申报国债贷款贴息的事,其告诉张某1和张伟春由物美集团填写材料,负责与有关部门联系,诚通公司将物美集团作为自己的下属单位把材料报到原国家经贸委,诚通公司不负责能否批下来,并让张伟春找诚通公司副总裁漆某、市场部的总经理杨某联系。

10. 证人漆某、杨某证言所证被告人张伟春与其联系申办国债贴息资金的情节与罗某证言所证、张伟春供述一致。杨某证言还证,诚通公司转发原经贸委《关于组织申报2002年国债技术改造项目的通知》后,在2002年3月向原国家经贸委报送诚通公司“关于申报2002年国债技术改造项目的报告”时,公司总裁罗某对其说,把物美集团放在诚通公司的名下，申报材料一并报给国家经贸委。后物美集团的张伟春把物美集团申报的项目材料报给诚通公司后，其依据物美集团的材料，在诚通公司申报2002年国债技术改造项目表上手写加上物美集团的三个项目，经公司领导签批后报到原经贸委。经贸委对批准立项的项目计划书下达到诚通公司，物美集团的两个项目含在其中，其告诉张伟春按国家有关要求完成两个项目的可行性研究报告后，由诚通公司行文统一转报原经贸委。后原国家经贸委正式批复物美集团国债贴息项目后，其将此文件通知了物美集团，有关贴息拨付情况具体由财务部门办理。

11. 被告人张文中原供述得知国债贴息政策后，与张伟春、张某1等人商议并安排张伟春具体负责国债贴息项目的申报，与原国家经贸委联系、编制申报材料等工作的情节，后张伟春建议通过诚通公司上报物美集团申报国债贴息项目，其与田某1商议以诚通公司下属企业的名义申报，与诚通公司罗某联系的情节，在2003年11月，物美集团获得了3190万元的国债贴息后用于归还公司前期贷款及项目所贷款用于日常经营的情节，与证人张某1、于某1、王某1、许某、田某1、罗某证言所证及被告人张伟春供述相印证。

其原供还供述，是2002年年初在上海参加全国推动流通现代化现场会上，得知国债贴息资金政策的，后见到了相关文件。2002年下半年，其主持就申报贴息问题形成了物美集团董事会决议，主要内容是更改申报单位及拆开项目申报之情况，同时授权张伟春负责此事。其对张伟春后来提出为了便于申报，要将物美综合超市申报的物流和信息化项目变更为以物美集团名义分别申报物流项目和信息化项目的意见表示同意。在2002年年初的时候，其代表物美集团和通州区政府签订过一个合作协议，内容是物美集团在通州区发展商业，建设网点，物流中心等，但只是一个意向。国债贴息资金是国家无偿给的，按文件要求必须是国有企业或国有控股企业才行，但物美集团是民营股份制企业，所以不能以物美集团名义申报。国债贴息资金管理办法中规定国债贴息资金应设专户、专款专用，只能用于申报获批项目贷款部分的利息偿还,但物美集团申报获批的通州马驹桥物流项目、信息现代化项目均没有实施。

12. 证人张某2证言证实,2002年1月,北京市政府批准通州区在马驹桥镇建立物流园区,同年5月成立了物流园区管委会,其任管委会主任。同年七八月,物美集团的张某1和另外一个人到园区商谈建立物流中心事宜,张某3陪同考察,张某1说在园区内要500亩地投资建立大型的物流中心。为加快园区建设、满足物美集团尽快立项和进行可研性报告,应张某1要求,同意让规划局副局长刘某2出具相关证明文件,证明土地已批准为建设物流用地,承诺保证用地规模。出具规划意见书时没有专门开过会,其责成刘某2办理,刘某2就让规划局村镇科副科长张某4办理此规划意见书,并按要求填写单位名称及使用土地面积。后由张某3交给物美集团的人。该规划意见书不是规范的文件,没有法律效力,因当时急于招商引资就给物美集团出具了。物美集团就派张某1去谈了那一次,没有谈具体的征地、实施方案。只说要500亩地,让管委会出个证明,他们要立项。之后,再也没谈这事,更没有实施物流项目。

13. 证人张某3证言证实,2002年的八九月,其陪同物美集团张某1考察时,先在地图上介绍了园区土地的基本情况,后看了实地,加起来总共20多分钟张某1就走了。物美集团的人到通州园区去过就这一次。因为当时园区的详规还没有批下来,故园区管委会没有和物美集团签协议。

14. 证人刘某2、张某4证言证实,北京市通州区规划局《关于北京物美商业集团有限公司规划意见书》不是规范性文件。该规划书没有主要经济指标、文号日期、图纸。还要有将要使用土地的地形图,而不是该份规划意见书所附的项目地理图和项目平面位置图。

15. 证人于某2、孟某证言均证,2002年9月,经张伟春联系,中国商业经济研究中心为物美集团编制了第三方物流改扩建项目的可行性研究报告。当时其与孟某负责编制,从开始委托到提供相关材料都是张伟春联系。中心需要物美集团提供经营相关的基础材料,主要包括集团的销售情况、人员情况、相关数据，并且必须要有物流项目的土地使用情况。但物美集团的银行贷款证明、自有资金证明、物流项目征用土地证明没有提供。2002 年 9 月初，物美就把没装订报告的电子版要走自己装订去了，他们制作完报告后曾拿报告的封面来中心盖过章。听张伟春说编制物流项目可行性研究报告的目的就是争取国债贴息资金。物美集团信息现代化建设项目可行性研究报告是物美集团自己编制的，初稿让该中心看后没有给修改，只是讲了一些思路。具体工作是物美集团的人做的。

16. 证人李某6 证言证实，2002 年 9 月，中元国际投资咨询中心为物美集团编制过第三方物流改扩建项目的可行性研究报告，是张伟春找的。当时张说中商商业经济研究中心已经编出初稿，但其不具备编制可行性研究报告的甲级资质。中商商业经济研究中心从网上把这个报告发过来后，其进行了修改并盖了中元国际投资咨询中心的章。在编制报告时有些材料没有。

17. 原国家经济贸易委员会、国家发展计划委员会、财政部、中国人民银行《关于印发〈国家重点技术改造项目管理办法〉、〈国家重点技术改造项目国债专项资金管理办法〉的通知》记载，国家重点技术改造项目的确定，以加快国有企业技术进步和产业升级为目标；国家重点技术改造项目的企业选择，重点从 512 户重点企业，120 户试点企业集团和行业骨干企业中重点选择领导班子强、管理好、银行信用等级高的国有大型企业和国有控股大型企业；企业法人代表对项目建设、资金使用、达产达效承担终身责任；凡上报项目弄虚作假，骗套国债专项资金的，要追究企业法人的责任，触犯法律的依法追究法律责任；企业必须在银行设立"国债专项资金专户"，并将国债专项资金存入该银行专户，由银行对国债专项资金实行监督管理，专款专用。

18. 国家审计署固定资产投资审计司《关于物美集团有限公司申报使用国债专项贴息 3190 万元的审计调查报告》记载，物美集团申报使用国债贴息 3190 万元专项资金过程中，申报资料弄虚作假：2002 年 4 月 12 日，物美集团向原国家经贸委报送《企业基本情况表》电子文件,注明该公司“是国家520户重点企业,是中央管理企业,直属诚通公司”。经查,物美集团系民营企业,既非国家520户重点企业,又非中央管理企业,与诚通公司也没有隶属关系。国债贴息3190万元没有用于申报项目贴息:物美集团将2003年11月11日收到的国债专项贴息资金3190万元,直接用于偿还该公司在农业银行北京万寿路支行的贷款。物流中心项目实际未实施:物美集团物流中心项目总投资19,980万元,用于在通州产业园区马驹立交桥东侧建设“主要建筑面积48,040平方米,其他建筑面积12,000平方米,绿地15,000平方米”的项目,经查,该园区没有物美集团申报的项目;中国农业银行因该项目没有实施未给予物美集团贷款,但物美集团仍申领了国债贴息资金1760万元。信息化项目设备采购业务虚假:物美集团信息化项目总投资19,780万元,物美集团向中国农业银行北京万寿路支行办理贷款的手续中反映,其与北京和康友联技术有限公司签订了采购设备合同,金额19,577万元,并向贷款银行提供了和康友联公司开具的商业企业专用发票复印件73张,金额总计7269.535万元,审计核实:和康友联公司为物美集团关联公司,在其2002年至2004年会计账簿中没有工资支出,没有工作人员,也未发生任何采购设备业务,仅是用其单位公章为物美集团虚开了上述商业企业专用发票。另外,诚通公司报给国家经贸委《关于审批北京物美商业集团信息现代化建设项目可研报告的请示》中注明该项目投资中“进口设备150万美元折合人民币1240万元”,经查,和康友联公司没有进口设备,物美集团也未进口设备。和康友联公司在收到上述资金后,次日即将上述资金全部转入物美集团,用于物美集团的日常经营和对外投资,没有用于实施信息化建设项目。

19. 从诚通公司调取的该公司转发的《关于组织申报2002年国债技术改造项目的通知》记载,申报项目应于2002年3月25日前先行上报诚通公司,由该公司研究审定后上报原国家经贸委。

20. 诚通公司报送原国家经贸委投资与规划司的《关于申报2002年国债技术改造项目的报告》及底稿、北京物美商业集团信息现代化建设项目《可行性研究报告》、北京物美商业集团有限公司第三方物流改扩建项目《可行性研究报告》《关于报送"物美商业集团有关国债技改项目可研报告"的报告》及底稿记载,物美第三方物流建设项目、信息现代化项目、大卖场项目为后来手写加上去的。物美集团申报项目、制定可行性研究报告并由诚通公司上报国家经贸委。

21. 原国家经贸委投资与规划司《关于下达第八批国债技改项目计划的请示》记载,投资与规划司根据第八批国债技改项目计划编制情况汇报后指示精神,对该项目计划进一步调整,剔除了8个不符合要求的中外合资和私营企业的项目。

22.《关于下达2002年国家重点技术改造项目计划的通知》、《关于下达2003年第二批国债专项资金国家重点技术改造项目投资计划的通知》及附件计划表、《关于下达2003年第二批国债专项资金国家重点技术改造项目资金计划的通知》及附件计划表记载,两个计划表中,物美集团隶属关系均列为中央直属。第三方物流项目总投资1.998亿元,国债资金补助1760万元;信息现代化建设总投资1.978亿元,国债资金补助1430万元。项目起止期限均为2003年至2004年。

23. 北京物美商业集团有限公司关于第八批国债技改项目有关事项的董事会决议、诚通公司《关于调整北京物美综合超市有限公司物流中心及连锁经营信息化项目承担单位及有关事宜的请示》、国家经济贸易委员会《关于同意调整北京物美综合超市有限公司物流中心及连锁经营信息化项目承担主体的函》记载内容证明:2003年3月10日,经国家经贸委批准,列入第八批国债技改项目的北京物美综合超市有公司物流中心及连锁经营信息化项目的承担单位由原来的北京物美综合超市有限公司调整为北京物美商业集团有限公司,项目分拆为物流中心改造和信息现代化两个项目。

24.《财政部关于同意中国诚通控股公司财务关系单列的通知》、中国诚通控股集团有限公司情况说明记载,物美集团不是诚通公司所属成员单位。

25.《物美集团填报的国债技改企业基本情况表》记载,物美集团是520户重点企业;是中央管理企业;直属关系一栏内容为:所属集团为诚通公司;项目起止期限为2002年至2004年;项目责任人为李某5。

26. 北京市规划委员会通州分局证明,物美集团向国家经贸委提交的"规划意见书"不具有法定的效力。两张附图是物美集团自行制作,附于"规划意见书"后的。该规划意见书内容是:经研究,同意物美集团在通州物流产业园区内规划建设商业项目,拟规划面积333,335平方米。

27. 北京物美商业集团有限公司与北京和康友联技术有限公司的三份《采购合同》记载:2003年5月16日第一份合同,采购设备标的额为72,695,350元,甲方代表为张某1、乙方代表为王某1。2003年8月20日第二份合同,采购设备标的额61,538,460元,甲方代表为张文中、乙方代表为张伟春。2003年8月25日第三份合同,采购设备标的额61,538,460元,甲方代表为张文中、乙方代表为张伟春。总标的额195,772,270元。

28. 北京物美商业集团有限公司《关于申请国债贴息贷款的报告》《借款申请书》《5000万元借款凭证及会计资料》《借款合同》记载内容证明,物美集团以信息化项目购买和康友联公司设备为名,分三次从农行贷款5000万元、4000万元、4000万元、共计1.3亿元。

29. 从农业银行万寿路支行提取的73份发票记载,物美集团购买和康友联公司硬件设备后,和康友联公司开具给物美集团的73份商业发票。其中面值998,000元的发票72张,面值839,350元的一张,金额共计72,695,350元;出票日期2003年7月31日。

30.《北京市石景山区国家税务局情况说明》记载,经核实发票字规及号码,和康友联公司开具给物美集团的73份发票中的48份是税务局售给物美集团的;其余25份是售给北京卡斯特科技投资有限公司的。

31.《农行信汇凭证》《借款凭证》《用款申请单、进账单、记账凭证》记载内容证明:物美集团从农行于2003年5月26日取得5000万元贷款后,加上自筹资金共计7200万元转入和康友联公司的账户。次日,和康友联公司将该款如数转回物美集团。物美集团从农行于2003年8年29日取得两笔共计8000万元贷款后,加上自筹资金共计1.2308846亿元转入和康友联公司账户,当日,和康友联公司将该款又如数转回物美集团。

32.《物美集团关于信息化项目1.3亿农行贷款使用情况的说明》记载,物美集团分别于2003年5月26日、2003年8月29日从农行万寿路支行贷款5000万元、8000万元,共计1.3亿元。该款项加上自筹资金65,088,460元,共计195,088,460元,打入和康友联技术有限公司。鉴于和康友联公司属物美集团控股的关联公司,其相应资金一直纳入物美集团资金统一调配使用范围。和康友联公司并没有使用该款项,而是如数打回物美集团账户,物美集团收到此款后,将款项用于日常开新店、投资、购买相关经营设备设施及偿还贷款等。

33.《中国建设银行进账单》、《转账支票存根、进账单、收贷凭证》、北京物美商业集团有限公司关于2003年5月22日贷款5000万元的资料、《银行支付系统专用凭证》记载内容证明:2003年11月7日物美集团通过诚通公司取得3190万元国债贴息资金,11月11日将该款用于归还物美集团于2003年5月22日在农行的5000万元贷款。

34.物美集团关于张文中与关联公司关系图表及说明记载,张文中作为自然人在北京卡斯特经济评价中心持股比例为80%;在北京敬业和康投资咨询中心持股比例为80%;在北京和康友联技术有限公司持股比例为40%;在华美现代流通发展有限公司持股比例为35.78%。

35.《河北省人民检察院冀检技鉴司会字(2007)第15号司法会计鉴定书》结论记载,张文中在物美集团注册资本中的投资比例是61.78%,张某1、张伟春在物美集团注册资本中的投资比例都是3.09%。

36.物美集团情况说明记载,1994年10月,公司成立之初名称为北京物美商城有限责任公司;2002年12月28日,公司名称变更为北京物美商业集团有限公司;2003年7月11日,公司名称变更为北京物美投资集团有限公司;2005年6月3日,公司名称变更为物美控股集团有限公司。张文中一直担任上述公司董事长职务。

北京物美商业集团股份有限公司在2000年8月公司成立之初名称为北京物美综合超市有限公司,张文中担任总经理职务;2002年12月,公司名称变更为北京物美商业股份有限公司,张文中担任公司董事长职务;2003年7月,公司名称变更为北京物美商业集团股份有限公司,张文中担任公司董事长。

37.《中国中期期货经纪有限公司企业资料》记载:中国中期期货经纪有限公司于1992年成立,法定代表人田某1。1994年北京物美商城有限责任公司成立时是其股东,一直到2003年3月将4%的股权转让给北京卡斯特科技投资有限公司。

38.物美集团任职证明记载,张伟春于1994年12月至2006年,任物美集团行政总监,证券法务总监。吴某1现为物美集团董事长。

39.衡水市公安局扣押物品清单记载,该局于2007年5月29日,扣押物美控股集团有限公司人民币3190万元。

40.被告人张文中、张伟春的户籍证实了二被告人基本情况。

上述证据,均经庭审质证、核实,予以确认。

原审法院认为,被告单位物美集团在收购泰康公司股权的过程中,给予国家工作人员好处费,其行为已构成单位行贿罪,被告人张文中作为被告单位直接负责的主管人员,应予追究刑事责任。被告人张文中、张伟春以非法占有为目的,虚构事实,隐瞒真相,骗取国家贷款贴息,数额特别巨大,其行为已构成诈骗罪。被告人张文中伙同他人,并利用他人职务上的便利,挪用泰康公司资金,归个人使用,进行营利活动,数额较大,构成挪用资金罪的共犯,其在该罪追诉时效期间内又犯新罪,应追究其刑事责任。被告人张伟春在诈骗犯罪中,受被告人张文中指使参与犯罪活动,所起作用较小,在犯罪中从属地位明显,属于从犯,对其可减轻处罚。被告人张文中、张伟春诈骗所得已予追缴,未造成国家利益损失,该情节应予考虑。被告单位物美集团犯单位行贿罪,判处罚金530万元;被告人张文中犯诈骗罪,判处有期徒刑15年,并处罚金50万元、犯单位行贿罪,判处有期徒刑3年、犯挪用资金罪,判处有期徒刑

1年,决定执行有期徒刑18年,并处罚金50万元;被告人张伟春犯诈骗罪,判处有期徒刑5年,并处罚金20万元;被告人张文中,张伟春非法所得予以追缴,上缴国库。原审被告单位物美集团上诉主要提出,其不是单位行贿的主体,认定其构成单位行贿罪的事实不清,证据不足,且没有法律依据。其辩护人主要提出,收购泰康公司股份和支付相关费用的均不是物美集团,其不是涉案行为的主体;认定30万元和500万元是好处费没有事实依据;好处费不是刑法规定的手续费,认定物美集团构成单位行贿没有法律依据。

原审被告人张文中上诉及其辩护人辩护主要提出,物美集团不具备单位行贿的主体资格,给赵某的30万元包含正当报酬,500万元不排除是给李某3的中介费,上述涉案的530万元不是刑法规定的回扣或手续费;申报国债贴息资金属于物美集团的行为,其本人不存在诈骗的故意和行为,物美集团具备申报国债贴息资金的资格,通过诚通公司申报项目虽不当,但不影响申报项目符合申报要求,取得的贴息资金一部分确实用于申报的信息化项目,物流项目因不可抗力未实际实施,3190万元资金只是违反了专款专用的规定,而未非法占有;4000万元资金是由泰康公司借给卡斯特公司使用,不是其挪用资金。

原审被告人张伟春上诉主要提出,其涉案行为属单位行为,其不是适格的被告主体,一审判决违反罪刑法定原则;其只负责申报项目,未获得任何非法利益,没有诈骗的主观故意,不应为指控的全部诈骗行为承担责任;一审判决认定其犯诈骗罪的事实不清,证据不足,没有考虑证据之间的连贯性,其不构成诈骗罪。其辩护人主要提出,立项申报与取得国债贴息资金、项目实施及资金使用之间是独立的公司行为,张伟春没有参与国债贴息资金申领,项目实施及资金使用,也不知道项目资金使用及项目实施的具体情况,因此没有非法占有国债贴息资金的主观故意;申报国债技改项目企业的国有性质不是国债技改项目获批的唯一条件和必要条件,物美公司以诚通公司下属单位名义申报,与物美公司获批国债技改项目之间没有刑法意义上的因果关系;国债技改项目立项的审批本质上是一种行政许可行为,案发至今没有审批机关对该审批行为的合法性作出认定，即没有被害人的陈述，无法认定上诉人的哪些行为属于刑法意义上的诈骗行为；涉案行为是单位行为，以并未规定单位犯罪的诈骗罪指控张伟春个人的刑事责任，违背罪刑法定原则；张伟春的行为没有任何社会危害性。

辩护人还向本院提供了证人于某1、黄某1、刘某某、李某7、王某1、赵某、李某3、陈某1等的证言及泰康公司《关于赵某在泰康公司任职情况的补充说明》、《股东大会签到表》、《授权委托书》、物美集团工商登记资料、泰康公司2007年度分红决议及分红款支付票据、华美公司收分红款票据、衡水市人民检察院从敬业和康投资咨询中心账户取走1400万元的财务凭证、各网站关于技改贴息项目的报道、浙江美欣达印染股份有限公司等六公司的相关资料、物美集团出具的相关说明、物美百子湾、大红门、天津杨台物流配送中心的相关资料等证据材料，以支持其辩护意见。

经审理查明，原判决认定原审被告单位物美集团及原审被告人张文中在收购泰康公司股份过程中，分别给国旅总社总经理办公室主任赵某，粤财公司总经理梁某行贿；原审被告人张文中与泰康公司董事长陈某1、中期公司董事长田某1挪用泰康公司资金，炒股牟利；原审被告人张文中、张伟春将物美集团冒充中央直属国有企业诚通公司的下属企业，并以虚假的物流项目和信息化项目，申报并骗取国债贴息资金的事实，有证人证言、书证，鉴定结论等证据证实，原审被告人张文中，张伟春在侦查，审查起诉阶段亦供认不讳，且供述内容与上述证据能够相互印证，足以认定。上述证据均经一审庭审质证、认证，本院均予以确认。

对于上诉单位物美集团、上诉人张文中及其辩护人所提，收购泰康公司股份和支付相关费用的均不是物美集团，物美集团不是单位行贿主体的上诉理由和辩护意见，经查，本案收购泰康公司股份的是物美集团的关联公司和康友联公司与华美现代流通公司，支付的收购费用先由物美集团筹措，后拆借给两公司付出，以上内容均是由物美集团董事会研究、决定。物美集团给赵某、梁某的好处费则是在张文中的指使下，由张某1分别从物美集团的关联公司卡斯特经济评价中心与北京敬业和康投资咨询中心支付。证人张某5，许某的证言证实，上述四公司的财务、记账工作由物美集团财务部兼职管理，并受物美集团主管财务的副总裁张某1直接领导。以上事实说明，和康友联公司、华美现代流通公司、卡斯特经济评价中心、北京敬业和康投资咨询中心虽是独立的法人，但收购泰康公司股份并支付好处费的实际决定者是物美集团及上诉人张文中，上述四公司仅是具体的执行机构。因此，足以认定物美集团具有单位行贿罪的主体资格。该上述理由和辩护意见不能成立，本院不予采纳。

对于上诉单位物美集团，上诉人张文中及其辩护人所提，给赵某的30万元包含正当报酬，500万元不排除是给李某3的中介费，认定为好处费没有事实依据，认定物美集团及张文中构成单位行贿罪事实不清、证据不足的上诉理由和辩护意见，经查，赵某从卡斯特经济评价中心取得30万元是在2003年1月至2004年2月，而赵某在1997年9月至2003年11月一直担任国旅总社总经理办公室主任，其退休后才于2004年4月经和康友联公司推荐担任泰康公司的董事，因此赵某没有从和康友联公司取得报酬的正当理由，且该30万元赵某是以会议费、装修费等名义支取，此种隐蔽的支取方式更进一步印证该款并非报酬。证人陈某1、梁某、李某3、张某1的证言、上诉人张文中在侦查阶段的供述及相关书证证实，张文中通过陈某1得知粤财公司欲出售该公司持有的泰康公司股份后，即通过陈某1找梁某，商议收购之事，并承诺给梁某好处费，梁某承诺同等条件下优先转让给张文中的公司，但要按程序办。之后的具体操作过程中，李某3参与其中，并向张文中提出事成后给梁某500万元好处费。后粤财公司将泰康公司股份以每股1.45元的价格挂牌交易，到期后交易未成功，遂以每股1.4元价格出售给物美集团的关联公司华美现代流通公司。之后，李某3通过陈某1向张文中索要张答应给梁某的好处费。张文中让张某1办理此事，后张某1通过北京和康投资咨询中心以广告代理费、电视节目制作费的名义，支付李某3的华艺广告公司、华艺文化公司500万元。从上述过程可以看出，李某3在物美集团收购粤财公司持有的泰康公司股份过程中，并未起实质作用，只是搭桥，收取好处费，对此张文中、梁某、李某3均有明确认知，故不存在张文中给予李某3500万元巨额好处费的可能性。陈某1至案发时未从李某3处支取或处分该好处费，不影响物美集团及张文中单位行贿罪的成立，综上，物美集团及张文中单位行贿的事实清楚，证据确实充分，足以认定。该上诉理由和辩护意见不能成立，本院不予采纳。

对于上诉单位物美集团、上诉人张文中及其辩护人所提，好处费不是刑法规定的回扣或手续费，认定物美集团、张文中构成单位行贿罪没有法律依据的上诉理由和辩护意见，经查，好处费与《刑法》第393条规定的回扣，手续费仅是名称的不同，其在刑法意义上并无实质区别。该上诉理由和辩护意见不能成立，本院不予采纳。

对于上诉人张文中及其辩护人所提，4000万元资金是由泰康公司借给卡斯特公司使用，不是其挪用资金的上诉理由和辩护意见，经查，证人陈某1、田某1、张某1及上诉人张文中在侦查阶段的供述证实，张文中、陈某1、田某1商议从泰康公司拿出4000万元炒股牟利，具体由张某1操作，盈利由三人按比例分配。泰康公司与卡斯特投资咨询中心签订的《委托投资国债协议》，是在张某1从泰康公司取得4000万元转账支票后，泰康公司财务部工作人员为规避资金风险而采取的保险措施，该行为不能改变张文中、陈某1等人挪用泰康公司资金行为的性质。张文中等人挪用泰康公司资金盈利1000余万元，对此张文中、陈某1均明知，但至案发时的近十年内，二人却始终未提及按《委托投资国债协议》或用其他方式解决因该协议所产生的问题，这进一步印证了张文中等人从泰康公司转出该款时，并非为公司利益，更不是单位之间的拆借行为。故该上诉理由和辩护意见不能成立，本院不予采纳。

对于上诉人张文中、张伟春及其辩护人所提，物美集团具备申报国债贴息资金的资格，通过诚通公司申报项目虽不当，但不影响申报项目符合申报要求，取得的贴息资金一部分确实用于申报的信息化项目，物流项目因不可抗力未实际实施，3190万元资金只是违反了专款专用的规定,而未非法占有;申报国债技改项目企业的国有性质不是国债技改项目获批的唯一条件和必要条件,物美公司以诚通公司下属单位名义申报,与物美公司获批国债技改项目之间没有刑法意义上的因果关系的上诉理由和辩护意见,经查,原国家经济贸易委员会等部门下发的《国家重点技术改造项目管理办法》《国家重点技术改造项目国债专项资金管理办法》明确规定,国家重点技术改造项目的确定,以加快国有企业技术进步产业升级为目标;国家重点技术改造项目的企业选择,重点从512户重点企业,120户试点企业集团和行业骨干企业中重点选择领导班子强、管理好、银行信用等级高的国有大型企业和国有控股大型企业。在此情况下,物美集团作为民营企业,却假冒属于512户重点企业的诚通公司的下属企业,并以根本不具备实施条件的物流项目和信息化项目进行虚假申报,取得贴息资金后,也未用于申报的具体项目,而是用于偿还公司贷款。以上情节,均有相关书证及证人证言证明,足以认定。该上诉理由和辩护意见不能成立,本院不予采纳。

对于上诉人张文中、张伟春及其辩护人所提,申报国债贴息资金属于物美集团的单位行为,张文中、张伟春不存在诈骗的故意和行为,不是适格的被告主体,以并未规定单位犯罪的诈骗罪追究二人的刑事责任,违背罪刑法定原则的上诉理由和辩护意见,经查,张文中、张伟春实施犯罪所得归于其所在单位的诈骗行为,具有严重的社会危害性,应当依法追究刑事责任。张文中、张伟春将犯罪所得归于其单位,是二人对犯罪所得的处分,不影响对其个人诈骗犯罪的认定,以诈骗罪追究其刑事责任并不违反罪刑法定原则。该上诉理由和辩护意见不能成立,本院不予采纳。

对于上诉人张伟春所提,其只负责申报项目,未获得任何非法利益,没有诈骗的主观故意,不应为指控的全部诈骗行为承担责任,一审判决没有考虑证据之间的连贯性,其不构成诈骗罪的上诉理由,及其辩护人所提,立项申报与取得国债贴息资金、项目实施及资金使用之间是独立的公司行为,张伟春没有参与国债贴息资金申领、项目实施及资金使用,也不知道项目资金使用及项目实施的具体情况,因此没有非法占有国债贴息资金的主观故意的辩护意见，经查，物美集团假冒国有企业的下属企业，以虚假的物流项目和信息化项目，申报并骗取国债贴息资金，其本身为连贯的整体行为。上诉人张伟春作为直接实施的人员，参与了上述行为的大部分环节，且其对上述行为的虚假性质及上述行为的目的是为取得国债贴息资金是明知的，因此，足以认定其有诈骗的主观故意，其行为构成诈骗罪。但考虑到其在犯罪活动中处于辅助地位，未参与资金的取得、使用等环节，属从犯，且从事诈骗犯罪的目的不是为个人占有、挥霍赃款，对其可从轻处罚。上述情节一审判决均已确认，并在量刑时予以体现。故该上诉理由和辩护意见本院不予采纳。

对于上诉人张伟春的辩护人所提，国债技改项目立项的审批本质上是一种行政许可行为，案发至今没有审批机关对该审批行为的合法性作出认定，即没有被害人的陈述，无法认定上诉人的哪些行为属于刑法意义上的诈骗行为的辩护意见，经查，国债技改项目立项的审批确属行政许可行为，但行政许可行为中的犯罪行为同样受刑法所调整，以非法占有为目的，虚构事实，隐瞒真相，骗取国有资金的行为构成诈骗罪，且犯罪行为的认定并不以审批机关的合法性认定为前提。本案张伟春等人诈骗的对象国债贴息资金，侦查机关在侦破其他案件过程中发现犯罪线索，即依法移送有权机关立案侦查，之后向法院提起公诉，这本身即是对国有财产的保护，且审批机关的相关人员在侦查、提起公诉的过程中均提供了证言，上述证据在一审庭审中亦进行了质证、认证，结合本案其他证据，足以认定上诉人张伟春在张文中的指使下，将物美集团假冒国有企业的下属企业，以虚假的物流项目和信息化项目申报国债贴息资金的诈骗行为属实。故该辩护意见不能成立，本院不予采纳。

对于辩护人向本院提交的相关证据材料，经查，相关证人大部分在侦查、提起公诉阶段提供过证言，且经一审法庭质证、认证。此次所提供证言，或与原证言及本案其他证据不符，但均得不到其他相关证据印证，或与原证言并不矛盾，或与本案无关；所提供的其他证据材料，大部分与本案无关，其他部分与卷内相关证据矛盾，且得不到其他证据印证，故所提证据材料均不予采纳。

本院认为,上诉单位物美集团在收购泰康公司股权的过程中,违反国家规定,给予国家工作人员好处费,其行为已构成单位行贿罪;上诉人张文中作为物美集团直接负责的主管人员,应当承担相应的刑事责任。上诉张文中、张伟春以非法占有为目的,将物美集团冒充为国有企业的下属企业,通过呈报虚假的项目,骗取国债贴息资金,数额特别巨大,其行为均已构成诈骗罪。上诉人张文中伙同他人,并利用他人职务上的便利,挪用公司资金,归个人使用,进行营利活动,数额较大,其行为已构成挪用资金罪;上诉人张文中的上述行为虽然发生在1997年,但其在该罪的追诉时效内又犯新罪,该罪亦应追究刑事责任。上诉人张伟春在诈骗犯罪活动中,起辅助作用,属从犯,可减轻处罚。本案诈骗数额虽然特别巨大,但在案发后诈骗款项已全部追缴,未给国家造成实际经济损失;同时考虑到诈骗犯罪的目的不是为了个人占有,对上诉人张文中、张伟春可酌情予以从轻处罚。原判决以诈骗罪判处上诉人张文中有期徒刑十五年,量刑偏重。综上,原判决认定事实清楚,证据确实、充分,定罪准确,审判程序合法,但对上诉人张文中诈骗罪量刑不当,应予改判。依照《中华人民共和国刑事诉讼法》第一百八十九条第(一)(二)项,第一百九十七条和《中华人民共和国刑法》第二百六十六条,第六十九条的规定,判决如下:

一、维持河北省衡水市中级人民法院(2008)衡刑初字第22号刑事判决第一、三、四项及第二项中对被告人张文中单位行贿罪、挪用资金罪的定罪、量刑和诈骗罪的定罪部分,即被告单位物美控股集团有限公司犯单位行贿罪,判处罚金530万元;被告人张文中犯单位行贿罪,判处有期徒刑三年、犯挪用资金罪,判处有期徒刑一年,被告人张文中犯诈骗罪;被告人张伟春犯诈骗罪,判处有期徒刑五年,并处罚金20万元;被告人张文中、张伟春非法所得予以追缴,上缴国库;

二、撤销河北省衡水市中级人民法院(2008)衡刑初字第22号刑事判决第二项中对被告人张文中诈骗罪的量刑及决定执行刑罚部分,即被告人张文中犯诈骗罪,判处有期徒刑十五年,并处罚金50万元及决定执行有期徒刑十八年,并处罚金50万元;

三、上诉人张文中犯诈骗罪，判处有期徒刑十年，并处罚金50万元，与所犯单位行贿罪、挪用资金罪并罚，决定执行有期徒刑十二年，并处罚金50万元。

（刑期自判决执行之日起计算。判决执行前羁押一日折抵刑期一日，即自2006年12月7日起至2018年12月6日止。）

本判决为终审判决。

审　判　长　×××
代理审判员　×××
代理审判员　×　×
二〇〇九年三月三十日
书　记　员　×××

第四章　向河北省高级人民法院提起申诉

经过两次减刑之后，张文中终于在 2013 年 2 月 6 日刑满释放。申诉是他早就已经确定要做的事，而且他做好了打持久战的准备，一次不成，就两次；再不成，继续申诉，直到找回自己的清白。

一、重获自由两年后向河北省高级人民法院提起申诉

张文中重获自由后，需要有一个适应的阶段和过程。他自己也坦言："刚一出来的时候是很晕菜的，我一看这个马路上的车都觉得头昏脑涨。因为这么多年，你一直在一个很局限的环境里面，你已经不知道外边发展到什么程度，你从物理上感到车多这样一个变化，你感到拥挤。"

这七年间中国发生了巨变，传统零售业受到严峻挑战。正如《财经人物》杂志专访张文中时所写："张文中被带走调查的 2006 年，是线下零售企业的黄金时代。物美以 230 亿元销售额位列中国连锁经营百强企业第七名。那时候，天猫还没有诞生，雷军把卓越网卖给了亚马逊，现金流几乎断裂的京东让刘强东一夜间白了头。2013 年，张文中归来时，马云、雷军、刘强东成为炙手可热的互联网企业家，而线下零售却在关店和

转型中挣扎。沃尔玛 100% 控股了 1 号店，许多线下零售商都在天猫开设了旗舰店。”与此同时，世界范围的零售业也处于大变局之中，旧的经营模式正在受到网购新业态的强力挑战，传统大卖场在中国呈现出无法遏制的衰退之势。就连传统国际零售巨头沃尔玛、家乐福也在大量关闭实体门店。此时的物美集团同样面临着生死考验。

用两年的时间完全适应外部世界，重新回归正常状态，张文中带领物美集团艰难转型，重启扩张模式，堪称奇迹。在这样的大环境下，他的重新回归何其艰难！

在 2015 年春节前后，张文中决定正式启动案件申诉工作。他约见了我们，一起商讨申诉的具体方案。

二、申诉方案的确定及实施

在一起商讨申诉方案的过程中，张文中不再重点关注案件具体事实的推敲。在他看来，二审辩护词已经将他和物美集团无罪的事实和法律依据说透，现在的关键问题是怎么让法院认可。他询问我们申诉的难点是什么，应该制定怎样的解决问题的方案。我们一致认为，从案件事实和法律适用上来看，这是一起错案甚至是冤案是没有疑问的。但从中国司法的实际情况来看，仅仅从证明法院对案件定性错误一条线展开申诉，力度是远远不够的。一些错案、冤案比本案更严重，但由于种种因素的影响或制约也可能得不到纠正。纠正本案需要有耐心，而且需要坚持。全国工商联一如既往地关心张文中案件，企业家、全国人大、政协两会上也常常可以听到代表委员的呼吁。

鉴于第一次申诉必须是向作出原审生效判决的法院提出，即要向河北省高级人民法院提出，而原审法院通常不大可能推翻自己作出的生效判决，何况本案还有特殊的背景。因而我们认为，不要把希望和精力放在第一次申诉上，只要河北省高级人民法院按照办案程序作出是否受理申诉的决定就行了。基于这样的定位思考，我们商定，从策略上考虑，第一次申诉时赵秉志教授可以暂不担任申诉代理人，而先由左坚卫教授担任第一次申诉代理人。

申诉方案确定后,我们就开始撰写申诉书。有了二审辩护词这个坚实的基础,申诉书的撰写没什么压力。在向河北省高级人民法院提交的申诉书中,我们提出了以下申诉请求事项以及申诉事实和理由:

(一)申诉请求事项

1. 依法对本案按审判监督程序提起再审;

2. 再审依法撤销河北省高级人民法院(2008)字冀刑二终字第89号刑事判决;

3. 再审依法宣告申诉人张文中无罪。

(二)申诉理由

左坚卫律师在申诉书中认为,原审法院(河北省高级人民法院)对张文中案的判决在事实认定、法律适用、证据采信方面存在诸多错误,依法应当对本案进行再审。他从批驳二审判决理由和证明我方主张两个方面组织申诉理由,具体如下。

1. 关于诈骗罪

(1)原审判决认定张文中犯诈骗罪的根本理由是物美集团没有资格申报2002年国债贴息技改项目。但是,现有证据充分证明物美集团完全有资格申报,原审判决认定物美集团没有资格申报属于事实认定错误。

(2)原审判决认为张文中犯诈骗罪的理由之二是张文中明知物美集团作为民营企业不属于国债贴息资金支持范围。但是,现有证据证明张文中完全知道物美集团有资格申请2002年国债贴息资金支持,原审判决的判断不能成立,属于事实认定错误。

(3)原审判决认定张文中构成诈骗罪的理由之三是他与张伟春商量后决定以诚通公司下属企业进行申报。但是,现有证据证明张文中从未说过要物美集团以诚通公司下属企业的名义进行申报,原审判决完全曲解了张文中及物美集团的用意,属于事实及行为性质认定错误。

(4)原审判决认定张文中构成诈骗罪的理由之四是张文中指使张伟春等人以虚假资料编制了物美集团技改项目可行性研究报告。但是,现有证据证明这是完全错误的,项目是真实的而且已经实施。

（5）原审判决认定张文中构成诈骗罪的理由之五是物流项目获得审批后,物美集团既未实施,也未向银行申请贷款;物美集团以信息化项目为名,以与和康友联技术有限公司签订虚假设备采购合同和开具虚假发票为手段,获得 1.3 亿元贷款,用于公司日常经营,未实施信息化项目。但是,现有证据证明,物美集团申报的物流项目已经异地实施,申报的信息化项目也已经完成,原审判决的上述认定是完全错误的。

2. 关于挪用资金罪

（1）现有证据证明,涉案的 4000 万元资金于 1997 年 3 月 27 日由泰康公司划转到卡斯特投资咨询中心在北京证券交易中心开立的账户上,然后转到了国泰证券北京方庄营业部卡斯特投资咨询中心股票交易账上,没有经过任何个人账户,也没有给任何个人使用过,完全是单位借给单位。

（2）现有证据证明,涉案的 4000 万元资金最后由卡斯特投资咨询中心流回了泰康公司,没有经过任何个人的账户,也没有任何个人使用过,仍然是单位对单位。

（3）原审判决引用的陈某 1、任某、李某 4 等证人证言根本无法证明涉案的 4000 万元资金被挪用“归个人使用或者借贷给他人”。

3. 关于单位行贿罪

（1）从现有证据来看,自 2002 年年底起,赵某就为和康友联公司、华美公司及物美集团做过大量工作。而他在工作期间,除涉案的 30 万元外,没有收到过有关单位给他的任何其他报酬,因此,涉案的 30 万元显然系其工作报酬,而非好处费。原审判决无视事实,认定涉案的 30 万元系张文中单位行贿款,既违背常理,也与现有证据不符。

（2）赵某并没有为物美集团收购国旅总社的泰康公司股份提供重要帮助,原审判决认定赵某“告诉张文中国旅总社确定的谈判底价是 1.45 元,为张文中谈判提供了重要信息”不符合事实。

（3）敬业和康公司投资咨询中心付给李某 3 的 500 万元,是物美集团付给李某3的中介费，而不是给梁某的好处费。

(4)梁某在华美公司收购粤财公司持有的泰康公司5000万股股权的过程中，不但没有给收购方华美提供帮助，而且起着阻碍作用，其要求提高转让价格，还建议到产权交易中心挂牌转让。梁某根本没有为物美集团谋取不正当利益。

(三)法律根据

基于上述理由，左坚卫律师认为，本案中现有证据证明原审判决至少存在以下几个方面的问题：

1. 认定物美集团没有资格申报2002年国债贴息技改项目的证据不确实、不充分，主要证据之间存在矛盾。

2. 认定张文中决定以诚通公司下属企业的名义申报国债贴息技改项目的证据不确实、不充分。

3. 认定张文中指使张伟春以虚假材料编制物美集团技改项目可行性研究报告的证据不确实、不充分。

4. 认定物美集团申报获批后没有实施的证据不确实、不充分。

5. 认定张文中犯挪用资金罪的证据不确实、不充分，主要证据之间存在矛盾。

6. 认定张文中犯单位行贿罪的证据不确实、不充分，主要证据之间存在矛盾。

因此，申诉书认为，原审判决存在据以定罪量刑的证据明显不确实、不充分，且适用法律确有错误，符合《刑事诉讼法》第242条规定的人民法院应当重新审判情形中的第2项、第3项，应当对本案进行再审。

三、第三次进行专家咨询论证

2015年3月，物美集团委托申诉代理人左坚卫律师邀请刑事法专家对本案进行了第三次咨询论证。接受组织咨询论证委托的北京师范大学刑事法律科学研究院疑难刑事问题研究咨询专家委员会认为，张文中案虽然已经过去多年，二审判决也已经执行完毕，但刑事法理论界和实务界对该案判决结果有较大争议，在社会上影响较大，中华全国工商联合会对此予以长期关注，该案判决存在的法律问题和法理问题并没有解决。在全面推进依法治国的时代背景下，对本案定性问题进行全面研讨论证，不仅有助于维护法律尊严及本案当事人的合法权益，而且能为司法机关今后处理类似案件提供参考，因而再次进行专家研讨论证具有重要意义。2015 年 3 月 22 日，该委员会受委托邀请高铭暄、陈光中、储槐植、樊崇义、张泗汉、赵秉志、陈兴良、陈泽宪、卢建平、宋英辉、黄京平、黎宏 12 位我国著名刑事法专家，就本案的定性以及一审、二审判决存在的问题再次进行了研讨论证。此时赵秉志教授尚未接受委托代理申诉，因此，2015 年第三次专家咨询论证会他是以学者身份参加的。

这次咨询论证会之所以邀请了如此众多的刑事法学界的顶尖专家，是为了使论证结论更具有权威性和代表性。在这次论证会上，专家们认真细致研究后一致认为，一审、二审法院对张文中的三项有罪判决是完全错误的，依法均不能成立。

四、第一次申诉被驳回

尽管对第一次申诉成功不抱太大希望，但左坚卫律师向河北省高级人民法院提交的申诉书还是下了很大工夫的。申诉书对案件事实陈述得很清楚，对不构成犯罪的理由阐述得很充分，并且配备了厚厚的四大本总计达 600 多页的证据材料。令人稍感欣慰的是，尽管河北省高级人民法院对我们的申诉在实质上没有给予任何支持，但是，在程序上却做得十分规范。

首先，我们顺利地在申诉窗口递交了申诉材料，并未发生拒收材料的情况。

其次，受理申诉的河北省高级人民法院的工作人员不但接受了我们厚厚的申诉书和配套的证据材料，而且给我们出具了收条和廉政监督卡（见下图）。

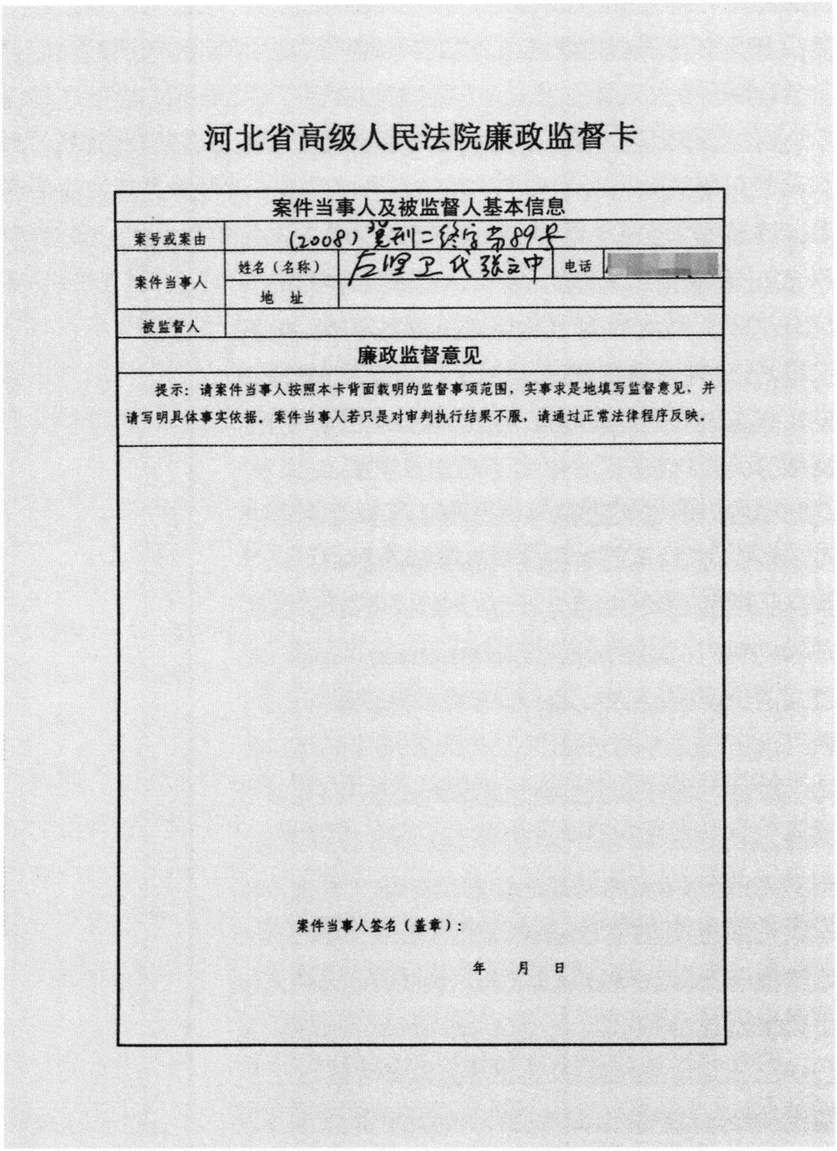

河北省高级人民法院廉政监督卡

案件当事人及被监督人基本信息				
案号或案由	(2008)冀刑二终字第89号			
案件当事人	姓名（名称）	[illegible]代张文中	电话	[redacted]
	地　址			
被监督人				
廉政监督意见				
提示：请案件当事人按照本卡背面载明的监督事项范围，实事求是地填写监督意见，并请写明具体事实依据。案件当事人若只是对审判执行结果不服，请通过正常法律程序反映。				
案件当事人签名（盖章）： 年　月　日				

再次，对于我们的申诉，河北省高级人民法院并没有久拖不决，而是在不到半年的时间内就作出了驳回申诉的决定（见下图）。

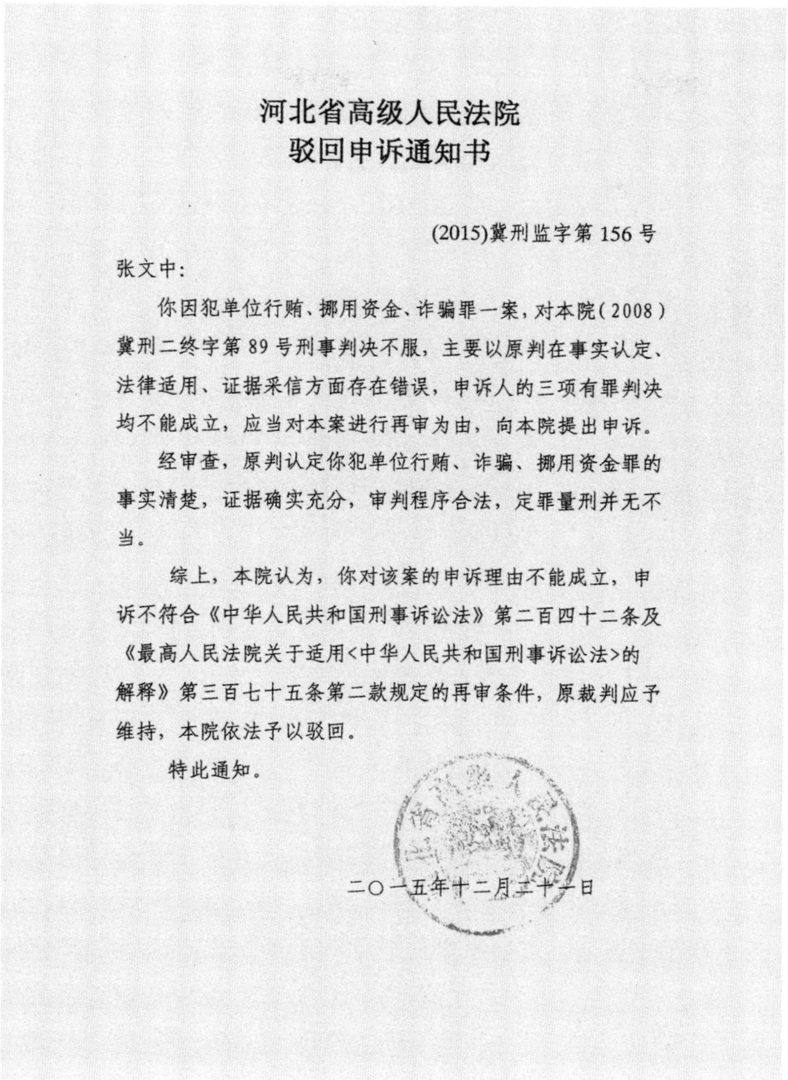

河北省高级人民法院
驳回申诉通知书

(2015)冀刑监字第156号

张文中：

你因犯单位行贿、挪用资金、诈骗罪一案，对本院(2008)冀刑二终字第89号刑事判决不服，主要以原判在事实认定、法律适用、证据采信方面存在错误，申诉人的三项有罪判决均不能成立，应当对本案进行再审为由，向本院提出申诉。

经审查，原判认定你犯单位行贿、诈骗、挪用资金罪的事实清楚，证据确实充分，审判程序合法，定罪量刑并无不当。

综上，本院认为，你对该案的申诉理由不能成立，申诉不符合《中华人民共和国刑事诉讼法》第二百四十二条及《最高人民法院关于适用<中华人民共和国刑事诉讼法>的解释》第三百七十五条第二款规定的再审条件，原裁判应予维持，本院依法予以驳回。

特此通知。

二〇一五年十二月二十一日

最后，对我们递交的材料，河北省高级人民法院的有关工作人员给予了妥善保管。在申诉被驳回后，我们隔了一段时间才去取回申诉材料。工作人员把这些材料保存完好地交还给了我们。这让我们看到，尽管中国法治建设任重道远，但还是在往前推进。我们应当树立信心，努力前行。

附件八：第三次专家论证法律意见书

关于张文中不构成犯罪、错误判决亟待纠正的专家论证法律意见书

物美控股集团有限公司(原北京物美商业集团有限公司，以下简称物美集团)原董事长张文中于2009年3月30日被河北省高级人民法院以单位行贿、挪用资金、诈骗三罪并罚，判刑12年(此前于2008年10月9日被河北省衡水市中级人民法院一审以上述三罪并罚，判刑18年)。该案判决虽然已经生效并且执行完毕，但法学界及实务界对判决结果有较大争议，在社会上影响较大，中华全国工商联合会对此予以长期关注。当前，在全面推进依法治国的时代背景下，对本案定性问题进行全面研讨论证，不仅有助于维护法律尊严及本案当事人的合法权益，而且能为司法机关今后处理类似案件提供参考。基于上述因素，北京师范大学刑事法律科学研究院专家委员会于2015年3月22日邀请了高铭暄、陈光中、储槐植、樊崇义、张泗汉、赵秉志、陈兴良、陈泽宪、卢建平、宋英辉、黄京平、黎宏12位我国著名刑事法专家，就本案的定性以及一审、二审判决存在的问题进行了研讨论证，并出具了专家论证法律意见书。全国工商联法律部部长白莲湘女士、法律部科长吕菊萍女士出席了本次专家论证会。

一、参加论证的刑事法专家

高铭暄　中国刑法学研究会名誉会长，中国人民大学荣誉一级教授、博士生导师

陈光中　中国法学会前副会长，中国刑事诉讼法学研究会名誉会长，中国政法大学前校长、终身教授、博士生导师

储槐植　中国刑法学研究会顾问，北京大学法学院教授、博士生导师

樊崇义　中国刑事诉讼法学研究会顾问，中国政法大学教授、博士生导师，中国政法大学诉讼法学研究院名誉院长

张泗汉　中国刑法学研究会顾问,最高人民法院研究室前副主任,国家法官学院教授

赵秉志　中国刑法学研究会会长,北京师范大学刑事法律科学研究院暨法学院院长、教授、博士生导师

陈兴良　中国法学会学术委员会委员,北京大学法学院教授、博士生导师

陈泽宪　中国刑法学研究会常务副会长,中国社科院国际法学研究所所长、教授、博士生导师

卢建平　中国刑法学研究会副会长,北京师范大学刑事法律科学研究院常务副院长、教授、博士生导师

宋英辉　中国刑事诉讼法学研究会副会长,北京师范大学刑事法律科学研究院副院长、教授、博士生导师

黄京平　中国刑法学研究会副会长,中国人民大学法学院教授、博士生导师,中国人民大学刑事法律科学研究中心执行主任

黎　宏　清华大学法学院党委书记、教授、博士生导师

二、两审法院认定的基本案情

本案一审、二审法院认定的基本案情一致,具体如下:

(一)单位行贿罪

1. 2002年,物美集团在收购中国国际旅行总社(以下简称国旅总社)持有的泰康人寿保险股份有限公司(以下简称泰康公司)5000万股股份的过程中,张文中向国旅总社总经理办公室主任赵某提出让其提供帮助,并承诺给其一笔好处费。在赵某的积极协调、帮助下,2002年年底,物美集团以其关联公司北京和康友联技术有限公司(以下简称和康友联公司)名义顺利收购了国旅总社持有的5000万股泰康公司股份。张文中遂指派张某1(物美集团副总裁)给付赵某30万元。2003年1月至2004年2月,张某1通过物美集团的关联公司卡斯特经济评价中心以报销费用的方式,向赵某支付了人民币30万元(见一审判决书第5页,二审判决书第2页、第31页)。

2. 2002年,物美集团在收购广东粤财信托投资公司(以下简称粤

财公司)持有的泰康公司5000万股股份过程中,张文中向粤财公司总经理梁某承诺事成之后给予梁某个人500万元好处费。2003年年底,物美集团以其关联公司华美现代流通发展有限公司的名义收购了粤财公司持有的5000万股泰康公司股份,张文中遂指使张某1通过北京敬业和康投资咨询中心向梁某支付人民币500万元(见一审判决书第10页,二审判决书第7页、第31页)。

(二)挪用资金罪

1997年3月,张文中与泰康公司董事长陈某1商定挪用泰康公司的4000万元资金申购新股谋利。后张文中指使张某1从泰康公司转出人民币4000万元,具体负责申购新股。张文中、陈某1又与中国国际期货有限公司(以下简称中期公司)董事长田某1商定,通过中期公司监管的河南省国际信托投资公司的途径转款,以掩盖挪用情节,炒股所得盈利由张、田、陈三人按3:3:4比例分配。其间,中国人民银行检查,三人遂于1997年7月通过河南省国际信托投资公司又从泰康公司转出人民币5000万元用于归还前次挪用款项。1997年8月19日,张某1归还泰康公司人民币4000万元,同年9月3日和9日又分两次归还了人民币5000万元。其间,炒股共盈利人民币1000余万元(见一审判决书第17页,二审判决书第12页、第31页)。

(三)诈骗罪

2002年年初,张文中得知国家对重点企业、重点项目实行国债贴息补贴政策,遂与本案另一被告人张伟春(物美集团原行政总监)等人商议此事,并委派张伟春到国家经贸委等部门进行了咨询。在得知该批国债贴息资金主要用于支持国有企业技术改造项目,物美集团作为民营企业不属于国债贴息资金支持范围的情况下,张文中与张伟春商量后决定以中国诚通控股集团有限公司(中央直属国有企业,以下简称诚通公司)下属企业的名义进行申报。为此,张文中与诚通公司董事长田某1多次联系,田某1答应了张文中的要求。在张文中的指使下,张伟春等人以虚假材料编制了物美集团技改项目可行性研究报告,以诚通公司下属企业的名义上报国家经贸委。物流项目获得审批后,物美集团既未实施，也未向银行申请贷款；物美集团以信息化项目为名，以与和康友联公司签订虚假设备采购合同和开具虚假发票为手段，获得1.3亿元贷款，用于公司日常经营，未实施信息化项目。2003年10月29日，财政部将3190万元国债贴息资金拨付到诚通公司，后诚通公司将该款汇入物美集团账户，物美集团将该款用于偿还公司贷款（见一审判决书第23页，二审判决书第17页、第31页）。

三、提请论证的主要问题

1. 一审、二审判决对本案的定性是否正确？

2. 本案是否应当依法纠正？

四、刑事法专家的论证意见

刑事法专家在认真阅读分析案卷材料的基础上，经过深入细致的研讨论证，一致认为，一审、二审法院对张文中的三项有罪判决完全错误，均不能成立。其中，关于单位行贿罪的判决事实不清、证据不足；关于挪用资金罪的判决对事实性质认定错误；关于诈骗罪的判决不但事实不清、证据不足，而且对事实性质认定错误，适用法律错误。总体而言，本案属于认定事实和适用法律明显错误的案件，应当依法予以纠正。

（一）关于诈骗罪：物美集团申报2002年国债贴息技改项目，取得国债贴息资金，系根据当时文件规定和领导讲话而实施的正常的单位行为，不存在诈骗的问题；张文中在此过程中，更无诈骗的故意和行为，一审、二审判决认定张文中犯诈骗罪，与本案事实不符，完全错误。

从事实层面来看，本案被认定为诈骗的涉案行为表现为物美集团申报国债贴息技术改造项目，获取国债贴息资金的单位行为。这类项目经费的最终取得以申报者完成所申报的项目为条件，有严格的后续监管措施，因此，即使申报者不符合申报条件，或者未完成所申报项目，也只存在将项目经费返还的问题，不应当定诈骗。因此，本案不应当存在诈骗的问题。

同时，作为单位行为，其中的自然人构成诈骗罪的必要条件是：不但单位行为性质为诈骗，而且有关自然人还必须实施了符合诈骗罪主客观要件的行为。本案中,一审、二审判决认定张文中犯诈骗罪的思路是:(1)物美集团作为民营企业没有资格申报2002年国债贴息技改项目;(2)张文中明知物美集团没有资格申报;(3)张文中决定冒充中国诚通控股集团有限公司下属企业进行申报,存在诈骗故意;(4)张文中指使他人通过呈报虚假项目,骗取国债贴息资金,存在诈骗行为;(5)物美集团申报的项目没有实施,进一步证明系以申报项目为名诈骗。

然而,根据现有证据,一审、二审判决作出上述认定的证据与事实不符,完全无法成立。例如,一审、二审判决据以认定物美集团没有资格申报国债贴息技改项目的主要证据只有张伟春、张文中的个别讯问笔录,缺乏其他证据的支持,而他们的供述已经被他们自己后来的说法推翻,这样,实际上已经没有证据能够证明物美集团没有资格申报2002年国债贴息技改项目。而现有的大量书证和人证均证明物美集团有资格申报。被告人口供与原始书证在证明力上是无法相比的。因此,显然应当认定物美集团有资格申报2002年国债贴息技改项目。从现有案件证据材料来看,物美集团申报2002年国债贴息技改项目的行为显然不属于诈骗,张文中也不存在诈骗的行为和故意。具体表现在以下几个方面:

1. 根据当时的领导讲话、官方文件、证人证言、审批结果等多方面的证据互相印证,物美集团有资格申报2002年国债贴息技改项目,并且符合申报条件。

(1)原国家经贸委对新闻媒体宣布2002年的国债技改贴息将对各种所有制一视同仁。原国家经贸委于2001年11月先后公开向新华社、中新社、《人民日报》等国家重要新闻媒体宣布,2002年的国债技改贴息将对各种所有制一视同仁。这一表态,是原国家经贸委经过精心准备,通过重点新闻单位公开发布的,具有很高的权威性,应当视为2002年国债技改贴息政策。该政策清楚地表明,物美集团等民营企业有资格申报2002年国债贴息技改项目,取得国债贴息资金的支持。

(2)原国家经贸委下发的有关文件事实上包含了允许民营企业申

报2002年国债贴息技改项目的内容。原国家经贸委投资与规划司于2002年2月27日下发了“投资〔2002〕075号”《关于组织申报2002年国债技术改造项目的通知》(以下简称“投资〔2002〕075号”《通知》),该通知可以说明以下两点:第一,“投资〔2002〕075号”《通知》在整体上没有对民营企业和国营企业申报国债贴息项目进行区别对待,更没有排斥民营企业申报;第二,对于“促进产业升级”的项目,“投资〔2002〕075号”《通知》既没有禁止民营企业申报,也没有对民营企业存在任何歧视,只要求“用高新技术和先进适用技术改造重点产业和骨干企业,实现产业升级”,对国企和民企完全一视同仁。物美集团2002年申报并获立项的项目是“物流中心及连锁经营信息化项目”,按目标划分,属于“促进产业升级”的范围,根据“投资〔2002〕075号”《通知》的规定,物美集团显然是有资格申报该项目的。

(3)甘某及黄某1的证言进一步证明物美集团有资格申报2002年国债技术改造项目。甘某于2009年2月9日出具了《关于物美申请2002年国债技术改造项目相关情况的说明》,明确指出:“从2002年开始,国债贴息资金的支持范围在企业类型上有所松动,开始扩展到民营企业、股份制企业等其他所有制的优势企业”,原国家经贸委贸易市场局局长黄某1在其证言中也明确指出,2002年国家对流通企业采取国有民营一视同仁的政策。这就更清楚地表明物美集团有资格申报2002年国债技术改造项目。黄某1在证言中还证明,物美是著名的民营连锁经营企业,是国家经贸委重点联系企业。

(4)其他官方文件也印证了民营企业有资格申报国债贴息资金。2002年10月16日,原国家经济贸易委员会《“十五”商品流通行业结构调整规划纲要》等国家政策性文件再次明确了对商品流通领域的非公有制经济的支持、鼓励和平等保护政策。

(5)根据2002年全国消费品市场占比情况及当时的实力,物美集团符合申报2002年国债贴息技改项目的条件。2002年前,非国有经济已占全国消费品零售总额的80%以上,许多非国有企业进入全国零售、餐饮业连锁三十强,物美当年排名第12位,显然属于该领域的骨干企业。而其申报的"物流中心及连锁经营信息化项目"属于产业升级项目，因而属于"投资〔2002〕075号"《通知》规定要重点支持的"用高新技术和先进适用技术改造重点产业和骨干企业，实现产业升级"的范畴，完全符合申报2002年国债贴息资金的条件。

(6)在获得2002年国债贴息资金支持的企业名单中，除物美外，还有至少六家民营企业，这进一步证明物美作为民营企业完全有资格申报2002年国债贴息资金。从原国家经贸委2003年3月17日下发的《2003年第二批国债专项资金国家重点技术改造项目投资计划表》(2002年申报)可以看到，除物美外，还有江苏盐城丰东热处理有限公司、黑龙江圣泰制药有限公司、浙江美欣达印染股份有限公司、浙江恒逸集团有限公司、横店集团控股有限公司、天津宝迪农业科技股份有限公司等六家民营企业(非国有企业)同时取得该期国债贴息资金支持。既然有这么多民营企业成功申报到了2002年国债贴息技改项目，又没有任何证据证明他们是非法取得，这就充分说明了民营企业完全有资格申报2002年国债贴息技改项目。一审、二审判决不顾上述事实，认为项目最终审批结果与物美作为民营企业是否有资格申报2002年国债贴息资金无关，显然不妥。

(7)原国家经贸委某些工作人员的证言以及有关内部请示文件进一步印证了民营企业有资格申报国债贴息资金。一审判决认为，原国家经贸委投资与规划司的李某1处长、李某2副司长、助理巡视员郝某1、助理调研员丁某等人的证言能够证明2002年国债贴息资金不支持民营企业。而仔细分析这些证人证言的内容后却能发现，上述人员中，没有任何人说过不允许民营企业申报2002年国债贴息技改项目。李某2、李某1在证言中虽然提到过一个所谓领导指示，但仔细分析原国家经贸委投资与规划司的相关请示，可以发现当时按照领导指示剔除的是8家不符合条件的"中外合资企业"和"私营企业"申报的项目，而不是物美这类"其他有限责任公司"申报的项目。"剔除"并非针对企业性质剔除所报项目，而是针对不符合条件的项目。事实上，除上述民营企业外，项目最终获得审批的江苏盐城丰东热处理有限公司就是一家中外合资企业，也就是说，即使是在领导指示作出之后，数家中外合资企业和私营企业申报的项目仍然获得最终审批。这就充分说明，包括中外合资企业和私营企业在内的民营企业是有资格申报2002年国债贴息项目的。

上述多方面的事实，从不同角度证明了物美集团有资格申报2002年国债贴息项目，其自身实力和项目本身也是符合申报条件的。一审、二审判决曲解原国家经贸委的“国经贸投资〔1999〕886号”文件，回避原国家经贸委“投资〔2002〕075号”《通知》及其附件的规定，无视有多家民营企业获得了国债技术改造项目的事实，以致最终错误地认为物美集团作为民营企业没有资格申报2002年国债贴息技改项目，这一关于民营企业没有资格申报国债贴息技改项目的错误定性，成为其错误地认定物美集团和张文中骗取国债贴息资金的前提。

2. 张文中基于其当时了解和掌握的信息，完全知道物美集团有资格申报2002年国债贴息技改项目，一审、二审判决认为张文中明知物美作为民营企业不符合2002年国债技改贴息申报条件的认定不能成立。

一审、二审判决认定张文中明知物美集团作为民营企业没有资格申报国债贴息技改项目的唯一根据是张文中和张伟春的原供述。然而，这两人的言词证据不仅在一审时已被两人完全否定，而且其内容与有关书证、证人证言明显冲突，与客观事实以及张文中自己此前实际了解到的情况也不符，明显不合常理，不能采信。具体如下：

第一，根据国家经贸委及其有关部门下发的文件以及实际申报结果，民营企业客观上有资格申报国债贴息技改项目，张伟春不可能得出物美作为民营企业不属于国债贴息资金支持范围的结论，更不可能告诉张文中物美不属于国债贴息资金支持的范围。第二，2001年11月，关于国债贴息政策对各所有制一视同仁的政策精神经国家重要新闻媒体的广泛报道广为人知，张文中不可能不了解。第三，张文中参加了2002年1月在上海召开的全国推进流通现代化工作现场会并作典型发言，他从会上有关领导的讲话中，清楚地得知2002年国债贴息资金将会支持商品流通业,并且认为物美完全符合得到支持的条件。第四,当时负责国债贴息项目审批的国家经贸委官员从未说过民营企业没有资格申报国债贴息,主要负责人甘某以及黄某1均证明民营企业有资格申报,不可能告诉张伟春物美集团没有资格申报。第五,原国家经贸委投资与规划司根据所谓的领导指示精神剔除8家中外合资企业和私营企业,其发生在项目审批过程中,张文中对此并不知情,而且这一事实也并不是针对物美这类企业的,据此也不能得出张文中明知民营企业不属于国债贴息资金支持范围的结论。

基于上述事实,可以得出结论,张伟春、张文中关于得知物美作为民营企业不符合2002年国债技改贴息申报条件的原供述明显不合常理,且已被他们自己否定,又无其他证据印证,无法采信,不能作为定案依据。一审、二审判决所谓张文中明知物美作为民营企业不属于国债贴息资金支持的范围这一认定明显与事实不符,不能成立。

3. 物美集团和张文中只是决定通过诚通公司递交项目申报材料,并非冒充诚通公司下属企业进行申报;企业申请表格中真实填写企业名称为北京物美商业集团有限公司,企业性质为其他有限责任公司;虽然通过有挂靠关系的诚通集团递交申请,但张文中从未隐瞒项目所属企业为物美集团,他不可能存在诈骗国债贴息资金的故意。

一审、二审判决认为,张文中在得知物美集团作为民营企业不属于国债贴息资金支持范围的情况下,与张伟春商量后决定冒充诚通公司下属企业进行申报,据此认定张文中存在诈骗的故意。从现有证据能够证明的事实来看,这一认定显然不能成立,根据如下:

(1)张文中和物美高层选择诚通公司这一申报通道递交物美的项目申报材料,并非隐瞒物美的民营企业性质。

需要注意,“通过诚通公司递交项目申报材料”与“以诚通公司下属企业的名义申报项目”的含义存在本质性差异。前者完全是将诚通公司作为递交项目申报材料的一个通道,项目申报单位是物美集团而非诚通公司下属企业,企业登记性质是其他所有制企业而非国有企业。在物美高层讨论如何申报时,上诉人张文中所同意的是“通过诚通公司递交项目申报材料”,而不是“以诚通公司下属企业的名义申报项目”,物美只是通过诚通公司这一通道递交申报国债贴息资金的材料,而未通过区、市经贸委逐级递交材料,以确保在项目申报截止日期前的有限时间内完成申报工作。而根据黄某1的证言,物美集团当时这么做不仅是允许的,而且国家经贸委当时会主动建议民营企业申报单位这么做。因此,物美集团借助诚通公司进行申报并无不妥。

尤其应该注意的是,根据案件材料,张文中是在知道物美集团作为民营企业有资格申报国债贴息资金,并认为物美集团可以通过诚通公司递交申报材料,而原国家经贸委官员也知道物美的企业性质的背景下,同意物美通过诚通公司递交申报材料,因而不存在冒充国有企业进行申报的意图,更不存在冒充国有企业骗取国债贴息资金的意图。

(2)对于物美集团以诚通公司下属企业的名义申报国债贴息资金所填写表格的细节,张文中并不知情,据此不能得出张文中有诈骗的故意。

根据案件材料,在物美集团有关申报项目的表格中,确实存在一项物美集团是诚通公司下属企业的填写内容,但是,该表格张文中从未看过,案发前,他对此并不知情。事实上,一审、二审法院始终未能查明有关表格的填写单位和个人,据此认定张文中有诈骗故意,显然不妥。

4.物美集团所呈报的申请国债贴息的项目真实且已经实施,所谓张文中通过呈报虚假项目骗取国家巨额国债贴息资金的认定不能成立。

一审、二审判决认为物美集团申报的项目虚假,进而认定张文中诈骗的主要理由是:(1)物美集团用以编制技改项目(第三方物流改扩建项目)可行性研究报告的资料虚假,具体表现为该可行性研究报告中的《规划意见书》不符合要求,不具有法定的效力,附图是物美自行制作,附于规划意见书后的,且是在张文中指使下编制的。(2)申报的项目未实施,项目贷款被用于物美集团日常经营。(3)物美集团与其关联公司签订虚假设备采购合同,并开具虚假发票。

然而,张文中的辩护人已经用充分的证据和说理证明:

第一,物美集团编制的技改项目可行性研究报告,是按照原国家经贸委申报项目的要求,投入大量人力、财力委托有甲级资质的单位认真编制的,也是完全真实的。

第二,物美集团申报的第三方物流改扩建项目是基于物美发展的需要而设立的,是完全真实的,并且已经异地实施。之所以异地实施,而没有按可行性研究报告在原项目地点实施,是由于遇到"非典"及国家整顿物流园区,要求企业由租地经营改为买地经营等不可抗力所致,并不是项目虚假。

第三,物美申报的信息现代化建设项目是物美发展所必需的,是完全真实的;已投入1.46亿元实施项目,并且已经完成项目的主要内容,实现了可行性研究报告设立的主要目标。尽管存在财务管理方面不规范之处,但1.3亿元贷款不仅投入了项目,而且已按时偿还本息。一审判决认定项目贷款用于物美日常经营,信息化项目未实施,与事实不符,不能成立。

第四,物美在使用贷款资金和国债贴息资金的过程中存在不规范之处,但性质并不属于诈骗。具体表现在,物美与和康友联公司一次性签订金额为7200万元的设备购买合同,和康友联公司出具了7200万元的发票,而该合同并未实际履行,物美持此合同和发票到银行办理了相关手续。此行为违反了国债贴息项目贷款资金使用的相关规定。但是,物美这样做有其不得已的难处,主要难处是实施项目过程中的资金支出过于琐碎,无法按逐笔支出情况进行贷款。但物美有相同数量的贷款和相对应的国债贴息资金用于信息化项目。对于物美集团与和康友联公司签订设备购买合同没有实际履行、7200万元又转回给物美公司的原因,也存在合理的解释。因此,物美的该行为仅仅是资金使用违规,并不涉及诈骗。涉案的3190万元国债贴息资金虽然没有严格做到专款专用,但这只是资金使用方面的不规范行为,并不影响物美所申报项目的真实性,更不属于非法占有国债贴息资金的行为。

总之,通过对一审、二审判决所引用证据与辩护人所提供证据的比较分析,可以看出,一审、二审判决所认定的事实与现有证据能够证明的事实明显不符,不能成立。诈骗罪有一个最基本的要求,即必须有被诈骗对象,且财产的损失与被骗行为之间存在关联性。而本案中,实际上没有任何单位和个人被骗。被作为申报渠道的诚通公司没有被骗，他们知道物美集团是民营企业。原国家经贸委审批人员也没有被骗，他们当时实际上也知道物美集团属于民营企业，他们审查的不是它通过什么渠道申报项目，而是其申报的项目是否属于当时的国债贴息支持范围，是否符合申报要求。而这两方面，物美均未弄虚作假。因此，所谓诈骗之说完全没有依据，不能成立。

还应当指出的是，根据罪刑法定原则以及当时的刑法及司法解释性文件的规定，物美集团申报国债贴息这一纯粹的单位行为，无论如何不能以诈骗罪追究个人刑事责任。这一点有必要再次强调。虽然全国人大常委会2014年4月24日通过了《关于〈中华人民共和国刑法〉第三十条的解释》，规定单位实施刑法规定的危害社会的行为，刑法分则和其他法律未规定追究单位的刑事责任的，对组织、策划、实施该危害行为的人依法追究刑事责任，但该解释是在本案判决生效以后发布和施行的，由于该立法解释的规定本质上是在创制新的法律规范，并且不利于被告人，依法不得溯及既往，不能作为对本案定性的依据。显然，从法律角度来看，本案一审、二审判决以物美集团实施的单位行为来对张文中个人定诈骗罪，至今依然明显违反罪刑法定原则，因而是违法和错误的。

（二）关于单位行贿罪：从现有证据来看，卡斯特投资咨询中心付给赵某的30万元是赵某的工作报酬，而不是好处费；敬业和康公司投资咨询中心付给李某3的500万元，是物美集团付给李某3的中介费，而不是给梁某的好处费；一审、二审判决认定张文中构成单位行贿罪事实不清、证据不足，不能成立。

根据《刑事诉讼法》第53条的规定，只有在证据确实充分的情况下，才能认定被告人有罪。证据确实充分，应当符合以下条件：(1)定罪量刑的事实都有证据证明；(2)据以定案的证据均经法定程序查证属实；(3)综合全案证据，对所认定事实已排除合理怀疑。而本案中，据以认定张文中存在单位行贿行为的证据没有能够查证属实；综合全案证据，对所认定事实更没有达到排除合理怀疑的程度。

1. 一审、二审判决认定涉案的30万元系张文中单位行贿款的证据，主要是张文中、赵某的原供述，以及张某1、陈某1的证言。根据这些证据明显不足以证明涉案的30万元是单位行贿款。

张文中、赵某的原供述已被他们后来的说法否定。比较二人前后的说法，可以发现二人后来的说法更具有合理性，而此前的供述则存在不少难以自圆其说之处。例如，张文中在其原供述中，一方面说赵某在国旅总社转股中帮了和康友联很大的忙，另一方面却说不出到底帮了什么大忙，内容明显不可信。赵某说告诉了张文中转股底价，因而帮了忙，而实际上国旅总社所谓的转股底价并非商业秘密，而是当时另一家要转让泰康公司股份的粤财公司的公开挂牌价。可见，两人所谓赵某在国旅总社股权转让过程中帮了和康友联公司大忙的供述难以成立，向赵某支付30万元之巨的好处费的说法也就丧失了存在的根基。而陈某1、张某1的证言则与张文中和赵某供述的内容明显不符，且均无法说明张文中为什么给赵某钱，作为与原始证据内容明显不符的传来证据，其证明力基本十分微弱。

更重要的是，现有证据证明，赵某自2002年年底就作为和康友联公司的股东代表担任泰康公司监事，参加泰康公司股东大会、临时股东大会，参与泰康公司重大经营决策。从2004年4月起，赵某由监事转为董事，仍为和康友联公司推荐，参与泰康公司发展战略、经营管理、高管聘任等重要经营管理，直到2008年4月。此外，赵某还为华美公司及物美做过大量工作。而他在从事上述工作期间，除涉案的30万元外，没有收到过有关单位给他的任何其他报酬。

显然，在张文中和赵某均已推翻其此前的供述，且后来的说法更为合理，又有其他证据能够印证的情况下，认定该涉案的30万元系其工作报酬显然更为合理，证据更为充分。一审、二审判决认为该30万元系单位行贿款则显得证据明显不足。如果将该30万元认定为好处费，则说明赵某多年来都是在为和康友联公司、华美公司和物美做义务劳动，这完全违背常理，几乎是不可能的。

2. 一审、二审判决认定涉案的500万元系张文中给梁某的单位行贿款的证据明显不足，而认定该款为给李某3的中介费的证据则符合事实,且更加合理。

一审、二审判决认定张文中向梁某行贿500万元的主要证据是张文中的供述以及梁某、李某3、张某1、陈某1的证言。然而,张文中已经推翻其原来的供述,且其后来的说法得到了大量其他证据的支持,且更为合理。李某3也推翻了其原来的证言,认为涉案的500万元应当是给他的中介费。在这种情况下,需要结合本案其他证据和事实,才能判断究竟哪种说法更为合理、可信,证据更加充分。而从本案现有其他证据和事实来看,认定涉案的500万元系张文中给梁某的单位行贿款的证据明显不足,存在很大疑问;而认定该款为给李某3的中介费的证据则较为充分,且更加合理。具体根据和理由如下:

第一,本案中,梁某根本没有收到涉案的500万元,也从未认为这500万元和他有关系;钱是打到李某3公司账上的,李某3证实是付给他的中介费并实际占有了这笔钱。

第二,梁某在华美公司收购粤财公司持有的泰康公司5000万股股权的过程中,不但没有给收购方华美提供帮助,而且起着阻碍作用。涉案的500万元是在收购完成后才付给李某3的。对于一个在股权收购过程中进行多方刁难的人,收购方在事成之后还给其如此巨额的好处费,这明显不合常理,令人难以置信。

第三,假如张文中真的于2002年上半年承诺给梁某500万元的巨额好处费,那么,从常理来看,梁某应该会尽力为华美公司顺利收购粤财公司持有的泰康公司股权提供帮助。然而,一审、二审判决认定的控方提供的粤财公司内部文件却充分证明,在整个股权转让过程中,梁某不但没有帮华美公司任何忙,而且还从中作梗。因此,一审判决采信的所谓张文中供述说在2002年上半年承诺给梁某好处费的结论显然难以成立,而张文中在其不利讯问笔录后的多次讯问笔录及当庭辩解则具有可信性。

第四,现有证据能够证明,李某3介入股权转让事宜在前,华美公司与粤财公司达成转让意向在后。一审、二审判决认为在李某3介入收购股权之前,张文中已与粤财公司达成收购股权意向,以此否定涉案的500万元属于给李某3的中介费,与事实不符,不能成立。

第五，涉案的500万元到李某3公司的账上后，李某3将这500万元作为公司的收入入账并纳税60余万元。梁某则从未收取过500万元。梁某和李某3两人对涉案的500万元的迥然不同的态度，进一步印证了这笔款是给李某3的中介费，而不是要由他经手给梁某的行贿款。

最高人民法院2012年12月20日发布的《关于适用〈中华人民共和国刑事诉讼法〉的解释》第83条规定："审查被告人供述和辩解，应当结合控辩双方提供的所有证据以及被告人的全部供述和辩解进行。""被告人庭前供述和辩解存在反复，但庭审中供认，且与其他证据相互印证的，可以采信其庭审供述；被告人庭前供述和辩解存在反复，庭审中不供认，且无其他证据与庭前供述印证的，不得采信其庭前供述。"本案中，张文中的庭前供述和辩解均存在反复，庭审中又不供认，且相关证人也推翻了其以前的证言，以致其他证据与其庭前供述也无法印证。因此，显然不能再采信其庭前供述，认定涉案的30万元和500万元系分别给赵某和梁某的好处费的证据明显不足，不能成立。

（三）关于挪用资金罪：涉案的4000万元资金，是由泰康公司借给卡斯特投资咨询中心使用，该笔资金无论是出借、使用还是归还都完全发生在两个单位之间，根本不具备挪用资金罪的任何特征。张文中没有任何权力支配泰康公司资金。一审、二审判决就此笔资金定张文中挪用资金罪，既违背本案基本事实，也违反刑法典及有关司法解释的规定，是完全错误的。

根据《刑法》第272条的规定，构成挪用资金罪必须是"挪用本单位资金归个人使用或者借贷给他人"。同时，根据2000年7月27日起施行的最高人民法院《关于如何理解刑法第二百七十二条规定的"挪用本单位资金归个人使用或者借贷给他人"问题的批复》，"挪用本单位资金归个人使用或者借贷给他人"是指"挪用本单位资金归本人或者其他自然人使用，或者挪用人以个人名义将所挪用的资金借给其他自然人和单位"。基于刑法及有关司法解释的上述规定，发生在单位和单位之间的资金往来，不可能构成挪用资金罪。

仔细分析一审、二审判决采信的控方书证，可以发现，仅仅凭这些书证,就已经清楚而充分地证明,涉案的4000万元资金于1997年3月27日由泰康公司划转到卡斯特投资咨询中心,并一直由卡斯特投资咨询中心使用,于1997年8月19日由卡斯特投资咨询中心转回泰康公司,其出借、使用和归还完全发生在单位之间,不具备任何挪用资金罪的基本特征,一审、二审判决却得出了完全错误的相反的结论。

一审、二审判决引用的陈某1、任某、李某4等证人证言无法证明,也不可能证明涉案的4000万元资金被挪用"归个人使用或者借贷给他人"。事实上,这些证人证言和上诉人张文中的说法也证明涉案的4000万元资金的提供方和使用方均为单位,而不涉及个人。因此,一审、二审判决无法得出张文中等人挪用资金归个人使用的结论,其认定张文中构成挪用资金罪的判决结论缺乏证据和法律的支持,不能成立。

至于一审、二审判决认为不合法的泰康公司与卡斯特投资咨询中心签订的《委托投资协议》,无论它是否存在,是否合法,都不影响涉案的4000万元的借出、使用和归还完全发生在两个单位之间。而且,也没有充分的根据可以得出该《委托投资国债协议》不合法的结论。

一审、二审判决认定张文中、田某1、陈某1三人按3∶3∶4的比例分配了4000万元资金的盈利的证据和理由明显不足,这些所谓的盈利直至案发时始终在卡斯特投资咨询中心的账上。而且,即使以上三人按上述比例分配了盈利,也不能改变这4000万元的借出、使用和归还完全发生在两个单位之间的基本事实,均不能得出张文中构成挪用资金罪的结论。根据最高人民法院《关于如何理解刑法第二百七十二条规定的"挪用本单位资金归个人使用或者借贷给他人"问题的批复》,如果是个人决定以单位名义将资金借给其他单位使用,即使是谋取个人利益,也不构成挪用资金罪。

五、论证结论

综上所述,与会专家一致得出以下结论:

1. 物美集团申报2002年国债贴息技改项目,取得国债贴息资金,系根据当时国家文件规定和领导讲话而实施的正常的单位行为,民营企业有资格申报国债贴息技改项目,而且数家不同所有制企业的申报项目均实际获得批准;物美集团项目是真实存在的,取得国债贴息资金符合国家政策,张文中在此过程中,更无诈骗的故意和行为。因此,一审、二审判决对张文中以诈骗罪定罪处罚,不但认定事实错误,而且适用法律错误,不能成立。

2. 现有证据不能证明卡斯特经济评价中心付给赵某的30万元属于好处费;也不能证明敬业和康公司投资咨询中心付给李某3的500万元是给梁某的好处费;一审、二审判决认定张文中犯单位行贿罪事实不清、证据不足,依法不能成立。

3. 卡斯特投资咨询中心借用泰康公司4000万元资金共同投资理财的行为,系由泰康公司借给卡斯特投资咨询中心使用,该笔资金的出借方、使用方、归还方均为单位,完全不具备挪用资金罪的成立条件。一审、二审判决就此笔资金定张文中挪用资金罪,既违背本案基本事实,也违反刑法典及有关司法解释的规定,不能成立。

4. 根据《刑事诉讼法》第242条的规定,据以定罪量刑的证据不确实、不充分,或者证明案件事实的主要证据之间存在矛盾的,或者原判决、裁定适用法律确有错误的,经当事人及其法定代理人、近亲属的申诉,人民法院应当重新审判。本案符合上述情形,建议依法提起申诉,以纠正原一审、二审判决的错误。

与会专家最后指出,习近平总书记在论及司法工作目标时,明确提出要"努力让人民群众在每一个司法案件中都感受到公平正义",党中央正在全面推进依法治国,最高司法机关也屡次发文要求纠正冤错案件,而本案的判解结果既经不起当时法律的检验,更不符合当前法治发展的要求,因此,纠正本案一审、二审判决中的错误显得尤为必要和紧迫。

(以上法律意见,谨供审查本案的司法机关及其他有关部门和领导参考。未经论证会组织单位北京师范大学刑事法律科学研究院疑难刑事问题研究咨询专家委员会及与会专家的同意,不得公开传播和发表。)

附:专家论证依据的主要材料目录(略)

2015年3月22日

附件九：向河北省高级人民法院申诉书

张文中诈骗、单位行贿、挪用资金案
刑事申诉书

申诉人　张文中，男，1962年7月1日出生，汉族，物美集团控股集团有限公司原董事长，住址（略）

代理申诉人　左坚卫，北京乾成律师事务所律师

联系电话（略）

申诉人不服河北省高级人民法院2009年3月30日（2008）字冀刑二终字第89号刑事判决，提出申诉。

【申诉请求事项】

1. 依法对本案按审判监督程序提起再审；

2. 再审依法撤销河北省高级人民法院（2008）字冀刑二终字第89号刑事判决；

3. 再审依法宣告申诉人张文中无罪。

【事实与理由】

一、原审判决认定的基本案情

河北省高级人民法院（以下简称原审法院）认定的基本案情如下：

（一）单位行贿罪

1. 2002年，物美集团在收购中国国际旅行总社（以下简称国旅总社）持有的泰康人寿保险股份有限公司（以下简称泰康公司）5000万股股份的过程中，张文中向国旅总社总经理办公室主任赵某提出让其提供帮助，并承诺给其一笔好处费。在赵某的积极协调、帮助下，2002年年底，物美集团以其关联公司北京和康友联技术有限公司（以下简称和康友联公司）名义顺利收购了国旅总社持有的5000万股泰康公司股份。张文中遂指派张某1（物美集团副总裁）给付赵某30万元。2003年1月至2004年2月，张某1通过物美集团的关联公司卡斯特经济评价中心以报销费用的方式，向赵某支付了人民币30万元（见二审判决

书第2页、第31页)。

2. 2002年,物美集团在收购广东粤财信托投资公司(以下简称粤财公司)持有的泰康公司5000万股股份过程中,张文中向粤财公司总经理梁某承诺事成之后给予梁某个人500万元好处费。2003年年底,物美集团以其关联公司华美现代流通发展有限公司的名义收购了粤财公司持有的5000万股泰康公司股份,张文中遂指使张某1通过北京敬业和康投资咨询中心向梁某支付人民币500万元(见二审判决书第7页、第31页)。

(二)挪用资金罪

1997年3月,张文中与泰康公司董事长陈某1商定挪用泰康公司的4000万元资金申购新股牟利。后张文中指使张某1从泰康公司转出人民币4000万元,具体负责申购新股。张文中、陈某1又与中国国际期货有限公司(以下简称中期公司)董事长田某1商定,通过中期公司监管的河南省国际信托投资公司的途径转款,以掩盖挪用情节,炒股所得盈利由张、田、陈三人按3∶3∶4比例分配。其间,中国人民银行检查,三人遂于1997年7月通过河南省国际信托投资公司又从泰康公司转出人民币5000万元用于归还前次挪用款项。1997年8月19日,张某1归还泰康公司人民币4000万元,同年9月3日和9日又分两次归还了人民币5000万元。其间,炒股共盈利人民币1000余万元(见二审判决书第12页、第31页)。

(三)诈骗罪

2002年年初,张文中得知国家对重点企业、重点项目实行国债贴息补贴政策,遂与本案另一被告人张伟春(物美集团原行政总监)等人商议此事,并委派张伟春到国家经贸委等部门进行了咨询。在得知该批国债贴息资金主要用于支持国有企业技术改造项目,物美集团作为民营企业不属于国债贴息资金支持范围的情况下,张文中与张伟春商量后决定以中国诚通控股集团有限公司(中央直属国有企业,以下简称诚通公司)下属企业的名义进行申报。为此,张文中与诚通公司董事长田某1多次联系,田某1答应了张文中的要求。在张文中的指使下，张伟春等人以虚假材料编制了物美集团技改项目可行性研究报告，以诚通公司下属企业的名义上报国家经贸委。物流项目获得审批后，物美集团既未实施，也未向银行申请贷款；物美集团以信息化项目为名，以与和康友联公司签订虚假设备采购合同和开具虚假发票为手段，获得1.3亿元贷款，用于公司日常经营，未实施信息化项目。2003年10月29日，财政部将3190万元国债贴息资金拨付到诚通公司，后诚通公司将该款汇入物美集团账户，物美集团将该款用于偿还公司贷款（见二审判决书第17页、第31页）。

二、原审法院的审判结果

原审法院维持了河北省衡水市中级人民法院对张文中犯单位行贿罪，判处有期徒刑3年，犯挪用资金罪，判处有期徒刑1年，以及犯诈骗罪的判决结果；撤销了该院对张文中诈骗罪的量刑及决定执行刑罚部分，改判张文中犯诈骗罪，判处有期徒刑10年，并处罚金50万元，与单位行贿罪、挪用资金罪并罚，决定执行有期徒刑12年，并处罚金50万元。

三、申诉理由及法律依据

申诉人认为，原审法院对申诉人的三项有罪判决均不能成立。原审判决在事实认定、法律适用、证据采信方面存在诸多错误，依法应当对本案进行再审。

（一）原审判决违背案件基本事实，错误认定张文中犯诈骗罪

原审判决认定张文中犯诈骗罪所依据的证据有的已经被推翻，有的根本得不出相应的结论。

1.原审判决认定张文中犯诈骗罪的根本理由是物美集团没有资格申报2002年国债贴息技改项目。但是，现有证据充分证明物美集团完全有资格申报，原审判决认定物美集团没有资格申报属于事实认定错误。

原审判决列举的证明物美集团作为民营企业没有资格申报2002年国债贴息技改项目的主要证据有：(1)张伟春（本案另一当事人）、张文中的原供述；(2)证人李某1、李某2的证言；(3)原国家经济贸易委

员会、国家发展计划委员会、财政部、中国人民银行"国经贸投资〔1999〕886 号"《关于印发〈国家重点技术改造项目管理办法〉、〈国家重点技术改造项目国债专项资金管理办法〉的通知》(以下简称"国经贸投资〔1999〕886 号"《通知》);(4)原国家经贸委投资与规划司《关于下达第八批国债技改项目计划的请示》。上述证据存在以下问题:(1)张伟春、张文中的原供述已经被他们自己后来的说法推翻(见附件 1,张伟春《关于北京物美集团申报国债项目有关问题的情况汇报》,证据材料第 2~4 页;附件 2,一审庭审笔录,证据材料第 76 页)。其前后存在矛盾的说法,只能根据其他相关证据才能得出结论。(2)李某 1、李某 2 的证言中,根本没有提到原国家经贸委的文件对民营企业申报国债技改项目的态度,这实际上意味着他们也认为有关文件并没有规定民营企业不属于国债贴息资金支持的范围(见附件 3,李某 1 询问笔录,证据材料第 136 页;附件 4,证据材料第 141 页)。(3)"国经贸投资〔1999〕886 号"《通知》并没有将民营企业排除在申报国债贴息技改项目的主体范围之外(见附件 5,证据材料第 147 页),更为重要的是,原国家经贸委投资与规划司于 2002 年 2 月 27 日下发了"投资〔2002〕075 号"《关于组织申报 2002 年国债技术改造项目的通知》(以下简称"投资〔2002〕075 号"《通知》),民营企业是否有资格申报 2002 年国债技术改造项目,应当以该通知为准,而不是以"国经贸投资〔1999〕886 号"《通知》为准,而后一个通知被原审判决刻意回避。(4)原国家经贸委投资与规划司《关于下达第八批国债技改项目计划的请示》中,只是提到根据领导指示精神,剔除了 8 个不符合要求的中外合资企业和私营企业的项目,并没有剔除所有的"中外合资企业"和"私营企业"申报的项目,更没有剔除物美集团这类"中外合资企业"和"私营企业"之外的其他非国有企业申报的项目(见附件 6,证据材料第 161 页)。因此,该请示的内容不能证明民营企业没有资格申报 2002 年国债技改项目。

同时,有下列证据充分证明,物美集团作为民营企业完全有资格申报 2002 年国债贴息技改项目:

(1)根据"投资〔2002〕075 号"《通知》,民营企业有资格申报 2002

年国债技术改造项目。从该通知的具体规定中可以看到：对于民营企业和国营企业申报2002年国债技改项目，在整体上没有区别对待，更没有排斥民营企业申报；对于“促进产业升级”以及“推进企业信息化”的项目，对国企和民企完全一视同仁（见附件7，证据材料第162、163页）。而物美集团2002年申报并获立项的项目是“物流中心及连锁经营信息化项目”，按目标划分，属于“促进产业升级”的范围，根据“投资〔2002〕075号”《通知》的规定，物美集团显然是有资格申报该项目。

（2）甘某及黄某1的证言进一步证明物美集团有资格申报2002年国债技术改造项目。原国家经贸委负责制定国债贴息管理办法的投资与规划司时任司长甘某于2009年2月9日出具了《关于物美集团申请2002年国债技术改造项目相关情况的说明》，明确指出：“从2002年开始，国债贴息资金的支持范围在企业类型上有所松动，开始扩展到民营企业、股份制企业等其他所有制的优势企业”（见附件8，证据材料第172页）。原国家经贸委贸易市场局局长黄某1在其证言中也明确指出，2002年国家对流通企业的采取的国有民营一视同仁的政策（见附件9，证据材料第175页）。这就更清楚地表明物美集团有资格申报2002年国债技术改造项目。黄某1在证言中还证明，物美集团是著名的民营连锁经营企业，是国家经贸委重点联系企业。

（3）其他官方文件能够印证民营企业有资格申报国债贴息资金。2002年10月16日，原国家经贸委《“十五”商品流通行业结构调整规划纲要》等国家政策性文件再次明确了对商品流通领域的非公有制经济的支持、鼓励和平等保护政策（见附件10，证据材料第182页）。

（4）在获得2002年国债贴息资金支持的企业名单中，除物美集团外，还有至少六家民营企业，这进一步证明物美集团作为民营企业完全有资格申报2002年国债贴息资金。从原国家经贸委2003年3月17日下发的《关于下达2003年第二批国债专项资金国家重点技术改造项目投资计划的通知》附件可以看到，除物美集团外，还有黑龙江哈尔滨圣泰制药有限公司、江苏盐城丰东热处理有限公司、浙江恒逸集团有限公司、浙江美欣达印染股份有限公司、横店集团控股有限公司、天津宝迪农业科技股份有限公司等六家民营企业(非国有企业)同时取得该期国债贴息资金支持(见附件11,证据材料第193页、第203页、第211页、第214页)。既然有这么多民营企业成功申报到了2002年国债贴息技改项目,又没有任何证据证明他们是非法取得,这就充分说明了民营企业完全有资格申报2002年国债贴息技改项目。同时也证明李某1和李某2两份证言中有关2002年审批中把民营企业都剔除了的陈述与事实完全不符。

(5)原国家经贸委某些官员的证言印证了民营企业有资格申报国债贴息资金。一审判决认为,原国家经贸委投资与规划司的李某1处长、李某2副司长、助理巡视员郝某1、助理调研员丁某等人的证言能够证明2002年国债贴息资金不支持民营企业。而仔细分析这些证人证言的内容后却能发现,上述人员中,没有任何人说过不允许民营企业申报2002年国债贴息技改项目。证人郝某1(原国家经贸委投资与规划司助理巡视员)证明:"文件上没有明确规定民营企业与国有企业是否有区别"(见附件12,证据材料第253页);证人丁某(原国家经贸委投资与规划司投资处助理调研员)证明:"我们司里对于民营企业是否符合申报条件没有下过明确的文件"(见附件13,证据材料第257页);证人门某(原国家经贸委贸易市场局助理巡视员)证明,据她所知,国家没有禁止国债贴息资金支持民营企业(见附件14,证据材料第259页)。

上述多方面的证据,从不同角度证明了物美集团有资格申报2002年国债贴息项目,其自身实力和项目本身也是符合申报条件的。原审判决曲解了原国家经贸委的"国经贸投资〔1999〕886号"文件,置2002年国债技改贴息对各所有制一视同仁的政策于不顾,回避原国家经贸委"投资〔2002〕075号"《关于组织申报2002年国债技术改造项目的通知》及其附件的规定,无视有多家民营企业获得了国债技术改造项目的事实,最终完全错误地认为物美集团作为民营企业没有资格申报2002年国债贴息技改项目。

2.原审判决认为张文中犯诈骗罪的理由之二是张文中明知物美集

团作为民营企业不属于国债贴息资金支持范围。但是,现有证据证明张文中完全知道物美集团有资格申请2002年国债贴息资金支持,原审判决的判断不能成立,属于事实认定错误。

原审判决认定张文中明知物美集团作为民营企业不属于国债贴息资金支持范围的唯一根据是张文中和张伟春的原供述。但是,他们的原供述在本案一审时即已被他们自己否定(见附件2,证据材料第88页)。而且,下列证据能够充分证明张文中当时完全知道物美集团作为民营企业有资格申请2002年国债贴息资金支持。

(1)国家经贸委及其有关部门下发的文件以及实际申报结果。如前所述,这些证据表明,民营企业客观上有资格申报国债贴息技改项目,张伟春不可能得出物美集团作为民营企业不属于国债贴息资金支持范围的结论,更不可能告诉张文中物美集团不属于国债贴息资金支持的范围。

(2)国家经贸委领导对媒体的公开讲话。2001年11月,国家经贸委领导关于国债贴息政策对各所有制一视同仁的讲话经国家重要新闻媒体的广泛报道(见附件15,证据材料第261页;附件16,证据材料第262页),广为人知,张文中不可能不了解。

(3)张文中参加了2002年1月在上海召开的全国推进流通现代化工作现场会并作典型发言。在这次会议上,有关领导的讲话都传达了2002年国债贴息资金将会支持商品流通业并对各种企业一视同仁的政策(见附件17,证据材料第274页),张文中作为主要参会人员,在会上做了物美集团积极参与国企改革做大做强零售产业的发言。张文中从会议中显然了解到2002年国债资金政策并且认为物美集团完全符合得到支持的条件。李某1的证言也证实了在上海召开的关于流通现代化的会议,根据这次会议精神流通现代化和现代物流将纳入国债支持的重点(见附件3,证据材料第136页),与张文中的证言相符。

(4)当时负责国债贴息项目审批的国家经贸委官员的证言。当时负责国债贴息项目审批的国家经贸委官员从未说过民营企业没有资格申报国债贴息,主要负责人甘某以及黄某1均证明民营企业有资格申报，不可能告诉张伟春物美集团没有资格申报。

至于原国家经贸委投资与规划司根据所谓的领导指示精神剔除8家中外合资企业和私营企业，发生在项目审批过程中，张文中对此并不知情，而且这一事实也不是针对物美集团这类企业的，据此也根本不能得出张文中明知民营企业不属于国债贴息资金支持范围的结论。

显然，张伟春、张文中关于得知物美集团作为民营企业不符合2002年国债技改贴息申报条件的原供述明显不合常理，不但已被他们自己否定，而且与其他证据明显矛盾印证，不能采信，原审判决所谓张文中明知物美集团作为民营企业不属于国债贴息资金支持的范围这一认定明显与事实不符，不能成立。

3. 原审判决认定张文中构成诈骗罪的理由之三是他与张伟春商量后决定以诚通公司下属企业进行申报。但是，现有证据证明张文中从未说过要物美集团以诚通公司下属企业的名义进行申报，原审判决完全曲解了张文中及物美集团的用意，属于事实及行为性质认定错误。

原审判决认定张文中与张伟春商量后决定以诚通公司下属企业的名义进行申报所依据的证据是：(1)张伟春及张文中原供述。(2)证人张某1及王某1证言。(3)物美集团填报的《国债技改企业基本情况表》。但是，(1)张文中、张伟春在本案一审时即已澄清，物美集团讨论确定的是物美集团通过诚通公司递交申报材料，并非以诚通公司下属企业的名义申报项目。(2)张某1及王某1的证言中并没有张文中决定以诚通公司下属企业的名义申报的内容(见附件18，证据材料第279页；附件19，证据材料第283页)。(3)张文中从未见过物美集团填报的《国债技改企业基本情况表》，对表中相关内容一无所知，原审法院也未能查明该表究竟是由谁填写的。同时，(4)黄某1的证言证明，物美集团通过诚通公司递交项目申报材料在当时是允许的，而且国家经贸委当时会主动建议民营企业申报单位这么做(见附件9，证据材料第175页)。因此，物美集团借助诚通公司进行申报并无不妥。(5)张文中的辩解证明，他是在知道物美集团作为民营企业完全符合申报国债贴息资金的国家标准，并认为物美集团可以通过诚通公司递交申报材料，同意物美集团通过诚通公司递交申报材料（见附件2，案卷材料第76页），因而不存在决定以诚通公司下属企业的名义进行申报的意图。

显然，原审法院认定张文中与张伟春因明知民营企业没有资格申报，故商量后决定以诚通公司下属企业进行申报，不但错误认定了本案事实，而且对物美集团通过诚通公司申报项目的行为性质作出了完全错误的判定。

4. 原审判决认定张文中构成诈骗罪的理由之四是张文中指使张伟春等人以虚假资料编制了物美集团技改项目可行性研究报告。但是，现有证据证明这是完全错误的，项目是真实的而且已经实施。

原审判决作出上述认定所依靠的主要证据是：(1)张伟春的供述。(2)物美集团第三方物流改扩建项目可行性研究报告中的《规划意见书》及附图。然而，根据下列证据，上述证据根本不能得出张文中指使张伟春等人以虚假资料编制了物美集团技改项目可行性研究报告。

(1)物美集团第三方物流改扩建项目可行性研究报告中的《规划意见书》及张伟春的辩解。该《规划意见书》是负责编制物流项目可行性研究报告的中商商业经济研究中心要求提供的（见附件1，证据材料第13页），由通州区规划局出具，有该规划意见书上的公章为证（见附件20，证据材料第288页；附件21，证据材料第291页），张伟春只是被动地接受该《规划意见书》。虽然事后查明该《规划意见书》不符合要求，但它是由政府管理部门出具的，并不虚假，只是案发后查明内容不符合要求。该《规划意见书》同意物美集团在通州区物流产业园区内建设商业项目，并确定了用地使用性质及用地面积（见附件20，证据材料第288页），对非专业人员而言，当时只能认为该规划意见书是真实、合法、有效的，无法知道上面的内容不符合要求（见附件2，证据材料第101页），上诉人张伟春也根本无从知道其内容是否符合要求，也从来没有人对张伟春说过这个规划意见书有问题。因此，无论该《规划意见书》内容是否符合要求，是否虚假，都与张伟春无关，更不能说是张文中指使张伟春编制的。

(2)物美集团第三方物流改扩建项目可行性研究报告中的附图及

张伟春的辩解。第三方物流改扩建项目可行性研究报告中的附图与作为可行性研究报告附件5的《规划意见书》无关，是可行性研究报告独立的附件2和附件3，根本就不是《规划意见书》的附图，而且，张伟春已经明确指出有关附图不是他加入的（见附件1，证据材料第13～14页；附件2，证据材料第86页、第101页），也没有任何证据证明是他加入的，更没有证据证明是张文中指使他加入的。原审判决错误地认定的可行性研究报告中的《规划意见书》和所谓“两张附图”的关系，以及附图和张文中、张伟春的关系。

（3）张文中的辩解。在张文中的原讯问笔录当中，没有内容表明张文中指使了张伟春等人用虚假材料编制项目可行性研究报告或者编制其他虚假材料。张文中在其相关讯问笔录中，说到项目资料的准备和项目可行性研究报告的编制都是由张伟春负责，他并没有审核（见附件22，证据材料第296～297页）。在一审庭审当中，张文中当庭也说到他对项目可行性研究报告的内容不了解（见附件2，证据材料第96页、第101页）。

（4）叶某某的证言。负责物流项目资料准备工作的物美集团发展部总监叶某某也证明，张文中没有过问有关工作（见附件23，证据材料第308页）。

原审判决认定上诉人张文中指使张伟春等人以虚假资料编制物美集团技改项目可行性研究报告的唯一根据，是张伟春供述中的一句话（见张伟春2007年1月5日讯问笔录第3页）。这一原讯问笔录不但被他后来的讯问笔录以及一审当庭推翻（见附件24，证据材料第314～315页，附件2，证据材料第86页、第87页），而且没有任何其他证据印证。对张伟春的这样一份孤证，显然是不能采信的。原审判决在连张伟春的“孤证”都已经被他本人多次推翻，因而已经是毫无证据的情况下，仍然认定张文中“指使”张伟春“编制虚假材料，骗取国债贴息”。如此认定，显然有失公正，得出的结论也难免错误。

5.原审判决认定张文中构成诈骗罪的理由之五是物流项目获得审批后，物美集团既未实施，也未向银行申请贷款；物美集团以信息化项目为名，以与和康友联技术有限公司签订虚假设备采购合同和开具虚假发票为手段，获得1.3亿元贷款，用于公司日常经营，未实施信息化项目。但是，现有证据证明，物美集团申报的物流项目已经异地实施，申报的信息化项目也已经完成，原审判决的上述认定是完全错误的。

(1)现有证据充分证明，物美集团申报的第三方物流改扩建项目最终没有按可行性研究报告在原项目地点实施，是由于遇到"非典"及国家整顿物流园区，企业需要由租地经营改为买地经营等不可抗力所致，且已经异地实施。原审判决认定物流项目未实施完全与事实不符。

第一，物美集团申报的第三方物流改扩建项目在2003年推进过程中遭遇"非典"，这是人尽皆知的事实，无须证明。

第二，大量政府文件可以证明，物流项目在推进过程中，因国家整顿物流园区而搁浅。这些书证包括：①国土资源部2003年2月18日〔2003〕45号《关于清理各类园区用地加强土地供应调控的紧急通知》；②北京市政府办公厅2003年7月28日下发的〔2003〕40号文件，内容为转发《国务院办公厅关于暂停审批各类开发区文件的紧急通知》；③国务院办公厅2003年7月30日国办发〔2003〕70号《关于清理整顿各类开发区加强建设用地管理的通知》；④发改外资〔2003〕2343号《关于清理整顿现有各类开发区的具体标准和政策界限的通知》；⑤建设部2003年9月2日下发的建规〔2003〕178号《关于进一步加强与规范各类开发区规划建设管理的通知》；⑥国务院2003年11月3日国发明电〔2003〕7号《关于加大工作力度进一步治理整顿土地市场秩序的紧急通知》。(见附件25～30，证据材料第318～331页)

第三，北京市规划委员会的相关文件证明，通州物流产业园区规划迟迟未出，阻滞了物流项目用地谈判，致使项目推进搁浅。由于北京市规划委员会《关于北京通州物流产业园区控制性详细规划的批复》到2003年8月19日才下发(见附件31，证据材料第332～333页)，而在此之前物美集团与通州物流园区无法进行项目用地的实质性谈判，影响了项目的进展，由此导致物美集团的物流项目用地实质性谈判只能在2003年8月19日以后才进行。而此时，国家已经在整顿物流园区，北京市及各区县政府均暂停审批新设立和扩建各类开发区、园区。

第四，大量证据证明，通州物流产业园区项目用地在经整顿后由租改售。这些证据包括：①张伟春的辩解（见附件1，证据材料第11～12页）；②证人李某5证言（见附件32，证据材料第335页）；③证人吴某1证言（见附件33，证据材料第338页）；④证人蒙某某证言（见附件34，证据材料第341页）。

第五，大量证据证明，在物流项目由于客观原因无法按照项目可行性研究报告实施的情况下，物美集团被迫改为异地实施该项目，并且实现了当初申报第三方物流改扩建项目设定的目标。这些证据包括：①物美集团第三方物流改扩建项目可行性研究报告。根据该报告，项目建成后，物流配送中心的主要物流仓储功能性建筑为干品区32,000平方米、冷冻区（架）3000平方米、冷冻区（平放）5000平方米、冷藏区1200平方米，共计41,200平方米（见附件35，证据材料第345～347页）。②中国物流与采购联合会专家评审组2009年3月17日出具的《关于物美集团"中国物流实验基地"及物流改扩建完成情况的专家评定意见》。根据该评定意见，项目被迫异地实施后，这些异地实施的项目，在功能上与计划在原项目地点实施的物流项目基本相同，所发挥的作用也相同，满足了近年物美集团发展的需要。它使物美集团在国内流通业率先采用第三方物流支持连锁店铺的商品配送，集团配送中心面积从2002年的不足1万平方米扩建到3.35万平方米，达到了2002年物美集团第三方物流改扩建项目所设定的目标，持续提升物流技术水平，实现了物流和仓储能力的升级，支持了物美集团2003～2005年销售的快速增长（见附件36，证据材料第348～349页）。

通过上述五个方面的分析，可以清楚地看到，物美集团第三方物流改扩建项目没有按可行性研究报告在原项目地点实施是由"非典"等不可抗力所导致，并不能说明物流项目虚假，也不是物美集团主观上不想在通州做物流项目，更不是以物流项目为借口进行诈骗。物美集团第三方物流改扩建项目已经在异地实施，取得了良好的效果，支撑起了物美集团近年来的高速增长。原审判决认定物流项目未实施，与有确实、充分的证据所证明的项目已经异地实施的事实不符,不能成立。

(2)现有证据充分证明,物美集团申报的信息现代化建设项目是完全真实的;已投入1.46亿元实施项目,并且已经完成项目的主要内容,实现了可行性研究报告设立的主要目标。原审判决认定信息化项目没有实施与事实不符。

第一,物美集团的总结报告、国家经贸委的相关文件以及甘某司长的证言证明,物美集团申报的信息现代化建设项目是真实的。

物美集团是国内最早用信息技术改造流通产业的企业,多年来一直坚持以企业信息化支撑经营业务的发展,其经营发展与信息化的建设是密不可分的(见附件37,证据材料第353~355页)。2002年,国家经贸委恰恰是根据信息技术应用对于现代流通产业的核心作用,决定国债贴息资金重点用于支持大型连锁企业围绕信息化管理、仓储设施、经营规模等进行改造,使其向集团化方向发展,促进流通产业的升级(见附件6,证据材料第169页;附件8,证据材料第173页),从而为物美集团申报信息现代化建设项目提供了政策基础。物美集团在编制项目可行性研究报告时,完全是根据企业自身发展的需要来确定项目目标和主要内容的(见附件38,证据材料第378~382页)。因此,物美集团申报的信息现代化项目是真实的,原审判决所谓"物美集团以信息化项目为名"的说法是不能成立的。

第二,物美集团的信息现代化建设项目可行性研究报告以及已经实际完成的信息化建设事项等证据证明,物美集团投入了1.46亿元用于其获得国家批准的信息现代化建设项目,已经完成了项目的主要内容,实现了项目可行性研究报告设立的主要目标。原审判决认定信息化项目未实施,与事实不符,不能成立。

按照物美集团编制的信息现代化建设项目可行性研究报告,该项目的主要建设内容包括十大项,分别是:①建立快速适应市场变化的物美集团经营组织及管理模式和运作方式;②完善物美集团的网络支撑系统;③建立物美集团信息技术系统总体框架;④实施各类业态的管理信息系统;⑤建设物美集团物流中心,实施现代物流系统;⑥实施协作关系管理系统;⑦实施网络化财务管理系统;⑧实施供需链管理系统;⑨实施电子商务应用系统;⑩实施经营决策支持系统。项目总投资为19,780万元人民币,其中,企业自筹6780万元,银行贷款13,000万元(见附件38,证据材料第381~382页、第387页)。

而自2002年起,物美集团投入大量的人力、物力、财力实施“信息现代化建设项目”,已有1.46亿元投入项目,其中有近6000万元用于购置硬件。物美集团已基本实现了信息现代化,完成了“产业升级”的目标,并有力地支撑了物美集团从2002年开始的销售额快速增长。具体表现在:1. 自2002年起,物美集团信息现代化建设项目共完成以下七大子系统,包括:①建立物美集团的经营组织、管理模式和运作方式;②完善物美集团的网络支撑系统;③建立物美集团信息技术系统总体框架;④实施各类业态的管理信息系统;⑤实施网络化财务管理系统;⑥实施供需链管理系统;⑦实施经营决策支持系统。以上七个子系统覆盖了2002年信息现代化建设项目可研报告十个子系统的主要部分(见附件37,证据材料第363~368页)。2. 2002年信息现代化项目可行性研究报告计划建设的另外三项内容在分步实施或调整,其中:①电子商务系统推迟实施;②物流项目(信息现代化配套部分)调整以适应物流项目临时异地实施;③协作关系管理系统因数据难以统一,暂未实施(见附件37,证据材料第368~369页)。3. 物美集团信息现代化项目已实际投资为14,623万元,其中5934万元用于购置设备。之所以实际投资额低于可行性研究报告中的预算,主要原因在于:①硬件成本逐步降低,比如POS机2002年12,500元/台,2005年降为8500元/台,2006年降为7100元/台。②服务器投资减少。服务器共享,原计划每个系统都需要一个服务器,后经过研究变为多个系统共享一个服务器。同时服务器大幅降价。③电子商务系统推迟实施,其相应的硬件采购也推迟。④电子商务系统推迟,其相应软件费用未发生。⑤不可预见费1200万元因节约未发生(见附件37,证据材料第370~371页)。

上述事实,还有辩护人在本案一审期间向一审法院提交的物美集团设备采购的明细账予以证明。从上述事实可以清楚地看到，物美集团申报的信息化项目的主要内容已经实施，项目可行性研究报告的主要目标已经达到。一审判决认定信息化项目没有实施不符合事实，不能成立。

(3)物美集团虽然在使用信息化项目贷款资金的过程中存在不规范之处，但确实有其不得已的难处，原审判决认定项目贷款用于物美集团日常经营，属于事实认定错误。

物美集团使用贷款资金的不规范之处表现在，物美集团与和康友联公司一次性签订金额为7200万元的设备购买合同，和康友联公司出具了7200万元的发票，而该合同并未实际履行，物美集团却持此合同和发票到银行办理了相关手续。但是，物美集团这样做有其不得已的难处，主要难处是实施项目过程中的资金支出过于琐碎，无法按逐笔支出情况进行贷款。因此，物美集团的此行为虽然违反了国债贴息项目贷款资金使用的相关规定，但物美集团毕竟有相同数量的贷款和相对应的国债贴息资金用于信息化项目。因此，物美集团的该行为仅仅是资金使用违规，根本不涉及骗取国债贴息资金。可是，原审判决却将此作为认定物美集团没有实施信息化项目以及张文中骗取国债贴息资金的根据之一，显然错误地认定了该行为的性质。

还必须指出的是，物美集团与和康友联公司签订设备采购合同的重要原因，是和康友联是专业为物美集团和其他商业企业提供信息技术服务的公司，能够使物美集团获得专业上和规模上的优势。而物美集团与和康友联公司签订设备购买合同没有实际履行、7200万元又转回给物美集团的原因则是：和康友联公司改制后成为物美集团商业股份公司的发起人股东，原和康友联公司的自然人股东和业务都并入物美集团的职能部门"资讯中心"。由于和康友联公司的技术人员进入物美集团，成立资讯中心，物美集团自身有了信息化项目支持与实施的能力，全面承担了信息现代化项目，合同已无须也无法再履行。因此，资金全部调回物美集团(见附件37，证据材料第371～373页)。该事实对物美集团实施信息化项目以及有相应的资金用于信息化项目没有丝毫影响,原审判决却将此作为认定物美集团没有实施信息化项目以及张文中骗取国债贴息资金的根据之一,显然错误地认定了其性质。

由上可知,尽管物美集团的信息化项目贷款存在违规之处,没有做到专款专用,但确有相应资金用于信息化项目,完成了项目的主要内容,实现了项目可行性研究报告设立的主要目标。原审判决认定物美集团将信息化项目贷款用在了物美集团的日常经营,信息化项目没有实施不符合事实,以此作为认定张文中诈骗的根据毫无道理,不能成立。

(4)物美集团在使用涉案的3190万元国债贴息资金上虽然没有做到专款专用,但这只是资金使用方面的违规行为,既不影响物美集团所申报项目的真实性,也不属于非法占有国债贴息资金的行为,而且,上诉人张文中对该笔资金的使用情况一无所知。一审判决对物美集团相关行为的性质作出了错误的认定,以此作为认定张文中骗取国债贴息资金的根据毫无道理。

不可否认,财政部下拨的3190万元国债贴息资金到达物美集团账上后,物美集团确实有过偿还公司贷款的事实,但据此并不能得出物美集团以诈骗的方式非法占有了该笔资金的结论。这是因为,货币属于种类物,只要物美集团有相同数量的资金用在了物流项目和信息化项目上,或者有作出明确标注的相应的资金挂在有关账户上,就不能认为该笔资金被非法占有了。而根据物美集团实施信息化项目的有关票据以及物美集团的有关财务账目,物美集团确实有相应的一部分资金用在了归还信息化项目贷款的利息上,还有一部分资金则作为"应付人民政府"款项一直挂在公司财务账目上(见附件39,证据材料第391页;另外,物美集团实施信息化项目的有关票据及公司财务账目数目巨大,已经在本案一审时提交给一审法院,在此不再提交)。因此,物美集团只是没有按照规定开设专门账户做到专款专用,但并没有非法占有这笔资金,更不存在以诈骗的方式非法占有这笔资金的问题。

而且,物美集团在2003年11月11日偿还农行短期贷款时,自有资金余额还有1.12亿余元,远远超过3190万元。也就是说,物美集团根本无须通过“骗取”银行3190万元国债贴息资金用于还贷,即使没有这笔资金,物美集团的自有资金也足以偿还银行贷款(见附件40,证据材料第392~393页)。可见,物美集团根本无须也确实没有非法占有这3190万元贴息资金。据具体经手涉案的3190万元的物美集团员工证明,该笔资金只是财务管理人员为了降低财务成本,提高资金使用效率,才自行决定将3190万元用于偿还银行贷款,张文中对此事并不知情(见附件41,证据材料第394~395页;附件42,证据材料第398~399页)。在大量检方调取的物美集团内部用款单上,从未发现任何一张上有张文中的签字,从而证明张文中未介入任何一笔具体的资金使用调度。因此,这笔资金如何使用实际与张文中是没有任何关系的,原审判决以此笔资金没有专款专用作为认定张文中诈骗国债贴息资金的根据显然毫无道理。

(5)原审判决所引用的审计署固定资产投资审计局有关报告内容与事实不符,不能采信,原审判决据此报告得出的结论错误。

原审判决认为物美集团没有按规定实施信息化项目的最主要证据,是审计署固定资产投资审计局于2006年12月5日出具的《关于物美集团控股集团有限公司申报使用国债专项贴息3190万元的审计调查报告》,根据该报告的有关内容,原审判决认定物美集团以信息化项目为名,以与和康友联技术有限公司签订虚假设备采购合同和开具虚假发票为手段,获得1.3亿元贷款,用于公司日常经营,未实施信息化项目(见该报告第3~4页)。

而实际上,物美集团与和康友联公司虽然通过签订虚假设备采购合同和开具假发票从银行贷了款,有关款项后来转到了物美集团,这并不能否认物美集团直接将资金用于可行性研究报告所计划的信息化项目。尽管与和康友联公司签订的有关合同没有直接履行,但有其客观原因(见附件37,证据材料第373~374页),且大量的证据充分证明,物美集团确实有相应的资金用在了信息化项目上(见附件37,证据材料第360页、第370~371页),且信息化项目已经完成了项目的主要内容,实现了项目可行性研究报告设立的主要目标(见附件

37,证据材料第363～368页)。

但是,上述审计调查报告只看到物美集团的贷款没有在和康友联公司直接用于设备采购,却没有看到物美集团有相应的款项用在了信息化项目上,并且实际上已经完成了项目的主要内容,实现了项目可行性研究报告设立的主要目标,错误地理解没有专款专用的问题,因而得出了没有相应的资金用于信息化项目的错误的结论,原审判决根据该审计调查报告得出的结论当然也是错误的。

综上所述,现有证据已经充分证明,原审判决用以认定张文中犯诈骗罪的全部事实,没有一项是真实的,原审判决关于张文中犯诈骗罪的结论,当然也是错误的,应当依法予以纠正。

(二)原审对挪用资金罪认定的错误

根据《刑法》第272条的规定,构成挪用资金罪必须是"挪用本单位资金归个人使用或者借贷给他人"。同时,根据2000年7月27日起施行的最高人民法院《关于如何理解刑法第二百七十二条规定的"挪用本单位资金归个人使用或者借贷给他人"问题的批复》,"挪用本单位资金归个人使用或者借贷给他人"是指"挪用本单位资金归本人或者其他自然人使用,或者挪用人以个人名义将所挪用的资金借给其他自然人和单位"。基于刑法及有关司法解释的上述规定,发生在单位和单位之间的资金往来,不可能构成挪用资金罪。而本案现有证据能够充分证明,涉案的4000万元资金于1997年3月27日由泰康公司划转到卡斯特投资咨询中心,一直由卡斯特投资咨询中心使用,于1997年8月19日由卡斯特投资咨询中心转回泰康公司,其出借、使用和归还完全发生在单位之间,不具备挪用资金罪的基本特征。具体表现在:

1. 现有证据证明,涉案的4000万元资金于1997年3月27日由泰康公司划转到卡斯特投资咨询中心在北京证券交易中心开立的账户上,然后转到了国泰证券北京方庄营业部卡斯特投资咨询中心股票交易账上,没有经过任何个人账户,也没有给任何个人使用过,完全是单位借给单位。

证明上述事实的证据有:(1)泰康公司的情况说明;(2)委托投资

国债协议；(3)抵押合同；(4)泰康公司支票请领单、转账支票存根；(5)泰康公司转账支票；(6)北京证券交易中心进账单；(7)国泰证券北京方庄营业部客户存取款凭单；(8)泰康公司银行存款日记账以及记账凭证。

上述书证清楚地载明了以下事实：

(1)确定合作用涉案的4000万元资金投资的主体，是两个公司，即泰康公司和卡斯特投资咨询中心双方，属于单位对单位(见附件43，证据材料第400页；附件44，证据材料第401～402页)。

(2)涉案的4000万元资金是由泰康公司直接转出(见附件45，证据材料第403页；附件46，证据材料第404页；附件47，证据材料第405页)，并且由该公司财务人员在公司账目上作出了明确记载(见附件48，证据材料第406页)，该资金动用行为无疑属于单位行为。

(3)涉案的4000万元资金直接转到了卡斯特投资咨询中心在北京证券交易中心开立的账户上，然后转到了国泰证券北京方庄营业部卡斯特投资咨询中心股票交易账上，没有经过任何个人账户，也没有给任何个人使用过(见附件49，证据材料第408～409页；附件50，证据材料第410页)。实际上，有关书证还清楚地证明，涉案的4000万元资金投资合作终止，也发生在泰康公司和卡斯特投资咨询中心两个公司之间(见附件51，证据材料第411页)。

2. 现有证据证明，涉案的4000万元资金最后由卡斯特投资咨询中心流回了泰康公司，没有经过任何个人的账户，也没有任何个人使用过，仍然是单位对单位。

证明上述事实的证据有：(1)卡斯特投资咨询中心1997年8月19日在国泰证券北京方庄营业部取款凭单(见附件52，证据材料第412页)；(2)北京证券登记有限公司1997年8月19日《转账支票》(见附件53，证据材料第413页)；(3)泰康公司1997年8月19日中国工商银行《进账单》和《记账凭证》(见附件54，证据材料第414～415页)；(4)泰康公司1997年8月19日与卡斯特投资咨询中心《资金往来专用发票》(见附件55，证据材料第416页)。这批书证发生的背景是，由于中国人民银行查账,泰康公司决定终止与卡斯特投资咨询中心的合作,将涉案的4000万元资金收回(见附件51,证据材料第411页)。上述证据清楚地证明,经过卡斯特投资咨询中心、国泰证券北京方庄营业部、北京证券登记公司、泰康公司等单位之间的一系列资金流转,涉案的4000万元资金由卡斯特投资咨询中心流回了泰康公司,没有经过任何个人的账户,仍然是单位对单位。

3. 原审判决引用的陈某1、任某、李某4等证人证言根本无法证明涉案的4000万元资金被挪用"归个人使用或者借贷给他人"。

原审判决采信了陈某1、田某1、张某1、李某4、任某、师某等一系列证人证言和张文中的讯问笔录,试图以这些言词证据来证明,涉案的4000万元资金是借给张某1个人使用,属于挪用资金归个人使用。这种思路是错误的。

(1)陈某1的证言证明资金是由泰康公司借出。

陈某1的证言内容是:他"跟公司的常务副经理任某、财务部负责人李某4分别打了招呼","说张文中是公司的股东,公司想委托他理财,需要4000万元,让他们办一下"(见附件56,证据材料第419页)。既然是公司想委托理财,资金出借方当然是单位而不是个人。

(2)张文中的讯问笔录及一审庭审笔录,田某1、张某1、李某4、任某的证言均证明,涉案的4000万元资金是由泰康公司借出,而不是由陈某1个人或者由张文中伙同陈某1个人借出的。张文中在讯问笔录中虽然说是他和陈某1、田某1三个人约定申购新股,但从未说过是以个人名义挪用泰康公司资金,而是明确说是泰康公司出钱(见附件57,证据材料第425~426页);在一审中则进一步明确指出申购新股是单位行为(见附件2,证据材料第66页、第68页)。田某1、张某1、李某4、任某的证言也证明涉案资金是由泰康公司借出(见附件58,证据材料第431页;附件59,证据材料第437页;附件60,证据材料第443~445页;附件61,证据材料第447页;附件62,证据材料第451页)。

(3)张某1、吴某2的证言均证明,涉案的4000万元资金的收款方和使用者均为卡斯特投资咨询中心,后来也是卡斯特投资咨询中心归还的(见附件59,证据材料第437页、第439页;附件60,证据材料第444～445页)。张某1的证言还证明,该笔资金放在以卡斯特投资咨询中心的名义开设的股票交易账户上用于申购新股了(见附件59,证据材料第437页)。

(4)张文中的讯问笔录及一审庭审笔录也证明,涉案的4000万元资金入了卡斯特投资咨询中心的炒股账户,由张某1以卡斯特投资咨询中心的名义申购新股(见附件57,证据材料第425页、第426页;附件2,证据材料第66页),涉案的4000万元资金的真正收款人和使用人显然均为卡斯特投资咨询中心。

(5)李某4、任某、陈某1的有关证言内容不但自相矛盾,而且互相矛盾,不能采信。李某4的证言虽然说张某1到泰康公司借过4000万元,并且说是陈某1告诉她泰康公司委托张某1做国债投资,需要给张某1 4000万元(见附件61,证据材料第447页),但该证言同时又说到在由李某4签批的领取人为张某1的支票请领单上载明,是给卡斯特投资咨询中心4000万元(见附件61,证据材料第447页),而不是给张某1个人。可见,李某4在证言中所说的"给张某1 4000万元",实际上是给卡斯特投资咨询中心4000万元。任某的证言一方面说:"陈某1对我说泰康人寿的董事张文中资金周转困难,需要向泰康人寿借一部分钱,让我给安排一下"(见附件62,证据材料第451页,请注意:该证言内容与李某4的相关证言内容矛盾);另一方面又说泰康公司是借款给卡斯特投资咨询中心,借款给卡斯特投资咨询中心是陈某1决定的(见附件62,证据材料第451页)。即便按照陈某1回答控方询问的证言,他也只是说:"我跟(泰康)公司的常务副总经理任某,财务部负责人李某4分别打了招呼,但我只说张文中是公司的股东,公司想委托他理财,需要4000万元,让他们办一下。"(见附件56,证据材料第419页)该证言的内容与李某4、任某的相关证言内容均矛盾。更何况,陈某1后来已经纠正了自己的说法,明确表示涉案的4000万元是企业对企业的委托理财关系(见附件63,证据材料第455页)。显然,李某4、任某、陈某1的有关证言内容存在自相矛盾和互相矛盾的问题,本身就不足采信,且他们的证言中本身也存在4000万元是借给卡斯特投资咨询中心的内容。且不说此三人的证言内容与证明力更强的大量书证的内容明显不符,就是全面审查所有的证人证言和被告人讯问笔录,也只能得出涉案的4000万元资金的接受者和使用者均为卡斯特投资咨询中心,而不是张某1的结论。因此,李某4、任某、陈某1的有关证言当中所说是张某1或者张文中个人借款的内容是完全不能采信的,而其中关于借款人和使用人为卡斯特投资咨询中心的内容则与强有力的书证相符,应当认定属实。

综上所述,涉案的4000万元资金的借出方、使用方和归还方均为单位,无论在名义上还是实质上,都是单位对单位,而且,张文中仅仅是泰康公司的股东,没有在泰康公司担任任何职务,根本不具备挪用泰康公司资金的职务便利。因此,张文中的相关涉案行为根本不具备刑法规定的"利用职务便利,挪用本单位资金归个人使用或者借贷给他人"这一挪用资金罪的成立要件,不构成挪用资金罪。原审判决在本案不具备挪用资金罪的构成特征的情况下,作出张文中伙同他人,利用他人职务上的便利挪用公司资金归个人使用,因而构成挪用资金罪这样一个与自己引用的证据背道而驰的结论,显然是错误的。

(三)原审对单位行贿罪认定的错误

总体而言,原审判决认定张文中构成单位行贿罪存在事实不清、证据不足的错误。根据《刑法》第393条的规定,单位行贿罪,是指单位为牟取不正当利益而行贿,或者违反国家规定,给予国家工作人员以回扣、手续费,情节严重的行为。本案中,有大量证据证明张文中安排张某1付给赵某的30万元系劳动报酬,付给李某3公司的500万元系中介费,完全不符合单位行贿罪的成立条件,原审判决定性明显证据不足。具体理由如下。

1. 从现有证据来看,自2002年年底起,赵某就为和康友联公司、华美公司及物美集团做过大量工作。而他在工作期间,除了涉案的30万元外,没有收到过有关单位给他的任何其他报酬,因此,涉案的30万元显然系其工作报酬,而非好处费。原审判决无视事实,认定涉案的30

万元系张文中单位行贿款，既违背常理，也与现有证据不符。

原审判决认定涉案的30万元系张文中单位行贿款的证据，主要是张文中、赵某的原供述，以及张某1、陈某1的证言。但是，根据这些证据并不能得出相应的结论。因为上述言词证据不但内容不可信，而且与其他大量证据不符。

(1)张文中、赵某的原供述已被他们后来的说法否定(见附件64，证据材料第460页；附件65，证据材料第467～468页；附件2，证据材料第44页、第46页)。

(2)陈某1、张某1的证言与张文中和赵某供述的内容明显不符，且属传来证据，其证明力十分微弱。虽然陈某1在其证言中说，张文中告诉他给了赵某30万元好处费；张某1在其证言中也说，张文中告诉他给赵某30万元好处费，但是，张文中本人从未说过他告诉陈某1，他给了赵某30万元。赵某也从没有说过他告诉过陈某1，张文中给了他30万元。试问：陈某1究竟是从何得知张文中给了赵某30万元？而张某1在其证言中，很清楚地说："他(指张文中)没有告诉我为什么给赵某钱，我也没有问。"(见附件66，证据材料第478～479页)张文中在回答控方问题时，也说："没有告诉张某1为什么给老赵钱，张某1也没有问我为什么给老赵钱。"(见附件67，证据材料第486页)仅凭这样支离破碎，完全形不成证据锁链的几份言词证据，显然是无法得出涉案的30万元是给赵某的好处费的结论的。

(3)现有证据证明：

第一，赵某自2002年年底就作为和康友联公司的股东代表担任泰康公司监事。泰康公司出具的证明，刘某某、李某7的证言，和康友联公司出具的证明，赵某的证言，以及泰康公司的股东大会《签到册》，王某1的证言及其签署的《股东代表委托书》均能证明这一事实(见附件68，证据材料第490页；附件69，证据材料第493页；附件70，证据材料第497～498页；附件71，证据材料第499页；附件72，证据材料第502页；附件73，证据材料第506页；附件74，证据材料第507～508页；附件75，证据材料第509页)。

第二,赵某自2002年年底就作为和康友联公司的股东代表参加泰康公司股东大会、临时股东大会,参与泰康公司重大经营决策。上述事实有泰康公司说明,泰康公司股东大会、临时股东大会签到册,和康友联公司委托书,股东表决投票单,股东投票表决记录单等书证能够证明(见附件76,证据材料第510页;附件77,证据材料第512~521页;附件78,证据材料第522~526页;见附件69,证据材料第495页)。

第三,从2004年4月起,赵某由监事转为董事,仍为和康友联公司推荐,参与泰康公司发展战略、经营管理、高管聘任等重要经营管理,直到2008年4月。泰康公司出具的证明能够证明上述事实(见附件76,证据材料第510页;附件68,证据材料第490~491页)。

第四,赵某还为华美公司及物美集团做过大量工作。具体包括(1)长期代表华美公司参加泰康公司股东大会,进行投票表决(见附件79,证据材料第527~534页;附件80,证据材料第535~560页);(2)帮助华美公司办理股权转让手续,帮助物美集团购买新街口大厦、设计卖场布局等(见附件64,证据材料第458~459页、第460页;附件65,证据材料第467页、第468页;附件2,证据材料第44页、第46页)。

而赵某在从事上述工作期间,除了涉案的30万元,没有收到过有关单位给他的任何其他报酬。上述事实有赵某的询问笔录,其妻子王某3的证言,以及张某1的证言能够证明(见附件81,证据材料第565页、第571页;附件82,证据材料第573页;附件66,证据材料第479页)。给赵某的30万元钱款的支付时间分别是2003年1月、6月和2004年2月。开始给钱时,赵某已经在为和康友联公司工作,给钱过程中,赵某已经为和康友联公司、华美公司以及物美集团做了大量工作。泰康人寿对赵某这类非执行董事,除部分福利外也没有固定报酬,这有刘某某的证言和泰康公司的书证能够证明(见附件83,证据材料第576页;附件69,证据材料第494页;附件84,证据材料第578页)。这就充分说明,涉案的30万元是赵某为和康友联公司、华美公司以及物美集团工作的报酬,而不是赵某帮助和康友联收购国旅总社持有的泰康公司股权所得的好处费。否则,赵某就是多年在为和康友联公司、华美公司和物美集团做义务劳动。这显然是不可能的。

(4)赵某并没有为物美集团收购国旅总社的泰康公司股份提供重要帮助,原审判决认定赵某"告诉张文中国旅总社确定的谈判底价是1.45元,为张文中谈判提供了重要信息"不符合事实。

原审判决认为,赵某在谈判之前,"告诉张文中国旅总社确定的谈判底价是1.45元(每股),为张文中谈判提供了重要信息"。以此说明给赵某的30万元是单位行贿款。然而,时任国旅总社董事长,负责股权转让事宜的李某7明确指出,国旅总社的态度是少于1.45元不卖,1.45元的价格就是告诉对方也无所谓(见附件70,证据材料第497页),亦即这一所谓谈判底价并非商业秘密。而且,这个价格与同年粤财公司公开挂牌交易但根本无人收购的泰康公司股权价格刚好一致。因此,国旅总社将其股权以1.45元/股转给和康友联公司是卖了个好价钱。这样的转让价格对于粤财公司可以在公开挂牌转让过程中任人咨询和了解,为什么到了国旅总社就成了"商业秘密"了?而且,所谓赵某"告诉张文中国旅总社确定的谈判底价是1.45元,为张文中谈判提供了重要信息",仅仅是赵某一人的说法,这一说法不但没有得到张文中或者任何其他人的证实,而且被赵某本人后来所否认(见附件64,证据材料第458页),本身就不足为据。国旅总社最终以较高的价格转让股权,正好说明赵某在这笔交易中没有对和康友联公司做什么贡献,涉案的30万元根本不是给赵某的好处费。

显然,通过上述证据之间的对比,只能得出该涉案的30万元系赵某的工作报酬而非单位行贿款的结论。

2. 敬业和康公司投资咨询中心付给李某3的500万元,是物美集团付给李某3的中介费,而不是给梁某的好处费。

原审判决认定张文中向梁某行贿500万元的主要证据是张文中的供述以及梁某、李某3、张某1、陈某1的证言。但是,根据这些证据也得不出该500万元系行贿款的结论。这是因为:

第一,张文中已经推翻其原来的供述,明确表示涉案的500万元是给李某3(相关笔录中的李某某)的中介费(见附件85,证据材料第585

页;附件2,证据材料第59页)。

第二,李某3也推翻了其原来的证言,转而认为涉案的500万元应当是给他的中介费(见附件86,证据材料第594~595页)。

第三,有关资金走向的书证和李某3、梁某的证言证明,涉案的500万元钱是打到李某3公司账上,梁某根本没有收到涉案的500万元,也从不认为这500万元和他有关系(见附件87,证据材料第603~604页;附件86,证据材料第595页)。

第四,粤财公司的有关会议记录以及梁某的证言证明,梁某在华美公司收购粤财公司持有的泰康公司5000万股股权的过程中,不但没有给收购方华美提供帮助,而且起着阻碍作用,要求提高转让价格,还建议到产权交易中心挂牌转让(见附件87,证据材料第600页;附件88,证据材料第605页;附件89,证据材料第606页)。而涉案的500万元是在收购完成后才付给李某3的。华美公司没有理由在收购完成后,仍然给予在股权收购过程中多方刁难己方的梁某送此巨额的好处费。

第五,现有证据能够证明,李某3介入股权转让事宜在前,华美公司与粤财公司达成转让意向在后。具体表现在,根据梁某、李某3的证言,李某3介入股权转让事宜的时间是2002年上半年(见附件87,证据材料第599页;附件90,证据材料第610页)。而根据华美公司2002年11月25日《关于接受转让泰康股份的函》,华美公司直到2002年11月25日,还在就股权转让事宜向粤财公司发出第二次报价(见附件91,证据材料第616页)。粤财公司于2002年12月17日正式向广州产权交易所发出要求在该所挂牌转让股权的函(见附件92,证据材料第617页)。2002年12月30日,《广州日报》在第B12版刊登了广州市产权交易所公告,内容为粤财公司公开向所有潜在的收购单位转让其持有的5000万股泰康公司股权(见附件93,证据材料第618页)。直到2003年1月20日,粤财公司办公会议才决定以1.4元的价格签协议转让,但并没有明确转让给谁(见附件94,证据材料第619页)。可见,到2002年12月底,粤财公司还在向所有的客户发出转让股权的邀请,根本没有与华美公司达成转让股权的意向,而且直到2003年1

月20日,华美公司与粤财公司仍然没有形成转让意向。原审判决认为在李某3介入收购股权之前,张文中已与粤财公司达成收购股权意向,以此否定涉案的500万元属于给李某3的中介费,与事实不符,不能成立。

第六,现有证据还证明,涉案的500万元到李某3公司的账上后,李某3则将这500万元作为公司的收入入账并纳税(见附件86,证据材料第595页)。

显然,根据本案现有证据及事实,认定涉案的500万元系张文中给梁某的单位行贿款的证据明显不足,而认定该款为给李某3的中介费的证据则较为充分,且更加合理。

最高人民法院2012年12月20日发布的《关于适用〈中华人民共和国刑事诉讼法〉的解释》第83条规定:"审查被告人供述和辩解,应当结合控辩双方提供的所有证据以及被告人的全部供述和辩解进行。""被告人庭前供述和辩解存在反复,但庭审中供认,且与其他证据相互印证的,可以采信其庭审供述;被告人庭前供述和辩解存在反复,庭审中不供认,且无其他证据与庭前供述印证的,不得采信其庭前供述。"本案中,张文中的庭前供述和辩解均存在反复,庭审中又不供认,且相关证人也推翻了其以前的证言,以致其他证据与其庭前供述也无法印证。因此,显然不能再采信其庭前供述。

同时,根据《刑事诉讼法》第53条的规定,只有在证据确实充分的情况下,才能认定被告人有罪。证据确实充分,应当符合以下条件:(1)定罪量刑的事实都有证据证明;(2)据以定案的证据均经法定程序查证属实;(3)综合全案证据,对所认定事实已排除合理怀疑。而本案中,对比全案证据,可以发现据以认定张文中存在单位行贿行为的证据根本未能查证属实,大量的证据所反映的事实与这些证据是矛盾的,据以定罪的证据远未达到排除合理怀疑的程度,能够排除涉案行为构成犯罪的证据反而更加确实充分。因此,认定涉案的30万元和500万元系分别给赵某和梁某的好处费的证据明显不足,不能成立。

(四)申请再审的法律依据

我国《刑事诉讼法》第242条规定,当事人及其法定代理人、近亲属的申诉符合下列情形之一的，人民法院应当重新审判：

（一）有新的证据证明原判决、裁定认定的事实确有错误，可能影响定罪量刑的；

（二）据以定罪量刑的证据不确实、不充分、依法应当予以排除，或者证明案件事实的主要证据之间存在矛盾的；

（三）原判决、裁定适用法律确有错误的；

（四）违反法律规定的诉讼程序，可能影响公正审判的；

（五）审判人员在审理该案件的时候，有贪污受贿，徇私舞弊，枉法裁判行为的。

本案中，现有证据证明原审判决至少在以下几个方面存在据以定罪量刑的证据不确实、不充分，或者证明案件事实的主要证据之间存在矛盾的问题。

(1)认定物美集团没有资格申报2002年国债贴息技改项目的证据不确实、不充分；主要证据之间存在矛盾。

(2)认定张文中决定以诚通公司下属企业的名义申报国债贴息技改项目的证据不确实、不充分。

(3)认定张文中指使张伟春以虚假材料编制物美集团技改项目可行性研究报告的证据不确实、不充分。

(4)认定物美集团申报的获批后没有实施的证据不确实、不充分。

(5)认定张文中犯挪用资金罪的证据不确实、不充分，主要证据之间存在矛盾。

(6)认定张文中犯单位行贿罪的证据不确实、不充分，主要证据之间存在矛盾。

同时，本案原审判决在挪用资金罪的法律适用方面也是错误的。原审判决所采信的证据不能证明张文中存在利用职务上的便利挪用本单位资金归个人使用或者借贷给他人的行为，可是该判决却适用《刑法》第272条，显属适用法律错误。

显然，原审判决存在据以定罪量刑的证据明显不确实、不充分，且适用法律确有错误，符合《刑事诉讼法》第242条规定的人民法院应当重新审判情形中的第 2 项、第 3 项。因此,特申请对本案进行再审。

以上申诉意见,请河北省高级人民法院依法采纳;同时,提请贵院依法对本案启动再审程序。

此致

敬礼

申诉人　张文中

申诉代理人　北京乾成律师事务所律师　左坚卫

2015 年 7 月 8 日

附:申诉书所引用证据复印件(有关证据均来源于本案案卷材料)(略)

第五章　向最高人民法院提起申诉及再审

河北省高级人民法院于 2015 年年底驳回了张文中的申诉后，我们开始着手准备向最高人民法院申诉。

一、向最高人民法院递交申诉书

我国民营企业的艰难处境引起了中央的重视。经过全国工商联等单位以及许多优秀企业家的不断呼吁，党和国家领导人开始关注近年来发生的一些社会影响重大、负面后果严重的涉民营企业产权和民营企业家人身权益的冤错案件，并要求纠正一批涉产权错案。

2016 年 8 月 30 日，习近平总书记主持召开中央全面深化改革领导小组第二十七次会议，通过《关于完善产权保护制度依法保护产权的意见》，明确提出要平等保护各类市场主体，加大对非公有财产的刑法保护力度，妥善处理历史形成的产权案件，坚持有错必纠，抓紧甄别纠正一批社会反映强烈的产权纠纷申诉案件，则是对张文中案件彻底纠正直接助力的利好政策。

在这样的政策背景下，张文中和我们商量后，决定追加委托赵秉志教授为其申诉代理人，向最高人民法院提出申诉。

我们于 2016 年 10 月 18 日向最高人民法院提出申诉，由左坚卫律师前往递交申诉材料。

二、最高人民法院约谈律师

材料递上去后，我们只能等待最高人民法院的反馈。虽然大环境已经明显有利于案件申诉了，但到底会是一个怎样的审查结果，我们心里并没有底。虽然我们确信张文中案是一个毫无争议的冤错案件，也确信我们已经把原审判决的错误所在说得很清楚了，但是，极低的申诉成功率毕竟在那儿摆着。从概率的角度来看，我们申诉成功的可能性也许就跟中彩票超级大奖的可能性一样渺小。

在等待过程中，我们觉得还是应当积极地想办法予以推进。于是我们以张文中案代理申诉律师的身份，于 2017 年 1 月 4 日向最高人民法院递交了《关于恳请最高人民法院尽快再审纠正物美集团创始人张文中涉产权重大冤案的建议》，于 2017 年 4 月 1 日又向最高人民法院递交了《关于张文中案属于需要依法纠正的涉产权错案的说明》。

之后又过了些天，好消息终于传来。2017 年上半年的一天，最高人民法院审监庭的一位法官打电话给赵秉志教授，希望就张文中案件中的一些事实和法律问题与其当面沟通。赵秉志教授建议与左坚卫教授两人作为代理申诉人一同前往，最高人民法院方面表示同意。

约定面谈的那天，我们按时到达了最高人民法院。最高人民法院审监庭的董朝阳、周庆法官接待了我们，他们向我们详细询问了民营企业到底有没有资格申报 2002 年国债贴息技改项目，物美集团为什么要通过诚通公司递交申报材料，所申报项目到底存不存在、有没有实施，物流项目没有按可行性研究报告实施是什么原因等问题。我们都一一作了解答。这次约谈持续了一个上午。可以看出，两位法官对案件的基本情况已经进行了比较深入的了解，对很多细节已经比较熟悉。

约谈的第二天，我们又向最高人民法院审监庭补充了一份情况说明，就单位行贿罪中涉及的两次股权交易价格的问题做了分析，两次股权交易的共同特点，是物美或张文中都没有从交易对方谋取任何好处，交易价格远高于物美希望的价格，甚至高于公开挂牌的价格，这一事实充分说明物美没有理由行贿。这份补充说明内容如下：

关于赵某在股权转让中并没有帮助物美的补充说明

最高人民法院立案庭：

我们作为张文中申诉案的代理律师，现就赵某在物美集团收购国旅总社的泰康公司股份的过程中并没有为物美提供帮助提出以下补充辩护意见：

1. 物美集团收购国旅总社的泰康公司股份，是国旅总社主动想卖，然后经陈某1介绍找到了物美集团这个买家。总体而言，是国旅总社有求于物美集团。

2. 从赵某、张文中的供述和时任国旅总社董事长，负责股权转让事宜的李某7的证言，可以基本还原整个交易过程，证明赵某告诉物美集团国旅总社的交易底价并非帮助物美，赵某在整个交易过程中并未给物美提供帮助。

当时双方的谈判和出价情况是：物美集团希望不高于每股1.2元，国旅总社的底价是1.45元（见赵某2007年1月15日回答检察机关办案人员的讯问笔录第4页，即代理律师向贵院提交的证据材料第4卷第564页）。在这种情况下，国旅总社要想让交易成功，必然要向物美集团报出自己的底价。这正是李某7在其证言中说1.45元的价格就是告诉对方也无所谓的原因（见物美一审辩护人2008年9月15日调查李某7笔录第2页，即代理律师向贵院提交的证据材料第4卷第497页）。

既然每股1.45元是国旅总社要达成交易必须报出的价格，而国旅总社又想卖掉其持有的泰康股份，那么赵某作为国旅总社负责联络的人，他向物美集团报出这个价格，显然就不属于在帮助物美，而是在努力帮助本单位达成这笔交易。因此，如果说帮助，赵某其实是帮着国旅做了张文中的工作，最终接受了国旅的报价。

从当时的交易情况可以看出，国旅总社的所谓底价，实际上是已经明显高于股权价值的向外转让股权的目标价格，是国旅想努力达到的目标。因此，国旅实现了目标价格，将其股权转给物美可以说是卖了个好价钱，远远超出了物美集团本来想要的收购价格。这进一步证明赵某帮的是国旅而不是物美。

在张文中的讯问笔录中,从未说过赵某曾向他说过国旅总社拟出让的价格范围,只说双方谈判时,国旅总社报价较高,和康友联报价较低,最后确定的价格向国旅总社提出的价格倾斜,但具体价格记不清楚了(见张文中2007年3月15日讯问笔录第2页,即代理律师向贵院提交的证据材料第4卷第484页);说赵某帮了什么忙时,也根本没有提到赵某告诉他国旅底价的事(见张文中2007年3月15日讯问笔录第4页,即代理律师向贵院提交的证据材料第4卷第486页)。可见他也根本不认为赵某告诉他国旅的底价是在帮物美的忙。

可见,在物美集团收购国旅总社的泰康公司股份的过程中,赵某仅代表国旅负责联络工作,并没有为物美集团提供帮助,原审判决认定赵某"告诉张文中国旅总社确定的谈判底价是1.45元,为张文中谈判提供了重要信息"不符合事实,不能成立。

以上辩护意见,提请贵庭考虑并酌情采纳。

北京市中闻律师事务所律师　赵秉志

北京乾成律师事务所律师　左坚卫

2017年4月1日

三、最高人民法院决定再审

最高人民法院的约谈过了好几个月,案件仍然没有什么进展,这让我们有些着急。不过,也没有出现我们的申诉被驳回这一最糟糕的情况。我们认为,既然已经约谈了我们,而且约谈过程中也没有出现什么不利于案件申诉的情况,那么,结合当前的形势来看,启动再审的希望还是很大的。我们还是继续耐心等待吧。

2017年12月27日,更好的消息再次传来。最高人民法院再次电话通知赵秉志教授,要他12月28日上午务必到最高人民法院等候关于张文中案件的重要通知。赵秉志教授再次要求和左坚卫教授一同前往。最高人民法院同意了,但强调,赵秉志教授本人一定要亲自来。同时,时任最高人民法院审判监督庭庭长的夏道虎法官还叮嘱赵教授,一定要通知张文中于 2017 年 12 月 27 日上午亲自来最高人民法院。

后来我们才知道，2017 年 12 月 27 日，最高人民法院决定提审张文中案。12 月 28 日最高人民法院不但要宣布对张文中案决定再审，而且邀请了包括中央电视台在内的主流新闻媒体对外宣传报道。

12 月 28 日上午，在最高人民法院第三法庭，张文中与我们两位律师出席，夏道虎庭长向张文中宣读了再审决定书，并告知张文中可以在案件再审阶段委托辩护人为其提供辩护。

再审决定宣布以后，最高人民法院官网立刻发布消息，宣布人民法院决定依法再审三起重大涉产权案件，并将张文中案排在首位[1]。中央电视台在当晚的新闻联播中，以很大篇幅报道了这一消息，引起社会强烈反响。此后，不乏律师主动联系张文中，愿意免费为他提供辩护，都被张文中婉拒了。张文中继续委托赵秉志律师和左坚卫律师在案件再审阶段担任他的辩护人。

自此，张文中案件的再审进入了“快车道”。六天后，即 2018 年 1 月 3 日，最高人民法院发布消息，宣布张文中再审案合议庭成员确定，最高人民法院党组成员、审判委员会委员孙华璞大法官担任审判长，合议庭成员为最高人民法院审判委员会委员、审判监督庭庭长夏道虎和审判监督庭审判员齐素、董朝阳、周庆。邓亮担任法官助理，刘牧骅担任书记员。

此后，我们与本案另一原审被告人张伟春委托的两位辩护人吴建平律师和赵磊律师一同开展了阅卷、调查取证、提交新证据和研讨案件等工作。张文中本人也积极、认真地参与到庭审前的准备工作中来，如 2018 年 2 月 4 ~5 日我们辩护律师团队在物美慧科大厦召开的庭审准备和问题研讨会议，张文中一直参与其中。此时，张文中精益求精的个人性格和人生态度又展现出来，他要求我们再推敲细节，而耗费张文中和我们无数心血的二审辩护词则在此时发挥了重要作用。一些需要进

---

〔1〕 参见罗书臻：《人民法院决定依法再审三起重大涉产权案件两件由最高人民法院直接提审》，载 https://www.chinacourt.org/article/detail/2017/12/id/3141459.shtml，最后访问日期：2019 年 4 月 29 日。

一步推敲的细节，都只需要在二审辩护词的基础上予以完善，免去了重新阅卷、形成观点的繁重工作。

律师通过全国工商联再次联系到曾经出具说明的原国家经贸委相关部门负责人，就其之前所做的说明进一步确认。原国家经贸委投资与规划司负责审批国债贴息技改项目的工作人员终于愿意实事求是地说明民营企业是否有资格申报2002年国债贴息技改项目这个问题了。案件侦查阶段的关键证人，此次出具了新的情况说明，否定了自己过去的证词，还原了事情本来面目。这些证人证言连同若干其他书证作为新证据提交法庭，包括证明物美集团获得银行贷款，以及资金使用情况的证明，充分说明物美申报的国家项目真实，并未违规使用项目资金，完全是国债贴息政策支持的范围。在后来的再审庭审中，原国家经贸委市场贸易局局长黄某同志，在最高人民法院出庭作证，清楚、详细地说明了民营企业有资格申报项目的时代背景和具体条件。

2018年1月29日，最高人民检察院宣布，对张文中案成立专门办案组，依法同步进行审查，履行法律监督职责。组长由最高人民检察院刑事申诉检察厅厅长尹伊君担任。后来我们得知，最高人民检察院张文中案件办案组的其他成员还有检察员杜亚起和检察官助理韩大书、刘文峰，李兰云担任书记员。

2018年2月1日上午，我们两位张文中再审案的辩护律师应邀来到最高人民检察院，与最高人民检察院张文中案件办案组沟通有关情况。在担任办案组组长的尹伊君厅长的支持下，办案组向我们了解了张文中案申诉的主要理由和新的证据情况。我们感受到，最高人民检察院对于张文中案申诉与最高人民法院一样，都是非常重视和认真负责的。

2018年2月6日，最高人民法院宣布张文中案再审合议庭人员调整。因夏道虎庭长工作发生变动（后来得知他晋升为江苏省高级人民法院院长、二级大法官），并存在法官助理、书记员不足以应对大量审判工作需要的情况，故决定由刑一庭副庭长管应时替代夏道虎作为合议庭成员，并增加孙自中为法官助理，修俊妍为书记员。

本案的再审开庭准备工作紧锣密鼓而有条不紊地往前推进。

四、最高人民法院召开庭前会议

2018 年 2 月 2 日，最高人民法院负责张文中再审案件的合议庭通知我们，将于 2 月 7 日召开张文中再审案庭审的庭前会议（见下图）。

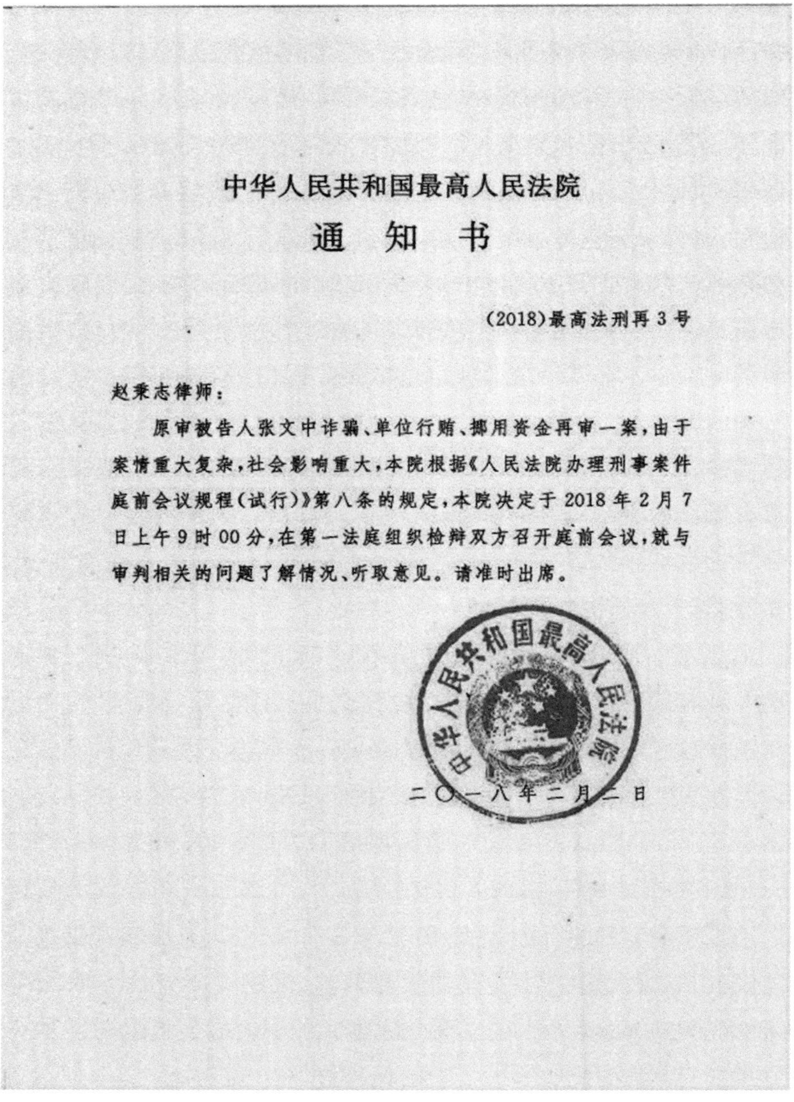

中华人民共和国最高人民法院

通　知　书

（2018）最高法刑再 3 号

赵秉志律师：

原审被告人张文中诈骗、单位行贿、挪用资金再审一案，由于案情重大复杂，社会影响重大，本院根据《人民法院办理刑事案件庭前会议规程（试行）》第八条的规定，本院决定于 2018 年 2 月 7 日上午 9 时 00 分，在第一法庭组织检辩双方召开庭前会议，就与审判相关的问题了解情况、听取意见。请准时出席。

二〇一八年二月二日

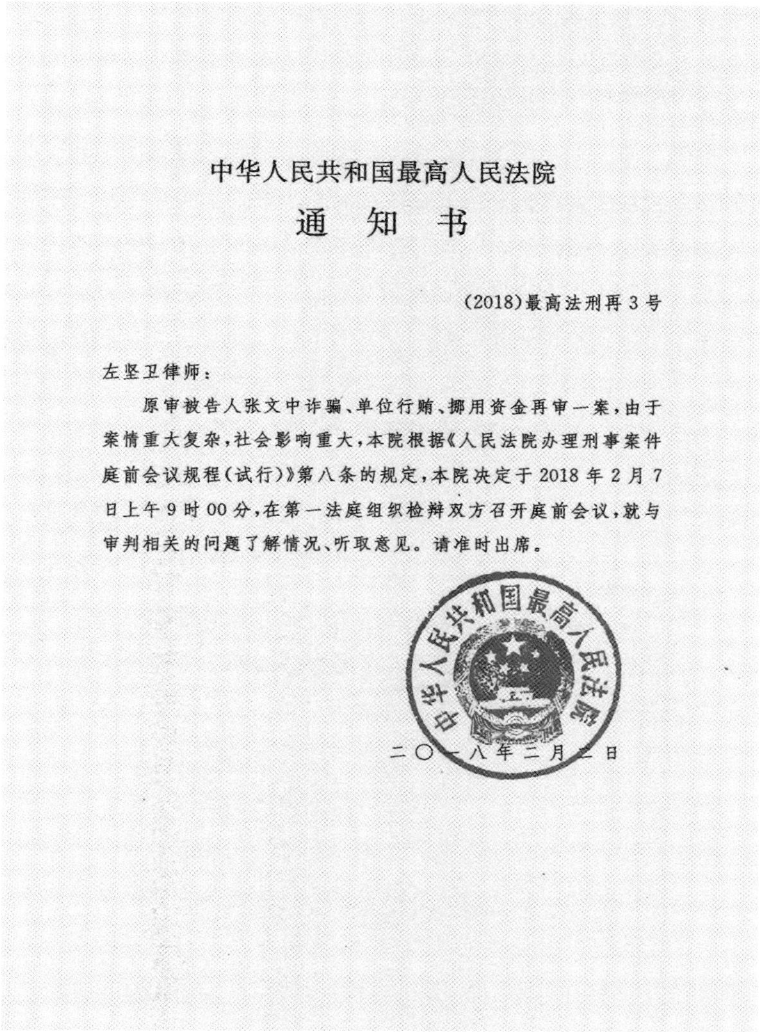

中华人民共和国最高人民法院

通　知　书

(2018)最高法刑再3号

左坚卫律师：

原审被告人张文中诈骗、单位行贿、挪用资金再审一案，由于案情重大复杂，社会影响重大，本院根据《人民法院办理刑事案件庭前会议规程(试行)》第八条的规定，本院决定于2018年2月7日上午9时00分，在第一法庭组织检辩双方召开庭前会议，就与审判相关的问题了解情况、听取意见。请准时出席。

二〇一八年二月二日

2018年2月7日上午，张文中申诉再审案庭前会议在最高人民法院第一法庭召开。最高人民法院合议庭全体成员、最高人民检察院办案组全体成员以及本案两位原审被告人张文中、张伟春和我们四位辩护律师(赵秉志、左坚卫、吴建平、赵磊)悉数出席。庭前会议在审判长孙华璞大法官的主持下，认真而高效地进行和完成了相关的工作。最高人民法院当天在其官网媒体宣布，张文中案再审合议庭于2018年2月7日组织检辩双方召开了庭前会议，就与审判相关问题了解情况，听取意见。[1]

五、最高人民法院再审开庭

2018 年 2 月 5 日，最高人民法院负责张文中再审案件的合议庭通知我们，将在 2 月 12 日开庭审理本案(见下图)。这一天终于要到来了！实在是来之不易。

中华人民共和国最高人民法院

出庭通知书

(2018)最高法刑再 3 号

赵秉志律师：

本院审理原审被告人张文中诈骗、单位行贿、挪用资金再审一案，现决定二〇一八年二月十二日上午九时在第一法庭公开开庭。请准时出庭。

二〇一八年二月五日

〔1〕 参见鲁婧晗：《最高人民法院张文中案再审合议庭召开庭前会议》，载 https://www.chinacourt.org/article/detail/2018/02/id/3202153.shtml，最后访问日期：2019 年 5 月 7 日。

中华人民共和国最高人民法院

出庭通知书

(2018)最高法刑再3号

左坚卫律师：

本院审理原审被告人张文中诈骗、单位行贿、挪用资金再审一案，现决定二〇一八年二月十二日上午九时在第一法庭公开开庭。请准时出庭。

中华人民共和国最高人民法院

二〇一八年二月五日

2018年2月12日，张文中案再审在最高人民法院第一法庭公开开庭审理。检辩双方全员出席，数十人旁听。此次庭审从上午9时开始，一直进行到下午15时结束。这次，我们两位律师发表的辩护词为了突出重点、直切关键问题,对内容进行了多次精简,但仍达2万4千余字。我们在辩护词中认为,根据案件查明的事实、证据和法律,申诉人张文中不构成诈骗罪、单位行贿罪、挪用资金罪,因而旗帜鲜明地主张应当依法改判张文中无罪。另一位原审被告人张伟春的两位辩护律师也为张伟春作了无罪辩护。原审被告单位代表徐莹也发表了物美集团不构成单位行贿罪的辩护意见。张文中发表的最后陈述相当精彩。最后,审判长孙华璞大法官宣布休庭并另行择期宣判,庭审落下帷幕。中央电视台新闻频道当晚对此案的庭审及时进行了报道。

六、最高人民法院宣告无罪

在张文中案再审庭审中,辩护人和出庭检察官对张文中不构成诈骗罪的事实和理由基本持相同看法,没有什么分歧。

此后庭审后至后来判决宣告的时间一拖就是三个多月。我们本以为会在2018年3月初的全国"两会"之前宣判,但这一预期落空了。这使我们对志在必得的全案绝对无罪的诉求产生了一丝担心。但我们认为,检方关于挪用资金罪的观点与本案事实和证据明显不符,最高人民法院应当不会支持。因此,我们还是对全案绝对无罪充满期待。

长时间的等待之后,最终宣判的日期终于确定了。2018年5月18日,最高人民法院张文中再审案合议庭通知我们,张文中案将于2018年5月31日公开宣判(见下图),要求我们准时出庭。我们充满期望地等待着公开宣判的日子。

中华人民共和国最高人民法院
出 庭 通 知 书

(2018)最高法刑再3号

赵秉志律师：

本院审理原审被告人张文中诈骗、单位行贿、挪用资金再审一案，现决定二〇一八年五月三十一日上午十时在第一法庭公开开庭。请准时出庭。

中华人民共和国最高人民法院

二〇一八年五月十八日

中华人民共和国最高人民法院

出庭通知书

(2018)最高法刑再3号

左坚卫律师：

本院审理原审被告人张文中诈骗、单位行贿、挪用资金再审一案，现决定二〇一八年五月三十一日上午十时在第一法庭公开开庭。请准时出庭。

二〇一八年五月[illegible]八日

同时，最高人民法院还在其官网向社会发布了张文中案公开开庭与庭审直播的消息。

2018年5月31日，张文中申诉再审案在最高人民法院第一审判庭公开宣判，担任本案合议庭审判长的最高人民法院大法官孙华璞铿锵有力地宣判：原审被告人张文中无罪！原审被告人张伟春无罪！原审被告单位物美控股集团有限公司无罪！

至此，我们为之奋斗了11年的张文中案件，终于以全案获无罪判决圆满收官！

附件十:向最高人民法院申诉书

张文中诈骗、单位行贿、挪用资金案
刑事申诉书

申诉人　张文中,男,1962 年 7 月 1 日出生,汉族,物美控股集团有限公司原董事长,住址(略)

代理申诉人　赵秉志,北京市中闻律师事务所律师

联系电话　(略)

代理申诉人　左坚卫,北京乾成律师事务所律师

联系电话　(略)

申诉人对河北省高级人民法院"(2008)字冀刑二终字第 89 号"刑事判决以及该院"(2015)冀刑监字第 156 号"驳回申诉通知不服,提出申诉。

【申诉请求事项】

1. 依法对本案按审判监督程序提起再审;

2. 再审依法撤销河北省高级人民法院(2008)字冀刑二终字第 89 号刑事判决;

3. 再审依法宣告申诉人张文中无罪。

【事实与理由】

申诉人对河北省高级人民法院 2009 年 3 月 30 日(2008)字冀刑二终字第 89 号刑事判决不服,于 2015 年 7 月 10 日向河北省高级人民法院提出申诉。河北省高级人民法院在原判事实认定及法律适用均明显错误、证据明显不足的情况下,于 2015 年 12 月 21 日以原判认定申诉人犯单位行贿、诈骗、挪用资金罪的事实清楚,证据确实充分,审判程序合法,定罪量刑并无不当为由,驳回申诉。申诉人认为,河北省高级人民法院对申诉人的申诉理由没有进行认真审查,所作决定违背本案基本事实,违反法律规定,结论明显错误。故向最高人民法院再次提出申诉。

一、本案发生及申诉的背景简介

本案系因申诉人张文中被怀疑向原北京市副市长刘志华赠送巨额股票而引发，后经中纪委全面调查，不存在“赠送巨额股票”的事情。在调查期间，因张文中拒绝作假证，当时的中纪委某负责人说他将要为其“不配合”付出代价。随后，对张文中的调查转为针对物美集团资金使用和经营，于是引发本案。在关押两年多之后，河北省衡水市中级人民法院一审判处张文中有期徒刑18年，其中的主要罪行为个人犯诈骗罪（判处有期徒刑15年）。而法院依据的主要事实却是物美集团于2002年经国家经贸委批准获得的国债贴息贷款。法院以民营企业没有资格获得2002年国债贴息贷款为由，判定物美集团于2002年经国家经贸委批准获得的国债贴息贷款系张文中个人诈骗。而事实上，2002年至少还有六家民营企业与物美集团同期获得国债贴息贷款。时任国家经贸委主任李荣融同志于2001年接受新华社采访，宣布国债贴息政策对民营企业一视同仁。当时负责审批国债贷款的国家经贸委市场局局长黄某1同志和投资与规划司司长甘某同志专门向法院提交证明材料，证实物美集团完全符合国家国债贴息政策。但原审法院竟然认为这些证据与本案“无关”，不予采信。

鉴于针对张文中的判决严重错误，民营企业界反应强烈，也引起了全国工商联的关注。全国工商联空前地就个案正式致函最高人民法院，阐明对张文中判决的不同意见。此后，河北省高级人民法院改判张文中有期徒刑12年。张文中在狱中坚持开展科研，先后三次获得减刑，目前刑罚已经执行完毕。

2013年2月23日，中共中央政治局就全面推进依法治国进行第四次集体学习，习近平总书记在主持学习时发表讲话，指出要努力让人民群众在每一个司法案件中都感受到公平正义。2013年至今，最高人民法院坚持实事求是、有错必纠，监督指导各级法院通过审判监督程序纠正了一批重大刑事冤错案件。

2016年8月30日，习近平总书记主持召开了中央全面深化改革领导小组第二十七次会议，审议通过了《关于完善产权保护制度依法保护产权的意见》,明确提出要平等保护各类市场主体。加大对非公有财产的刑法保护力度。要妥善处理历史形成的产权案件。坚持有错必纠,抓紧甄别纠正一批社会反映强烈的产权纠纷申诉案件。对涉及重大财产处置的产权纠纷申诉案件、民营企业和投资人违法申诉案件依法甄别,确属事实不清、证据不足、适用法律错误的错案冤案,要依法予以纠正并赔偿当事人的损失。

本案系因特殊个案而导致民营企业家被错误卷入刑事诉讼,且事实证明申诉人与特殊个案没有任何关系,是被错误牵连并受到错误追诉。根据我国刑法的规定、党的十八大以来全面推进依法治国战略以及中央全面深化改革领导小组第二十七次会议精神的要求,依法纠正本案原审错误判决尤其必要和迫切。

二、原审判决认定的基本案情及判决结果

河北省高级人民法院(以下简称原审法院)认定的基本案情如下:

(一)单位行贿罪

1. 2002年,物美集团在收购中国国际旅行总社(以下简称国旅总社)持有的泰康人寿保险股份有限公司(以下简称泰康公司)5000万股股份的过程中,张文中向国旅总社总经理办公室主任赵某提出让其提供帮助,并承诺给其一笔好处费。在赵某的积极协调、帮助下,2002年年底,物美集团以其关联公司北京和康友联技术有限公司(以下简称和康友联公司)名义顺利收购了国旅总社持有的5000万股泰康公司股份。张文中遂指派张某1(物美集团副总裁)给付赵某30万元。2003年1月至2004年2月,张某1通过物美集团的关联公司卡斯特经济评价中心以报销费用的方式,向赵某支付了人民币30万元(见二审判决书第2页、第31页)。

2. 2002年,物美集团在收购广东粤财信托投资公司(以下简称粤财公司)持有的泰康公司5000万股股份过程中,张文中向粤财公司总经理梁某承诺事成之后给予梁某个人500万元好处费。2003年年底,物美集团以其关联公司华美现代流通发展有限公司的名义收购了粤财公司持有的5000万股泰康公司股份,张文中遂指使张某1通过北京敬业和康投资咨询中心向梁某支付人民币500万元(见二审判决书第7页、第31页)。

(二)挪用资金罪

1997年3月,张文中与泰康公司董事长陈某1商定挪用泰康公司的4000万元资金申购新股牟利。后张文中指使张某1从泰康公司转出人民币4000万元,具体负责申购新股。张文中、陈某1又与中国国际期货有限公司(以下简称中期公司)董事长田某1商定,通过中期公司监管的河南省国际信托投资公司的途径转款,以掩盖挪用情节,炒股所得营利由张、田、陈三人按3∶3∶4比例分配。其间,中国人民银行检查,三人遂于1997年7月通过河南省国际信托投资公司又从泰康公司转出人民币5000万元用于归还前次挪用款项。1997年8月19日,张某1归还泰康公司人民币4000万元,同年9月3日和9日又分两次归还了人民币5000万元。其间,炒股共盈利人民币1000余万元(见二审判决书第12页、第31页)。

(三)诈骗罪

2002年年初,张文中得知国家对重点企业、重点项目实行国债贴息补贴政策,遂与本案另一被告人张伟春(物美集团原行政总监)等人商议此事,并委派张伟春到国家经贸委等部门进行了咨询。在得知该批国债贴息资金主要用于支持国有企业技术改造项目,物美集团作为民营企业不属于国债贴息资金支持范围的情况下,张文中与张伟春商量后决定以中国诚通控股集团有限公司(中央直属国有企业,以下简称诚通公司)下属企业的名义进行申报。为此,张文中与诚通公司董事长田某1多次联系,田某1答应了张文中的要求。在张文中的指使下,张伟春等人以虚假材料编制了物美集团技改项目可行性研究报告,以诚通公司下属企业的名义上报国家经贸委。物流项目获得审批后,物美集团既未实施,也未向银行申请贷款;物美集团以信息化项目为名,以与和康友联公司签订虚假设备采购合同和开具虚假发票为手段,获得1.3亿元贷款,用于公司日常经营,未实施信息化项目。2003年10月29日,财政部将3190万元国债贴息资金拨付到诚通公司,后诚通公司将该款汇入物美集团账户，物美集团将该款用于偿还公司贷款（见二审判决书第 17 页、第 31 页）。

（四）原审法院的审判结果

原审法院维持了河北省衡水市中级人民法院对张文中犯单位行贿罪，判处有期徒刑 3 年，犯挪用资金罪，判处有期徒刑 1 年，以及犯诈骗罪的判决结果；撤销了该院对张文中犯诈骗罪判处年有期徒刑 15 年的量刑及决定执行刑罚部分，改判张文中犯诈骗罪，判处有期徒刑 10 年，并处罚金 50 万元，与单位行贿罪、挪用资金罪并罚，决定执行有期徒刑 12 年，并处罚金 50 万元。

三、申诉理由

代理申诉人认为，原审法院对申诉人的三项有罪判决均不能成立，在事实认定、法律适用、证据采信方面存在诸多错误，依法应当对本案进行再审。

（一）原审判决认定张文中犯诈骗罪的错误之处

原审判决认定张文中犯诈骗罪所依据的证据有的已经被推翻，有的得不出相应的结论。

1. 原审判决认定张文中犯诈骗罪的根本理由是物美集团没有资格申报 2002 年国债贴息技改项目。但是，现有证据充分证明物美集团完全有资格申报，原审判决认定物美集团没有资格申报属于事实认定错误。

原审判决列举的证明物美集团作为民营企业没有资格申报 2002 年国债贴息技改项目的主要证据有：(1) 张伟春（本案另一当事人）、张文中的原供述；(2) 证人李某 1、李某 2 的证言；(3) 原国家经济贸易委员会、国家发展计划委员会、财政部、中国人民银行“国经贸投资〔1999〕886 号”《关于印发〈国家重点技术改造项目管理办法〉、〈国家重点技术改造项目国债专项资金管理办法〉的通知》（以下简称“国经贸投资〔1999〕886 号”《通知》）；(4) 原国家经贸委投资与规划司《关于下达第八批国债技改项目计划的请示》。上述证据存在以下问题：(1) 张伟春、张文中的原供述已经被他们自己后来的说法推翻（见附件 1,

张伟春《关于北京物美集团申报国债项目有关问题的情况汇报》,证据材料第2~4页;附件2,一审庭审笔录,证据材料第76页)。其前后存在矛盾的说法,只能根据其他相关证据才能得出结论。(2)李某1、李某2的证言中,根本没有提到原国家经贸委的文件对民营企业申报国债技改项目的态度,这实际上意味着他们也认为有关文件并没有规定民营企业不属于国债贴息资金支持的范围(见附件3,李某1询问笔录,证据材料第136页;附件4,证据材料第141页)。(3)"国经贸投资〔1999〕886号"《通知》并没有将民营企业排除在申报国债贴息技改项目的主体范围之外(见附件5,证据材料第147页),更为重要的是,原国家经贸委投资与规划司于2002年2月27日下发了"投资〔2002〕075号"《关于组织申报2002年国债技术改造项目的通知》(以下简称"投资〔2002〕075号"《通知》),民营企业是否有资格申报2002年国债技术改造项目,应当以该通知为准,而不是以"国经贸投资〔1999〕886号"《通知》为准,而后一个通知被原审判决刻意回避。(4)原国家经贸委投资与规划司《关于下达第八批国债技改项目计划的请示》中,只是提到根据领导指示精神,剔除了8个不符合要求的中外合资企业和私营企业的项目,并没有剔除所有的"中外合资企业"和"私营企业"申报的项目,更没有剔除物美集团这类"中外合资企业"和"私营企业"之外的其他非国有企业申报的项目(见附件6,证据材料第161页)。因此,该请示的内容不能证明民营企业没有资格申报2002年国债技改项目。

同时,有下列证据充分证明,物美集团作为民营企业完全有资格申报2002年国债贴息技改项目。

(1)根据"投资〔2002〕075号"《通知》,民营企业有资格申报2002年国债技术改造项目。从该《通知》的具体规定可以看到:对于民营企业和国营企业申报2002年国债技改项目,在整体上没有区别对待,更没有排斥民营企业申报;对于"促进产业升级"以及"推进企业信息化"的项目,对国企和民企完全一视同仁(见附件7,证据材料第162~163页)。而物美集团2002年申报并获立项的项目是"物流中心及连锁经营信息化项目",按目标划分,属于"促进产业升级"的范围,根据"投资

〔2002〕075 号"《通知》的规定,物美集团显然是有资格申报该项目。

(2)甘某及黄某1 的证言进一步证明物美集团有资格申报2002 年国债技术改造项目。原国家经贸委负责制定国债贴息管理办法的投资与规划司时任司长甘某于 2009 年 2 月 9 日出具了《关于物美集团申请 2002 年国债技术改造项目相关情况的说明》,明确指出:"从 2002 年开始,国债贴息资金的支持范围在企业类型上有所松动,开始扩展到民营企业、股份制企业等其他所有制的优势企业。"(见附件 8,证据材料第 172 页)原国家经贸委贸易市场局局长黄某 1 在其证言中也明确指出, 2002 年国家对流通企业的采取的国有民营一视同仁的政策(见附件 9,证据材料第 175 页)。这就更清楚地表明物美集团有资格申报 2002 年国债技术改造项目。黄某 1 在证言中还证明,物美集团是著名的民营连锁经营企业,是国家经贸委重点联系企业。

(3)其他官方文件能够印证民营企业有资格申报国债贴息资金。2002 年 10 月 16 日,原国家经贸委《"十五"商品流通行业结构调整规划纲要》等国家政策性文件再次明确了对商品流通领域的非公有制经济的支持、鼓励和平等保护政策(见附件 10,证据材料第 182 页)。

(4)在获得 2002 年国债贴息资金支持的企业名单中,除物美集团外,还有至少六家民营企业,这进一步证明物美集团作为民营企业完全有资格申报 2002 年国债贴息资金。从原国家经贸委 2003 年 3 月 17 日下发的《关于下达 2003 年第二批国债专项资金国家重点技术改造项目投资计划的通知》附件可以看到,除物美集团外,还有黑龙江哈尔滨圣泰制药有限公司、江苏盐城丰东热处理有限公司、浙江恒逸集团有限公司、浙江美欣达印染股份有限公司、横店集团控股有限公司、天津宝迪农业科技股份有限公司等六家民营企业(非国有企业)同时取得该期国债贴息资金支持(见附件 11,证据材料第 193 页、第 203 页、第 211 页、第 214 页)。既然有这么多民营企业成功申报到了 2002 年国债贴息技改项目,又没有任何证据证明他们是非法取得,就充分说明了民营企业完全有资格申报 2002 年国债贴息技改项目。同时也证明李某 1 和李某 2 两份证言中有关 2002 年审批中把民营企业都剔除了的陈述与事实完全不符。

(5)原国家经贸委某些官员的证言印证了民营企业有资格申报国债贴息资金。一审判决认为,原国家经贸委投资与规划司的李某1处长、李某2副司长、助理巡视员郝某1、助理调研员丁某等人的证言能够证明2002年国债贴息资金不支持民营企业。而仔细分析这些证人证言的内容后却能发现,上述人员中,没有任何人说过不允许民营企业申报2002年国债贴息技改项目。证人郝某1(原国家经贸委投资与规划司助理巡视员)证明,"文件上没有明确规定民营企业与国有企业是否有区别"(见附件12,证据材料第253页);证人丁某(原国家经贸委投资与规划司投资处助理调研员)证明,"我们司里对于民营企业是否符合申报条件没有下过明确的文件"(见附件13,证据材料第257页);证人门某(原国家经贸委贸易市场局助理巡视员)证明,据她所知,国家没有禁止国债贴息资金支持民营企业(见附件14,证据材料第259页)。

上述多方面的证据,从不同角度证明了物美集团有资格申报2002年国债贴息项目,其自身实力和项目本身也是符合申报条件的。原审判决曲解原国家经贸委的"国经贸投资〔1999〕886号"文件,置2002年国债技改贴息对各所有制一视同仁的政策于不顾,回避原国家经贸委"投资〔2002〕075号"《关于组织申报2002年国债技术改造项目的通知》及其附件的规定,无视有多家民营企业获得了国债技术改造项目的事实,最终错误地认为物美集团作为民营企业没有资格申报2002年国债贴息技改项目。

2. 原审判决认为张文中犯诈骗罪的理由之二是张文中明知物美集团作为民营企业不属于国债贴息资金支持范围。但是,现有证据证明张文中完全知道物美集团有资格申请2002年国债贴息资金支持,原审判决的判断不能成立,属于事实认定错误。

原审判决认定张文中明知物美集团作为民营企业不属于国债贴息资金支持范围的唯一根据是张文中和张伟春的原供述。但是,他们的原供述在本案一审时即已被他们自己否定(见附件2,证据材料第88页)。而且,下列证据能够充分证明张文中当时完全知道物美集团作为民营企业有资格申请2002年国债贴息资金支持。

(1)国家经贸委及其有关部门下发的文件以及实际申报结果。如前所述,这些证据表明,民营企业客观上有资格申报国债贴息技改项目,张伟春不可能得出物美集团作为民营企业不属于国债贴息资金支持范围的结论,更不可能告诉张文中物美集团不属于国债贴息资金支持的范围。

(2)李荣融对媒体的公开讲话。2001年11月,原国家经贸委李荣融主任关于国债贴息政策对各所有制一视同仁的讲话经国家重要新闻媒体的广泛报道(见附件15,证据材料第261页;附件16,证据材料第262页)而广为人知,张文中不可能不了解。

(3)张文中参加了2002年1月在上海召开的全国推进流通现代化工作现场会并作典型发言。在这次会议上,吴仪同志、李荣融主任的讲话都传达了2002年国债贴息资金将会支持商品流通业并对各种企业一视同仁的政策(见附件17,证据材料第274页),张文中作为主要参会人员,在会上做了物美集团积极参与国企改革做大做强零售产业的发言。张文中从会议中显然了解到2002年国债资金政策并且认为物美集团完全符合得到支持的条件。李某1的证言也证实了在上海召开的关于流通现代化的会议,根据这次会议精神将流通现代化和现代物流纳入国债支持的重点(见附件3,证据材料第136页),与张文中的证言相符。

(4)当时负责国债贴息项目审批的国家经贸委官员的证言。当时负责国债贴息项目审批的国家经贸委官员从未说过民营企业没有资格申报国债贴息,主要负责人甘某以及黄某1均证明民营企业有资格申报,不可能告诉张伟春物美集团没有资格申报。

至于原国家经贸委投资与规划司根据所谓的领导指示精神剔除8家中外合资企业和私营企业,发生在项目审批过程中,张文中对此并不知情,而且这一事实也不是针对物美集团这类企业的,据此也根本不能得出张文中明知民营企业不属于国债贴息资金支持范围的结论。

显然,张伟春、张文中关于得知物美集团作为民营企业不符合

2002年国债技改贴息申报条件的原供述明显不合常理,不但已被他们自己否定,而且与其他证据明显矛盾印证,不能采信,原审判决所谓张文中明知物美集团作为民营企业不属于国债贴息资金支持的范围这一认定明显与事实不符,不能成立。

3. 原审判决认定张文中构成诈骗罪的理由之三是他与张伟春商量后决定以诚通公司下属企业进行申报。但是,现有证据证明张文中从未说过要物美集团以诚通公司下属企业的名义进行申报,原审判决完全曲解了张文中及物美集团的用意,属于事实及行为性质认定错误。

原审判决认定张文中与张伟春商量后决定以诚通公司下属企业的名义进行申报所依据的证据是:(1)张伟春及张文中原供述。(2)证人张某1及王某1证言。(3)物美集团填报的《国债技改企业基本情况表》。但是,(1)张文中、张伟春在本案一审时即已澄清,物美集团讨论确定的是物美集团通过诚通公司递交申报材料,并非以诚通公司下属企业的名义申报项目。(2)张某1及王某1的证言中并没有张文中决定以诚通公司下属企业的名义申报的内容(见附件18,证据材料第279页;附件19,证据材料第283页)。(3)张文中从未见过物美集团填报的《国债技改企业基本情况表》,对表中相关内容一无所知,原审法院也未能查明该表究竟是由谁填写的。同时,(4)黄某1的证言证明,物美集团通过诚通公司递交项目申报材料在当时是允许的,而且国家经贸委当时会主动建议民营企业申报单位这么做(见附件9,证据材料第175页)。因此,物美集团借助诚通公司进行申报并无不妥。(5)张文中的辩解证明,他是在知道物美集团作为民营企业完全符合申报国债贴息资金的国家标准,并认为物美集团可以通过诚通公司递交申报材料,同意物美集团通过诚通公司递交申报材料(见附件2,案卷材料第76页),因而不存在决定以诚通公司下属企业的名义进行申报的意图。

显然,原审法院认定张文中与张伟春因明知民营企业没有资格申报,故商量后决定以诚通公司下属企业进行申报,不但错误认定了本案事实,而且对物美集团通过诚通公司申报项目的行为性质作出了完全错误的判定。

4.原审判决认定张文中构成诈骗罪的理由之四是张文中指使张伟春等人以虚假资料编制了物美集团技改项目可行性研究报告。但是，现有证据证明这是完全错误的，项目是真实的而且已经实施。

原审判决作出上述认定所依靠的主要证据是：(1)张伟春的供述。(2)物美集团第三方物流改扩建项目可行性研究报告中的《规划意见书》及附图。然而，根据下列证据，上述证据根本不能得出张文中指使张伟春等人以虚假资料编制了物美集团技改项目可行性研究报告。

(1)物美集团第三方物流改扩建项目可行性研究报告中的《规划意见书》及张伟春的辩解。该《规划意见书》是负责编制物流项目可行性研究报告的中商商业经济研究中心要求提供的(见附件1，证据材料第13页)，由通州区规划局出具，有该规划意见书上的公章为证(见附件20，证据材料第288页；附件21，证据材料第291页)，张伟春只是被动地接受该《规划意见书》。虽然事后查明该《规划意见书》不符合要求，但它是由政府管理部门出具的，并不虚假，只是案发后查明内容不符合要求。该《规划意见书》同意物美集团在通州区物流产业园区内建设商业项目，并确定了用地使用性质及用地面积(见附件20，证据材料第288页)，对非专业人员而言，当时只能认为该规划意见书是真实、合法、有效的，无法知道上面的内容不符合要求(见附件2，证据材料第101页)，上诉人张伟春也根本无从知道其内容是否符合要求，也从来没有人对张伟春说过这个规划意见书有问题。因此，无论该《规划意见书》内容是否符合要求，是否虚假，都与张伟春无关，更不能说是张文中指使张伟春编制的。

(2)物美集团第三方物流改扩建项目可行性研究报告中的附图及张伟春的辩解。第三方物流改扩建项目可行性研究报告中的附图与作为可行性研究报告附件五的《规划意见书》无关，是可行性研究报告独立的附件二和附件三，根本就不是《规划意见书》的附图，而且，张伟春已经明确指出有关附图不是他加入的(见附件1，证据材料第13～14页；附件2，证据材料第86页、第101页)，也没有任何证据证明是他加入的，更没有证据证明是张文中指使他加入的。原审判决错误地认定的可行性研究报告中的《规划意见书》和所谓“两张附图”的关系，以及附图和张文中、张伟春的关系。

(3)张文中的辩解。在张文中的原讯问笔录当中，没有内容表明张文中指使了张伟春等人用虚假材料编制项目可行性研究报告或者编制其他虚假材料。张文中在其相关讯问笔录中，说到项目资料的准备和项目可行性研究报告的编制都是由张伟春负责，他并没有审核(见附件22，证据材料第296～297页)。在一审庭审当中，张文中当庭也说到他对项目可行性研究报告的内容不了解(见附件2，证据材料第96页、第101页)。

(4)叶某某的证言。负责物流项目资料准备工作的物美集团发展部总监叶某某也证明，张文中没有过问有关工作(见附件23，证据材料第308页)。

原审判决认定上诉人张文中指使张伟春等人以虚假资料编制物美集团技改项目可行性研究报告的唯一根据，是张伟春供述中的一句话(见张伟春2007年1月5日讯问笔录第3页)。这一原讯问笔录不但被他后来的讯问笔录以及一审当庭推翻(见附件24，证据材料第314～315页；附件2，证据材料第86～87页)，而且没有任何其他证据印证。对张伟春的这样一份孤证，显然是不能采信的。原审判决在连张伟春的“孤证”都已经被他本人多次推翻，因而已经是毫无证据的情况下，仍然认定张文中“指使”张伟春“编制虚假材料，骗取国债贴息”。如此认定，可谓无中生有，已经完全将刑事诉讼法的规定抛在一旁，显然严重有失公正，得出的结论也难免错误。

5. 原审判决认定张文中构成诈骗罪的理由之五是物流项目获得审批后，物美集团既未实施，也未向银行申请贷款；物美集团以信息化项目为名，以与和康友联技术有限公司签订虚假设备采购合同和开具虚假发票为手段，获得1.3亿元贷款，用于公司日常经营，未实施信息化项目。但是，现有证据证明，物美集团申报的物流项目已经异地实施，申报的信息化项目也已经完成，原审判决的上述认定是错误的。

(1)现有证据充分证明，物美集团申报的第三方物流改扩建项目最终没有按可行性研究报告在原项目地点实施，是由于遇到“非典”及国家整顿物流园区，企业需要由租地经营改为买地经营等不可抗力所致，且已经异地实施。原审判决认定物流项目未实施完全与事实不符。

第一，物美集团申报的第三方物流改扩建项目在2003年推进过程中遭遇“非典”，这是人尽皆知的事实，无须证明。

第二，大量政府文件可以证明，物流项目在推进过程中，因国家整顿物流园区而搁浅。这些书证包括：①国土资源部2003年2月18日〔2003〕45号《关于清理各类园区用地加强土地供应调控的紧急通知》；②北京市政府办公厅2003年7月28日下发的〔2003〕40号文件，内容为转发《国务院办公厅关于暂停审批各类开发区文件的紧急通知》；③国务院办公厅2003年7月30日国办发〔2003〕70号《关于清理整顿各类开发区加强建设用地管理的通知》；④发改外资〔2003〕2343号《关于清理整顿现有各类开发区的具体标准和政策界限的通知》；⑤建设部2003年9月2日下发的建规〔2003〕178号《关于进一步加强与规范各类开发区规划建设管理的通知》；⑥国务院2003年11月3日国发明电〔2003〕7号《关于加大工作力度进一步治理整顿土地市场秩序的紧急通知》。（见附件25～30，证据材料第318～331页）

第三，北京市规划委员会的相关文件证明，通州物流产业园区规划迟迟未出，阻滞了物流项目用地谈判，致使项目推进搁浅。由于北京市规划委员会《关于北京通州物流产业园区控制性详细规划的批复》到2003年8月19日才下发（见附件31，证据材料第332～333页），而在此之前物美集团与通州物流园区无法进行项目用地的实质性谈判，影响了项目的进展，由此导致物美集团的物流项目用地实质性谈判只能在2003年8月19日以后才进行。而此时，国家已经在整顿物流园区，北京市及各区县政府均暂停审批新设立和扩建各类开发区、园区。

第四，大量证据证明，通州物流产业园区项目用地在经整顿后由租改售。这些证据包括：①张伟春的辩解（见附件1，证据材料第11～12页）；②证人李某5证言（见附件32，证据材料第335页）；③证人吴某1证言（见附件33，证据材料第338页）；④证人蒙某某证言（见附件34，证据材料第341页)。

第五,大量证据证明,在物流项目由于客观原因无法按照项目可行性研究报告实施的情况下,物美集团被迫改为异地实施该项目,并且实现了当初申报第三方物流改扩建项目设定的目标。这些证据包括:①物美集团第三方物流改扩建项目可行性研究报告。根据该报告,项目建成后,物流配送中心的主要物流仓储功能性建筑为:干品区32,000平方米,冷冻区(架)3000平方米,冷冻区(平放)5000平方米,冷藏区1200平方米,共计41,200平方米(见附件35,证据材料第345~347页)。②中国物流与采购联合会专家评审组2009年3月17日出具的《关于物美集团"中国物流实验基地"及物流改扩建完成情况的专家评定意见》。根据该评定意见,项目被迫异地实施后,这些异地实施的项目,在功能上与计划在原项目地点实施的物流项目基本相同,所发挥的作用也相同,满足了近年物美集团发展的需要。它使物美集团在国内流通业率先采用第三方物流支持连锁店铺的商品配送,集团配送中心面积从2002年的不足1万平方米扩建到3.35万平方米,达到了2002年物美集团第三方物流改扩建项目所设定的目标,持续提升物流技术水平,实现了物流和仓储能力的升级,支持了物美集团2003~2005年销售的快速增长(见附件36,证据材料第348~349页)。

通过上述五个方面的分析,可以清楚地看到,物美集团第三方物流改扩建项目没有按可行性研究报告在原项目地点实施是由"非典"等不可抗力所导致,并不能说明物流项目虚假,绝不是物美集团主观上不想在通州做物流项目,更不是以物流项目为借口进行诈骗。物美集团第三方物流改扩建项目已经在异地实施,取得了良好的效果,支撑起了物美集团近年来的高速增长。原审判决认定物流项目未实施,与有确实、充分的证据所证明的项目已经异地实施的事实不符,不能成立。

(2)现有证据充分证明,物美集团申报的信息现代化建设项目是完全真实的;已投入1.46亿元实施项目,并且已经完成项目的主要内容,实现了可行性研究报告设立的主要目标。原审判决认定信息化项目没有实施与事实完全不符。

第一，物美集团的总结报告、国家经贸委的相关文件以及甘某司长的证言证明，物美集团申报的信息现代化建设项目是完全真实的。

物美集团是国内最早用信息技术改造流通产业的企业，多年来一直坚持以企业信息化支撑经营业务的发展，其经营发展与信息化的建设是密不可分的（见附件37，证据材料第353~355页）。2002年，国家经贸委恰恰是根据信息技术应用对于现代流通产业的核心作用，决定国债贴息资金重点用于支持大型连锁企业围绕信息化管理、仓储设施、经营规模等进行改造，使其向集团化方向发展，促进流通产业的升级（见附件6，证据材料第169页；附件8，证据材料第173页），从而为物美集团申报信息现代化建设项目提供了政策基础。物美集团在编制项目可行性研究报告时，完全是根据企业自身发展的需要来确定项目目标和主要内容的（见附件38，证据材料第378~382页）。因此，物美集团申报的信息现代化项目是真实的，原审判决所谓"物美集团以信息化项目为名"的说法是完全不能成立的。

第二，物美集团的信息现代化建设项目可行性研究报告以及已经实际完成的信息化建设事项等证据证明，物美集团投入了1.46亿元用于其获得国家批准的信息现代化建设项目，已经完成了项目的主要内容，实现了项目可行性研究报告设立的主要目标。原审判决认定信息化项目未实施，与事实不符，不能成立。

按照物美集团编制的信息现代化建设项目可行性研究报告，该项目的主要建设内容包括十大项，分别是：(1)建立快速适应市场变化的物美集团经营组织及管理模式和运作方式；(2)完善物美集团的网络支撑系统；(3)建立物美集团信息技术系统总体框架；(4)实施各类业态的管理信息系统；(5)建设物美集团物流中心，实施现代物流系统；(6)实施协作关系管理系统；(7)实施网络化财务管理系统；(8)实施供需链管理系统；(9)实施电子商务应用系统；(10)实施经营决策支持系统。项目总投资为19,780万元人民币，其中，企业自筹6780万元，银行贷款13,000万元（见附件38，证据材料第381~382页、第387页）。

而自2002年起，物美集团投入大量的人力、物力、财力实施"信息现代化建设项目”,已有1.46亿元投入项目,其中有近6000万元用于购置硬件。物美集团已基本实现了信息现代化,完成了“产业升级”的目标,并有力地支撑了物美集团从2002年开始的销售额快速增长。具体表现在以下几点。(1)自2002年起,物美集团信息现代化建设项目共完成以下七大子系统:①建立物美集团的经营组织、管理模式和运作方式;②完善物美集团的网络支撑系统;③建立物美集团信息技术系统总体框架;④实施各类业态的管理信息系统;⑤实施网络化财务管理系统;⑥实施供需链管理系统;⑦实施经营决策支持系统。以上七个子系统覆盖了2002年信息现代化建设项目可研报告十个子系统的主要部分(见附件37,证据材料第363~368页)。(2)2002年信息现代化项目可行性研究报告计划建设的另外三项内容在分步实施或调整,其中:①电子商务系统推迟实施;②物流项目(信息现代化配套部分)调整以适应物流项目临时异地实施;③协作关系管理系统因数据难以统一,暂未实施(见附件37,证据材料第368~369页)。(3)物美集团信息现代化项目已实际投资为14,623万元,其中5934万元用于购置设备。之所以实际投资额低于可行性研究报告中的预算,主要原因在于:①硬件成本逐步降低,比如POS机2002年12,500元/台,2005年降为8500元,2006年降为7100元/台。②服务器投资减少。服务器共享,原计划每个系统都需要一个服务器,后经过研究变为多个系统共享一个服务器。同时服务器大幅降价。③电子商务系统推迟实施,其相应的硬件采购也推迟。④电子商务系统推迟,其相应软件费用未发生。⑤不可预见费1200万元因节约未发生(见附件37,证据材料第370~371页)。

上述事实,还有辩护人在本案一审期间向一审法院提交的物美集团设备采购的明细账予以证明。从上述事实可以清楚地看到,物美集团申报的信息化项目的主要内容已经实施,项目可行性研究报告的主要目标已经达到。一审判决认定信息化项目没有实施完全不符合事实,不能成立。

(3)物美集团虽然在使用信息化项目贷款资金的过程中存在不规

范之处，但确实有其不得已的难处，原审判决认定项目贷款用于物美集团日常经营，属于事实认定错误。

物美集团使用贷款资金的不规范之处表现在，物美集团与和康友联公司一次性签订金额为7200万元的设备购买合同，和康友联公司出具了7200万元的发票，而该合同并未实际履行，物美集团却持此合同和发票到银行办理了相关手续。但是，物美集团这样做有其不得已的难处，主要难处是实施项目过程中的资金支出过于琐碎，无法按逐笔支出情况进行贷款。因此，物美集团的此行为虽然违反了国债贴息项目贷款资金使用的相关规定，但物美集团毕竟有相同数量的贷款和相对应的国债贴息资金用于信息化项目。因此，物美集团的该行为仅仅是资金使用违规，根本不涉及骗取国债贴息资金。可是，原审判决却将此作为认定物美集团没有实施信息化项目以及张文中骗取国债贴息资金的根据之一，显然错误地认定了该行为的性质。

还必须指出的是，物美集团与和康友联公司签订设备采购合同的重要原因，是和康友联是专业为物美集团和其他商业企业提供信息技术服务的公司，能够使物美集团获得专业上和规模上的优势。而物美集团与和康友联公司签订设备购买合同没有实际履行、7200万元又转回给物美集团的原因则是：和康友联公司改制后成为物美集团商业股份公司的发起人股东，原和康友联公司的自然人股东和业务都并入物美集团的职能部门"资讯中心"。由于和康友联公司的技术人员进入物美集团，成立资讯中心，物美集团自身有了信息化项目支持与实施的能力，全面承担了信息现代化项目，合同已无须也无法再履行。因此，资金全部调回物美集团（见附件37，证据材料第371~373页）。该事实对物美集团实施信息化项目以及有相应的资金用于信息化项目没有丝毫影响，原审判决却将此作为认定物美集团没有实施信息化项目以及张文中骗取国债贴息资金的根据之一，显然错误地认定了其性质。

由上可知，尽管物美集团的信息化项目贷款存在违规之处，没有做到专款专用，但确有相应资金用于信息化项目，完成了项目的主要内容，实现了项目可行性研究报告设立的主要目标。原审判决认定物美集团将信息化项目贷款用在了物美集团的日常经营,信息化项目没有实施完全不符合事实,以此作为认定张文中诈骗的根据更是毫无道理,完全不能成立。

(4)物美集团在使用涉案的3190万元国债贴息资金上虽然没有做到专款专用,但这只是资金使用方面的违规行为,既不影响物美集团所申报项目的真实性,也不属于非法占有国债贴息资金的行为,而且,上诉人张文中对该笔资金的使用情况一无所知。一审判决对物美集团相关行为的性质作出了完全错误的认定,以此作为认定张文中骗取国债贴息资金的根据更是毫无道理。

不可否认,财政部下拨的3190万元国债贴息资金到达物美集团账上后,物美集团确实有过偿还公司贷款的事实,但据此并不能得出物美集团以诈骗的方式非法占有了该笔资金的结论。这是因为,货币属于种类物,只要物美集团有相同数量的资金用在了物流项目和信息化项目上,或者有作出明确标注的相应的资金挂在有关账户上,就不能认为该笔资金被非法占有了。而根据物美集团实施信息化项目的有关票据以及物美集团的有关财务账目,物美集团确实有相应的一部分资金用在了归还信息化项目贷款的利息上,还有一部分资金则作为"应付人民政府"款项一直挂在公司财务账目上(见附件39,证据材料第391页;另外,物美集团实施信息化项目的有关票据及公司财务账目数目巨大,已经在本案一审时提交给一审法院,在此不再提交)。因此,物美集团只是没有按照规定开设专门账户做到专款专用,但并没有非法占有这笔资金,更不存在以诈骗的方式非法占有这笔资金的问题。

而且,物美集团在2003年11月11日偿还农行短期贷款时,自有资金余额还有1.12亿余元,远远超过3190万元。也就是说,物美集团根本无须通过"骗取"银行3190万元国债贴息资金用于还贷,即使没有这笔资金,物美集团的自有资金也足以偿还银行贷款(见附件40,证据材料第392~393页)。可见,物美集团根本无须也确实没有非法占有这3190万元贴息资金。据具体经手涉案的3190万元的物美集团员工证明,该笔资金只是财务管理人员为了降低财务成本,提高资金使用效率，才自行决定将3190万元用于偿还银行贷款，张文中对此事并不知情（见附件41，证据材料第394~395页；附件42，证据材料第398~399页）。在大量检方调取的物美集团内部用款单上，从未发现任何一张上有张文中的签字，从而证明张文中未介入任何一笔具体的资金使用调度。因此，这笔资金如何使用实际与张文中是没有任何关系的，原审判决以此笔资金没有专款专用作为认定张文中诈骗国债贴息资金的根据显然毫无道理。

（5）原审判决所引用的审计署固定资产投资审计局有关报告内容与事实严重不符，根本不能采信，原审判决据此报告得出的结论完全错误。

原审判决认为物美集团没有按规定实施信息化项目的最主要证据，是审计署固定资产投资审计局于2006年12月5日出具的《关于物美集团控股集团有限公司申报使用国债专项贴息3190万元的审计调查报告》，根据该报告的有关内容，原审判决认定物美集团以信息化项目为名，以与和康友联技术有限公司签订虚假设备采购合同和开具虚假发票为手段，获得1.3亿元贷款，用于公司日常经营，未实施信息化项目（见该报告第3~4页）。

而实际上，物美集团与和康友联公司虽然通过签订虚假设备采购合同和开具假发票从银行贷了款，有关款项后来转到了物美集团，这并不能否认物美集团直接将资金用于了可行性研究报告所计划的信息化项目。尽管与和康友联公司签订的有关合同没有直接履行，但有其客观原因（见附件37，证据材料第373~374页），且大量的证据充分证明，物美集团确实有相应的资金用在了信息化项目上（见附件37，证据材料第360页、第370~371页），且信息化项目已经完成了项目的主要内容，实现了项目可行性研究报告设立的主要目标（见附件37，证据材料第363~368页）。

但是，上述审计调查报告只看到物美集团的贷款没有在和康友联公司直接用于设备采购，却没有看到物美集团有相应的款项用在了信息化项目上，并且实际上已经完成了项目的主要内容，实现了项目可行性研究报告设立的主要目标，错误地理解没有专款专用的问题，因而得出了没有相应的资金用于信息化项目的错误的结论，原审判决根据该审计调查报告得出的结论当然也是错误的。

综上所述，现有证据已经充分证明，原审判决用以认定张文中犯诈骗罪的全部所谓事实，没有一项是真实的，原审判决关于张文中犯诈骗罪的结论，当然也是错误的，应当依法予以纠正。

（二）原审对挪用资金罪认定的错误之处

根据《刑法》第272条的规定，构成挪用资金罪必须是“挪用本单位资金归个人使用或者借贷给他人”。同时，根据2000年7月27日起施行的最高人民法院《关于如何理解刑法第二百七十二条规定的“挪用本单位资金归个人使用或者借贷给他人”问题的批复》，“挪用本单位资金归个人使用或者借贷给他人”是指“挪用本单位资金归本人或者其他自然人使用，或者挪用人以个人名义将所挪用的资金借给其他自然人和单位”。基于刑法及有关司法解释的上述规定，发生在单位和单位之间的资金往来，不可能构成挪用资金罪。而本案现有证据能够充分证明，涉案的4000万元资金于1997年3月27日由泰康公司划转到卡斯特投资咨询中心，一直由卡斯特投资咨询中心使用，于1997年8月19日由卡斯特投资咨询中心转回泰康公司，其出借、使用和归还完全发生在单位之间，不具备挪用资金罪的基本特征。具体表现在：

1. 现有证据证明，涉案的4000万元资金于1997年3月27日由泰康公司划转到卡斯特投资咨询中心在北京证券交易中心开立的账户上，然后转到了国泰证券北京方庄营业部卡斯特投资咨询中心股票交易账上，没有经过任何个人账户，也没有给任何个人使用过，完全是单位借给单位。

证明上述事实的证据有：（1）泰康公司的情况说明；（2）委托投资国债协议；（3）抵押合同；（4）泰康公司支票请领单、转账支票存根；（5）泰康公司转账支票；（6）北京证券交易中心进账单；（7）国泰证券北京方庄营业部客户存取款凭单；（8）泰康公司银行存款日记账以及记账凭证。

上述书证清楚地载明了以下事实：

(1)确定合作用涉案的4000万元资金投资的主体，是两个公司，即泰康公司和卡斯特投资咨询中心，属于单位对单位(见附件43，证据材料第400页；附件44，证据材料第401~402页)。

(2)涉案的4000万元资金由泰康公司直接转出(见附件45，证据材料第403页；附件46，证据材料第404页；附件47，证据材料第405页)，并且由该公司财务人员在公司账目上作出了明确记载(见附件48，证据材料第406页)，该资金动用行为无疑属于单位行为。

(3)涉案的4000万元资金直接转到了卡斯特投资咨询中心在北京证券交易中心开立的账户上，然后转到了国泰证券北京方庄营业部卡斯特投资咨询中心股票交易账上，没有经过任何个人账户，也没有给任何个人使用过(见附件49，证据材料第408~409页；附件50，证据材料第410页)。实际上，有关书证还清楚地证明，涉案的4000万元资金投资合作终止，也发生在泰康公司和卡斯特投资咨询中心两个公司之间(见附件51，证据材料第411页)。

2.现有证据证明，涉案的4000万元资金最后由卡斯特投资咨询中心流回了泰康公司，没有经过任何个人的账户，也没有任何个人使用过，仍然是单位对单位。

证明上述事实的证据有：(1)卡斯特投资咨询中心1997年8月19日在国泰证券北京方庄营业部取款凭单(见附件52，证据材料第412页)；(2)北京证券登记有限公司1997年8月19日《转账支票》(见附件53，证据材料第413页)；(3)泰康公司1997年8月19日中国工商银行《进账单》和《记账凭证》(见附件54，证据材料第414~415页)；(4)泰康公司1997年8月19日与卡斯特投资咨询中心《资金往来专用发票》(见附件55，证据材料第416页)。这批书证发生的背景是，由于中国人民银行查账，泰康公司决定终止与卡斯特投资咨询中心的合作，将涉案的4000万元资金收回(见附件51，证据材料第411页)。上述证据清楚地证明，经过卡斯特投资咨询中心、国泰证券北京方庄营业部、北京证券登记公司、泰康公司等单位之间的一系列资金流转，涉案的4000万元资金由卡斯特投资咨询中心流回了泰康公司，没有经过任何个人的账户，仍然是单位对单位。

3. 原审判决引用的陈某1、任某、李某4等证人证言根本无法证明涉案的4000万元资金被挪用“归个人使用或者借贷给他人”。

原审判决采信了陈某1、田某1、张某1、李某4、任某、师某等一系列证人证言和张文中的讯问笔录，试图以这些言词证据来证明，涉案的4000万元资金是借给张某1个人使用的，属于挪用资金归个人使用。这种思路是完全错误的。

（1）陈某1的证言证明资金是由泰康公司借出。

陈某1的证言内容是：他“跟公司的常务副经理任某、财务部负责人李某4分别打了招呼”，“说张文中是公司的股东，公司想委托他理财，需要4000万元，让他们办一下”（见附件56，证据材料第419页）。既然是公司想委托理财，资金出借方当然是单位而不是个人。

（2）张文中的讯问笔录及一审庭审笔录，田某1、张某1、李某4、任某的证言均证明，涉案的4000万元资金是由泰康公司借出，而不是由陈某1个人或者由张文中伙同陈某1个人借出的。张文中在讯问笔录中虽然说是他和陈某1、田某1三个人约定申购新股，但从未说过是以个人名义挪用泰康公司资金，而是明确说是泰康公司出钱（见附件57，证据材料第425～426页）；在一审中则进一步明确指出申购新股是单位行为（见附件2，证据材料第66页、第68页）。田某1、张某1、李某4、任某的证言也证明涉案资金是由泰康公司借出（见附件58，证据材料第431页；附件59，证据材料第437页；附件60，证据材料第443～445页；附件61，证据材料第447页；附件62，证据材料第451页）。

（3）张某1、吴某2的证言均证明，涉案的4000万元资金的收款方和使用者均为卡斯特投资咨询中心，后来也是卡斯特投资咨询中心归还的（见附件59，证据材料第437页、第439页；附件60，证据材料第444～445页）。张某1的证言还证明，该笔资金放在以卡斯特投资咨询中心的名义开设的股票交易账户上用于申购新股了（见附件59，证据材料第437页）。

(4)张文中的讯问笔录及一审庭审笔录也证明,涉案的4000万元资金入了卡斯特投资咨询中心的炒股账户,由张某1以卡斯特投资咨询中心的名义申购新股(见附件57,证据材料第425~426页;附件2,证据材料第66页),涉案的4000万元资金的真正收款人和使用人显然均为卡斯特投资咨询中心。

(5)李某4、任某、陈某1的有关证言内容不但自相矛盾,而且互相矛盾,不能采信。李某4的证言虽然说张某1到泰康公司借过4000万元,并且说是陈某1告诉她泰康公司委托张某1做国债投资,需要给张某1 4000万元(见附件61,证据材料第447页),但该证言同时又说到在由李某4签批的领取人为张某1的支票请领单上载明,是给卡斯特投资咨询中心4000万元(见附件61,证据材料第447页),而不是给张某1个人。可见,李某4在证言中所说的"给张某1 4000万元",实际上是给卡斯特投资咨询中心4000万元。任某的证言一方面说:"陈某1对我说泰康人寿的董事张文中资金周转困难,需要向泰康人寿借一部分钱,让我给安排一下"(见附件62,证据材料第451页,请注意:该证言内容与李某4的相关证言内容矛盾),另一方面又说泰康公司是借款给卡斯特投资咨询中心,借款给卡斯特投资咨询中心是陈某1决定的(见附件62,证据材料第451页)。即便按照陈某1回答控方询问的证言,他也只是说:"我跟(泰康)公司的常务副总经理任某,财务部负责人李某4分别打了招呼,但我只说张文中是公司的股东,公司想委托他理财,需要4000万元,让他们办一下。"(见附件56,证据材料第419页)该证言的内容与李某4、任某的相关证言内容均矛盾。更何况,陈某1后来已经纠正了自己的说法,明确表示涉案的4000万元是企业对企业的委托理财关系(见附件63,证据材料第455页)。显然,李某4、任某、陈某1的有关证言内容存在自相矛盾和互相矛盾的问题,本身就不足采信,且他们的证言中本身也存在4000万元是借给卡斯特投资咨询中心的内容。且不说此三人的证言内容与证明力更强的大量书证的内容明显不符,就是全面审查所有的证人证言和被告人讯问笔录,也只能得出涉案的4000万元资金的接受者和使用者均为卡斯特投资咨询中心，而不是张某1的结论。因此，李某4、任某、陈某1的有关证言当中所说是张某1或者张文中个人借款的内容是完全不能采信的，而其中关于借款人和使用人为卡斯特投资咨询中心的内容则与强有力的书证相符，应当认定属实。

综上所述，涉案的4000万元资金的借出方、使用方和归还方均为单位，无论在名义上还是实质上，都是单位对单位，而且，张文中仅仅是泰康公司的股东，没有在泰康公司担任任何职务，根本不具备挪用泰康公司资金的职务便利。因此，张文中的相关涉案行为根本不具备刑法规定的“利用职务便利，挪用本单位资金归个人使用或者借贷给他人”这一挪用资金罪的成立要件，不构成挪用资金罪。原审判决在本案完全不具备挪用资金罪的构成特征的情况下，居然作出张文中伙同他人，利用他人职务上的便利挪用公司资金归个人使用，因而构成挪用资金罪这样一个与自己引用的证据背道而驰的结论，显然是完全错误的。

（三）原审对单位行贿罪认定的错误之处

总体而言，原审判决认定张文中构成单位行贿罪存在事实不清、证据不足的错误。根据《刑法》第393条的规定，单位行贿罪，是指单位为谋取不正当利益而行贿，或者违反国家规定，给予国家工作人员以回扣、手续费，情节严重的行为。本案中，有大量证据证明张文中安排张某1付给赵某的30万元系劳动报酬，付给李某3公司的500万元系中介费，完全不符合单位行贿罪的成立条件，原审判决定性明显证据不足。具体理由如下：

1. 从现有证据来看，自2002年年底起，赵某就为和康友联公司、华美公司及物美集团做过大量工作。而他在工作期间，除了涉案的30万元，没有收到过有关单位给他的任何其他报酬，因此，涉案的30万元显然系其工作报酬，而非好处费。原审判决无视事实，认定涉案的30万元系张文中单位行贿款，既违背常理，也与现有证据不符。

原审判决认定涉案的30万元系张文中单位行贿款的证据，主要是张文中、赵某的原供述，以及张某1、陈某1的证言。但是，根据这些证据并不能得出相应的结论。因为上述言词证据不但内容不可信，而且与其他大量证据不符。

(1)张文中、赵某的原供述已被他们后来的说法否定(见附件64,证据材料第460页;附件65,证据材料第467~468页;附件2,证据材料第44页、第46页)。

(2)陈某1、张某1的证言与张文中和赵某供述的内容明显不符,且属传来证据,其证明力十分微弱。虽然陈某1在其证言中说,张文中告诉他给了赵某30万元好处费;张某1在其证言中也说,张文中告诉他给赵某30万元好处费,但是,张文中本人从未说过他告诉陈某1,他给了赵某30万元。赵某也从没有说过他告诉过陈某1,张文中给了他30万元。试问:陈某1究竟是从何得知张文中给了赵某30万元?而张某1在其证言中,很清楚地说:"他(指张文中)没有告诉我为什么给赵某钱,我也没有问。"(见附件66,证据材料第478~479页)张文中在回答控方问题时,也说:"没有告诉张某1为什么给老赵钱,张某1也没有问我为什么给老赵钱。"(见附件67,证据材料第486页)仅凭这样支离破碎,完全形不成证据锁链的几份言词证据,显然是无法得出涉案的30万元是给赵某的好处费的结论的。

(3)现有证据证明:

第一,赵某自2002年年底就作为和康友联公司的股东代表担任泰康公司监事。泰康公司出具的证明,刘某某、李某7的证言,和康友联公司出具的证明,赵某的证言,以及泰康公司的股东大会签到册,王某1的证言及其签署的《股东代表委托书》均能证明这一事实(见附件68,证据材料第490页;附件69,证据材料第493页;附件70,证据材料第497~498页;附件71,证据材料第499页;附件72,证据材料第502页;附件73,证据材料第506页;附件74,证据材料第507~508页;附件75,证据材料第509页)。

第二,赵某自2002年年底就作为和康友联公司的股东代表参加泰康公司股东大会、临时股东大会,参与泰康公司重大经营决策。上述事实有泰康公司说明,泰康公司股东大会、临时股东大会签到册,和康友联公司委托书,股东表决投票单,股东投票表决记录单,等书证能够证明(见附件76,证据材料第510页;附件77,证据材料第512~521页;附件78,证据材料第522~526页;见附件69,证据材料第495页)。

第三,从2004年4月起,赵某由监事转为董事,仍为和康友联公司推荐,参与泰康公司发展战略、经营管理、高管聘任等重要经营管理,直到2008年4月。泰康公司出具的证明能够证明上述事实(见附件76,证据材料第510页;附件68,证据材料第490~491页)。

第四,赵某还为华美公司及物美集团做过大量工作。具体包括:①长期代表华美公司参加泰康公司股东大会,进行投票表决(见附件79,证据材料第527~534页;附件80,证据材料第535~560页);②帮助华美公司办理股权转让手续,帮助物美集团购买新街口大厦、设计卖场布局等(见附件64,证据材料第458~460页;附件65,证据材料第467~468页;附件2,证据材料第44页、第46页)。

而赵某在从事上述工作期间,除了涉案的30万元,没有收到过有关单位给他的任何其他报酬。上述事实有赵某的询问笔录,其妻子王某3的证言,以及张某1的证言能够证明(见附件81,证据材料第565页、第571页;附件82,证据材料第573页;附件66,证据材料第479页)。给赵某的30万元钱款的支付时间分别是2003年1月、6月和2004年2月。开始给钱时,赵某已经在为和康友联公司工作,给钱过程中,赵某已经为和康友联公司、华美公司以及物美集团做了大量工作。泰康人寿对赵某这类非执行董事,除部分福利外也没有固定报酬,这有刘某某的证言和泰康公司的书证能够证明(见附件83,证据材料第576页;附件69,证据材料第494页;附件84,证据材料第578页)。这就充分说明,涉案的30万元是赵某为和康友联公司、华美公司以及物美集团工作的报酬,而不是赵某帮助和康友联收购国旅总社持有的泰康公司股权所得的好处费。否则,赵某就是多年在为和康友联公司、华美公司和物美集团做义务劳动。这显然是不可能的。

(4)赵某并没有为物美集团收购国旅总社的泰康公司股份提供重要帮助,原审判决认定赵某“告诉张文中国旅总社确定的谈判底价是1.45元,为张文中谈判提供了重要信息”不符合事实。

原审判决认为,赵某在谈判之前,"告诉张文中国旅总社确定的谈判底价是1.45元(每股),为张文中谈判提供了重要信息"。以此说明给赵某的30万元是单位行贿款。然而,而时任国旅总社董事长、负责股权转让事宜的李某7明确指出,国旅总社的态度是少于1.45元不卖,1.45元的价格就是告诉对方也无所谓(见附件70,证据材料第497页),亦即这一所谓谈判底价并非商业秘密。而且,这个价格与同年粤财公司公开挂牌交易但根本无人收购的泰康公司股权价格刚好一致。因此,国旅总社将其股权以1.45元/股转给和康友联公司是卖了个好价钱。这样的转让价格对于粤财公司可以在公开挂牌转让过程中任人咨询和了解,为什么到了国旅总社就成了"商业秘密"了?而且,所谓赵某"告诉张文中国旅总社确定的谈判底价是1.45元,为张文中谈判提供了重要信息",仅是赵某一人的说法,这一说法不但没有得到张文中或者任何其他人的证实,而且被赵某本人后来所否认(见附件64,证据材料第458页),本身就不足为据。国旅总社最终以较高的价格转让股权,正好说明赵某在这笔交易中没有对和康友联公司做什么贡献,涉案的30万元人民币根本不是给赵某的好处费。

显然,通过上述证据之间的对比,只能得出该涉案的30万元人民币系赵某的工作报酬而非单位行贿款的结论。

2.敬业和康公司投资咨询中心付给李某3的500万元人民币,是物美集团付给李某3的中介费,而不是给梁某的好处费。

原审判决认定张文中向梁某行贿500万元人民币的主要证据是张文中的供述以及梁某、李某3、张某1、陈某1的证言。但是,根据这些证据也得不出该500万元系行贿款的结论。这是因为:

第一,张文中已经推翻其原来的供述,明确表示涉案的500万元人民币是给李某3(相关笔录中的李某某)的中介费(见附件85,证据材料第585页;附件2,证据材料第59页)。

第二,李某3也推翻了其原来的证言,转而认为涉案的500万元人民币应当是给他的中介费(见附件86,证据材料第594~595页)。

第三,有关资金走向的书证和李某3、梁某的证言证明,涉案的500

万元人民币是打到李某3公司账上，梁某根本没有收到涉案的500万元人民币，也从不认为这500万元人民币和他有关系（见附件87，证据材料第603～604页；附件86，证据材料第595页）。

第四，粤财公司的有关会议记录以及梁某的证言证明，梁某在华美公司收购粤财公司持有的泰康公司5000万股股权的过程中，不但没有给收购方华美提供帮助，而且起着阻碍作用，要求提高转让价格，还建议到产权交易中心挂牌转让（见附件87，证据材料第600页；附件88，证据材料第605页；附件89，证据材料第606页）。而涉案的500万元人民币是在收购完成后才付给李某3的。华美公司没有理由在收购完成后，仍然给予在股权收购过程中多方刁难己方的梁某送此巨额的好处费。

第五，现有证据能够证明，李某3介入股权转让事宜在前，华美公司与粤财公司达成转让意向在后。具体表现在，根据梁某、李某3的证言，李某3介入股权转让事宜的时间是2002年上半年（见附件87，证据材料第599页；附件90，证据材料第610页）。而根据华美公司2002年11月25日《关于接受转让泰康股份的函》，华美公司直到2002年11月25日，还在就股权转让事宜向粤财公司发出第二次报价（见附件91，证据材料第616页）。粤财公司于2002年12月17日正式向广州产权交易所发出要求在该所挂牌转让股权的函（见附件92，证据材料第617页）。2002年12月30日，《广州日报》在第B12版刊登了广州市产权交易所公告，内容为粤财公司公开向所有潜在的收购单位转让其持有的5000万股泰康公司股权（见附件93，证据材料第618页）。直到2003年1月20日，粤财公司办公会议才决定以1.4元的价格签协议转让，但并没有明确转让给谁（见附件94，证据材料第619页）。可见，不但2002年12月底，粤财公司还在向所有的客户发出转让股权的邀请，根本没有与华美公司达成转让股权的意向，而且直到2003年1月20日，华美公司与粤财公司仍然没有形成转让意向。原审判决认为在李某3介入收购股权之前，张文中已与粤财公司达成收购股权意向，以此否定涉案的500万元人民币属于给李某3的中介费，与事实不符,不能成立。

第六,现有证据还证明,涉案的500万元人民币到李某3公司的账上后,李某3则将这500万元人民币作为公司的收入入账并纳税(见附件86,证据材料第595页)。

显然,根据本案现有证据及事实,认定涉案的500万元人民币系张文中给梁某的单位行贿款的证据明显不足,而认定该款为给李某3的中介费的证据则较为充分,且更加合理。

最高人民法院2012年12月20日发布的《关于适用〈中华人民共和国刑事诉讼法〉的解释》第83条规定:“审查被告人供述和辩解,应当结合控辩双方提供的所有证据以及被告人的全部供述和辩解进行。”“被告人庭前供述和辩解存在反复,但庭审中供认,且与其他证据相互印证的,可以采信其庭审供述;被告人庭前供述和辩解存在反复,庭审中不供认,且无其他证据与庭前供述印证的,不得采信其庭前供述。”本案中,张文中的庭前供述和辩解均存在反复,庭审中又不供认,且相关证人也推翻了其以前的证言,以致其他证据与其庭前供述也无法印证。因此,显然不能再采信其庭前供述。

同时,根据《刑事诉讼法》第53条的规定,只有在证据确实充分的情况下,才能认定被告人有罪。证据确实充分,应当符合以下条件:(1)定罪量刑的事实都有证据证明;(2)据以定案的证据均经法定程序查证属实;(3)综合全案证据,对所认定事实已排除合理怀疑。而本案中,对比全案证据,可以发现据以认定张文中存在单位行贿行为的证据根本未能查证属实,大量的证据所反映的事实与这些证据是矛盾的,据以定罪的证据远未达到排除合理怀疑的程度,能够排除涉案行为构成犯罪的证据反而更加确实充分。因此,认定涉案的30万元人民币和500万元人民币系分别给赵某和梁某的好处费的证据明显不足,不能成立。

(四)我国多位著名刑事法专家针对本案二审判决的咨询论证意见,十分清楚地指出了原判错误所在

由于本案在社会上有较大影响,判决虽然已经生效并且执行完毕,但法学界及法律界对判决结果仍有较大争议，中华全国工商联合会对此案也予以了长期关注。为切实推进依法治国，北京师范大学刑事法律科学研究院专家委员会于2015年3月22日邀请了高铭暄、陈光中、储槐植、樊崇义、张泗汉、赵秉志、陈兴良、卢建平、宋英辉、黄京平、陈泽宪、黎宏共12位我国著名刑事法专家，就本案的定性以及一审、二审判决存在的问题再次进行了研讨论证，并出具了专家论证法律意见书。全国工商联法律部部长白莲湘女士、法律部科长吕菊萍女士出席了本次专家论证会。

与会刑事法专家在认真阅读分析案卷材料的基础上，经过深入细致的研讨论证，一致认为，一审、二审法院对张文中的三项有罪判决均是错误的，本案属于认定事实和适用法律明显错误的案件，应当依法予以纠正。专家论证意见的基本观点如下：

1. 关于诈骗罪。涉案行为实际上是物美集团根据当时国家文件规定和领导讲话而申报2002年国债贴息技改项目，取得国债贴息资金，系正常的单位行为。一审、二审判决不顾物美集团作为民营企业有资格申报国债贴息技改项目，而且数家不同所有制企业的申报项目均实际获得批准的基本事实，在没有证据证明张文中存在诈骗故意和行为的情况下，对张文中以诈骗罪定罪处罚，不但认定事实错误，而且适用法律错误，不能成立。

2. 关于单位行贿罪。现有证据证明卡斯特经济评价中心付给赵某（原中国国际旅行总社总经理办公室主任）的30万元是其为和康友联技术有限公司、华美现代流通发展有限公司、物美集团工作的报酬，而不是好处费；敬业和康公司投资咨询中心汇入李某3控制的公司的500万元，是给李某3的中介费，李某3将此款作为收入记账并缴税，而不是给梁某的好处费。一审、二审判决认定张文中犯单位行贿罪事实不清、证据不足，依法不能成立。

3. 关于挪用资金罪。涉案的卡斯特投资咨询中心借用泰康公司4000万元资金共同投资理财，系由泰康公司借给卡斯特投资咨询中心使用，该笔资金的出借方、使用方、归还方均为单位，完全不具备刑法及有关司法解释规定的挪用资金罪的成立条件。一审、二审判决就此笔资金认定张文中挪用资金罪,既违背本案基本事实,也违反刑法及有关司法解释的规定,不能成立。

4. 根据《刑事诉讼法》第242条的规定,据以定罪量刑的证据不确实、不充分,或者证明案件事实的主要证据之间存在矛盾的,或者原判决、裁定适用法律确有错误的,经当事人及其法定代理人、近亲属的申诉,人民法院应当重新审判。本案符合上述情形,建议依法提起申诉,以纠正原一审、二审判决的错误。

四、申请再审的法律依据

我国《刑事诉讼法》第242条规定,当事人及其法定代理人、近亲属的申诉符合下列情形之一的,人民法院应当重新审判:(一)有新的证据证明原判决、裁定认定的事实确有错误,可能影响定罪量刑的;(二)据以定罪量刑的证据不确实、不充分、依法应当予以排除,或者证明案件事实的主要证据之间存在矛盾的;(三)原判决、裁定适用法律确有错误的;(四)违反法律规定的诉讼程序,可能影响公正审判的;(五)审判人员在审理该案件的时候,有贪污受贿,徇私舞弊,枉法裁判行为的。

本案中,现有证据证明原审判决至少在以下几个方面存在据以定罪量刑的证据不确实、不充分,或者证明案件事实的主要证据之间存在矛盾的问题:

1. 认定物美集团没有资格申报2002年国债贴息技改项目的证据不确实、不充分,主要证据之间存在矛盾。

2. 认定张文中决定以诚通公司下属企业的名义申报国债贴息技改项目的证据不确实、不充分。

3. 认定张文中指使张伟春以虚假材料编制物美集团技改项目可行性研究报告的证据不确实、不充分。

4. 认定物美集团申报的获批后没有实施的证据不确实、不充分。

5. 认定张文中犯挪用资金罪的证据不确实、不充分,主要证据之间存在矛盾。

6. 认定张文中犯单位行贿罪的证据不确实、不充分,主要证据之间存在矛盾。

同时，本案原审判决在挪用资金罪的法律适用方面也是明显错误的。原审判决所采信的证据根本不能证明张文中存在利用职务上的便利挪用本单位资金归个人使用或者借贷给他人的行为，可是该判决却适用《刑法》第272条，显属适用法律错误。

显然，本案原审判决存在据以定罪量刑的证据明显不确实、不充分，且适用法律确有错误，符合《刑事诉讼法》第242条规定的人民法院应当重新审判情形中的第2项、第3项，应当依法按审判监督程序提起再审。然而，河北省高级人民法院在审查本案时，对申诉人提出的申诉理由和法律依据不予采纳，驳回了申诉人的申诉。这既不符合刑事诉讼法的规定，也与当前大力纠正民营企业的冤错案件、对民营企业予以同等法律保护的政策要求不符。因此，特向最高人民法院提出申诉，申请对本案进行再审。

以上申诉意见，请最高人民法院依法审查并采纳；同时，提请贵院依法对本案启动再审程序。

此致

最高人民法院

申诉人　张文中

申诉代理人　北京市中闻律师事务所律师　赵秉志

北京乾成律师事务所律师　左坚卫

2016年10月12日

附：

1. 申诉书所引用证据复印件（共四卷，所引用证据均来源于本案原审案卷材料）；（略）

2. 12位刑事法专家针对本案出具的专家论证法律意见书；（略）

3. 12位刑事法专家针对本案出具的专家论证法律意见书（摘要）（略）。

附件十一：赵秉志、左坚卫致最高人民法院请求纠正张文中案的建议

关于恳请最高人民法院尽快再审纠正物美集团创始人张文中涉产权重大冤案的建议

最高人民法院：

物美集团创始人张文中于20世纪90年代初从国务院发展研究中心下海创业，创办了物美连锁超市。物美自1994年创立以来，运用现代信息技术发展流通产业，逐渐成长为北京最大的流通企业，是首都的“菜篮子”“米袋子”。张文中本人也曾当选为全国政协委员、全国工商联常委、北京市人大代表，并荣获第一届首都杰出人才提名奖。

2008年10月9日，河北衡水中级人民法院一审以诈骗、单位行贿、挪用资金三罪并罚，判处张文中18年有期徒刑。因其定罪量刑错误，在民营企业界及社会各界引起强烈反响。全国工商联曾先后数次对错误判决表达不同意见，并且前所未有地为张文中的冤案致函最高人民法院。此后，河北省高级人民法院二审改判张文中12年徒刑，张文中现已刑满出狱。

2015年3月，高铭暄教授、陈光中教授等十二名我国著名刑事法专家举行张文中案专家论证会。专家们经过全面、审慎、仔细的法律论证，得出结论，认为张文中的诈骗罪及其他两项指控认定事实错误，证据不足，适用法律错误，完全不能成立，错误判决亟待依法纠正。

河北省高级人民法院主要以物美集团骗取国债贴息资金支持为由，以个人诈骗罪等罪名终审判决张文中12年徒刑。这完全是无视事实。事实是，2001年11月15日，时任国家经贸委主任李荣融同志接受新华社采访，宣布国债贴息政策对民营企业一视同仁（见附件）。当时负责审批国债贷款的国家经贸委市场局局长黄海同志于2009年3月23日专门为本案作证（见附件），时任国家经贸委投资与规划司司长甘智和同志应全国工商联请求，亦于2009年2月9日专门为本案向

法院提交证明材料(见附件),证实物美集团完全符合国家国债贴息政策,但是,河北省高级人民法院在二审审理过程中却认为这些证据与本案“无关”,不予采信,从而造成重大冤案。

值得关注的是,在尚未对张文中实施逮捕之前,专案组强行责令物美控股集团上缴物美集团经国家正式批准取得的3190万元国债贴息款。此外强行责令卡斯特投资咨询中心上缴1440万元理财收入,但此笔款项判决书中只字未提。终审判决另判处张文中个人及物美集团合计580万元罚金。

2016年9月,中央全面深化改革领导小组第二十七次会议要求“对涉及重大财产处置的产权纠纷申诉案件、民营企业和投资人违法申诉案件依法甄别,确属事实不清、证据不足、适用法律错误的错案冤案,要依法予以纠正并赔偿当事人的损失”。2016年12月召开的中央经济工作会议亦再次强调,“坚持有错必纠,甄别纠正一批侵害企业产权的错案冤案。保护企业家精神,支持企业家专心创新创业”。党中央上述英明政策在广大工商界人士和民营企业家中引起强烈反响,众多法律界、工商界人士呼吁尽快纠正张文中冤案。

我们作为张文中案一审、二审的辩护律师,长期跟进、关注此案,了解此案始末,对张文中本人亦有较深的了解。对张文中的错误判决曾震惊企业界,长期受到社会各界尤其是工商界的广泛关注,备受法律界人士的质疑。张文中自始至终对司法公正抱持坚定信念,坚守正义与良心,尽管受到有关官员的威胁、逼迫及其他各种强大压力,他坚决拒绝为获得自由而苟且“配合”个别办案人员,歪曲事实;在一审、二审中张文中均坚持不认罪,并在错误判决发生后曾多次向河北省高级人民法院申诉。2016年10月,张文中再次向最高人民法院提出申诉。

张文中冤案是民营企业家遭受侵害及民营企业重大财产受到侵害的典型案例,依法彻底纠正张文中冤案,其意义不仅仅是卸掉其个人、家庭和物美集团背负的不实罪名和冤屈,而且对于推动中央政策落地、集中体现党中央对民营企业的关心、彰显我国司法公正、提振民营企业家投资兴业的信心意义重大。张文中及其企业被责令上缴的巨额款项，财产损失严重；而冤假错案对张文中个人和物美集团这一明星企业的发展所造成的不可估量的损失无可挽回。相对于财产损失，更重要的是应当尽快依法纠正错误判决，恢复张文中的个人名誉！

顺致敬意！

附件：

1. 专家论证法律意见书；（略）

2. 中国新闻社报道原国家经贸委主任李荣融关于国债贴息政策的访谈；（略）

3. 原国家经贸委市场局局长黄海证词；（略）

4. 全国工商联法律部函及原国家经贸委投资与规划司司长甘智和证词；（略）

5. 张文中及物美集团简要介绍（略）。

张文中申诉案代理人

北京市中闻律师事务所　赵秉志律师

北京乾成律师事务所　左坚卫律师

二〇一七年一月四日

附件十二：赵秉志、左坚卫关于张文中案属于涉产权错案的说明

关于张文中案属于需要依法纠正的涉产权错案的说明

最高人民法院立案庭：

中央决定要依法纠正一批影响大的涉产权错案。我们作为张文中案的代理律师，在仔细分析案情的基础上，认为张文中案件符合条件。具体理由如下：

1. 物美集团是全国知名的民营企业，位列中国企业五百强，是我国现代连锁超市的开拓者，年销售额超过家乐福，是民族实体经济的优秀代表。

2. 张文中是斯坦福大学博士后，回国创业成功的学者型明星企业家，在民营企业家中有很大的影响力。

3. 张文中冤案，广为民营企业家和媒体关注。此案冤屈众所周知，许多著名企业家为张文中打抱不平。平反此案非常有利于提振民营企业家投资兴业的信心。

4. 张文中冤案涉产权。办案过程中，物美集团和张文中本人被剥夺了5000多万元资金。

5. 张文中冤案源于个别人的迫害。

以上法律意见，提请贵庭酌情考虑。

北京市中闻律师事务所律师　赵秉志

北京乾成律师事务所律师　左坚卫

2017年4月1日

附件十三:张文中案再审辩护词

张文中诈骗、单位行贿、挪用资金申诉案再审辩护词

尊敬的审判长、审判员:

我们分别是北京市中闻律师事务所律师赵秉志和北京乾成律师事务所律师左坚卫。作为张文中案件一审、二审的辩护人,我们又接受张文中的委托,并受所在律师事务所指派,担任张文中单位行贿、挪用资金、诈骗案件再审的辩护人。接受辩护委托之后,我们再次进行了阅卷,仔细研究了案情及相关的法律和司法解释,进行了必要的调查取证,2 月 7 日参加了再审庭前会议,对案情有了更加全面的了解和把握,为依法辩护打下了基础。

本案由河北省衡水市中级人民法院于 2008 年 10 月 9 日作出一审判决,认定被告人张文中犯诈骗罪,判处有期徒刑 15 年,并处罚金 50 万元;犯单位行贿罪,判处有期徒刑 3 年;犯挪用资金罪,判处有期徒刑 1 年;决定合并执行有期徒刑 18 年,并处罚金 50 万元。张文中不服一审判决上诉后,河北省高级人民法院于 2009 年 3 月 30 日作出二审判决(以下简称原审判决),维持了一审判决对张文中单位行贿罪、挪用资金罪的定罪量刑部分,诈骗罪的定罪部分;认定张文中犯诈骗罪,判处有期徒刑 10 年,并处罚金 50 万元,与其单位行贿罪、挪用资金罪并罚,决定执行有期徒刑 12 年,并处罚金 50 万元。

张文中于 2015 年 7 月 10 日向河北省高级人民法院提出申诉,要求改判无罪。该院于 2015 年 12 月 21 日驳回申诉。2016 年 10 月 12 日,张文中向最高人民法院提出申诉。最高人民法院于 2017 年 12 月 27 日决定对本案进行再审。

下面,我们根据本案事实及相关法律、司法解释的规定,围绕庭前会议确定的争议焦点,共同发表以下辩护意见。

我们总的辩护意见是:原审判决违背本案基本事实,违反刑法及最

高人民法院有关司法解释的明文规定,作出的张文中犯诈骗罪、单位行贿罪和挪用资金罪的判决结论完全错误,应当依法改判张文中无罪。下面,我们以本案证据能够证明的事实为根据,以刑法及有关司法解释的规定为准绳,并结合法理,发表具体辩护意见。

一、关于诈骗罪,我们的辩护观点是:张文中在物美集团申报国债贴息技改项目的过程中没有实施任何诈骗行为,不成立诈骗罪。

原审判决认定张文中犯诈骗罪的所谓"事实"根据是:2002 年年初,张文中得知国家对重点企业、重点项目实行国债贴息补贴政策,遂与本案另一被告人张伟春(物美集团原行政总监)等人商议此事,并委派张伟春到国家经贸委等部门进行了咨询。在得知该批国债贴息资金主要用于支持国有企业技术改造项目,物美控股集团有限公司(原北京物美商业集团有限公司,以下简称物美集团)作为民营企业不属于国债贴息资金支持范围的情况下,张文中与张伟春商量后决定以中国诚通控股集团有限公司(中央直属国有企业,以下简称诚通公司)下属企业的名义进行申报。为此,张文中与诚通公司董事长田某 1 多次联系,田某 1 答应了张文中的要求。在张文中的指使下,张伟春等人以虚假材料编制了物美集团技改项目可行性研究报告,以诚通公司下属企业的名义上报国家经贸委。物流项目获得审批后,物美集团既未实施,也未向银行申请贷款;物美集团以信息化项目为名,以与和康友联公司签订虚假设备采购合同和开具虚假发票为手段,获得 1.3 亿元贷款,用于公司日常经营,未实施信息化项目。2003 年 10 月 29 日,财政部将 3190 万元国债贴息资金拨付到诚通公司,后诚通公司将该款汇入物美集团账户,物美集团将该款用于偿还公司贷款(见二审判决书第 17 页、第 31 页)。原审判决据此认定张文中将物美集团冒充为国有企业的下属企业,通过呈报虚假的项目,诈骗国债贴息资金 3190 万元,构成诈骗罪且数额特别巨大。

我们认为,原审判决关于张文中犯诈骗罪的认定与本案事实不符,定性错误,不能成立。对于诈骗罪,我们总的辩护意见是:民营企业有资格申报 2002 年国债贴息技改项目,物美集团是国家重点支持的连锁经营企业,完全有资格获得国债贴息资金支持;物美集团所申报的项目已经全面实施,并且投入使用,发挥了巨大效益;张文中在物美集团申报国债贴息技改项目的过程中没有实施任何诈骗国债贴息资金的行为,根本不成立诈骗罪。下面,我们分四个方面,详细阐述张文中不成立诈骗罪的理由及原审判决的错误所在。

(一)物美集团作为民营企业有资格申报2002年国债贴息技改项目,根本无须冒充国有公司下属企业进行申报。

尽管国债贴息技改项目最初重点是支持国有企业,但是,从2002年开始,国债贴息资金的支持范围开始扩展到民营企业、股份制企业等其他所有制的优势企业。在行业领域,国债贴息技改项目扩展到建材、汽车、流通等行业。物美集团作为当时流通行业的优势企业,完全有资格申报2002年国债贴息技改项目,获得国债贴息资金支持。事实上,也确实有包括物美集团在内的多家非国有企业成功地申报到了2002年国债贴息技改项目,获得了国债贴息资金支持。

上述事实,有以下证据支持:

1. 证人证言3项:

(1)原国家经贸委贸易市场局局长黄某1的证言。黄某1当庭作出的证言证明,2002年国债贴息技改项目允许民营企业申报。他当时以流通业专家的身份,参与了该行业国债贴息政策的制定,没有对企业所有制作出规定或限制。物美是做得比较好的流通企业,而且还在上海推进流通业的大会上介绍经验,应该有资格申报国债技改项目。

(2)原国家经贸委投资与规划司工作人员李某1的证言。证明2002年第八批国债技改贴息项目支持重点包含流通业等领域,包括民营企业在内的各种所有制企业都有资格申报。(见证据:李某1在2018年1月25日出具的《情况说明》)

(3)原国家经贸委投资与规划司司长甘某的证言。证明从2002年开始,国债贴息资金的支持范围在企业类型上有所松动,开始扩展到民营企业、股份制企业等其他所有制的优势企业。部分民营企业进入国债贴息计划。(见2009年2月9日甘某《关于物美申请2002年国债

技术改造项目相关情况的说明》,以及甘某2018年1月25日《关于2002年国债技术改造项目相关情况的说明》)

2. 电子数据1项:

东方网2001年11月16日新闻《明年中国国债及该贴息将对各所有制一视同仁》。该电子数据记载,时任国家经贸委主任的李荣融同志表示:国家将按国际惯例改革国债技术改造贴息办法,对各种所有制企业施行国民待遇。

3. 书证4项:

(1)李荣融同志2002年1月20日在全国推进流通现代化工作现场会上的讲话《开拓创新　锐意进取　扎实推进我国流通现代化》。证明2002年国家拟将物流配送中心建设和连锁企业信息现代化建设等,列入国债贴息项目给予重点支持。

(2)原国家经济贸易委员会投资与规划司2002年2月27日"投资〔2002〕075号"《关于组织申报2002年国债技术改造项目的通知》及其附件。证明没有禁止民营企业申报2002年国债贴息技改项目,对国债投资重点行业之一的"物流业",规定的是"选择一批实力较强的大型连锁企业和物资、运输等传统物流企业,围绕信息化管理、仓储设施、经营规模等进行改造,使其向集团化方向发展"。没有区分所有制性质。

(3)原国家经贸委贸易市场局改革指导处统计的《2002年全国前30名零售、餐饮业连锁企业经营情况统计表》。该统计表证明当时大型连锁企业半数以上都是民营企业,物美在其中属于排名靠前的优势企业,符合"投资〔2002〕075号"文件规定的申报条件。

(4)原国家经济贸易委员会等七部门于2003年3月17日联合下发的"国经贸投资〔2003〕297号"《关于下达2003年第二批国债专项资金国家重点技术改造项目投资计划的通知》及其附件。该通知及其附件记载了获得2002年国债贴息资金支持的企业及其技改项目,证明在获得2002年国债贴息技改项目的企业中,除物美集团外,还有黑龙江哈尔滨圣泰制药有限公司、江苏盐城丰东热处理有限公司、浙江恒逸集团有限公司、浙江美欣达印染股份有限公司、横店集团控股有限公司、天津宝迪农业科技股份有限公司六家非国有企业。

在上述证据中，甘某同志当时任国家经贸委投资与规划司司长，负责制定国债贴息政策，李某1当时任投资与规划司主任科员，负责组织国债贴息技改项目的具体工作，黄某1当时任贸易市场局局长，负责对申报的流通业项目进行把关，他们关于2002年民营企业是否有资格申报国债贴息技改项目的说法显然是具有权威性的。而且，他们的说法与原国家经贸委投资与规划司2002年2月27日“投资〔2002〕075号”文件内容，以及2002年国债贴息技改项目的实际审批结果也是相符合的。这些书证与证人证言互相印证，充分证明了民营企业有资格申报2002年国债贴息技改项目，物美集团的自身实力和项目本身也符合申报条件，有资格获得国债贴息资金支持。

原审判决认定物美集团作为民营企业没有资格申报2002年国债贴息技改项目的主要证据包括：(1)张伟春及张文中的原供述；(2)证人李某1、李某2的证言；(3)原国家经济贸易委员会、国家发展计划委员会、财政部、中国人民银行“国经贸投资〔1999〕886号”《关于印发〈国家重点技术改造项目管理办法〉、〈国家重点技术改造项目国债专项资金管理办法〉的通知》(以下简称“国经贸投资〔1999〕886号”《通知》)；(4)原国家经贸委投资与规划司《关于下达第八批国债技改项目计划的请示》。

原审判决的上述证据存在以下问题：(1)张伟春、张文中在侦查阶段的供述本来就自相矛盾，已经被他们自己后来的说法推翻，而且都明确强调民营企业完全有资格申报2002年国债贴息技改项目(见2007年1月7日张伟春《关于北京物美集团申报国债项目有关问题的情况汇报》，以及2008年9月24日一审《开庭笔录》)。(2)李某1已经改变了其原来的说法，明确指出民营企业有资格申报2002年国债贴息技改项目。在此需要说明的是，原审判决认定民营企业没有资格申报2002年国债贴息的主要证据就是李某1的证言。而现在，李某1已经用新的证言否定了其过去的说法，且其新的证言内容与原国家经贸委的有关文件的规定和国债贴息项目的实际审批结果是吻合的。(3)李某2的证言与2002年第八批国债贴息技改项目的实际审批结果不符，与黄某1、李某1、甘某的证言矛盾，因而证明力十分微弱。民营企业是否有资格申报2002年国债贴息技改项目，不能以李某2或者其他人的说法为准，而应当以有关文件规定和实际申报结果为准。(4)原国家经贸委投资与规划司于2002年2月27日下发了“投资〔2002〕075号”《通知》，民营企业是否有资格申报2002年国债技术改造项目，应当以该通知为准，而不能以“国经贸投资〔1999〕886号”《通知》为准。然而，“投资〔2002〕075号”《通知》的内容被原审判决刻意回避，在判决书中只字未提。(5)原国家经贸委投资与规划司《关于下达第八批国债技改项目计划的请示》中，只是提到根据领导指示精神，剔除了8个不符合要求的中外合资企业和私营企业的项目，并没有剔除所有的“中外合资企业”和“私营企业”申报的项目，更没有剔除物美集团这类“中外合资企业”和“私营企业”之外的其他非国有企业申报的项目(见2002年6月24日《国家经贸委签报专用单》)。因此，该请示的内容不能证明民营企业没有资格申报2002年国债技改项目。

总之，原审判决认定物美集团作为民营企业没有资格申报2002年国债贴息技改项目的证据或者已被推翻，或者与更权威的说法以及实际审批结果不符，不具有证明力，得出的结论也是不能成立的。

既然民营企业有资格申报2002年国债技改项目，物美集团作为大型连锁企业中排名靠前的优势民营企业完全符合申报条件，就没有任何理由去冒充国有公司的下属企业进行申报，而张文中更不可能作出让物美集团冒充国有公司下属企业进行申报的荒唐之举。

(二)物美集团通过诚通公司递交项目申报材料是由物美集团高层会议决定的，后来还通过董事会决议予以确认，在当时是允许的，不存在张文中决定物美集团以诚通公司下属企业的名义申报国债贴息技改项目的事实。

物美集团通过诚通公司递交项目申报材料的基本过程如下：2002年年初，张文中在得知国家经贸委在组织申报2002年国债技术改造项目后,基于其从2002年1月20日在上海召开的全国推进流通现代化工作现场会上了解到的情况,决定物美集团积极参加申报,并派张伟春到原国家经贸委了解申报项目的具体情况。张伟春反馈回来的信息是:(1)物美集团有资格申报,可以通过两条途径提交项目申报材料,一条是通过地方经贸委申报,另一条是通过央企申报;(2)通过央企比较便捷,比通过地方申报能节省时间;(3)根据物美集团与央企诚通公司之间的关系,可以通过诚通公司上报项目申报材料。事实上,物美集团与诚通公司当时确实存在间接持股以及其他关联关系,可以通过诚通公司递交项目材料。张文中在确认物美集团可以通过诚通公司递交项目申报材料后,召开物美集团高层会议讨论决定,物美集团通过诚通公司递交项目申报材料,后来又召开董事会形成决议,决定申报信息现代化建设和第三方物流改扩建两个项目,并通过诚通公司递交项目申报材料,并委派张伟春代表物美集团向诚通公司和国家经贸委汇报。在征得诚通公司董事长田某1等人同意和支持后,物美集团通过诚通公司递交了项目申报材料。在此过程中,物美集团纯粹是将诚通公司作为其上报项目材料的渠道,从未将物美集团视为诚通公司的下属企业,更不存在张文中决定物美集团以诚通公司下属企业的名义申报项目的事实。

上述事实有以下证据证明:

1. 张伟春的辩解。证明:(1)物美集团只是通过诚通公司递交项目申报材料,不是以诚通公司下属企业的名义申报项目;(2)申报项目有两条路径;(3)经贸委的工作人员了解了物美集团与诚通公司的股权关系后,认为如果诚通公司同意,物美集团可以通过诚通公司上报项目材料;(4)他不知道物美集团必须是诚通公司的下属企业才能通过诚通公司提交项目申报材料(见2007年10月7日张伟春《关于北京物美申报国债项目有关问题的情况汇报》以及2008年9月24日一审《开庭笔录》)。

2. 张文中的辩解。证明他知道物美集团有资格申报国债技改项目,认为物美集团与诚通公司存在股权关系等关联关系,可以通过诚通公司递交国债技改项目申报材料；通过诚通公司递交项目申报材料是物美集团董事会的决定；他并不知道物美集团必须以诚通公司下属企业的名义递交项目申报材料；他没有参与和关注具体申报工作，对申报过程中的物美集团《国债技改企业基本情况表》中相关内容一无所知。（见2008年9月24日一审《开庭笔录》，以及2007年10月9日张文中《讯问笔录》）。

3. 证人黄某1的证言。证明在物美集团与诚通公司之间当时存在股权关系的情况下，物美集团可以通过诚通公司递交项目申报材料。

4. 证人李某2的证言。证明当时只要物美集团里有诚通公司的股份，就可以视为诚通公司的下属企业，通过诚通公司递交项目申报材料是可以的。

5. 原诚通公司董事长田某1的证言。证明诚通公司只是为物美集团上报项目材料提供一个渠道，不负责帮物美集团跑经贸委（见2007年1月23日田某1《讯问笔录》）。

6. 时任中国国际期货经纪有限公司党委书记宫月云的证言。证明在诚通公司的发展和宣传中，对物美集团很重视，曾将物美作为自己的子公司对外宣传。物美党组织关系和干部大学生人事档案在中期保管（见2007年9月11日宫月云《调查笔录》）。

7. 书证4项：(1)《中国国际期货经纪有限公司2002年度股东会决议》；(2)诚通公司2002年第5次《董事会决议》；(3)2003年3月8日《北京物美商业集团股份有限公司股东会决议》；(4)2007年10月26日中国中期投资有限公司《关于诚通、中期及物美三者之间关系的说明》。证明：(1)在2002年6月20日以前，诚通公司是中国国际期货经纪有限公司的股东；(2)在2003年3月以前，中国国际期货经纪有限公司是物美集团的股东；(3)在申报2002年国债技改项目时，诚通公司与物美集团之间存在间接持股的关系。

8. 证人证言4项：(1)吴某1、王某1、张某1三人出具的《物美集团关于2002年通过诚通集团递交申报国债技改项目立项材料相关情况的说明》；(2)证人吴某1的证言；(3)证人王某1的证言；(4)证人张某

1 的证言。证明物美集团当时是将诚通公司作为申报国债贴息技改项目的一个渠道。

9. 书证：物美 2002 年 9 月 28 日《董事会决议》。证明物美集团通过诚通公司递交项目申报材料经过董事会讨论决定，并非张文中个人决定。

显然，物美集团通过诚通公司递交项目申报材料在当时并无不妥，物美集团高层及董事会决定通过诚通公司提交项目申报材料有充分的依据，不存在任何欺骗行为。至于原审判决作为认定物美集团冒充诚通公司下属企业的证据的《国债技改企业基本情况表》，张文中从未见过，也从未有人对他说过申报中有这样一张表，对表中相关内容一无所知。原审法院也未能查明该表究竟是由谁填写的。因此，该表格与原审判决的认定结果之间不存在关联性。即使表格中关于物美集团的内容有不实之处，也不能证明张文中存在诈骗行为。而且，张文中在一审庭审中明确表示，如果他知道申报表格上要填写物美集团是诚通公司下属企业的内容，他就不会同意通过诚通公司申报。

总之，原审法院认定张文中与张伟春因明知民营企业没有资格申报，故商量后决定以诚通公司下属企业进行申报，不但错误认定了本案事实，而且对物美集团通过诚通公司递交申报项目材料的行为性质作出了完全错误的判定。

（三）物美集团根据自身发展的需要，精心编制了信息现代化建设项目的可行性研究报告，并委托专业机构编制了第三方物流改扩建项目的可行性研究报告，张文中并未参与可行性研究报告的编制，更没有指使张伟春等人以虚假材料编制可行性研究报告。

物美集团在通过诚通公司递交项目申报材料后，即安排张伟春负责项目资料的准备和项目可行性研究报告的编制。张伟春在负责编制项目可行性研究报告的过程中，根据物美集团经营和发展的需要，组织物美集团单位内部人员，同时还联系物流和信息行业其他单位的人员，帮助编制可行性研究报告，以保证工作质量。最终委托中商商业经济研究中心及中元国际投资咨询中心编制了长达 90 余页的《第三方物流改扩建项目可行性研究报告》,物美集团自己编制出了长达80余页的《信息现代化建设项目可行性研究报告》。在编制可行性研究报告的过程中,张伟春从未提供过虚假材料,也从来没有要求他人提供过虚假材料。《第三方物流改扩建项目可行性研究报告》附件中的《规划意见书》,是张伟春根据编制物流项目可行性研究报告的中商商业经济研究中心工作人员的要求,申请通州规划局出具的;该报告中的另两张附图,张伟春根本不知道是谁加入的。张文中由于没有参与编制项目可行性研究报告的具体事务,不知道这些情况。

上述事实有下列证据证明:

1. 书证:中商商业经济研究中心及中元国际投资咨询中心编制的物美集团《第三方物流改扩建项目可行性研究报告》。证明物美集团委托专业机构认真编制了物流项目的可行性研究报告。

2. 书证:物美集团编制的《信息现代化建设项目可行性研究报告》。证明物美集团精心编制了信息现代化项目的可行性研究报告。

3. 书证:《北京市通州规划局规划意见书》。证明该规划意见书是由通州区规划局出具,同意物美集团在通州区物流产业园区内建设商业项目,并确定了用地使用性质及用地面积。

4. 张某2的证言。证明张伟春只是要求通州规划局出具《规划意见书》,并未要求如何出具。(见2006年12月26日张某2《询问笔录》)

5. 张伟春的辩解。证明:(1)《规划意见书》是负责编制物流项目可行性研究报告的中商商业经济研究中心要求提供的,张伟春只是被动地接受该《规划意见书》;(2)虽然事后查明该《规划意见书》不符合要求,但它是由政府管理部门出具的,并不虚假,只是案发后查明内容不符合要求;(3)张伟春根本无从知道其内容是否符合要求;(4)第三方物流改扩建项目可行性研究报告中的附图与作为可行性研究报告附件五的《规划意见书》无关,是可行性研究报告独立的附件二和附件三,不是《规划意见书》的附图;(5)有关附图不是他加入的。(见2007年10月7日张伟春《关于北京物美申报国债项目有关问题的情况汇报》以及2008年9月24日一审《开庭笔录》)

6. 张文中的辩解。证明项目资料的准备和项目可行性研究报告的编制都是由张伟春负责的,他并没有审核,对项目可行性研究报告的内容不了解。(见2007年1月18日张文中《讯问笔录》,2008年9月24日一审《开庭笔录》)

7. 物美集团员工叶某某的证言。物美集团发展部总监叶某某也证明,张文中没有过问物流项目资料准备工作。(见2007年10月21日叶某某《调查笔录》)

显然,无论是《第三方物流改扩建项目可行性研究报告》,还是《信息现代化建设项目可行性研究报告》,其内容都是根据物美集团自身经营和发展的需要编制的,是完全真实的,并且是物美集团无论是否获得国债贴息支持,都要实施的。至于《第三方物流改扩建项目可行性研究报告》附件中的《规划意见书》,是作为政府部门的通州规划局出具的,并不虚假。至于该《规划意见书》的内容是否符合要求,张伟春无从知晓。该报告附件中的另两张附图,张伟春则根本不知道是谁加入的。《规划意见书》和附图内容是否符合要求,是否虚假,都与张伟春无关,都不属于用虚假资料编制可行性研究报告,更谈不上是张文中指使张伟春用虚假材料编制可行性研究报告。原审判决根据该《规划意见书》和两张附图,认定张文中指使张伟春用虚假资料编制物美集团技改项目可行性研究报告完全背离了事实,是完全错误的。

(四)物美集团申报的两个国债贴息技改项目均已完成,物流项目因政策原因异地实施,目前物流项目合计建筑面积达到36万平方米,超过原计划的10倍;信息化项目已经全面实施,信息化水平已经居于全国前列。原审判决认定项目未实施与事实不符,不能成立。

尽管从诈骗罪的犯罪构成要件来看,只要物美集团在申报国债技改项目的过程中没有实施虚构事实、隐瞒真相,诈骗国债贴息资金的行为,即便所获得的项目之后因故未能实施,也不能认定为诈骗,但是,物美集团在获得两个国债技改项目之后是否实施或者是否进行了相关努力,当然对进一步证实物美集团是否具有以申报项目之名骗取国家钱款很有意义。所以我们下面对此问题作出详细说明。

事实是:物美集团申报的物流改扩建项目和信息现代化项目获批后,物美集团即开始积极推进项目的实施。

1. 信息现代化建设项目的主要内容已经实施,项目可行性研究报告的主要目标已经达到。

自2002年起,物美集团投入大量的人力、物力、财力实施“信息现代化建设项目”,截至2007年8月,已有1.46亿元投入项目,其中有近6000万元用于购置硬件。物美集团已基本实现了信息现代化,完成了“产业升级”的目标,并有力地支撑了物美集团从2002年开始的销售额快速增长。具体表现在:(1)自2002年起,物美集团信息现代化建设项目共完成以下七大子系统:①建立物美集团的经营组织、管理模式和运作方式;②完善物美集团的网络支撑系统;③建立物美集团信息技术系统总体框架;④实施各类业态的管理信息系统;⑤实施网络化财务管理系统;⑥实施供应链管理系统;⑦实施经营决策支持系统。以上七个子系统覆盖了2002年信息现代化建设项目可行性研究报告十个子系统的主要部分。(2)2002年信息现代化项目可行性研究报告计划建设的另外三项内容在分步实施或调整,其中:①电子商务系统推迟实施;②物流项目(信息现代化配套部分)调整以适应物流项目临时异地实施;③协作关系管理系统因数据难以统一,暂未实施。(3)物美集团信息现代化项目已实际投资14,623万元,其中5934万元用于购置设备。之所以实际投资额低于可行性研究报告中的预算,主要原因在于:①硬件成本逐步降低,比如POS机2002年12,500元/台,2005年降为8500元,2006年降为7100元/台。②服务器投资减少。服务器共享,原计划每个系统都需要一个服务器,后经过研究变为多个系统共享一个服务器。同时服务器大幅降价。③电子商务系统推迟实施,其相应的硬件采购也推迟。④电子商务系统推迟,其相应软件费用未发生。⑤不可预见费1200万元因节约未发生。

2. 第三方物流改扩建项目虽然在推进过程中遇到了很大的客观障碍,但也通过异地实施的方式实现并远超过了当初申报时设定的目标。

尽管张伟春非常努力地推动物流项目的启动,但是,由于通州物流产业园区控制性详细规划迟迟未出,有关政策文件直到2003年8月19日才下发,而在此之前物美集团与通州物流园区无法进行项目用地的实质性谈判,阻滞了物美集团的物流项目用地谈判,加之"非典"因素,致使项目推进延迟,由此导致物美集团的物流项目用地实质性谈判只能在2003年8月19日以后才进行。而此时,国家已经在大力整顿物流园区,北京市及各区县政府均暂停审批新设立和扩建各类开发区、园区。通州物流产业园区项目用地经整顿后由租改售,致使项目原有的实施基础发生重大改变。物流项目被迫异地实施,其中包括大红门物流中心、百子湾物流中心以及天津杨台物流中心。

这些异地实施的项目,在功能上与计划在原项目地点实施的物流项目基本相同,所发挥的作用也相同,满足了当时以及近年物美集团发展的需要。

物美集团于2004年年初至2005年7月,将原准备在通州物流园区建设的物美物流改扩建项目异地在北京百子湾、大红门、天津杨台等地陆续建设,使物美集团在国内流通业率先采用第三方物流支持连锁店铺的商品配送,集团配送中心面积从2002年的不足1万平方米扩建到3.35万平方米,达到了2002年物美集团第三方物流改扩建项目所设定的目标,持续提升物流技术水平,实现了物流和仓储能力的升级,支持了物美集团2003~2005年销售的快速增长。实现了当初申报第三方物流改扩建项目设定的目标。

由于异地实施,物美集团多次努力与银行沟通进行项目变更。在没有取得项目贷款的情况下,使用自有资金和银行流动资金贷款继续实施项目。在2004年至2007年,物美向农业银行申请项目变更办理变更贷款的同时,还向农业银行申请短期流动资金贷款,以支持物美集团的日常经营,同时也包含支持物流改扩建项目的实施。其中2004年至2005年贷款发生额约12.9亿元人民币。

上述事实有下列证据和材料证明:

1. 书证:物美集团编制的《信息现代化建设项目可行性研究报告》。(见2002年9月物美集团《信息现代化建设项目可行性研究报告》)证明该项目的主要建设内容包括十大项,分别是:(1)建立快速适应市场变化的物美集团经营组织及管理模式和运作方式;(2)完善物美集团的网络支撑系统;(3)建立物美集团信息技术系统总体框架;(4)实施各类业态的管理信息系统;(5)建设物美集团物流中心,实施现代物流系统;(6)实施协作关系管理系统;(7)实施网络化财务管理系统;(8)实施供应链管理系统;(9)实施电子商务应用系统;(10)实施经营决策支持系统。项目总投资为19,780万元人民币,其中,企业自筹6780万元,银行贷款13,000万元。

2. 书证:物美集团2008年9月编制的《物美2002年信息化建设项目总结》。证明自2002年起,物美集团投入大量的人力、物力、财力实施"信息现代化建设项目",申报的信息化项目的主要内容已经实施,项目可行性研究报告的主要目标已经达到。

3. 书证:中商商业经济研究中心及中元国际投资咨询中心编制的物美集团《第三方物流改扩建项目可行性研究报告》。证明物流项目建成后,物流配送中心的主要物流仓储功能性建筑为:干品区32,000平方米,冷冻区(架)3000平方米,冷冻区(平放)5000平方米,冷藏区1200平方米,共计41,200平方米。

4. 书证:中国物流与采购联合会专家评审组2009年3月17日出具的《关于物美集团"中国物流实验基地"及物流改扩建完成情况的专家评定意见》。证明物美集团的物流项目被迫异地实施后,这些异地实施的项目,在功能上与计划在原项目地点实施的物流项目基本相同,所发挥的作用也相同,满足了物美集团发展的需要。

5. 书证6份:(1)2003年3月18日中华人民共和国住房和城乡建设部"国土资发〔2003〕45号"《国土资源部关于清理各类园区用地 加强土地供应调控的紧急通知》;(2)2003年7月28日北京市人民政府办公厅"京政办发〔2003〕40号"《北京市人民政府办公厅转发国务院办公厅关于暂停审批各类开发区文件的通知》;(3)国务院办公厅2003年7月30日"国办发〔2003〕70号"《关于清理整顿各类开发区　加强建设用地管理的通知》;(4)2003年12月30日中华人民共和国住房与

城乡建设部“发改外资〔2003〕2343号”《关于清理整顿现有各类开发区的具体标准额政策界限的通知》;(5)2003年9月10日中华人民共和国住房与城乡建设部“建规〔2003〕178号”《关于进一步加强与规范各类开发区规划建设管理的通知》;(6)国务院“国发明电〔2003〕7号”《国务院关于加大工作力度 进一步治理整顿土地市场秩序的紧急通知》。证明物美集团的物流项目在推进过程中,国家调整物流园区用地政策,致使项目原有的实施基础发生重大改变。

6. 书证:2003年8月14日北京市规划委员会“市规发〔2003〕1113号”《关于北京通州物流产业园区控制性详细规划的批复》。证明通州物流产业园区规划直至2003年8月才出,阻滞了物美集团的物流项目用地谈判,致使项目推进搁浅。

7. 书证:物美集团2004年至2007年农业银行贷款明细表。证明在2004年至2007年物美向农业银行申请项目变更办理变更贷款的同时,还向农业银行申请短期流动资金贷款,以支持物美集团的日常经营,同时也包含支持物流改扩建项目的实施。其中2004年至2005年贷款发生额约12.9亿元人民币。

8. 言词证据4份:(1)张伟春的辩解(见2007年10月7日张伟春《关于北京物美申报国债项目有关问题的情况汇报》);(2)证人李某5证言(见2008年9月21日李某5《调查笔录》);(3)证人吴某1证言(见2007年10月21日吴某1《调查笔录》);(4)证人蒙某某的证言(见2008年9月21日蒙某某《调查笔录》)。证明通州物流产业园区项目用地在经整顿后由租改售。

显然,原审判决认定两个项目没有实施与实际情况完全不符,不能成立。

综上所述,现有证据已经充分证明,张文中在物美集团申报国债贴息技改项目的过程中,没有实施任何诈骗行为。原审判决用以认定张文中犯诈骗罪的全部事实根据,没有一项是真实或者与其作出的判决结论有关联性的,原审判决关于张文中犯诈骗罪的结论,当然也是完全错误的,应当依法予以纠正。

二、关于单位行贿罪，我们的辩护观点是：涉案的30万元是给赵某的报酬，涉案的500万元是给李某3的中介费，且不是物美集团支付；而且，收购国旅总社股份的是和康友联，收购粤财公司股份的是华美公司，物美集团在本案中不具备单位行贿的主体要件，不成立单位行贿罪，相应地，张文中也不成立单位行贿罪。

原审判决认定张文中犯单位行贿罪的所谓“事实”根据是：

1. 2002年，物美集团在收购中国国际旅行总社（以下简称国旅总社）持有的泰康人寿保险股份有限公司（以下简称泰康公司）5000万股股份的过程中，张文中向国旅总社总经理办公室主任赵某提出让其提供帮助，并承诺给其一笔好处费。在赵某的积极协调、帮助下，2002年年底，物美集团以其关联公司北京和康友联技术有限公司（以下简称和康友联）的名义顺利收购了国旅总社持有的5000万股泰康公司股份。张文中遂指派张某1（物美集团副总裁）给付赵某30万元。2003年1月至2004年2月，张某1通过物美集团的关联公司卡斯特经济评价中心以报销费用的方式，向赵某支付了人民币30万元（见二审判决书第2页、第31页）。

2. 2002年，物美集团在收购广东粤财信托投资公司（以下简称粤财公司）持有的泰康公司5000万股股份过程中，张文中向粤财公司总经理梁某承诺事成之后给予梁某个人500万元好处费。2003年年底，物美集团以其关联公司华美现代流通发展有限公司的名义收购了粤财公司持有的5000万股泰康公司股份，张文中遂指使张某1通过北京敬业和康投资咨询中心（以下简称敬业和康）向梁某支付人民币500万元（见二审判决书第7页、第31页）。

针对上述原审判决认定的单位行贿罪，我们认为，涉案的两笔资金均不属于贿赂。其中，卡斯特经济评价中心付给赵某的30万元，是赵某代表和康友联出任泰康公司监事以及代表华美现代流通发展有限公司（以下简称华美公司）出席泰康公司股东大会等服务的报酬；北京敬业和康投资咨询中心付给李某3公司的500万元，是给李某3的中介费。物美集团在本案中不具备单位行贿的主体要件，不成立单位行贿罪,相应地,张文中也不可能成为单位行贿罪的责任主体。原审判决认定张文中犯单位行贿罪是完全错误的。下面,我们分三个方面发表详细的辩护意见。

(一)给赵某的30万元是其为和康友联、华美公司和物美集团工作应得的报酬;在国旅总社转让所持泰康公司股权的过程中,赵某仅代表国旅总社负责联络工作,并没有为物美集团提供帮助,物美集团没有理由给赵某30万元好处费。

1. 给赵某的30万元是其为和康友联、华美公司和物美集团工作应得的报酬。

国旅总社2002年年底转让其泰康公司的股份后,经张文中推荐,赵某转而代表和康友联担任泰康公司监事。自2002年年底起,赵某为和康友联、华美公司及物美集团做过大量工作。具体包括:(1)自2002年12月起就作为和康友联的股东代表担任泰康公司监事;(2)自2003年起,和康友联多次委托赵某作为股东代表出席泰康公司股东大会和临时股东大会;(3)自2004年4月起,赵某由监事转为董事,仍为和康友联推荐,参与泰康公司发展战略、经营管理、高管聘任等重要经营管理,直到2008年4月;(4)自2003年粤财公司转让所持泰康公司股份后,赵某长期代表华美公司参加泰康公司股东大会,进行投票表决;(5)帮助物美集团购买新街口大厦、设计卖场布局。而赵某在从事这些工作期间,除了涉案的30万元,没有收到过有关单位给他的任何其他报酬。因此,涉案的30万元显系其工作报酬,而非好处费。否则,赵某就是多年在帮和康友联和华美公司等单位义务劳动,这显然是不合常理的。

上述事实,有以下证据证明:

(1)书证1组,共34份,内容为泰康公司2003年至2008年股东大会及临时股东大会《签到册》《股东代表委托书》《授权委托书》《股东表决投票单》《股东投票表决记录单》《董事候选人提名函》《股东大会表决票》等,证明赵某自2002年年底起,为和康友联和华美公司做了大量工作,具体包括和康友联多次委托赵某作为股东代表参加泰康公司股东大会,同时还作为华美现代流通发展有限公司的股东代表出席股东大会,行使投票表决等股东权利。

(2)书证:和康友联2008年9月18日出具的《证明》。证明经张文中推荐,和康友联自2003年至2007年年底一直聘请赵某代表和康友联担任泰康公司的监事、董事,应付赵某的报酬不低于25万元,但和康友联没有支付过他任何报酬,是由其股东卡斯特承担的。

(3)书证:泰康公司2009年3月18日出具的《关于赵某在泰康人寿保险股份有限公司任职情况的补充说明》。证明赵某于2002年12月国旅总社完成股权转让后,即作为和康友联代表继续担任泰康公司监事;2004年4月起,赵某经和康友联提名,担任泰康公司董事;赵某担任泰康公司监事、董事期间没有薪酬。

(4)赵某的证言。证明30万元是劳务费,赵某帮和康友联、华美公司、物美集团等做过大量工作,除了涉案的30万元,没有得到过物美及其关联公司任何报酬。

(5)刘某某的证言。证明赵某从2002年年底国旅总社转让股权后,即代表和康友联担任泰康公司的监事,2004年4月又被和康友联推荐为董事。

(6)张文中的辩解。证明给赵某的30万元是劳务费。

2. 在国旅总社转让所持泰康公司股权的过程中,赵某仅代表国旅总社负责联络工作,并没有为物美集团提供帮助,物美集团没有理由给赵某30万元好处费。

原审判决认定赵某"告诉张文中国旅总社确定的谈判底价是1.45元,为张文中谈判提供了重要信息",帮了物美集团大忙,据此进而认定30万元是给赵某的好处费。实际情况却是:赵某告诉张文中国旅总社的交易底价为每股1.45元,是国旅总社为了让交易成功,在谈判过程中必然要向收购方报出的最终价格,是国旅总社达成交易的必要步骤,赵某是在为国旅总社服务而不是帮物美集团的忙。理由如下:

第一,国旅总社因为要兴建位于北京市东四南大街1号的新办公大楼资金紧张,主动想出售其所持有的泰康公司股份。这一事实有赵某的供述及泰康公司董事长陈某1的证言证明。赵某的供述称:国旅总社当时因建新办公大楼资金比较紧张,准备将持有的5000万股泰康公司股份转让,希望泰康公司董事长陈某1找到受让方。当时双方的谈判和出价情况是:由于当时泰康公司的净资产只有每股1元,而且不盈利,物美方面希望不高于每股1.2元,国旅总社的心理底价是每股1.45元。陈某1的证言说:国旅总社因办公大楼装修急需资金,决定将持有的5000万股泰康股份转让。在陈某1告知赵某说张文中愿意收购后,国旅总社总经理李某7等人与陈见了一面,表示同意向物美集团转让股权,并提出每股按1.5元转让(见陈某1于2007年1月24日作出的询问笔录第3页)。

第二,国旅总社在赵某向张文中通报每股1.45元的最终报价前,已经向物美集团报出过每股1.5元的价格,但物美集团没有接受,他们希望的成交价格仅为每股1.2元,双方差距很大。在这种情况下,国旅总社于2002年2月28日领导班子会议决定授权总办、财务部在1.45元至1.5元区间之内和物美谈判(见李某7,2008年9月15日调查笔录第2页)。此时,物美仍然坚持只愿意出每股1.2元的价,如果国旅总社不报出自己每股1.45元的最低价,交易就难以成功。而国旅总社又很想卖掉其持有的泰康公司股份。此时,国旅总社唯一能做的只有告诉物美集团每股1.45元是他们的最低价。正因如此,国旅总社总经理李某7才说1.45元的价格就是谈判者告诉对方也无所谓(见李某7于2008年9月15日所作调查笔录)。显然,赵某作为国旅总社负责联络的人向物美集团报出这个价格,是在努力帮助本单位达成这笔交易,而不是帮助物美集团。因此,如果说帮助,赵某其实是帮着国旅做了张文中的工作,最终接受了国旅的报价。而这个国旅总社的所谓底价,实际上已经明显高于股权价值,是国旅想努力实现的成交价格。因此,国旅总社最终以该价格将其股权转给和康友联,可以说是卖了个好价钱,远远超出了收购方本来想要的收购价格,证明赵某帮的是国旅总社而不是物美集团或者和康友联。

第三,张文中从来没有说过赵某向他通报国旅总社的最低价是在帮物美集团的忙。在张文中的讯问笔录中,从未说过赵某曾向他说过国旅总社拟出让的价格范围,只说双方谈判时,国旅总社报价较高,物美集团报价较低,最后确定的价格向国旅总社提出的价格倾斜,但具体价格记不清楚了(见张文中2007年3月15日讯问笔录第2页);说赵某帮了什么忙时,也根本没有提到赵某告诉他国旅底价的事(见张文中2007年3月15日讯问笔录第4页)。可见他也根本不认为赵某告诉他国旅的底价是在帮物美集团的忙。

综上所述,在国旅总社转让其持有的泰康公司股份的过程中,赵某仅代表国旅负责联络工作,为国旅总社出售股权服务,并没有为物美集团提供帮助,原审判决认定赵某“告诉张文中国旅总社确定的谈判底价是1.45元,为张文中谈判提供了重要信息”不符合事实,不能成立。

既然赵某在股权转让中没有为物美集团提供帮助,物美集团就没有理由给赵某30万元好处费,从而印证了涉案的30万元不属于给赵某的好处费,而是赵某的工作报酬。

(二)敬业和康打到李某3公司账上的500万元,是收购方付给李某3的中介费,而不是给梁某的好处费,梁某事实上也没有收这笔钱,并且否认这笔钱是给他的好处费;梁某在股权转让过程中不但没有给收购方提供帮助,而且设置了许多障碍,收购一方没有理由给梁某好处费,梁某事实上也没有收这笔钱,并且否认这笔钱是给他的好处费。

1. 敬业和康打到李某3公司账上的500万元,是收购方付给李某3的中介费,而不是给梁某的好处费,梁某事实上也没有收这笔钱,并且否认这笔钱是给他的好处费。

此事的大致经过为:2002年,张文中得知粤财公司准备转让他们持有的泰康公司5000万股权,有意收购。由于张文中与梁某不熟,而李某3有处置资产方面的经验,加之粤财公司将转让股权之事公开挂牌交易,李某3告诉张文中有恶意抬价的可能,张文中于是委托李某3负责信息咨询,防止恶意抬价。华美公司收购粤财公司所持泰康公司股权后,敬业和康支付了李某3中介费500万元。在此过程中,梁某从未表示愿意收取好处费,而是认为这500万元与他无关,事实上也从未收过任何钱。上述事实有下列证据证明：

(1)张文中的辩解。证明涉案的500万元是给李某3(亦即相关笔录中的李某某)的中介费。

(2)李某3的证言。证明涉案的500万元是给他的中介费,该笔资金到李某3公司的账上后,李某3将这500万元作为公司的收入入账并纳税。

(3)梁某的证言。证明梁某从未收到涉案的500万元,也从不认为这500万元和他有关系,自始至终不存在受贿的故意和行为。

2. 梁某在股权转让过程中不但没有给收购方华美公司提供帮助,而且设置了许多障碍,收购方没有理由给梁某好处费。

在股权转让的谈判过程中,华美公司曾于2002年10月29日和11月25日两次向粤财公司发出受让股份函,开价分别为每股1.35元和1.4元,均高于每股净权益(见华美公司2002年10月29日《关于转让泰康股份的函》以及2002年11月25日《关于接受转让泰康股份的函》),但梁某并没有为华美公司说话,而是主张继续谈(见有梁某等粤财公司领导签署意见的华美公司2002年10月29日《关于转让泰康股份的函》)。更有甚者,梁某还于2002年11月22日提议将粤财公司持有的泰康公司股权放到广州产权交易中心挂牌(见粤财公司2002年11月5日签报第1页上梁某于2002年11月22日所作的批示),以致粤财公司委托广州产权交易所于2002年12月30日公开以底价为每股1.45元的价格进行挂牌转让(见粤财公司与广州产权交易所2003年1月2日签订的“股份交易委托合同书”、广州产权交易所2006年12月21日“关于泰康人寿股份挂牌情况的说明”,以及《广州日报》2002年12月30日B12版《广州产权交易所公告》)。在挂牌约一个月之久仍无人摘牌,以致挂牌交易失败的情况下,粤财公司才于2003年3月20日接受了华美公司于四个月前提出来的每股1.4元的开价,双方正式签订了股权收购协议。从整个交易过程可以看到,华美公司收购粤财公司持有的泰康公司股权是公开、公正、透明的,成交价格也是公平合理的,而梁某不但没有给华美公司提供任何照顾,发挥任何作用,反而给华美公司收购制造了很大困难和变数。在整个谈判过程中,梁某从来没有给张文中提供帮助(见2006年12月21日韩某询问笔录第2页、蔡某询问笔录第3页)。

既然梁某自始至终没有受贿的意图和行为,也没有给华美公司提供任何帮助,只增加障碍,他就不可能向陈某1和李某3传递出受贿的信息,陈某1和李某3所谓的要张文中支付给梁某的好处费的说法也就成了无源之水,根本不可信,收购方也没有理由给梁某好处费。因此,认定涉案的500万元系给梁某的单位行贿款不但证据明显不足,而且明显违背常理,不能成立。

最高人民法院2012年12月20日发布的《关于适用〈中华人民共和国刑事诉讼法〉的解释》第83条规定:“审查被告人供述和辩解,应当结合控辩双方提供的所有证据以及被告人的全部供述和辩解进行。”“被告人庭前供述和辩解存在反复,但庭审中供认,且与其他证据相互印证的,可以采信其庭审供述;被告人庭前供述和辩解存在反复,庭审中不供认,且无其他证据与庭前供述印证的,不得采信其庭前供述。”本案中,张文中的庭前供述和辩解均存在反复,庭审中又不供认,且相关证人也推翻了其以前的证言,以致其他证据与其庭前供述也无法印证。因此,显然不能再采信其庭前供述。

同时,根据《刑事诉讼法》第53条的规定,只有在证据确实充分的情况下,才能认定被告人有罪。证据确实充分,应当符合以下条件:(1)定罪量刑的事实都有证据证明;(2)据以定案的证据均经法定程序查证属实;(3)综合全案证据,对所认定事实已排除合理怀疑。而本案中,对比全案证据,可以发现据以认定张文中存在单位行贿行为的证据根本未能查证属实,大量的证据所反映的事实与这些证据是矛盾的,据以定罪的证据远未达到排除合理怀疑的程度。相反,证明涉案行为不构成犯罪的证据反而更加确实充分。因此,原审判决认定涉案的30万元和500万元系分别给赵某和梁某的好处费的证据明显不足,不能成立。

（三）本案中，物美集团不具备单位行贿罪的主体要件，不成立单位行贿罪，相应地，张文中也不可能成为单位行贿罪的责任主体。

根据《刑法》第 393 条的规定，单位行贿罪，是指单位为谋取不正当利益而行贿，或者违反国家规定，给予国家工作人员以回扣、手续费，情节严重的行为。因此，成为单位行贿罪主体的，只能是给予了国家工作人员贿赂或者回扣、手续费的单位。

而本案中，收购国旅总社所持泰康公司股份的，是和康友联；支付收购资金的是和康友联；获得对应股份分红的，也是和康友联；付给赵某钱的，是卡斯特经济评价中心。收购粤财公司所持泰康公司股份的，是华美公司；支付收购资金的是华美公司；获得对应股份分红的，也是华美公司；给李某 3 公司账上汇款 500 万元的，是敬业和康。也就是说，本案中，无论是股权收购方，收购获益方，还是给有关人员付费方，均不是物美集团。

上述事实，有以下证据证明：

1. 书证 2 份：(1) 和康友联与国旅总社签订的《股权转让协议》；(2) 保监会"保监变审〔2002〕109 号"《关于泰康人寿保险股份有限公司股权转让的批复》。证明国旅总社将其 5000 万股泰康公司的股份转让给了和康友联。

2. 书证 2 份：(1) 华美公司和粤财公司签订的《股权转让协议》；(2) 保监会"保监〔2003〕100 号"《关于泰康人寿保险股份有限公司股权转让的批复》。证明粤财公司将其 5000 万股泰康公司股份转让了给了华美公司。

3. 书证 3 份：(1) 华美公司 2002 年 10 月 29 日出具的《关于转让泰康股份的函》；(2) 粤财公司投资部 2002 年 11 月 5 日给总经理的《签报》；(3) 华美公司 2002 年 11 月 25 日出具的《关于接受转让泰康股份的函》，证明与粤财公司谈判转让股权的是华美公司，而不是物美集团。

4. 书证 5 份：包括泰康公司《2008 年股东大会决议》、华美公司及和康友联《分红款支付指令》、泰康公司《付款回单》、银行《付款系统专用凭证》、华美公司及和康友联《记账凭证》。证明泰康公司2008年股东分红分别支付给了华美公司及和康友联。

5. 书证:赵某在卡斯特经济评价中心报销的发票。证明付款给赵某的是卡斯特经济评价中心,而不是物美集团。

6. 书证:敬业和康向李某3的广州华艺广告公司、华艺文化有限公司的转账凭证。证明向李某3付款的是敬业和康,而不是物美集团。

既然物美集团既不是股权转让中的受让方,也不是获益方,尤为重要的是,其也不是涉案的30万元和500万元两笔资金的付款方,那么,认定物美集团为单位行贿的主体,显然与事实完全不符,明显不当。相应地,认定张文中为物美集团单位行贿罪的责任主体也是错误的。

三、关于挪用资金罪,我们的辩护意见是:涉案的4000万元资金完全是以单位的名义借出,由单位使用,资金始终在单位和单位之间流转,没有经过任何个人账户,也没有给任何个人使用过,不具备挪用资金罪的构成要件,不构成犯罪。

原审判决认定张文中犯挪用资金罪的所谓"事实"根据是:

1997年3月,张文中与泰康公司董事长陈某1商定挪用泰康公司的4000万元资金申购新股牟利。后张文中指使张某1从泰康公司转出人民币4000万元,具体负责申购新股。张文中、陈某1又与中国国际期货有限公司(以下简称中期公司)董事长田某1商定,通过中期公司监管的河南省国际信托投资公司的途径转款,以掩盖挪用情节,炒股所得盈利由张、田、陈三人按3∶3∶4比例分配。其间,中国人民银行检查,三人遂于1997年7月通过河南省国际信托投资公司又从泰康公司转出人民币5000万元用于归还前次挪用款项。1997年8月19日,张某1归还泰康公司人民币4000万元,同年9月3日和9日又分两次归还了人民币5000万元。其间,炒股共盈利人民币1000余万元(见二审判决书第12页、第31页)。

根据《刑法》第272条的规定,构成挪用资金罪必须是"挪用本单位资金归个人使用或者借贷给他人"。同时,根据2000年7月27日起施行的最高人民法院《关于如何理解刑法第二百七十二条规定的"挪用本单位资金归个人使用或者借贷给他人”问题的批复》,“挪用本单位资金归个人使用或者借贷给他人”是指“挪用本单位资金归本人或者其他自然人使用,或者挪用人以个人名义将所挪用的资金借给其他自然人和单位”。基于刑法及有关司法解释的上述规定,发生在单位和单位之间的资金往来,不可能构成挪用资金罪。而本案现有证据能够充分证明,涉案的4000万元资金于1997年3月27日由泰康公司划转到卡斯特投资咨询中心,一直由卡斯特投资咨询中心使用,于1997年8月19日由卡斯特投资咨询中心转回泰康公司,其出借、使用和归还完全发生在单位之间,不具备挪用资金罪的基本特征。具体表现在:

(一)涉案的4000万元资金于1997年3月27日由泰康公司划转到卡斯特投资咨询中心在北京证券交易中心开立的账户上,然后转到了国泰证券北京方庄营业部卡斯特投资咨询中心股票交易账上,没有经过任何个人账户,也没有给任何个人使用过,完全是单位借给单位,而且两个单位之间就资金使用和收益签订了委托协议。

证明上述事实的证据有:

1. 书证3份:(1)泰康公司2006年12月5日《关于与北京卡斯特投资咨询中心委托国债投资收益的情况说明》;(2)泰康公司与卡斯特投资咨询中心1997年3月27日签订的《委托投资国债协议》;(3)泰康公司与卡斯特投资咨询中心1997年3月27日签订的《抵押合同》。这三项书证均证明,涉案的4000万元资金的使用主体,是两个公司,即泰康公司和卡斯特投资咨询中心双方,不存在“挪用本单位资金归本人或者其他自然人使用,或者挪用人以个人名义将所挪用的资金借给其他自然人和单位”的问题。

2. 书证4份:(1)泰康公司支票请领单;(2)转账支票存根;(3)泰康公司转账支票;(4)泰康公司银行存款日记账以及记账凭证。这4份书证证明:涉案的4000万元资金是由泰康公司直接转出,并且由该公司财务人员在公司账目上作出了明确记载,该资金动用行为无疑属于单位行为。

3. 书证3份:(1)1997年3月27日北京证券交易中心进账单;

(2)国泰证券北京方庄营业部客户存取款凭单;(3)泰康公司“泰康函〔1997〕003号”《关于终止委托国债投资协议致北京卡斯特投资咨询中心的函》。这3份书证证明:涉案的4000万元资金直接转到了卡斯特投资咨询中心在北京证券交易中心开立的账户上,然后转到了国泰证券北京方庄营业部卡斯特投资咨询中心股票交易账上,没有经过任何个人账户,也没有给任何个人使用过。涉案的4000万元资金投资合作终止,也发生在泰康公司和卡斯特投资咨询中心两个公司之间。

(二)涉案的4000万元资金最后由卡斯特投资咨询中心流回了泰康公司,没有经过任何个人的账户,也没有任何个人使用过,仍然是单位对单位。

证明上述事实的证据包括:

1. 书证:卡斯特投资咨询中心1997年8月19日在国泰证券北京方庄营业部取款凭单;

2. 书证:北京证券登记有限公司1997年8月19日《转账支票》;

3. 书证:泰康公司1997年8月19日中国工商银行《进账单》和《记账凭证》;

4. 书证:泰康公司1997年8月19日与卡斯特投资咨询中心《资金往来专用发票》。

这批书证发生的背景是,由于中国人民银行查账,泰康公司决定终止与卡斯特投资咨询中心的合作,将涉案的4000万元资金收回。上述证据清楚地证明,经过卡斯特投资咨询中心、国泰证券北京方庄营业部、北京证券登记公司、泰康公司等单位之间的一系列资金流转,涉案的4000万元资金由卡斯特投资咨询中心流回了泰康公司,没有经过任何个人的账户,仍然是单位对单位。

(三)原审判决引用的陈某1、任某、李某4等证人证言根本无法证明涉案的4000万元资金被挪用“归个人使用或者借贷给他人”。

原审判决采信了陈某1、田某1、张某1、李某4、任某、师某等一系列证人证言和张文中的讯问笔录,试图以这些言词证据来证明,涉案的4000万元资金是借给张某1个人使用,从而属于挪用资金归个人使用。这种思路是完全错误的。

1. 陈某1的证言证明资金是由泰康公司借出。陈某1的证言内容是:他“跟公司的常务副经理任某、财务部负责人李某4分别打了招呼”“说张文中是公司的股东,公司想委托他理财,需要4000万元,让他们办一下”(见陈某1 2006年12月9日《询问笔录》)。既然是公司想委托理财,资金出借方当然是单位而不是个人。

2. 张文中的讯问笔录及一审庭审笔录,田某1、张某1、李某4、任某的证言均证明,涉案的4000万元资金是由泰康公司借出,而不是由陈某1个人或者由张文中伙同陈某1个人借出的。张文中在讯问笔录中虽然说是他和陈某1、田某1三个人约定申购新股,但从未说过是以个人名义挪用泰康公司资金,而是明确说是泰康公司出钱(见张文中2006年12月10日讯问笔录);在一审中则进一步明确指出申购新股是单位行为。田某1、张某1、李某4、任某的证言也证明涉案资金是由泰康公司借出(见附件58,田某1于2006年12月28日所作《询问笔录》,证据材料第431页;附件59,张某1于2006年12月9日所作《询问笔录》,证据材料第437页;附件61,李某4于2006年12月1日所作《询问笔录》,证据材料第447页;附件62,任某于2006年12月6日所作《询问笔录》,证据材料第451页)。

3. 张某1、吴某2的证言均证明,涉案的4000万元资金的收款方和使用者均为卡斯特投资咨询中心,后来也是卡斯特投资咨询中心归还的(见张某1于2006年12月9日所作《询问笔录》;吴某2于2006年12月4日所作《询问笔录》)。张某1的证言还证明,该笔资金放在以卡斯特投资咨询中心的名义开设的股票交易账户上用于申购新股了。

4. 张文中的辩解也证明,涉案的4000万元资金入了卡斯特投资咨询中心的股票账户,由张某1以卡斯特投资咨询中心的名义申购新股(见张文中2006年12月10日讯问笔录,以及一审《开庭笔录》),涉案的4000万元资金的真正收款人和使用人显然均为卡斯特投资咨询中心。

5. 李某4、任某、陈某1的有关证言内容不但自相矛盾,而且互相矛盾,不能采信。李某4的证言虽然说张某1到泰康公司借过4000万元,并且说是陈某1告诉她泰康公司委托张某1做国债投资,需要给张某1 4000万元,但该证言同时又说到在由李某4签批的领取人为张某1的支票请领单上载明,是给卡斯特投资咨询中心4000万元,而不是给张某1个人。可见,李某4在证言中所说的"给张某1 4000万元",实际上是给卡斯特投资咨询中心4000万元。任某的证言一方面说:"陈某1对我说泰康人寿的董事张文中资金周转困难,需要向泰康人寿借一部分钱,让我给安排一下。"另一方面又说,泰康公司是借款给卡斯特投资咨询中心,借款给卡斯特投资咨询中心是陈某1决定的。即便按照陈某1回答控方询问的证言,他也只是说:"我跟(泰康)公司的常务副总经理任某,财务部负责人李某4分别打了招呼,但我只说张文中是公司的股东,公司想委托他理财,需要4000万元,让他们办一下。"该证言的内容与李某4、任某的相关证言内容均矛盾。更何况,陈某1后来已经纠正了自己的说法,明确表示涉案的4000万元是企业对企业的委托理财关系。显然,李某4、任某、陈某1的有关证言内容存在自相矛盾和互相矛盾的问题,本身就不足采信,且他们的证言中本身也存在4000万元是借给卡斯特投资咨询中心的内容。且不说此三人的证言内容与证明力更强的大量书证的内容明显不符,就是全面审查所有的证人证言和被告人讯问笔录,也只能得出涉案的4000万元资金的接受者和使用者均为卡斯特投资咨询中心,而不是张某1的结论。因此,李某4、任某、陈某1的有关证言当中所说是张某1或者张文中个人借款的内容是完全不能采信的,而其中关于借款人和使用人为卡斯特投资咨询中心的内容则与强有力的书证相符,应当认定属实。

综上所述,涉案的4000万元资金的借出方、使用方和归还方均为单位,无论在名义上还是实质上,都是单位对单位;而且,张文中仅仅是泰康公司的股东,没有在泰康公司担任任何职务,根本不具备挪用泰康公司资金的职务便利。因此,张文中的相关涉案行为根本不具备刑法规定的"利用职务便利,挪用本单位资金归个人使用或者借贷给他人"这一挪用资金罪的成立要件,不构成挪用资金罪。

（四）所谓用4000万元打新股所得收益由张文中等三人按比例分配的说法完全不能成立。

虽然根据最高人民法院有关司法解释的规定，只要资金是在单位之间流转和使用，就不存在构成挪用资金归个人使用的可能，也就不存在构成挪用资金罪的可能，但是，为了全面澄清事实真相，还有必要指出，原审判决所认定的，4000万元资金打新股所得收益在陈某1、张文中、田某1三人之间按4∶3∶3的比例分配的说法是完全不能成立的。理由如下：

第一，在陈某1与张文中在1997年3月商议以及实际用泰康公司资金打新股的时候，田某1根本没有参与，而且完全不知情，如此又何来三人商议，田某1也分得收益的30%的说法？因此，三人商议涉案的4000万元资金打新股收益由三个人私分的说法显然是无法成立的。

第二，按照田某1的说法，他和陈某1、张文中商议打新股收益分成的事发生在1997年六七月，而此时，涉案的4000万元资金早已在卡斯特投资咨询中心账户上投资新股了，还谈何三人商议打新股？因此，此时即使三人真的有商议，也不可能是针对涉案的这4000万元资金。

第三，在出借4000万元资金时，泰康公司与卡斯特投资咨询中心之间签有委托理财协议和担保合同，卡斯特需要支付泰康固定的高额利息，如果把收益由三个人分了，给泰康公司的高额利息由谁来支付？从这一角度来看，三人私分收益的说法也是难以成立的。

第四，按照张文中的解释，即使存在所谓按4∶3∶3的比例分配利润，也是在借款后才提出的，而且是指在泰康公司、卡斯特投资咨询中心、中国国际期货有限公司三个公司之间分红，而不是在三人之间分红。

第五，涉案的4000万元打新股的收益案发前一直挂在卡斯特投资咨询中心的账上，并未分配，客观上根本不存在打新股收益归个人的事实。

四、对辩护意见的归纳

综上所述，我们将辩护要点归纳为：

（一）民营企业有资格申报2002年国债技术改造项目，物美集团作为大型连锁企业中排名靠前的优势企业，完全符合申报流通行业国债技改项目的条件，没有也根本无须冒充国有企业进行申报。张文中在物美集团申报国债贴息的过程中，没有实施任何诈骗行为，也没有指使他人实施任何诈骗行为，因而根本不成立诈骗罪。

（二）给赵某的30万元属于其工作报酬，给李某3的500万元属于其中介费，均不是贿赂，且付款人不是物美集团，无论是从款项性质还是从行为主体来看，都不可能成立由物美集团实施的单位行贿罪。相应地，张文中也不可能成为单位行贿罪的责任主体。

（三）卡斯特投资咨询中心从泰康公司借出4000万元资金，属于单位与单位之间的资金拆借行为，不属于挪用资金归个人使用，不具备挪用资金罪的构成要件，不构成犯罪。

审判长、审判员：本案是在以习近平总书记为核心的党中央高度重视依法保护产权工作，党中央、国务院频繁发文要求完善产权保护制度、依法保护产权，营造企业家健康成长环境，弘扬优秀企业家精神，更好发挥企业家作用的时代背景下启动的再审。我们注意到，最高人民法院罕见地直接提审本案，就本案成立了高规格的合议庭。在本案再审过程中，合议庭法官多次就案情约谈辩护人，认真听取辩护人的意见，充分保障辩护人和申诉人的合法权利。最高人民检察院也就本案成立了专门办案组，认真听取辩护人和当事人的意见。这充分体现了“两高”对依法保护产权的高度重视，展现了“两高”依法坚决纠正涉产权冤错案件的决心。我们对此高度赞赏并深感欣慰。

张文中是一位优秀的留学归国创业人员。在本案发生时，张文中担任全国政协委员、全国工商联常委、北京市工商联副主席、北京市人大代表等多项职务，受到有关方面的重点培养。他还多次获得北京市、全国工商联、中组部、中宣部、统战部等部委乃至国务院的表彰，被授予优秀中国特色社会主义事业建设者、全国留学归国人员先进个人、首都杰出人才、优秀青年企业家等许多荣誉和奖励。张文中坚持发展民族流通产业,带领物美集团发展成中国流通领域最有竞争力、成长最快的企业之一,自己也成为优秀企业家。本案的发生,给张文中本人、家庭、物美集团造成了巨大的负面影响。尽管如此,张文中仍然忍辱负重,继续尽力为中国民营经济和流通事业的发展贡献智慧和力量,并取得了许多新的业绩。

本案因受特殊个案波及而引发,事实已证明张文中与特殊个案没有任何关系,完全是被错误牵连并受到错误追诉,是典型的涉产权错案。依法纠正本案原审错误判决,宣告张文中无罪,对于依法加强产权保护,提振民营企业家的信心,实现司法公正的意义尤为重大。我们相信,这起冤案的彻底纠正,对张文中本人、对物美集团的发展,乃至对整个民营经济的发展,都将具有积极而深远的影响,将取得良好的法律效果和社会效果。我们期待着本案的彻底纠正!我们期待并相信,本案的依法彻底纠正将成为我国司法机关贯彻依法保护产权,维护民营企业和民营企业家权益的一个典范性刑事再审案件。

以上辩护意见,请审判庭和最高人民法院考虑并采纳。

此致

最高人民法院

辩护人　北京市中闻律师事务所律师　赵秉志

北京乾成律师事务所律师　左坚卫

2018 年 2 月 12 日

附件十四：

张文中在再审庭审中的最后陈述

尊敬的审判长、审判员：

在蒙冤十二年后，能够站在庄严的最高人民法院，我十分激动，百感交集，思绪万千！这是社会的进步，民族的希望。新时代，新气象。老百姓的事情，民营企业家的事情，有人做主！

我感动。我感谢。我感恩。

最高人民法院史无前例地在本院提审一个涉产权的民营企业家冤案，让我感动！

最高人民检察院专门约见我和相关人员认真了解案情，得出无罪的结论，让我感谢！但是，我坚决不接受检方所说的“挪用资金罪成立，只是过了追诉期”，说我有挪用资金罪，我至死不服！

习总书记以“抓铁有痕、踏石留印”的决心推进依法治国，保护产权，纠正冤错案件，让我无限感恩！

我做六点陈述：

第一，从痛不欲生到面向未来，因为我是企业家。

我从来不认为我有罪，我身边的同事、朋友、合作伙伴、专家学者、企业家群体也都认为我无罪。

我没有想到，也想不明白，我带着报效祖国的满腔热忱归国创业，用科技创新推动零售行业快速发展，为什么会给我扣上诈骗的罪名？为什么会判我重刑入狱？仅看守所关押就长达三年之久，不得与年幼的女儿见面，期间母亲病忿交加，与世长辞，我的身体也受到极大摧残。

2006 年是物美集团发展最好的时候。当年的物美引领中国零售产业的快速发展和技术创新。我本人当时担任全国政协委员、全国工商联常委、北京市工商联副主席，受到党和国家的重点培养。祸从天降，物美受到重创。尽管由于技术、人才、管理和经营的扎实基础没有垮掉，但失去了重大发展机遇。由于物美当时是全国最大的民营流通企业之一,我本人是全国著名的民营企业家,我的冤案对我国民营企业的健康发展也造成了很大的负面影响。

然而我必须想明白,必须振作精神。

我是物美的创始人,我始终牢记一个企业家的初心和使命。不管再大的冤屈,企业家的责任和担当让我勇往直前,带着十万员工向前走,带着大家过更好的生活。

我要对得起企业家的称号。

第二,我对得起良心,对得起历史,我无怨无恨。

坐牢,是一场巨大的灾难,但我不会因为自己坚守道德和诚信,因为自己不苟且,不违背做人的底线而后悔。我相信,如果没有干预司法公正的巨大的外部力量,正常情况下,公、检、法任何一个机构都不会作出对我的原审判决,不会形成这样一个非法律人士都可以看出错误的重大冤案。因此,对于参与过我这个案子的公、检、法机关、个人,我没有忌恨心理,也不想追究任何人的责任。形成这样一个认识,内心也是过了大坎的。

但是,要对得起历史,所以我要求彻底纠正我的冤案,还我彻底的清白!该依法返还的被侵占财产,我要求依法返还!依法返还的被侵占财产将全部捐赠出来,设立"依法治国基金"。

第三,人间有正义,公道在人心,亲情友情重于山。

在我最困难的时候,全国工商联多次向相关领导机关反映我的冤案。我衷心感谢全国工商联,这个民营企业的娘家!许多民营企业家在工商联、全国政协等正常渠道为我呼吁、鸣不平。我国12位著名刑法专家专门召开"张文中案法律专家论证会",旗帜鲜明地直指冤案的根本错误,主张彻底纠正。还有很多的朋友、同事在我最困难的时候给予我精神上、行动上的鼎力相助。

滴水之恩,涌泉相报,雪中送炭,没齿难忘。

第四,人生是一次旅行,人生是一场奋斗。

服刑期间,读书成为我坚守信念、抗击孤独、磨炼意志、增强智慧、追求卓越的生存方式。我把刑期当学期,把监室当教室。关押期间,一共读了几百本书，多数是英文原著。在监狱和看守所搞科研，取得了四项专利，省部级科技进步特等奖一项，一等奖两项。在监狱里教授犯人英语和科技知识，为不少犯人开启智慧，得到了表彰。

人生无悔，义无反顾，奋勇拼搏。

我出狱后，立即投身到用技术创新推动中国零售业革命的事业之中。通过努力创新，创办多点、链商等公司，物美又重新成为互联网时代科技零售的领军企业。

第五，我始终相信党，相信国家，相信公平正义。

这次我的冤案得以再审，有深刻的历史意义。

冤案已经发生。巨大伤害已无法挽回。然而为了历史，为了我们共同的未来，必须坚守正义！正义尽管会迟到，但绝不会缺席。迟到的正义，依然无比珍贵。我坚信，最高人民法院一定会公平公正，以事实为依据，以法律为准绳，洗刷我的不白之冤，依法宣告我无罪，不要留尾巴！让我能够为国家、为民族的振兴作出更大的贡献！

更为重要的是，我的冤案在民营企业界有巨大影响。大家公认：张文中是一个斯坦福归来的博士后，谦谦君子，为人坦诚，企业做得扎实，因为其他案子牵连，因为坚持诚信做人，不愿意去陷害别人，因为作为民营企业申报国债贴息项目而受到错误的刑罚！

因此，当最高人民法院决定再审我的冤案的时候，民营企业界沸腾了！有300多个著名企业家打电话，发微信、短信向我表示祝贺，畅谈感想。不少人接受媒体采访，发表文章赞扬最高人民法院，拥护党的好政策！

最高人民法院依法纠正涉产权冤错案件，必将极大地调动广大民营企业家投资创业的主动性、积极性、创造性！推动中华民族伟大复兴的中国梦早日实现！冤案平反后，物美集团将努力弘扬企业家精神，向世界一流企业坚实迈进，为国家的经济社会发展作出更大的贡献！

第六，"有恒产者有恒心"。

最高人民法院重审和纠正我的案子，早已不再是我个人的事情，而是全面依法落实产权保护制度的新起点。希望我的案子成为纠正产权冤错案件的典范案例。此案对于真正形成纠正涉产权冤错案件的思维、制度和法律具有重大意义,有利于促进尊重法制权威,树立法治观念,推动更多的涉产权冤错案件得到平反、纠正。同时,通过此案侵犯产权案情的总结,将有利于建立健全长效预防机制,有效避免涉产权冤错案件的发生。

不久前闭幕的中央经济工作会议再次强调,支持民营企业发展,落实产权保护政策,依法甄别纠正社会反映强烈的产权案件。党的十八大以来,以习近平同志为核心的党中央对依法保护产权工作和制度建设高度重视,对完善产权保护制度、依法保护产权,营造企业家健康成长环境、弘扬优秀企业家精神、更好发挥企业家作用作出一系列重要部署。

产权保护的根本是全面推进依法治国,关键是营造依法保护产权和企业家合法权益的法治环境,在事关产权保护的立法、执法、司法、守法等各方面各环节体现法治理念、法治精神。只有进一步加快完善产权保护制度,依法有效保护各种所有制经济组织和公民财产权,才能增强人民群众财产财富安全感,增强社会信心,形成良好预期,增强各类经济主体创业创新动力,维护社会公平正义,保持经济社会持续健康发展和国家长治久安。

中华民族的伟大复兴必将在我们奋斗中成为现实!

平冤纠错,正本清源,天若有情当赞公道!

依法治国,云开月明,人间正道何惧沧桑!

此致

最高人民法院

申诉人:张文中

2018 年 2 月 12 日

附件十五：张文中 2018 年在亚布力论坛上的演讲

丹心鉴岁月　情义满人间

各位领导、各位朋友晚上好！

最近我被“新闻联播”了。去年 12 月 28 日上午，我在最高人民法院接到了我为之奋斗十几年的最高人民法院再审通知书。为此，《人民日报》发表题为《公正司法，增强群众财产财富安全感》的评论员文章。今年 2 月 12 日，最高人民法院公开开庭审理我的案子。蒙冤 12 年，我一直远离公众视线，这两个月，我的名字在网络上、新闻里频繁出现，三次上中央电视台新闻节目，两次新闻联播，五次被新华社发消息，还真的不太适应。

再次站在亚布力的讲台，我百感交集，思绪万千。我感动。我感谢。我感恩。

最高人民法院史无前例地在本院公开审理一个涉产权的民营企业家冤案，让我感动！

全国工商联、在座的亚布力的各位理事，还有很多的朋友、同事在我最困难的时候给予我精神上、行动上的鼎力相助，我衷心感谢！

习总书记、党中央全面依法治国，保护产权，纠正冤错案件，让我无限感恩！

当然这是一个开始，是接下来一系列冤错案得以平反纠正的开始。

当最高人民法院决定再审我的冤案时，民营企业界反响热烈！柳传志、马云、王石、陈东升、王玉锁、田源、郭广昌、杨元庆、刘永好、丁立国等 300 多位著名企业家以各种方式向我表示祝贺，畅谈感想。再审引起的热议，已经不再仅仅是我张文中的事，故事的主角，是企业家和企业家精神！最高人民法院再审张文中案的意义，也不仅仅是案件本身，不仅仅是还我清白，而是党和国家对企业家群体的关注，对企业家精神的弘扬，对企业家创业环境的营造，是改革开放 40 年来推进依法治国的又一个新起点。

今天我想结合自己的特殊经历谈五点感悟：

第一点，人生是一场奋斗，无论是顺境，还是逆境。企业家存在的价值就是奋斗。一百年前，近代大实业家张謇说过，“天之生人也，与草木无异，若遗留一二有用事业，与草木同生，即不与草木同腐朽”。回顾前半生，我是在奋斗中度过的。

我是一名企业家，伴随着改革开放成长的企业家。当然，是一个有极其特殊经历的企业家。

20 世纪 80 年代我和其他青年知识分子一样追梦，进入国务院发展研究中心，为改革开放献计献策，有幸和马洪、吴敬琏、田源、东升成了同事。

1992 年年底，在邓小平南方讲话的鼓舞下，我归国创办计算机公司。

1994 年，为了展现自己开发的 POS 机、信息系统的使用价值，我创办了北京最早的超市。

2003 年，物美超市成为第一家在香港上市的民营零售企业。

2006 年是物美发展的最好时期。物美当时是全国最大的民营流通企业之一，引领中国零售产业的快速发展和技术创新。我本人担任全国政协委员、全国工商联常委、北京市工商联副主席，受到党和国家的重点培养。

冤案从天而降，物美受到重创。尽管由于技术、人才、管理和经营的基础扎实，我弟弟张斌带领物美团队苦苦支撑，企业才没有垮掉，但失去了重大发展机遇。

我出狱后，不少朋友好心地建议我移居国外，过平静安逸的生活。但我是企业家，我是中国人，我要为物美发展、为物美十万员工的幸福生活、为中国梦的实现而奋斗。我立即投身到用技术推动中国零售业革命的事业之中。

环境变了，行业变了，技术革命正风起云涌，必须用新的改革创新办法审视一切。我们以技术变革为导向、商业本质为基础进行了一系列创新。2014 年我们收购了百安居中国，通过建立全渠道“O + O”新商业模式扭亏为盈，形成了以互联网大数据技术为基础的线上线下一体化的店铺体系。2015 年，我和一些年轻的创业者以及 IDG 资本创立了分布式电商“多点”，现在“多点”已经成为全国排名第一的生鲜电商，合作伙伴遍及国内国外，“多点 + 物美”今天已经成为全渠道零售的新模式，正在快速复制。物美以大数据和智能化为引领，以实体门店数字化为核心，进行以自助购、自由购、扫码购为代表的银线革命，逐步提高连锁商业的技术水平，努力通过变革创新，重新成为互联网时代科技零售的领军企业。

第二点，心中有春天，人生就充满阳光。大家都很关心，我怎样看待自己经历的冤案。东升几次问过我：“你遭受这么大的冤屈，为什么不恨天恨地，怨天尤人？”我的回答是：“我对得起良心，对得起历史，我无怨无恨。”

谁也不愿意坐牢。但我不会因为自己坚守道德和诚信，因为自己不苟且，不违背做人的底线而后悔。我相信，如果没有对司法公正的干预和影响，正常情况下，公、检、法任何一个机构都不会作出对我的原审判决，不会形成这样一个非法律人士都可以看出错误的重大冤案。因此，对于参与过我这个案子的公、检、法机关、个人，我没有忌恨心理，也不想追究任何人的责任。形成这样一个认识，内心也是过了大坎的，但我想通了。

然而，要对得起历史，所以我要求彻底纠正我的冤案，还我彻底的清白。被侵占财产要依法返还。返还的财产，我将全部捐赠出来，用于推进依法治国和扶贫事业。

第三点，人生是一次旅行。一千年前，苏东坡说过，“人生如逆旅，我亦是行人”。人生本来就是一趟充满挑战机遇和艰难困苦的旅程。

没有比失去自由更痛苦的了。我仅仅在看守所关押就长达三年。有很多朋友问我，这些年你是怎么过来的？我有的回答了，有的没有回答。今天告诉大家，最悲惨、最无助、最绝望的时候，读书、用心用脑地读书是人走出苦海、脱离困境、活下去的最重要途径。书成了我最好的朋友，书是我最愿意收到的礼物。一次田溯宁送了我三十本书！我至今收藏着。读书更是我坚守信念、抗击孤独、磨炼意志、增强智慧、追求卓越的生存方式。关押期间,我一共读了几百本书,许多是英文原著,我的英文水平比原来又有了很大的提高。

读书学习过程中,还要不断思考和创新。我在监狱和看守所搞科研,取得了四项专利,省部级科技进步特等奖一项,一等奖两项。

助人为乐、成人之美是企业家应当具备的基本品行。在监狱里,我碰到一些年轻人,由于各种原因被关押,有的是由于一时兴起而酿成恶果。我内心非常同情和惋惜,总想尽可能帮助他们。我提出在监狱里推动年轻人自学,参加成人高考,引起了监狱的重视并付诸实施。一些年轻人在监狱里参加并通过了课程考试。

作为企业家,企业是永远的牵挂。即使有高墙铁窗的阻挡,企业家的灵魂必须与企业同在。我必须时刻清醒,自己不能倒下,自己的精神与信念是支撑企业存在的根基。

王石曾引用巴顿将军的话称赞褚时健先生,“衡量一个人成功的标准,不是看这个人站在顶峰的时候,而是看这个人从顶峰上跌到低谷时候的反弹”。褚老是我非常敬重的一位前辈,企业家心中的企业家,他古稀之年再次创业,创造了奇迹,他是我的榜样!

艰难困苦,玉汝于成,筚路蓝缕,斩棘前行。

第四点,人间有真情,公道在人心,亲情友情重于山。两千年前孟子说过,“出入相友,守望相助,疾病相扶持”。

我首先要感谢全国工商联。全国工商联充分了解、高度关注我所蒙受的冤案,多次向相关领导机关反映我的冤案。三任主席、书记持续为我呼吁,而且后两届领导,我从未谋面。北京市工商联时任党组书记吴杰同志专程到监狱探望我。我再次衷心感谢全国工商联,这个民营企业的娘家!我国12位著名刑法专家召开“张文中案法律专家论证会”,旗帜鲜明地直指冤案的根本错误,主张立即彻底纠正。我对此心存感激。

在座的许多企业家朋友在我最困难的时候给予鼎力相助。陈东升、田源、王玉锁、田溯宁、毛振华、余渐富、胡成中、丁立国、周全、熊晓鸽、林栋梁、茅永红、郑耀文、张征宇、张大中、李少华、张懿宸等亲自到监狱探望。我永远忘不了,刘明康主席不顾国际旅行的鞍马劳顿,从机场直奔医院看望我,关心我,鼓励我。柳传志柳总获悉我在狱中身患重病,亲自帮我安排医院救治。

十余年来,参加两会的企业家委员代表不间断地为我呼吁。特别令我感动的是,在全国政协的正式会议上,在近百名政协委员的见证之下,有一位企业家政协委员当场向参会的最高人民法院领导反映张文中的冤案,表示愿意用自己的全部财产和身家性命担保这是冤案!

这位企业家就是侠肝义胆的王玉锁。

2010 年,我见到了一幅油画,它让我一辈子铭记,一辈子感动。今天我与刘主席、东升、田源等企业家和这幅油画合影留念。这是一幅亚布力创始理事的群英图,关押之中的张文中居然被保留了。对于身陷囹圄的文中来说,这是最大的精神安慰和鼓励!亚布力的兄弟们,我永远感谢你们!正是你们始终如一、不离不弃的关心、支持和帮助,让文中走到了今天。

滴水之恩,涌泉相报,雪中送炭,没齿难忘。

第五点,相信党,相信国家,相信公平正义,相信改革开放。

正义尽管会迟到,但绝不会缺席。迟到的正义,依然无比珍贵。最高人民法院重审我的案子,是全面依法落实产权保护制度的新起点。通过案例分析建立健全长效预防机制,对于有效地保护企业家的合法权益和财产安全具有重要意义。“有恒产者有恒心。”希望我个人、家庭、企业的巨大损失能够为依法治国,依法有效保护各种所有制经济组织和公民财产权,增强人民群众财产财富安全感提供前车之鉴。

民营企业的发展源于改革开放。没有党和国家的好政策,就没有我们企业家的今天。改革开放 40 年来,一代代企业家艰苦奋斗,砥砺前进,铸就中国商业在世界的崛起和辉煌。亚布力是企业家的精神乐园,汇聚着改革开放孕育出的企业家群体。十八岁的亚布力正年轻!

人生一世,草木一秋,个人渺小,唯知跃进,唯知雄飞,才不负伟大时代。文中再次对亚布力论坛各界朋友长期以来的关心和支持表示诚挚感谢和崇高敬意!文中愿与大家共同携手,在法治阳光普照下,弘扬中国企业家精神,为实现中华民族伟大复兴的中国梦而努力奋斗!

附件十六:最高人民法院再审判决书

中华人民共和国最高人民法院
刑事判决书

(2018)最高法刑再3号

原公诉机关河北省衡水市人民检察院。

原审被告人张文中,男,汉族,1962年7月1日出生,山东省即墨县(现山东省青岛市即墨区)人,博士研究生文化,原系物美控股集团有限公司董事长。2006年12月7日被刑事拘留,同年12月20日被逮捕。2009年3月30日因犯诈骗罪、单位行贿罪、挪用资金罪被判处有期徒刑十二年,并处罚金人民币五十万元(已缴纳)。2010年4月19日被裁定减刑三年,2012年3月19日被裁定减刑二年十个月。2013年2月6日刑满释放。

辩护人赵秉志,北京市中闻律师事务所律师。

辩护人左坚卫,北京乾成律师事务所律师。

原审被告人张伟春,男,汉族,1958年4月27日出生,北京市人,大学文化,原系物美控股集团有限公司行政总监。2006年12月29日被刑事拘留,2007年1月1日变更为监视居住,同年2月14日被逮捕。2009年3月30日因犯诈骗罪被判处有期徒刑五年,并处罚金人民币二十万元(已缴纳)。2010年7月28日被裁定予以假释,2012年2月11日假释考验期满。

辩护人吴建平,北京市泽文律师事务所律师。

辩护人赵磊,北京市泽文律师事务所律师。

原审被告单位物美控股集团有限公司(原北京物美商业集团有限公司,以下简称物美集团),住所地北京市石景山区实兴大街30号院3号楼8层。2009年3月30日因犯单位行贿罪被判处罚金人民币五百三十万元(已缴纳)。

诉讼代表人徐莹,物美集团总裁。

河北省衡水市中级人民法院审理衡水市人民检察院指控被告单位物美集团犯单位行贿罪,被告人张文中犯诈骗罪、单位行贿罪、挪用资金罪,被告人张伟春犯诈骗罪一案,于2008年10月9日以(2008)衡刑初字第22号刑事判决,认定物美集团犯单位行贿罪,判处罚金人民币五百三十万元;认定张文中犯诈骗罪,判处有期徒刑十五年,并处罚金人民币五十万元,犯单位行贿罪,判处有期徒刑三年,犯挪用资金罪,判处有期徒刑一年,决定执行有期徒刑十八年,并处罚金人民币五十万元;认定张伟春犯诈骗罪,判处有期徒刑五年,并处罚金人民币二十万元;张文中、张伟春违法所得予以追缴,上缴国库。宣判后,物美集团、张文中、张伟春均提出上诉。河北省高级人民法院于2009年3月30日以(2008)冀刑二终字第89号刑事判决,维持一审判决对物美集团、张伟春定罪量刑部分,对张文中、张伟春违法所得追缴部分以及对张文中单位行贿罪、挪用资金罪定罪量刑和诈骗罪定罪部分;撤销一审判决对张文中诈骗罪量刑以及决定执行刑罚部分;认定张文中犯诈骗罪,判处有期徒刑十年,并处罚金人民币五十万元,与其所犯单位行贿罪、挪用资金罪并罚,决定执行有期徒刑十二年,并处罚金人民币五十万元。

判决发生法律效力后,原审被告人张文中向河北省高级人民法院提出申诉,河北省高级人民法院于2015年12月21日予以驳回。2016年10月,张文中向本院提出申诉。本院经审查后于2017年12月27日作出(2017)最高法刑申683号再审决定,提审本案。本院依法组成合议庭,于2018年2月7日召开庭前会议,于2月12日公开开庭审理了本案。最高人民检察院指派检察员尹伊君、杜亚起,助理检察员韩大书、刘文峰出庭履行职务。张文中及其辩护人赵秉志、左坚卫,原审被告人张伟春及其辩护人吴建平、赵磊,原审被告单位物美集团诉讼代表人徐莹,证人黄某1到庭参加诉讼。现已审理终结。

河北省衡水市中级人民法院一审判决认定:

一、诈骗罪

2002年年初,被告人张文中得知国家对重点企业、重点项目实行国债贴息补贴政策,遂与被告人张伟春、物美集团副总裁张某1等人商议此事,并委派张伟春到原国家经贸委等部门进行了咨询。在得知该批国债技改贴息资金主要用于支持国有企业技术改造项目、物美集团作为民营企业不属于国债技改贴息资金支持范围的情况下,张文中与张伟春商量后决定以中国诚通控股集团有限公司(国有企业,以下简称诚通公司)下属企业的名义进行申报。为此,张文中与诚通公司董事长田某1多次联系,田某1答应了张文中的要求。在张文中指使下,张伟春等人以虚假资料编制了物美集团技改项目《可行性研究报告》,以诚通公司下属企业名义上报原国家经贸委。物流项目获得审批后,物美集团既未实施,也未向银行申请贷款;物美集团以信息化项目为名,以与其关联公司北京和康友联技术有限公司(以下简称和康友联公司)签订虚假设备采购合同和开具虚假发票为手段,获得1.3亿元贷款,用于公司日常经营,未实施信息化项目。2003年10月29日,财政部将3190万元国债技改贴息资金拨付到诚通公司,后诚通公司将该款汇入物美集团账户,物美集团将该款用于偿还公司贷款。案发后,已追缴赃款3190万元。

认定上述事实的主要证据有《国家重点技术改造项目管理办法》、《国家重点技术改造项目国债专项资金管理办法》、《关于组织申报2002年国债技术改造项目的通知》、《关于下达2002年国家重点技术改造项目计划(第八批国债专项资金项目)的通知》、规划意见书、采购合同、进账单、发票等书证,证人张某1、田某1、李某1、李某2、于某1、杨某、张某2、于某2等人的证言以及被告人张文中、张伟春的供述等。

二、单位行贿罪

2002年,在被告单位物美集团收购中国国际旅行社总社(以下简称国旅总社)持有的泰康人寿保险股份有限公司(以下简称泰康公司)5000万股股份过程中,被告人张文中向国旅总社总经理办公室主任赵某提出让其提供帮助,并承诺给其一笔好处费。在赵某的积极协调、帮助下,2002年年底,物美集团以其关联公司和康友联公司的名义顺利收购了国旅总社持有的5000万股泰康公司股份。张文中遂指派张某1给付赵某30万元。2003年1月至2004年2月,张某1通过物美集团的关联公司卡斯特经济评价中心以报销费用的方式向赵某支付了30万元。

2002年,在被告单位物美集团收购广东粤财信托投资公司(以下简称粤财公司)持有的泰康公司5000万股股份过程中,被告人张文中向粤财公司总经理梁某承诺事成之后给予梁某个人500万元好处费。2003年年底,物美集团以其关联公司华美现代流通发展有限公司(以下简称华美公司)的名义收购了粤财公司持有的5000万股泰康公司股份,张文中遂指使张某1通过北京敬业和康投资咨询中心(以下简称敬业和康中心)向梁某支付500万元。

认定上述事实的主要证据有物美集团出具的情况说明、股权转让协议、转账支票、进账单等书证,证人赵某、梁某、陈某1、李某3、张某1等人的证言以及被告人张文中的供述等。

三、挪用资金罪

1997年3月,被告人张文中与泰康公司董事长陈某1商定挪用泰康公司的4000万元资金申购新股谋利。后张文中指使张某1从泰康公司转出4000万元,具体负责申购新股。张文中、陈某1又与中国国际期货有限公司(以下简称中期公司)董事长田某1商定,通过中期公司所兼管理的河南省国际信托投资公司(以下简称河南国投公司)的途径转款,以掩盖挪用情节,炒股所得盈利由张、田、陈三人按3:3:4比例分配。其间,中国人民银行检查,三人遂于1997年7月通过河南国投公司,又从泰康公司转出5000万元用于归还前次挪用款项。1997年8月19日,张某1归还泰康公司4000万元,同年9月3日和9日又分两次归还了5000万元。其间,炒股共盈利1000余万元。

认定上述事实的主要证据有泰康公司支票请领单、委托投资国债协议、转账支票、进账单、资金往来发票等书证,证人陈某1、田某1、张某1、李某4等人的证言以及被告人张文中的供述等。

河北省衡水市中级人民法院认为,被告人张文中、张伟春以非法占有为目的,虚构事实,隐瞒真相,骗取国家贷款贴息,数额特别巨大,其行为均已构成诈骗罪;被告单位物美集团在收购泰康公司股权过程中,给予国家工作人员好处费,其行为已构成单位行贿罪,张文中作为被告单位直接负责的主管人员,应予刑事处罚;张文中伙同他人并利用他人职务上的便利挪用泰康公司资金,归个人使用进行营利活动,数额较大,构成挪用资金罪的共犯,其在追诉期限内又犯新罪,应追究刑事责任。公诉机关指控的犯罪事实及罪名成立,应予支持。故作出前述一审判决。

一审宣判后,被告单位物美集团、被告人张文中、张伟春分别提出上诉,均认为各自的行为不构成犯罪。

河北省高级人民法院二审判决认定的事实、证据与一审判决一致。二审法院认为,张文中、张伟春以非法占有为目的,将物美集团冒充为国有企业的下属企业,通过申报虚假项目,骗取国债技改贴息资金,数额特别巨大,其行为均已构成诈骗罪。物美集团在收购泰康公司股权过程中,违反国家规定,给予国家工作人员好处费,其行为已构成单位行贿罪;张文中作为物美集团直接负责的主管人员,应当承担相应的刑事责任。张文中伙同他人,并利用他人职务上的便利,挪用公司资金归个人使用,进行营利活动,数额较大,其行为已构成挪用资金罪;张文中的上述行为虽然发生于 1997 年,但其在该罪的追诉期限内又犯新罪,依法应追究刑事责任。张伟春在诈骗犯罪中,起辅助作用,属从犯,可减轻处罚。本案诈骗数额虽然特别巨大,但在案发后所骗款项已被全部追缴,未给国家造成实际经济损失,同时考虑到诈骗犯罪的目的不是为了个人占有,对张文中、张伟春可酌情予以从轻处罚。一审判决以诈骗罪判处张文中有期徒刑十五年,量刑偏重,应予改判。故作出前述二审判决。

本院再审中,原审被告人张文中及其辩护人认为,原判认定张文中犯诈骗罪、单位行贿罪和挪用资金罪错误,应当依法改判无罪。主要辩解和辩护意见为:(1)物美集团作为民营企业有资格申报 2002 年国债技改贴息项目,以诚通公司下属企业名义申报只是上报项目材料的渠道;张文中未参与编制项目《可行性研究报告》,更没有指使张伟春等人以虚假资料编制《可行性研究报告》;物美集团申报的物流项目和信息化项目是真实的，信息化项目的主要内容已经实施并已达到《可行性研究报告》的主要目标，物流项目虽然遇到国家和北京市通州区物流产业园区用地调整等诸多客观障碍，但也通过异地实施的方式实现了当初申报时设定的目标；张文中没有实施骗取国债技改贴息资金的故意和行为，不构成诈骗罪。(2)涉案的30万元是给赵某的劳务报酬，500万元是给中间人李某3的中介费，且不是物美集团支付；收购国旅总社股权的是和康友联公司，收购粤财公司股权的是华美公司，物美集团在本案中不具备单位行贿罪的主体要件，不构成单位行贿罪，故张文中作为物美集团直接负责的主管人员，其行为亦不构成单位行贿罪。(3)4000万元资金系卡斯特投资咨询中心从泰康公司借出，属于单位之间的资金拆借行为，不属于挪用资金归个人使用，张文中的行为不构成挪用资金罪。

原审被告人张伟春及其辩护人认为，张伟春的行为不构成诈骗罪，应当依法改判无罪。除提出与张文中及其辩护人基本相同的辩解及辩护意见外，还提出张伟春受物美集团董事会指派负责物流项目和信息化项目的申报工作，系职务行为，不具有诈骗犯罪的主观故意。

原审被告单位物美集团的诉讼代表人同意原审被告人张文中及其辩护人提出的相关辩解和辩护意见，认为物美集团不构成单位行贿罪，应当依法改判无罪。

庭前会议听取了检辩双方意见。对于诈骗罪，原审被告人张文中、张伟春的辩护人申请证人黄某1出庭作证，并向法庭提交了3项新证据，用以支持其辩护意见：(1)证人甘某2018年1月25日出具的《关于2002年国债技术改造项目相关情况的说明》；(2)证人李某1于2018年1月25日出具的情况说明；(3)证人于某1于2008年12月16日所作的证言。对于单位行贿罪，张文中的辩护人向法庭提交了4组新证据，用以支持其辩护意见：(1)证人刘某1于2009年3月8日所作的证言；(2)泰康公司2009年3月18日出具的《关于赵某在泰康公司任职情况的补充说明》；(3)泰康公司2003年至2008年股东大会及临时股东大会签到册、股东代表委托书、授权委托书、股东投票表决记录单、董事候选人提名函、股东大会表决单；(4)泰康公司2008年股东大会决议、华美公司及和康友联公司分红款支付指令、泰康公司付款回单、银行付款系统专用凭证、华美公司及和康友联公司记账凭证。

最高人民检察院出庭检察员认为，原判适用法律错误，导致定罪量刑错误，建议依法改判原审被告人张文中、张伟春、原审被告单位物美集团无罪。主要理由为：(1)原判认定物美集团不具有申报国债技改贴息资格依据不足；物美集团申报材料中的企业基本情况表和物流项目《可行性研究报告》均有不实内容，但该违规申报行为不是虚构事实、隐瞒真相的诈骗行为，更未因该不实申报行为使国家主管机关陷入错误认识；物美集团将3190万元国债技改贴息资金用于偿还其他贷款，违反了专款专用的规定，但在财务账目上一直将该笔资金列为"应付人民政府款项"，始终没有脱离国家机关的实际管控，物美集团并未非法占有该笔资金。故张文中、张伟春的行为不构成诈骗罪。(2)物美集团是收购泰康公司股份的主体，涉案30万元、500万元分别系给予赵某、梁某的好处费，但物美集团在收购股份过程中未谋取不正当利益，赵某、梁某也没有为物美集团提供不正当帮助，故物美集团及张文中的行为不构成单位行贿罪。(3)张文中与陈某1、田某1共谋从泰康公司挪用4000万元炒股牟利，并非单位行为，张文中的行为构成挪用资金罪，但已超过追诉期限。

经再审查明：

一、关于诈骗罪

2002年年初，原审被告人张文中获悉国债贴息政策及原国家经贸委正在组织申报国债技术改造项目后，即与原审被告人张伟春等人商议决定物美集团进行申报，并委派张伟春具体负责。张伟春到原国家经贸委等部门进行了咨询。为方便快捷，张文中与张伟春商量后决定以诚通公司下属企业的名义申报，并征得时任诚通公司董事长田某1同意。物美集团遂以诚通公司下属企业的名义，向原国家经贸委上报了第三方物流改造和信息现代化建设两个国债技改项目(以下分别简称物流项目、信息化项目)，并编制报送了项目《可行性研究报告》等申报材料,其中物流项目《可行性研究报告》所附的土地规划意见书及附图不规范且不具有法定效力。上述两个项目经原国家经贸委等部门审批同意后,物美集团与和康友联公司签订虚假设备采购合同,开具虚假发票,获得信息化项目贷款1.3亿元,后用于公司经营。物流项目因客观原因未能在原计划地点实施,也未申请到贷款。2003年11月,物美集团通过诚通公司取得物流项目和信息化项目的国债技改贴息资金共计3190万元,后用于归还公司其他贷款。案发后,3190万元被追缴。

上述事实,有一审及再审开庭审理中经质证确认的《国家重点技术改造项目管理办法》《国家重点技术改造项目国债专项资金管理办法》《关于组织申报2002年国债技术改造项目的通知》《关于下达2002年国家重点技术改造项目计划(第八批国债专项资金项目)的通知》《关于下达2003年第二批国债专项资金国家重点技术改造项目投资计划的通知》《关于下达2003年第二批国债专项资金国家重点技术改造项目资金计划的通知》等文件,企业基本情况表、项目基本情况表、物流项目《可行性研究报告》、信息化项目《可行性研究报告》、规划意见书、采购合同、借款合同、进账单、转账支票存根、收贷凭证、银行支付系统专用凭证、发票、扣押物品清单等书证,证人张某1、王某1、吴某1、田某1、李某1、李某2、郝某1、门某、甘某、黄某1、于某1、许某、李某5、郝某2、陈某2、罗某、漆某、杨某、袁某、张某2、张某3、刘某2、张某4、于某2、孟某、李某6、王某2等人的证言,以及原审被告人张文中、张伟春的供述等证据证实。

针对原审被告人张文中、张伟春及其辩护人关于诈骗罪的辩解、辩护意见和最高人民检察院出庭检察员的意见,根据再审查明的事实、证据,综合评判如下:

(一)物美集团作为民营企业具有申报国债技改项目的资格,其以诚通公司下属企业名义申报,并未使负责审批的主管部门产生错误认识

1.相关政策性文件并未禁止民营企业参与申报国债技改贴息项目,且身为民营企业的物美集团于2002年申报国债技改项目,符合国家当时的国债技改贴息政策。原判认定物美集团作为民营企业不属于国债技改贴息资金支持范围,所依据的是原国家经贸委、原国家发展计划委、财政部、中国人民银行于1999年制定的《国家重点技术改造项目管理办法》《国家重点技术改造项目国债专项资金管理办法》等政策性文件,但上述文件均未明确禁止民营企业申报国家重点技改项目以获得国债技改贴息资金支持。2001年12月,我国正式加入了世界贸易组织,由于国有企业三年改革与脱困目标基本实现,国家调整了国债技改项目的投向和重点,在规定的范围、专题内,进一步明确了对各种所有制企业实行同等待遇,同时将物流配送中心建设、连锁企业信息化建设列入了国债贴息项目予以重点支持。原国家经贸委投资与规划司于2002年2月27日下发的《关于组织申报2002年国债技术改造项目的通知》附件《2002年国债技术改造分行业投资重点》,国务院办公厅于2002年9月27日转发的原国务院体改办、原国家经贸委《关于促进连锁经营发展的若干意见》,以及原国家经贸委于2002年10月16日印发执行的《"十五"商品流通行业结构调整规划纲要》等,对此均有明确规定。2002年物美集团申报国债技改项目时,国家对民营企业的政策已发生变化,国债技改贴息政策已有所调整,物美集团所申报的物流项目和信息化项目属于国债技改贴息资金重点支持的项目范围。物美集团作为国内大型流通企业,积极申报以获取国债技改贴息资金对其物流和信息化建设的支持,符合当时国家经济发展形势和产业政策的要求。

2. 有证据证实,民营企业当时具有申报国债技改贴息项目的资格。(1)一审期间,辩护人提交的中国新闻网2001年11月16日报道《中国国债技改贴息将对各所有制一视同仁》载明,时任原国家经贸委负责人公开表示,从2002年起,改革国债技改贴息办法,对各种所有制企业均实行同等待遇。(2)证人门某证实,2002年国家没有禁止国债技改贴息资金支持民营流通企业的规定,当时的第七、八、九批国家重点技术改造国债贴息项目中,确实有民营企业得到支持并拿到贴息。(3)辩护人提交的《2003年第二批国债专项资金国家重点技术改造项目投资计划表》和相关企业工商注册登记材料证实,在与物美集团同时获批的企业中,还有数家民营企业获得了国债技改贴息资金。(4)再审期间,证人甘某出具的《关于2002年国债技术改造项目相关情况的说明》证实,从2001年开始,部分民营企业进入国债技改贴息计划;证人黄某1出庭作证称,第八批国债技改贴息对企业的所有制性质没有限制性要求。上述证据足以证实2002年民营企业具有申报国债技改贴息项目的资格。

3. 物美集团通过诚通公司以真实企业名称申报国债技改项目,没有隐瞒其民营企业性质,也未使负责审批的主管部门产生错误认识。(1)经查,根据财政部《关于同意中国诚通控股公司财务关系单列的通知》及附件《中国诚通控股公司所属成员单位名单》,物美集团确实不是诚通公司在财政部立户的所属成员单位,但物美集团以诚通公司下属企业名义申报国债技改贴息项目,获得了诚通公司同意,且物美集团在申报材料企业基本情况表中填报的是"北京物美综合超市有限公司"(后经原国家经贸委投资与规划司审批同意,项目承担单位调整为物美集团),其以企业真实名称申报,并未隐瞒。(2)证人黄某1的证言及原国内贸易部《关于确定全国第一批连锁经营定点联系企业的函》证实,物美集团是原国内贸易部及原国家经贸委贸易市场局的定点联系企业;证人李某2证实,在物美集团申报过程中,其曾听过张文中、张伟春等人的汇报,并考察了物美的超市和物流基地,参与了审批,经审查认为符合国债项目安排原则。可见,作为审批部门的原国家经贸委对物美集团的企业性质是清楚的。张文中、张伟春将物美集团以诚通公司下属企业名义申报国债技改项目,并未使原国家经贸委负责审批工作的相关人员对其企业性质产生错误认识。

(二)物美集团申报的物流项目和信息化项目并非虚构

1. 物流项目并非虚构,项目获批后未按计划实施及未能贷款系客观原因所致,且已异地实施。(1)物流项目本身并非虚构。2002年4月18日,物美集团在申报之后,与北京市通州区政府签署的《合作协议书》证实,物美集团积极参与通州区物流产业园区的建设,通州区政府将提供政策和资源支持，协助物美集团在通州建立大型现代化的物流中心；2002 年 9 月，清华大学环境影响评价室出具的《北京市环保局建设项目环境影响评价报告表》证实，该室受物美集团委托，对其在通州区物流产业园区的物流项目进行了环境评估。可见，物美集团申报的物流项目并非虚构。(2) 物流项目未能获得贷款和未按计划实施有其客观原因，且已异地实施。证人王某 1、吴某 1、于某 1、李某 5、许某、张某 2、袁某、王某 2 等人的证言证实：物美集团在北京市通州区的物流项目起初因"非典"推迟，后来在土地出让方式方面，通州区物流产业园区要求购买，而物美集团原计划是租赁土地，因投资成本太高，双方未能达成一致。后物美集团在北京市百子湾等地建了物流中心。证人于某 1 在侦查阶段还证实，因无法提供用地及开工手续，在北京市通州区的物流项目不能取得银行贷款，后按要求办理异地实施项目的变更手续，但因故最终未能落实。可见，物美集团所申报的物流项目没能按计划在原址实施，未能申请到贷款，系因"非典"疫情及通州区物流产业园区土地由租改卖等客观原因造成。(3) 物美集团报送的物流项目《可行性研究报告》虽有不实之处，但不足以否定该项目的可行性和真实性。物流项目《可行性研究报告》、北京市通州区规划局出具的规划意见书及证明等书证，证人张某 1、于某 2、孟某、李某 6、张某 2、刘某 2、张某 4 等人的证言，以及原审被告人张伟春的供述等证据证实：物美集团在联系编制物流项目《可行性研究报告》过程中，副总裁张某 1 等人到物流项目所在地北京市通州区物流产业园区考察并要求出具相关土地证明，通州区规划局出具了盖有该局规划管理专用章的规划意见书，同意物美集团在通州区物流产业园区规划建设商业项目，物美集团在规划意见书后附加了拟建项目地理位置图、平面布置图，而非规范的土地地形图。上述规划意见书和附图虽不规范、不具有法定效力，但不能据此否定整个项目的可行性和真实性。

2. 原判认定物美集团申报虚假信息化项目，依据不足。(1) 物美集团申报的信息化项目主要内容包括：通过改造各业态店铺和总部计算机硬件以及对其软件系统升级改造，建立快速适应市场变化的经营组织及管理模式和运作方式,实施和完善网络支撑系统、现代物流系统、供需链管理系统、电子商务应用系统及经营决策支持系统等。经查,物美集团日常经营中在这些方面已有大量的资金投入。原判因物美集团将以信息化项目名义申请获得的贷款用于公司日常经营,即得出信息化项目完全没有实施的结论,依据不足。(2)物美集团虽然采用签订虚假合同等手段申请信息化项目贷款,但并不能据此认定信息化项目是虚假的。国家发放国债技改贴息的目的在于支持企业的技术改造项目,而物美集团申报的项目经相关部门审核属于政策支持范围。根据申报流程,物美集团申请银行贷款时,其国债技改贴息项目的申报已经获得审批通过。物美集团在此后采用签订虚假合同等手段申请信息化项目贷款,虽然违规,但并非是为骗取贴息资金而实施的诈骗行为,也不能据此得出信息化项目是虚构的结论。

(三)物美集团违规使用3190万元国债技改贴息资金不属于诈骗行为

物美集团在获得3190万元国债技改贴息资金后,将该款用于偿还公司其他贷款,但在财务账目上一直将其列为"应付人民政府款项",并未采用欺骗手段予以隐瞒、侵吞,且物美集团具有随时归还该笔资金的能力。因此,物美集团的行为虽然违反了《国家重点技术改造项目国债专项资金管理办法》中关于国债专项资金应专款专用的规定,属于违规行为,但不应认定为非法占有贴息资金的诈骗行为。

综上所述,原审被告人张文中、张伟春及其辩护人所提物美集团作为民营企业有资格申报2002年国债技改贴息项目,张文中、张伟春没有实施骗取国债技改贴息资金行为,没有诈骗故意,不构成诈骗罪的辩解和辩护意见成立;最高人民检察院出庭检察员所提张文中、张伟春的行为不构成诈骗罪的意见成立,本院予以采纳。

二、关于单位行贿罪

2002年,原审被告人张文中获悉国旅总社欲转让所持有的5000万股泰康公司股份,即通过国旅总社总经理办公室主任赵某(另案处理)向国旅总社负责人明确表达了原审被告单位物美集团收购该股份的意向。张文中请赵某提供帮助,并表示事成后不会亏待赵某。物美集团与国旅总社经多次谈判就收购股份达成一致。2002 年 6 月 26 日,物美集团以其关联公司和康友联公司的名义与国旅总社签订了股权转让协议。根据张文中的安排,2003 年 1 月至 2004 年 2 月,张某 1 通过物美集团的关联公司卡斯特经济评价中心以报销费用的方式分三次向赵某支付了 30 万元。

2002 年,粤财公司为缓解经营困难,决定转让所持有的 5000 万股泰康公司股份。泰康公司董事长陈某 1 将这一信息告知原审被告人张文中并建议其收购,张文中表示同意。为促成股权转让,陈某 1 向粤财公司总经理梁某提出,股权转让后给梁 500 万元好处费,并向张文中提出此要求,张文中表示接受。梁某的校友李某 3(广州市华艺广告有限公司和广州市华艺文化有限公司董事长)应陈某 1、张文中要求,为帮助原审被告单位物美集团收购股份,也找梁某做工作。之后,物美集团提出以每股 1.35 元的价格受让粤财公司持有的泰康公司股份,梁某没有同意。经梁某提议,粤财公司按规定委托广州产权交易所挂牌转让,挂牌价为每股 1.45 元。在无人摘牌的情况下,粤财公司与物美集团经多次谈判,最终以每股 1.4 元的价格达成一致。2003 年 3 月 20 日,物美集团以其关联公司华美公司的名义与粤财公司签订了股权转让协议。数月后,李某 3 在梁某不知情的情况下,通过陈某 1 向张文中索要 500 万元。张文中应陈某 1 的要求,安排张某 1 将 500 万元汇至李某 3 的公司账户。梁某事后得知,明确表示与其无关,并拒绝接受该笔款项,该款一直被李某 3 的公司占有。

上述事实,有一审及再审开庭审理中经质证确认的物美集团出具的情况说明、物美集团关联公司关系图表、国旅总社会议纪要、国旅总社营业执照、国旅总社关于干部任免事项的通知、粤财公司会议纪要、关于转让泰康股份函、关于接受转让泰康股份的函、股权转让协议、中国保险监督管理委员会批复、泰康公司章程、粤财公司及其投资股东的营业执照、转账支票、进账单、记账凭证、发票等书证,证人赵某、梁某、陈某 1、李某 3、张某 1、王某 1、张某 5、许某、李某 7、王某 3、孙某、黄某

2、田某2、潘某、刘某3、刘某4、韩某、蔡某、李某8、张某6等人的证言，司法会计鉴定意见以及原审被告人张文中的供述等证据证实。

针对原审被告人张文中及其辩护人、原审被告单位物美集团诉讼代表人关于单位行贿罪的辩解、辩护意见和最高人民检察院出庭检察员的意见，根据再审查明的事实、证据，综合评判如下：

（一）物美集团实施了给予赵某30万元和向李某3公司支付500万元的行为

原审被告人及其辩护人、原审被告单位诉讼代表人提出，给予赵某30万元和李某3公司500万元并非物美集团支付，经查与事实不符。

1. 和康友联公司、华美公司、卡斯特经济评价中心、敬业和康中心等均为物美集团的关联公司，由物美集团直接控制。司法会计鉴定意见、物美集团关联公司关系图表、物美集团出具的情况说明，证人张某1、王某1、许某、张某5等人的证言，以及原审被告人张文中的供述等证据证实：张文中在物美集团注册资本中的投资比例为61.78%，且为和康友联公司、华美公司、卡斯特经济评价中心、敬业和康中心等企业的控股股东；物美集团与上述关联公司的资金由财务部在集团内部统一调度；这些关联公司的财务、记账工作均由物美集团财务人员负责兼职管理，并受物美集团主管财务的副总裁张某1直接领导。

2. 以关联公司名义收购股权的行为由物美集团董事会决定，费用由物美集团筹措，股权收购费等费用的支付均由张某1根据原审被告人张文中的安排，亲自或指派集团的财务人员操办。物美集团出具的情况说明、泰康公司章程、转账支票、记账凭证等书证，证人陈某1、张某1、赵某、李某7、梁某、韩某等人的证言，以及张文中的供述等证据证实：国旅总社、粤财公司转让所持泰康公司股权时，是物美集团与国旅总社、粤财公司进行谈判并达成收购意向。因物美集团已持有一定比例泰康公司股份，为不违反泰康公司章程关于单一股东持股不允许超过10%的规定，物美集团董事会遂决定以其关联公司和康友联公司、华美公司的名义分别与国旅总社、粤财公司签订股权转让协议；收购款由物美集团内部调度给和康友联公司、华美公司支付。物美集团给予赵某的30万元和向李某3公司支付的500万元,分别由物美集团关联公司卡斯特经济评价中心、敬业和康中心支付,其中的500万元系物美集团转至敬业和康中心。

(二)物美集团支付给赵某30万元好处费的行为,依法不构成单位行贿罪

在案的转账支票、赵某报销会议费及装修材料费的发票等书证,证人赵某、张某1、陈某1、孙某、黄某2、田某2、潘某、刘某3、刘某4等人的证言及原审被告人张文中在侦查阶段的供述等证据相互印证,足以证实物美集团支付给赵某的30万元系好处费而非劳务报酬。张文中的辩护人再审期间向法庭提交新证据,用以证明赵某自2003年4月至2008年作为泰康公司监事、董事为物美集团的关联公司和康友联公司、华美公司提供了劳务。经查,物美集团给付赵某30万元的时间与赵某担任泰康公司监事、董事提供劳务的时间并不相符,二者之间缺乏关联性。

根据《刑法》第三百九十三条规定,单位为谋取不正当利益而行贿,或者违反国家规定,给予国家工作人员以回扣、手续费,情节严重的,构成单位行贿罪。物美集团给予赵某30万元好处费,属于违反国家规定,在经济活动中账外给予国家工作人员手续费的情形。但根据国旅总社转让所持泰康公司股权情况、会议纪要、股权转让分析报告、股权转让协议等书证,证人赵某、李某7等人的证言以及原审被告人张文中的供述等证据,本起事实具有以下情节:(1)国旅总社为缓解资金紧张意欲转让所持泰康公司股份,经泰康公司董事长陈某1沟通联系,物美集团决定收购并与国旅总社多次谈判后就股权转让达成一致,其间没有第三方参与股权收购,不存在排斥其他买家、取得竞争优势的情形,双方的交易没有违背公平原则。(2)在没有第三方参与、双方自愿达成收购意向的情况下,物美集团承诺给予好处费并非为谋取不正当利益。(3)国旅总社将其所持泰康公司股份转让给物美集团以及具体的转让价格等,均系国旅总社党政领导班子联席会议多次讨论研究决定,双方最终成交价格也在国旅总社预先确定的价格范围内,物美集团

没有获得不正当利益,国旅总社的利益亦未受到损害。(4)赵某作为国旅总社总经理办公室主任,其在股权交易过程中仅起到沟通联络作用,没有为物美集团谋取不正当利益。综合考虑上述情况,可以认定物美集团的行为尚不属于情节严重,依法不构成单位行贿罪。

(三)物美集团向李某3公司支付500万元的行为,依法不构成单位行贿罪

1.在粤财公司意欲转让股份的情况下,陈某1向梁某提出由物美集团收购,并让张文中给梁某500万元好处费,后又向张文中提出该要求。因此,股权转让前,给梁某好处费系陈某1提出,张文中只是被动接受了陈某1的要求。

2.在案证据证实,梁某并没有同意物美集团提出的受让价格,且提议按高于该价格挂牌转让;物美集团与粤财公司最终的股权交易价格,是在粤财公司挂牌转让未果的情况下,经多次谈判而确定的,且高于物美集团提出的受让价格。因此,梁某在股权转让过程中没有为物美集团提供帮助,物美集团也没有因此获取任何不正当利益。

3.在案证据证实,签订股权转让协议后,物美集团并没有向梁某支付500万元好处费,梁某也未提及此事。直至数月后,在梁某并不知情的情况下,李某3通过陈某1向张文中索要该500万元,张文中才安排张某1将款汇至李某3公司的账户。梁某事后得知,明确表示与其无关,并拒绝接受该笔款项。该款一直被李某3的公司占有。因此,股权转让后,物美集团支付500万元系被李某3索要,并没有为谋取不正当利益而行贿的主观故意。

综上所述,原审被告人张文中及其辩护人、原审被告单位物美集团诉讼代表人所提30万元系给赵某的劳务报酬、物美集团不是收购股份及支付款项主体的辩解及辩护意见,与再审查明的事实不符,本院不予采纳。最高人民检察院出庭检察员所提30万元系物美集团给予赵某的好处费,物美集团是收购泰康公司股份主体的意见成立,本院予以采纳。检辩双方所提物美集团、张文中的行为不构成单位行贿罪的意见成立,本院予以采纳。

三、关于挪用资金罪

1997年3月,原审被告人张文中与泰康公司董事长陈某1、中期公司董事长田某1商定,用泰康公司的4000万元资金申购新股谋利。同年3月27日,泰康公司的4000万元资金转至物美集团关联公司卡斯特投资咨询中心在国泰证券公司北京方庄营业部开设的股票账户,张某1根据张文中的安排具体负责申购新股。为规避风险,泰康公司计财部与卡斯特投资咨询中心签订了委托投资国债协议及抵押合同。同年7月,因中国人民银行检查,张文中、陈某1与田某1商定,再从泰康公司转出5000万元至中期公司所兼管理的河南国投公司。河南国投公司将4000万元转至卡斯特投资咨询中心账户,用于向泰康公司归还前次4000万元款项。同年8月19日,卡斯特投资咨询中心归还了泰康公司4000万元。同年9月3日、9日,卡斯特投资咨询中心和河南国投公司又分两次共归还泰康公司5000万元。

上述事实,有一审及再审开庭审理中经质证确认的委托投资国债协议、抵押合同、转账支票、汇票、进账单、记账凭证、资金往来发票等书证,证人陈某1、田某1、张某1、李某4、吴某2、任某、师某等人的证言,以及原审被告人张文中的供述等证据证实。

针对原审被告人张文中及其辩护人关于挪用资金罪的辩解、辩护意见和最高人民检察院出庭检察员的意见,根据再审查明的事实、证据,综合评判如下:

原判认定张文中伙同他人共谋挪用泰康公司4000万元资金申购新股牟利,后又用5000万元过账还款予以掩盖的事实清楚,证据确实。但认定张文中伙同陈某1、田某1挪用泰康公司资金归个人使用、为个人谋利的事实不清、证据不足。

(一)在案书证显示,涉案资金均系在单位之间流转,反映的是单位之间的资金往来,无充分证据证实归个人使用

1. 相关转账支票、进账单、存取款凭单、记账凭证、资金往来发票等书证证实:涉案4000万元资金于1997年3月27日由泰康公司划转至卡斯特投资咨询中心在北京证券交易中心开设的账户,后转至国泰证券公司北京方庄营业部卡斯特投资咨询中心股票交易账户。同年8月19日，涉案4000万元资金又由国泰证券公司北京方庄营业部卡斯特投资咨询中心股票交易账户，通过北京证券登记有限公司、卡斯特投资咨询中心转回泰康公司。涉案资金始终在单位之间的账上流转。

2.在案的委托投资国债协议、抵押合同，也系泰康公司与卡斯特投资咨询中心两个单位之间签订，客观上成为泰康公司将4000万元借给卡斯特投资咨询中心的凭据。中国人民银行对泰康公司进行检查，发现该笔4000万元资金违规后，要求泰康公司尽快终止合同。泰康公司经总裁室研究决定，向卡斯特投资咨询中心出具了《关于终止委托国债投资协议致卡斯特投资咨询中心的函》，该行为亦是单位之间的行为。

3.为掩盖4000万元资金的违规行为，泰康公司又转出5000万元资金，经河南国投公司过账，用以归还先前挪用的4000万元。该笔资金仍是在单位之间流转。

（二）无充分证据证实挪用资金为个人牟利

1.原审被告人张文中及证人陈某1、田某1虽在侦查阶段承认，挪用资金申购新股的盈利由三人按比例分配，但张文中在审查起诉阶段、陈某1在一审阶段均推翻原供证，称申购新股是为了各自公司的利益，并非为个人牟利。供证前后不一。

2.原判认定张文中等人挪用泰康公司的4000万元资金申购新股共盈利1000余万元与在案书证不符。国泰证券公司北京方庄营业部客户存取款凭单显示，卡斯特投资咨询中心于1997年8月19日支取第一笔4000万元时，余额为9335元，同年9月3日支取第二笔4000万元时，余额为423万余元。由于缺乏卡斯特投资咨询中心股票账户交易记录等证据，上述余额是否为申购新股所得盈利事实不清，且即便是盈利，也与原判认定的盈利数额存在较大出入。

3.因无卡斯特投资咨询中心股票账户交易记录等证据在案，该账户上的具体交易情况及资金流向均不清楚，无证据证实张文中等人占有了申购新股所得盈利。

综上所述,原审被告人张文中及其辩护人所提张文中的行为不属于挪用资金归个人使用,不构成挪用资金罪的辩解和辩护意见成立,本院予以采纳。最高人民检察院出庭检察员所提张文中从泰康公司挪用4000万元炒股为个人牟利构成挪用资金罪,但已过追诉期限的意见不能成立,本院不予采纳。

本院认为,物美集团在申报国债技改贴息项目时,国债技改贴息政策已有所调整,民营企业具有申报资格,且物美集团所申报的物流项目和信息化项目均属于国债技改贴息重点支持对象,符合国家当时的经济发展形势和产业政策。原审被告人张文中、张伟春在物美集团申报项目过程中,虽然存在违规行为,但未实施虚构事实、隐瞒真相以骗取国债技改贴息资金的诈骗行为,并无非法占有3190万元国债技改贴息资金的主观故意,不符合诈骗罪的构成要件。故原判认定张文中、张伟春的行为构成诈骗罪,属于认定事实和适用法律错误,应当依法予以纠正。原审被告单位物美集团在收购国旅总社所持泰康公司股份后,给予赵某30万元好处费的行为,并非为了谋取不正当利益,亦不属于情节严重,不符合单位行贿罪的构成要件;物美集团在收购粤财公司所持泰康公司股份后,向李某3公司支付500万元系被索要,且不具有为谋取不正当利益而行贿的主观故意,亦不符合单位行贿罪的构成要件,故物美集团的行为不构成单位行贿罪,张文中作为物美集团直接负责的主管人员,对其亦不应以单位行贿罪追究刑事责任。原判认定物美集团及张文中的行为构成单位行贿罪,属于认定事实和适用法律错误,应当依法予以纠正。张文中与陈某1、田某1共谋,并利用陈某1职务上的便利,将陈某1所在泰康公司4000万元资金转至卡斯特投资咨询中心股票交易账户进行营利活动的事实清楚,证据确实。但原判认定张文中挪用资金归个人使用、为个人牟利的事实不清、证据不足。故原判认定张文中的行为构成挪用资金罪,属于认定事实和适用法律错误,应当依法予以纠正。

综上所述,原审被告人张文中、张伟春及其辩护人,原审被告单位物美集团诉讼代表人,最高人民检察院出庭检察员关于改判张文中、张伟春和物美集团无罪的意见成立，本院均予以采纳。依照《中华人民共和国刑事诉讼法》第二百四十五条第一款、第二百二十五条第一款第（二）、（三）项及《最高人民法院关于适用〈中华人民共和国刑事诉讼法〉的解释》第三百八十九条第一款第（三）、（四）项、第二款和第四百四十五条的规定，经本院审判委员会讨论决定，判决如下：

一、撤销河北省高级人民法院（2008）冀刑二终字第89号刑事判决和河北省衡水市中级人民法院（2008）衡刑初字第22号刑事判决。

二、原审被告人张文中无罪。

三、原审被告人张伟春无罪。

四、原审被告单位物美控股集团有限公司无罪。

五、原审判决已执行的罚金及追缴的财产，依法予以返还。

本判决为终审判决。

审　判　长　×××
审　判　员　×××
审　判　员　××
审　判　员　×××
审　判　员　××
二〇一八年五月三十日
法官助理　××
法官助理　×××
书　记　员　×××
书　记　员　×××

相关法律规定

《中华人民共和国刑事诉讼法》

第二百四十五条　人民法院按照审判监督程序重新审判的案件，由原审人民法院审理的，应当另行组成合议庭进行。如果原来是第一审案件，应当依照第一审程序进行审判，所作的判决、裁定，可以上诉、抗诉;如果原来是第二审案件,或者是上级人民法院提审的案件,应当依照第二审程序进行审判,所作的判决、裁定,是终审的判决、裁定。

人民法院开庭审理的再审案件,同级人民检察院应当派员出席法庭。

第二百二十五条 第二审人民法院对不服第一审判决的上诉、抗诉案件,经过审理后,应当按照下列情形分别处理:

(一)原判决认定事实和适用法律正确、量刑适当的,应当裁定驳回上诉或者抗诉,维持原判;

(二)原判决认定事实没有错误,但适用法律有错误,或者量刑不当的,应当改判;

(三)原判决事实不清楚或者证据不足的,可以在查清事实后改判;也可以裁定撤销原判,发回原审人民法院重新审判。

原审人民法院对于依照前款第三项规定发回重新审判的案件作出判决后,被告人提出上诉或者人民检察院提出抗诉的,第二审人民法院应当依法作出判决或者裁定,不得再发回原审人民法院重新审判。

《最高人民法院关于适用〈中华人民共和国刑事诉讼法〉的解释》

第三百八十九条 再审案件经过重新审理后,应当按照下列情形分别处理:

(一)原判决、裁定认定事实和适用法律正确、量刑适当的,应当裁定驳回申诉或者抗诉,维持原判决、裁定;

(二)原判决、裁定定罪准确、量刑适当,但在认定事实、适用法律等方面有瑕疵的,应当裁定纠正并维持原判决、裁定;

(三)原判决、裁定认定事实没有错误,但适用法律错误,或者量刑不当的,应当撤销原判决、裁定,依法改判;

(四)依照第二审程序审理的案件,原判决、裁定事实不清或者证据不足的,可以在查清事实后改判,也可以裁定撤销原判,发回原审人民法院重新审判。

原判决、裁定事实不清或者证据不足,经审理事实已经查清的,应当根据查清的事实依法裁判；事实仍无法查清，证据不足，不能认定被告人有罪的，应当撤销原判决、裁定，判决宣告被告人无罪。

第四百四十五条　财产刑全部或者部分被撤销的，已经执行的财产应当全部或者部分返还被执行人；无法返还的，应当依法赔偿。

第六章　张文中案宣告无罪后的反响

张文中案的全面而彻底的纠正，在社会上迅速引起巨大反响。中央电视台、最高人民法院官网、新华网、人民日报社以及各大门户网站等传统和网络新闻媒体均迅速报道了这一消息。最高人民法院将其视为加强民营企业产权保护的"标杆性"案件。最高人民法院再审宣告张文中无罪，真正实现了习近平总书记所说的"纠正一个错案胜过制定一沓文件"。

一、党和国家高度重视、充分肯定

（一）获得总书记肯定

张文中再审案得到了国家最高领导层的关注。2018 年 11 月 1 日，习近平总书记在民营企业座谈会上的讲话中指出："我多次强调要甄别纠正一批侵害企业产权的错案冤案，最近人民法院依法重审了几个典型案例，社会反映很好。"[1] 习总书记这里说的几个典型案例，其中之一就是张文中再审宣告无罪案。

（二）被"两高"评价为产权保护的"标杆性"案件

在张文中案的改判上，最高人民法院投入了极大的精力和勇气。最高人民法院审监庭庭长颜茂昆在接

---

〔1〕 习近平：《在民营企业座谈会上的讲话》，载《人民日报》2018 年 11 月 2 日，要闻 2 版。

受新华社记者罗沙、丁小溪采访时，将此案视为依法保护产权和企业家合法权益的“标杆”案件。[1]

张文中再审案被写入了2019年《最高人民法院工作报告》。最高人民法院院长周强2019年3月12日在十三届全国人大二次会议工作报告中总结人民法院2018年主要工作时，在“依法平等保护民营企业和企业家合法权益”部分说，人民法院“加大涉产权刑事申诉案件清理力度，再审改判张文中无罪，依法甄别纠正涉产权冤错案件，发布两批13个典型案例，传递党中央依法保护产权和企业家人身财产安全的强烈信号，促进稳定社会预期”。[2] 党和国家领导人、近三千名全国人大代表、两千多名全国政协委员在座，共同听取了这一报告内容。

2019年3月12日上午，十三届全国人大二次会议最后一场“部长通道”在人民大会堂北大厅开启。最高人民法院副院长江必新大法官出场介绍最高人民法院2018年的工作时，也称张文中案是一个“标杆性”案件。[3]

张文中再审案审判长、国家二级大法官孙华璞接受央视采访时表示：“这个案子，体现了最高人民法院坚决贯彻以习近平同志为核心的党中央依法保护产权的重要措施，体现了最高人民法院落实我们总书记依法纠正涉及企业产权的冤错案件，以司法公正，引领社会公正。让人民群众从每一个案件中都感受到公平正义。”[4]

孙华璞大法官高度评价了张文中案改判对改变旧的司法观念，树立新的司法理念所具有的示范价值和引领作用。他认为，张文中案的改判“是贯彻重要指示的一个具体行动，或者叫作生动的实践。

---

〔1〕 罗沙、丁小溪：《依法保护产权和企业家合法权益的“标杆”案件——最高人民法院审判监督庭负责人就张文中案改判答记者问》，载 http://www.xinhuanet.com/2018-05/31/c_1122919967.htm，最后访问日期：2019年4月28日。

〔2〕 周强：《最高人民法院工作报告——二〇一九年三月十二日在第十三届全国人民代表大会第二次会议上》，载《人民日报》2019年3月20日，第2版。

〔3〕 参见《最高法副院长江必新：“张文中案”是一个标杆性案件》，载东方新闻：http://mini.eastday.com/a/190312124555763.html，最后访问日期：2019年4月28日。

〔4〕 《今日说法》2018年12月5日：《大法官开庭归来（下）》，载央视网：http://tv.cctv.com/2018/12/05/VIDEMyCUIqpUhVUDKrxKHq2i181205.shtml，最后访问日期：2019年4月28日。

此案对全国的法院来说，对冲破传统司法理念的束缚，依法纠正过去因为不平等保护或者违反平等保护原则所形成的冤错案件，确确实实具有意义。它产生的头雁反应，按照社会危害性评价犯罪，追求法律的正义价值，对全国法院改判类似的案件都起到了案例的指导，或者引领的作用”。[1]

孙华璞大法官指出：“张文中案件是最高人民法院在审理聂树斌案件之后又一个带有标志性的案件。我们司法理念不能僵化，不能机械办案，机械执法。我们必须要实现司法理念的与时俱进，如何为僵硬的法律，注入正义的灵魂，时代的温度，生命的活力，让正义永不缺席，让错案不再发生，让悲剧不再重演，让公正不再迟到。”[2]

关于如何做到在司法中让正义不缺席，让公正不迟到，孙华璞大法官认为：“这需要每个法官必须对自己审理的案件绝对负责，终审负责。所作出的裁判必须符合事实清楚，证据确实充分，适用法律时应当定性准确，量刑适当，程序合法。”[3]

孙华璞大法官还对法官和法院应当如何追求法律的价值提出了自己的看法：“作为一个法官来讲，必须要追求法律的正义价值，我们法律有三种价值，自由、秩序、正义。三种价值中，我认为正义是最核心的价值，是法律的灵魂，通过适用法律，必须要追求或者实现法律的正义价值。这是给我最深刻的一种体会。”[4]

张文中案再审判决书还被选入2019年出版的《最高人民法院案例选》（第一辑）。[5]

最高人民检察院也十分重视张文中案改判的标杆意义，将其写入了2019年3月《最高人民检察院工作报告》，在“平等保护各类企业合

---

〔1〕《今日说法》2018年12月5日：《大法官开庭归来（下）》，载央视网：http://tv.cctv.com/2018/12/05/VIDEMyCUIqpUhVUDKrxKHq2i181205.shtml，最后访问日期：2019年4月28日。

〔2〕同上。

〔3〕同上。

〔4〕同上。

〔5〕参见中国应用法学研究所主编：《中华人民共和国最高人民法院案例选》（第一辑），法律出版社2019年版，第41~64页。

法权益”部分，该报告指出：最高人民检察院“认真学习贯彻习近平总书记在民营企业座谈会上的重要讲话精神，在司法办案中对国企民企、内资外资、大中小微企业落实好‘平等’二字，确保各类企业诉讼地位、诉讼权利、法律保护一视同仁。会同全国工商联调研座谈，充分听取民营企业家意见。从已发 3 个司法文件中归纳出 11 项具体检察政策，严格区分正当融资与非法集资、产权纠纷与恶意侵占、个人财产与企业法人财产等界限，强调审慎采用限制人身和财产权利的办案强制措施。将 4 起保护企业合法权益典型案例印发全国检察机关参照。对张文中案依法提出改判无罪的意见”。[1]

（三）全国工商联领导肯定

2018 年 6 月 7 日上午，最高人民法院党组书记、院长周强在最高人民法院与中央统战部副部长、全国工商联党组书记、常务副主席徐乐江一行座谈。徐乐江指出：“人民法院依法履行审判职能，高度重视非公有制经济健康发展，出台了一系列支持和保护非公有制经济健康发展的司法政策，彰显了人民法院依法保护产权和企业家合法权益的决心，维护了公平正义。特别是张文中案再审改判，使广大企业家看到党和国家依法保护产权和企业家合法权益的坚定决心和实际行动，增强了企业家的人身和财产财富安全感，使广大企业家进一步坚定了发展信心。”[2]

（四）国家发改委在新闻发布会上称赞

2018 年 6 月 15 日上午，国家发展改革委召开新闻发布会，就宏观经济运行情况回答记者提问。国家发改委新闻发言人孟玮在介绍重点领域改革进展情况时表示，2018 年以来，最高人民法院等有关方面抓紧开展涉产权纠纷案件甄别纠正工作，张文中案是最高人民法院依法再审宣判的第一个重大涉产权和企业家权益冤错案件，具有重要的标

---

〔1〕 张军：《最高人民检察院工作报告——二〇一九年三月十二日在第十三届全国人民代表大会第二次会议上》，载《人民日报》2019 年 3 月 20 日，第 2 版。

〔2〕 参见人民法院新闻传媒总社：《周强与全国工商联党组书记徐乐江一行座谈强调坚持依法平等保护为非公有制经济健康发展营造良好法治环境》，载 http://peixun.court.gov.cn/index.php? a = show&c = index&catid = 6&id = 538&m = content，最后访问日期：2019 年 4 月 28 日。

杆意义。[1]

二、主流媒体大量报道,海内外公众广泛关注

张文中案自最高人民法院宣布再审起,就引起了各大主流媒体的高度关注。央视新闻联播两次报道,新华社五次播发案件消息。在张文中再审宣判无罪后,各大主流媒体几乎全部加以报道,许多媒体还刊登了大篇幅的专题报道,一时引起广泛关注。

张文中案件宣布改判的当天,即 2018 年 5 月 31 日,张文中案件无罪平反的消息在各大媒体"刷屏"。中央电视台新闻直播间直播,新闻联播、焦点访谈、经济信息联播、新闻 30 分、中国财经报道、第一时间、央视财经评论、晚间新闻报道等滚动报道张文中案件的改判。中央电视台当晚的"焦点访谈"栏目专题播出"标杆案 张文中无罪"。该栏目主持人认为,张文中案是在全面依法治国、加强产权和企业家权益保护的大背景下,最高人民法院依法再审的涉产权和企业家冤错案件的第一案,体现了党中央对保护产权和企业家合法权益的坚定决心,对于进一步增强企业家人身及财产财富的安全感,也会起到示范作用,让企业家们安心经营,放心投资,专心创业。

2018 年 5 月 31 日晚,新华社连发两文《依法保护产权和企业家合法权益的"标杆"案件——最高人民法院审判监督庭负责人就张文中案改判答记者问》和《"张文中案"依法改判彰显中国司法保护企业家之决心》,高度评价张文中案改判的意义。认为张文中等重大涉产权案件的依法纠正,对于落实党中央部署,加强产权保护、激发企业家精神也将具有重大示范意义,产生广泛而深远的影响。相信更多企业家能够明白,改判无罪用法律保护、司法保护产权,是从法治角度、司法维度证明:国家支持非公经济发展没有变,合法经营发展没有错,依法治

---

〔1〕 参见人民法院新闻传媒总社:《国家发改委:张文中案具有重要标杆意义 下一步将推动解决一批产权纠纷案件》,载 https://www.chinacourt.org/article/detail/2018/06/id/3359795.shtml,最后访问日期:2019 年 4 月 28 日。

国的决心绝不会更改。[1]

张文中案件改判的第二天，即2018年6月1日，《人民日报》发表题为《为企业家营造公平正义的法治环境》的长篇评论文章。文章认为，最高人民法院对张文中案再审宣判，改判张文中无罪。这不仅还了当事人和当事企业一个公道，而且彰显了以习近平同志为核心的党中央全面依法治国、依法保护产权、保障企业家合法权益、平等保护非公有制经济的坚定决心，为企业家创新创业营造了公平正义的法治环境。党的十八大以来，全面依法治国基本方略深入推进，平等保护、罪刑法定、证据裁判、疑罪从无等原则得到落实，一批在事实认定、证据采信、法律适用方面有错误的案件得到纠正，大大提升了公众对司法公正的信心。张文中案的改判，是人民法院贯彻落实党中央全面依法治国战略的具体体现，彰显了努力让人民群众在每一个司法案件中感受到公平正义的责任担当，彰显了党中央依法保护产权、保护企业家合法权益的坚定决心。最高人民法院经过再审张文中案，依法纠正了原判决把企业一些不规范行为当作犯罪来处理的错误，依法保护了非公有制经济主体的合法权利，有利于促进非公有制经济的健康发展。[2]

《法制日报》也在2018年6月1日发文：《最高法改判张文中无罪　司法在纠错中稳步前行》，认为张文中案改判是一个意义重大的司法事件，是最高人民法院纠正涉产权和企业家冤错案件的第一案。这一案件的纠错是在《中共中央　国务院关于完善产权保护制度依法保护产权意见》出台后，依法保护产权成为时代主题的大背景下产生的，无疑具有宣示性和标志性的意义。[3]

2018年6月4日，英文版《中国日报》在头版和第5版两个半版刊

---

[1] 参见高洁：《"张文中案"依法改判彰显中国司法保护企业家权益之决心》，载http://finance.sina.com.cn/roll/2018-05-31/doc-ihcikcev6776790.shtml，最后访问日期：2019年4月28日。

[2] 参见新浪网：《人民日报评张文中案改判：为企业家营造公平正义法治环境》，载http://news.sina.com.cn/o/2018-05-31/doc-ihcikcev3590035.shtml，最后访问日期：2019年4月28日。

[3] 参见叶泉：《最高法改判张文中无罪 司法在纠错中稳步前行》，载http://views.ce.cn/view/ent/201806/01/t20180601_29308126.shtml，最后访问日期：2019年4月28日。

登了“更好保护产权”的深度报道，详细梳理了案件发生的历史背景，介绍了张文中过去十几年的经历以及此案对物美集团发展的影响，张文中对案件和未来“向前看”的积极坦荡态度。文章强调，此次改判“意味着中国企业家权益将得到更好的保护”。[1] 国际媒体高度关注，路透社、美联社迅速做出报道。《纽约时报》《华盛顿邮报》、加拿大通讯社、日经社、福克斯新闻、今日美国等主流国际媒体迅速转载了路透、美联社的原创报道。国际媒体普遍认为，张文中案的无罪改判是中国政府在推进产权保护和依法治国，向民营企业和企业家发出的积极信号。

2018 年 12 月 4 日至 5 日，最高人民法院联合中央电视台，以国家宪法日为起点，连续两期播出《大法官开庭：归来》。节目回顾了案件再审过程，见证了张文中案再审宣判无罪这一历史时刻。最高人民法院党组成员、审判委员会委员、二级大法官、张文中再审案审判长孙华璞在节目中表示，张文中案无罪改判提示人民法院要“给僵硬的法律注入正义的灵魂、时代的温度、生命的活力，让正义永不缺席，让错案不再发生，让悲剧不再重演，让公正不再迟到！”

2018 年 12 月 7 日，中央电视台播出的《改革开放四十年 我们一起走过》第十集，把张文中案无罪改判作为全面依法治国的重要成果。

2018 年 12 月 14 日，中央电视台纪念改革开放四十周年大型节目《必由之路》第三集“伟大跨越”谈及张文中案。

2018 年 12 月 19 日和 21 日，凤凰卫视“凤凰大视野 中国民营企业改革开放四十年纪事”，播出张文中创业、坎坷、再出发的故事。

2018 年 12 月 23 日，中央电视台法治频道纪念改革开放 40 周年特别节目《四十不惑》，播出张文中专访。

2019 年 1 月 1 日，中央电视台新闻频道播出《改革 2018》把张文中案无罪改判，作为 2018 年改革重要成果。

2019 年 1 月 15 日，在中央政法工作会议前夕，新闻联播《全面推进司法体制改革　维护公平正义　回应人民期待》中播出“这是 2018

---

[1] “Property Rights Better Protected”，载《中国日报》（英文版）2018 年 6 月 4 日。

年岁末被中国国家博物馆永久收藏的一张年度照片，拍摄的时间是2018年5月31日，这一天，最高人民法院对张文中诈骗、单位行贿、挪用资金再审一案进行了公开宣判”。

2019年1月20日，中央电视台国际频道《中国新闻》“支持民营企业在行动”，把张文中案无罪改判作为支持民营企业发展的重要成果。

三、入选各类经典案件和重大法治事件

据不完全统计，张文中再审改判无罪案入选以下经典案例和重大法治事件：

（一）获评改革开放40年“最高人民法院纠正涉产权和企业家冤错第一案”

2018年12月17日，最高人民法院《人民法院报》“纪念改革开放四十周年案件”专栏，把张文中再审改判无罪案称为改革开放40年最高人民法院纠正的“涉产权和企业家冤错第一案”。[1]

（二）获评第14届“中国十大影响性诉讼案例”之首

2019年4月19日，由中国法学会案例法学研究会、最高人民法院司法案例研究院等机构主办的第14届中国十大影响性诉讼案例在国家法官学院发布，“原审被告人张文中再审改判无罪案”被评为十大影响性诉讼案例之首。

（三）列“2018年推动法治进程十大案件”之首

2019年3月7日，由最高人民法院与中央广播电视总台联合举办的“2018年推动法治进程十大案件”评选活动结果揭晓，“原审被告人张文中再审宣告无罪案”被评为十大案件之首。此次评选活动启动后，广大网友纷纷通过央视新闻“两微一端”，最高人民法院官方微博微信、中国法院网、《中国审判》微信公众号等媒体平台，对20个候选案例进行投票。投票期间，共获网友有效投票4000余万张；

---

〔1〕《张文中再审改判无罪案——最高人民法院纠正涉产权和企业家冤错第一案》，载《人民法院报》2018年11月17日专版。

同时，由来自北京大学、清华大学等高校的知名法学专家，《人民日报》、新华社、中央广播电视总台等媒体资深新闻传播专家，以及最高人民法院相关部门负责人组成专家评审团进行评审。根据网友投票结果和专家评审团的评审意见，最终确定了“2018 年推动法治进程十大案件”。

（四）列“2018 年度十大法律监督案例”之首

2019 年 1 月 13 日，最高人民检察院《检察日报》社主办的 2018 年度十大法律监督案例评选揭晓。“最高检成立专门办案组对张文中案同步审查监督，张文中被改判无罪”列十大法律监督案例之首。

（五）入选 2018 年度十大法治新闻

2019 年 1 月 31 日，中央政法委机关报《法制日报》主办，以“梳理年度法治新闻，推动中国法治进程”为宗旨的 2018 年度十大法治新闻评选揭晓，“最高人民法院再审改判张文中无罪　体现平等保护非公有经济宪法原则”当选。《法制日报》年度法治新闻系列评选活动至今已有 30 多年历史，一直受到社会各界广泛关注和支持，具有很高的权威性和社会影响力。

（六）入选中国民营经济 40 年重大事件

2018 年 10 月 31 日，“最高人民法院重审张文中案宣判无罪”被全国工商联《中华工商时报》评为中国民营经济 40 年重大事件。

此外，张文中再审案还入选“中律评杯”2018 年度十大无罪辩护案例中的最大无罪辩护案例，中国行为法学会和中南大学联合主办的“2018 中国法治实施十大事件”，以及西北政法大学刑事辩护高级研究院主办的“2018 年十大刑事案件”。

为什么张文中再审案改判受到如此广泛的关注？这种关注的背后隐藏着社会和人们怎样的心情？我们认为，这种现象至少告诉我们以下四点：

第一，依法治国是人心所向。

第二，中央关于加强民营企业产权保护和民营企业家合法权益保护的政策深得人心。

第三，依法切实纠正涉民营企业产权冤错案件备受关注。

第四，最高人民法院对张文中案件的再审判决结果收到了良好的社会效果和法律效果。

四、民营企业家们的反应

民营企业家们对张文中案的再审无罪结果显然是最感振奋和鼓舞的。近年来，面对社会上诸多针对民营企业的不利言行，他们难免不寒而栗。民营企业的处境如此艰难，他们把张文中案的再审改判结论视为国家相关政策的风向标。张文中在再审法庭的最后陈述中说得很明白："最高人民法院重审和纠正我的案子，早已不再是我个人的事情，而是全面依法落实产权保护制度的新起点。希望我的案子成为纠正产权冤错案件的典范案例。此案对于真正形成纠正涉产权冤错案件的思维、制度和法律具有重大意义。"最高人民法院宣告张文中无罪，无疑是对民营企业家信心的一次极大提振。

现任全国工商联副主席叶青在张文中案再审判决宣告后接受中央电视台采访时，眼中含泪。他说："我们一直在呼吁！在历届政协全会的时候，对张文中的案子，大家都会提一些诉求，最起码说要搞清楚，让我们心服口服。""我还有点激动，其实这些年，我们发展也很不容易，但是再不容易，我相信这个制度，相信这个体制会给我们一个很好的共赢的环境，我们期盼着这一天的到来，这一天终于来了。"事实上，全国工商联确实为张文中案的公正处理尽了极大努力，张文中说："历时三届全国工商联领导，后两届的主席和书记，我根本不认识，也没见过面，但他们真是始终如一地为公平正义，为民营企业家呼吁。这也是让我非常感动的。我觉得当年我(的刑期)能从一审的 18 年到二审时减到 12 年，全国工商联也是功不可没的。"全国工商联作为民营企业家的娘家，应当说是称职的。

五、刑事法学者的评价

不同于普通民众与企业家们仅从直观上去感受张文中案改判释放

的政策导向，来自高校、科研院所、实务部门的刑事法学者们则更多的是从法律适用和法理衡量的角度发表对张文中案改判的评价。

我国老一辈著名刑法学家、北京师范大学刑事科学研究院名誉院长高铭暄教授在接受中央电视台综合频道记者的采访时，高度评价了最高人民法院对张文中案的再审判决，认为该案树立了一个法治标杆，对于我国加强对民营企业、民营企业家的法律保护具有重要意义；同时认为，最高人民法院坚持罪刑法定、疑罪从无的原则改判张文中、张伟春、物美集团无罪，有助于推动我国法治进步。对高铭暄教授的采访于2018 年 5 月 31 日晚在中央电视台综合频道“焦点访谈”栏目中播出。高教授还指出，所有制的根本问题是个产权问题。所有制就是说，这是我的东西，不是你的，那我的东西就不允许他人非法侵犯，法院的判决如果错了，那也是非法侵犯。张文中这个案例是带有开创性的，在我们国家值得后面的人来学习，警示下级法院审判要更加注意一些什么问题，对哪些证据怎么看，怎么对待，都具有启示作用。

著名刑诉法学者、中国人民大学法学院陈卫东教授认为：“张文中案的再审，是贯彻落实中央关于企业家产权保护，保障民营企业产权意见的具体举措。张文中案的纠正，显示了审判机关保护产权的坚定决心，这为企业家们能够在国内安心创业、放心融资、专心创新，把资金留在国内营造良好的法治环境，有着重要意义。张文中案的纠正，使我们国家在人权保障，在冤假错案纠正上又上了一个新台阶。”

陈卫东教授评论说：“张文中案，最高人民法院没有让原审法院或者其他法院来审，而是组织强大的审判阵容，通过非常严格、规范的法庭调查、法庭辩论程序进行审理，这也是特别值得肯定的。最高人民法院对这样具有标杆意义的案件亲自来审，树立一个样板，起到非常好的示范作用。本案的审理还彰显了证据裁判原则的精神，被告人涉嫌的三个罪，无论是诈骗罪、单位行贿罪还是挪用资金罪，最后都须归结到证据问题上。坚持疑罪从无的精神，也是证据裁判原则的基本内涵。本案所有的判决都建立在扎实的证据基础上，既贯彻了证据裁判原则的要求,也体现了审判机关对产权保护的重视。”[1]

著名青年刑法学者、清华大学法学院周光权教授接受央视采访时表示,张文中案是最高人民法院在涉产权纠纷当中纠正的第一起冤错案,所以这个案件具有标杆性意义。

周光权教授认为,企业在发展过程中,有些行为可能是处于“灰色地带”的,也就是刑事和民事的关系特别模糊,有的行为究竟是刑事犯罪还是民事侵权,司法机关有时候判断不准,或者说有时候有别的力量的干预,明明是民事纠纷,最后判成刑事案子。张文中的涉案行为中的确存在违规,对于他的问题,应该采用民事、行政的手段来处理,但没有达到追究刑事责任的程度,我们要严格区分罪与非罪,不能把违规行为当作犯罪处理。这起案件中,由于错误的司法判决使张文中和企业的合法财产被剥夺,而企业家的财产被侵犯是这一类涉产权冤错案件的共同特征,法院一纸判决使很多企业家财产被剥夺,很多企业就垮了,司法机关判一个案子,它背后一定有权利人的合法的财产被侵害、被剥夺的产权纠纷。因此要在纠错的过程中,建立防范冤假错案的长效机制,防止一边纠错,一边形成新的错案。

北京市人民检察院第二分院党组书记、检察长苗生明认为:“张文中案判决书是一个很好的具有示范意义的裁判文书。”“张文中最终被宣告无罪,最高人民法院将纠正冤假错案的触角从原来以命案为主的刑事领域延伸到了经济犯罪领域,从人权司法保障拓展到了产权司法保障,又有了一个新高度,收到了非常好的办案效果,体现了法律智慧、政治智慧和担当精神,是最高人民法院的又一个标志性判决。”[2]

北京师范大学刑事法律科学研究院知名青年刑法学者袁彬教授于2018年5月31日全程旁听了张文中案的再审宣判,并在之后接受了中央电视台新闻频道记者的采访。在采访中,袁彬教授认为,该案再审改判是当前我国加强民营企业产权刑法保护的司法典范,彰显了我国

---

〔1〕 最高人民法院司法案例研究院:《加强互动交流 深入挖掘案例价值》,载《人民法院报》2018年6月14日。

〔2〕 同上。

加强民营企业产权司法保护的坚定决心,突出了我国加强民营企业产权保护的法治方向,明确了我国加强民营企业产权保护的疑罪从无、罪刑法定之原则和措施。对袁彬教授的采访已在 2018 年 6 月 1 日上午中央电视台新闻频道"朝闻天下"栏目中播出。同时,袁彬教授还就此案撰写了评论文章《加强民营企业产权刑法保护的司法典范》,刊发在 2018 年 6 月 1 日的《人民法院报》上。

附件十七：最高人民法院审监庭负责人就张文中案改判答记者问

依法保护产权和企业家合法权益的“标杆”案件*

——最高人民法院审判监督庭负责人就张文中案改判答记者问

2018年5月31日，最高人民法院对原审被告人张文中诈骗、单位行贿、挪用资金再审一案公开宣判：撤销原审判决，改判张文中无罪。同时，改判同案原审被告人张伟春、同案原审被告单位物美集团无罪。

改判张文中案有什么重要意义？对历史形成的涉产权和企业家权益的案件，人民法院如何妥善处理？为什么要改判张文中无罪？人民法院应该如何吸取教训？就这些社会关注的问题，记者采访了最高人民法院审判监督庭负责人。

记者：依法改判张文中案有何重要意义？

答：张文中案件的改判，充分体现了以习近平同志为核心的党中央加强产权保护、加强企业家合法权益保护的坚定决心；充分体现了党中央对各类所有制经济平等对待，鼓励、支持、引导民营经济发展的政策精神；充分体现了党中央全面依法治国、尊重和保障人权的战略要求。

张文中案件，是人民法院落实党中央产权保护和企业家合法权益保护政策的一个“标杆”案件。案件的改判，对于张文中及物美集团来说，洗刷了他们长期背负在身上的罪名，恢复了他们的名誉和财产；对广大企业家来说，使他们看到了党和国家依法保护产权和企业家合法权益的坚定决心和实际行动，进一步改善了企业家健康成长的环境、提升了企业家发挥作用的空间，也将进一步增强企业家的人身和财产安全感，使广大企业家能够放心投资、专心创业、安心经营。

---

* 参见罗沙、丁小溪：《依法保护产权和企业家合法权益的“标杆”案件——最高人民法院审判监督庭负责人就张文中案改判答记者问》，载 http://www.rmzxb.com.cn/c/2018-05-31/2073119.shtml，最后访问日期：2019年4月29日。

张文中案件的改判,充分体现了党中央依法平等保护各类所有制经济产权、保护民营企业产权的政策精神。中央在关于产权保护的意见中指出,要“坚持权利平等、机会平等、规则平等,废除对非公有制经济各种形式的不合理规定,消除各种隐性壁垒,保证各种所有制经济依法平等使用生产要素、公开公平公正参与市场竞争、同等受法律保护、共同履行社会责任”。同时,要坚决消除影响民营企业生存发展的政策、法律和体制性障碍,毫不动摇地鼓励、支持、引导民营经济发展,努力营造公平、公正、透明、稳定的营商环境,进一步增强民营经济的活力,充分发挥民营企业在建设现代化经济体系中的作用,促进我国经济平稳健康发展。

“正义可能迟到,但绝不会缺席。”张文中案件的改判再次体现了这一道理。本案的改判,体现了人民法院严格贯彻落实党中央全面依法治国战略,有错必纠,有错必改,依法保障公民的人身自由权和财产权,依法保障法人和非法人组织的财产权和其他合法权利,让人民群众在每一个司法案件中感受到公平正义。本案的改判,也必将进一步增强全社会对国家法治的信心、对人民司法的信任,为人民群众营造更加公平正义的法治环境。

记者:对历史形成的涉产权和企业家权益的案件,人民法院如何依法妥善处理?

答:企业家是经济活动的重要主体。改革开放40年来,民营企业在创造社会财富、促进社会就业、增强综合国力等方面都发挥了重要作用。但是一些地方一段时期也确实存在对民营企业不公平、不合理对待的现象,对民营企业的正常经营发展设置了不少门槛,导致民营企业在与国有企业的经济交往中往往处于弱势地位。一些民营企业家,在经营过程中有一些不规范行为,如为寻求企业发展,不得不采取挂靠国有企事业单位等方式,也就是俗称的“戴红帽子”。对此,我们应当用历史的、发展的眼光客观地、实事求是地看待。

本案中,根据1999年国家有关部门下发的政策性文件,虽未明确禁止民营企业申报国债技改贴息项目,但这些项目基本上都投向了国有企业。2002年物美集团申报时,虽然政策有所调整,但民营企业的不平等地位尚未彻底改变。物美集团以中央直属企业下属企业的名义申报国债技改贴息项目,与这一特定历史背景不无关系。对物美集团在申报项目及实施项目过程中的一些不规范行为,以及在与国企交往过程中的不规范行为,也要客观地、实事求是地看待。

依法妥善处理特定历史条件下各类企业特别是民营企业经营过程中存在的不规范问题,是加强产权司法保护的重要内容。从执法、司法机关的角度来说,对于这些不规范行为,他们要严格区分罪与非罪的界限,对于一般的违法违规行为可以采取行政处罚、经济处罚、民事赔偿等方式妥善处理,但是不能把一般的违法、违规行为当作刑事犯罪来处理。人民法院是维护社会公平正义的最后一道防线,要坚持"罪刑法定""证据裁判""疑罪从无""法不溯及既往"等原则,对于罪与非罪界限不清,或者定罪证据不足的,应当依法宣告无罪。本案中,最高人民法院经过再审,充分听取了原审被告人张文中、张伟春及其辩护人、原审被告单位物美集团诉讼代表人和最高人民检察院出庭检察员的意见,依法改判张文中、张伟春和物美集团无罪,维护了企业家和企业的合法权利。

记者:再审判决认为原审被告人张文中等的行为不构成诈骗罪的主要依据是什么?

答:原判认定张文中等构成诈骗罪,认定事实有误、适用法律错误。再审改判张文中等不构成诈骗罪,主要理由是:

第一,物美集团作为民营企业符合国家申报国债技改项目的条件,原判认定物美集团不具有申报主体资格与当时的政策不符。1999年国家有关部门虽然将国家重点技术改造项目主要投向国有企业,但并没有明确禁止民营企业申报。随着我国2001年年底加入世界贸易组织,国家进一步明确对各类所有制企业包括民营企业实行同等待遇。同时,为鼓励支持国内流通企业发展,推进流通现代化,国家将物流配送中心建设、连锁企业信息化建设列入国债贴息项目予以重点支持。也就是说,2002年物美集团申报国债技改项目时,国家对民营企业的政策已经发生变化,国债技改贴息政策也已有所调整,物美集团申报的物流项目和信息化项目属于国债技改贴息资金支持的项目范围。虽然,物美集团在距申报截止时间比较紧的情况下,为了申报的方便快捷而以诚通公司下属企业的名义进行申报,程序上不规范,但物美集团始终是以自己企业的真实名称进行申报,并未使审批机关对其企业性质产生错误认识。因此,原判认定物美集团不具有申报国债技改项目的资格,属于事实认定错误。

第二,物美集团申报的物流项目和信息化项目并非虚构,而且申报后部分实施。作为一家大型流通企业,物美集团的经营发展离不开物流建设和信息化建设,一直投入大量资金。在物流项目申报后,物美集团即与北京市通州区政府签署了《合作协议书》,后又委托相关机构对其物流项目进行了环境评估,但"非典"疫情和物流产业园区土地政策的变化等客观情况导致项目未能在原址实施、未能获得贷款。而物美集团为了完成项目,又在异地实施;同时,物美集团在经营活动中也投入了大量资金进行信息化建设,信息化项目获批后,在办理银行贷款手续过程中,虽然有签订虚假合同等不实情况,以及在贷款获批后将贷款用于公司日常经营等违规行为,但并不能否认其信息化项目的真实性。

第三,物美集团虽违规使用3190万元贴息资金,但并没有侵吞、隐瞒该笔资金。物美集团获得3190万元贴息资金后,虽然将该款用于偿还公司其他贷款,违反了专款专用的规定,但一直将该笔款项作为"应付人民政府款项"列入物美集团财务账目,并未侵吞、隐瞒该笔资金,且物美集团具有随时归还的能力,故对其违规使用资金的行为不应认定为诈骗。

综上所述,物美集团在申报国债技改项目和使用国债技改贴息资金方面虽然存在一些不规范的行为,但原审被告人张文中等并无骗取国债贴息资金的故意和行为,不符合诈骗罪的构成要件。因此,原判认定张文中、张伟春的行为构成诈骗罪,认定事实和适用法律错误,依法应予纠正。

记者:再审判决认为原审被告单位物美集团及原审被告人张文中

的行为不构成单位行贿罪的依据是什么？

答：《刑法》第393条规定，单位为谋取不正当利益而行贿，或者违反国家规定，给予国家工作人员以回扣、手续费，情节严重的，构成单位行贿罪。

最高人民法院经再审审理认为，原判认定物美集团和张文中给予梁某500万元好处费和给予赵某某30万元好处费的行为构成单位行贿罪，属于认定事实和适用法律错误，应依法纠正。

第一，物美集团在收购粤财公司所持泰康公司股份过程中，没有谋取不正当利益，也没有造成国有资产的流失。粤财公司的股权交易价格是粤财公司领导层研究决定的，最终的成交价格也在粤财公司预期的价格范围之内，物美集团没有获得不正当利益；粤财公司总经理梁某在股权交易过程中没有为物美集团提供任何帮助，股权交易未损害粤财公司的利益，没有造成国有资产流失；交易中没有第三方参与收购，物美集团不存在通过行贿排斥其他买家、取得竞争优势的情形，双方的交易是正当商业行为，没有违背公平原则。

第二，无论在股权交易中还是在交易后，物美集团和张文中都没有主动给予粤财公司总经理梁某好处费，梁某也没有向物美集团和张文中索要好处费。粤财公司意欲出售所持泰康公司5000万股股份，泰康公司董事长陈某某建议张文中收购，又向粤财公司总经理梁某提出让张文中给梁某好处费。但是，在双方股权交易的过程中，由于梁某没有答应为物美集团谋取不正当利益，也没有利用职务便利为物美集团谋取不正当利益，物美集团实际上也没有获得任何不正当利益，因此物美集团和张文中并没有向梁某支付任何好处费，梁某也没有向张文中索要好处费，一方无行贿的意图和行为，另一方也无受贿的意图和行为。股权交易完成后，双方也都没有提及此事。之前陈某某关于让张文中给梁某好处费的提议实际上已经落空。

第三，广州华艺广告公司李某某通过陈某某向物美集团索要500万元，没有充分证据证明张文中有向梁某行贿以谋取不正当利益的意图，梁某也没有实际收受。双方签订股权协议数月后，李某某未经梁某同意,擅自通过陈某某向物美集团及张文中索要500万元,此时股权交易早已完成,物美集团没有从交易中获得任何不正当利益已成为事实,故张文中已经没有向梁某支付好处费的理由。事实上,当李某某收到这笔款项后告知梁某,梁某也明确表示这笔钱与自己无关,拒绝收取。这笔款项就一直放在李某某公司的账户上,直到案发。因此,对这笔500万元款项的性质,不能认定是物美集团与张文中向梁某行贿。

第四,物美集团和张文中给予国旅总社总经理办公室主任赵某某30万元好处费,尚未达到刑法规定的"情节严重"的程度,不构成单位行贿罪。根据刑法规定,构成单位行贿罪,必须达到"情节严重"。"情节"是一个综合性的指标,不是"唯数额论"。物美集团给予赵某某30万元好处费属实,但同时具有下列情节:在股权收购过程中,物美集团没有意图或实际谋取不正当利益,赵某某也没有为物美集团谋取不正当利益;收购中物美集团不存在排斥其他买家、取得竞争优势的情形;收购价格在国旅总社的预期范围内,收购不仅没有造成国有资产的流失,而且通过收购解决了国有企业的资金紧张。综合考虑数额和其他情节,再审认为物美集团和张文中的行为达不到构成单位行贿罪必须具有的"情节严重"的程度,依法不构成单位行贿罪。原判认定物美集团及张文中的行为构成单位行贿罪,适用法律错误,依法应予纠正。

记者:再审判决认为原审被告人张文中的行为不构成挪用资金罪的依据是什么?

答:根据刑法规定,挪用资金罪是指公司、企业或者其他单位的工作人员,利用职务上的便利,挪用本单位资金归个人使用或者借贷给他人的行为。可以看出,构成挪用资金罪,除了要有挪用资金的行为,还必须证明挪用的资金是归个人使用或借贷给他人使用;如果不能证明则不构成挪用资金罪。

最高人民法院经再审审理认为,原审被告人张文中与泰康公司董事长陈某某等共谋并利用陈某某职务上的便利,将泰康公司4000万元资金转至卡斯特投资咨询中心股票交易账户申购新股的事实清楚,证据确实。但在案证据显示,涉案资金均系在单位之间流转,反映的是单位之间的资金往来,没有进入个人账户;在案证据中没有股票账户交易的记录,该账户上的具体交易情况及资金流向不明,无证据证实张文中等人占有了申购新股所得盈利;关于挪用资金归个人使用的证据都属于言辞证据,且存在供证不一、前后矛盾等问题。因此,原判认定张文中挪用资金归个人使用、为个人牟利的事实不清,证据不足,依法应予纠正。

记者:再审改判张文中等无罪,对已经追缴的财产、判处的罚金如何处理?如何进行国家赔偿?

答:最高人民法院的再审判决不仅宣告了张文中等无罪,而且判决对已经执行的罚金、追缴的财产依法发还。宣判后,有关部门将及时执行判决,把已经执行的罚金和追缴的财产发还物美集团和张文中等人。

关于国家赔偿问题,法庭宣判后,审判长已向张文中等作出释明,可以依照《中华人民共和国国家赔偿法》的规定向河北省高级人民法院申请国家赔偿。如申诉人提出申请,相关赔偿程序将依法及时启动。

记者:人民法院要从张文中案件中吸取什么教训?最高人民法院下一步对甄别、纠正涉产权案件还有哪些工作打算?

答:张文中案件的改判,纠正了原判的错误,依法保护了企业家的合法权利,维护了公平正义。同时,我们要深刻吸取教训:一是要严格贯彻以事实为根据、以法律为准绳的法治原则,依法独立公正行使审判权;二是要严格贯彻罪刑法定、法不溯及既往等原则,对于法律没有明文规定为犯罪的行为,不得认定有罪和处以刑罚,也不能将一般的违规行为当作犯罪处理;三是要严格贯彻证据裁判、疑罪从无原则,认定被告人有罪和处以刑罚必须有确实充分的证据支持,定罪证据不足的要依法宣告无罪;四是要准确理解国家政策的精神,把握政策的发展变化,防止用过去的政策衡量行为发生时的企业经营活动。

下一步,最高人民法院将严格按照党中央的统一要求,充分发挥审判职能作用,强化产权和企业家权益的司法保护,努力推进产权保护法治化。主要有以下三个方面的工作打算:

一是进一步加大涉企业家产权错案的甄别、纠正工作力度。坚持实事求是、有错必纠,依法平等保护各种所有制经济产权。对于涉企业家产权申诉案件,要畅通申诉渠道,加大审查力度,逐一进行甄别,依法保障当事人的各项诉讼权利。经审查发现案件确有错误的,要依法及时再审,尽快纠正,并及时启动国家赔偿程序。对原判执行、追缴、没收不当的财产要依法予以返还,充分保障企业家的合法权益。

二是深入剖析涉产权错案产生原因,健全体制机制,从源头上预防错案的发生。充分发挥审判监督在司法救济、倒逼防错中的功能作用,加快建立健全涉产权错案防范纠正和责任追究机制。对确实存在违法审判情形的,要依法依纪严肃问责。加快清理和修改人民法院审判执行工作中不利于产权保护的规范和制度,不断完善产权保护司法政策,促进产权保护理念深入人心。

三是加强对下指导,统一裁判尺度。要监督指导下级法院甄别、纠正一批社会反映强烈的产权纠纷案件,不断丰富和积累产权保护司法经验。深入调研涉产权审判执行工作中的疑难问题,有针对性地予以解决,加强产权保护精准度。通过制定司法解释、发布指导性案例等方式,统一涉产权案件的裁判尺度和标准。

附件十八:新华网思客独家专访

张文中辩护人:案件具有怎样的标杆意义?*

2018年5月31日,最高人民法院对原审被告人张文中诈骗、单位行贿、挪用资金再审一案公开宣判,撤销原审判决,改判张文中无罪。同时,改判同案原审被告人张伟春、同案原审被告单位物美集团无罪。

为什么张文中被改判无罪?作为依法纠正涉产权和企业家冤错案第一案,张文中案有怎样的标杆意义?向外界释放了什么信号?

思客独家专访张文中的辩护人之一,北京师范大学法学院暨刑事法律科学研究院教授左坚卫,为我们解答上述问题。

问:您作为张文中的辩护人之一,应该很了解本案案情吧?

答:确实比较了解。我和张文中的另一位辩护人,中国刑法学研究会会长、北京市中闻律师事务所兼职律师赵秉志教授跟踪了这个案件十一年,一审、二审、申诉、再审各个阶段都参加了。

问:这个案件有哪些疑难复杂之处?

答:从案情本身来看,应当说有一定的疑难复杂性。

首先,涉及三个罪名,即诈骗罪、单位行贿罪、挪用资金罪,这些罪名在认定上的疑难问题较多,在司法实务中容易产生争议。

其次,被指控的三项犯罪都和企业经济活动有关,企业的经济活动往往是十分复杂繁琐的,这就决定了与经济活动交织在一起的犯罪案情往往比较复杂,梳理起来费劲。

最后,这个案件与国家在一定时期的国债贴息支持企业技术改造政策相关,而这方面的政策有一个调整过程,因此对如何理解和适用不同时期、不同阶段的相关国家政策,容易产生不同认识。

但是,在厘清全案事实之后,如果严格遵循刑事法治原则来分析判

---

* 原文刊登于新华网思客问答:http://sike.news.cn/statics/sike/posts/2018/06/219533515.html,最后访问日期:2019年4月28日。

断涉案行为，不构成犯罪的结论应当是很明确的，不应当存在太大争议，因而也不好说是疑难复杂。

问：您能进一步解释什么叫"严格遵循刑事法治原则"吗？

答：所谓严格遵循刑事法治原则，简单而言，就是要以证据证明的刑事案件事实为依据，以刑事法律为准绳来评判案件。它包括严格遵循罪刑法定原则、罪责刑相适应原则、无罪推定原则、疑罪从无原则等刑法和刑事诉讼法基本原则和其他原则。

在刑事案件的处理过程中，如果司法机关能够正确理解和严格遵循这些原则，通常就能够得出合法合理的结论。

问：为什么这个案件能够成为"标杆"？

答：所谓"标杆"案件，就是具有标志性、示范性、引领性作用和地位的案件，可以从形式和实质两个方面来理解。

从形式上看，张文中再审案是最高人民法院在本部提审的第一起涉产权刑事申诉案件，是最高人民法院第一起全案纠正、宣告无罪的涉产权刑事申诉案件。充分显示了最高人民法院依法纠正涉产权冤错案件的决心和勇气。

从实质上看，最高人民法院在再审张文中案的过程中，严格遵循了罪刑法定和疑罪从无等刑事法治原则，彻底纠正了原判的错误，从实质上充分保障了企业及企业家的合法权利，维护了公平正义。

遵循罪刑法定原则，较为典型地体现在：严格按照刑法规定的诈骗罪的构成要件，来评判物美集团存在瑕疵的申报国债贴息技改项目以及实施相关项目的行为，明确肯定并充分论证了张文中没有实施骗取国债技改贴息资金行为，没有诈骗故意。

恪守疑罪从无原则，较为典型地体现在：当在案证据不能证实张文中等人占有了申购新股所得盈利，关于挪用资金归个人使用的言辞证据供证不一、前后矛盾且与书证不符的情况下，明确认定挪用资金罪不成立。

可以说，张文中再审案的判决结果，以及最高人民法院在本案审理和判决中对罪刑法定、疑罪从无等刑事法治原则的坚守，使其成为人民法院落实党中央产权保护和企业家合法权益保护政策的“标杆”案件。

问：张文中案释放出什么样的信号？

答：我认为释放的信号十分明显，主要有以下三个方面：

第一，人民法院要加大对涉产权冤错案件的纠正力度；

第二，人民法院要为企业和企业家的产权及其他合法权益，提供强有力的司法保护；

第三，各级人民法院要统一裁判尺度，有条不紊地依法纠正涉产权冤错案件。

问：从产权保护的角度，应该从哪几方面发力，为企业营造良好的法治环境和营商环境？

答：当前产权保护方面存在的主要问题是：

第一，对已经发生的侵犯产权案件有案不立，推诿搪塞。

第二，违法立案和追诉企业及企业家。

第三，在刑事诉讼中非法占有、处置、毁坏企业及企业家的财产。

今后，针对上述问题，一方面应当加大对企业及企业家产权保护力度，防止新增涉产权冤错案的发生。

另一方面，应当强化问责机制，有效防范和惩治侵犯产权的违法犯罪行为。

问：作为本案的辩护律师，您在参与此次案件过程中，有哪些感触和思考？

答：这个问题说来话长。刑事辩护的具体目标很难实现，尤其是无罪辩护，正如有律师同仁所说，每一起刑事辩护都是一次绝处求生。我们跟踪张文中案十一年，深刻体会到刑事辩护所具有的挑战性和压力。

刑辩律师需要有坚定的信念和锲而不舍的态度，刑辩律师不能过多考虑最后的结果，而应当全力以赴找到有效辩护的方案。

无论刑事辩护有多难，我们都能找到这个方案。无论辩护成功的概率是十分之九，还是千分之一甚至万分之一，我们的决心和目标始终不能变，那就是提供最优质的辩护服务。

附件十九：法治周末专访

让企业家在产权案件中感受到公平正义*

——专访张文中辩护律师之一左坚卫

法治周末记者 马金顺

物美创始人张文中终得无罪洗冤

2018 年 5 月 31 日，最高人民法院对原审被告人张文中诈骗、单位行贿、挪用资金再审一案公开宣判，撤销原审判决，改判张文中无罪。同时，同案原审被告人张伟春、同案原审被告单位物美集团被改判无罪。

张文中案是在中共中央、国务院《关于完善产权保护制度依法保护产权的意见》颁行后，最高人民法院依法再审的涉产权和企业家冤错案件的第一案。公开宣判后，最高人民法院审判监督庭负责人就张文中案改判答记者问时也表示，张文中案是人民法院落实党中央产权保护和企业家合法权益保护政策的一个“标杆”案件。

正如张文中在最高人民法院公开宣判后接受央视专访时所说：“今天的这个案子早已不是我个人的事了，而是纠正民营企业涉产权案的第一个案子，也绝不是最后一个案子，应该是推进民营企业发展的新起点，也为民营企业发展注入新的动力。”

那么，张文中案究竟有怎样的“标杆”意义？一审、二审为何会出现与最高人民法院截然相反的判决结果？如何依法加强产权保护和企业家权益保护以及民营企业在发展中如何防范法律风险？在张文中辩护律师之一、刑法学教授左坚卫看来，上述问题都是中国经济社会发展中面临的重要问题。

一、为什么张文中案能够成为“标杆”

法治周末：您是怎么理解张文中案成为企业家合法权益保护“标

---

* 原文刊登于《法治周末》2018 年 6 月 7 日，第 3 版。

杆”案件的?

左坚卫:我理解,所谓“标杆”案件,就是具有标志性、示范性、引领性作用和地位的案件。张文中案能成为这样的案件,我认为主要有以下三方面的理由。

第一,张文中案由最高人民法院在本部提审,社会关注度高,影响重大,有标志性。张文中案的改判,标志着人民法院纠正涉产权冤错案件进入一个新的阶段,即从政策制定和初步落实阶段进入全面审查和甄别纠正阶段。

第二,最高人民法院对张文中案的改判,严格遵循了罪刑法定和疑罪从无等刑事法治原则,具有示范性。合议庭把案件事实查得清清楚楚,在陈述判决理由时虽然没有长篇大论,但言简意赅,说理透彻充分,严格贯彻以事实为根据、以法律为准绳的司法原则和证据裁判规则,对证据的运用富有说服力。张文中案判决中体现的裁判原则、裁判理由、裁判标准,对各级人民法院审理涉产权申诉案件具有示范性作用。

第三,最高人民法院在张文中案的改判中,彻底纠正了原判的错误,依法保护了企业家的合法权利,对涉产权错案的纠正工作具有引领性。张文中案的再审结果维护了公平正义,充分显示了最高人民法院依法纠正涉产权冤错案件,保护产权和企业家合法权益的决心和勇气。这对各级人民法院依法纠正涉产权冤错案件具有引领性作用。

基于上述三方面的理由,将张文中案视为人民法院落实党中央产权保护和企业家合法权益保护政策的“标杆”案件是适当的。

法治周末:在今年全国“两会”期间,“两院”的工作报告均提及,要“妥善处理历史形成的产权案件、坚持有错必纠、使企业家形成稳定心理预期”。最高人民法院的这次审判在客观上是否起到了提升民营企业地位的作用?

左坚卫:可以肯定的是,张文中案的再审及其判决结果,提振了民营企业家的信心,鼓舞了民营企业家的士气,对民营经济的发展具有积极意义。

正因为如此,张文中在其《给 40 年的信》中才说,案件的再审“已经不再仅仅是我张文中的事,故事的主角,是企业家和企业家精神! 最高人民法院再审张文中案的意义,不仅仅是案件本身,也不仅仅是还我清白,而是党和国家对企业家群体的关注,对企业家精神的弘扬,对企业家创业环境的营造,是改革开放四十年来推进依法治国的又一个新起点”。这段话应该是对最高人民法院这次再审意义的准确、妥当的概括。

二、一审、二审为何会出现截然相反的结果

法治周末:您说过,在厘清全案事实之后,如果严格遵循刑事法治原则来分析判断涉案行为,不构成犯罪的结论应当是很明确的,不应当存在太大争议。那么,一审、二审为何会出现与最高人民法院截然相反的判决结果? 作为张文中案的辩护律师,您当时是如何辩护的?

左坚卫:我认为,造成这种情况的原因主要有两个:一是一审、二审合议庭对案件事实和相关政策、法律把握不准,以致对本案的事实认定和法律适用出现了错误;二是案件审理受到了案外因素的干扰,合议庭无法做到以事实为根据、以法律为准绳,客观公正地裁判案件。

张文中在其《给40年的信》的演讲中说:“我相信,如果没有对司法公正的干预和影响,在正常情况下,公、检、法任何一个机构都不会作出对我的原审判决,不会形成这样一个非法律人士都可以看出错误的重大冤案。”他的这番话很值得深思,这可能是中国刑事司法长期以来的难言之隐和切肤之痛。

我们当年的辩护观点和理由与本案再审期间所陈述的观点和理由基本相同,甚至更加详细。我们提交的二审辩护词长达8万余字,几乎每一个辩护观点和事实陈述,都配备了充分的证据,进行了详细的分析论述。只不过再审期间,我们又申请了新的重要证人出庭并得到了合议庭同意,还提交了若干份新的证据,进一步强化了对一审、二审辩护观点的论证。

法治周末:案件的一审、二审结束后,你们为再审做了哪些准备工作?

左坚卫:由于张文中坚信自己和物美集团无罪,一审、二审判决是

完全错误的，终有一天冤案能够得到彻底纠正，还他以清白。因此，在二审结束后，我们对案件资料进行了认真的整理、归档，并以二审辩护词为依据，进行了详细的证据收集、梳理工作，以备将来申诉之用。这些工作为后来的申诉以及再审的启动奠定了坚实的事实和证据基础。我们在进行申诉时，随申诉书提交了厚厚的四大本配套证据材料，以证明我们的申诉意见和理由言之有据。

三、要将产权保护落到实处

法治周末：张文中案在民营企业发展的历程中不是孤案，民营企业发展总是存在一些不利因素，您觉得当前民营企业产权保护存在的问题主要有哪些？

左坚卫：民营企业产权保护存在的问题，可以从立法和司法两个方面来考察和分析。立法问题主要体现在法律对民营企业产权保护不足和保护不平等两个方面。

司法问题主要体现在以下三个方面：第一，对已经发生的侵犯民营企业产权行为制止和纠正不力。近年来，经常出现产权被侵犯的民营企业受害人报案不予受理，受理后无人负责，案件一拖再拖，最后不了了之的情况。第二，违法立案和追诉民营企业及企业家。一些不法商人与权力结盟，利用公权力介入经济纠纷，非法追究企业及企业家的责任，对其产权造成严重侵害。第三，在刑事诉讼中非法占有、处置、毁坏企业及企业家的财产。在刑事诉讼中，有的办案机关超范围查封、扣押、冻结涉案民营企业及企业家财产，随意处置查封、扣押、冻结的财产，甚至查封、扣押、冻结与案件无关的财产。

这些侵犯产权的行为不但给民营企业造成直接经济损失，而且恶化甚至摧毁了民营企业的经营环境和经营能力，一些民营企业因此破产或者倒闭，一些优秀的民营企业家因此心灰意冷，退出了市场。以物美集团为例，2006 年冤案发生前夕，正是物美集团发展的最好时期。物美集团当时是全国最大的民营流通企业之一，引领中国零售产业的快速发展和技术创新。冤案发生后，物美集团受到重创，发展停滞，危机四伏。幸好在此之前，物美集团已经建立起了现代企业制度，积聚了大量优秀人才，才免于灭顶之灾。但是，无数重大发展机遇因此痛失，这些机会多数都难以重来。这对于物美集团及张文中的伤害是不可估量、难以挽回的。

法治周末：您觉得应该怎样做才能解决这些问题？

左坚卫：既然民营企业产权保护问题来自立法和司法两个方面，加强民营企业产权保护也就要从完善立法和改善司法两个方面展开。但目前更重要的应当是在司法领域加强保护。即使在现有法律体系之下，只要司法机关严格依法处理民营企业涉产权案件，也足以彻底扭转对民营企业产权保护不力的局面。

因此，解决对民营企业产权保护不力问题，一方面，要严格遵循法治原则来处理民营企业涉产权案件，禁止权力及其他案外因素干预司法审判活动，防止新增涉产权冤错案；另一方面，应当强化追责机制，有效防范和惩治侵犯民营企业产权的违法犯罪行为。

法治周末：对于民营企业及企业家产权保护的未来，您有什么看法？

左坚卫：加强民营企业产权保护，依法纠正涉产权冤错案件，这不仅仅是立法完善和司法操作问题，还是一个观念转变问题。计划经济以及那个时代的观念，给我们的心灵留下的烙印是如此之深，以致时至今日，我们对个人财产以及民营企业仍有一种爱恨交织的复杂情感，总觉得私有财产不如公有财产重要，总觉得民营企业和企业家存在原罪，不愿意对他们在市场经济中采取一视同仁的态度。

这是一种普遍存在的病态心理，需要彻底根治。只有治愈了这种病态心理，对民营企业的产权保护才能落到实处，中国经济才能进入正常、健康发展的轨道，进而真正强大起来。

四、民营企业应做好合规工作

法治周末：张文中案中，被指控的三项犯罪都和企业经济活动有关。那么，民营企业在发展中如何防范法律风险呢？

左坚卫：民营企业从事经营活动，防范法律风险的最简单、最有效的策略，就是严格依法依规经营，做好企业合规工作。

张文中案之所以能够得到彻底纠正,从企业及企业家本身来看,根本上是因为物美集团和张文中一直严格依法经营,经受住了办案机关地毯式的检查,不存在任何违法犯罪行为。这得益于张文中优秀的教育背景(张文中是中国科学院系统研究所博士、美国斯坦福大学博士后)和良好的规则意识。这是中国许多企业和企业家所缺乏的素质。

民营企业在经营和发展过程中,应当认真补上现代企业制度建设的短板,做好合规工作,这样才能真正做大做强,并且承受住经营风险和法律风险。

需要说明的是,防范企业法律风险,不是仅仅靠企业和企业家自身就能够实现的,还需要有良好的外部环境。具体而言,在宏观层面,必须建立起真正的法治国家;在微观层面,必须严格依法办事,让企业和企业家在其每一起涉产权案件的处理中都感受到公平正义。

法治周末:依法保护产权和民营企业家权益是市场经济的常识,近年来党中央、国务院反复强调保护民营企业,您觉得其中的原因是什么?

左坚卫:这是因为现实中的产权和民营企业合法权益保护问题突出。自从我国加入世界贸易组织以来,尽管关于平等保护包括民营企业在内的非公有制经济的呼声不断,政策也制定了不少,但并没有落到实处。

近年来,民营经济不但没有得到平等保护,而且受到歧视。在民事审判和刑事诉讼中,对国有企业和民营企业区别对待的现象频繁发生。一些部门和个人利用公权力,滥用刑事手段侵害民营企业的产权,违法查封、扣押、冻结民营企业财产,甚至直接侵吞民营企业资产。这些违法犯罪现象挫伤了民营企业和企业家的积极性,甚至引发民营资本向海外转移,破坏了国家鼓励、支持及引导民营经济发展的大政方针。长此以往,这会对中国经济社会发展造成灾难性的后果,必须及时扭转这种局面。这应该是党中央、国务院近年来强调要加强依法保护产权和民营企业家权益的时代背景。

实际上,保护产权并不仅限于保护民营企业的合法权益,同时还包括保护国有企业产权,依法惩治那些非法侵吞国有资产的违法犯罪行为。

附件二十：袁彬教授对张文中案再审判决的评论

加强民营企业产权刑法保护的司法典范*

袁 彬**

2018年5月31日，最高人民法院公开宣判了张文中诈骗、单位行贿、挪用资金，张伟春诈骗，物美集团单位行贿一案的再审结果，判决宣告张文中、张伟春、物美集团均无罪。该案是当前我国影响重大且具有重要典型意义的民营企业、民营企业家涉罪案件。该案原审被告人张文中系民营企业物美集团原董事长，于2009年3月被河北省高级人民法院以犯诈骗罪、单位行贿罪、挪用资金罪二审判处其有期徒刑12年，并处罚金人民币50万元。2013年2月刑满释放后，张文中向河北省高级人民法院提出申诉，2015年12月被驳回。2016年10月，张文中向最高人民法院提出申诉。2018年2月12日，最高人民法院对该案进行了公开开庭审理。此次由最高人民法院再审宣告张文中、张伟春、物美集团无罪，体现了我国加强民营企业产权保护的坚强决心，对于我国司法机关进一步推进民营企业产权的刑法保护具有非常重要的意义。

一、法治的彰显：突出了我国加强民营企业产权保护的司法决心与价值

法治的命题非常抽象，只有通过具体的个案，法治的价值才能落到实处并得以彰显。民营企业产权的法律保护亦如此。具体到本案，最高人民法院在原审生效判决作出后时隔9年、原审被告人张文中刑满释放后时隔5年后，再审宣告张文中、张伟春、物美集团无罪。其个案的法治价值巨大，主要体现在以下两个方面：

---

* 本文原载于《人民法院报》2018年6月1日，第2版。

** 北京师范大学刑事法律科学研究院教授、博士生导师，中国刑法学研究会理事暨副秘书长。

第一,彰显了我国加强民营企业产权司法保护的坚强决心。“坚持公有制为主体、多种所有制经济共同发展”是我国宪法确立的现阶段基本经济制度。民营经济是我国社会主义经济的重要组成部分,但长期以来,我国刑法立法和司法在对企业产权的保护上都不同程度地存在“重国有、轻民营”的现象。这也成为当前我国推动民营企业产权平等保护的掣肘。如何推进民营企业产权的刑法保护,是我国完善企业产权保护制度并积极为企业家创新创业营造良好法治环境的重要方面。为了加强对民营企业产权的保护,党中央、国务院于2016年11月发布了《关于完善产权保护制度依法保护产权的意见》,2017年9月发布了《关于营造企业家健康成长环境弘扬优秀企业家精神更好发挥企业家作用的意见》,明确提出要加强对民营企业、民营企业家的权利保护。在此基础上,最高人民法院于2016年11月发布了《关于充分发挥审判职能作用切实加强产权司法保护的意见》,2018年1月发布了《关于充分发挥审判职能作用为企业家创新创业营造良好法治环境的通知》,具体制定了保护民营企业的司法措施。本案再审正是在这一背景下进行的,意义重大。同时,从时间上看,该案的二审判决于2009年3月作出,张文中本人也于2013年2月刑满释放。对于这样一起生效判决作出多年并已经执行完毕的案件,最高人民法院主动提审并通过再审对全案作出了无罪判决,充分显示出我国加强民营企业产权司法保护的坚强决心。

第二,彰显了我国加强民营企业产权保护的法治价值。通过法定程序推进法治建设已成为我国社会发展的时代特征与精神。该案再审的提起和审理严格遵循了我国刑事诉讼的正当法律程序:一方面,该案再审的提起遵循了严格的法定程序。再审判决显示,张文中在2013年2月刑满释放后向河北省高级人民法院提出申诉,并于2015年12月被河北省高级人民法院驳回申诉。之后,张文中于2016年10月向最高人民法院提出申诉。最高人民法院经过审查后于2017年12月27日决定对张文中案提审,符合我国刑事诉讼法关于提起再审的规定。另一方面,该案再审的审理遵循了严格的法定程序,充分保障了各方的参与权利。在决定再审后,最高人民法院于2018年2月7日组织了再审庭前会议,并于2018年2月12日对该案进行了公开开庭审理。在庭审过程中,张文中等原审被告人的辩护人不仅参加庭审,还向法庭出示了数组新的证据,并申请证人出庭作证,辩方和检方围绕案件证据、事实和法律充分发表了意见。此次又由最高人民法院公开宣判。整个再审程序严格遵循了我国刑事诉讼的法律程序,表明了我国通过正当法律程序保护民营企业产权、民营企业家的法治方向。在我国全面推进依法治国的背景下,该案的处理彰显了我国全面推进依法治国的法治精神和价值。

二、路径的示范:明确了我国加强民营企业产权刑法保护的司法选择

民营企业产权的司法保护涉及的方面众多,刑法作为其他部门法的保障法,具有最后的、也颇重要的保护价值。但如何在刑事司法中有效发挥刑法的作用,具体路径的选择至关重要。该案的再审和宣判,为我国加强民营企业产权的刑事司法保护,提供了两个方面的路径示范。

第一,疑罪从无的路径。疑罪从无是现代刑事司法的一项基本原则和要求,即在既不能证明被告人有罪,又不能证明被告人无罪的情况下,推定被告人无罪。疑罪从无有利于贯彻我国《宪法》第33条规定的"国家尊重和保障人权"的要求。我国《刑事诉讼法》第195条对此也作了明确规定,即"证据不足,不能认定被告人有罪的,应当作出证据不足、指控的犯罪不能成立的无罪判决。"具体到本案,关于张文中的行为是否构成挪用资金罪,再审判决认定,涉案资金均系在单位之间流转,反映的是单位之间的资金往来,无充分证据证实归个人使用,同时本案无充分证据证实挪用资金为个人牟利,张文中的行为不构成挪用资金罪。再审判决所采取的正是存疑有利于被告的做法,符合疑罪从无的要求,值得充分肯定。

第二,严格的罪刑法定路径。罪刑法定是现代刑法的基本原则和精神。罪刑法定原则的基本要求之一是对刑法条文的解释不能明显超出条文本来的含义。严格的罪刑法定原则要求对刑法条文进行严格解

释。毫无疑问,对刑法条文的严格解释对于保护民营企业产权而言具有重要的司法意义。中共中央、国务院《关于完善产权保护制度依法保护产权的意见》提出,要充分考虑非公有制经济的特点,严格区分经济纠纷与经济犯罪的界限,准确把握经济违法行为入刑标准,准确认定经济纠纷和经济犯罪的性质,防范刑事执法介入经济纠纷,防止选择性司法。因此,严格区分经济纠纷与经济犯罪的界限,对于保护民营企业产权而言,十分重要。具体到本案,这主要涉及对诈骗罪、单位行贿罪相关构成要件的理解:

一是对诈骗罪之"诈骗"的理解。在刑法上,诈骗与欺诈是两个不同的概念,诈骗的成立,要求行为人客观上虚构或者隐瞒了作为取得财物之对价的关键事实,且主观上具有非法占有的目的。因此,不能因为行为客观上带有一定的欺骗性,就简单地一律认定其构成诈骗。具体到本案中,即便物美集团在申报国债技改贴息资金的过程中有不实内容,也不能简单地认定其为诈骗,而应该重点考虑其在作为国债技改贴息资金对价的物流项目和信息化项目建设上是否存在虚构、隐瞒,以及其主观上是否具有非法占有国债技改贴息资金的目的。对此,原审法院没有严格遵循罪刑法定原则对诈骗罪构成要件的解释要求,过于宽泛地理解了"诈骗"内涵,进而混淆了诈骗犯罪与民事欺诈的界限,对张文中、张伟春的涉案行为作出了错误的认定。再审判决则认为,张文中、张伟春在物美集团申报项目过程中,虽然存在违规行为,但未实施虚构事实、隐瞒真相以骗取国债技改贴息资金的诈骗行为,并无非法占有3190万元国债技改贴息资金的主观故意,不符合诈骗罪的构成要件,不构成诈骗罪。这是十分正确的。

二是对单位行贿罪之"谋取不正当利益"的理解。关于行贿犯罪中的"谋取不正当利益",我国出台过解释进行明确。例如,最高人民法院、最高人民检察院2008年11月20日发布的《关于办理商业贿赂刑事案件适用法律若干问题的意见》第9条规定:"在行贿犯罪中,'谋取不正当利益',是指行贿人谋取违反法律、法规、规章或者政策规定的利益,或者要求对方违反法律、法规、规章、政策、行业规范的规定提供帮助或者方便条件。在招标投标、政府采购等商业活动中,违背公平原则,给予相关人员财物以谋取竞争优势的,属于'谋取不正当利益'。"由于这些规定总体上都比较原则、抽象,因此实践中对"谋取不正当利益"仍然存在明显扩大化理解的倾向。本案中,对于物美集团、张文中的行为是否构成单位行贿罪,对"谋取不正当利益"的理解是关键。对此,再审判决强调了两个方面:一方面,是否存在"排斥其他买家、取得竞争优势"的情形;另一方面,是否在交易价格上获得了不正当利益。具体而言,在给赵某的30万元好处费上,再审判决认定物美集团与国旅总社经多次谈判后就股权转让达成一致,其间没有第三方参与股权收购,不存在排斥其他买家、取得竞争优势的情形,双方的交易没有违背公平原则;而在向李某三个公司支付500万元的问题上,再审判决认定物美集团与粤财公司最终的股权交易价格,是在粤财公司挂牌转让未果的情况下,经多次谈判而确定的,且高于物美集团提出的受让价格,物美集团没有获取任何不正当利益。客观地看,再审判决对"谋取不正当利益"的理解较之以前的处理更为具体、更具可操作性,为我们正确认识行贿犯罪"谋取不正当利益"要件内涵提供了重要指引,进而有利于加强对民营企业权益的保护。

加强民营企业产权保护不仅关乎民营企业、民营企业家的切身利益,同时也关乎国家经济发展的整个大局,必须从国家发展战略的高度予以高度重视。正是在此背景下,最高人民法院《关于充分发挥审判职能作用切实加强产权司法保护的意见》规定,对改革开放以来各类企业特别是民营企业因经营不规范所引发的问题,要以历史和发展的眼光客观看待,严格遵循罪刑法定、疑罪从无、从旧兼从轻原则,依法公正处理相关案件。以此为依据,本案的再审判决向我们十分清晰地展示了在民营企业产权司法保护中应当如何正确适用疑罪从无、罪刑法定等原则和举措,可谓我国加强民营企业产权刑法保护的司法典范,值得充分肯定。

第七章　法理思考

张文中案的再审和无罪改判不但提振了民营企业的信心，取得了良好的社会效果，而且留下了许多值得研究的法理问题。为张文中案件辩护促使我们关注和思考民营经济和民营企业家正当权益的刑法保护这一重要的现实课题，并形成了一些科研成果。我们将已经发表的这方面的科研成果进行梳理，也纳入本书中，希望能有助于该领域立法完善和司法公正的研究，促进学术交流。

一、对张文中案诈骗罪部分的事实澄清和法理探讨〔1〕

最高人民法院于 2018 年 5 月 31 日对张文中诈骗、单位行贿、挪用资金一案进行了公开宣判，认定张文中三项罪名均不成立，宣告张文中无罪。判决公开后，社会各界反响巨大，对判决结果所具有的法律和社会效果给予高度正面评价。然而，由于张文中案案情较为复杂，媒体报道受篇幅和新闻规律的限制，侧重于揭示判决的政策导向价值，未能对案件事实和判决理由进行详细、全面的分析说明，这在一定程度上削减了

---

〔1〕 本部分选自赵秉志、左坚卫所撰：《张文中案：事实澄清与法理展开——诈骗罪部分》，载《法律适用（司法案例）》2018 年第 12 期。

该案改判的法治价值。例如,有人误以为民营企业在2002年没有资格申报国债技术改造项目,物美集团申报项目存在欺骗的成分,以致错误地认为最高人民法院的无罪判决有些勉强。对案件事实的这种错误认识可能引发对最高人民法院判决合法性的怀疑。因此,有必要澄清张文中案的事实真相,并在此基础上展开法理探讨。限于篇幅,本文仅涉及案件的诈骗罪部分。

(一)原审法院定罪以及最高人民法院改判无罪的事实依据梳理

张文中案中的所谓诈骗犯罪,源于物美控股集团有限公司(原北京物美商业集团有限公司,以下简称物美集团)2002年申报国债技术改造项目的单位行为。所谓国债技术改造项目,是指用国债专项资金支持的由国家组织安排的技术改造贷款项目。原审法院认为,张文中在物美集团申报2002年国债技术改造项目的过程中存在冒充国有公司的下属企业骗取国债技改贴息资金的行为,构成诈骗罪。

根据本案二审判决书,原审法院定罪的事实依据是:(1)国家重点技术改造项目重点从国有大型企业和国有控股大型企业中选择,民营企业不属于国债技改贴息资金支持的范围。(2)物美集团作为民营企业,没有资格获得国债技改贴息资金支持,以其名义申报国债技改项目不可能得到批准。(3)张文中明知物美集团没有资格申报国债技改贴息资金,仍然让物美集团冒充属于国有公司的诚通公司的下属企业申报项目。(4)物美集团以根本不具备实施条件的物流项目和信息化项目进行虚假申报。(5)物美集团取得国债贴息资金后,未用于申报的具体项目。(6)物美集团未实施获批的物流项目及信息化项目。

根据本案的再审判决书,最高人民法院改判诈骗罪不成立的事实依据是:(1)相关政策性文件并未禁止民营企业参与申报国债技改贴息项目。(2)身为民营企业的物美集团于2002年申报国债技改项目,符合国家当时的国债技改贴息政策。(3)物美集团通过诚通公司以真实企业名称申报国债技改项目,没有隐瞒其民营企业性质,也未使负责审批的主管部门产生错误认识。(4)物美集团申报的物流项目和信息化项目并非虚构。(5)物美集团违规使用3190万元国债技改贴息资金的事实虽然存在,但不属于诈骗行为。

显然,本案的定性问题首先表现为案件事实的认定问题,然后才表现为法律适用问题。本案再审中,最高人民法院对原审法院所认定的案件事实进行了颠覆性的改变。对这些改变的案件事实,需要以具有说服力的方式加以澄清,才能正本清源,恢复真相。

在不同刑事诉讼主体对案件事实存在不同认识甚至对立看法的情况下,究竟如何认定?我们认为,认定案件事实,应当以合法有效的证据为依据。现有证据能够证明的事实,即属于司法机关应当认定的案件事实,我们可以称之为法律真实。“在发现和认定案件事实的过程中,必须尊重体现一定价值的刑事程序的要求。”〔1〕这种要求之一,就是证据裁判原则。刑事诉讼中的证据裁判原则,是指诉讼中司法人员认定案件犯罪事实必须以证据为依据。〔2〕如果我们认真审查近年来广受关注的冤错案件,会发现一种普遍现象:司法机关通常都是先对案件事实作出错误认定,然后错误地适用法律。之所以会认定案件事实错误,是因为司法机关在证据采信方面出现了严重错误。明明证明犯罪事实的证据不足,甚至推翻所指控事实的证据很充分,法院仍然认定犯罪事实存在。因此,最高人民法院审监庭负责人在就张文中案改判接受采访时强调:刑事审判“要严格贯彻证据裁判、疑罪从无原则”〔3〕。

(二)民营企业有资格申报2002年国债技改项目

本案是否成立诈骗,一个基础性同时也是核心的问题是,民营企业是否有资格申报2002年国债技改项目?物美集团是民营企业,如果民营企业没有资格申报2002年国债技改项目,物美集团当然也没有资格申报。在没有资格申报的情况下,张文中仍然组织物美集团进行申报,

---

〔1〕 樊崇义、锁正杰、吴宏耀、陈永生:《刑事证据前沿问题研究》,载何家弘主编:《证据学论坛》(第1卷),中国检察出版社2000年版,第208~209页。

〔2〕 陈光中、郑曦:《论刑事诉讼中的证据裁判原则——兼谈〈刑事诉讼法〉修改中的若干问题》,载《法学》2011年第9期。

〔3〕 罗沙、丁小溪:《为何要改判张文中、物美集团无罪?听最高法详解》,载http://www.xinhuanet.com/2018-05/31/c_1122920054.htm,最后访问日期:2018年6月14日。

其诈骗的嫌疑必将挥之不去。对此,最高人民法院以政策性文件、项目申报结果等书证,以及证人证言,多层面、多角度地证明了民营企业有资格申报2002年国债技改项目。

1. 原国家经贸委的政策性文件允许民营企业申报2002年国债技改项目

2002年申报国债技改项目的文件依据是1999年原国家经贸委等四部门发布的《国家重点技术改造项目管理办法》(以下简称《项目管理办法》),以及原国家经贸委2002年下发的《关于组织申报2002年国债技术改造项目的通知》(以下简称《申报项目通知》)。在《项目管理办法》中,有"国家重点技术改造项目的企业选择……重点从512户重点企业、120户试点企业集团和行业骨干企业中重点选择领导班子强、管理好、银行信用等级高的国有大型企业和国有控股大型企业"的规定。在《申报项目通知》中,有"重点支持国有和国家控股的大型骨干企业……促进经济结构的优化,实现国有企业战略性改组"的规定。

原审判决根据上述文件内容,认定只有国有大型企业和国有控股大型企业才有资格申报2002年国债技术改造项目,民营企业没有资格申报。有的学者也持这种观点,理由是:如果文件已经明确规定适用对象为A,那么非A者不能适用就是无须再专门规定的应有之义。正如厕所门上只写了"男"字,并未明确说"禁止女性入内",并不能以此作为女性可以进入男厕所的理由。[1] 该学者还认为,虽然"文件规定用语是'重点支持国有企业',似乎也存在非国企属于非重点支持范围的解读空间"。但是,"这个说理,还是让人有生硬之感"。[2]

上述解读存在四个方面的问题:第一,对有关文件内容的解读有违法律解释的基本原理。第二,对有关文件内容缺乏全面了解。第三,没有注意新旧政策的适用原则。第四,对物美集团以国有公司下属企业名义申报项目的真实情况和原因存在误解。对第四个问题,我们将在

---

〔1〕 车浩:《最高法院改判张文中案:遗憾与贡献》,载 http://www.sohu.com/a/234748959_650721,最后访问日期:2018年6月14日。

〔2〕 同上。

本文第三部分澄清,下面着重澄清前三个问题,解释为何根据有关文件的规定,民营企业有资格申报2002年国债技改贴息项目。

在涉及定罪时,对政策性文件文本含义的解释,同样应当遵循法律解释的一般原理。“在法律解释方法中,文义解释是首先要考虑的解释方法。”[1]“只要法律措辞的语义清晰明白,且这种语义不会产生荒谬的结果,就应当优先按照其语义进行解释。”[2]“探求法条中的立法原意,必须根据法条文字一般和通常的意义来理解,而不能牵强附会。”[3]

那么,从文义上看,《项目管理办法》和《申报项目通知》蕴含了民营企业没有资格申报2002年国债技改项目之义吗?显然没有。

首先,《项目管理办法》对于国家重点技术改造项目的企业选择,只是规定重点从512户重点企业、120户试点企业集团和行业骨干企业中选择国有大型企业和国有控股大型企业,并没有说只能从这些企业中选择,因而没有禁止民营企业申报。按照文义解释,重点选择国有大型企业和国有控股大型企业,显然不是只能选择国有大型企业和国有控股大型企业,否则就不是文义解释,而是限制解释。因此,从文义上看,《项目管理办法》的规定为民营企业申报技改项目留了一席之地。

其次,《申报项目通知》不但没有蕴含民营企业无资格申报国债技改项目之义,而且对以“促进产业升级”为目标的项目申报采取的是对各种所有制企业一视同仁的态度,民营企业申报项目的空间更大。《申报项目通知》没有任何只支持国有企业和国有控股企业申报2002年国债技改项目的表述,按照文义解释,不能得出民营企业没有资格申报项目的结论。同时,根据《申报项目通知》的具体内容,以体系解释为指导,更是可以得出民营企业有资格申报2002年国债技改项目的结论。所谓体系解释,是指根据法律规范的上下文来得出其具体含义。“法律规范只能在上下文中得出其具体含义,该含义在上下文中被表

---

〔1〕 孔祥俊:《法律方法论》(第2卷),人民法院出版社2006年版,第793页。

〔2〕 同上。

〔3〕 赵秉志、王勇:《论对刑事立法原意的把握》,载《政法论坛》(中国政法大学学报)1990年第3期。

达出来，又在上下文中被接受。”[1]根据《申报项目通知》第1条规定，2002年国债技改投资重点有四个方向，分别是“促进产业升级”、“加快结构调整”、“促进企业安全生产、工业节能节水和污染治理”以及“推进企业信息化”。对后三个方向，《申报项目通知》分别规定了“重点支持国有和国有控股的大型骨干企业”“充分支持国有大中型煤炭企业安全设施的更新改造”“重点支持国有大型骨干企业信息化建设”。对第一个方向，即“促进产业升级”方向，则没有区分企业性质，而是规定“坚持以市场需求为导向”。显然，按照体系解释，既然文件对“促进产业升级”的国债技改投资方向没有规定重点支持国有企业和国有控股企业，而对其他方向作出了这方面的明确规定。那么，只能理解为在该方向，国家对不同所有制企业采取的是一视同仁的态度，这些企业可以平等地进行申报。否则，我们就无法解释文件为何要作出这种存在明显差别的表述。

最后，按照政策性文件适用的通常原则，应当主要以《申报项目通知》而不是以《项目管理办法》作为确定2002年国债技改贴息资金支持范围的主要规范性根据。在改革开放时期，国家经济政策具有很强的变动性，当针对相同事项国家出台了新的政策性文件时，显然应当执行新文件的规定而不能再适用旧文件。否则，国家的新政策就形同虚设。正因如此，最高人民法院审监庭负责人在答记者问时说：“要准确理解国家政策的精神，把握政策的发展变化，防止用过去的政策衡量行为发生时的企业经营活动。”[2]本案中，《项目管理办法》只是针对国家重点技术改造项目所做的原则性规定，并且是在1999年9月印发的；《申报项目通知》则是专门针对2002年国债技改项目申报工作而发布的特别规定，发布时间是2002年2月。显然，决定申报2002年国债技改项目主体范围，以及2002年国债技改资金支持范围的，应当是《申报项目通知》。只有《申报项目通知》没有规定的内容，才适用《项

[1] 孔祥俊：《法律方法论》（第2卷），人民法院出版社2006年版，第841页。

[2] 罗沙、丁小溪：《为何要改判张文中、物美集团无罪？听最高法详解》，载 http://www.xinhuanet.com/2018-05/31/c_1122920054.htm，最后访问日期：2018年6月14日。

目管理办法》。也就是说,对认定民营企业是否有资格申报2002年国债技改项目具有决定性作用的是《申报项目通知》。由于《项目管理办法》对申报主体规定得不明确、不具体、不详细、不具有针对性,并且与已经作出重大调整的国债技改贴息政策不符,不能直接用来确定2002年国债技改贴息资金支持的范围。

可见,基于文义解释,《项目管理办法》为民营企业申报国债技改项目留了一席之地,《申报项目通知》为民营企业留下的申报空间则更大。基于体系解释,《申报项目通知》在以"促进产业升级"为目标的项目申报中,对各种所有制企业一视同仁,民营企业与国有企业可以平等申报。基于新旧政策适用原则,《申报项目通知》才是判断民营企业是否有资格申报2002年国债技改项目的主要依据。因此,最高人民法院认定"相关政策性文件并未禁止民营企业参与申报国债技改贴息项目,且身为民营企业的物美集团于2002年申报国债技改项目,符合国家当时的国债技改贴息政策",是完全正确的。

2. 通过历史解释的方法,可以进一步说明当时的政策性文件允许民营企业申报2002年国债技改贴息项目

所谓历史解释,"是指通过探求立法者在制定法律之时所作的价值判断和意欲实现的目的,确定立法者的意思,在此基础上得出法律规范的含义。"〔1〕我们在此姑且将政策性文件视同类似于法律的规范性文件,以法律解释原理来探明其含义,这应当是一种较为严谨的思考方式。

历史解释通常以立法过程中参考的资料或者其他相关历史资料作为解释依据。那么,在制定《申报项目通知》时,有关部门参考了哪些资料,又有哪些相关历史资料,可以为我们解释《申报项目通知》提供依据呢?当时的新闻媒体和报纸杂志关于国债技改贴息政策的报道具有重要参考价值。这些报道包括:(1)中国新闻网等多家网站报道,时任国家经贸委主任的李荣融同志于2001年11月在国债技改宣传新闻

〔1〕 孔祥俊:《法律方法论》(第2卷),人民法院出版社2006年版,第869页。

通气会上宣布："从明年起……按照国际惯例，改革国债贴息办法，在国家规定的范围、专题内……各种所有制企业均实行国民待遇。"[1]（2）中国新闻社等媒体报道，时任国家经贸委投资与规划司司长的甘某同志接受记者专访，强调"随着中国加入世贸组织，向WTO规则靠拢，按其规则办事已成必然和必需。在国债技改项目上的国民待遇，是指不同所有制的企业……在政策取向上一致，其具体表现主要在于项目的审查与实施方面。"[2]（3）在2001年《国家经贸委2002年技术改造工作的初步设想》中，原国家经贸委已经明确提出在国债技改中要"根据形势变化修订发布第三批'双高一优'导向计划，破除企业所有制界限，鼓励符合导向的企业的技术改造，在政策上一视同仁。"[3]（4）国研网报道，2000年7月，时任国家经贸委副主任的李荣融同志在接受记者采访时表示："技术改造的国债贴息政策范围要拓宽，要面向所有的企业，不仅面向国有企业，还应面向非国有企业包括民营企业。"[4]上述与技改国债贴息政策相关的历史资料，可以帮助我们理解《申报项目通知》为何在"促进产业升级"方向中，没有出现重点支持国有企业和国有控股企业的表述，进而理解文件有关表述所蕴含的对各种所有制企业申报项目一视同仁，平等对待，以及民营企业完全有资格申报2002年国债技改贴息项目的意思。

上述媒体所报道的内容，是最高法院判决中这段说理的主要根据："2001年12月，我国正式加入了世界贸易组织，由于国有企业三年改革与脱困目标基本实现，国家调整了国债技改项目的投向和重点，在规定的范围、专题内，进一步明确了对各种所有制企业实行同等待遇，同时将

---

〔1〕 尹丹丹：《明年国债技改贴息对各所有制一视同仁》，载http://finance.sina.com.cn/y/20011116/130537.html，最后访问日期：2018年6月15日。

〔2〕 肖瑞、尹丹丹：《入世后国债技改贴息如何惠及四方?》，载http://finance.sina.com.cn/t/20011117/131164.html，最后访问日期：2018年6月15日。

〔3〕 《国家经贸委2002年技术改造工作的初步设想》，载《中国经贸导刊》2001年第23期。

〔4〕 李荣融：《技改国债贴息将面向非公经济》，载国研网：http://finance.sina.com.cn/news/2000-07-11/40684.html，最后访问日期：2018年6月15日。

物流配送中心建设、连锁企业信息化建设列入了国债贴息项目予以重点支持。”需要注意的是，这段说理并非脱离《申报项目通知》这一政策性文件的泛泛而谈，而是对该文件内容的政策导读，目的在于进一步阐明为何《申报项目通知》允许民营企业申报2002年国债技改项目。

3. 一系列证人证言，进一步印证了民营企业有资格申报2002年国债技改项目

这些证人证言包括：(1)证人门某证实，2002年国家没有禁止国债技改贴息资金支持民营流通企业的规定，当时的第七、八、九批国家重点技术改造国债贴息项目中，确实有民营企业得到支持并拿到贴息。(2)再审期间，证人甘某出具的《关于2002年国债技术改造项目相关情况的说明》证实，从2001年开始部分民营企业进入国债技改贴息计划。(3)再审期间，证人黄某1出庭作证证明，第八批国债技改贴息对企业的所有制性质没有限制性要求。这三位证人中，门某时任国家经贸委贸易市场局助理巡视员，参与了2002年流通业国债技改项目审批，甘某时任国家经贸委投资与规划司司长，负责制定国债贴息政策，黄某1时任国家经贸委贸易市场局局长，负责对申报的流通业项目进行把关。显然，他们关于2002年民营企业是否有资格申报国债贴息技改项目的说法是具有权威性的。

4. 在与物美集团同时获批国债技改贴息项目的企业中，还有数家是民营企业

原国家经济贸易委员会等七部门于2003年3月17日联合下发的“国经贸投资〔2003〕297号”《关于下达2003年第二批国债专项资金国家重点技术改造项目投资计划的通知》及其附件中，记载了获得2002年国债技改贴息资金支持的企业及其技改项目，证明在获得2002年国债贴息技改项目的企业中，除物美集团外，还有黑龙江哈尔滨圣泰制药有限公司、江苏盐城丰东热处理有限公司、浙江恒逸集团有限公司、浙江美欣达印染股份有限公司、横店集团控股有限公司、天津宝迪农业科技股份有限公司六家非国有企业。这一书证进一步印证了民营企业有资格申报2002年国债技改项目。

显然,现有的书证和证人证言,彼此印证,系统、完整地证明了民营企业有资格申报2002年国债技改贴息项目,原审法院以及有的学者仅凭《项目管理办法》和《申报项目通知》中"国家重点技术改造项目的确定,以加快国有企业技术进步和产业升级为目标","国家重点技术改造项目……重点选择领导班子强、管理好、银行信用等级高的国有大型企业和国有控股大型企业","重点支持国有和国家控股的大型骨干企业……促进经济结构的优化,实现国有企业战略性改组"等表述,便认为民营企业没有资格申报2002年国债技改贴息项目,显然没有正确、完整地解读文件内容,忽视了政策出台背景,也违背了确有多家民营企业获得2002年国债贴息资金支持这一基本事实,因而是错误的。

(三)物美集团以诚通公司下属企业的名义申报国债技改项目的真相

既然物美集团作为民营企业有资格申报2002年国债技改项目,为什么它还要以国有诚通公司下属企业的名义申报国债技改贴息项目?这是本案另一个对于定性十分重要的问题,也是一个看似令人十分费解的问题。这一问题甚至影响人们对物美集团有无资格申报国债技改项目的认识。有学者就质疑:"如果文件制定者的原意真如最高法院所说,本来就给民企留出了空间,那物美集团不直接申报而是以其他国企名义申报的行为就令人费解了。"[1]原审法院正是根据这一看似明显不正常的现象,反推得出物美集团作为民营企业肯定是没有资格申报,所以张文中才会同意物美集团冒充国有诚通公司的下属企业进行申报,进而认定张文中在申报过程中存在诈骗行为,并认为其他非国有企业申报项目获得批准,不影响被告人虚构物美集团是国有诚通公司下属企业的事实认定。因此,有必要澄清物美集团为何会以诚通公司下属企业的名义申报国债技改项目这一问题。为此,需要明确以下几个方面的事实。

---

〔1〕 车浩:《最高法院改判张文中案:遗憾与贡献》,载 http://www.sohu.com/a/234748959_650721,最后访问日期:2018年6月14日。

1. 物美集团之所以通过诚通公司申报国债技改项目,不是因为物美集团作为民营企业没有申报资格,而是因为通过诚通公司申报较为快捷

所谓"物美集团以诚通公司下属企业的名义申报国债技改项目"的实际情况是:2002 年年初,张文中在得知国家经贸委在组织申报 2002 年国债技术改造项目后,基于其从 2002 年 1 月 20 日在上海召开的全国推进流通现代化工作现场会上了解到的情况,决定物美集团积极参加申报,并派张伟春(本案另一原审被告人)到原国家经贸委了解申报项目的具体情况。张伟春反馈回来的信息是:(1)物美集团有资格申报,可以通过两条途径提交项目申报材料,一条是通过地方经贸委申报,另一条是通过央企申报;(2)通过央企比较便捷,比通过地方申报节省时间;(3)根据物美集团与央企诚通公司之间的关系[1],可以通过诚通公司上报项目申报材料。张文中在确认物美集团可以通过诚通公司递交项目申报材料后,召开物美集团高层会议讨论决定,物美集团通过诚通公司递交项目申报材料。在征得诚通公司董事长田某1等人同意和支持后,物美集团通过诚通公司递交了项目申报材料。从申报过程可以看出,物美集团实际上是为了节省时间,将诚通公司作为其递交项目申报材料的渠道,而不是以诚通公司下属企业的名义申报项目。需要注意的是,"通过诚通公司递交项目申报材料"与"以诚通公司下属企业的名义申报项目"的含义存在本质差异。前者是将诚通公司作为递交项目申报材料的一个通道,不包含项目申报单位是诚通公司下属企业的意思;而后者则非常清楚地包含着申报单位是诚通公司下属企业的意思。因此,有必要加以澄清。

2. 物美集团在通过诚通公司递交项目申报材料时,并未隐瞒自己的民营企业性质,更未将自己冒充为诚通公司下属企业

尽管最高人民法院没有完全接受物美集团是通过诚通公司申报项

---

〔1〕 物美集团在申报项目时,与诚通公司存在间接持股以及其他关联关系。——作者注

目材料,而不是以诚通公司下属企业的名义申报项目的说法,但确认了以下事实:物美集团在通过诚通公司申报国债技改项目时,一直是使用本企业真实名称,从未隐瞒自己的民营企业性质。这实际上就说明了物美集团在申报过程中,并没有冒充诚通公司的下属企业。

3. 在申报项目时,就如何递交申报材料,对政策执行得并不严格,物美集团通过诚通公司递交申报材料事实上是被允许的

尽管如果严格按照政策性文件的要求,物美集团确实不应该通过诚通公司递交项目申报材料,但是,实际情况是相关政策性文件并没有被严格执行。由于组织申报国债技改项目的文件下发后,离申报截止时间已经很近,[1]原国家经贸委实际上对如何递交项目申报材料采取了变通的办法,在申报企业与国有企业之间存在一定关系的情况下,即使不是其下属企业,也可以通过国有企业递交项目申报材料。这种政策性文件在实际工作中变通执行的情况经常发生。正因为存在这方面的问题,最高人民法院才在2016年发布的《关于充分发挥审判职能作用切实加强产权司法保护的意见》中规定:"对改革开放以来各类企业特别是民营企业因经营不规范所引发的问题,要以历史和发展的眼光客观看待,严格遵循罪刑法定、疑罪从无、从旧兼从轻等原则,依法公正处理。"

在还原了事情经过后,我们可以清楚地看到,物美集团通过诚通公司递交项目申报材料事出有因,并非是因为民营企业没有资格申报国债技改项目,然后冒充国有公司进行申报。由此我们应当注意,在某些看似奇怪甚至荒唐的现象背后,往往有其发生的特殊但合理的原因。如果我们不能透过现象去查明背后的原因,想当然地认为事出反常,必有诡诈,就很容易陷入先入为主的错误认识,进而得出错误结论。实际上,在查明民营企业有资格申报2002年国债技改项目之后,结合申报时间紧迫、政策在实际执行过程中经常走样等实际情况,就不难理解物美集团为何不是在冒充国有企业进行申报了。

---

〔1〕 这一事实从《关于组织申报2002年国债技术改造项目的通知》得到证明,通知发布时间是2002年2月27日,申报截止日期为2002年3月31日,从通知下发到申报截止仅有31天的时间。——作者注

(四)物美集团通过诚通公司申报国债技改项目，并未使负责审批的主管部门产生错误认识

作为诈骗罪客观要件的欺骗行为，必须是使受骗者产生认识错误的行为。如果欺骗行为并未使受骗者陷入或者维持错误认识，那么，行为人取得财产就不可能与其欺骗行为存在因果关系，也就不能将财产损失的结果归责于欺骗行为。因此，查明物美集团以诚通公司下属企业名义申报项目是否使负责审批的主管部门产生了物美集团是国有企业的错误认识，对于本案定性也具有重要价值。

对此问题，最高人民法院作出了明确的否定回答。最高人民法院认为负责审批的主管部门未产生错误认识的理由是：(1)物美集团在申报材料《企业基本情况表》中填报的是企业真实名称，并未隐瞒。(2)证人黄某1的证言以及原国内贸易部《关于确定全国第一批连锁经营定点联系企业的函》证实，物美集团是原国内贸易部及原国家经贸委贸易市场局的定点联系企业。(3)证人李某2证实，在物美集团申报项目过程中，她曾听过张文中、张伟春等人的汇报，并考察了物美集团的超市和物流基地，参与了审批，经审查认为符合国债项目安排原则。可见，作为审批部门的原国家经贸委对物美集团的企业性质是清楚的。张文中、张伟春将物美集团以诚通公司下属企业名义申报国债技改项目，并未使原国家经贸委负责审批工作的相关人员对其企业性质以及与诚通公司的关系产生错误认识。

在此，最高人民法院创造性地采用了推定这一事实认定方法。“推定是一种根据所证明的基础事实来认定推定事实成立的方法。”〔1〕“推定事实的成立，并不是根据证据事实所直接推导出来的结论，而是法官运用推定规则所作的法律认定；在基础事实与推定事实之间，并没有建立必然的因果关系，而可能存在一种逻辑推理上的跳跃。”〔2〕推定通常被用于解决特定有罪事实的证明困难问题，例如罪过和犯罪目的

---

〔1〕 陈瑞华：《论刑事法中的推定》，载《法学》2015年第5期。

〔2〕 同上。

这类主观心态的认定。本案中,最高人民法院不是将推定用于认定被告人的罪过或者犯罪目的,而是用于认定可能属于被骗对象的原国家经贸委负责项目审批工作的人员的主观认识。在诈骗类犯罪中,经常会遇到类似情况,即被骗对象到底有没有产生错误认识存在争议,许多被骗对象对行为人所实施的行为有清楚的认识,完全是基于对事物的正确认识而处分财物,但事后都声称不知情,被欺骗了。对这类情形应当如何定性,是处理诈骗类犯罪的难点之一。最高人民法院在本案中的尝试,是一种非常有价值的司法实践,对于今后各级法院处理类似案件具有重要指导意义。

事实上,用以推定负责审批的主管部门未产生错误认识的基础事实不止于最高人民法院所列举的三项。在申报 2002 年国债贴息技改项目前,即 2001 年 12 月 28 日上午,负责国债贴息项目审批工作的原国家经贸委主任李荣融、副主任张志刚以及北京市副市长孟学农、原国家经贸委市场贸易局局长黄某 1 等陪同时任国务委员的吴仪同志视察了物美集团,张文中和物美集团高层全程陪同。在申报项目期间,物美集团还将公司简介、营业执照复印件以及《物美月刊》给了负责项目审批工作的李某 2、李某 1 等人。上述事实与最高人民法院所列举的事实相结合,可以更充分地推定负责项目审批的原国家经贸委明确知道物美集团的企业性质,并未因物美集团通过诚通公司递交项目申报材料而对其所有制性质以及与诚通公司的关系产生错误认识。

(五)物美集团所申报项目的真实性

物美集团所申报项目的真实性对于认定其是否存在诈骗行为也具有重要意义。即使物美集团作为民营企业有资格申报 2002 年国债技改项目,如果其所申报项目是虚假、不可能实施的,仍然可能构成诈骗。在所申报项目是否真实上,原审判决认为,物美集团以根本不具备实施条件的物流项目和信息化项目进行虚假申报。最高人民法院则认为,物流项目并非虚构,项目获批后未按计划实施及未能贷款系客观原因所致,且已异地实施;认定信息化项目虚假依据不足。

最高人民法院与原审法院之所以在物美集团所申报项目真实性方

面得出完全不同的结论，主要是因为对物美集团在项目实施过程中出现的问题和存在的瑕疵作出了完全不同的评价。最高人民法院是在肯定物美集团为实施所申报项目做了大量工作的基础上，客观看待项目实施过程中出现的问题和存在的瑕疵，因而没有被项目未能获得贷款、物美集团采用签订虚假合同等手段申请项目贷款，以及未按计划实施项目等表象所迷惑，没有否认项目的真实性。原审判决则正好相反，只抓住物流项目未能获得贷款和未按计划实施等问题，以及信息化项目采用签订虚假合同的手段申请贷款等瑕疵，没有客观全面审查项目未按计划实施等问题出现的原因，便认定项目虚假。

我们认为，原审判决的结论在逻辑上无法成立。判断项目是否虚假，应当考察的因素是项目是否为物美集团所需要，以物美集团的能力是否能完成，物美集团是否采取了措施积极推进项目的实施，而不是项目最终是否完成，更不是项目是否严格按原计划完成。须知，项目按计划实施需要依赖一定的客观外在条件，当这些外部条件发生变化时，原计划能够完成的事项就可能无法按计划完成，甚至无法完成，但是，显然不能因此就认定项目虚假。

物美集团申报的物流项目就出现了这种外在条件的变化。物美集团在北京市通州区的物流项目申报下来后，先是因“非典”推迟实施，后来在土地出让方式方面，通州区物流产业园区要求购买，而物美集团原计划是租赁土地，因投资成本太高，双方未能达成一致。在这种情况下，物美集团在北京市百子湾等地建了物流中心。而原申报项目因无法提供用地及开工手续，不能取得银行贷款，后按要求办理异地实施项目的变更手续，但因故最终未能落实。最高人民法院充分考虑上述客观原因，认为物美集团所申报的物流项目没能按计划在原址实施，未能申请到贷款，系因“非典”疫情及通州区物流产业园区土地由租改卖等客观原因造成。即使项目《可行性研究报告》有不实之处，也不足以否定该项目的可行性和真实性。我们认为，这才是理性的、符合事物认识规律的思维方式和判断。

事实上，本案有充分的证据证明，物美集团所申报的物流项目和信息化项目,是物美集团作为国内大型流通企业所急需的,无论是否获得国债技改贴息资金支持,物美集团都必须实施。其中的物流项目,就是在未获得银行贷款,在原计划的选址上无法实施的情况下,选择了异地实施。信息化项目所设定的目标,则已经全部实现,企业投入信息化建设的资金,甚至超过了预算,更是远超银行贷款。这已经充分说明了所申报项目的真实性和必要性。

(六)对本案性质的综合评价

在对本案事实作出上述澄清之后,再来评判张文中的涉案行为是否构成诈骗罪,就有了可靠的基础。在此基础上,应当严格遵循刑法的规定以及犯罪构成理论来评判行为的性质。犯罪构成理论认为,犯罪构成是认定犯罪是否成立的标准,"是在犯罪概念基础上建立起来的检验行为是否构成犯罪的规格和标准。"〔1〕"为了认定某人构成犯罪,就必须确定在其行为中具有某种犯罪构成。"〔2〕以刑法所规定的诈骗罪的犯罪构成为标准来分析评判张文中的涉案行为,我们可以清楚地得出不构成诈骗罪的结论。

我国刑法对诈骗罪的描述采用的是简单罪状,仅表述为"诈骗公私财物,数额较大"。这难免给我们把握诈骗罪的基本构造,确立诈骗罪的成立条件带来困难。为解决此问题,有学者借鉴国外的刑法理论及司法实践。大陆法系国家的刑法理论与审判实践普遍认为,除了行为对象与行为人的故意与目的外,诈骗罪(既遂)在客观上必须表现为一个特定的行为发展过程:行为人实施欺骗行为——对方陷入或者继续维持认识错误——对方基于认识错误处分(或交付)财产——行为人取得或者使第三者取得财产——被害人遭受财产损失。〔3〕根据诈骗罪在客观方面表现出的上述特征,成立诈骗罪在客观上并非存在欺骗行为和财产损失即可,还要求欺骗行为与对方陷入或者维持认识错

〔1〕 高铭暄:《刑法问题研究》,法律出版社1994年版,第152页。

〔2〕 高铭暄、马克昌主编:《刑法学》(第5版),北京大学出版社、高等教育出版社2011年版,第51页。

〔3〕 张明楷:《诈骗罪与金融诈骗罪研究》,清华大学出版社2006年版,第8页。

误之间,对方认识错误与处分财产之间,以及对方处分财产与行为人取得或者使第三人取得财产之间存在因果关系。基于这样的要求,本案至少应当查明存在以下事实,才能认定张文中犯有诈骗罪:(1)张文中在物美集团申报国债技改贴息资金的过程中实施了欺骗行为;(2)张文中的欺骗行为使国家经贸委负责审批国债技改项目的工作人员产生错误认识;(3)有关工作人员基于这种认识错误批准了物美集团所申报的项目,把国债技改贴息资金批给了物美集团。基于前述已经澄清的事实,可以明白无误地得出结论:上述三个方面的事实均不存在。

首先,张文中没有实施欺骗行为。作为诈骗罪客观要件的欺骗行为,必须是一种在非法占有他人财物的目的和骗取他人财物的故意支配下,虚构事实、隐瞒真相的行为。本案中,物美集团虽然客观上实施了通过国企诚通公司申报国债技改项目的不规范行为,但是,物美集团这样做只是为了节省时间,并不是为了欺骗国家经贸委。事实上,物美集团有资格申报国债技改项目,自身也具备文件规定的申报条件和实力,用不着欺骗国家经贸委。在进行申报时,物美集团使用的是本公司真实名称,所提交的项目申报资料符合文件规定,不存在欺骗行为。因此,物美集团通过诚通公司申报国债技改项目的不规范行为并非诈骗罪中的欺骗行为。张文中本人更没有实施任何欺骗行为。

其次,物美集团的行为并没有使国家经贸委负责审批国债技改项目的工作人员产生错误认识,即他们并没有因此而错误地认为物美集团是国有企业。这一点前面已经充分阐明,在此不必赘述。

最后,以诚通公司下属企业的名义申报国债贴息项目并不能使物美获得国债贴息资金支持。2002 年,通过诚通公司向国家经贸委递交申报材料的项目共有 11 个,除物美申报的两个项目外,只有中国物资储运总公司的物流配送中心改造建设项目获批,其余 8 个均没有获得批准。这充分说明,以诚通公司下属企业的名义申报国债贴息项目既不是前提条件,更不能给所申报的项目获得批准带来什么帮助。能否获得国债贴息资金的支持,关键不在于企业的所有制性质,而在于企业在行业中的地位,以及所申报的项目是否符合国家的产业政策。因此,物美集团以国有诚通公司下属企业的名义申报项目与其最终获得国债技改贴息资金支持的结果之间没有因果关系。

总之，在基于证据裁判原则澄清案件事实之后，可以发现物美集团在申报和实施国债技改项目的过程中所实施的行为，完全不具备诈骗罪的构成要件，应当是毫无争议地不构成诈骗罪。最高人民法院认定张文中没有实施骗取国债技改贴息资金行为，没有诈骗故意，不构成诈骗罪，是正确的。最高人民检察院出庭检察官在发表出庭意见时也认为，“原判认定物美集团不具有申报国债技改贴息资格依据不足；物美集团申报材料中的企业基本情况表和物流项目《可行性研究报告》均有不实内容，但该违规申报行为不是虚构事实、隐瞒真相的诈骗行为，更未因该不实申报行为使国家主管机关陷入错误认识……故张文中、张伟春的行为不构成诈骗罪。”

值得注意的是，有学者认为，需要引入“社会目的落空”理论，才能得出本案中张文中不构成诈骗罪的结论。该学者认为，包括国债技改贴息资金在内的各种国家补贴，本质上是国家对企业的一种无对价的财政支持，是国家明知经济上没有具体回报仍自愿处分的财产。简言之，是一种有意识的自我（财产）损害。对这种“有意识的自我损害”的特殊案件，在认定行为人的欺骗行为是否构成诈骗罪时，还需要进一步检验是否存在社会目的落空的情形。如果不存在社会目的落空，就不成立诈骗罪。虽然文件规定民营企业没有资格申报国债技改项目，但物美集团申报项目，符合当时国家经济发展形势和产业政策的要求，国家通过贴息政策支持各种企业发展，这一超越具体文件规定的社会目的没有落空，而是得到了实现。因此，张文中不构成诈骗罪。[1]

我们认为，“社会目的落空”理论确实有助于合理限缩诈骗罪犯罪圈，将某种不应当处罚的诈骗行为出罪化。虽然这种理论在司法实务中可能暂时无人喝彩，但随着对责任根据研究的不断深入和研究成果

---

〔1〕 车浩：《最高法院改判张文中案：遗憾与贡献》，载 http://www.sohu.com/a/234748959_650721，最后访问日期：2018 年 6 月 14 日。

向司法实务界的逐步渗透,终有其发挥作用之时。但是,本案并不需要借助社会目的落空理论才能认定张文中不构成诈骗罪,因为这一理论发挥作用的基础——欺骗行为,在本案中并不存在。这一理论发挥作用的前提——民营企业没有资格申报 2002 年国债技改项目,也是错误的。

(七)对最高人民法院判决的综合评价

最高人民法院对本案的判决得到了广泛的好评。这种好评源于三个方面:一是对罪刑法定原则的遵守;二是对证据裁判原则的遵守;三是注重说理。

对罪刑法定原则的遵守,体现在严格按照诈骗罪的构成要件来评判物美集团在申报和实施国债技改项目过程中的存在瑕疵甚至违法之处的行为。判决以全面论证物美集团作为民营企业有资格申报 2002 年国债技改项目为起点,以诈骗罪客观方面的构成要件为准据,抽丝剥茧,逐一还原了那些与认定诈骗有关的案件事实的真相,包括是否存在欺骗行为,是否使负责审批的主管部门产生错误认识,项目是否真实。同时,还澄清了物美集团在申报和实施国债技改项目过程中的某些不规范行为的法律属性,论证了为何这些不规范行为不属于诈骗行为。例如,对于令人费解的以诚通公司下属企业名义申报的问题,最高人民法院没有被案件表象迷惑,而是深入证据和案件事实的深处,查明了物美集团以诚通公司下属企业申报项目的真相和原因,并得出了物美集团并非在以这种方式骗取国债技改贴息资金的结论。

对证据裁判原则的遵守,体现在对每一起案件事实的认定,都提供了充分的有针对性的证据进行支持。"由于证据裁判原则的确立,法官查明案件事实均须依据证据。"[1] 可以说,在很大程度上,证据是法治的基石,是实现司法公正的基石,打官司就是打证据。为了贯彻证据裁判原则,合议庭法官可谓下了大力气,对全案证据进行了全面梳理,并在此基础上充分运用证据说事。例如,解决本案定性问题的关键,在

〔1〕 陈卫东、付磊:《我国证据能力制度的反思与完善》,载《证据科学》2008 年第 1 期。

于查明民营企业是否有资格申报 2002 年国债技改项目。一旦确认物美集团有资格申报 2002 年国债技改项目,原审法院关于"张文中明知物美集团作为民营企业没有资格申报国债技改贴息项目,仍然决定让物美集团冒充国企诚通公司的下属企业进行申报"的结论也就不攻自破了。为此,合议庭组织了大量的书证和证人证言,充分证明了从文件规定,到时代背景,再到具体负责项目审批的负责人和具体工作人员,都能得出民营企业有资格申报国债技改项目的结论。这种证据裁判模式,完全不像某些不合格裁判文书那样,罗列一大堆证据,却看不出哪些证据要证明哪些事实、能证明哪些事实,而是证据裁判原则的难得例证,值得作为范本推广。

注重说理,体现在对争议和疑难问题的解答有理有据,思路清晰,分析透彻。仔细阅读判决书,能够发现有大段大段的内容在论证民营企业有资格申报 2002 年国债技改项目,论证物美集团所申报项目并非虚构,论证物美集团以诚通公司下属企业名义申报项目并未使负责审批的主管部门产生错误认识,论证违规使用国债技改贴息资金不属于诈骗行为。这些重点论证的事项,正是本案是否成立诈骗罪的重点和难点,争议较大,大家都期待能有个明确的说法。这种直面争议焦点、大胆说理的做法,既体现了合议庭对需要解决问题的清楚认识,对以理服人的重视,也体现了合议庭法官的专业自信,值得称道。

(八)结语

最高人民法院推翻原审法院关于诈骗罪的定性,改判张文中无罪,在对政策性文件的解读方面,遵循了法律解释原理;在案件事实的认定方面,遵循了证据裁判原则;在行为性质的认定方面,遵循了罪刑法定原则,严格以诈骗罪构成要件为评判标准。因此,事实认定清楚,法律适用正确,判决有理有据。

最高人民法院改判张文中无罪的事实认定和判决理由中,蕴含着许多值得深入研究的裁判规则和司法理念,其具有的法治价值和社会价值需要通过司法实务的进一步推广才能实现。因此,建议将该案作为指导性案例进行发布。

我们初步归纳,张文中案诈骗罪部分的改判至少建立或者重申了以下裁判规则:

1. 对政策性文件内容的理解应当以文义解释为基础,同时参考文件制定的时代背景和实际执行情况。

2. 对违反政策性文件的企业不规范行为,包括弄虚作假行为,应当查明行为发生的原因、行为实施的目的、行为的具体内容,以确定行为的性质,不能一概定性为诈骗行为。

3. 被欺骗对象没有因欺骗行为而产生错误认识,可以阻却诈骗罪的成立。

4. 在以虚假项目获取资金支持型诈骗罪中,项目是否虚假不能以项目是否完成或者按项目规划书的要求完成为判断标准,而应当以项目内容是否可行,行为人是否为完成项目作出了努力作为判断依据。

5. 在以虚假项目获取资金支持型诈骗罪中,行为人是否严格按照财经制度使用项目资金对定性没有构成要件方面的价值,不能以行为人没有按照财经制度使用项目资金为理由,认定行为人构成诈骗罪。

二、涉产权刑事申诉案件的法律适用[1]

自中央全面深化改革领导小组 2016 年 8 月 30 日审议通过中共中央、国务院《关于完善产权保护制度依法保护产权的意见》以来,依法纠正涉产权刑事错案工作一直在稳步推进。2017 年 12 月 28 日,最高人民法院宣布依法再审三起重大涉产权案件,其中两起属于刑事案件。2018 年 3 月,最高人民检察院刑事申诉检察厅下发《关于对加强涉产权刑事申诉和国家赔偿案件办理工作开展专项督查活动的通知》(以下简称《通知》),要求各级检察机关采取切实有力的措施,促进和保障涉产权刑事申诉和国家赔偿案件办理工作取得新进展。可以预见,会有相当数量的涉产权刑事申诉案件进入再审程序。如何在办理这类案件的过程中正确适用法律,成为关系此项工作能否取得良好效果的重

---

〔1〕 此部分内容发表于《人民检察》2018 年第 17 期,作者左坚卫。

要问题。

(一)涉产权刑事申诉案件法律适用的主要特点

要在办理涉产权刑事申诉案件时正确适用法律,有必要先了解这类案件在适用法律方面的特殊之处。从笔者了解的有冤错可能的涉产权刑事申诉案件来看,这类案件的法律适用主要有以下两方面的特殊之处:

1. 与当时的政策密切相关

涉产权刑事申诉案件往往肇始于某次经济体制改革,涉案行为与当时的相关经济政策联系紧密,由此导致案件的法律适用与如何解读当时的政策密切相关。三十年来,我国在不断进行经济体制改革,如金融体制改革、财政税收制度改革、进出口制度改革、企业产权制度改革、住房制度改革。在启动一项经济体制改革时,国家和地方政府通常会制定相关政策。这些经济政策成为当时地方政府以及经济活动主体的行动指南。然而,改革意味着转型,转型意味着挑战现有秩序以及维护现有秩序的法律。这就会导致新颁布的政策与原有的法律发生冲突。例如,在启动市场经济改革时,保护计划经济的法律就会受到挑战;在启动金融体制改革时,保护金融监管秩序的法律就会受到挑战;在启动企业产权制度改革时,保护国有资产的法律就会受到挑战。虽然从宏观上看,政策与法律具有功能的共同性、内容的一致性、适用的互补性[1],但是,在具体问题上,政策与法律发生冲突的情况并不罕见。尤其是在社会转型时期,与时俱进的政策与注重稳定性的法律的冲突更加频繁和剧烈。而且,政策是为了实现特定目标而制定的路线、方针、措施,当特定目标在事后被证明并不科学时,为实现该目标而制定的政策也就难免被认为是失当的,甚至是错误的。

经济活动主体可能在政策与法律的冲突中以及存在争议的政策面前左右为难:是执行政策?还是遵守法律?是执行似乎并不科学的政策,还是加以抵制?由于改革势在必行,结果通常是反映改革要求的政策取代法律,存在争议的政策也被执行。这就为参与改革者留下了隐

---

〔1〕 参见陈庭忠:《论政策与法律的协调与衔接》,载《理论探讨》2001 年第 1 期。

患：他所实施的行为虽然符合当时的政策，却违反了当时还有效的法律，日后，他可能因为当初的违法行为而受到法律的追究。同时，由于某项政策失当，根据该政策采取的行动可能在事后被证明是有害的。这些政策与法律的冲突和政策本身的失误，都可能给经济活动主体带来刑事法律风险，为后来刑事追诉程序的启动提供理由。一些涉产权的刑事申诉案件之所以发案，就是因为涉案行为与当初被违反的法律或者日后被证明失当的政策纠缠在一起，多年过去后，政策隐退或者弊端显现，司法机关以新的眼光审视当初根据政策实施的行为，进行新的评价。

2. 许多案件处于法律适用的模糊地带，容易引发争议

复杂的改革背景及任务，复杂的政策内容及其与法律的关系，再加上复杂的具体经济改革行为，使涉产权刑事申诉案件往往案情复杂，所涉及的问题处于法律适用的模糊地带，在罪与非罪的认定上较为困难，容易引发争议。[1] 例如，在经济体制改革的过程中，曾经存在这种情况：企业由个人和国有单位共同出资成立，个人经营管理，但工商登记注册时却将企业所有制性质登记为国有企业。企业发展壮大后，个人经营者希望国有资本退出，双方协商不成，产生矛盾，负责经营管理企业的个人将部分企业资产转为个人财产，对此类行为应当如何定性？一些经营者因此被认定犯贪污罪，这样定性是否正确？又如，在国有企业改制的过程中，一些参与改制的企业管理人员有意隐瞒部分国有资产，并将这部分国有资产用于改制后的企业的生产经营活动，没有私分给个人，但改制后的企业属于民营企业。对这种侵占国有资产的行为应当如何定性？有的司法机关将其定性为私分国有资产罪，这样定性是否正确？再如，民营企业在申报国债支持的技术改造项目时，为了图

---

〔1〕 这里，我们把那些完全由于权力的不正当干预而形成的错案排除在外，这种错案在法律适用上的错误往往十分明显，没有疑问，纠错的障碍来自权力的干扰，纠错的关键是排除权力的干扰。由于这类案件通常属于影响较为恶劣的典型错案，最高人民检察院在《通知》中明确要求，要重点审查利用公权力严重侵害公民、法人合法财产权和涉及民营企业产权相关案件。

简便,在征得审批部门同意的情况下,通过与其存在间接持股等关系的国有企业向国家主管部门递交了项目申报材料,伴随项目申报材料提交的企业基本情况表中有该民营企业系国有企业的内容。对这种申报国债资金支持的行为应当如何定性?有的司法机关将其定性为诈骗罪,对该民营企业的负责人追究刑事责任,这样定性是否正确?诸如此类的疑难问题,在涉产权刑事申诉案件中屡见不鲜,如果没有正确的法律适用原则和标准加以指导,司法人员没有科学的刑事司法观念,正在展开的涉产权刑事申诉案件的再审工作可能会遇到很大阻力。最高人民检察院在《通知》中要求各省级检察院刑事申诉检察部门要集中攻坚,联动发力,积极立案,督办、纠正一批涉产权冤错案件,推动涉产权冤错案件甄别纠正工作尽快取得突破,力争在2018年10月底前监督纠正一批案件,以纠错的实际行动取信于民。若案件甄别和纠正工作因为法律适用问题迟迟不能取得明显进展,涉产权刑事申诉案件办理工作的法律效果和社会效果难免大打折扣。

(二)涉产权刑事申诉案件法律适用中的政策把握问题

如前所述,涉产权刑事申诉案件的法律适用与政策密切相关,涉案行为通常是根据当时的政策实施的,它可能符合当时的政策却违反当时法律的具体规定,也可能在事后被证明是失当的。在这种情况下,正确判断涉案行为的性质,首先需要正确处理政策与法律的关系,并正确认识和把握当时的政策内容。

1. 经营者根据当时的国家政策实施的行为,即使与当时的法律相悖,也应当认定是正当的

政策与法律在一定历史时期可能发生冲突。例如,1993年11月14日,中共十四届中央委员会第三次全体会议通过了《中共中央关于建立社会主义市场经济体制若干问题的决定》,确立了要建立社会主义市场经济体制,使市场在国家宏观调控下对资源配置起基础性作用

的目标和任务。[1] 然而，此时我国《刑法》第117条还规定了投机倒把罪，工商管理法规还规定长途贩运、倒买倒卖行为属于投机倒把行为。这些法律法规的内容显然与新的市场经济政策是冲突的。当政策与法律发生冲突的时候，是执行政策还是遵守法律？

首先，要求经营者无条件地固守具体法条而不执行政策不具有期待可能性。在国家已经制定政策，经济体制改革势在必行的情况下，无论是地方政府，还是企业、个人等经济活动主体，都不可能拒绝改革。即使发布的政策与法律产生了冲突，或者某些经营者对政策有不同看法，也不能指望更无法要求他们拒绝按照政策的要求采取行动。在刑事司法中，只有在当时的具体情况下，存在期待行为人作出合法行为的可能性，才能够期待行为人形成实施适法行为的决意，并依法采取行动。[2] 既然普遍认为在国家已经出台改革新政策的情况下，无法期待经济活动主体拒绝政策的要求去固守旧有的法条，就没有理由对行为人按照国家政策实施的行为进行问责，即使该行为是违反法律的。

其次，从合理性和正当性的角度来看，也应当执行新政策而不固守旧法条。政策与法律有着各自独立，不可替代的优势。[3]《中共中央关于全面推进依法治国若干重大问题的决定》是这样对二者的功能进行定位的："发挥政策和法律的各自优势，促进党的政策和国家法律互联互动。"[4] 这实际上肯定了政策有其独立存在和运行的价值。依法治国的方略提出和推进了这么多年，之所以政策一直继续存在并且得到肯定，就是因为它具有法律所不具备的独特优势，需要有政策来弥补法律的不足。在改革开放年代和社会转型时期，尤其需要有内容上更与时俱进，制定程序更灵活的政策，来弥补法律在某些时候内容的滞后

---

〔1〕 参见《中共中央关于建立社会主义市场经济体制若干问题的决定》，载《求实》1993年第12期。

〔2〕 参见陈兴良：《期待可能性问题研究》，载《法律科学》2006年第3期。

〔3〕 参见李龙、李慧敏：《政策与法律的互补谐变关系探析》，载《理论与改革》2017年第1期。

〔4〕《中共中央关于全面推进依法治国若干重大问题的决定》，载《中国法学》2014年第6期。

和制定程序的刻板，从而更适应社会发展的需要。由于政策具有比法律更加灵活、更能与时俱进的特殊优势，在进行新一轮经济体制改革时，往往是通过制定政策来启动，通过落实政策来实现改革目标。此时，政策与法律的冲突，本质上是政策要建立的新经济秩序与法律保护的旧经济秩序的冲突。从合理性和正当性的角度来看，当旧经济秩序已经不能适应社会发展的需要，即将被更替的时候，即使维护它的法律尚未被正式废止，也可以停止适用。因此，在改革的大潮之下，执行新政策而不固守旧法律并无不当。

最后，执行政策而不固守法条在一定条件下并不违反法治原则。“法治的本质是实现国家正义。”[1] 国家正义通过约束权力、保障人权和促进社会进步来实现。因此，在法治原则之下，权力的行使必须依法，但为了保障人权和推动社会进步，在一定条件下可以超越法律采取行动。许多重要的社会进步和重大的理论创新，都是在一般公正观念的指引下，突破现有法律规定实现的。因此，法治原则并不排斥在某些特殊情况下，基于公正观念的指引而作出超越现行法律规定的决策。国家进行经济体制改革，旨在变革现有不合理体制，提升人权，推动社会进步，这就注定了它要突破现有法律约束。只要这种突破符合公平正义，旨在促进人权和社会发展，而不是用权力与民争利，就并不违反法治原则。

2. 根据当时的国家政策实施的行为，即使在事后被证明是失当的，也应当认定为正当

历史证明，国家政策也可能出现失误，或者在执行过程中发生偏差。由此可能导致根据政策实施的行为效果不理想甚至是负面的。例如，我国在20世纪初曾进行了一轮波及面很广的企业产权制度改革，其主要内容是对国有企业进行改制，将国有企业转变成民营企业或者混合所有制企业。按照当时政策的要求，必须对竞争行业的大量国有企业进行改制，实现国退民进。一些地方政府为了完成改制任务，要求

---

〔1〕 张恒山：《法治的本质与国家的正义》，载《法学研究》2007年第4期。

国有企业的经营管理者必须在一定时间内制定出改制方案。在改制过程中,准备出资购买企业的经营管理者与主管国有企业的地方政府可能存在讨价还价的行为,一些亏损的国有企业甚至可能以零价格转让。现在来看,在这一轮企业改制过程中存在一个较为普遍的问题,就是国有企业资产被贱卖,造成了国有资产流失,国家财产遭受损失。这样的后果显然是负面的。那么,应当如何评价企业产权制度改革过程中出资购买国有资产的经营者的行为?是否应当认为他们的行为是谋取了不正当利益,是无效的?

笔者认为,经营者按照当时的国家政策实施的行为,即使在事后被证明是失当的,造成了国有资产的流失,也应当认定为合法正当,而不能认为行为无效,或者行为人谋取了不正当利益。这是因为,对行为性质的评价,应当以行为时的规范,而不能以事后的规范为标准。"在一个法治社会,法律对于公民来说具有可预见性,从而体现法的安定性。"[1]因此,法治社会禁止适用事后法来评价行为。这样的规范适用原则同样适用于经济体制改革过程中经营者按照国家政策而实施的行为。只要经营者的行为在当时是国家政策所支持或者允许的,就是合法正当的,即使事后国家政策发生了变化,或者事后被证明对国有资产的保值增值不利,也不能改变对其行为的评价,更不能对行为进行重新评价。否则,国家政策的权威性、严肃性,党和政府的声誉,都会受到损害,得不偿失。

因此,在涉产权刑事申诉案件的审查甄别过程中,必须考虑涉案行为在当时的政策依据、时代背景,而不能用现在的法律法规来评价涉案行为。有的民营企业现在经营状况和经济效益良好,企业规模很大,但在改制时可能是个亏损企业,无人问津。不能因为企业现在值钱了,就认定当初贱卖了企业的国有资产,进而认为经营者在企业改制中谋取了不正当利益。

(三)涉产权刑事申诉案件法律适用中的刑法解释问题

涉产权刑事申诉案件的法律适用离不开解释刑法。近年来,在

---

〔1〕 陈兴良:《罪刑法定主义》,中国法制出版社 2010 年版,第 54 页。

客观主义刑法理论和实质解释论的影响下,刑事司法中存在明显的客观归罪现象,刑法解释则出现了类推解释现象,这都背离了罪刑法定原则的要求,需要引起警惕。在涉产权刑事申诉案件的审查甄别和法律适用过程中,应当恪守罪刑法定原则,严格限制通过扩张解释入罪。

1.尽可能将刑法条文的涵义限制在文理解释的范围内

"1997年修订刑法后,最高人民法院与最高人民检察院颁布司法解释的积极性明显提高。近年来,在上级司法机关针对法官、检察官制订的考核指标极不科学、下级司法工作人员的法律适用能力相对低下,没有司法解释几乎难以办案的背景下,'两高'颁布司法解释的件数越来越多,速度越来越快。"[1]"可以认为刑法的适用已经逐渐完全为'两高'司法解释的适用所取代,刑法在一定程度上被架空、被虚置,重新被束之高阁了。"[2]然而,制定刑法司法解释注定是一件吃力不讨好的工作。司法解释通常是对刑事司法中的法律适用疑难问题进行解答,给出定论。在此之前,对这些问题的看法通常都存在分歧。司法解释的出台,意味着肯定其中的一种观点,否定其他各种观点。这难免引起被否定者的不满和批评。因此,"两高"发布的刑法司法解释屡受诟病,批评、指责之声不绝于耳。尽管其中的许多批评只是一家之言,理由和结论均有可商榷之处,多数司法解释还是严格遵循了罪刑法定及罪责刑相适应原则,并不存在明显不当,但是,确实有部分司法解释已经超出了其功能范围,存在越权甚至违法的问题。这类司法解释对犯罪嫌疑人和被告人的权益构成了威胁,给刑事法治建设带来了负面影响。笔者认为,减少这种吃力不讨好局面发生的办法,是减少司法解释的发布频率,促使下级司法机关发挥其主观能动性,让司法人员自己认真学习、领会、把握刑法条文的含义,恪守罪刑法定原则。

多年来,由于刑法司法解释一直都是以扩张犯罪圈、扩大刑法的规

---

〔1〕 张明楷:《简评近年来的刑事司法解释》,载《清华法学》2014年第1期。

〔2〕 王祖书:《反思与前瞻:刑法司法解释的理性思考》,载《黑龙江省政法管理干部学院学报》2010年第3期。

制范围为其主要取向。许多涉产权刑事冤错案件的发生,都是由于错误的刑法解释理念的误导,超出刑法条文的含义对行为人进行定罪处罚。为了在涉产权刑事申诉案件的甄别纠正中正确适用刑法,首要任务应当是重树刑法解释原则和理念,明确要求司法机关在适用法律和解释法律时,尽可能将刑法条文的含义限制在文理解释的范围内,不允许轻易进行扩张解释。也就是说,要让刑法解释回归刑法立法原意。所谓立法原意,是指法律条文字面意思所包含的立法者的意思表示。[1] 刑法立法原意,“就是表现于具体的刑法条文之中的立法者的意图”。[2] “任何刑法立法活动都是有目的的,这就决定了刑法立法原意的客观存在。”法律解释应当遵循立法原意,这本应当是一个没有疑问的判断。但是,近年来在刑法学者那里,刑法司法解释应当遵循立法原意变成了一个充满争议、十分复杂的问题。在一些刑法学者看来,刑法立法原意无法探明,刑法司法解释根本不需要以刑法原本的意思为基础,而是要以法官认为值得追求的东西为基础。然而,离开立法原意来解释刑法,还是在解释刑法吗?还谈得上在遵守刑法规范吗?离开刑法立法原意来对被告人定罪,还是在遵循罪刑法定原则吗?显然,如果刑法解释离开了立法原意,它就没有遵守刑法的规定,所阐述的内容就不再是刑法的内容,而是在创制新的刑法规范。用这样的解释结论来入罪,无疑偏离了罪刑法定原则的要求。因此,对刑法的解释应当回归刑法立法原意。

让刑法解释回归刑法立法原意的重要步骤,就是要求司法机关对刑法条文的理解严格限制在文义解释的范围内。文义解释要求对刑法条文的含义从文理上进行解释。所谓从文理上进行解释,是指原则上应该以条文用语的字面通常含义进行解释,如果是涉及刑法专业概念的用语,就应该用特有的法律概念进行解释。刑法文本是立法者表达其立法意图的最直接的外在形式。原则上,刑法条文的字面通常含义

---

〔1〕 参见疏义红:《法律解释学实验教程——裁判解释原理与实验操作》,北京大学出版社2008年版,第139页。

〔2〕 赵秉志、王勇:《论对刑事立法原意的把握》,载《政法论坛》1990年第3期。

是什么,立法原意就是什么。因此,涉产权刑事申诉案件的法律适用,首先应当尽量对刑法条文的含义限定在文理解释的范围内。

2. 严格限制通过扩张解释对行为入罪

之所以要严格限制通过扩张解释对行为入罪,是因为扩张解释容易滑入类推解释的泥潭,从而导致对行为人进行类推定罪,背离罪刑法定原则。

虽然刑法学界普遍认为,扩张解释和类推解释存在本质区别,前者是可以允许的,后者是必须禁止的,但是,如何区分扩张解释和类推解释却一直是刑法解释中的一个难题,以至于有学者称区分类推适用与扩张解释"是刑法学永恒的课题"。[1] 为解决这一问题,学者们提出了很多建议,提供了很多标准。但是效果都不甚理想。例如,为了区分类推解释和扩张解释,我国刑法理论界引入了两个已经广受肯定的概念,即"文义射程"和"国民预测可能性"。所谓"文义射程",又称"可能文义"。引入这一概念,是为了划定扩张解释的边界。"文义射程说"认为,扩张解释应以法条文义的"射程"为限,"在文义射程之内者,为扩张解释。如所扩张之文义,非原有文义所能预测,已超出射程之外,则已不能为扩张解释,仅能为目的性扩张"。[2] 在法条文义的射程之内,有应当文义和可能文义之分,"扩张解释可以超出刑法规定用语的应当含义,但不能超出刑法规定用语的可能含义"。[3] 但是,什么样的解释还在刑法用语的可能含义之内,什么样的解释则超出了可能含义呢?这是一个难题。为了解决这个问题,学者们又提出了不少观点。总之,众说纷纭,莫衷一是,令人无所适从。

司法实务中,关于是扩张解释还是类推解释的纷争,主要表现为对某一事实能否为某一法条所涵盖各执己见。例如,根据《刑法》第 396 条第 1 款规定,国家机关、国有公司、企业、事业单位、人民团体,违反国家规定,以单位名义将国有资产集体私分给个人,数额较大的,构成私

---

〔1〕 张明楷:《实质解释论的再提倡》,载《中国法学》2010 年第 4 期。

〔2〕 杨仁寿:《法学方法论》,中国政法大学出版社 1999 年版,第 112 页。

〔3〕 李希慧:《刑法解释论》,中国人民公安大学出版社 1995 年版,第 112 页。

分国有资产罪。有人认为,将改制前的国有企业的资产侵占后用于改制后的民营企业的生产经营解释为“集体私分给个人”,属于扩张解释;另有人则认为,这样解释已经超出了法条的含义,属于类推解释。哪种观点更为可取,很费思量。国外情况也是如此。例如,日本的案例显示,将“盗窃电力”理解为“盗窃财物”,属于扩张解释;而在德国,对于相似的情况司法官却认为如此理解显然属于类推解释。[1] 学者们即便遵循相同的区分标准来评价解释的性质,也可能得出相反的结论。这不能不说是令人沮丧的事。有学者甚至认为类推解释与扩张解释无法区别,“类推解释和扩大解释之间并没有绝对的区别,在说明原理上二者甚至可以互换”。[2] “类推解释与扩张解释的区别是毫厘之差,其区别的标准其实也就是想法的不同。”[3]“类推解释就是与之相类似的‘扩张解释’。”[4]区分扩张解释与类推适用不过是“近代法治的一个美丽谎言”。[5]

尽管笔者认为有必要而且能够区分类推解释和扩张解释,但是,鉴于二者的区分确实十分困难,允许扩张解释的存在,很容易被人以扩张解释之名行类推定罪之实,因此,在涉产权刑事申诉案件的审查甄别中,应当尽量避免通过扩张解释来对涉案行为进行有罪认定。

(四)涉产权刑事申诉案件法律适用中的司法观念问题

涉产权冤错案件的发生,与过于注重对经济秩序的保护、有罪推定等存在偏颇之处甚至错误的司法观念不无关系,因此,转变司法观念对于顺利推进涉产权刑事申诉案件甄别纠正工作,正确适用法律具有重要意义。转变司法观念,应当从以下两方面着手:

---

〔1〕 参见王唯宁:《罪刑法定视野中的类推解释与扩张解释》,载《大连海事大学学报》(社会科学版)2015 年第 1 期。

〔2〕 黎宏:《“禁止类推解释”之质疑》,载《法学评论》2008 年第 5 期。

〔3〕 [日]木村龟二主编:《刑法学词典》,顾肖荣、郑树周等译校,上海翻译出版公司 1991 年版,第 83 页。

〔4〕 同上。

〔5〕 吴丙新:《扩张解释与类推解释之界分——近代法治的一个美丽谎言》,载《当代法学》2008 年第 6 期。

1. 保护市场经济秩序、保障经营者合法权益并重

发展市场经济必须坚持市场经济秩序与经营者合法权益双向保护。国家通过法律构建市场秩序，使市场经济主体能在一定的规则之下开展公平竞争，发挥自己的聪明才智，创造财富，促进社会发展。如果市场规则被破坏，竞争就会进入无序状态，最终可能导致市场经济的崩溃。因此，用刑法来规制破坏市场秩序的行为是必要的。同时，市场经济主体的活跃程度和参与竞争的积极性高低，对市场经济的发展同样重要，如果他们的合法权益得不到有效保障，他们的活力和积极性得不到提升，市场经济也难以得到发展。

受刑法是“刀把子”思维的影响，长期以来，刑事司法工作都存在重打击、重市场经济秩序保护、轻经营者合法权益保障的问题。公权力介入司法、动用刑事司法手段侵害私有产权、违法查封扣押冻结民营企业财产等问题较为严重。最高人民法院发布的首批涉保护产权案例中，“逾期未解除财物扣押案”较为典型地反映出了这方面的问题。在该案查处过程中，辽宁省公安厅扣押、调取了沈阳北鹏房地产开发有限公司（以下简称北鹏公司）100 余册财务文件，并扣押其人民币 2000 万元。此案经辽宁省本溪市中级人民法院审理，北鹏公司及其实际控制人、原法定代表人被以非法占用农用地罪定罪免刑。对前述扣押财物，刑事判决未作出认定和处理。判决生效后，北鹏公司申请辽宁省公安厅解除扣押、返还财物并赔偿损失。辽宁省公安厅逾期未作出处理决定，北鹏公司向公安部申请复议。公安部复议认为，北鹏公司的请求符合法定赔偿情形，遂责令辽宁省公安厅限期作出赔偿决定。辽宁省公安厅没有履行该决定。北鹏公司只好向最高人民法院赔偿委员会提出申请，请求由辽宁省公安厅解除扣押，返还财务文件和 2000 万元，赔偿利息损失 869 万余元。最高人民法院赔偿委员会审查决定，辽宁省公安厅向北鹏公司返还侦查期间扣押的 2000 万元人民币，并支付相应的

利息损失 83 万元。[1] 从该起案件中涉案单位被扣押财物艰难的返还历程,可见经营者合法权益保障观念亟待加强。

2. 彻底摒弃有罪推定,坚持疑罪从无

尽管有罪推定在制度上早已被废弃,但在观念上却还很有市场。一些司法工作人员仍在沿袭这一思路对待犯罪嫌疑人和被告人。有罪推定观念在涉产权刑事申诉案件中表现为非法取证痕迹明显,将企业经营不规范引发的问题按照刑事犯罪处理,在罪与非罪争议很大、界限不清的情况下认定犯罪嫌疑人和被告人有罪,将一般经济纠纷当作经济犯罪处理。涉产权刑事申诉案件甄别纠正工作要想取得显著进展和良好效果,司法工作人员必须彻底摒弃有罪推定观念,树立疑罪从无理念。唯有如此,在面对个案时,才能做到客观全面审查判断证据,恪守证据证明标准,正确适用法律,有效纠正错案。

三、刑法平等保护民营经济面临的三大问题[2]

对民营经济和国营经济[3]给予同等的刑法保护,这一命题早在十多年前就已经提出。其时代背景是我国于 2001 年加入世界贸易组织(以下简称 WTO)。在此背景下,我国刑法学界对包括民营经济在内的非国有经济的刑法平等保护问题展开研究。当时在理论上已经基本达成了共识,即在我国加入 WTO,并且确定要走市场经济道路的情况下,应当通过立法修改和完善,实现对民营经济的刑法平等保护。然而,十多年过去了,对民营经济给予刑法平等保护的事业基本上没有得到推进。在这期间,理论上出现了不宜对民营经济给予平等保护的观点,刑法中歧视民营经济的内容没有得到修改,刑事司法实务中损害民

---

〔1〕 参见孟亚旭、董鑫:《最高检:依法坚决纠正涉产权冤错案件 实行疑罪从无》,载 http://news.china.com/domestic/945/20180131/32028757_1.html,最后访问日期:2018 年 5 月 6 日。

〔2〕 此部分内容发表于《净月学刊》2017 年第 4 期,作者赵秉志、左坚卫。

〔3〕 从逻辑上看,民营经济属于非公有制经济的组成部分,国营经济属于公有制经济的组成部分,因此,当我们说对公有制经济与非公有制经济予以刑法平等保护的时候,实际上也是在说对民营经济和国营经济给予刑法平等保护。在本部分内容中,基于尊重参考文献的考虑,这两种表述都会用到。——作者注

营企业合法权益的情况屡见不鲜。这不利于我国国民经济的健康发展，需要进行反思和检讨。

(一)对刑法应当平等保护民营经济的理论准备不足

尽管刑法理论界多数人认为刑法应当平等保护民营经济，但对于刑法为何要平等保护民营经济，论证并不充分。这为具体落实这一目标埋下了理论隐患，以致不但在立法上未能修改刑法中对民营经济的不平等保护条款，在理论上还出现了反对刑法平等保护民营经济的观点。归纳起来看，关于刑法平等保护民营经济的理论准备不足主要体现在以下两个方面：

1. 正面论证刑法为何要平等保护民营经济不充分

也许是由于计划经济时代思维定式的影响，或者是认为在我国已经加入 WTO 的情况下，对国营企业与民营企业给予平等的刑法保护已经成为一件顺理成章的事情，学者们并没有将重点放在对这一结论的合理性，亦即为什么刑法要平等保护民营经济的论证上，而是偏重分析现行刑法对民营经济的保护存在的缺陷、刑法对国营经济和民营经济的差别性保护的不合理性以及由此带来的消极影响。例如，早期发表的关于对民营企业予以刑法平等保护的文章，重点都放在了梳理刑法对公有制经济和非公有制经济实行差别保护的现状和立法完善方面，对于为何应当对二者实行平等保护，则仅从某个侧面加以论述，[1]或者仅作较为简略的论述。[2]

尽管后来学者们加强了对为何应当给予民营经济刑法上的平等保护的论证，但其不足之处还是比较明显，突出体现在不少学者把加强对民营经济的刑法保护与刑法平等保护民营经济两个不同的命题混为一谈。具体而言，这些不足主要体现在以下几个方面：

第一，认为我国宪法已经确立了平等保护非公有经济的立场。例

---

〔1〕 参见张天虹：《论刑法对公有、非公有经济的平等保护》，载《山西大学学报》2004年第3期。

〔2〕 参见徐建峰：《强化对非公有制经济的刑法平等保护》，载《黑龙江省政法管理干部学院学报》2004年第6期。

如,有学者认为:"中国的根本大法宪法对非公有制经济和公有制经济是平等保护,不歧视,不偏私的。"〔1〕可是,其得出该结论的依据却是宪法对非公有制经济的地位不断提升,保护力度不断加大。我们认为,该结论与根据都是不能成立的,与宪法目前的规定不符。对此,我们将在下文(二)中详加分析。

第二,认为刑法基本原则要求对民营经济给予刑法平等保护。例如,有学者认为,我国《刑法》第4条规定的刑法面前人人平等的基本原则要求刑法对非公有经济给予平等保护。〔2〕然而,《刑法》第4条的具体内容是:"任何人犯罪,在适用法律上一律平等,不允许任何人有超越法律的特权。"显然,该条规定的是适用刑法人人平等,而不是任何犯罪主体在立法上一律平等,也不包含对不同法益在立法上应当平等保护的含义。因此,从《刑法》第4条并不能得出对民营经济应当给予刑法平等保护的结论。另有学者认为,《刑法》第5条规定的罪责刑相适应原则也要求刑法平等保护民营经济。〔3〕然而,在没有确定对民营企业与国营企业的权益应当给予刑法平等保护之前,以罪责刑相适应原则来论证这一结论,显然缺乏实体性基础,属于循环论证。

第三,认为民营企业地位的不断提升是刑法对其平等保护的理由。〔4〕这种观点存在的问题是,混淆了民营经济在国家经济结构中所处地位、所起作用与其法律地位平等两个不同性质的概念。按照这种观点的逻辑,当民营经济在国民经济中所占的比重还不高、所起作用还不大时,就可以让其继续处于与国营经济法律地位不平等的状态;而如果将来民营经济在国民经济中所占比重、所起作用超过了国营经济,则

---

〔1〕李永升、叶静:《国有与私营企业刑法平等保护论纲》,载《经济研究导刊》2012年第19期。

〔2〕卢建平、陈宝友:《应加强刑法对非公有制经济的保护》,载《法学家》2005年第3期。

〔3〕李永升、叶静:《国有与私营企业刑法平等保护论纲》,载《经济研究导刊》2012年第19期。

〔4〕王志祥、柯明:《刑法对国有企业和民营企业财产应当予以平等保护》,载《河南警察学院学报》2016年第3期。

其法律地位也可以反过来超过国营经济。这显然是不可接受的。民营经济在国民经济中所处地位的高低、所起作用的大小,与其是否应当受到刑法平等保护,是并不直接关联的两个问题。对此,全国人大常委会副委员长王兆国同志早已代表国家最高立法机关作出了表态,他指出:“平等保护不是说不同所有制经济在国民经济中的地位和作用是相同的。”[1]法律是否应当平等保护民营经济,遵循的是另外的逻辑。因此,民营经济在国民经济中的地位和作用即使要低于国营经济,也同样可以甚至应当受到刑法的平等保护。

第四,一方面认为刑法对民营经济和国营经济应当平等保护,另一方面又认为对侵害民营企业和国有企业的相同法益(如财产所用权)的同种类型行为,可以甚至应当异罪异罚。这种观点认为,应当以犯罪所侵犯的客体及其所体现的社会危害性为标准来判断应当给予何种程度的保护。[2] 这种配刑标准是可取的,但是,持这种观点的学者没有认识到侵害民营经济和国营经济利益的行为,以及针对民营经济和国营经济的侵占、受贿等腐败行为,其社会危害性已经随着经济体制的改革而发生变化,仍然在用旧的眼光看待新的事物,也是不妥的。

2. 部分学者认为刑法对民营经济应当实行差别保护

对刑法为何要平等保护民营经济的正面论证不够充分,导致理论对实践的指导作用大大弱化,同时还促成了相反观点的出现。这种观点认为,刑法对民营经济就应当实行有别于国营经济的保护。其理由主要是:(1)公有制企业因其公共性而不同于非公有制企业;(2)宪法无论是在条文的表述上,还是在立法内在精神上,都体现出优先保护公有制经济的立场;(3)从现行刑法中对侵害国营经济和民营经济行为的出入罪标准的设定来看,对国营经济和民营经济业应当实行不平等保护,这是由这两种行为的社会危害性大小有所不同决定的;(4)我国

[1] 王兆国:《关于〈中华人民共和国物权法(草案)〉的说明》,载《人民日报》2007年3月9日。

[2] 莫洪宪、郭玉川:《论刑法对非国有经济的保护——谈平等保护与区别保护的冲突与协调》,载《湖北社会科学》2008年第2期。

属于社会主义国家,公有制经济控制着国家经济命脉,这就决定了非公有制经济不可能得到与公有制经济相同的刑法保护。[1] 因此,对公有制经济和非公有制经济实行区别保护既是罪刑均衡原则的要求,又反映了人民群众的利益和价值取向,因而是合理的。[2]

否定刑法应当平等保护民营经济的观点存在三个问题。第一,将立法现状与立法改革目标混为一谈。宪法和刑法的现有规定与立法改革需要实现的目标是两回事。前者是实然,后者是应然。根据现行宪法和刑法规定不能得出的结论,从合理性层面考量并非不可行。如果现行宪法和刑法规定不能得出刑法应当平等保护民营经济的结论,但从合理性层面考量,刑法应当平等保护民营经济,那么,进行立法改革,在立法上确立这一原则,就是宪法和刑法以及其他法律接下来需要作出的突破。因此,基于宪法和刑法目前的规定来否认刑法应当平等保护民营经济,显然把应然和实然、现状和目标混为一谈了。第二,将民营经济在国民经济发展中的占比地位和支撑作用与民营经济的法律地位混为一谈。民营经济在国民经济中所占比重,所发挥的作用,这是一个经济学问题,它受制于国民经济发展战略。民营经济是否应当受刑法平等保护,这是一个法学问题,它受制于法律制度、国家政策。两者不具有同一性。只有在法律上确立了其平等地位,才能实现刑法对民营经济的平等保护。否则,即使民营经济在国民经济中所占比重、所发挥的作用超过国营经济,它在法律上的地位仍然可能不如后者。第三,没有看到经济体制改革和时代变迁对于实现刑法平等保护民营经济的影响。不可否认,我国宪法对于公有和民营经济的基本态度曾经是区别保护,刑法区别对待公有和非公有经济也曾具有合理性。[3] 但是,这只是在一定历史时期,比如计划经济时代、有计划的商品经济时代能

---

〔1〕 参见王晓明:《为刑法中的公有制、民营经济不平等保护正名》,载《湖南科技学院学报》2010 年第 5 期。

〔2〕 参见林卫星、李丽:《我国刑法对民营经济区别保护的原因探析——兼评平等保护》,载《政法论丛》2007 年第 2 期。

〔3〕 参见黄利红、王成明:《对公有和非公有经济刑法平等保护的再思考》,载《黄石理工学院学报》(人文社会科学版)2011 年第 2 期。

够成立的命题。那时,决定资源分配的不是市场,而是政府;不同经济活动主体的法律地位是不平等的,有的主体甚至被排除在经济活动之外。如果在这样的时代背景下,谈刑法平等保护民营经济,显然是不合时宜的,也是缺乏经济基础的。但是,在我国已经决定全面发展市场经济,并且正式加入 WTO 之后,仍然拒绝承认不同所有制经济活动主体的平等法律地位,拒绝对它们给予平等法律保护,则同样是不合时宜,不符合经济基础的要求的。

我们认为,当前无论是从经济体制上看,还是从我国加入的国际组织的要求以及现行党和国家政策层面看,均要求对民营企业给予刑法平等保护,这主要是基于以下三方面的理由:

第一,市场经济体制的要求刑法平等保护民营经济。我国在 1993 年党的十四大上,即确立了发展社会主义市场经济的战略目标。市场经济要求市场对资源配置发挥基础性或者决定性作用,各市场经济主体应当公平竞争,受到平等保护,最终实现优胜劣汰。所谓使市场对资源配置发挥基础性或者决定性作用,意味着资源向哪个方向流动,流向哪个市场主体,不再是由政府决定,而是由市场决定。所谓公平竞争,是指竞争者之间所进行的比拼是公开、平等、公正的。市场配置资源以及公平竞争必然要求法律对所有市场活动主体一视同仁,给予平等保护。竞争不平等,人为阻滞资源按照市场规律进行配置,就不可能建立市场经济。因此,刑法平等保护民营经济,是市场经济的必然要求。

第二,WTO 的规定要求刑法平等保护民营经济。2001 年,我国正式成为 WTO 的第 143 个成员国。WTO 中的《关税与贸易总协定》《服务贸易总协定》《关贸总协定乌拉圭回合政府采购协议》《中国入世议定书》等协定、协议中,均体现了非歧视原则,该原则要求各成员国平等对待外国和本国的贸易活动主体和客体,实施非歧视待遇。[1] 既然对国外贸易主体都要平等对待,对国内包括民营经济在内的经济活动

〔1〕 参见刘东方:《从 WTO 非歧视原则具体规定看培育我国统一大市场的国内法建设》,载《中国市场》2015 年第 2 期。

主体更应当平等对待。

第三，党中央、国务院有关政策性文件规定要求刑法平等保护民营经济。1993年《中共中央关于建立社会主义市场经济体制若干问题的决定》规定："国家要为各种所有制经济平等参与市场竞争创造条件，对各类企业一视同仁。"[1]2003年《中共中央关于完善社会主义市场经济体制若干问题的决定》中，四次提到"公平竞争"，明确提出要让部分国有企业"在市场公平竞争中优胜劣汰"，要"废止妨碍公平竞争"的规定，"保障所有市场主体的平等法律地位和发展权利"。[2] 2005年国务院《关于鼓励支持和引导个体私营等民营经济发展的若干意见》（著名的"非公经济36条"）规定，要"消除影响民营经济发展的体制性障碍，确立平等的市场主体地位，实现公平竞争。"[3]2014年《中共中央关于全面推进依法治国若干重大问题的决定》规定，要"使市场在资源配置中起决定性作用"，"健全以公平为核心原则的产权保护制度，加强对各种所有制经济组织和自然人财产权的保护，清理有违公平的法律法规条款"，"维护公平竞争的市场秩序。"[4]2016年《中共中央国务院关于完善产权保护制度依法保护产权的意见》中六次提到"平等保护"，明确指出"公有制经济财产权不可侵犯，非公有制经济财产权同样不可侵犯"，要"完善平等保护产权的法律制度"，"清理有违公平的法律法规条款，将平等保护作为规范财产关系的基本原则"。[5] 在1993～2016年长达23年的时间里，党中央、国务院的政策性文件中，反复申明对民营经济要一视同仁，要保障它们的平等法律地位，要实现

---

〔1〕《中共中央关于建立社会主义市场经济体制若干问题的决定》，载《求实》1993年第12期。

〔2〕《中共中央关于完善社会主义市场经济体制若干问题的决定》，载《学习导报》2003年第11期。

〔3〕《国务院关于鼓励支持和引导个体私营等非公有制经济发展的若干意见》，载《司法业务文选》2005年第12期。

〔4〕《中共中央关于全面推进依法治国若干重大问题的决定》，载《中国法学》2014年第6期。

〔5〕《中共中央国务院关于完善产权保护制度依法保护产权的意见》，载《人民法院报》2016年11月28日。

它们与国营经济的公平竞争,对它们进行平等保护,其政策取向可以说一目了然、毋庸置疑。这些政策性文件的内容共同昭示着我国计划经济时代遗留下来的歧视民营经济的政策和做法应当彻底转向,民营经济应当与国营经济站在同一起跑线上,受到包括刑法在内的法律的平等保护,成为与国营经济享有同等法律地位的市场主体。

(二)刑法平等保护民营经济的法律障碍

尽管无论是从我国社会主义市场经济体制的要求来看,还是从WTO的规定以及党中央、国务院有关政策性文件的内容来看,都应当实现对民营经济的刑法平等保护,但是,现行法律,特别是刑法的有关规定,不但没有对民营经济予以平等保护,反而成了刑法平等保护民营经济的障碍。[1]

1. 现行宪法的规定对刑法平等保护民营经济的影响

前文提及,不少学者认为,我国现行宪法在经过1993年、1999年和2004年三次修改后,已经消除了对民营企业的不平等待遇,实现了对民营企业的平等保护。他们这么认为的主要理由是:第一,法律面前人人平等是我国宪法的基本原则,根据该原则,应当对民营经济给予刑法平等保护。[2] 第二,1999年的宪法修正案规定:"个体经济、私营经济等非公有制经济,是社会主义市场经济的重要组成部分。国家保护个体经济、私营经济的合法的权利和利益。"[3]第三,2004年的宪法修正案进一步加大了对包括民营经济在内的非公有制经济的保护力度。[4] 然而,法律面前人人平等这一宪法原则并不能必然导出对民营

---

〔1〕 唯一明确表达了民营经济应当得到法律平等保护立场的重要基本法律,是2007年3月16日第十届全国人民代表大会第五次会议通过的《中华人民共和国物权法》,该法第3条第3款规定:"国家实行社会主义市场经济,保障一切市场主体的平等法律地位和发展权利。"遗憾的是,宪法和刑法并没有跟进。——作者注

〔2〕 参见祁若冰、单华东:《刑法平等保护公私财产的理性思考》,载《法律适用》2010年第10期。

〔3〕 赖早兴、熊春明:《平等保护:刑法中的国有企业与非国有企业》,载《商业研究》2006年第8期。

〔4〕 参见尹宁、张永强:《论刑法对私营企业财产权的平等保护》,载《西南政法大学学报》2016年第2期。

经济和国营经济应当给予刑法平等保护的结论。《宪法》第 33 条规定的法律面前人人平等原则,就立法而言,指的是“法律的实体内容符合平等的原则”。[1] 为了追求实质上的平等,“立法平等并不排斥立法上区别对待。”[2] 例如,我国刑法对未成年人、怀孕妇女均规定了不适用死刑等特殊保护制度,这并不违背法律面前人人平等的宪法原则,反而是在实质上实现该原则所必须的。基于同样的道理,如果对国营经济实行特殊保护确实更有利于维护大多数人的权益,那么,对民营经济与国营经济实行差别保护在实质也是符合法律面前人人平等这一宪法原则的。可见,认为法律面前人人平等这一宪法原则当然要求对民营经济和国营经济给予刑法上平等保护的观点,并没有真正理解该宪法原则的含义,难以成立。认为 1999 年及 2004 年宪法修正案不断加大对民营经济的保护力度,因而实现了对民营经济的平等保护的观点,则是把经济地位与法律地位两个性质不同的问题混为一谈,同样不具有说服力。

实际上,唯一能引申出刑法应当平等保护民营经济的宪法内容,是 1993 年宪法修正案第 7 条的规定:“国家实行社会主义市场经济。”正如王兆国同志在《关于〈中华人民共和国物权法(草案)〉的说明》中所指出:“公平竞争、平等保护、优胜劣汰是市场经济的基本法则。在社会主义市场经济条件下,各种所有制经济形成的市场主体都在统一的市场上运作并发生相互关系,各种市场主体都处于平等地位,享有相同权利,遵守相同规则,承担相同责任。如果对各种市场主体不给予平等保护,解决纠纷的办法、承担的法律责任不一样,就不可能发展社会主义市场经济。”[3] 因此,宪法确立了国家实行社会主义市场经济的发展战略,实际上就已经蕴含了应当给予民营经济刑法平等保护的精神。

---

〔1〕 潘盛洲:《全面推进依法治国必须坚持法律面前人人平等》,载《人民日报》2014 年 11 月 21 日。

〔2〕 朱力宇、化国宇:《“法律面前人人平等”应涵盖立法平等》,载《求实》2012 年第 7 期。

〔3〕 王兆国:《关于〈中华人民共和国物权法(草案)〉的说明》,载《人民日报》2007 年 3 月 9 日。

2. 现行刑法对民营经济和国营经济的差别保护

不可否认,近年来,我国刑法确实通过多种形式,不断加强对包括民营经济在内的非公有制经济的保护,具体可以概括为以下几个方面:第一,在刑法总则中明确规定了保护民营经济财产的内容。例如,《刑法》第 2 条规定了刑法的任务之一是保护公民私人所有的财产;第 92 条对公民私人所有的财产进行了详细规定,将个体户和私营企业的合法财产也包含在内。第二,在刑法分则中设置了许多对公私财产予以同等保护的罪名。如《刑法》分则第五章侵犯财产罪中的抢劫罪、盗窃罪、诈骗罪、抢夺罪的犯罪对象就不分公私,同等对待。第三,在刑法分则中规定增设了不少保护民营经济财产权的罪名。例如,1997 年《刑法》分则第三章第七节的侵犯知识产权罪,可以说重点在于保护包括民营经济在内的非公有制经济的产权。《刑法》分则第五章侵犯财产罪中的职务侵占罪、挪用资金罪,旨在保护民营经济等非公有制经济的财产权,该章中的侵占罪,重点也在于保护非公有财产。这些罪名都是 1979 年《刑法》所没有的,主要保护对象都是包括民营经济在内的非公有财产。在陆续颁布的多个刑法修正案中,也增设了若干保护民营经济权益的罪名,如隐匿、故意销毁会计凭证、会计账簿、财务会计报告罪、背信运用受托财产罪、背信运用资金罪、拒不支付劳动报酬罪。第四,修改了某些罪名,对民营经济与国营经济进行同等保护。例如,将原来的破坏集体生产罪修改为破坏生产经营罪,将破坏不同所有制经济生产经营的行为均纳入惩治范围。第五,通过发布刑法立法及司法解释,加强对民营经济的保护。例如,全国人大常委会法工委曾专门就隐匿、故意销毁会计凭证、会计账簿、财务会计报告罪的主体范围进行解释,明确指出该罪的犯罪主体包括任何单位、个人,从而实现了对民营经济的平等保护。最高人民法院、最高人民检察院更是发布了大量惩治经济犯罪方面的司法解释,切实加强对民营经济权益的刑法保护。

然而,尽管如此,我们还是应当关注到,刑法并没有全面实现对民营经济的平等保护,至今在许多方面,刑法对民营经济实行的还是有失公平的差别保护甚至保护缺失。这主要体现在以下两个方面:

第一,刑法总则对民营经济权益的保护立场不够明确。尽管《刑法》总则第92条将个体户和私营企业的合法财产解释进了公民私人所有的财产当中,但是,民营经济并不限于个体户和私营企业,还包括中外合资企业、混合制企业,这些企业及其权益保护在刑法总则中没有得到体现。

第二,某些立法,只惩治侵害国有经济利益的行为,对侵害民营经济利益的同类行为却不予规制。例如,《刑法》第165条到第169条规定的非法经营同类营业罪,为亲友非法牟利罪,签订、履行合同失职被骗罪,国有公司、企业、事业单位人员失职罪,国有公司、企业、事业单位人员滥用职权罪,徇私舞弊低价折股、出售国有资产罪,都旨在保护国有公司、企业、事业单位的财产和利益,民营经济这方面的利益,则得不到刑法的保护。而在经济活动中,通过上述行为损害民营经济合法权益的情况同样存在。有学者认为,统计资料显示《刑法》第165条至第168条规定的犯罪在民营经济中并没有发生过,说明这类行为没有严重的社会危害性,无须入罪。而且,对民营经济也规定非法经营同类营业罪和为亲友非法牟利罪,与中国的传统文化背离甚远。[1] 我们认为,既然刑法没有将损害民营经济利益的这类行为犯罪化,它们当然不会出现在犯罪统计资料中,而且,即使这类行为没有统计到,原因也是多方面的,并不能得出其社会危害性不严重的结论。一个明显的事实是,这类行为对民营经济和国营经济的利益具有同样的危害性。既然如此,刑法就没有理由只将损害国营经济的这类行为犯罪化,而将损害民营经济的这类行为非罪化。又如,集体私分国有资产的行为会被定罪处罚,集体私分民营经济资产的行为,却得不到刑法的制裁。甚至有人认为私分民营经济资产的情形根本就不会发生,发生了也没有多大是社会危害性,用不着刑法来调整。[2] 我们认为,在股份制民营企业、

〔1〕 参见王晓明:《为刑法中的公有制、民营经济不平等保护正名》,载《湖南科技学院学报》2010年第5期。

〔2〕 参见莫洪宪、郭玉川:《论刑法对非国有经济的保护——谈平等保护与区别保护的冲突与协调》,载《湖北社会科学》2008年第2期。

全员持股企业以及混合制经济中,同样可能出现以单位名义将单位资产私分给个人、掏空企业的行为。因此,对于集体私分民营经济资产的行为,同样应当定罪处罚。

第三,对侵害客体相同、表现形式相同的行为,按侵害的对象是民营经济还是国营经济区别对待,配置相差悬殊的法定刑。对于客观方面表现形式相同的危害行为,刑法有时仅仅因为侵害的对象存在公有和非公有之分,或者主体归属单位的不同,就规定为不同的罪名,在刑罚的配置上也给予明显的区别对待,体现出对公有财产和非公有财产的不平等保护,对民营经济进行明显的歧视。例如,贪污罪与职务侵占罪、挪用公款罪与挪用资金罪、受贿罪与非国家工作人员受贿罪等立法,都存在这方面的问题。有学者认为,对于不同所有制经济主体的工作人员利用职务之便实施的非法占有单位财物、受贿、挪用公款(资金)行为,就应该异罪异罚。理由是国有经济单位的工作人员实施上述行为,不仅侵害了单位的财产所有权,而且侵害了国家工作人员的职务廉洁性,而非国有经济单位的工作人员实施的上述行为,仅仅侵害了单位的财产所有权或者使用权。[1] 即使后者也侵害了公司、企业工作人员的职务廉洁性,其危害程度与前者也是不可同日而语的。[2] 然而,我国于2005年加入的《联合国反腐败公约》已经不但将私营部门中的贿赂行为规定为腐败犯罪,[3]而且将这些部门中的贪污行为也规定为腐败犯罪。[4] 许多国家刑法中的贪污罪的犯罪对象都既包括公共财物也包括私人财物。[5] 我国既然已经加入了联合国反腐败公约,就应当遵守公约规定,将民营经济中的贪污、受贿等职务犯罪行为也视

---

〔1〕 参见林卫星、李丽:《我国刑法对民营经济区别保护的原因探析——兼评平等保护》,载《政法论丛》2007年第2期。

〔2〕 参见莫洪宪、郭玉川:《论刑法对非国有经济的保护——谈平等保护与区别保护的冲突与协调》,载《湖北社会科学》2008年第2期。

〔3〕 参见赵秉志主编:《反腐败法治建设的国际视野》,法律出版社2008年版,第327~328页。

〔4〕 参见张蓉:《非公有经济的刑法平等保护——以贪污罪立法为视角》,载《现代法学》2006年第4期。

〔5〕 同上。

为腐败犯罪。这样，民营经济和国营经济中的贪污、受贿行为所侵犯的客体的数量和重要性就没有明显差别，二者的社会危害性也没有明显差别。刑法没有理由再将二者分别定罪，配置相差悬殊的法定刑。而且，正如有专家所指出，刑法这种区别对待的规定不但导致对民营经济的保护不平等，而且导致了贪污罪、挪用公款罪构成要件的混乱。[1]因此，我们倾向赞同有的学者所提出的以下建议：对贪污罪、受贿罪、挪用公款罪的犯罪主体进行限缩，在职务侵占罪，公司、企业人员受贿罪，挪用资金罪中则不区分国有和非国有单位，以体现对民营经济和国营经济的平等保护。[2]

显然，要想实现对民营经济的刑法平等保护，修改和补充宪法的对国营经济和民营经济法律地位的有关规定，以及修改或者废除刑法中对民营经济不平等保护的规定，补充完善保护民营经济的规定势在必行。如果我们继续坚持社会主义社会的本质决定了宪法对国营经济和民营经济的法律地位和保护政策必须采取区别对待的立场，那么，在刑法上就难以实现对民营经济和国营经济的平等保护。

（三）民营经济刑法平等保护的司法困境

理论的混乱、立法的缺陷以及计划经济时代遗留下来的“厚公薄私”的思维定式，难免影响司法人员，给刑事司法中落实对民营经济的刑法平等保护带来阻碍。近年来，民营经济在刑事司法中不但没有得到平等保护，而且受到歧视。在刑事诉讼中对国有企业和民营企业区别对待，利用公权力滥用刑事手段侵害民营企业的产权，违法查封扣押冻结民营企业财产等违法犯罪现象时有发生。这些违法犯罪现象挫伤了非公有经济发展的积极性，阻碍了我国经济的正常发展，甚至引发民营资本向海外转移，破坏了国家鼓励、支持及引导民营经济发展的大政方针。具体而言，表现为以下几种情况：

---

〔1〕 参见张军：《对非公有制经济应该实行平等的刑法保护》，载《法制日报》2007 年 9 月 16 日。

〔2〕 参见李邦友：《对非公有制经济刑法平等保护的思考》，载《人民检察》2006 年第 23 期。

1. 对民营经济权益受侵害有案不立,推诿搪塞

在刑事司法实务中,经常出现非公有财产的受害人报案不予受理,受理后无人负责,案件一拖再拖,最后不了了之的情况。例如,有一家房地产开发公司的两个股东因利润分配问题产生纠纷。控股股东兼公司董事长和总经理甲在将房屋全部销售一空后,竟然告诉另一股东乙,说经营亏损没有利润可分。而乙所担任的公司财务总监所拥有的查账职权早已被甲非法剥夺,连公司的大门都无法进入,更不用说查账。在这种情况下,乙先是打民事官司,要求核账,法院不予受理。乙想尽办法好不容易收集了甲虚报工程成本、隐瞒房屋销售收入的证据,向公安机关控告甲涉嫌职务侵占罪,公安机关却以证据不足、事实不存在为理由拒绝立案。致使乙只能眼睁睁地看着房屋销售一空,自己却一无所获。试想,如果是一个国有企业遭受乙这样的对待,甲还能这样逍遥法外吗?

2. 违法立案和追诉民营企业负责人

民营经济遭受的司法不公除了有案不立、被侵害的合法权益得不到保护和恢复,还包括被违法立案。司法实务中,一些不法商人与权力结盟,利用公权力介入经济纠纷,非法追究民营企业负责人的刑事责任。近年来,违法采用刑法手段追诉民营企业所有人、投资人、管理人的情况时有发生,甚至产生了一些这方面的冤错案件。一些民营企业家,就因为在经营过程中挂靠了国有企业,成为所谓的红顶商人,企业发展起来后,政府中有人眼红,企图利益均沾,当遭到民营经济的抵制时,便可能演变成刑事案件。例如,某大型家具制造企业,早期由冯某借款340万元人民币组建而成,后来,该公司成为股份制试点企业,经历向社会公开发行社会公众股和增资扩股,总股本不断增加,最后公司重组成立集团家具股份有限公司,在深交所挂牌上市。从该公司的最初资金来源,以及此后增资扩股资金来源就可以清楚地看到,该企业实际上并不存在国有股份。然而,当地政府和司法机关却认定,冯某在未经有关部门许可,也没进行资产评估的情况下,串通个别人,非法将集团公司所有制性质由国有变更为集体,然后通过采取挂名股东的方式,

将各企业股权经多次转让，非法将有效资产的控股权变到个人控股公司名下。最终认定冯某贪污国有控股公司股权合 7.9 亿元人民币，伙同他人共同贪污国有控股公司股权合 7988 万余元人民币，贪污公司财产 1100 余万元人民币，以犯贪污罪，判处冯某死刑，缓期 2 年执行，并没收个人全部财产。非法对民营企业负责人进行刑事追诉在某些时候、某些地方，甚至形成了一种势头，民营企业家收到追诉或者威胁。

3. 在刑事诉讼中非法占有、处置、毁坏民营企业的财产

在刑事诉讼中，有关司法机关对其查封、扣押、冻结的财产应当妥善保管，不得查封、扣押、冻结与案件无关的财产，这都有法律的明确规定。然而，司法实践中，存在公安机关等办案单位非法或者超范围查封、扣押、冻结民营企业的财产，非法占有、处置、毁坏被查封、扣押、冻结的民营企业的财产的情况。例如，吉林商人于润龙于 2002 年因携带黄金被吉林市公安局拦截，46 公斤黄金被上缴罚没。此后不久，国家政策调整，个人收购、买卖黄金行为不再构成非法经营罪，检察机关也认定他的行为不构成犯罪。然而，他被扣押的黄金却不知所踪，多次讨要均未果。更有甚者，2012 年 8 月，于润龙又因“非法经营罪”再度被抓，2013 年 7 月被判决无罪。其间，他被查扣的黄金始终未能退还给他。直至 2015 年 5 月 19 日，于润龙才在银行完成国家赔偿交接手续，取回 45, 860 克黄金。[1] 于润龙还算是幸运的，虽然历经 13 年，毕竟被扣的黄金最终还是赔还给了他。有的民营企业就没有这么幸运了。他们被非法查封、扣押、冻结的财产不翼而飞，直到案件彻底结束，人也刑满释放，这些财产都无法返还。例如，北京某大型连锁商业控股集团，因为某种原因卷入刑事诉讼，一千多万元的资金被直接从关联公司账上划走，不知所踪，这笔钱在案卷中根本没有得到体现。

4. 在刑事诉讼中只追究民营企业，放纵国有企业的违法犯罪活动

由于国家长期以来都对国有经济予以特殊保护，加之宪法对国营

---

〔1〕 参见东北网:《吉林商人 92 斤黄金被警方没收　追讨 13 年终获赔》，载 http://legal.dbw.cn/system/2015/05/25/056528724.shtml，最后访问日期:2017 年 4 月 6 日。

经济和民营经济也采取区别对待的态度，一些政府部门领导及司法人员多少都存在对非公有经济的歧视心态。在这种心态的影响下，在具体刑事诉讼活动中会出现只追究民营企业的刑事责任、放纵国有企业的相同行为的不正常现象。例如，在严厉打击虚开增值税专用发票和骗取出口退税犯罪的过程中，有的司法机关明明已经查到了国有企业参与犯罪的事实，却视而不见，根本不纳入立案侦查范围。而对于民营企业的虚开增值税专用发票行为，即便不是以骗取税款为目的，也是照抓不误，根本不考虑行为是否具有实质上的社会危害性。由此导致出现这样的怪现象：一方面，将民营企业的某些不具有社会危害性的虚开增值税专用发票行为不适当地纳入了刑法打击的范围，给民营经济的发展造成不必要的伤害；另一方面，又放纵了某些国有企业的具有实质社会危害性的虚开增值税专用发票行为。在查处骗取出口退税罪的过程中，也存在类似情形。例如，同样是购买小微企业制造的服装，以本公司的名义对外出口，然后向国家税务机关申请出口退税，对于民营企业，是以骗取出口退税罪定罪处罚，对于国有企业，却不闻不问。

鉴于民营企业遭受歧视甚至非法刑事追究，民营经济的产权遭受非法侵犯，民营企业家的发展信心遭受严重挫伤，中央全面深化改革领导小组第二十七次会议于 2016 年 8 月 30 日召开，会议审议通过了《关于完善产权保护制度依法保护产权的意见》，对完善产权保护制度、推进产权保护法治化有关工作进行了全面部署。该意见明确提出要加大对非公有财产的刑法保护力度。我们相信，对中国民营经济的刑法平等保护原则在历经挫折后，必将建立起来。

四、现代企业制度对防控企业刑事风险的价值〔1〕

从 1993 年中共十四届三中全会决定在国有企业要建立现代企业制度至今，已经过去二十多年。现代企业制度所要求的“产权清晰、责权明确、政企分开、管理科学”中的大部分内容在法律上已经确定下

〔1〕 此部分内容发表于《云南社会科学》2016 年第 4 期，作者左坚卫。

来。《公司法》要求企业具备由股东代表大会、董事会、监事会和高级经理人员组成的相互依赖又相互制衡的公司治理结构。现实中,许多企业也已经具有合理的组织结构,在生产、供销、财务等方面形成了行之有效的企业内部管理制度和机制。然而,仍然有部分经营者对现代企业制度建设不够重视,有的企业没有建立董事会、监事会,有的企业的董事会、监事会形同虚设,有的企业连一套像样的经营、财务管理制度都没有,有的虽然形式上制定了相关制度,却毫不重视,更不执行,这些制度完全就是一种摆设。这种现象给企业埋下了严重的隐患,甚至将企业及其经营者带入刑事犯罪的深渊。企业经营者应当深刻认识到制定和落实现代企业制度对于企业刑事法律风险防控的重要价值。

(一)现代企业制度能够厘清个人责任与企业责任

现代企业制度的核心是有限责任制度。〔1〕 有限责任制是现代企业制度由产权分化决定的企业责任方面的重要特征,是产权分化造成的利益分化在责任方面的表现。〔2〕 因此,现代企业制度能够将个人责任与企业责任分开。"现代企业是一个独立于公司组成人员中的每一个自然人的法律存在,是一个不依赖于任何自然人的受法律保护和制约的独立经济活动主体。"〔3〕如果能够制定和落实现代企业制度,就能在个人责任和企业责任之间划出一道鸿沟,把个人责任从企业责任中剥离出来。即使企业在生产、经营中存在违约甚至违法之处,也只需要由企业承担相应的责任,经营者个人可以置身事外,更可以免予受到刑事追诉。反之,则可能给经营者带来难以预料的刑事风险。

以挪用资金为例。由单位集体决定的挪用资金行为,虽然可能构成违约,甚至违反公司法的规定,但公司参与决策的经营管理人员通常却不会因此触犯刑法。这是因为,根据《刑法》第 272 条规定,挪用资金罪的成立,以公司、企业或者其他单位的工作人员利用职务上的便利,挪用本单位资金归个人使用或者借贷给他人为必备条件。如果严

〔1〕 参见邱宏铮:《现代企业制度的本质特征》,载《法学杂志》1996 年第 4 期。
〔2〕 参见毛立言:《关于现代企业制度的新思考》,载《经济纵横》2012 年第 11 期。
〔3〕 同上。

格遵循该条文的规定，挪用资金罪的成立，客观方面必须表现为自然人挪用本单位资金归个人使用或者借贷给他人的行为。这样，单位实施的挪用资金行为就不应当纳入《刑法》第272条的打击范围。即使是挪用人个人决定以单位名义将所挪用的资金借给其他自然人和单位，也不构成挪用资金罪。[1]

尽管后来的司法解释对挪用资金罪的主体和行为模式都做了扩大解释，将个人决定以单位名义实施的挪用资金行为也纳入了本罪的范围，但仍然将经单位集体决策而实施的挪用资金给其他单位使用的行为排除在挪用资金罪之外。2006年6月30日，最高人民法院发布的《关于如何理解刑法第二百七十二条规定的“挪用本单位资金归个人使用或者借贷给他人”问题的批复》明确规定：“挪用本单位资金归个人使用或者借贷给他人”是指挪用资金归本人或其他自然人使用，或者挪用人以个人名义将所挪用的资金借给其他自然人和单位的情形。根据该司法解释的规定，要构成挪用资金罪，必须是资金的使用人为自然人，或者资金的挪用人为自然人。在此后的司法实务中，有关部门发现某些企业的负责人为了逃避法律追究，个人决定以单位名义将本单位资金挪给其他单位使用，并谋取个人利益。这类行为表面上看是单位挪用资金给单位使用，既不符合本罪主体为自然人的要求，也不符合资金使用对象系个人的特征，本质上却与挪用资金归个人使用没有不同，都是个人决定挪用单位资金谋取个人利益，理应纳入挪用资金归个人使用的范畴。因此，在最高人民检察院、公安部2010年5月7日发布的《关于公安机关管辖的刑事案件立案追诉标准的规定(二)》(以下简称2010年《司法解释》)第85条中，规定公司、企业或者其他单位的工作人员，利用职务上的便利，挪用本单位资金，具有下列情形之一的，属于《刑法》第272条规定的挪用资金“归个人使用”：(1)将本单位资金供本人、亲友或者其他自然人使用的；(2)以个人名义将本单位资金供其他单位使用的；(3)个人决定以单位名义将本单位资金供其他单

[1] 参见赵秉志：《侵犯财产罪》，中国人民公安大学出版社2003年版，第317页。

位使用,谋取个人利益的。

根据刑法及上述司法解释的规定,挪用资金罪可以分为以下两类情况:第一类是2010年《司法解释》中所规定的第(一)(二)两种情形,即资金提供者和使用者中至少有一方是自然人,才可能构成挪用资金罪;第二类是2010年《司法解释》中所规定的第(三)种情形,即如果是以单位名义将本单位资金供其他单位使用,则必须同时具备“个人决定”和“谋取个人利益”这两项条件,才可能构成挪用资金罪。这样,即使在司法解释对挪用资金罪的犯罪圈进行扩大后,单位集体决策的行为也不可能构成挪用资金罪。换言之,这些规定在公司经营行为与挪用资金罪之间竖起了一道“防火墙”,只要是经公司集体决策的与其他公司之间的投资经营行为,都不可能构成挪用资金罪。

以公司法为核心的企业管理法律法规所构建的现代企业经营管理制度,对公司投资经营活动的程序作出了明确规定。公司的经营管理者只要严格遵守这些法律法规的规定,就能将自己所实施的行为框定在单位行为的范围内,即便投资经营行为存在违反合同约定之处,也会因为主体要件不具备而不可能构成挪用资金罪。在某些情况下,投资经营行为即便违反公司法的规定,只要履行了股东会等决策机构表决的程序,由于责任只能归属于公司,而不能直接归于个人,也就仍然不会构成挪用资金罪。这就是现代企业制度所具有的功能之一——将个人责任和公司责任分开。然而,在实务中,一些公司的经营管理人员对《公司法》及其法律法规规定的公司经营制度和财务管理制度置若罔闻,利用其在公司中的控股或者负责公司管理的优势,刚愎自用、独断专行,最终不但使公司经营陷入混乱,也给个人带来巨大刑事风险,甚至陷入牢狱之灾。

例如,甲全资控股并经营管理的某新能源公司(以下简称甲公司)为了在西部某省开发风能,与另外两个小公司合作,成立了乙公司。在合作经营过程中,因基础设施建设进展缓慢以及情势变迁等原因,该项目建设陷入停滞状态。此时,乙公司账上闲置着甲公司以及另外两个小公司共同筹集的资金总计达1.5亿元。为了让闲置资金创造收益,甲决定动用乙公司部分资金进行短期理财,收益用于发放公司员工工资和日常开支。这样使用资金违反了甲公司与另外两个小公司签订的合作合同的约定,属于违约行为。如果甲严格按照《公司法》以及公司章程的规定进行操作,那么,该短期理财行为也就仅限于民事违约,并不会引发刑事风险。这是因为,公司法对于公司投资经营行为的决策程序做出了明确规定。2013 年修订的《公司法》第 37 条规定:股东会“决定公司的经营方针和投资计划”;第 42 条规定:“股东会会议由股东按照出资比例行使表决权;但是,公司章程另有规定的除外。”乙公司的公司章程规定,股东会决定公司的经营方针和投资计划,股东会会议由股东按出资比例行使表决权。也就是说,乙公司章程关于公司的经营方针和投资计划的规定与公司法的规定相同,并无另行规定。

乙公司的资金短期理财计划属于投资计划,根据公司法以及乙公司章程的规定,该投资计划应当由股东会决定。乙公司的股东会是由甲全资控股的甲公司和另外两个小公司组成,三个公司股东的出资比例是:甲公司出资 90%,另两个公司各出资 5%。根据上述公司法以及乙公司章程的规定,乙公司的经营方针和投资计划实际上是由对乙公司绝对控股的甲公司决定的。又由于甲公司是由甲全资控股和经营管理,甲公司的决定实际上就是甲的决定。这样,无论是否召开股东会,乙公司的经营方针和投资计划实际上最终都是由甲决定。所谓股东会和股东表决只是走个形式,即使另两个小股东反对,他们合在一起也仅有 10% 的表决权,改变不了任何结果。如果甲严格依照《公司法》和公司章程的规定进行经营决策,虽然最后结果仍然是他个人意志的体现,但由于该决策是经公司股东会投票表决通过并且以单位的名义实施,并非个人决定,更不是以个人名义动用资金,因此,最终只能追究乙公司的违约责任,甲个人无须承担任何法律责任。

然而,由于甲法治观念淡薄,漠视《公司法》和公司章程的规定,未经召开正式股东会并表决就直接决定将乙公司部分闲置资金用于投资理财,仅在一次公司高层会议上通报了有关投资事项,结果被两个小股东抓住把柄,以他未经公司董事会和股东会讨论决定个人擅自决定挪用公司资金、涉嫌挪用资金罪为由，向公安机关举报。公安机关迅速立案侦查，把他拖入了刑事诉讼的泥潭，导致其一系列公司银行账号被查封，资金被冻结，个人被采取刑事强制措施，给公司经营和个人自由都造成巨大风险和实际损失。就因为不按现代企业制度的要求规范经营、规范决策，甲的对手把一项完全是为了公司利益的单位短期投资理财行为，折腾成了一起涉嫌挪用资金罪的刑事案件；把单位违约责任折腾成了个人刑事责任，教训十分深刻。

（二）现代企业制度能够防止经营者触碰刑事犯罪的红线

现代企业制度为公司、企业等经营主体设立了行为程序和行为边界，只要是在这个制度框架内开展经营活动，就不会踩踏刑事犯罪的红线。企业及其经营管理人员即使未能履行与合作对方约定的义务，也只会涉及民事违约或者一般违法，不会涉及刑事犯罪。因此，现代企业制度相当于在企业经营活动和刑事犯罪之间竖起了一道“防火墙”。企业经营管理人员之所以会陷入刑事犯罪的深渊，被追究刑事责任，通常都是因为他们为了追求不正当利益，逾越了这道“防火墙”。《公司法》第 148 条明确规定：“董事、高级管理人员不得有下列行为：（一）挪用公司资金；（二）将公司资金以其个人名义或者以其他个人名义开立账户存储；（三）违反公司章程的规定，未经股东会、股东大会或者董事会同意，将公司资金借贷给他人或者以公司财产为他人提供担保；（四）违反公司章程的规定或者未经股东会、股东大会同意，与本公司订立合同或者进行交易；（五）未经股东会或者股东大会同意，利用职务便利为自己或者他人谋取属于公司的商业机会，自营或者为他人经营与所任职公司同类的业务；（六）接受他人与公司交易的佣金归为己有；（七）擅自披露公司秘密。……”可是，有的公司高管为了一己私利，往往置上述规定于不顾，利用职务便利，大肆挪用公司资金，或者进行关联交易，非法经营同类营业，泄露公司秘密，最终构成犯罪，被追究刑事责任。有的经营者则在经营管理公司的过程中，违反现代企业制度的要求，不按规则运作，这类行为一旦发生在法治环境较差的地区，再被合作方抓住把柄，就可能从民事违约责任演变成刑事责任。

例如,甲公司与A地方政府签订了一份借款合同,双方约定A政府借款2亿元人民币给甲公司用于发展太阳能光伏产业。在借款合同中,双方约定A政府出借的2亿元人民币资金必须专用于合同中所确定的太阳能光伏产业项目。但是,在项目建设过程中,正好赶上欧美国家对中国光伏产品进行反倾销、反补贴的“双反”,光伏产业陷入寒冬。甲公司如果继续推进光伏项目,必然陷入严重亏损甚至血本无归的境地,A政府的借款都可能无法归还。在这种情况下,甲公司实际控制人甲决定暂停将资金继续投放于光伏项目,转而将部分资金用于其经营管理的其他公司,计划将盈利中的一部分用于甲公司的运转。然而,由于甲公司与A政府此前签订的借款协议明确规定政府出借的资金只能用于光伏产业,甲这一改变资金用途的行为,显然构成了民事违约,但也仅限于民事违约,并不涉及刑事犯罪。因为甲作为甲公司绝对控股股东的代表,拥有多数表决权,有权代表公司决定资金用途,故其行为在《公司法》的层面并不违法。从公司股权结构设置的角度来说,《公司法》对于股权结构设置及表决权的规定,就是为了解决股东意见不一致时公司决策的问题。而每一位股东在公司成立划分股权比例、拟定公司章程时,实际上就对自己所拥有的决策权表示了认可,并对产生分歧时小股东的意见可能得不到采纳的风险是明知并接受的。因此,甲无论是否召开股东会进行投票表决,实质结果都是一样的,都是且仅是违反借款合同的约定将专项资金挪作他用,构成民事违约。

遗憾的是,甲在实质上拥有公司经营管理决策权的情况下,对《公司法》的相关规定毫无遵守之意,在没有召开股东会表决的情况下,就擅自决定将公司资金拆借给其他公司使用,仅仅将决定通报了两个小股东。而此时,甲已经跟A政府的个别领导产生矛盾,甲这种违背公司法规定的做法给了与该领导存在利益勾连的甲公司小股东以强力反击的机会。小股东以甲不顾他们反对在未召开股东会的情况下擅自将公司资金挪作他用、涉嫌挪用资金罪为由,向公安机关报案。公安机关立刻予以受理,并很快对甲采取了刑事强制措施。

从《刑法》第272条对于挪用资金罪的规定来看,挪用资金罪的主体必须是无权动用本单位资金的工作人员。如果是有权决定资金去向及用途的人,则其完全可以通过其权限决定资金的去向和用途,不可能构成挪用资金罪。恰恰因为挪用资金的人本来无权动用资金,却利用其职务上的便利,即职务上主管、经手资金的便利条件,擅自动用资金,才使得资金的使用违背了公司的意志,侵犯了公司对资金的使用收益权。而本案中,甲是公司拥有绝对多数表决权的控股股东的实际控制人,他依据股东的表决权,就完全有权决定资金的用途,因此,甲是没有可能构成挪用资金罪的。公安机关以该罪对甲采取刑事强制措施,显然存在定性错误的问题。然而,甲违反《公司法》的做法却给公安机关介入经济纠纷提供了很好的口实。

在司法实务中,不少查办经济犯罪案件的机关都存在把民事违约与刑事犯罪混为一谈的不当做法。而在此过程中,犯罪嫌疑人自身的行为往往也存在严重瑕疵,突出表现就是在经营决策过程中,抛开合同或者公司章程的规定,随意进行个人决策。上述案件中,公安机关之所以认定甲构成挪用资金罪,实质原因是他违反了有关合作协议中要求双方投入的资金须专款专用的约定,但是,甲在具体操作过程中,没有严格遵守公司法及公司章程的规定才是直接原因。对资金使用这种类似公司投资经营的行为,依照《公司法》以及公司章程的规定,本应在召开股东会表决后再落实,甲却省略了这个重要的程序,直接决定改变资金用途,这恐怕才是让他受到刑事追诉的直接原因。如果甲能够严格遵循《公司法》以及公司章程的规定,经股东会投票表决来改变资金用途,那么,改变资金用途的行为就纯属单位行为,在这种情况下,即便公司小股东想要动用刑事司法资源来追究其责任,有关司法机关恐怕也不会轻易支持。毕竟,案件在侦查结束后,还要经过起诉、审判两个环节,才能最后定性。对于没有任何疑问的单位理财行为,司法机关不大可能将其认定为个人挪用资金犯罪来定罪处罚。

（三）现代企业制度能够阻却犯罪构成要件的具备

一般认为,现代企业制度形成于美国,其起点是企业形成系统化组织结构,并且管理成为企业的全职工作,这使企业内部控制成为现代企业制度与生俱来的东西。[1] 一个公司如果严格按照现代企业制度的要求,做好企业内部控制,是不至于陷入刑事犯罪困境的。法人犯罪的发生,首先是企业内部失控的结果。20 世纪 90 年代以来,世界范围内的许多大公司陷入破坏环境、欺诈诉讼、财务造假等刑事犯罪的丑闻,[2]一个共同的原因是企业内部失控,企业故意虚构事实,隐瞒真相,违法经营,最终陷入不可自拔的境地。倘若现代企业制度所要求的企业内部控制机制能够有效运转,企业即使出现了经营上的失误,客观上造成了损害事实,也会由于经营者主观上不具有违法犯罪的故意,从而阻却犯罪构成要件的具备,不至于陷入刑事犯罪泥潭。这是因为,中国刑法规定的单位犯罪,绝大多数属于故意犯罪,主观上以包括公司法人在内的单位(实际上是公司高层管理集体)具有犯罪故意为要件。而在现代企业制度的框架内,很难有公司高层集体沦陷、形成单位犯罪故意的可能。因此,现代企业制度能够阻却犯罪构成要件的具备。以单位行贿罪为例。所谓单位行贿罪,是指公司、企业等单位为谋取不正当利益而行贿,或者违反国家规定,给予国家工作人员以回扣、手续费,情节严重的行为。[3] 构成单位行贿罪,两个条件必不可少:第一,行贿的主体是单位;第二,单位必须是为了谋取不正当利益。

相对于自然人为主体的行贿罪而言,单位谋取不正当利益的判断标准更为明确和可操作,不外乎三种情形:其一,谋取违反法律规定的利益;其二,要求国家工作人员违反法律规定为单位谋取利益;其三,谋取不确定利益。行贿罪中的谋取不正当利益的内容则更宽泛、模糊些,即便是逢年过节的感情投资,只要是明显超出正常数额,实务中也经常

---

〔1〕 参见南京大学会计与财务研究院内部控制课题组:《内部控制:融入现代企业制度的思考》,载《会计研究》2011 年第 11 期。

〔2〕 参见范红旗:《法人犯罪的国际法律控制》,中国人民公安大学出版社 2007 年版,第 4 ~ 5 页。

〔3〕 参见高铭暄、马克昌:《刑法学》(第 5 版),北京大学出版社、高等教育出版社 2011 年版,第 638 页。

被认定为是为了谋取不正当利益而行贿。[1] 因此,一旦被认定为单位行贿,定罪门槛就会更高,司法机关认定时会更加慎重。就企业及其责任人员而言,只要没有试图具体谋取某个方面的不正当利益,即使给予了国家工作人员财物,通常也不构成单位行贿罪。

但是,如前所述,单位行贿罪的主体只能是单位。判断行贿主体是单位还是个人,关键是看行贿行为是在单位意志还是个人意志的支配下实施的。[2] 而判断究竟是单位意志还是个人意志,主要应当从两个方面把握:(1)行贿是否是为了单位利益;(2)行贿行为是否由单位集体决策或者单位主要负责人决定,或者得到了单位集体或者主要负责人的事后追认。[3] 而判断是否是为了单位的利益时,一个重要标志是行贿款是否来源于单位。恰恰是在上述问题上,那些未能按现代企业制度的要求进行经营管理的公司容易出现严重问题。例如,甲公司在某地经营的过程中,经常受到公司所在地政府官员的索贿,为了能够让公司经营下去,只好向腐败官员行贿。后该官员被查处,交代了其收受该公司老总甲所送数百万元贿赂款的事实。为了逃避罪责,该官员没有承认他是主动索贿,而说是甲主动送钱给他,并说甲送钱的目的一方面是为甲公司牟利,另一方面是想对该官员进行感情投资,为将来得到其关照做准备,并列举了若干他为甲公司谋取利益的事实。司法机关考虑受贿人都说他收钱是为了给公司谋取利益,倾向于将该案定性为单位行贿。而从该官员列举的为甲公司谋取的利益来看,没有一项是不正当利益,因此,本案缺少构成单位行贿罪所要求的"为谋取不正当利益"的要件,甲及甲公司在本案中本应都不构成犯罪。然而,由于甲公司管理混乱,向官员行贿一事并未经单位集体决策,而是由甲个人直接决定的;同时,由于甲公司的资金与甲个人资金经常混同使用,无法

---

〔1〕 参见朱晓玉:《论行贿罪构成要件之不正当利益》,载《中国检察官》2012 年第 1 期。

〔2〕 参见董桂文:《行贿罪与单位行贿罪界限之司法认定》,载《人民检察》2013 年第 12 期。

〔3〕 参见龚培华、徐亚之:《论单位行贿与个人行贿的司法认定》,载《上海政法学院学报》(法治论丛)2011 年第 6 期。

提供行贿资金来源于公司的证据，以致司法机关内部就该案到底是单位行贿还是个人行贿产生了争议。结果，该案被认定为行贿款来源于个人，属于个人为谋取不正当利益而给国家工作人员行贿，甲被以行贿罪进行了定罪处罚，被判处了重刑。现代企业制度所具有的阻却犯罪构成要件具备的作用，被甲自己的混乱经营行为完全消解，最终让自己陷入牢狱之灾。

另外，在企业陷入刑事犯罪的泥潭之后，有关责任人员即便是部分推行现代企业制度，也可能因此免遭刑事追究。如前所述，在现代企业制度下，企业责任与个人责任是可以分开的，相应地，刑法也存在单位犯罪与个人犯罪之分，并且具有不同的构成要件。单位犯罪的成立，以主观上存在一个不同于自然人意思的单位意思为要件。[1] 但是，单位意思又只能通过自然人的行为表现出来。因此，在单位犯罪的认定中，首先必须考虑，作为单位活动而表现出来的单位成员的行为到底是自然人意思的体现，还是单位意思的体现。[2] 遵循现代企业制度而作出的决策，通常体现的是单位意志，因而只能认定为单位犯罪而不可能认定为自然人犯罪。在单位犯罪中，只处罚直接负责的主管人员和直接责任人员，如果不是这两类人员，即使是负责人，也无须承担刑事责任。这就为企业负责人在单位构成犯罪的情况下，避免随之犯罪提供了可能。而这种可能性通常只能建立在企业负责人严格遵循现代企业制度开展经营管理活动的基础上。

（四）落实现代企业制度的建议

建立并严格落实现代企业管理制度，绝不是为了逃避刑事法律追究，但是，这样做客观上确实能够大大降低企业的刑事法律风险。企业经营者应当充分认识到这种无心插柳行为的价值所在，进而通过这样做让企业和经营者自身都远离犯罪困境。只有这样的企业，才能够真正成为可持续发展的现代企业，走向未来，做大做强。为了让现代企业

---

〔1〕 参见黎宏：《单位犯罪中单位意志的界定》，载《法学》2013 年第 12 期。

〔2〕 参见何秉松：《单位犯罪与刑事责任》，中国法制出版社 2000 年版，第 534 页。

制度更充分地发挥在防范企业刑事风险中的作用,笔者认为企业应当做好以下两项事务:

第一,重视发挥股东会、董事会、监事会的职能。在现代企业制度下,公司股东会、董事会、监事会、经理层有明确而不同的职权。从已经发生的公司犯罪来看,公司股东会、董事会、监事会未能设置或者形同虚设是导致犯罪发生的重要制度性原因。《公司法》第 37 条、第 46 条、第 53 条分别详细列举了股东会、董事会、监事会的职权,如果这些公司内部机构能够充分行使职权,就能够对公司经理层的经营管理活动起到有效的监督和制约作用。例如,《公司法》第 53 条规定:"监事会、不设监事会的公司的监事行使下列职权:(一)检查公司财务;(二)对董事、高级管理人员执行公司职务的行为进行监督,对违反法律、行政法规、公司章程或者股东会决议的董事、高级管理人员提出罢免的建议;(三)当董事、高级管理人员的行为损害公司的利益时,要求董事、高级管理人员予以纠正……"第 54 条还规定:"监事会、不设监事会的公司的监事发现公司经营情况异常,可以进行调查……"如果监事会或者监事能够履行上述职权,企业的违法犯罪行为就能够被遏制在萌芽状态。而实际上,监事会以及监事的上述职权在许多企业基本没有行使。许多公司企业之所以卷入刑事犯罪风波,就是因为公司经理层越过股东会与董事会,擅自决定公司经营投资方向,损害公司利益。公司经理层这种异常的越权活动,是企业及其管理人员陷入刑事犯罪深渊的先兆,本应被及时发现和制止。实际情况却是,监事会根本没有发挥应有的监督作用,企业高管已经陷入犯罪的深渊,公司股东会、董事会、监事会还一无所知。因此,必须重视发挥股东会、董事会、监事会的职能。

第二,完善企业表决方式及小股东参与企业管理的制度,有效保障中小股东的权利。在现行《公司法》的框架内,企业中小股东的权利经常难以得到有效保障。企业的投资经营活动基本由控股股东决定,即使该决定明显损害中小股东的权益,中小股东往往也无能为力。这十分容易激化企业内部矛盾,引发刑事风险。因此,在制定企业章程时,应当给予中小股东必要而适当的权利救济途径,这样才有利于矛盾的化解。《公司法》第 22 条第 2 款规定:“股东会或者股东大会、董事会的会议召集程序、表决方式违反法律、行政法规或者公司章程,或者决议内容违反公司章程的,股东可以自决议作出之日起六十日内,请求人民法院撤销。”中小股东可以要求在公司章程中规定某些有利于维护自身权利的股东会表决方式,从而借助公司法的该条规定来维护自身权利。《公司法》第 33 条规定:“股东有权查阅、复制公司章程、股东会会议记录、董事会会议决议、监事会会议决议和财务会计报告。”还“可以要求查阅公司会计账簿……公司拒绝提供查阅的,股东可以请求人民法院要求公司提供查阅”。小股东可以在公司章程中将上述权利进一步明确和细化,并配置违约责任。类似制度还包括如何保障中小股东的投票权、提案权、提请召开临时股东大会权等。

结　语

最高人民法院再审张文中案件，改判张文中、张伟春、物美集团无罪，既严格遵循了法律的规定，又充分考虑和弘扬了国家对民营企业的最新社会政策和刑事政策，取得了良好的法律效果和社会效果。张文中再审案作为我国在特定历史时期勇敢纠错、依法切实保护民营企业产权和民营企业家合法权益的“标杆式”第一案，必将载入我国司法进步和社会进步的史册。而作为最高审判机关的最高人民法院在本案再审判决中恪守法治原则，重申和强调多项被一些司法机关忽视的刑事裁判规则，这对我国各级人民法院审理类似案件应当具有重要的指导意义。

我们认为，张文中案再审判决在法治层面的突出贡献至少有以下四点：

1. 坚守法律解释的基本原理。对法律文本的解释要求文理解释优先，只有在根据文理解释得出的结论明显荒谬或不当的情况下，才能考虑进行论理解释。对于可能导致被告人入罪的政策性文件的解读，同样必须遵循这样的解释原理，否则就很可能超越法律的规定对被告人定罪追责，从而违反罪刑法定原则。在张文中案的再审判决中，最高人民法院在解释原国家经贸委发布的关于国债技改项目支持对象的政策性文件时，严格将文本含义限定在文义解释的范围，纠正了原审判决对文件含义的不适当限制解释，坚守了法律解释的基本原理，捍卫了罪刑法定原则。

2. 坚持全面审查证据原则。我国刑事诉讼法规定，对证据的真实性，应当综合全案证据进行审查。这一规定可以概括为全面审查证据原则。张文中案中，关于原国家经贸委负责审批项目的工作人员对物美集团的企业性质是否知情，存在证据之间互相矛盾的情况。最高人民法院坚持综合全案审查证据，确认证明国家经贸委有关工作人员知道物美集团企业性质的证据明显优于证明不知道的证据，从而得出物美集团通过诚通公司提交项目申报材料并未使原国家经贸委的有关工作人员对物美集团的企业性质陷入错误认识的结论。这是难得的践行综合全案审查证据真实性的典范。

3. 坚持疑罪从无原则。我国刑事诉讼法规定，证据之间具有内在联系，共同指向同一待证事实，不存在无法排除的矛盾和无法解释的疑问的，才能作为定案的根据。如果现有证据无法达到这一证明标准之要求的，就属于定罪存疑，不能认定有罪。张文中案中，最高人民法院认为张文中等人用单位之间拆借的资金谋取个人利益的证据不足，从而否定了其构成挪用资金罪，坚持了疑罪从无的原则。

4. 严格区分违规与犯罪。最高人民法院和最高人民检察院均认为，物美集团在使用国债技改资金和申请银行贷款时，确实存在没有专款专用、贷款资料不合规等问题，但同时都认为，这些违规行为并不属于犯罪，这是严格区分违规与犯罪即罪与非罪原则界限的典范。

总之，张文中再审案以其审级规格之高，纠错力度之大，析法说理之透，改判时机之准，社会影响之广，无可争议地成为我国新时期依法保护产权、纠正民营企业涉产权冤错案件的“标杆”。

我们感到，在我们担任辩护人的案件中，几乎还没有哪个被告人的学识、才华、能力、执著精神能够超越张文中。张文中 1962 年 7 月 1 日出生，顺利完成本科、硕士、博士学业，曾在国务院发展研究中心工作，并曾到美国名校进行过博士后研究，可以说成长道路上一帆风顺。在我国改革开放的大潮中，他抛弃铁饭碗下海经商，32 岁创立了物美集团;在其事业将近鼎盛时期的44岁时,他无辜卷入刑事大要案件,因坚守道德和诚信,不违背做人的底线,蒙冤背负三重罪名身陷囹圄,失去自由长达7年;12年后的2018年他才沉冤得雪,这一年他已56岁。人生和企业发展的黄金时期,他却在黑暗中度过。很少有人能够在经此大难之后东山再起,重新出发,再创辉煌。然而,他做到了。这就是有抱负、有奋斗精神、有担当、有情怀、面临人生“滑铁卢”时仍不屈不挠地奋力抗争的民营企业家张文中先生。诚如鲁迅所言,这种人是我们中华民族的“脊梁”。

在共同为张文中辩护的过程中,赵秉志教授、左坚卫教授与白加宁律师成为了好朋友。多年以后,他们偶尔聚在一起时,还会谈起因张文中案而结识并建立起深厚友谊的缘分,回忆办案过程中的各种艰难往事。而聪明绝顶、能力超强、不苟言笑的张文中先生在研究探讨如何申诉、如何推动案件再审以及如何进行再审开庭前准备之余,心情放松时,偶尔也会调侃左坚卫律师:“你看,通过代理我的案件,你已经取得了全面的进步。那时,你还是副教授,头发还是黑的;现在,你已经是教授、博导了,还当上了刑法教研中心主任,头发也白了,显得很有学问!”

在当下中国,实现一件申诉案件的再审及改判何其艰难,实现一件曾备受关注并颇有争议但最终仍定罪判刑并已执行完毕的案件之再审及改判可谓是难上加难,而实现一件由最高人民法院直接提审的上述类型案件的再审及全案无罪改判其难度更是难以想象。因此,除了自身锲而不舍的努力之外,张文中是幸运的。我们作为他的辩护人,也是幸运的。正如张文中总结他蒙冤12年,能够洗冤并重新归来的原因:“哪怕有百分之一的希望,我也要做百分之百的努力。当然,这也是恰逢伟大的时代了。”张文中先生在获得无罪判决后给最高人民法院和最高人民检察院送去了锦旗和感谢函,他和我们都深知,本案的再审和改判无罪,是乘了党和国家强调保护民营企业和民营企业家合法权益的政策之东风,是最高司法机关尤其是最高人民法院力纠错案、敢于担当的作为使然。

回顾张文中案的11年辩护之路,我们更深刻地体会到,作为刑辩律师,需要有铁肩担道义的责任感和永不言败的执著精神,不能过多地考虑案件最后的裁判结果,而应当努力寻求最有效的辩护方案,并全力以赴地努力于整个辩护过程。只要案件在事实、证据或者适用法律方面存在问题,那就要坚信无论刑事辩护有多艰难,辩护律师都要能找到有效辩护的方案。无论辩护成功的概率是十分之九,还是百分之一,辩护律师的决心和目标都不能变,那就是依据事实、证据和法律,为委托人提供最优质的辩护服务,以此来切实履行辩护律师的职责并维护法律的尊严和正确实施。

我们还期待,我们的辩护不但能取得良好的法律效果,还能取得良好的社会效果。因此,当我们看到彻底平反后的张文中先生带领物美集团再次出发,奋斗在商界,不断创新零售模式;热心公益慈善,向母校南开大学捐赠1亿元人民币的时候,自然感到由衷的欣慰。

祝愿张文中先生不忘初心,带领物美集团再创辉煌的业绩,并谱写他人生历程中更加壮丽的篇章!

祝愿我国的民营企业和民营企业家们在党和国家相关政策与法律的维护下,为国计民生和社会发展作出更大的贡献!

后　记

在本书编撰完成并即将付梓之时，我们欣喜地看到，张文中先生在案件启动再审以及冤案平反后，已经带领物美集团重新出发，并取得优秀业绩，自己也多次获得殊荣。

2018 年 6 月 20 日，张文中当选“2017 ~ 2018 中国零售业年度人物”，名列第一位，是唯一全票通过的年度人物。颁奖词写道：“艰难困苦，玉汝于成，他让我们看到企业家精神的弥足珍贵；二次出发，用科技改变零售，他让我们感知创新的力量。我们从中明白坚守的意义：不忘初心，方得始终！”

2018 年 11 月 24 日，“中国智慧 · 筑梦中国”致敬四十年盛典暨 2018 财经峰会在北京举行，张文中当选“致敬四十年 · 杰出企业家”。

2018 年 12 月 8 日，2018（首届）中国经济传媒大会在海口举行，张文中等 12 人当选 2018 中国经济新闻人物。

2018 年 12 月 31 日，张文中被《南风窗》杂志评为 2018“为了公共利益”年度人物。

2018 年 12 月 28 日，中央政法委中国长安网 2018 年度照片发布仪式在中国国家博物馆举行，张文中应邀出席。反映张文中再审案的照片《定心丸》被中国国家博物馆永久收藏。

张文中深知机遇的宝贵和案件改判的普遍意义。在发表演讲、接受采访时，他谈起案件的意义，不止一次说道："可以说我也是赶上了这样一个伟大的时代。""纠正这个冤案的意义早已超过了'张文中案'本身，这意味着有更多的企业家能够获得公平和正义，也意味着我们国家依法治国会进入一个新的历史时期，会有长效保护民营企业产权的机制。"

在历经磨难之后，张文中依然保持着积极向上的心态。2018 年 6 月 24 日，中央电视台新闻频道《面对面》栏目播出"张文中：无罪归来"，在与主持人董倩的对话中，张文中表示："人要永远有一颗年轻、向上、奋斗的心，这样你就会有未来、有明天、有一切。"

2018 年 11 月 12 日，在接受中央电视台财经频道《财经人物周刊》栏目采访时，张文中说："经历了一番风风雨雨之后，我依然是一个理想主义者，是个乐观主义者，是个积极的奋斗者。"

"春江潮水连海平，海上明月共潮生。"我们相信，有如此开阔心胸和理想情怀的张文中先生，一定能带领物美集团在改革开放的大潮和市场经济发展的洪流中再创辉煌！

本书的编写得到了北京乾成律师事务所马琳律师以及左坚卫教授的学生张淑芬、李晓璇、周蔓卿的协助；本书的出版得到了法律出版社有关领导及其学术分社社长孙东育女士、编辑屈瑶女士的鼎力支持，在此谨致谢忱！

赵秉志　左坚卫

2019 年 4 月

附　录　近年来最高司法机关关于加强产权保护的政策性、规范性文件汇编

最高人民法院印发《关于依法妥善处理历史形成的产权案件工作实施意见》的通知

（法发〔2016〕28号）

各省、自治区、直辖市高级人民法院，解放军军事法院，新疆维吾尔自治区高级人民法院生产建设兵团分院：

现将《最高人民法院关于依法妥善处理历史形成的产权案件工作实施意见》印发给你们，请各地结合实际，认真贯彻执行。

最高人民法院

2016年11月28日

关于依法妥善处理历史形成的产权案件工作实施意见

为贯彻落实《中共中央、国务院关于完善产权保护制度依法保护产权的意见》（以下简称《意见》），充分

发挥人民法院审判职能,依法妥善处理历史形成的产权案件,现提出如下实施意见。

一、充分认识依法妥善处理历史形成的产权案件的重要意义

1. 依法妥善处理历史形成的产权案件,是全面贯彻落实中央完善产权保护制度、依法保护产权决策部署的重大举措。加强产权保护,是坚持社会主义基本经济制度的必然要求,是全面建成小康社会的必然要求,是夯实党长期执政社会基础的必然要求,也是维护国家长治久安的必然要求。依法妥善处理历史形成的产权案件,是中央加强产权保护决策部署的重要内容和重大举措,对于完善现代产权制度、推进产权保护法治化,对于增强人民群众财产财富安全感、增强社会信心、形成良好预期,对于营造公平公正透明稳定的法治环境、激发各类经济主体创业创新动力,对于维护社会公平正义、促进经济社会持续健康发展,都具有十分重要意义。

2. 依法妥善处理历史形成的产权案件,是人民法院肩负的一项重大而紧迫的政治任务。以习近平同志为核心的党中央高度重视产权保护。党的十八届三中、四中、五中、六中全会均有明确要求。今年党中央、国务院就完善产权制度依法保护产权专门作出系统的决策部署,并就中央有关部门贯彻实施作出明确分工,将依法妥善处理历史形成的产权案件确定为人民法院的工作任务。各级人民法院要讲政治、讲大局,切实把思想和行动统一到中央的决策部署上来,站在统筹推进"五位一体"总体布局和协调推进"四个全面"战略布局的高度,增强责任感和使命感,以敢于担当的精神和攻坚克难的勇气,充分发挥审判职能作用,坚决完成好此项重大政治任务。

3. 依法妥善处理历史形成的产权案件,是一项法律性、政策性很强的审判工作。历史形成的产权案件往往时间跨度较长、形成原因复杂。妥善处理此类案件既有严格的法律性,又有严肃的政策性;既要取得好的法律效果,又要取得好的社会效果和政治效果,充分体现政策导向。各级人民法院要坚持司法为民,公正司法,严格按照中央的统一要求,抓紧甄别纠正社会反映强烈的产权纠纷申诉案件,剖析侵害产权的案

件，总结宣传依法有效保护产权的好案例，不断丰富和积累产权保护司法经验，着力提高产权保护精准度，努力推进产权保护的法治化。

二、明确目标任务和总体要求

4. 明确办案范围。对于改革开放以来作出的涉及重大财产处置的产权纠纷以及民营企业和投资人违法犯罪的生效裁判，当事人、案外人提出申诉的，人民法院要及时审查，认真甄别；确有错误的，坚决依法纠正。

5. 突出工作重点。着重抓好重大典型案件的甄别、纠正和宣传工作。注重查清案件事实和焦点问题，厘清相关法律政策问题，摸清案件背景和社会反应，准确适用法律和有关政策规定，作出妥善处理。对重点案件要逐案制定包括立案、再审、执行、善后在内的一揽子工作方案。

三、正确把握工作原则

6. 坚持实事求是原则。尊重历史，实事求是，以发展眼光客观看待和依法妥善处理改革开放以来各类企业特别是民营企业经营过程中存在的不规范问题。

7. 坚持平等保护原则。为各类产权主体提供平等的司法保护，坚持法律面前人人平等，畅通产权申诉案件的立案渠道，规范适用再审审理程序，确保诉讼地位平等、诉讼权利平等、法律适用平等。

8. 坚持依法纠错原则。坚持以事实为根据，以法律为准绳，严格遵循法不溯及既往、罪刑法定、在新旧法之间从旧兼从轻等原则，严守法定程序。对符合再审条件的申诉案件，依法启动再审程序；对确有错误的生效裁判，坚决予以纠正，维护公平正义，提升司法公信。

9. 坚持纠防结合原则。通过对产权错案冤案的甄别和纠正，强化审判监督司法救济、倒逼防错和统一法律适用功能；落实司法责任制，加强源头预防。

四、严格甄别纠正工作程序

10. 保障诉讼权利。畅通申诉渠道，做好诉讼服务。充分尊重、依法保障当事人的申请权、申诉权、知情权、陈述权、辩护辩论权和处分权。

11. 强化程序监督。对产权申诉案件,要加强审级监督,上级法院可以提审和改判的,不宜指令再审和发回重审,强化对下级法院办理产权案件的监督和指导,防止程序空转。重视检察监督,依法办理检察机关提起的抗诉和检察建议案件。

12. 维护程序公正。落实接谈要求,完善询问方式,充分听取申诉人的意见。突出庭审功能,注重裁判说理,强化司法公开。加强司法救助与法律援助,为确有困难的涉诉民营企业及投资人减轻负担。

五、审慎把握司法政策

13. 准确把握罪与非罪的法律政策界限。严格区分经济纠纷与经济犯罪特别是合同纠纷与合同诈骗的界限、企业正当融资与非法集资的界限、民营企业参与国有企业兼并重组中涉及的经济纠纷与恶意侵占国有资产的界限。准确把握经济违法行为入刑标准,准确认定经济纠纷和经济犯罪的性质,坚决纠正将经济纠纷当作犯罪处理的错误生效裁判。对于在生产、经营、融资等活动中的经济行为,当时法律、行政法规没有明确禁止而以犯罪论处的,或者虽属违法违规但不构成犯罪而以犯罪论处的,均应依法纠正。

14. 坚决纠正以刑事执法介入民事纠纷而导致的错案。对于以刑事手段迫使当事人作出意思表示,导致生效民事裁判错误的,要坚决予以纠正。对于涉及犯罪的民营企业投资人,在当事人被采取强制措施或服刑期间,依法保障其行使财产权利等民事权利。对于民营企业投资人因被限制人身自由而严重影响行使民事诉讼权利,被解除人身自由限制后,针对民事案件事实提供了新的证据,可能推翻生效裁判的,人民法院应当依职权调查核实;符合再审条件的,应当依法启动再审。

15. 依法妥善处理因产权混同引发的申诉案件。在甄别和再审产权案件时,要严格区分个人财产和企业法人财产,对股东、企业经营管理者等自然人违法的案件,要注意审查在处置其个人财产时是否存在随意牵连企业法人财产的问题;对企业违法的案件,在处置企业法人财产时是否存在随意牵连股东、企业经营管理者个人合法财产的问题。要严格区分违法所得和合法财产、涉案人员个人财产和家庭成员财产,要注意审查在处置违法所得时是否存在牵连合法财产和涉案人员家庭成员合法财产的问题，以及是否存在违法处理涉案财物的问题，尤其要注意审查是否侵害了当事人及其近亲属、股东、债权人等相关方的合法权益。对确属因生效裁判错误而损害当事人财产权的，要依法纠正并赔偿当事人损失。

16. 依法妥善处理与政府行为有关的产权申诉案件。甄别和再审产权案件时，对于在招商引资、政府与社会资本合作等活动中与投资主体依法签订的各类合同，因政府换届、领导人员更替而违约毁约侵犯投资主体合法权益的，或者因法定事由改变政府承诺和合同约定，对投资主体受到的财产损失没有依法补偿的，人民法院应当依法再审和改判。对于政府在土地、房屋等财产征收、征用过程中，没有按照补偿范围、形式和标准给予被征收征用者公平合理补偿的错误裁判，人民法院应当依法审查，启动再审。在再审审查和审理中，要注意运用行政和解协调机制、民事调解方式，妥善解决财产纷争。

17. 依法妥善处理涉案财产处置申诉案件。对于因错误实施保全措施、错误采取执行措施、错误处置执行标的物，致使当事人或利害关系人、案外人等财产权利受到侵害的，应当及时解除或变更强制措施、执行回转、返还财产。执行过程中，对执行标的异议所作裁定不服的，当事人、案外人可以通过执行异议之诉或者审判监督程序等法定途径予以救济；造成损害的，受害人有权依照法律规定申请国家赔偿。

18. 依法审理涉及产权保护的国家赔偿案件。对于因产权申诉案件引发的国家赔偿，应当认真审查，符合立案条件的应当依法立案，符合赔偿条件的应当依法赔偿。坚持法定赔偿原则，加大赔偿决定执行力度。

六、狠抓工作落实

19. 坚持党的领导。完善产权保护制度，依法保护产权是党中央、国务院作出的一项重大决策部署，各级人民法院要自觉把产权司法保护工作置于党的统一领导之下，坚持依法独立行使审判权。对于产权保护中的重大事项，要及时向当地党委报告，在党委的统筹协调下，协同有关部门形成处理产权申诉案件的合力。

20. 建立协调机制。各高级人民法院要加强对涉产权错案冤案甄别纠正工作的组织领导,成立专门工作小组,加强统筹协调,提出工作方案,研究解决突出问题,建立健全敏感案件应急预案,加强对下工作指导,及时报告工作进展情况。工作小组办公室统一归口设置在审判监督庭。

21. 做好宣传引导。突出宣传重点和政策导向,加强信息公开,及时回应社会关切。要向社会适时公布产权保护的典型案例。加强法律解读和政策引导,积极弘扬产权保护法治理念,营造良好的产权保护司法环境和舆论氛围。

22. 严格执纪问责。在甄别和纠正产权申诉案件过程中,要认真落实《领导干部干预司法活动、插手具体案件处理的记录、通报和责任追究规定》《最高人民法院关于完善司法责任制的若干意见》等制度,进一步完善办案质量终身负责制和错案责任倒查问责制,从源头上有效预防错案冤案的发生。

最高人民法院

2016 年 11 月 28 日

最高人民法院
关于充分发挥审判职能作用
为企业家创新创业营造良好法治环境的通知

(法〔2018〕1 号)

各省、自治区、直辖市高级人民法院,解放军军事法院,新疆维吾尔自治区高级人民法院生产建设兵团分院:

2017 年 9 月 8 日,中共中央、国务院印发《关于营造企业家健康成长环境弘扬优秀企业家精神更好发挥企业家作用的意见》(以下简称

《意见》），这是推进供给侧结构性改革、实施创新发展战略、促进经济持续平稳健康发展的重要举措。为深入贯彻党的十九大精神和《意见》的要求，充分发挥审判职能作用，依法平等保护企业家合法权益，为企业家创新创业营造良好法治环境，现通知如下。

一、深刻认识依法平等保护企业家合法权益的重大意义。企业家是经济活动的重要主体。改革开放以来，一大批优秀企业家在市场竞争中迅速成长，为积累社会财富、创造就业岗位、促进经济社会发展、增强综合国力做出了重要贡献。人民法院充分发挥审判职能作用，依法平等保护企业家合法权益，为企业家创新创业营造良好法治环境，对于增强企业家人身及财产财富安全感，稳定社会预期，使企业家安心经营、放心投资、专心创业，充分发挥企业家在建设现代化经济体系、促进经济持续平稳健康发展中的作用具有重大意义。

二、依法保护企业家的人身自由和财产权利。严格执行刑事法律和司法解释，坚决防止利用刑事手段干预经济纠纷。坚持罪刑法定原则，对企业家在生产、经营、融资活动中的创新创业行为，只要不违反刑事法律的规定，不得以犯罪论处。严格非法经营罪、合同诈骗罪的构成要件，防止随意扩大适用。对于在合同签订、履行过程中产生的民事争议，如无确实充分的证据证明符合犯罪构成的，不得作为刑事案件处理。严格区分企业家违法所得和合法财产，没有充分证据证明为违法所得的，不得判决追缴或者责令退赔。严格区分企业家个人财产和企业法人财产，在处理企业犯罪时不得牵连企业家个人合法财产和家庭成员财产。

三、依法保护诚实守信企业家的合法权益。妥善认定政府与企业签订的合同效力，对有关政府违反承诺，特别是仅因政府换届、领导人员更替等原因违约、毁约的，依法支持企业的合理诉求。妥善审理因政府规划调整、政策变化引发的民商事、行政纠纷案件，对于确因政府规划调整、政策变化导致当事人签订的民商事合同不能履行的，依法支持当事人解除合同的请求。对于当事人请求返还已经支付的国有主体使用权出让金、投资款、租金或者承担损害赔偿责任的，依法予以支持。

对企业家财产被征收征用的，要综合运用多种方式进行公平合理的补偿。

四、依法保护企业家的知识产权。完善符合知识产权案件特点的诉讼证据规则，着力破解知识产权权利人“举证难”问题。推进知识产权民事、刑事、行政案件审判三合一，增强知识产权司法保护的整体效能。建立以知识产权市场价值为指引，补偿为主、惩罚为辅的侵权损害司法认定机制，提高知识产权侵权赔偿标准。探索建立知识产权惩罚性赔偿制度，着力解决实践中存在的侵权成本低、企业家维权成本高的问题。坚持依法维护劳动者合法权益与促进企业生存发展并重的原则，依法保护用人单位的商业秘密等合法权益。

五、依法保护企业家的自主经营权。加强金融审判工作，促进金融服务实体经济。对商业银行、典当公司、小额贷款公司等金融机构以不合理收费变相收取高息的，参照民间借贷利率标准处理，降低企业融资成本。加强破产案件审理，对于暂时经营困难但是适应市场需要具有发展潜力和经营价值的企业，综合运用重整、和解等手段，促进生产要素的优化组合和企业转型升级。对违法违规向企业收费或者以各种监督检查的名义非法干预企业自主经营权的，依法予以纠正。严格依法采取财产保全、行为保全等强制措施，防止当事人恶意利用保全手段，侵害企业正常生产经营。对资金暂时周转困难、尚有经营发展前景的负债企业，慎用冻结、划拨流动资金等手段。加强对虚假诉讼和恶意诉讼的审查力度，对于恶意利用诉讼打击竞争企业，破坏企业家信誉的，要区分情况依法处理。

六、努力实现企业家的胜诉权益。综合运用各种强制执行措施，加快企业债权实现。强化对失信被执行人的信用惩戒力度，推动完善让失信主体“一处失信、处处受限”的信用惩戒大格局。同时，营造鼓励创新、宽容失败的社会氛围。对已经履行生效裁判文书义务或者申请人滥用失信被执行人名单的，要及时恢复企业家信用。对经营失败无偿债能力但无故意规避执行情形的企业家，要及时从失信被执行人名单中删除。

七、切实纠正涉企业家产权冤错案件。进一步加大涉企业家产权冤错案件的甄别纠正工作力度，对于涉企业家产权错案冤案，要依法及时再审，尽快纠正。准确适用国家赔偿法，及时启动国家赔偿程序，公正高效审理涉及企业家的国家赔偿案件，加大赔偿决定执行力度，依法保障企业家的合法权益。

八、不断完善保障企业家合法权益的司法政策。进一步加快"智慧法院"建设，充分利用信息技术，深入调研涉企业家案件的审判执行疑难问题，及时总结审判经验，健全裁判规则。加大制定司法解释、发布指导性案例工作力度，统一司法尺度和裁判标准。在制定有关司法政策、司法解释过程中要充分听取企业家的意见、建议。

九、推动形成依法保障企业家合法权益的良好社会氛围。进一步通过公开开庭等生动直观的形式，大力宣传党和国家依法平等保护企业家合法权益弘扬优秀企业家精神的方针政策。持续强化以案释法工作，及时公布一批依法保护企业家合法权益的典型案例和好做法、好经验，推动形成企业家健康成长良好法治环境和社会氛围。

十、增强企业家依法维护权益、依法经营的意识。加大对企业家的法治宣传和培训力度，提高企业家依法维护自身合法权益的意识和能力。依法打击破坏市场秩序、不正当竞争等违法行为，积极引导企业家在经营活动中遵纪守法、诚实守信、公平竞争、恪尽责任，弘扬优秀企业家精神。

各级人民法院要加强组织领导，制订工作方案，切实将依法保障企业家合法权益的工作落到实处。在审判执行工作中遇到新情况新问题的，请及时层报最高人民法院。

最高人民法院

2017 年 12 月 29 日

关于印发《最高人民检察院关于充分履行检察职能加强产权司法保护的意见》的通知

（高检发〔2017〕1号）

各省、自治区、直辖市人民检察院，军事检察院，新疆生产建设兵团人民检察院：

现将《最高人民检察院关于充分履行检察职能加强产权司法保护的意见》印发给你们，请结合实际贯彻执行。

最高人民检察院

2017年1月6日

最高人民检察院
关于充分履行检察职能加强产权司法保护的意见

党的十八大以来，以习近平同志为核心的党中央高度重视产权保护，提出加强对各种所有制组织和自然人财产权的保护。为深入贯彻党的十八大，十八届三中、四中、五中、六中全会精神和习近平总书记系列重要讲话精神，落实《关于完善产权保护制度依法保护产权的意见》和中央经济工作会议的部署要求，充分履行检察职能，加强产权司法保护，提出如下意见：

一、深刻认识产权制度重要意义，明确产权保护的总体要求

1. 充分认识加强产权司法保护的重要意义。依法保护产权是完善中国特色社会主义市场经济体制的内在要求，是坚持稳中求进工作总基调，促进经济转型升级、全面深化改革、全面建成小康社会的客观需要。各级检察机关要把思想和行动统一到党中央重要决策、部署和要求上来，牢固树立和贯彻落实新发展理念，主动适应经济发展新常态，切实把防控风险、服务发展摆在更加突出位置，为保护企业和个人合法

产权、促进经济平稳健康发展和社会和谐稳定提供优质的司法服务。

2. 严格落实加强产权司法保护的总体要求。各级检察机关要坚持依法保护原则，充分发挥惩治、预防、监督、教育、保护等检察职能，加强对产权的司法保护。坚持平等保护原则，平等保护各种所有制组织和自然人的财产权，确保各类产权主体的诉讼地位和诉讼权利平等、法律适用和法律责任平等、法律保护和法律服务平等。坚持全面保护原则，全面保护物权、债权、股权、知识产权等各种类型的财产权，切实维护产权主体的合法权益。

二、准确把握法律政策界限，规范改进司法行为，注重产权司法保护实效

3. 严格把握产权案件罪与非罪的界限标准。各级检察机关办理有关产权刑事案件，要严格区分经济纠纷与经济犯罪的界限，企业正当融资与非法集资的界限，民营企业参与国有企业兼并重组中涉及的产权纠纷与恶意侵占国有资产的界限，执行和利用国家政策谋发展中的偏差与钻改革空子实施犯罪的界限。坚持主客观相一致原则，避免客观归罪。对民营企业生产、经营、融资等经济行为，除法律、行政法规明确禁止外，不以违法犯罪对待。对于正在办理的涉产权刑事案件，法律和司法解释规定不明确、法律界限不明、罪与非罪界限不清的，不作为犯罪处理。

4. 依法妥善处理历史形成的产权案件。以发展眼光客观看待和依法妥善处理改革开放以来各类企业，特别是民营企业经营发展过程中存在的不规范问题。办案中坚持罪刑法定、法不溯及既往、从旧兼从轻、疑罪从无原则，对于确属事实不清、证据不足、适用法律错误的错案冤案，坚决予以纠正。对于没有犯罪事实或者具有《刑事诉讼法》第十五条规定的情形之一的，或者犯罪情节轻微不需要判处刑罚的，或者经过补充侦查仍达不到起诉证据标准的，依法不起诉。对于构成犯罪但认罪认罚的，依法从宽处理。对于社会反映强烈、当事人长期申诉的历史形成的产权案件，要抓紧组织力量进行甄别，对确属错案冤案的，坚决依法纠正并赔偿当事人的损失。

5. 规范自身司法行为,改进办案方式方法,最大程度减少对产权主体合法权益和正常经济活动的损害及影响。严禁以刑事手段插手经济纠纷。严禁使用当事人的交通通讯工具、办公设备,或者以办案为名到发案单位吃、拿、卡、要、报。严禁干预涉案企业正常生产经营活动。慎重选择办案时机和方式,慎重使用搜查、查封、扣押、冻结、拘留、逮捕等强制性措施。对于涉嫌犯罪的各类产权主体主动配合调查,认罪态度好,犯罪情节较轻,且没有社会危险性的,一律不采取拘留、逮捕、指定居所监视居住等强制措施;对于不涉案的款物、账户,包括企业生产经营资料、涉案人员近亲属的合法财产等,一律不查封、扣押、冻结。对于涉及企业和投资、生产、经营者、科技创新人员犯罪的举报,经查证失实的,及时澄清事实。

三、依法履行刑事检察职能,加大惩治侵犯产权犯罪力度

6. 加强审查批捕、起诉工作,确保依法、准确、及时、有效打击侵犯产权犯罪。依法惩治破坏市场经济秩序、侵犯各类产权主体财产权的犯罪,突出打击非法吸收公众存款、集资诈骗、组织领导传销等涉众型经济犯罪,以商业贿赂、金融诈骗、虚假诉讼、强迫交易等不法手段破坏公平市场营商环境的犯罪,以及通过内幕交易、利用未公开信息交易、操纵证券期货市场等手段,严重损害公众投资者特别是中小投资者权益的犯罪。依法惩治侵犯知识产权和制售假冒伪劣商品犯罪,突出打击链条式、产业化侵犯知识产权犯罪,以及具有反复侵权、恶意侵权、网络侵权、有组织侵权等恶劣情节的犯罪,加大对涉外知识产权犯罪打击力度。对利用公权力严重侵害私有产权,勾结黑恶势力在特定经济领域形成非法控制,受害者人数众多,引发群体性事件等严重侵犯产权的犯罪案件,要实行挂牌督办,第一时间介入侦查,引导侦查机关全面收集固定证据,确保办案效率和质量。

7. 正确适用法律和刑事政策,提升审查批捕、起诉工作质量。准确理解和适用法律,贯彻宽严相济刑事政策,严把事实关、证据关、程序关和法律适用关。细化涉产权犯罪案件审查逮捕质量标准,严格审查是否具备社会危险性条件,对构成犯罪但无社会危险性的一般不批准逮捕。建立涉产权犯罪案件审查逮捕质量分析评查制度,对逮捕后撤案、不起诉、判无罪和公安机关提请复议复核、当事人提出申诉的案件实时监控、及时分析,有针对性地改进工作。严格依法把握起诉条件,从经济安全、公共利益、市场秩序等方面准确认定社会危害性,综合考虑政策调整、经营不善、市场风险等市场主体意志以外的因素,对符合不起诉条件的,依法适用不起诉。保障涉案当事人及其委托人的诉讼权利,尊重犯罪嫌疑人、被告人的诉讼地位和人格尊严,保障律师依法履行职责。进一步推进刑事速裁程序、认罪认罚从宽制度的试点工作,对于轻微案件简化诉讼程序,加快诉讼进程,切实维护各类产权主体的合法权益。

8. 针对薄弱环节和突出问题,延伸审查批捕、起诉工作产权保护效果。结合审查批捕、起诉工作,加强对侵犯产权犯罪活动的分析研判,提高产权司法保护的精准度。积极参与社会治安防控体系建设,采取检察建议等形式,帮助各类产权主体强化产权保护意识,促进国有企业健全内部监督制度和内控机制、规范国有资产流转程序和交易行为,促进集体经济组织建立健全集体资产管理制度和财务管理监督制度,促进民营企业提高依法规范经营和维护自身合法权益的意识和能力,从源头上预防和治理侵犯产权犯罪。

四、加强侦查预防工作,依法惩治侵犯产权职务犯罪

9. 严肃查办侵犯产权的职务犯罪。重点惩治利用国有产权所有者和代理人关系不明晰,国有企业财务、采购、营销、投资等方面内部监督制度不健全实施的贪污、受贿、挪用公款、私分国有资产等犯罪,以及通过内部人控制、关联交易、利益输送、利益交换等方式,以市场行为掩盖非法目的,导致国有资产严重流失的犯罪。重点惩治发生在金融、土地、财税、能源、资源等重要领域行政审批、管理过程中侵犯产权的失职渎职犯罪。重点惩治发生在国有资产、集体资产清产核资、登记、保管、使用、处置过程中的职务犯罪,以及利用农村产权流转交易侵犯农村集体产权、侵犯农民权益的职务犯罪。

10. 严格规范涉案财产处置的法律程序,最大限度降低对产权主体正常生产经营活动的不利影响。对于涉案企业和人员正在投入生产运营或者正在用于科技创新、产品研发的设备、资金和技术资料等，能够采取非强制性措施即可达到保障诉讼目的的，不使用强制性措施。加强查封、扣押、冻结涉案财产甄别审查工作，最大限度缩短甄别审查期限，确保合法财产不受牵连。办案中要注意听取有关行业主管、监管部门的意见，对争议大的案件及时向上级检察机关请示报告。

11. 通过查办职务犯罪发现产权保护制度机制的漏洞和风险点，从源头上减少涉产权职务犯罪。要结合办案开展职务犯罪预防工作，既支持企业和企业家创业创新谋发展，又引导企业和企业家依法规范经营。围绕国有产权、农村集体产权和自然资源资产产权等重点领域，深入剖析典型案件和发案规律，开展有针对性的职务犯罪预防工作。结合办案，对产权保护中存在的普遍性问题，组织开展专题预防活动，积极运用检察建议、年度报告、专项报告等方式，督促产权登记、审批、监管、保护等部门完善制度机制，加强改进产权保护工作，增强预防工作整体效果。

五、强化刑事诉讼监督，保障涉案产权主体的合法权益

12. 加强立案监督和侦查活动监督。加强对刑事立案活动的监督，重点监督侦查机关以刑事手段插手经济纠纷、选择性执法等妨害产权平等保护的问题，加大对该立不立、不该立乱立等执法不严、司法不公问题的监督纠正力度。加强对侦查活动的监督，贯彻落实非法证据排除等办案制度，坚决纠正刑讯逼供、非法取证、漏捕漏诉、滥用强制措施、查封扣押冻结财物不当等侦查违法行为。对于因涉嫌犯罪被逮捕的各种所有制组织的投资者、生产者、经营者、专业技术人员等，切实履行好羁押必要性审查职责，发现不需要继续羁押的，应当依法予以释放或者变更强制措施。

13. 加强刑事审判和刑事执行监督。加强对刑事审判活动的监督，重点监督判决、裁定在认定事实、采信证据、适用法律方面确有错误的案件，做到敢于监督、善于监督、依法监督和规范监督，对符合法定条件的案件依法提出抗诉。加强对刑事执行活动的监督，重点监督涉产权案件生效判决、裁定的执行活动，发现人民法院执行财产刑过程中，存在应当执行而不执行，不应当执行而执行，非法处置被执行人或者案外人财产等侵犯产权违法情形的，应当依法提出纠正意见，确保财产刑执行到位。依法保障各类产权主体在服刑期间的申诉权，防止其因申诉而被限制或者剥夺依法获得减刑的权利。对于犯罪的民营企业投资人，依法保障其在服刑期间行使财产权利等民事权利。

六、加强民事行政检察工作，形成多元化产权保护格局

14. 依法履行民事行政检察职责，加强对产权诉讼案件的法律监督。依法保障各类产权主体申请监督权，规范民事行政诉讼监督案件的受理和审查程序，注重倾听当事人意见，畅通申请监督渠道，积极通过抗诉、提出检察建议等方式加强对涉产权民事、行政案件的审判监督，有效保障产权主体的合法权益。加强对民事、行政执行活动的监督，重点监督因不依法履行执行职责及错误采取执行措施、错误处置执行标的物、错误追加被执行人，致使当事人或利害关系人、案外人等财产权受到侵害的案件。加大对涉产权虚假诉讼、恶意诉讼监督力度，重点审查双方当事人恶意串通，通过以物抵债等方式损害案外人产权案件，督促人民法院依法惩治虚假诉讼行为，维护司法公正和司法权威。

15. 依法推进公益诉讼试点，积极探索开展对行政强制措施和履行职责中发现的行政违法行为的监督。稳步推进公益诉讼试点工作，以国有资产保护、国有土地使用权出让等产权领域为重点，积极运用诉前程序和提起公益诉讼的方式，维护被民事、行政违法行为侵害的国家和社会公共利益。积极探索对涉及人身、财产权益的行政强制措施和在履行职责中发现的行政机关违法行使职权或不行使职权行为的监督措施，防止和纠正违法行政行为对各类产权主体合法权益的侵害。

七、加强控告申诉检察工作，依法化解产权纠纷引发的社会矛盾

16. 畅通诉求表达渠道，依法受理历史形成产权案件的申诉，做到有错必纠。打造“信、访、网、电”四位一体的诉求表达体系，为产权人寻求法律咨询、权利救济提供更加便捷高效的服务。对社会反映强烈的涉及产权的刑事申诉案件，依法导入法律程序，按照诉求性质、案件管辖和法律程序及时审查办理。凡是违反法律政策侵犯产权、不利于经济发展的决定、判决、裁定,要依法监督纠正。

17. 依法办理涉产权保护的国家赔偿案件。坚持法定赔偿原则,保障符合赔偿条件的产权主体依法获得赔偿。支持人民法院对涉产权国家赔偿案件依法进行审理。依法办理检察机关作为赔偿义务机关的刑事赔偿案件,积极履行赔偿义务,保障符合法定赔偿条件的产权主体及时获得赔偿。依法受理和审查产权主体对人民法院作出的赔偿决定和行政赔偿判决、裁定提出申诉的案件,并依法提出监督意见。

18. 拓展控告申诉工作模式,有效化解社会矛盾。建立涉产权民事、行政申诉案件引导当事人和解机制,积极推动建立社会帮扶、政府扶贫等化解矛盾机制,推动建立健全与人民调解组织、行业调解组织的衔接联动机制,引导当事人向调解组织提出调解申请,并根据调解情况依法作出相应处理。推动律师参与代理和化解涉及产权纠纷信访案件工作,鼓励社会各界共同参与,有效解决产权纠纷。

八、加强组织领导和协调配合,确保产权保护措施落到实处

19. 加强组织领导。各级检察机关要把充分履行检察职能、加强产权司法保护作为当前一项重要政治任务,狠抓落实。切实加强对产权保护法律政策界限和工作措施的研究、协调和推进,加大保护和纠错力度。积极参与民法典编纂研究工作,推动产权保护法律制度的健全完善。及时对相关司法解释和规范性文件进行清理,凡是不符合依法保护产权的,应当废止或者修改。要深入研究分析产权司法保护中的新情况、新问题,发挥检察一体化优势,加强对下业务指导。对重大侵犯产权刑事犯罪案件、重大妨害产权保护职务犯罪案件,实行挂牌督办。下级人民检察院对办案中遇到的有关困难和问题,应当及时向上级人民检察院请示报告,必要时层报最高人民检察院。

20. 加强工作机制建设。各级检察机关要立足检察职能建立健全产权司法保护的长效机制。加强办理产权案件的能力建设和队伍建设,注重培养选拔专家型人才和业务骨干办理产权案件。严格落实司法责任制,完善办案质量终身负责制和错案责任倒查问责制。推进检务公开,及时回应社会关切,自觉接受人大监督、民主监督和社会监督,增强司法公信力,维护司法公正和权威。

21. 加强协调配合。积极参与党委牵头,人大、政府、司法机关共同参加的产权保护协调工作机制,形成工作合力。对办案中发现的体制性、政策性等重大问题和事项,及时向党委报告。加强与纪检、审判、公安、行政执法部门的协作配合,加强产权领域行政执法与刑事司法衔接机制建设。加强与各级工商联、相关行业协会的密切联系,建立健全联席会议、定期通报情况、共同开展调研等常态化机制,支持开展对涉及产权纠纷的中小企业维权援助工作。广泛听取人大代表、政协委员、专家学者、律师、企业人士等方面意见,增强产权司法保护的针对性和实效性。

22. 加强法治宣传。落实"谁执法谁普法"的普法责任制,把培育全社会尊重产权、保护产权意识作为以案释法、法治宣传教育的一项基础性工作。充分利用检察机关宣传主阵地、"两微一端"、微电影、微视频等媒体平台,加强与主流媒体、重点商业网络和自媒体的联系协作,深入宣传解读党和国家加强产权保护的政策和法律法规,及时报道检察机关工作部署、举措、进展和成效。选择检察机关依法纠正侵害企业产权的有重大影响的错案冤案典型,适时向社会公布,释放保护产权的积极信号,增强人民群众财产财富安全感,增强社会信心。着力宣传和营造法治、透明、公平的体制政策环境和社会舆论环境,保护企业家精神,支持企业家专心创新创业。

最高人民检察院

2017 年 1 月 6 日

最高人民检察院
关于充分发挥职能作用营造保护企业家合法权益的法治环境支持企业家创新创业的通知

（高检发〔2017〕12号）

各省、自治区、直辖市人民检察院，解放军军事检察院，新疆生产建设兵团人民检察院：

党的十九大作出了中国特色社会主义进入新时代的重大论断，提出了从全面建成小康社会到基本实现现代化，再到全面建成社会主义现代化强国的战略安排，强调要贯彻新发展理念，建设现代化经济体系，深化供给侧结构性改革，激发和保护企业家精神，鼓励更多社会主体投身创新创业。2017年9月，中共中央、国务院下发《关于营造企业家健康成长环境弘扬优秀企业家精神更好发挥企业家作用的意见》（以下简称《意见》），就着力营造依法保护企业家合法权益的法治环境、促进企业家公平竞争、诚信经营的市场环境、尊重和激励企业家干事创业的社会氛围，引导企业家爱国敬业、遵纪守法、创新创业、服务社会，调动广大企业家积极性、主动性、创造性，充分发挥企业家作用，提出了一系列明确要求。为全面贯彻党的十九大精神，落实《意见》的要求，营造保护企业家合法权益的法治环境，支持企业家创新创业，现通知如下：

一、深入学习领会党的十九大精神，充分认识贯彻落实《意见》的重要意义和总体要求

十九大报告提出，我国社会主要矛盾已经转化为人民日益增长的美好生活需要和不平衡不充分的发展之间的矛盾。要实现“两个一百年”奋斗目标、实现中华民族伟大复兴的中国梦，不断提高人民生活水平，必须坚定不移把发展作为党执政兴国的第一要务，坚持解放和发展社会生产力，坚持社会主义市场经济改革方向，推动经济持续健康发展。当前，我国经济已由高速增长阶段转向高质量发展阶段，正处在转变发展方式、优化经济结构、转换增长动力的攻关期，要深化供给侧结构性改革，不断增强我国经济创新力和竞争力。经济体制改革必须以完善产权制度和要素市场化配置为重点，实现产权有效激励、要素自由流动、价格反应灵活、竞争公平有序、企业优胜劣汰。深化国有企业改革，发展混合所有制经济，支持民营企业发展，激发和保护企业家精神，鼓励更多社会主体投身创新创业。同时要构建亲清新型政商关系，促进非公有制经济健康发展和非公有制经济人士健康成长。

企业家是经济活动的重要主体。企业家是否有活力决定着经济能否持续健康发展。实现十九大提出的全面建成社会主义现代化强国的宏伟目标，必须充分调动企业家的创新创业创造活力。《意见》着眼于弘扬企业家精神、发挥企业家才能，引领和激发全社会创新创业创造活力，紧紧围绕"五位一体"总体布局和"四个全面"战略布局要求，适应把握引领经济发展新常态，全面贯彻落实新发展理念，对营造企业家健康成长环境、弘扬优秀企业家精神，为企业家提供优质高效务实服务、培育优秀企业家、加强党对企业家队伍建设的领导，更好发挥企业家作用作出了全面部署。《意见》要求，依法保护企业家财产权、创新权益及自主经营权，营造依法保护企业家合法权益的法治环境。强化企业家公平竞争权益保障，健全企业家诚信经营激励约束机制，持续提高监管的公平性、规范性、简约性，营造促进企业家公平竞争、诚信经营的市场环境。构建亲清新型政商关系，树立对企业家的正向激励导向，营造积极向上的舆论氛围，鼓励企业家干事创业。积极弘扬企业家爱国敬业、遵纪守法、艰苦奋斗的精神，创新发展、专注品质、追求卓越的精神和履行责任、敢于担当、服务社会的精神。

《意见》的上述要求，与党的十九大精神是一以贯之的。各级检察机关要将学习贯彻党的十九大精神和领会落实《意见》要求融会贯通，切实提高思想认识，做到学懂弄通做实。要深刻认识尊重企业家价值，弘扬企业家精神，营造保护企业家合法权益、促进企业家公平竞争、激励企业家干事创业的法治环境对于落实新发展理念，促进经济持续健康发展和社会和谐稳定，全面建成社会主义现代化强国的重要意义。

要紧密结合检察工作实际，综合发挥打击、预防、监督、教育、保护等检察职能，找准依法保护企业家权益、服务企业家创新创业的切入点和着力点，积极履职尽责，为企业家健康成长和事业发展营造宽松环境，切实加强企业家人身财富安全感，增强和激励企业家创新创业信心，为经济社会持续健康发展、夺取新时代中国特色社会主义伟大胜利和实现中华民族伟大复兴的中国梦作出更大贡献。

二、立足检察职能，努力营造企业家创业发展的法治环境

营造企业家创业发展的法治环境，贯穿于立法、执法、司法、守法等各个方面。检察机关作为国家的法律监督机关，是社会主义法治建设的重要力量，是营造良好法治环境的重要参与者和实践者。要把依法保护企业家合法权益的理念贯穿检察工作的各个环节，切实发挥社会主义法治对企业家合法权益的保障作用。

第一，准确把握法律政策界限，依法保护企业家合法权益和正常经济活动，增强企业家信心和财富安全感。以“谦抑、审慎、文明”理念作为办案指导思想，坚持罪刑法定，严格把握罪与非罪的界限。营造鼓励创新、宽容失败的社会氛围，对企业家合法经营中出现的失误失败给予更多理解、宽容、帮助。对企业生产、经营、融资等经济行为，除法律、行政法规明确禁止外，不得以违法犯罪处理。对国有企业以增强国有经济活力和竞争力等为目标，在企业发展中大胆探索、锐意改革所出现的失误，只要不属于有令不行、有禁不止、不当谋利、失职渎职等情形，要予以容错。坚持宽严相济刑事政策，注重办案效果。对企业为开展正常经营活动而给付“回扣”“好处费”的行为，既要在法律允许范围内讲政策、给出路，又要防止片面强调保护企业经营而放纵犯罪。对涉嫌行贿犯罪的，要区分个人犯罪和单位犯罪，从起因目的、行贿数额、次数、时间、对象、牟利性质及用途等方面综合考虑其社会危害性。对行贿数额特别巨大、手段恶劣、围猎公职人员的，十八大以后顶风作案的，致使国家、人民利益遭受重大损失的，要依法严肃查处。对行贿犯罪情节较轻，积极主动配合有关机关调查的，或者对办理受贿案件起关键作用的，或者因国家工作人员索贿、不作为而不得已行贿、没有谋取不正当利益的,以及行贿人认罪认罚的,要依法从宽处理。

第二,规范自身司法行为,改进办案方式方法,最大限度减少、避免办案活动对企业家合法权益和正常经济活动可能带来的负面影响。坚持深入查办案件与改进和规范自身司法行为并重。处理好办案与企业正常生产经营的关系,不能因办案简单化或不讲方式方法而致使企业经营遭受不必要的损失甚至倒闭。在采取强制措施、侦查措施时注意维护企业正常经营秩序、合法权益,在依法打击经济犯罪、惩治职务犯罪中注意帮助企业挽回和减少经济损失,做到严格公正廉洁司法与理性平和文明规范司法并重。对于已经进入诉讼程序的案件,既要注意依法处置涉案财物,慎用强制性措施,也要注意提高办案效率、依法从速办理,切实防止久押不决、久拖不决,最大限度减少对企业正常生产经营活动造成的负面影响。对不涉案的款物、账户、企业生产经营资料等,一律不得查封、扣押、冻结。对主动配合检察机关调查取证,认罪态度好,没有社会危险性的,不采取拘留、逮捕、指定居所监视居住措施,对于可能影响企业正常生产经营活动的涉案信息,要注意保密。认罪认罚从宽制度试点地区检察机关要积极探索运用认罪认罚从宽制度,推动构建多层次诉讼体系,不断提升办理涉企业刑事案件的能力和质量、效率、效果。坚持平等保护,对所有经济主体都一视同仁,做到同标准、同要求;坚持区别对待,对认罪认罚的犯罪嫌疑人、被告人,要充分考虑犯罪事实、情节、性质、后果、主观恶性等要件,准确把握不起诉以及减轻、从轻、适用缓刑等量刑建议之间的界限,坚决防止出现“以钱赎刑”“权钱交易”等问题;坚持宽严并重,对轻微刑事案件依法从宽处理的同时,对于严重侵害国家、集体和他人利益、破坏公平竞争、诚信经营市场环境的重大犯罪,要依法严肃打击。探索建立符合涉企业刑事案件特点的认罪认罚从宽工作规范和机制。

第三,加大惩治侵犯产权犯罪力度,切实维护企业家财产权、创新权益及经营自主权等合法权益。加强审查逮捕、起诉工作,确保依法、准确、及时、有效打击侵犯企业家财产权、创新权益及经营自主权等犯罪,平等保护各种所有制经济产权。依法惩治侵犯企业知识产权等各类产权、背信损害企业利益以及其他严重扰乱市场秩序的犯罪,有力维护健康有序的市场秩序,营造促进企业家公平竞争、诚信经营的市场环境。对利用公权力严重侵害企业家合法权益、勾结黑恶势力在特定经济领域形成非法控制、受害者人数众多、引发群体性事件等严重侵犯产权的犯罪案件,要严厉打击,重大案件实行挂牌督办,引导侦查机关全面收集固定证据,确保办案效率和质量。针对企业管理中薄弱环节和突出问题,充分发挥监督、预防等检察职能,帮助企业家强化产权保护意识,从源头上预防和遏制侵犯产权犯罪。认真受理反映国家工作人员滥用职权、徇私枉法、索贿受贿等举报控告,依法打击侵犯企业家合法权益的职务犯罪,推动构建亲清新型政商关系。帮助企业家建章立制,提高企业规范经营、抵御风险的能力。

第四,强化刑事诉讼监督,促进公正司法,依法保障涉案企业家的合法权益。加强对经济犯罪侦查权等公权力的监督,重点监督侦查机关以刑事手段插手经济纠纷,加大对该立案不立案、不该立案而立案以及选择性执法等执法不严、司法不公问题的监督纠正力度,严防将民事纠纷当作刑事案件来办。贯彻落实非法证据排除等办案制度,探索完善侵犯知识产权案件的诉讼证据规则,依法保护企业家创新权益。切实履行羁押必要性审查职责,对已经逮捕的涉嫌犯罪企业家发现不需要继续羁押的,依法建议释放或者变更强制措施。重点监督判决、裁定在认定事实、采信证据、适用法律方面确有错误的案件,对符合法定条件的依法提出抗诉。重点监督涉企业家犯罪案件生效判决、裁定的执行活动,发现人民法院执行财产刑过程中,存在应当执行而不执行,不应当执行而执行,非法处置被执行人或者案外人财产等侵犯产权违法情形的,依法提出纠正意见,确保财产刑执行到位。依法保障涉案企业家在服刑期间的申诉权,防止其因申诉而被限制或者剥夺依法获得减刑、假释的权利,依法保障其在服刑期间行使财产权等民事权利。

第五,加强民事行政检察工作及刑事申诉、国家赔偿案件的办理,形成保护企业家合法权益的多元化格局。依法保障各类产权主体申请监督权,规范民事行政诉讼监督案件的受理和审查程序,注重倾听当事人意见,畅通申请监督渠道,依法通过抗诉、提出检察建议等方式加强对涉产权民事、行政案件的审判监督。加强对民事、行政执行活动的监督,重点监督因不依法履行执行职责及错误采取执行措施、错误处置执行标的物、错误追加被执行人,致使当事人或者利害关系人、案外人等财产权受到侵害的案件。加大对涉产权虚假诉讼、恶意诉讼监督力度。依法推进检察机关提起公益诉讼工作,积极探索开展对履行职责中发现的市场监管部门违法行使职权或者不作为,造成国家和社会公共利益受到损害案件的监督。防止和纠正违法行政行为对各类产权主体合法权益的侵害。畅通诉求表达渠道,坚持有错必究工作原则,及时甄别纠正社会反映强烈的产权纠纷申诉案件,及时向社会发布和通报错案纠正信息。认真总结前期办理的一批涉产权刑事申诉、国家赔偿案件工作经验,继续加大在办理刑事申诉、国家赔偿案件中的产权保护工作力度,依法处理涉产权的有冤假错可能的企业家服刑案件,提高企业家对法治的信心。坚持法定赔偿原则,保障符合赔偿条件的产权主体依法获得赔偿。

三、加强组织领导和法治宣传,营造尊重和支持企业家干事创业、弘扬优秀企业家精神的良好社会氛围

各级检察机关要把依法保护企业家合法权益、营造企业家创业发展法治环境作为当前的一项重要任务,切实加强领导,强化措施,严格责任,狠抓落实。立足检察职能,建立健全依法平等保护各种所有制经济产权的长效机制。加强同地方党委、人大、政府、人民法院的沟通配合,重视发挥工商联等部门作用,形成工作合力。配合相关部门建立企业家个人信用记录和诚信档案,实行守信联合激励和失信联合惩戒。充分利用媒体宣传平台,及时报道检察机关工作部署、举措、进展和成效,剖析侵害产权案例,总结宣传依法有效保护产权的好做法、好经验、好案例。坚持以案释法,采取多种形式,开展法治宣传和企业家涉罪案例警示教育活动,加强预防商业贿赂教育,帮助企业家提高运用法律自我保护能力,促进企业家依法经营、规范经营。注重对涉企业家和产权刑事案件认罪认罚从宽典型案例的总结和宣传。选择检察机关依法纠正侵害企业产权的有重大影响的典型错案冤案适时向社会公布。着力宣传和营造法治、透明、公平的体制政策环境和尊重支持企业家干事创业、弘扬优秀企业家精神的良好社会氛围。

各地在工作中要认真贯彻落实党的十九大精神和《意见》要求，结合最高人民检察院先后下发的《关于充分发挥检察职能依法保障和促进非公有制经济健康发展的意见》《关于充分发挥检察职能依法保障和促进科技创新的意见》《关于充分履行检察职能加强产权司法保护的意见》相关部署，扎实推进各项工作。在具体工作中遇到的问题应当及时向上级人民检察院请示报告，必要时层报最高人民检察院。

最高人民检察院

2017 年 12 月 4 日

图书在版编目(CIP)数据

民营企业产权保护第一案：张文中案件的参与暨思考／赵秉志，左坚卫编著. -- 北京：法律出版社，2019

ISBN 978-7-5197-3512-8

Ⅰ. ①民… Ⅱ. ①赵… ②左… Ⅲ. ①民营企业－产权保护－案例－中国 Ⅳ. ①D923.25②D922.291.915

中国版本图书馆 CIP 数据核字(2019)第 094534 号

民营企业产权保护第一案
——张文中案件的参与暨思考
MINYING QIYE CHANQUAN BAOHU DI-YI AN
—ZHANGWENZHONG ANJIAN DE CANYU JI SIKAO

赵秉志
左坚卫 编著

责任编辑 屈　瑶
装帧设计 马　帅

出版 法律出版社
总发行 中国法律图书有限公司
经销 新华书店
印刷 天津嘉恒印务有限公司
责任校对 周合芝　李景美
责任印制 陶　松

编辑统筹 学术·对外出版分社
开本 710 毫米×1000 毫米　1/16
印张 36.5
字数 499 千
版本 2019 年 7 月第 1 版
印次 2019 年 7 月第 1 次印刷

法律出版社／北京市丰台区莲花池西里 7 号(100073)
网址／www.lawpress.com.cn
投稿邮箱／info@lawpress.com.cn
举报维权邮箱／jbwq@lawpress.com.cn
销售热线／400-660-8393
咨询电话／010-63939796

中国法律图书有限公司／北京市丰台区莲花池西里 7 号(100073)
全国各地中法图分、子公司销售电话：
统一销售客服／400-660-8393/6393
第一法律书店／010-83938432/8433　西安分公司／029-85330678　重庆分公司／023-67453036
上海分公司／021-62071639/1636　深圳分公司／0755-83072995

书号：ISBN 978-7-5197-3512-8　**定价**：158.00 元